JN493463

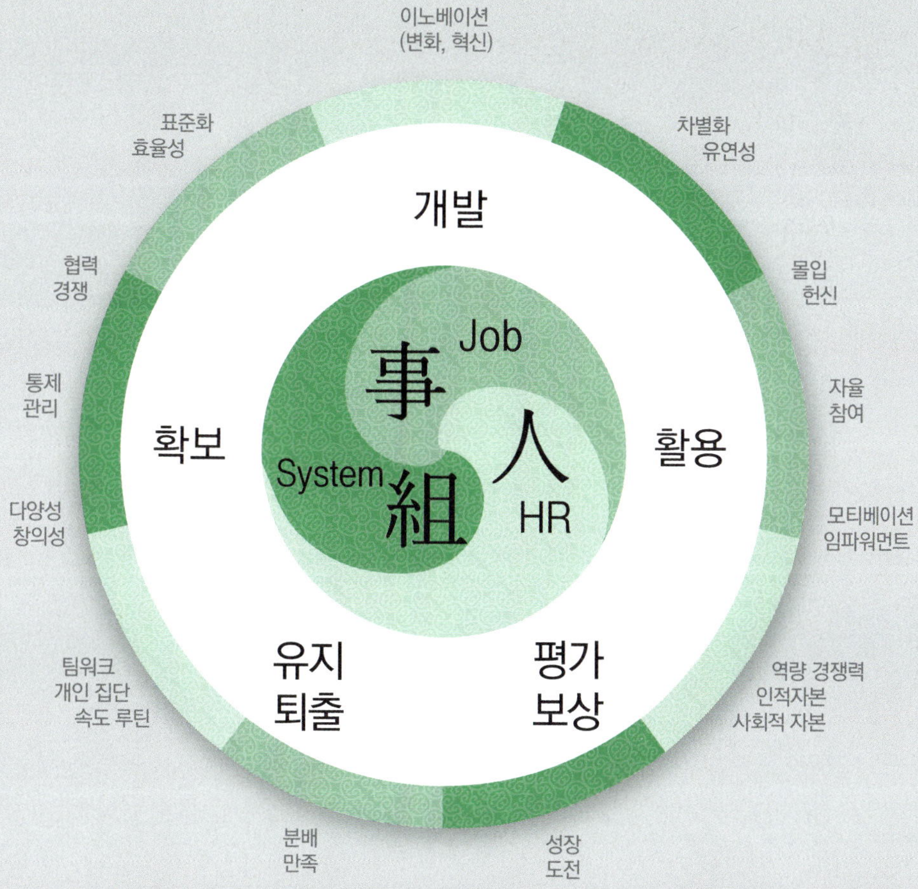

직무·인사시스템과 인적자원관리

이 춘 우

무역경영사

서 문

인사관리 및 인적자원관리는 지난 100여 년간 경영환경과 인사환경의 변화에 적응하여 크게 또는 작게 변화되어 왔다. 또한 노무관리 및 노사관계론적 접근, 조직행위론적 접근, 조직이론적 접근, 인적자본론 및 전략적 경영론적 접근 등과 접목되면서 과거와 달리 인사전문가들만의 고유 영역으로 발전하였다. 그럼에도 불구하고 인사관리 또는 인적자원관리는 종업원(사람)을 관리의 대상으로 전제하고 논의를 전개하는 전통적인 관점에 머물러 있으면서 인사관리의 핵심적 본질을 놓치는 우를 범해 왔다.

본서는 전통적 관점을 벗어나 새로운 관점으로 인사관리 및 인적자원관리를 설명하고자 한다. 즉, 인사관리 및 인적자원관리는 종래 종업원 중심의 논의에서 벗어나, 일과 사람 그리고 시스템의 삼위일체의 관점에서 재조명되어 설명되고 이해할 필요가 있다. 조직을 공동의 목표를 가지고 상호작용하는 2인 이상의 인간들의 집합체로 정의하는 것은 조직의 한쪽 측면만을 보고 있는 것이다. 조직은 직무(일)의 집합체이며, 직무들이 서로 연결되어 작용하는 시스템이고, 일하는 방식(way of work)의 결합체이다.

본서는 인사관리 및 인적자원관리의 대상을 직무(일), 사람(종업원과 경영자), 인사시스템의 삼위일체(Trinity)로 보는 관점하에 구성하였다. 조직의 경쟁력은 직무(일), 사람(종업원과 경영자의 역량), 인사시스템(일하는 방식)이 균형(balance)을 이룰 때 달성될 수 있다. 조직경쟁력은 인적자원 역량 · 작업 방식 · 장비(도구) · 작업프로세스 · 시스템 · 문화 · 전략의 상호작용의 결과이다.

조직원들이 조직의 핵심가치(core values)를 내면화하고 비전과 미션, 그리고 전략적 목표에 정렬된 일(직무)에 몰입하여 혼신을 다해 열정적으로 수행할 때, 조직은 탁월한 성과를 산출해 내고 지속적으로 성장할 수 있다.

종래의 많은 인사관리 교재들이 노동의 시각과 종업원의 입장에서 인사관리를 설명함으로써 많은 학생들이 인사관리를 정확하게 이해하지 못하는 상황을 만들어 왔다. 본서의 삼위일체 모델은 이와 같은 점을 부각시킨 직무 · 인사시스템과 인적자원관리 모델을 제시하고 세부 내용들로 구성하였다. 노동의 시각뿐만 아니라 경영의 관점을 균형

있게 포함하여 경영관리와 인사관리를 학생들이 제대로 학습할 수 있게 한 것이다.

산업사회시대에서 기업들이 주로 경쟁력의 도구로 사용하였던 기술이나 자본은 빠른 기술 변화 속도와 급격한 흐름, 그리고 세계 자본시장의 발달 등으로 인하여 더 이상 경쟁력의 원천으로서의 중요성이 다소 약화되었다. 기업경쟁력은 직무와 장비, 기술과 시스템을 얼마나 효율적이고 효과적으로 설계하고 운용함과 동시에 인적자원과 관련 요소들을 어떻게 축적 개발하며 효과적으로 활용할 수 있는가에 달려 있다.

본서는 조직의 인적 요소의 관리 방식과 제도적 시스템에 관한 이론과 실행 방식에 대해 학습한다. 특히 본서는 여타 책들과 달리 노동시장과 인사시스템에 관한 내용을 다룸으로써 예비취업준비생인 학생들의 시각과 회사의 시각을 동시에 고려함으로써 직무 · 인사시스템과 인적자원관리(인사관리)의 원리를 체득하도록 하였다.

저자가 25년 동안 경영학, 기업가정신, 조직행위론, 전략적 경영론, 조직이론, 인사관리 및 인적자원관리를 연구와 강의해 오면서 현장의 경영자들을 많이 만나왔다. 모든 경영자들은 경영을 하면 할수록 '인사가 만사'이고 '결국은 사람이다!'라는 점을 깨닫고 있는 것을 관찰할 수 있었다.

오늘날 전 세계의 모든 조직들은 인재전쟁을 방불케 할 만큼 우수 인재를 확보 · 개발 · 활용 · 평가 · 보상 · 유지하기 위해 혈안이 되어 있다. 사회경제적으로 글로벌화하면서 경영환경은 더욱 복잡하고 급변하고 있다. 경영자는 과거 어느 때보다도, 정확한 상황 판단과 문제 인식, 효과적인 솔루션을 제시할 수 있는 핵심 인재가 기업 생존의 핵심 관건이 되고 있다. 핵심 인재는 조직의 모든 종업원들이 될 수 없다. 20 : 80법칙이 있듯이 핵심 인재급 인력이 20%이면 매우 강력한 조직이다.

본서는 직무 · 인사시스템과 인적자원관리 학습을 위한 교재로 집필되었다. 직무 · 인사시스템과 인적자원관리의 이론지식과 실무기법들도 기업경영의 발전과 함께 매우 방대해졌기에, 이를 전문적으로 심화 학습하기에 앞서 전체적인 흐름을 파악할 수 있게 하였다. 또한 우리 주변에서 접할 수 있는 여러 사례들을 포함하여 인적자원관리를 처음 접하는 직장인들이나 대학생들이 편하게 접근할 수 있도록 하는 데 초점을 두었다.

본서를 집필하고 출간하기까지 쉽지 않은 일이라는 생각과 미흡한 부분에 대한 아쉬움을 간직한 상태에서 출간을 결심했다. 앞으로 개정과 증보 작업을 통해 미진한 부분을 보완해 가고자 한다.

30여년 변함없이 응원해 주고 함께 고생해 준 아내 배명금과, 낳아주시고 길러주신 부모님, 가르쳐 주신 은사님들, 격려와 도움을 준 동료, 후배, 선배님들과 본서를 출간하는데 정성을 다해 주신 무역경영사 채규호 사장님과 이은권 상무님께 심심한 감사말씀을 드린다.

2019년 9 월

저자 李 春 雨

봄비스쿨 Bombi_School 참사람 참경영인

오기 끈기 슬기 생기 활기 온기 광기 특기

차 례

CONTENTS

4부 직무 · 직제 및 워크 시스템 관리

5부 인재경영시스템과 역량모델관리

7부 노동시장과 인력계획

9부 인사이동 및 승진관리와 리더십 개발

10부 경력개발과 퇴직관리

14부 갈등관리와 노사관계관리

프롤로그

이춘우 교수의 3태극 삼위일체 인사시스템 모델

인사관리와 인적자원관리는 전통적으로 Personnel(People or Human Resource)을 중심으로 논의해 왔다. 그 결과 조직경쟁력의 원천을 설명하거나 이해하는 데 있어서 제한적이었다. 조직경쟁력의 근원을 이해하기 위해서는 사람뿐만 아니라 일(직무)과 시스템을 동시에 고려할 필요가 있다. 이에 3태극 인사시스템 모델을 제시하고자 한다.

| 그림 | 이춘우 교수의 3태극(天地人: heaven-earth-man) 인사시스템 모델
HJS 삼위일체 모델(HJS or PJS Trinity model)

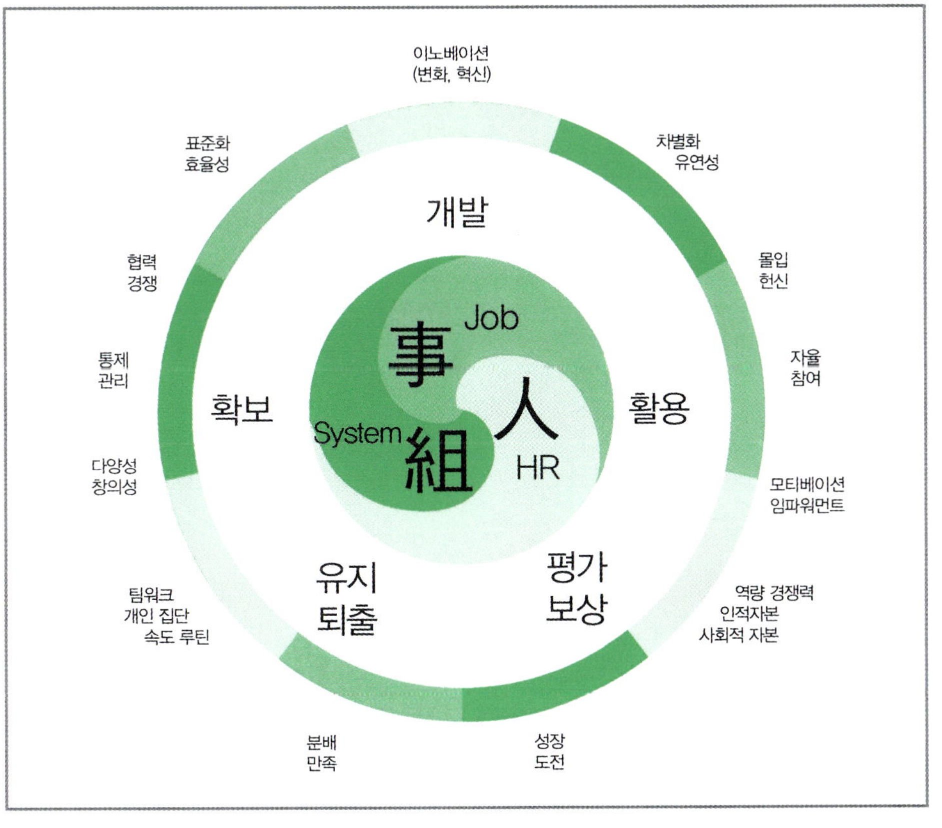

인사조직시스템은 사람(人)과 일(事)과 조직(組織)의 삼위일체이다. 모든 사회조직의 핵심적인 구성 요소와 과정, 그리고 결과는 사람－일－시스템의 상호결합작용에 의해 이루어진다. 3요소는 3태극 또는 천지인(天地人)에 비유할 수 있다. 人은 개인과 집단, 地는 직무, 기술, 문화에 비유할 수 있고, 天은 조직구조와 전략, 경영환경에 비유할 수 있다.

'사람'은 조직경쟁력의 핵심원천임에는 틀림이 없다. 자동차 왕 H. Ford 가 '나의 공장을 가져가고, 차를 부숴도 좋다. 다만, 나에게서 Ford 사람들만은 빼앗아 가지 말라. 그러면 이 사람들과 함께 다시 지금의 Ford 회사를 만들 수 있을 것이다'라고 한 것은 사람이 핵심적임을 충분히 알 수 있게 해 준다.

사람이 매우 중요한 것은 분명하지만, 현실적으로 좋은 사람, 훌륭한 사람들만이 존재하지는 않는다. 훌륭한 사람의 첫 번째 요건은 자신을 희생하고 헌신하여 공동체의 번영과 안녕, 발전과 성장을 하도록 앞장서는 뜻(心志)을 가진 사람이다.

일은 직무의 내용과 설계 방식 및 일하는 방식이다. 일에는 우리가 필요로 하는 자원이 획득되는 일(가치를 창출하는 일)과 그렇지 않은 일이 있다. 가치를 창출하는 정도는 시 · 공간의 상황맥락에 따라 변한다. 직무관리란 일하는 방식을 관리한다는 것을 의미한다. 즉, 도구, 장비 및 기술을 관리한다는 측면에서 사회기술적 시스템 접근(Socio-Technical System Approach)이라고 할 수 있다.

사람과 직무와 시스템이 하나가 되는 삼위일체(Trinity)는 확보－개발－활용－평가－보상－유지－퇴출의 활동(activity or process)에 의해 작동한다.

확보관리는 기업의 목표달성에 필요한 인적자원을 조직 외부로부터 모집하여 선발하는 과정을 의미한다.

개발관리는 인적자원에 적절한 기능과 지식을 부여하는 교육훈련관리와 승진관리 및 경력관리를 포함한다.

활용관리는 사람과 일이 성과목표를 달성하는데 있어서 최적의 배치와 활성화를 시키는 배치전환관리, 승진관리 등의 활동이다.

평가관리는 인적자원의 합리적 관리와 공정한 보상을 위하여 구성원들의 능력, 태도, 업적을 평가하는 것을 말한다.

보상관리는 종업원에게 지급되는 직접적 보수에 대한 임금관리와 간접적 보수에 대한 복지후생관리를 포함하는 개념이다.

유지관리는 종업원의 신분과 관련된 근로조건과 관련된 근로시간 및 안전위생관리, 그리고 안정적인 노사관계를 유지하기 위한 노사관계관리 등이 연결된다.

퇴출관리는 종업원이 자발적으로 조직을 떠나고자 하는 이직관리와 고용조정에 따른 부작용을 최소화하는 동시에 경영효과성을 제고하기 위한 활동들이다.

다음의 질문에 대해 생각하고 함께 토론해 보자.

① 2019년 남북한 경제력 차이는 43배로 추정되고 있다. 남북한 경제력의 차이는 왜 크게 벌어졌는가? 이에 대해 인사조직시스템 측면에서 설명할 수 있다.

② 공공 부문은 왜 비효율적이고 민간 기업은 왜 민첩하고 효율적일까? 행정 조직과 민간 기업의 차이를 남북한 경제력 격차의 원인 규명과 유사한 논리와 관점으로 설명할 수 있다.

③ 70여년 전 재계 순위와 오늘날의 재계 순위의 변동결과나 흥망성쇠를 남북한 경제력 격차의 원인 규명과 유사한 논리와 관점으로 설명할 수 있다.

[표] 한국의 기업 순위 역사

연도 / 순위	1955 매출액	1960	1964	1965 매출액	1969 매출액	1972	1974	1979	1985	1987	1994	1994	2004	2008	2013	2019
1	삼양사	삼성	삼성	동명목재	동명목재	삼성	락희	현대	삼성	현대	삼성	현대	삼성	삼성	삼성	삼성
2	대한 석탄 공사	삼호무역	삼호 무역	금성방직	금성방직	락희	삼성	럭키	현대	삼성	현대	삼성	현대차	현대차	현대차	현대차
3	산업 은행	개풍	삼양	판본 방직	판본방직	한진	현대	삼성	럭키금성	럭키	LG	대우	LG	SK	SK	SK
4	락희 화학	대한	개풍	경성 방직	경성 방직	신진	한국화약	대우	대우	대우	대우	LG	SK	LG	LG	LG
5	금성 방식	락희	동아	대성 목재	대성 목재	쌍용	동국	효성	선경	선경	선경	선경	롯데	롯데	롯데	롯데
6	전남 방직	동양	락희	양회 수출 조합	동일방직	현대	대한	국제	쌍용	쌍용	쌍용	쌍용	KT	GS	현대중공업	포스코
7	북삼화화학 공사	극동	대한	동일방직	동신화학	대한	효성	한진	한국화약	한국화약	한진	한진	포스코	현대중공업	GS	한화
8	한국 비료 공사	한국유리	동양	동신화학	대한제분	한국화약	신동아	쌍용	한진	한진	기아	기아	한진	금호 아시아나	한진	GS
9	현대건설	동립산업	화신	대한제분	제일제당	극동해운	선경	한화	효성	효성	롯데	한화	GS	한진	한화	농협
10	남익사	태창방직	한국유리	제일제당	조선견직	대농	한일합섬	선경	대림	롯데	한화	롯데	한화	한화	두산	현대중공업

자료: 공정거래위원회 대규모 기업집단 지정 각 연도, 자산 총액 기준(매출액 순위).

조직경쟁력과 흥망성쇠에 영향을 주는 내 · 외적 요인들은 너무나도 많다. 그 중에서 가장 핵심적인 한 가지를 꼽으라고 하면 무엇일까?

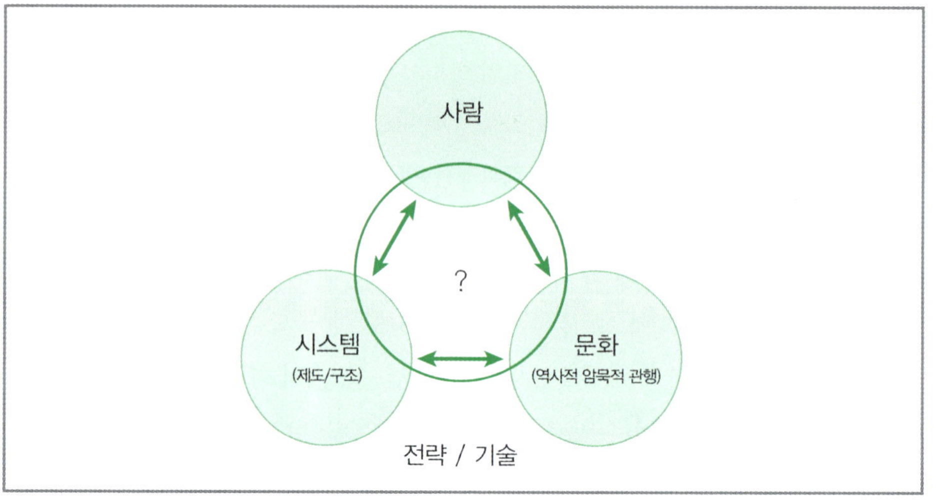

석유는 많은 국가들이 갖고 싶어 하는 지하자원이다. 한국 정부는 1970년대 후반에 대한민국 연안의 대륙붕 탐사에 막대한 예산을 투입하여 석유를 생산하는 산유국을 시도했다. 1980년에는 '제 7 광구'라는 대중가요가 국민들 사이에서 유행할 만큼 산유국의 꿈은 당시 국민들 사이에서도 가난을 탈피할 수 있는 하나의 비전이었다. 산유국의 꿈을 이루기 위한 투자를 했지만, 인접국가의 반대 등 몇 가지 이유로 중단되었다.

그러나 한국은 중공업, 석유화학공업, 반도체, ICT 디지털 첨단 신기술을 신속하게 배워 세계 1등 제품을 생산 · 판매하면서 경제성장을 지속해, 2018년 1인당 국민소득 3만 달러를 넘었다.

특히 한국은 원유를 수입해 이를 가공해 중국, 대만 등 아시아 국가는 물론, 산유국인 중동 국가에까지 석유류 제품을 수출하면서 한 때 석유류 제품 수출액 비중이 전체 수출액의 11.5%를 차지하는 등 한국 수출품 중 1위를 차지하기도 했다.

남아메리카에 있는 베네수엘라는 세계 원유매장량과 수출 1위 국가로 막대한 석유자원을 가지고, 한 때 원유수출로 경제적 풍요를 누렸지만, 베네수엘라의 경제는 2018년, 2019년에 인플레이션이 130만%를 기록하고 국민들이 해외로 도피하는 등 사회경제적 · 정치적으로 몰락하는 상태에 이르기도 하였다. 석유수출국기구(OPEC) 창설을 주도한 페리스 알폰소 전 베네수엘라 석유장관은 석유를 '악마의 배설물(devil's excrement)'이라고 했다.

왜 이런 일이 생겼을까? 그것은 바로 생각의 차이 또는 정신(spirit)의 차이라고 할 수 있다.

정신(혼/스피리트)은 사물을 느끼고 생각하며 판단하는 능력 또는 그런 작용, 마음의 자세나 태도, 사물의 근본적인 의의나 목적 또는 이념이나 사상, 관점 및 태도 또는 지향성(성향)이라고 할 수 있다. 정신은 창립의 뜻(창업정신)과 그 취지를 실현하기 위한 미션으로 이해할 수 있다.

회사의 대표적인 미션의 예로 구글의 미션을 들 수 있다. 구글 홈페이지에 "구글의 목표는 전 세계 정보를 체계화하여 모두가 편리하게 이용할 수 있도록 하는 것이다."라고 적혀 있다. 짐 콜린스는 저서 '성공하는 기업들의 8가지 습관'에서 성공적인 기업들은 "크고 위험하고 대담한 목표(BHAG: Big Hairy Audacious Goal)"를 발전을 자극하기 위한 수단으로 활용하고 있다는 점을 밝혔다. BHAG는 모든 기업들이 가지고 있는 목표와는 다른 거대하고 강력한 도전과 전력투구가 필요한 목표를 말하는 것이다. 때로는 회사의 사운을 걸고, 실패하더라도 회사의 생존에 위협이 되는 상황을 감수하면서까지 도전하는 목표이다. "크고 위험하고 대담한 목표"는 혁신(innovation)만을 통해 달성할 수 있다. 혁신은 강한 몰입과 몰두를 할 때 가능하고 임파워먼트 되어 있고 열정적으로 일하도록 모티베이션 되어 있을 때 가능하다. 위험을 감수하는 도전적인 대담한 목표는 구성원의 마음을 끌어들이고 몰입하도록 만든다. 케네디 대통령이 1961년에 "미국은 금세기가 가기 전에 달에 사람을 착륙시키고 무사 귀환시키는 목표를 달성해야 한다"고 선언했을 때, 모든 미국인들의 마음을 한 곳에 결집시킬 수 있었다.

인사관리의 대상

인사관리의 대상을 사람 또는 인력, 인적자원이라는 것이 유일한 것처럼 생각되어 왔고 거의 모든 인사 관련 책들에서도 기술해 왔다. 결론적으로 인사관리의 또 다른 중요한 대상은 직무(일)이고, 사람이며, 업무 방식=워크시스템이다. 특히 일하는 방식을 관리하는 것이 인사관리며, 인사관리의 대상으로 좀 더 주목해야 할 대상이 직무(일)이다. 조직은 직무들의 연결시스템이며 프로세스 시스템이다.

사람은 매우 핵심적인 인사관리의 대상임에 틀림이 없다. 사람을 채용하면 부서 및 직무에 배치한다. 직무내용을 수행한다. 일하는 방식이 정형화되어 있는 조직(상황)에서는 사람은 자신의 개인적인 역량을 발휘할 기회를 제공 받지 못한다. 테일러 시스템은 인간의 개인적인 역량보다는 작업시스템 설계에 의한 획기적인 생산성 향상을 이루어 냈다.

사람이 자신의 개인적인 역량을 발휘할 수 있는 기회를 제공할 수 있는 직무를 설계하여 제공하여야 한다. 그러한 방식 중의 하나로 3M의 15% Rule이나 구글의 20% Rule을 들 수 있다. 그리고 교세라의 아메바경영 방식이나 삼성전자의 C-Lab 프로그램을 들 수 있다. 기존 직무시스템에서 벗어나 자기 자신이 직무내용을 설정하고 일을 하는 직무이다. 창의성을 발휘할 수 있다.

사람을 채용해서 기존의 직무시스템에서만 활동하도록 하는 것은 개인의 잠재 역량을 표출시킬 수 있는 기회를 막는 것이다. 개인적인 역량을 발휘할 수 있는 기회를 제공하는 직무를 설계 · 운영할 필요가 있는 것이다. 개인의 역량을 발휘할 수 있는 시스템은 바로 사내 기업가정신을 발휘할 수 있는 프로그램을 만드는 것이다.

직업에 귀천이 없지만 직무는 가치창출을 하는데 있어서 차이가 있다.

직무(일)는 매우 다양하다. 비정형화되어 있는 문제를 창의적으로 해결책을 창안해 내야 하는 직무들이 있는가 하면, 정형화되어 있고 늘상 반복되는 과업들로 구성된 직무들이 있다. 후자의 직무들은 소프트웨어 및 컴퓨팅 시스템을 통해 대체 가능하다. 실제로 수십 년간 단순하고 반복적인 작업 방식과 직무들은 자동화되거나 전산시스템으로 대체되었고 그러한 직무를 담당하던 인력들은 조직에서 사라져 왔다. 회사는 이전보다 효율성과 생산성을 높일 수 있었다.

인사조직관리에서 조직관리는 조직구조와 조직 과정 그리고 조직 형태를 설계하고 제대로 작동하도록 관리하는 활동이다. 조직관리는 value chain, business model, Business Process Management 를 포함한다.

인사시스템 및 인적자원관리의 요소와 원리

Question: 〈복면가왕〉, 〈나는 가수다〉, 〈불후의 명곡〉에서 직무, 인사시스템 및 인적자원관리 요소들로 어떤 것들을 발견할 수 있을까?

01

인사관리 및 인적자원관리의 변천

1장 – LM, PM, HRM, SHRM, e-HRM, HR analytics

2장 – 인사조직 책임자와 인사조직 전문가의 직무역량

01장 LM, PM, HRM, SHRM, e-HRM, HR analytics

학습목표

1. 인적자원관리의 중요성과 인적자원의 특성에 대해 이해한다.
2. 인적자원관리의 정의와 목표에 대해 이해한다.
3. 인적자원관리의 발전 및 변화 과정에 대해 이해한다.

실제 사례

테일러즘과 포디즘

F. Taylor는 시간과 동작연구(time and motion study)를 기반하여 과학적 관리법을 제시하였다. 그 내용은 노동자들의 작업들을 정확하게 시간별로 조직화된 단순작업들로 세분하고 작업자의 작업동작, 행동, 도구, 공구 등을 표준화시킨다는 것이다. 과학적 관리법을 채택한 기업들과 그렇지 않은 기업들 간의 경쟁에서 승자는 과학적 관리법을 채택한 기업들이었다.

19세기 미국 육류포장 공장들에서는 한 노동자에서 다음 노동자에게로 고깃덩어리를 옮겨수기 위해 트롤리(trolley)를 이용하고 있었다. 이러한 트롤리들이 체인에 연결되고 동력을 이용해 고깃덩어리를 일정한 속도로 옮겨주기 시작하면서 조립라인이 생겨났다. 노동자들은 고정된 위치에서 기계가 지시하는 속도에 맞추어 작업했기 때문에 불필요한 움직임이 최소화되었고, 그 결과 놀라울 정도로 생산성이 높아졌다.(자료: 브리태니커 백과사전). 1903년 동업자와 함께 자본금 10만 달러로 포드자동차회사를 설립한 헨리포드(1863~1947)는 육류포장산업의 작업 방식에 주목하고 1913년 조립라인을 도입했다. 자동차 제작 방식과 계획, 조직, 관리에서 컨베이어벨트 주위에 노동자와 기계를 배치하여, 노동자의 이동시간을 제거하고 작업 리듬을 완전히 기계의 리듬에 종속시킨 작업 방식이다. 작업을 단순화, 표준화, 전문화시킴으로써 노동자는 이틀이면 숙달할 수 있는 단순 반복 작업만 담당하였다. 그로 인해 생산량은 비약적으로 증가하였다. 1914년에 포드는 일당 최저임금 5달러, 1일 8시간 노동을 도입했다.

회사내 노래방

(주)태평양은 주택자금, 자녀학자금을 지원하고, 볼링회, 축구회, 야구회, 스키회, 영화동아리 등 20여 개 써클에 예산을 지원하며, 피로와 스트레스를 해소할 수 있는 100명 수용 규모의 노래방을 설치해 휴식시간에 언제든지 이용할 수 있도록 하고 있다.(자료: 안희탁, 1998, 한국의 복리후생제도의 현황과 특징, 한국경영자총연합회). 미국 취업 정보 사이트인 글라스도어(Glassdoor)가 급여와 상여금, 연차휴가, 퇴직급여, 복리후생 등 직원 혜택 제도를 바탕으로 미국 내 급여와 복리후생이 뛰어난 기업 TOP 25를 발표했다. 1위는 5점 만점에 4.4점을 기록한 구글, 2위는 코스트코 등의 순이었다.

e-HRM

세계적인 선진기업들은 글로벌 통합 인적자원관리시스템을 구축하기 위해 e-HR시스템을 활용하고 있다. 글로벌 A 기업은 노르웨이, 핀란드, 브라질, 베트남 등 8개국에서 18개 해외 법인을 운영하고 있기 때문에 이를 하나로 통합 운영할 인사시스템으로 e-HR시스템을 50억 원을 들여 구축하였다. 글로벌 e-HR시스템 구축의 경우 각 나라별로 문화가 다르기 때문에 하나의 시스템으로 통합하는 작업이 결코 쉽지 않아, 사전에 철저한 조사와 준비가 필요하다.

빅데이터 인사관리와 HR Analytics

"직원과 관련된 모든 의사결정은 데이터와 분석에 기초한다"는 모토 하에 빅데이터 분석을 통해 인사관리를 하고 있는 구글에서는 인사관리를 People Operations(POPS)라고 부른다. POPS에는 25명의 통계학, 심리학, MBA 출신의 전문가로 구성된 '직원 분석팀(People analytics team)'과 사람과 이노베이션 연구실(People & Innovation Lab(PiLab)이 있다.

01 인적자원관리의 개념과 중요성

왜 사람과 인적자원관리가 중요한가: '구슬도 좋아야 하고, 구슬이 서말이라도 꿰어야 보배 !'

조직의 흥망성쇠를 좌우하는 결정적인 요소들 중 하나가 '사람'이다. 역사적으로 많은 전투에 있어서 왕이 선두에 서는 장군을 누구로 쓰는지, 그리고 장군이 어떤 용병술을 보이는가에 따라서도 한 나라의 운명이 갈리기도 했던 것처럼, 조직의 목표를 달성하는데 있어서, 사람과 사람을 다루는 방식이 매우 중요하다.

아무리 생산, 재무, 마케팅 등 기능적 관리의 측면에서 뛰어난 기술이나 시스템이 있다 해도 그것을 구축하고 운용하는 주체는 결국 '사람'이기 때문에 사람이 엉망으로 일을 하면 안 좋은 결과를 만들어내게 된다. 국내 · 외를 막론하고 유수의 기업들이 우수 인재를 확보하기 위한 이른바 인재전쟁을 벌이고 있는 상황이나, 직원의 역량개발을 위한 인적자원개발에 심혈을 기울이는 것은 바로 사람이 얼마나 중요한가를 보여주는 예이다.

유비가 '복룡과 봉추 중 한 사람을 얻으면 천하를 얻을 수 있다'는 말을 듣고 서서를 통해 천거 받은 제갈공명 한 사람을 얻기 위해 삼고초려를 한 것이나, 조조가 관우를 휘하에 두기 위해 적토마를 기꺼이 선물한 것도 '인재'를 얻고자 심혈을 기울이는 최고경영자의 모습을 보여주는 일화이다.

"돈이 돈을 번다고도 하지만 돈을 버는 것은 돈이나 권력이 아니라 사람이다. 나는 내 일생을 통해서 한 80%는 인재를 모으고 기르고 육성시키는 데 보냈다"(이병철 삼성 창업자)

삼성그룹은 2002년 말부터 연말 사장단 업적평가에 계열사별 핵심인력 확보 달성을 평가지표로 삼았다. 삼성전자는 S급(Super) 인재 1명을 데려오기 위해 자가용 비행기를 띄웠다. 이건희 회장은 매월 빠지지 않고 계열사별로 '매월 핵심인력 확보 실적'을 챙겼다. 김인 삼성 SDS 사장은 미국 최정상급 SCM솔루션 기업에 근무중인 Y씨를 스카우트하기 위해 그의 집까지 찾아가는 정성을 기울였다. Y씨 부부를 한국에 초청하여 수차례 식사를 하는 등 지극한 정성을 기울여 결국 입사하도록 하였다. 스카우트한 핵심인력이 정착할 수 있도록 주택, 병원, 자녀학교, 생애보장형 복리후생을 제공한다.

기업의 외부환경이 변화하지 않고 시장이 경쟁적이지 않다면 인재는 중요하지 않을 수도 있다. 그러나 시장의 경쟁환경이 너무도 빠르게 변하기 때문에 학습능력, 창조적인 솔루션을 만들어 낼 수 있는 능력을 지닌 경영 요소, 즉 인재가 지속적인 경쟁력의 원천이 될 수밖에 없다. 사람은 시장과 환경 변화에 창조적으로 대응할 수 있는 유연성과 잠재력을 갖춘 존재이다.

그런데 유능한 인재를 많이 보유하고 있다고 하더라도 회사가 반드시 성공적인 성과를 잘 산출하지 못할 수도 있다. '구슬이 서말이라도 꿰어야 보배'라는 말이 있듯이 사람을 육성하여 역량을 갖춘 인재를 만들고, 그 역량이 최대한 효과적이고 효율적으로 발휘될 수 있도록 하는 관리시스템과 조직문화가 형성되어 작동하고 있어야만 한다.

조직의 변화와 혁신은 근본적으로 자본과 물자와 같은 수동적 산출물이 아니라 능동적으로 활동할 수 있는 조직구성원들의 변화에 의해 이루어지므로, 인적자원관리는 조직 변화와 경영혁신에 있어서 매우 중요한 관리 활동으로, 우수한 인적자원관리는 임직원들이 보유하고 있는 역량을 기업의 성과(유형의 성과)로 이끌어 낼 수 있는 핵심적인 활동이다.

인적자원관리는 시장환경과 사회환경이 급변하는 글로벌 시대에서, 기업이 목표 성과를 달성하고 오랫동안 생존하기 위해서 지속적인 경쟁우위를 갖추도록 하는 관리 활동인 것이다.

인적자원이란 무엇인가: 사람만을 의미하지는 않는다!

기업의 경영자원은 크게 유형(가시적)자원, 무형(비가시적)자원, 물적자원, 비물적자원으로 분류할 수 있다(이춘우, 2008).

	유 형	무 형
물적	재물, 화폐적 자산, 물적요소자원	특허권, 브랜드, 유통망, CI 로고, 상징물, 마스코트, 신안등록
비물적	인적자원 경영자	전략적 인적자산(경영 전반의 노하우: 생산, 마케팅, 기술), 조직문화(구성원 관계), 기업 이미지, 경영관리시스템(제도), 관행, 조직프로세스, 리더십

유형자원은 눈에 보이며 객관적 측정이 가능한 것인데, 대표적으로는 화폐자원(돈)이 있다. 무형자원은 눈에 보이지는 않지만 기업 경쟁우위의 원천이 되는 자원이다. 특허권이나 브랜드, 기업 이미지, 경영 전반의 노하우(생산, 마케팅, 기술)가 여기에 포함된다. 인적자원(Human Resource)은 보유 인원과 같은 유형자원의 특징과 인재들의 지식, 노하우와 같은 무형자원의 특징을 모두 갖고 있다. 무형의 자원이자 동시에 비물적 자원을 '전략적 인적자산'이라고 할 수 있다. 이러한 전략적 인적자산(Strategic HR assets)으로는 조직문화, 조직프로세스, 경영관리시스템, 지식(기술적 지식), 노우하우, 스킬 기업 이미지, 경영 전반의 노하우(생산, 마케팅, 기술) 등이 해당된다. 전략적 인적자산은 인적자원에 의해 생성되기도 하지만 어떤 경우에는 파괴되기도 한다.

유・무형자원을 확보하거나 새롭게 창출하는데 있어서 사람은 근원적인 역할을 하며, 이러한 사람을 어떻게 경영관리 하는가가 유・무형자원을 확보하는 데 매우 큰 영향을 준다.

인적자원은 유형자원과 무형자원과 달리 학습력과 잠재력을 가지고 있다는 것이 큰 특징이다. 또한 유・무형자원은 수동적으로 가공되는 객체이지만, 인적자원은 인간이 유・무형자원을 가공하는 주체가 되기 때문에 능동적 자원이며, 다른 자원들을 통제할 수 있는 주체가 될 수 있다. 따라서 인적자원을 어떻게 교육훈련하고 배치 활용하느냐에 따라 경영자원으로의 유용성이 달라진다. 인적자원은 모든 기업 활동의 근원으로 다른 자원들을 능동적으로 통제하며, 기능이 한정되어 있는 다른 자원들과는 달리 잠재력과 유연성을 가지고 있다고 할 수 있다.

인적자원의 또 다른 특징은 그 가변성이다. 어떤 사람은 '전략적 인적자산'을 만들어내어 소식 성상에 기여하기도 하지만, 어떤 인적자원은 전략적 인적자산을 효과적으로 산출하지 못하거나 오히려 전략적 인적자산을 파괴시키는 경우도 있다. 즉, 사람이 될 일도 안되게 하는 흉기가 될 수 있고, 잘 관리한다면 안될 일도 되게 만들 수 있는 가변적이고 잠재력 높은 존재이다. 예를 들어, 펀드매니저 릭 닉슨은 1995년 10억 달러의 손해를 끼쳐 200년 전통을 자랑하던 영국 베어링스 은행을 파산시키는 단서를 제공하였다. 단 1명의 직원이 조직에 엄청난 영향을 끼친 사례이다. 따라서 경영환경에 적합하며 지속적인 경쟁우위 창출을 촉진할 수 있는 인적자원관리시스템을 구축하고 지속적으로 혁신해 나가야 한다.

인사관리 및 인적자원관리의 정의

인사관리(Personnel Management) 또는 인적자원관리(Human Resource Management)에 대해 여러 학자들이 정의를 내려 왔다.

[표 1-1] 인사관리와 인적자원관리에 관한 학자들의 정의

인사관리는 종업원 스스로가 잠재능력을 최대한으로 발휘하여 기업의 목표를 달성하도록 그들을 조직하고 관리하는 방법에 관한 규범체계이다.(T. G. Spates, 1944)
인사관리는 인간을 대상으로 하는 것이므로, 인간의 개성을 존중하고 능력을 개발하며, 인간적 만족을 제공하는 것을 특징으로 하는 관리 활동이다.(P. F. Drucker, 1963)
인사관리란 종업원들로 하여금 그들의 직장에 대하여 최대의 공헌을 하게 하고 동시에 최대의 만족을 할 수 있도록 조력하고 지도하는 기능(활동)이다.(D. Yoder, 1978)
인사관리는 각자의 능력을 최대한으로 발휘시켜 개인이 자신의 직무에서 최대의 만족을 얻음과 동시에, 기업에 대하여 최대의 공헌을 하도록 잠재능력을 육성, 발정시키는 방법이다.(P. Pigoers & C. A. Myers, 1981)
인적자원의 계획과 확보, 활용과 유지, 보상과 개발을 포함한 경영의 하위 과정으로서 인적자원을 관리하는 데 연관된 모든 기능과 활동을 의미함.(W. L. French, 1982)
경쟁우위를 규명하고 전략적 목표를 이해 강화하려는 방식과 절차의 개발 활동.(Baird, Meshoulam and Degive, 1983)
기업의 전략적 목표를 달성하기 위한 구조적인 수단.(Fmbrun, Ticy and Devanna, 1984)
인적자원의 획득, 배치, 이용, 개발을 위해 인적자원 목표 및 수단을 결정하는 의사결정의 패턴.(Dyer, 1985)
사업상의 전략적 필요와 인적자원 정책이 완전히 통합되고 인적자원 전략과 다른 전략 그리고 다른 계층들 사이에 조화를 이루기 위해 이루어지는 모든 과정과 활동.(Schler, 1989)
조직의 목적 달성을 위한 계획된 인적자원 배치 및 활동의 패턴.(Wright and McMahan, 1992)
사람의 관리에 필요한 지식이나 기업에 관한 것.(G. Dessler, 1994) 여기에는 직무분석, 종업원의 확보, 훈련, 보수, 평가 등의 행위가 포함됨.
종업원, 기업 그리고 사회를 위하여 가능한 한 조직의 인적자원을 효율적으로 관리하는 것.(R. S. Schuller, 1995). 여기에는 환경에의 적응, 인력의 확보, 종업원 행동의 평가, 성과에 대한 보상, 교육과 개발, 효율적인 작업관계의 설정 및 유지, 작업환경의 감시 및 평가와 같은 활동이 포함됨.
작업장에서 사람을 효율적으로 관리하는 것.(J. M. Ivancevich, 1995) 여기에는 작업자를 어떻게 하면 생산적이고 만족하게 하는가가 중요한 일임.
조직의 인간적 차원의 문제로 여기에는 종업원의 확보, 유지, 동기부여, 교육훈련과 같은 활동으로 구성되어 있음.(De Cenzo & S. P. Robbins, 1996)

종업원의 행위, 태도, 그리고 성과에 영향을 미치는 정책, 관행, 그리고 시스템이다.(R. A. Noe, J. R. Hollenbeck, B. Gerhart & P. M. Wright, 2000)

사람경영(people management)이란 기업이 재능 있는 종업원들을 유인하고 개발하며 유지하도록 하는 활동이며, 종원들이 열심히 일하도록 동기부여하고 기업의 성공에 공헌할 수 있도록 하며, 종업원들을 통해 경쟁우위를 유지하고 제고시키는 활동으로, 인적자원관리관행(HR practices)은 종업원들을 관리하는데 기업이 사용하는 수단들(tools)이다.(Lepak & Gowen, 2017)

인사관리와 인적자원관리의 지칭하는 용어와 개념은 시간이 흘러오면서 변동되어 왔음을 알 수 있다. "인사관리란 종업원들로 하여금 그들의 직장에 대하여 최대의 공헌을 하게 하고, 동시에 최대의 만족을 할 수 있도록 조력하고 지도하는 기능(활동)이다.(D. Yoder, 1978)", "인사관리는 각자의 능력을 최대한으로 발휘시켜 개인이 자신의 직무에서 최대의 만족을 얻음과 동시에, 기업에 대하여 최대의 공헌을 하도록 잠재능력을 육성, 발전시키는 방법이다.(P. Pigors & C. A. Myers, 1981)", "인사관리는 인간을 대상으로 하는 것이므로, 인간의 개성을 존중하고 능력을 개발하며 인간적 만족을 제공하는 것을 특징으로 하는 관리 활동이다.(P. F. Drucker, 1963)", "작업장에서 사람을 효율적으로 관리하는 것으로 작업자를 어떻게 하면 생산적이고 만족하게 하는가가 중요한 일.(J. M. Ivancevich, 1995)", "인적자원관리는 조직의 인간적 차원이 문제로 종업원의 확보, 유지, 동기부여, 교육훈련과 같은 활동으로 구성되어 있다.(D. A. De Cenzo and S. Robbins, 1996)".

인적자원관리는 여러 가지 복합적인 의미를 갖고 있지만, 여러 학자들의 정의를 종합해 보면, '조직에서 사람과 일(직무)을 다루는 철학과 원칙 및 원리들과 그에 입각하여 조직목표를 달성하기 위해 사람과 일(직무)을 경영관리하는 제도(시스템) 및 기술과 관련된 일련의 사람관리 활동의 체계'로 정의할 수 있다. 더 간단히 말하면 '경영목표와 인적자원관리목표 달성을 위해 사람과 일(직무), 그리고 일하는 방식을 경영하고 관리하는 시스템'이다.

인적자원관리 및 인사조직관리론의 활용 학문 분야

인사관리(인적자원관리론)는 과학적 메커니즘을 구축하는데 유용하게 활용될 수 있

그림 1-1 인사조직관리론의 활용 이론 분야

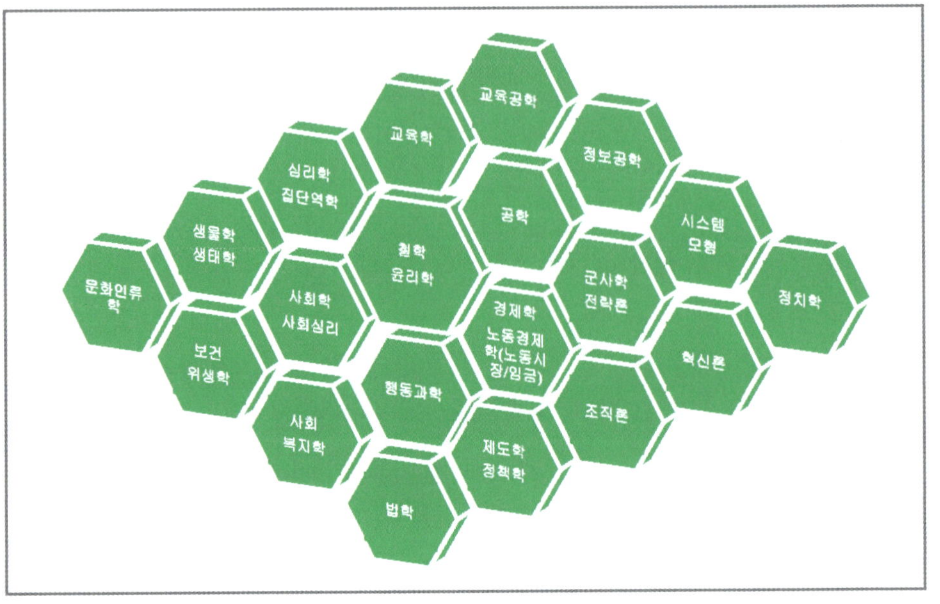

는 인접학문들의 연구결과를 받아들인 학제간 종합과학라고 할 수 있다. 인사조직관리론의 활용 이론 분야들로는 철학, 윤리학, 심리학, 사회학, 생태학, 공학 등과 같은 분야들이 있다.

기업의 목표는 무엇인가? (신유근 · 이춘우, 2018)

많은 사람들이 통념적으로 기업이 추구하는 목표가 '이윤추구' 또는 '이윤극대화'라고 말하는 경향이 있다. 이러한 주장은 경제학적 기업관에 기초한 것이다. 기업의 목표가 무엇인가는 기업을 어떤 관점에서 가정하는가에 다소 차이가 있다. 경제학적 관점에서 기업은 최소의 비용으로 최대의 이윤을 추구하는 경제 3주체의 하나로 가정하며, 따라서 이윤극대화(profit maximization)를 기업의 추구목표로 생각한다. 기업의 목표가 이윤극대화라고 하는 것은 경제학 분야에서 기업을 경제적 이익을 극대화하려는 동기를 지닌 존재로 보는 가정에 입각한 것이다.

기업은 사회제도적으로 경제적 이윤을 추구하도록 인정된 기관이다. 만일 대학이나 자선단체 또는 종교단체가 사적 이익을 추구하려고 한다면 사회적으로 용납되지 않을 것이다. 기업은 사회제도적으로 돈을 벌도록 용인되었고 또한 기대 받고 있다. 만약 기업이 경제적 부가가치를 창출하고 축적하지 못한다면 기업이라고 할 수 없다. 기업을 창업하는 기업가나 기업에 자본을 투자하는 자본가나 일자리를 찾아 회사에 입사하려는 종업원들도 기본적으로 기업에 모이는 이유는 기업이라는 생산조직을 통해 경제적 이익을 얻고자 하는 공통된 목적을 갖고 있기 때문이다.

여러 인접 학문 분야의 통섭 학문인 경영학은 기업의 추구목표를 '이윤추구 또는 이윤극대화'의 경제적 이윤추구만을 기업의 유일한 목표로 생각하지 않는다. 현실에서의 기업은 이윤창출 이외의 많은 부분들을 동시에 추구하고 달성해야만 하기 때문이다.

기업의 최종 목표는 고객과 사회가 필요로 하는 가치(value)를 창출하여 제공하는 것이며, 관리적 목표가 이윤창출이다(신유근, 이춘우, 2018)

인사조직관리(인사관리 및 인적자원관리)의 목표와 관리지표들

인적자원관리의 목표는 조직의 경영 성과목표 달성과 향상에 공헌할 수 있는 인적자원관리 성과(HRM Performance)를 산출하는 것이다. 아래에서 구체적으로 살펴보자.

① 인적자원관리의 제1목표는 조직경쟁력 강화에 공헌할 수 있는 직무 및 작업시스템과 인적자원관리시스템을 설계 · 구축 · 운영하는 것이다. 조직목표 달성을 향한 구성원들의 직무수행을 지원할 수 있는 시스템/제도의 구축과 운영이 인적자원관리의 목표라고 할 수 있다. 여타 다른 경영시스템 및 경영전략 조직구조 및 시스템 조직문화, 외부환경의 요구에 부합하는 외적 적합성과 인적자원관리시스템의 하위시스템들 간의 내적 적합성을 갖추도록 하여 인적자원관리 성과를 배가시키고 이것이 전체 경영 성과시스템에 공헌할 수 있도록 하는 것이 인적자원관리의 목표이다.

② 인적자원관리의 제2목표는 조직경쟁력 강화와 가치창출에 공헌할 수 있는 업무수행역량을 갖춘 임파워된 인재를 확보(충원 및 양성)하고 잘 활용하는 것이다. 인적자원관리는 조직구성원들을 육성하고 임파워먼트시키며 동기부여되도록 함으로써 조직경쟁력 강화에 기여할 수 있다. 인적자원관리는 직원들이 우수한 직무수행역량과 직무에 대한 열정을 가지고 적극적이고 효과적이며 효율적으로 개인 성과목표 및 팀(부서) 성

과목표 달성을 하기 위한 업무수행 활동을 하도록 하는 활동이다.

③ 인적자원관리의 제3목표는 조직목표와 조직구성원목표가 win-win할 수 있는 구조적 시스템과 조직문화적 관리관행을 구축하는 것이다. 생산성과 효율성의 향상과 조직구성원들의 삶의 질 향상의 동시 달성, 원활한 조직커뮤니케이션, 생산적인 조직 내 갈등의 관리, 긍정적이고 진취적이며 혁신지향적인 조직문화의 창달 등을 추구한다. 그러나 현실에서는 개인의 목표와 조직의 목표가 일치하지 않고 불일치하는 경우들이 종종 발생하기도 한다. 인적자원관리는 조직의 목표달성을 위한 문제와 종업원 개인의 추

[표 1-2] 구체적인 인사관리 및 인적자원관리의 목표지표들의 예

구분	정태적 지표		동태적 지표
	만족/안정	효율/성장	
구성원 개인 차원	• 직장생활 만족 • 신분(고용) 안정 • 경력 안정 • 경력일체감	• 업무능력 향상 • 생활 수준의 향상 • 개인비전(인생/경력설계)	변화 혁신 창의 학습
조직 인력 차원	• 종업원의 조직몰입 · 헌신 조직에 대한 충성 • 인력관리의 질서, 조직 내 규범 안정, 조직 내 기강확립 • 형평성 · 공정성의 실현 • QWL의 실현	• 조직 성과 • 노동생산성 • 인당 부가가치 생산성 • 인력효율성	

[그림 1-2] 30대그룹 상장사 1인당 매출액 · 영업이익 · 인건비 추이(2011~2015년)

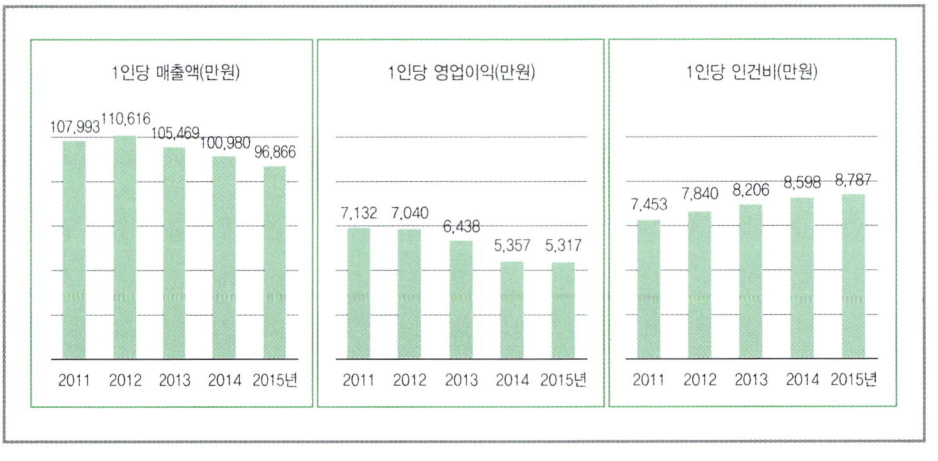

구가치목표가 조화되거나 합치되도록 최대한 노력을 기울이고, 조직의 발전과 함께 개인의 발전을 동시에 달성할 수 있는 방향과 방법을 선택할 필요가 있다. 인적자원관리의 목표를 생산성목표(productivity goal)와 유지목표(maintenance goal)를 함께 달성하는 것이라는 주장이 있다. 여기서 생산성목표 또는 과업목표(task goal)란 과업 또는 직무 그 자체가 추구하는 목표를 달성하기 위한 조직의 목표를 말하며, 유지목표란 조직의 과업과는 별도로 조직 자체의 유지(維持) – 계속적인 영위와 관련된 목표 – 로서 종업원의 만족과 같은 사회적 · 심리적 · 인간적인 측면과 연관된 것이다.

④ 인적자원관리의 제4목표는 지속적인 이노베이션을 통해 구성원 간과 부서(팀)들이 가치창출을 위해 '열정적으로 일할 수 있도록 경쟁과 협력을 동시에 촉진하는 것이다.' 개인 성과와 팀 성과, 조직 성과가 유기적으로 연계되어 상승하도록 하는 것이다. 인적자원관리는 조직구성원들이 일하기 좋은 환경과 여건을 만들고 지원하는 활동이며, 조직의 변화와 혁신(이노베이션)을 촉진하고 전사적 경영목표 달성에 공헌함을 목표로 한다.

02 인적자원관리의 변화와 발전 과정

사람과 조직관계 패러다임의 역사적 변천

조직에서의 인력과 직무를 관리하는 활동에 대한 용어와 개념은 지난 100년 동안 몇 차례 변화 발전해왔다. 특히 인사관리와 인적자원관리의 용어를 구분하는 학자들은 '인적자원관리'라고 할 때에는 '인사관리'라고 할 때보다 인적자원의 전략적 중요성과 인적자원의 개발가능성을 강조하며, 인적자원관리 기능을 스탭 역할을 담당하는 전문가들이 수행한는 것으로 보기보다 실무관리자들이 일상적으로 수행하는 기능으로 보는 경향이 있다.

학자에 따라서는 '인사관리'와 '인적자원관리'를 구분하지 않고 혼용하는 경우도 있다. 엄밀하게 말하면 인적자원관리는 경제학의 인적자본론(human capital theory)에 바탕을 둔 경제학적 접근법에 의한 인사관리론 분야라고 할 수 있고, 인적자원(human resource)에 초점을 둔다. 인사관리의 한자는 사람과 일(직무)을 관리한다는 의미로 오히려 인사관리 활동의 중요한 대상인 직무를 포함하고 있는 용어라는 점에서 더 정확하다고 할 수 있다. 인사조직관리(People and Organization Management) 가 더 정확한 용어일 수도 있다. 본서에서도 인적자원관리와 인사관리를 혼용하여 사용하고자 한다. 인사관리 및 인적자원관리의 변천 과정을 [그림 1-3], [그림 1-4]와 같이 나타낼 수 있다.

[그림 1-3] 인사관리 및 인적자원관리의 발전 과정(전략적 추구 성과목표의 가치)

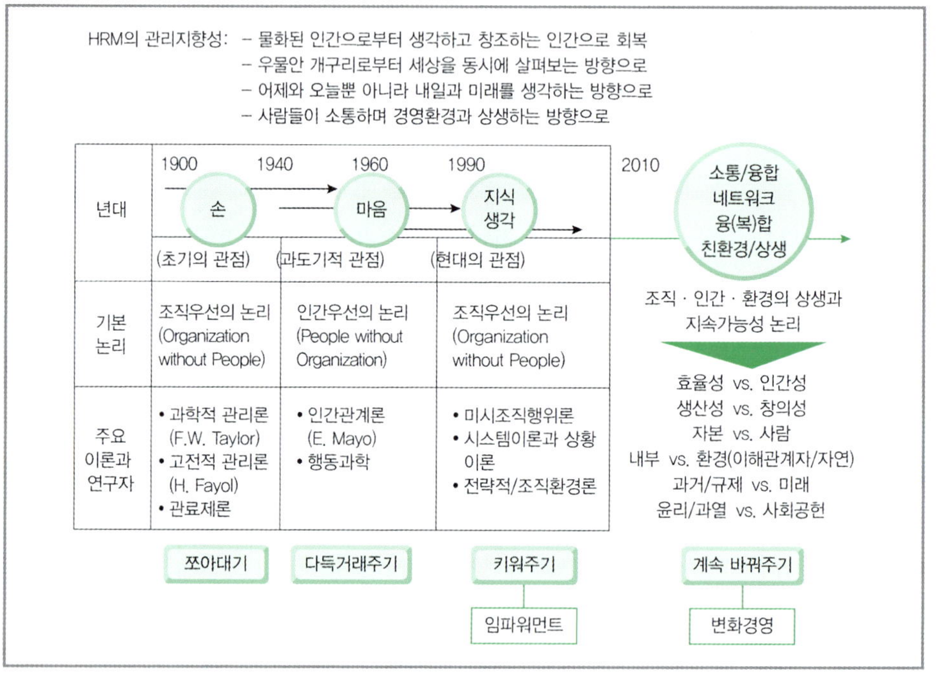

[그림 1-4] 인사관리 및 인적자원관리의 시대별 변화

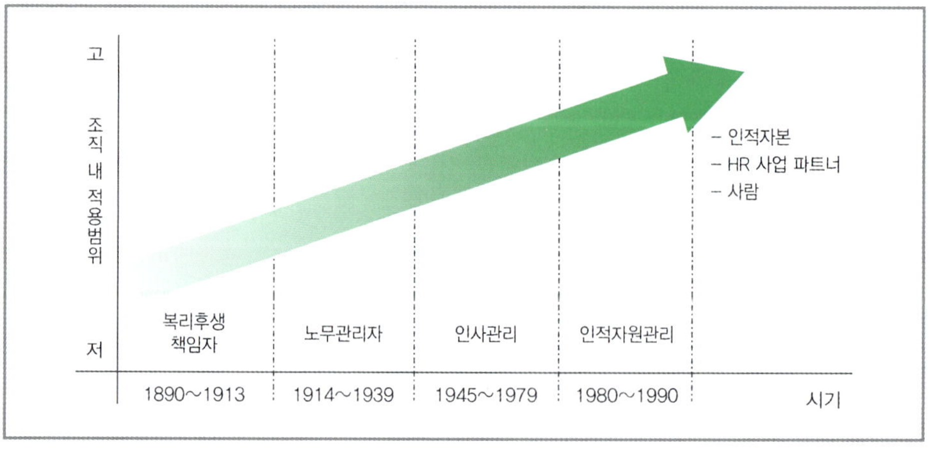

원시적 인사관리: 가부장적 인사관리 및 전제적 인사관리

인사관리가 시작되기 이전의 시기에도 인사관리가 고용주 1인에 의해 행해졌다. 이를 원시적 인사관리라고 할 수 있다. 원시적 인사관리는 가부장적 인사관리 또는 전제적 인사관리라고도 할 수 있다. 고용주가 가장처럼 종업원들을 바라보고 처우하거나 제왕처럼 종업원들을 바라보고 처우하는 양상이 나타나는 경우가 많기 때문이다. 소수의 종업원들에 대해 절대권력을 행사하며 전제적인 지배 · 종속관계를 형성하는 경우가 많다.

원시적 인사관리는 스타트업이나 중소기업 단계에서 많이 관찰되기도 한다.

고용주 1인에 의해 행해지기 때문에 리더십 스타일과 인사관리 방식이 대부분 일치하기도 한다.

테일러리즘(Taylorism): 테일러의 과학적 관리

테일러는 인간의 노동을 기계와 같은 성질을 갖는 것으로 보고, 동작연구(motion study)와 시간연구(time study)를 통해 작업동작과 작업시간의의 표준화로 노동자들의 작업 과정(노동 과정)을 합리화하였다. 즉, 테일러는 공장에서 일하는 노동자가 해야 하는 각각의 작업들을 정확하게 조직화된 단순 동작들로 세분화하고 표준화했다. 테일러리즘(Taylorism)은 기업의 직원을 생각하는 사람(Thinkers), 즉 관리자와 작업자(Doers)로 분리하였다. 관리자들은 계획을 세우고 아이디어를 내는 지적인 작업만 했고, 노동자는 현상의 반복적인 육체 업무만을 하여, 기획과 실행을 분리시켰다. 생산성향상과 소득증대를 위해서는 직무세분화와 직무전문화를 하고 작업자를 훈련 · 개발해야 한다는 원리가 전 산업계에 확산되는 계기가 되었다.

과학적 관리 이전에는 감독이 채용, 배치, 훈련, 보상, 해고 등 전권을 행사했고 해고를 무기로 강제적으로 일을 시켰다.

테일러는 감독의 자의적이고 체계 없는 관리를 탈피하여 과업에 의한 관리를 주장함으로써 현대의 직무중심의 인사관리의 기초를 제공했다.

테일러의 과학적 관리는 노동자의 직무에 초점을 두어 기계적인 시각을 가지고 접근한 것이라고 할 수 있다. 훗날 테일러의 과학적 관리론은 공학적인 관리 방식을 연구하는 산업공학 분야로 더욱 발전하였다.

노무관리(LM)

노무관리(Labor Management, 勞務管理)는 제1차세계대전 이후 영국에서 사용된 'labour management'라는 용어에서 유래되었으며, 협의로는 노사관계나 노동조건 문제 등을 중점적으로 다루는 분야를 말하고, 광의로 사용될 때에는 종업원을 관리하는 모든 활동을 지칭한다.

생산직 노동자(블루칼라 구성원)를 관리하는 관련 활동을 노무관리라 하기도 하고, 주로 화이트칼라 구성원을 관리하는 데 관련된 활동을 지칭하는 말로 인사관리로 구분하는 경우도 있다. '인사 · 노무관리(人事 · 勞務管理)'라는 명칭이 사용되기도 한다.

미국에서는 '인사관리 및 노동관계(personnel management and labor relations)'라는 용어가 사용되기도 한다. 인사관리는 조직구성원 개인 수준에서의 개별적인 고용계약에 바탕을 둔 종업원관리를 의미하고, 노동관계는 집단적인 고용계약에 바탕을 둔 경영자와 노동조합 간의 관계를 지칭하는 의미로 이해되기도 한다.

고용관계를 기초로 하여 형성되는 산업사회의 기본적인 사회적 질서를 마련하는 공식적 · 비공식적인 제도 및 관행과 그 기능 전체를 포괄하는 사회적 제 관계를 의미하는 '산업관계(産業關係, industrial relations)'라는 명칭이 사용되기도 한다. 산업관계가 광의로 사용될 때는 인사관리를 포괄하는 개념으로 이해되며, 협의로 이해될 때에는 주로 노사 간의 단체교섭과 교섭내용의 집행 등과 관련된 모든 기능과 업무를 지칭하는 개념으로 사용된다.

'인력관리(人力管理, manpower management)'는 넓은 의미로 볼 때에는 인사관리와 거의 동일한 개념으로 이해되지만, 좁은 의미로는 인력의 수급(需給)에 관련하여 인력의 수요와 공급에 대한 예측과 계획수립 및 구체적인 대응방안 마련 등의 활동을 지칭하는 의미로 사용된다. 인력관리라는 개념은 인적자원관리나 인사관리라는 개념만큼 포괄된 의미로 이해되고 있지 않으며, 인적자원의 수급관리라는 제한된 의미로 사용되는 경향이 있다.

인사관리(PM)

인사관리(PM: Personnel Management)이란 조직(기업 및 공공 부문 등)에서 인력을 효율적으로 관리하고 통제할 수 있는 가장 성공적인 방법 및 기법(best practice)들을 수집해 정리해 놓은 정도 수준의 인사관리를 말한다.

인사관리(人事管理)라는 명칭은 "personnel administration" 또는 "personnel management"를 번역한 것이다. 공공행정기관 등 행정학에서는 "personnel administration"를 인사행정론이라고 번역하기도 하는데, 기업에서도 사용되다가 점차 기업 부문에서는 "personnel management"로 통일되었다. 학자에 따라서는 '인사관리'와 '인적자원관리'를 구분하지 않고 사용하는 경우가 있다. 본서에서도 두 가지 용어를 혼용하여 사용한다.

양자를 구분하는 사람들은 '인적자원관리'라고 할 때에는 '인사관리'라고 할 때보다 인적자원의 전략적 중요성과 인적자원의 개발가능성을 강조하며, 인적자원관리 기능을 스탭 역할을 담당하는 전문가들이 수행하는 것으로 보기보다는 실무관리자들이 일상적으로 수행해야 하는 기능으로 보는 경향이 있다.

PM 수준의 인사관리에서는 채용, 고과, 임금관리 등과 같은 인사관리의 기본적인 기능들이 있지만, 각 기능들이 하나의 시스템으로 통합되고 조정되지 못하고 있다. 채용관리, 고과관리, 교육훈련관리, 보상관리 등의 인사관리의 세부기능들이 각기 별개의 독립적인 영역으로 이해되고 실무에서도 작동되었으며, 주로 회사가 필요로 하는 인력을 조달하고 관리하는 활동에 주안점을 두었던 단계의 인사관리이다. PM은 직원을 노동력, 비용의 관점에서 바라본 시대의 인사관리 패러다임이며 인간 활동의 통제적인 요소가 강조되었다.

산업혁명 이후 새로운 공장이 도처에 들어서게 되면서 이를 어떻게 하면 효율적으로 관리하느냐가 관심사로 대두되었다. 이때 테일러는 미국기업의 자유방임적인 경영을 비판하면서 과학적 관리론이라는 새로운 이론으로 작업능률을 향상시키려 하였다. 테일러는 생산과 작업의 기술적 측면을 중시하였기 때문에 인적자원을 비용의 개념으로 보고 경영자와 직원을 종속적 관계로 간주하였다. 이는 후에 "인간 없는 조직"이라는 비난을 받았다.

우리나라의 경우 1980년대까지 일부 대기업을 제외하고는 PM(직원관리)의 인사관리단계에도 진입하지 못하고 있다가 1980년대 말 정치적 · 사회적 민주화와 함께 불어닥친 노동조합의 활발한 활동에 대한 대응으로서, 특히 노사관계(노무관계)가 크게 진전되면서 PM 수준의 인사관리 모습을 갖추기 시작하였다.

이 시기의 기업은 아직 인적자원에 대한 중요성을 크게 인식하지 못해서 경영 방식 역시 통제중심의 단계에 머물러 있었다. 인적자원관리를 하나의 통합된 시스템의 관점에서 바라보지 못하여 각 기능 간의 연계가 미흡했다.

인적자원관리(HRM)

인적자원관리(HRM: Human Resource Management)는 인적자원(HR)을 조달하고 유지 · 개발 · 활용하는 활동을 계획하고 조직하여 통제하는 관리 활동의 체계를 말한다. 인적자원관리는 종래 인력 또는 종업원으로 보았던 조직구성원을 조직의 성장과 가치를 창출해 내는 자원으로 본다. 인적자원은 게리 베커의 인적자본이론(Human Capital Theory)을 기반하여 인사관리의 새로운 패러다임과 접근법으로서 부상하였다. 조직(기업)은 우수한 인적자원을 최대한 외부로부터 또는 내부로부터 확보하기 위한 활동에 초점을 두어야 하며, 인적자원관리를 통해 우수한 인적자원이 성과를 산출하도록 하는 유기적이고 통합적인 관리시스템을 구축 운영한다.

비즈니스 환경은 소득 수준 및 교육 수준의 향상에 따른 사회적 · 경제적 · 문화적 · 경영환경의 변화와 함께 경영 성과로서의 새로운 가치를 창출하는데 있어서 창의성과 인간의 지적 작업의 비중과 중요성이 과거보다 더욱 커졌다. 조직 내 인력을 인적자원으로서 개발육성 몰입이 중요한 과제로 떠오르기 시작했고, 이에 따라 계획, 조직, 자산으로서의 관리 활동 체계가 중요하게 되었다.

두 차례에 걸친 국제적 석유위기와 후발선진국들의 비약적인 발전으로 인하여 국가 간 혹은 기업 간 경쟁이 심화되었다. 또 유사한 특징의 노동력으로 구성된 동질적인 노동시장에 인종, 성별, 기술, 학력 등 다양한 배경을 가진 근로자들이 대거 유입되었다. 이러한 환경 변화 속에서 기업의 인사기능은 인사관리(PM)에서 인적자원관리(HRM)로 전환되기 시작하여 인사부서의 중요성이 크게 증가하였다.

HRM은 각각 독립적으로 활동하던 개별적인 인사기능들이 인적자원관리시스템(HRMS: Human Resource Management System)이라는 하나의 유기적으로 연계된 시스템으로 통합 · 관리되기 시작하여 시너지효과를 높이게 되었다. 인사관리의 각 기능이 조정되고 조화를 이루어서 시스템화되어 관리되기 시작한 것이다.

인사부서는 전략부서와는 별개로 독립적인 기능을 수행하는 차원에 머물러 있었다.

따라서 기업의 가치를 높이거나 기업의 전략적인 목표를 수립하고 집행하는데 참여할 수 있는 기회는 매우 제한적이었다.

PM과 HRM의 차이점

많은 경우 인사관리와 인적자원관리를 엄격하게 구분 하지 않고 '인사관리'로 명명한다. 하지만 중요한 점은 인간을 바라보는 관점 또는 패러다임에 있어서 인적자원관리(HRM)는 과거의 인사관리(PM)와 근본적인 인식의 출발이 다르다고 할 수 있다.

인사관리(PM)는 "인간=비용"의 관점에서 보았으며, 효율적인 생산을 위해 인력의 계획과 통제 활동이 개발 활동보다 중시되었다. 반면에 인적자원관리(HRM)는 "인간=자산"의 관점으로 기업에게 미래의 경제적 효익을 창출해주는 자산(Assets) 또는 자본(Capital)의 의미로 본다.

다음 표를 통해 인사관리와 인적자원관리의 구체적인 차이점에 대해서 살펴보자.

[표 1-3] 인사관리와 인적자원관리의 비교

차 원		인사 및 노무관리	인적자원관리
신념 및 가정	노동에 대한 관리업무	통제 · 지시명령 · 타율	육성 · 몰입 · 자율
전략적 측면	핵심관계	노동자-관리자/상하위계	고객/시장원리
	의사결정 속도	느림	빠름
라인 관리	주요 관리자	인사, 노사 전문가	총괄/사업/라인 관리자
	의사소통	간접적	직접적
주요 수단들	임금	직무평가 (고정된 등급)	성과와 관련됨
	노무관리	단체협약에 의한 계약	개인 지향적 계약
	직무분류 및 등급	많음	적음
	의사소통	통제된 흐름	증대된 흐름
	훈련 및 개발	과정들에 대한 통제된 접근	학습하는 회사

출처: J. Storey, *Development in the Management of Human Resources*, Oxford Blackwell, 1992, p.37.

전략적 인적자원관리(SHRM)

전략적 인적자원관리(SHRM: Strategic Human Resource Management)는 '성장전략이나 경쟁전략의 형성 및 집행 과정에 인사전략을 통합시킴으로써 인사전략의 일관된 방향성을 설정하는 것으로 인적자원의 부가가치를 최대한 이끌어내어 기업의 전략적 목표를 이루는 것'을 말한다. 또한 HR이 경쟁우위의 핵심자원이며 핵심역량이라고 생각한다. 전략적 인적자원관리는 조직이 경영 환경, 전략, 인사제도 등을 총체적으로 고려하는 장기적 · 거시적 · 시스템적 측면의 관리시스템을 강조한다.

전략적 인적자원관리는 조직의 비전 및 목표, 조직 내부 상황, 조직의 외부 환경 상황을 모두 고려해 가장 적합한 인력을 육성하고 관리해 조직의 성과목표 달성에 공헌하는데 초점을 둔다. 전략적 인적자원관리는 인적자원관리 활동과 전략적 경영 과정을 연계시키고 인적자원관리 하위 방식들 간에 조화를 이루도록 한다. 즉, 전략적 인적자원관리는 기업의 경영 환경 전략 등과 적합성과 일관성을 통해 성과창출에 공헌하는 메커니즘을 구축하고 운영하는 것이다.

전통적인 인적자원관리가 채용, 교육, 훈련, 평가, 보상과 같은 인적자원관리 방식들을 미시적 시각에서 개별적으로 접근하는데 반해, 전략적 인적자원관리는 거시적 시각에서 개별적 인적자원관리 방식을 통합하려는 데 중점을 둔다.

1980년대에 들어 세계화의 시대가 도래 하면서 기업의 경쟁 환경은 무한경쟁 혹은 국경을 초월한 경쟁으로 불릴 만큼 환경이 급변했다. 효율적인 '사람관리'를 통한 핵심역량의 강화가 기업의 경쟁력을 좌우하는 가장 중요한 요소로 등장했다. SHRM로 발전하게 된 요인들은 다음과 같다.

① 대부분의 기업이 경영철학과 기업이념을 바탕으로 효율적인 인적자원관리를 통한 역량의 제고에 기반한 경쟁우위 확보를 최우선으로 삼게 되었다.

② 독립적인 기능에 머물러 있던 인사부서가 기업의 전략과 목표를 수립하고 집행하는데 중요한 파트너로서의 역할을 담당하게 되었다.

③ 인적자원관리에서도 인사기능 간의 통합이 더욱 강조된다. 조직전략과 목표에 따른 인사전략과 목표가 수립되면 이를 달성하기 위하여 각 기능들은 일관성과 일치성을 가지고 상호 유기적으로 결합해야 한다.

기업의 사명과 목표를 정한 뒤 전략의 선택 이전에 선행되어야 할 것이 있다. 환경의 기회와 위협 및 조직의 강점과 약점분석 과정에서 인사와 관련된 이슈를 고려하는 것이다. 그리고 사업전략이 선정되면 이를 실행하는데 필요한 인적자원의 역량에 대한 구체적인 계획이 수립된다. 사람이 갖추어야 할 역량의 요건분석은 환경분석과 조직 내부분석과 연계하여 이루어진다. 다음으로 필요한 인적자원을 조달하기 위한 전반적인 인사방침 또는 인사관리의 전략적 방향 또는 인사방침을 설정한다. 인적자원관리의 전략적 방향이 설정되고 나면 고용전략, 개발전략, 보상전략, 유지전략 등 구체적인 인적자원관리전략이 설정된다.

기존의 인사관리가 인력의 확보, 활용, 유지관리라는 하위기능의 부분 최적화를 추구하였던데 비해 전략적 인적자원관리는 기업의 환경, 전략 등과의 적합성, 일관성을 통해 성과창출에 기여하고자 한다.

전략적 인적자원관리는 ① 경영환경과의 적합성(fitness)을 지녀야 하며 (외적 적합성(external fitness), ② 기업전략과의 일관성(consistency)을 확보하여야 하고(내적 적합성 internal fitness), ③ 제반 인사제도와의 정렬(alignment)을 유지하여야 한다. 인사제도는 전략적인 관점 하에서 고려되어야 하며 경영활동에 영향을 미치는 내 · 외부 요인들에 대해 내 · 외적 적합성(internal and external fitness)을 이루어야 한다.

e-HRM

e-HRM(electronic Human Resource Management)은 컴퓨터 및 인터넷 정보통신 기술을 활용하여 시간과 공간의 제약 없이 인사서비스에 조직과 종업원이 쌍방향 커뮤니케이션을 하며 참여하는 인사서비스를 통해 사람이 일에 몰입하여 가치를 창출하도록 하는 인적자원관리시스템이다.

e-HRM은 회사의 인트라넷 또는 인터넷 등을 통해 효과적으로 인사서비스를 제공하고, 구성원들과 양방향으로 의사소통하는 시스템이다. e-HRM의 등장으로 전통적인 인사 행정 업무는 축소되거나 사라지고 구성원이 직접 서비스를 찾아 컨설팅을 받을 수 있게 된다. e-HRM은 쌍방향 커뮤니케이션을 할 수 있는 인트라넷 또는 인터넷 등 IT 시스템을 활용하여 효율적이며 효과적으로 인사정보와 서비스를 조직 내 · 외 구성원들에게 제공하는 체제를 의미한다. e-HRM의 영역은 종업원 셀프서비스, 온라인 채용, 컴퓨

터를 활용한 평가, 인터넷을 활용한 교육훈련 등 제반 인적자원관리 기능 및 프로세스 관련 내용이 모두 포함된다. 우리나라에서는 LG-EDS가 1988년 사내 전자우편을 도입하여 전국에서 2천 8백여 명의 직원이 PC로 정보를 교환하도록 하였고, 1996년도 상반기에 LG-EDS가 사내 인사관리와 외부 인력모집에 인터넷망을 활용함으로써 온라인 채용시대를 열었다(매일경제, 1996. 2. 23)

ICT 기술의 발전으로 기업은 스피드경영을 하지 않으면 환경 변화에 적응하지 못하고 기업의 생존을 위협 받게 된다. 이러한 원인으로는 인터넷과 웹 기술의 발전을 들 수 있다. 인터넷 기술은 네트워크화된 조직망을 활용하여 지속적인 커뮤니케이션과 정보를 공유하는 역할을 필연적으로 하게 되었고 그로 인해 IT 기술에 기반한 e-HRM 체제의 구축이 필요하게 되었다.

e-HRM은 HRM의 복잡성과 다양성을 효율적으로 관리하고 구성원들에게 보다 질 높고 적합한 맞춤식 서비스를 제공하게 되었다. 이에 따라 HR 부서의 역할 또한 행정적 관리 역할에서 탈피하고 전사적 전략수립에 기여하는 비즈니스 파트너로 변화하여 현장의 HRM을 지원하는 컨설팅 역할을 수행하게 되었다.

e-HRM은 서류로부터 탈서류 업무 방식을 확산시키고 체계적이고 전자화된 DB 구축을 통해 정보를 효율적 · 효과적으로 관리한다. 구성원 간 커뮤니케이션 방법을 채팅과 메신저, 홈페이지, e-메일, SNS 등을 이용함으로써, 시 · 공간의 제약을 극복할 수 있다. 인사관리의 개념을 인사관리가 아니라 인사서비스로 변화시키고 일반 종업원이 인사서비스에 주체적인 입장에서 직접 참여할 수 있게 되었다. 예를 들어, 복리후생의 경우 e-welfare 이전의 복지관리에 종업원이 수동적인 복지 시혜의 대상이었으나, e-HRM의 도입으로 홈쇼핑, 온라인 비즈니스 등에서 직접 필요로 하는 복지서비스를 선택하고 사용할 수 있도록 능동적인 맞춤식 복지서비스를 가능하게 한다. 또한 교육관리는 시간적 · 공간적 제약에서 벗어나 온라인 강의, 연수를 통해 비용절감과 능동적인 교육, HR의 개발을 구현한다. 급여관리 측면에서는 복잡한 급여계산을 용이하게 하고 직원이 스스로 자신의 인센티브, 급여단계 또는 퇴직금 등을 확인해 볼 수 있도록 하여 업무에 있어서 동기를 부여하거나 더 높은 성과에 달성하도록 하는 역할을 한다. 채용관리는 인터넷과 내부 인사시스템을 통해서 필요 인적자원을 적재적시에 공급 받을 수 있는 상시 채용시스템이 도입된다.

인사관리 및 인적자원관리의 변화 과정 종합

인사관리 시기의 인사관리는 인사관리 하위 기능별로 서로 분리되어 별도로 업무가 이루어진다. 즉, 채용관리, 교육훈련관리, 고과관리 등이 서로 연계되어 추진이 되지 않고 각각이 독립적으로 추진된다. 그리고 HRM 시기의 인적자원관리는 각 기능별 활동을 서로 조정해 가며 하나의 통합된 제도 하에 활동을 한다. 인사부서의 독립 및 부서장의 통괄 하에 계획된 업무추진이 이루어지는 것이다. 또한 조직의 목표와 전략에 부합하는 인사정책이 수립되고 실행된다. 인사담당자가 전략수립 및 기획담당자에게 피드백을 주거나 조직의 전략적 비전구축과 실행에 동참한다.

① 스피드와 유연성 있는 HRM 시스템을 도입: 정보 기술을 활용하여 디지털시대 기업경영의 핵심인 스피드와 유연성을 실현하는 것이 HRM 분야에서도 필수 불가결한 과제로 부상하고 있다.

② 종업원 니즈의 다양화를 수용하고 맞춤형 개별 서비스 제공: "인재 전쟁(war for talent)"이라 불리는 인적자원 확보 및 유지를 위한 치열한 경쟁은 각종 제도에 있어 다양성과 유연성을 요구한다.

③ 직접 커뮤니케이션을 통한 종업원의 참여 활성화: 지시위주의 일방적 커뮤니케이션에 의한 위계적 · 전통적 HRM 체계에서 쌍방향 커뮤니케이션을 통한 수평적 인사시스템으로의 전환이 필요하다.

그림 1-5 인사관리 및 인적자원관리 변화 과정 종합

노무관리 (LM)	인사관리 (PA/PM)	인적자원관리 (HRM)	전략적 인적자원관리 (SHRM)	e-HRM	ERM
노동력을 생산수단(도구)으로 활용	가부장적 인사관리 온정적 인사관리	• 조직, 개인, 이해관계의 이익 동시 충족 • 합리적, 계약적, 인적자원론적	• 경영전략과 연계 • HR시스템과 내부 적합 · 외부적합 설계	• 디지털기술접목 • 참여적	• ICT 기술 • EVP • 맞춤형 인사서비스
• 비용적 관점에서 노무관리의 초점 • 생산수단으로서의 의미 • 경제인적 관점	• 조직 내 인간의 욕구와 가치에 대한 인식 • 개인적 요소에 대한 배려 • 사회인적 관점	• 종업원 능력개발과 활용 • HR에 대한 투자 관점	• BSC 성과주의 • 핵심인재 • 경영전략과 연계된 성과평가와 보상		

④ IT 기술을 접목하여 활용한 조직역량을 경쟁력 강화의 도구로서 활용: 우선 종래에는 수작업으로 할 수밖에 없던 많은 업무가 IT의 도입으로 자동화되어 일상업무의 처리속도와 생산성이 비약적으로 향상되었다. 이로 인해 인사 전문가가 하는 일상업무가 경감되어 보다 고도의 전략적 업무에 전념할 수 있는 시간을 확보할 수 있게 되었다. 또한, 기업 내 정보시스템을 통해 인사 전문가가 기업 전체적인 시각에서 인재경영에 관한 각

[표 1-4] 인사관리 및 인적자원관리의 역사적 변천 과정

구분	18C~19C 말	20C 초	1930년대~	1980년대~	1990년대~	2020년~
	산업혁명시대	테일러리즘 LM 1910년대	인사관리 PM	인적자원관리 (HRM)	e-HRM	종업원관계 관리 ERM
					전략적 인적자원관리(SHRM)	
특징	장인이 일의 기획과 실행을 모두 하고 통제함	노무관리: 작업의 기획관리와 작업 실행의 분리	Best Practice 행동과학접근의 종업원관리	인적자본론에 기반	컴퓨팅 기술 IT 기술	
	동종 제품도 생산규격화 안됨	표준화 규격화	채용, 평가, 보상, 교육훈련 등 인사 기능별 베스트 추구	인적자원개발강조 HRD의 부상 역량/경쟁우위	• 참여적 관리 / 쌍방향 소통 • 인사서비스 • HR 비즈니스 산업형성 • 인사업무 아웃소싱	
패러다임	통제 지향			몰입 지향		
	조직(자본가) 우선 노동력의 효율적 통제 · 활용 인간은 피동적 통제대상		종업원만족 강조	인간은 자율적 조직과 종업원의 균형	EVP 고용관계의 유연화	
관리원리	연공중심 숙련공중심 관리부재 (주먹구구식 관습관행)	조직중심/작업동작 통제관리 생산성 효율성 efficiency	사람중심 종업원만족 중시 effectiveness	역량중심 인적자원경쟁력 내적적합성	몰입 참여 개발 쌍방향	
		집단주의 통제지향 지시명령 · 타율		개인역량 + 팀역량 + 조직역량 육성 몰입 자율		
노사관계		단체협약에 의한 노조의 영향력		개인별 고용관계		
주요 기반 이론	분업	관료제론 고전적 관리론 과학적 관리론 (테일러리즘, 포디즘, 직무전문화(세분화), 노동관리)	인간관계론 행동과학 조직행위론	인적자본론 (Human Capital Theory)		
			상황이론 시스템모형	전략적 경영론 조직환경론		
시장 및 경영환경의 특징	대량생산시대의 시작	대량생산시대	공급자주도시장에서 소비자주도의 시장으로 과도기	시장 경쟁심화 글로벌화	디지털기술 환경	
	공급자주도의 시장 노동집약적			소비자주도의 시장 지식집약적		프로슈머

종 분석을 더욱 효과적으로 할 수 있게 되었다.

[표 1-5] 전통적 HRM과 e-HRM의 차이점 및 비교

구분	기존 HRM	ICT기술	e-HRM
1. 관리 형태	집단 차원의 관리		개별 차원의 관리
2. 작업환경	Paper중심 작업환경 물리적 사업장 근무시간의 제약	스피드업	Paperless 작업환경 가상작업공간 등장 근무시간 유연화, 탄력화
3. 필요 기술	사람관리 스킬	비용절감	정보관리 및 IT 관리 기술
4. 주요 인사 기능	데이터 관리 및 정보전달	개인별 맞춤형	전략적 인사관리
5. HR 담당자 역할	관리/지원 역할		전문적인 자문, 어드바이저 역할
6. 정보수집 방법	개인적 접촉 등 비과학적 방법	유연성 (시 · 공간 제약 극복)	컴퓨터 기반의 통계자료 및 과학적 방법
7. IT 활용도	수동적 대응		주도적 개발 요구
8. 인사부서의 기능	인사자료관리/전달		인사정보산출, 인사경영의사결정지원
9. 기능역할	일상적 관리기능중심		전략적 기능강화
10. 관리 지향점	관리통제	다양성	자문/ADVISOR/지원
11. 인사업무 형태	paper work		Paperless work
12. 인사서비스 성격	확일적 인사서비스	정확성	HR서비스의 다양화/차별화/선택
13. 인사관리 기초	직무(사람)베이스관리		개인역량 베이스 관리
14. 커뮤니케이션방식	일방적 커뮤니케이션	참여적	쌍방향 커뮤니케이션
15. 인사관리접근시각	종업원 전체적 관리		종업원 개인별 관리
16. 종업원관	관리통제대상		HR시장/HR마케팅
17. 노동시장에 대한 관점	내부/외부 분리		내부/외부 모호, 상호 연계 유연화

출처: POSCO 경영연구소.

빅데이터 인사관리 및 인공지능 기반의 HR Analytics

빅데이터 인사관리는 HR Analytics 라고 불리기도 하는데, 인사관리를 수행함에 있어서 빅데이터 분석기법을 활용하여 산출된 자료와 정보를 바탕으로 인사관리 관련 의사결정과 실행을 하는 인사관리이다. '빅데이터'란 과거에는 저장하지 않거나 저장하더라도 분석하지 않고 폐기한 엄청난 양의 데이터를 말한다. 디지털 시대의 부산물이라고 할 수 있는 것들로 우리가 일상적으로 쓰는 이메일과 문자 메시지, 전화, 소셜미디어에 올린 단문, 마우스 클릭 등은 모두 디지털 데이터가 된다. 이러한 비정형적인 데이터를 분석할 수 있는 기술을 빅데이터 기술이라고 하며, 빅데이터 기술을 활용하여 기하급수적으로 증가한 생산 · 유통 · 저장되는 정보를 해석해 여러 분야에 활용할 수 있게 되었다.

데이터에 기반한 인사관리나 HR Analytics는 개념적으로는 전혀 새로운 것은 아니다. 1990년대부터 다양한 시도가 있어 왔는데, 지속적인 기술 발전과 정보 기술(IT) 애플리케이션의 발달로 다양한 데이터의 확보가 가능해지고 빅데이터 분석기법과 개념이 개발되면서 인사데이터와 비즈니스 데이터를 이용하여 미래를 예측할 수 있는 역량을 확보하게 됐다. 데이터에 기초한 HR Analytics 는 기업 의사결정자들이 고민하는 문제들에 대해 데이터 중심의 정교한 분석과 예측 모델링에 기초해 해결책을 찾을 수 있게 도와주고 있다.

기업경영의 중요 의사결정 과정에서 경영자들은 자신의 의사결정이 과연 얼마나 정교한 예측에 기초한 결정이고 또한 기대한 결과를 가져올 수 있는지 고민한다. 국내 · 외 여러 기업들은 빅데이터 및 애널리틱스(Analytics) 역량을 경영상의 중요한 전략적 화두로 삼고 있고 인사관리 영역에 적용하고 있다. 빅데이터 인사관리는 e-HRM이 진화되고 보다 정교화된 방식이라고 할 수 있는데, 주로 채용관리나 리더십 역량개발 등에서 유용하게 활용되고 있다.

실제 사례

구글은 인사관리를 People Operations(POPS)라고 부르면서, POPS에는 25명의 통계학, 심리학, MBA 출신의 전문가로 구성된 '직원 분석팀(people analytics team)'과 '사람과 이노베이션 연구실(People & Innovation Lab(PiLab)'을 두고 있다(중소기업뉴스, 2013.9.18.).

구글은 임직원의 성과 관련 빅데이터 분석을 통해 산소(Oxygen)와 같은 좋은 리더의 조건 찾기인 '옥시젠 프로젝트(Oxygen Project)'를 실행했다. 구글은 수 만건의 인사 빅데이터를 분석한 결과, 성과가 상위 25%에 드는 팀과 하위 25%인 팀을 구분 짓는 결정적인 요인이 관리자의 훌륭한 리더십이라는 점을 밝혀내고 2009년부터 좋은 리더들이 어떻게 행동하고 있는지를 분석해 '성공하는 리더가 갖추어야 할 8가지 조건'을 찾아냈다. 그 8가지 조건은 ① 좋은 코치되기, ② 팀원에게 권한을 주고 잔소리 안하기, ③ 부하의 성장과 행복에 관심 두기, ④ 생산성과 결과를 중시하기, ⑤ 팀원 말에 귀 기울이기, ⑥ 부하의 경력개발 돕기, ⑦ 뚜렷한 미래와 전략을 팀에 제시하기, ⑧ 팀을 도울 수 있는 잘하는 기술 익히기이다. 이를 바탕으로 구글은 리더 양성을 위해 2010년부터 본격적인 리더십 교육을 실시했다. 매년 두 번씩 글로벌 사업담당 리더를 위한 Upward Feedback Survey(UFS)와 엔지니어 리더를 위한 Tech Managers Survey(TMS)를 통해 진단을 하고, 그 결과를 피드백, 리더 자신들이 부족한 부분이 무엇인지 파악하고 개선할 수 있도록 지원했다. 그 결과 2012년 조사에서 리더에 대한 긍정적인 응답이 88%로 2년 전보다 5%포인트 증가했다.

구글은 채용 과정에서 지원자에 대한 수십 페이지의 보고서가 만들어질 정도로 엄격하게 채용관리를 해 왔다. 구글은 그리스신화의 문지기 신인 야누스(Janus)를 본 따 '야누스 프로젝트(Janus Project)'로 채용 관련 빅데이터를 분석하여 기존 채용 과정이 너무 길고 복잡하며, 인터뷰는 4번이면 충분하다는 점을 발견했다. 또한 지원자의 대학 학점이나 채용시험 성적이 성과 창출과는 상관이 없다는 분석결과도 얻었다. 이에 채용을 전보다 단순화시키고 있다.

또한 구글은 여성인력 확보에 주력하고 있음에도 여성인력 퇴직률이 직원 평균의 2배가 된다는 점을 발견했다. 이에 구글은 출산 여직원의 휴직기간을 5개월로 늘리고 휴직기간 동안에도 휴직 전과 동일한 급여와 복리후생을 제공한 결과 출산 여성의 퇴사율이 50% 감소했고, 전체 여성 직원의 퇴직률도 산업평균 수준보다 낮은 수준으로 하락했다.

국내 기업들도 빅데이터 인사관리를 활용하고 있다. A보험사는 설계사의 채용, 성과관리, 이탈방지 등 설계사 관리가 시급했는데 관리가 제대로 이뤄지지 못하고 있었다. 이에 높은 실적을 내는 설계사의 공통적인 특성으로 인간관계, 가계도, 출신 지역, 이전 경력 등 다양한 데이터를 분석하여 우수 설계사의 공통적 특징을 도출하고 채용 과정에서 활용하고 있다.

IBM이 대주주인 케넥사가 수백만 명의 인사 · 직무자료를 분석한 결과, 실적 좋은 영업사원의 기본 소양은 '첫 시도에서 거절당하더라도 끈기 있게 밀고 나가는 용기'라고 결론내렸다.

빅데이터 인사관리 및 인공지능 기반의 HR Analytics 동향

딜로이트에서 발표한 '2014년 글로벌 휴먼 캐피털 트렌드' 보고서에 따르면 설문 대상 기업의 14% 정도만이 HR 쪽에 일부 빅데이터 애널리틱스 관련 역량 확보 및 이와 관련해 준비하고 있는 것으로 조사되었다. 이는 재무 부문 81%, 마케팅 부문 56%, 판매 부문 58%의 수치와 비교할 때 매우 낮은 수준이다. 그러나 설문 대상 기업의 57%가 향후 빅데이터 및 애널리틱스 분야의 투자를 확대할 것이고, 특히 채용, 리더십 개발, 인재관리 부문에 집중할 것이라고 응답했다(자료: 조기훈, 한경비즈니스, 2015.19 발췌).

인공지능 인사담당 로봇의 등장

일부 인사관리 업무를 인공지능형 로봇이 담당하게 될 것이다. 일본의 통신 · 전자기기 종합회사인 NEC가 사람 대신 입사시험 서류전형을 할 수 있는 인공지능(AI)을 개발, 인재소개회사 등 3개 회사가 이를 활용 중이라고 마이니치신문이 2016년 8월 25일 보도했다.

종래 채용한 사원들의 이력서 등을 AI가 학습해 기업이 요구하는 인재의 경향을 분석하고 그에 맞는 지원자를 선발하는 알고리즘을 탑재한 로봇이다. 인사고과에 AI를 쓰는 일본기업도 있다. 평가자의 개인적 선호라는 감정적인 평가를 배제해 공정한 평가가 가능할 수 있다는 기대감이 커지면서 채용, 평가, 교육 등 인사관리에서 AI 활용이 확산될 것으로 보인다.

실제 사례

D사는 핵심인재관리를 하고 있는데도 핵심인재의 이직률이 줄어들지 않고 있었다. 이에 최근 몇 년간 퇴사한 핵심인재의 다양한 인사 데이터를 빅데이터 애널리틱스 기법으로 분석했는데, 퇴사원인이 급여나 승진 문제가 아니라 연속적인 지방 근무였다는 것을 발견해 냈다. 고객사에서 근무해야 하는 업무특성상 지방에서 프로젝트를 수행해야 할 때가 많았는데, 이때 핵심인재 30%가 퇴사하는 것으로 분석된 것이다. 이러한 자료를 활용하여 D사는 퇴사가 예측되는 핵심인력에 대한 사전 상담 등으로 이직률을 현저히 낮출 수 있었다.

클라우드 HCM(Human Capital Management)

클라우드가 IT 업계 전반에 실질적인 방법론으로 확산되면서, HCM 또한 ERP(전사적 자원관리)와 더불어 SaaS(서비스형SW) 활용을 활성화시키는 방법으로 활용되고 있다. 서비스 중심적인 21세기 경제에서 클라우드 HCM 솔루션을 통해 HR 부서와 IT 담당자들은 SaaS 모델을 기반으로 단기간 구축, 낮은 비용, 새로운 기능의 즉각적인 제공 등의 이익을 제공할 수 있는 클라우드 기반 HCM 솔루션을 내놓고 있는 것이다.

이춘우 교수의 인사조직관리에 관한 정의

외국문헌이나 국내문헌에서의 인사관리 및 인적자원관리 정의들은 주로 인사관리의 대상이나 세부기능 활동 또는 목적 하는 바 등을 중심으로 정의하고 있다. 이러한 정의들은 표면적이고 현상적인 측면에 초점을 맞춘 정의들일 수 있다. 이춘우는 인사관리(인적자원관리)를 메타포 기법을 적용해 다음과 같이 설명한다.

- 인사관리는 학교생활 기록부를 만드는 활동이다.
- 인사관리는 테트리스 게임이다.
- 인사관리는 농사짓는 것과 같다.
- 사람을 잘 뽑고 잘 쓰고 잘 관리하는 것
- 인사관리는 사람을 요리하는 것과 같다.
- 인사관리는 뜀틀의 구름판이다.
- 인사관리는 조직의 건강관리 활동이다.
- 인사관리는 조직의 변화와 혁신관리 활동이다.
- 인사관리는 사람(직원 및 고객)을 사랑하고 꿈을 주는 활동이다.
- 인사관리는 사람을 돈(가치창출)의 원천으로 연결 짓는 활동이다.
- 인사관리는 '경영' 그 자체이다.
- 인사관리는 '리더십'이다.(동기부여 되도록 하는 것이다)

① 인사관리는 학교생활 기록부를 만드는 활동이다.: 인사관리는 종업원들 개개인의 능력이나 태도, 가치관 등에 관한 정보를 산출하는 활동이다.

② 인사관리는 테트리스 게임이다.: 인사관리는 적재적소인가를 관리하는 활동이다. 내가 있을 자리에 있는 것인가? 저 사람이 있을 자리에 제대로 있는 것인가?를 고민하고 최대한 최적의 적재적소의 상태를 만들려고 하는 활동이다.

③ 인사관리는 농사짓는 것과 같다.: 인사관리는 작물을 키우는 활동과 같다. 작물을 소출을 기대하고 파종을 하고 거름과 물을 주며 키우고 기대하는 열매를 수확한다. 인사관리도 인력을 확보하고 교육훈련 투자를 하여 직무 성과와 경영 성과라는 소출을 수확하는 활동이므로 매우 유사하다.

④ 사람을 잘 뽑고 잘 쓰고 잘 관리하는 것: 인사관리는 채용, 배치, 평가 보상, 교육훈련, 인사이동, 경력개발 하는 것이다.

⑤ 인사관리는 사람을 요리하는 것과 같다.: 사람마다 개인차가 크다. 관심사와 능력과 역량에서 차이가 있다. 개인차를 살펴 개인별 맞춤형 서비스를 하여야 하는 활동이다.

⑥ 인사관리는 뜀틀의 구름판이다.: 인사관리시스템이 잘 되어 있는 회사가 있는 반면 인사관리가 작동되지 않는 조직(회사)이 있다. 인사관리는 구성원들의 생각과 행동을 제약하는 기능을 한다. 누구나 생존과 성장의 욕구를 가지고 있다. 인사관리는 인간의

생존과 성장욕구를 자극하여 구성원들이 생존욕구와 성장욕구를 충족시킬 수 있는 기회를 제공한다. 뜀틀의 구름판은 선수가 좀 더 높이 뛰어 오를 수 있도록 도움을 주는 역할을 한다. 인사관리도 이와 같다. 동일한 사람이 A사에서는 10미터를 뛰어 오를 수 있는데, B사에서는 7미터나 5미터밖에 뛰어오르지 못하는 것은 바로 인사관리의 차이에서 오는 것이다.

⑦ 인사관리는 조직의 건강관리 활동이다.: 사회조직은 유기체 조직처럼 부패될 가능성이 있다. 지속적으로 조직의 기능들이 정상적으로 작동하고 있는지, 구성원들이 조직에 해가 되는 규칙 위반행동이나 사회적 범죄행동을 하고 있지는 않은지를 지속적으로 모니터링하고 그러한 행동이 나타나지 않도록 관리해야만 할 필요가 있다. 조직의 건강상태를 점검하고 유지하고 증진시키는 임무를 수행하는 부서가 바로 인사부서이다.

⑧ 인사관리는 조직의 변화와 혁신관리 활동이다.: 조직의 변화와 혁신은 조직 내 여러 부문에서 동시에 또는 부분적으로 추진할 수 있다. 인사관리는 조직구성원들의 가치관 신념의 변화 또는 태도 및 행동의 변화를 통해 조직의 변화와 혁신을 촉진할 수 있다. 조직구성원들의 의식과 행동 변화는 조직문화의 변화를 유발하게 되고 시스템과 제도, 그리고 구조의 변화를 끌어낼 수 있다. 따라서 조직의 변화와 혁신을 하는데 있어서 인사관리는 상당히 중심적인 역할을 할 수 있다. 사업구조의 혁신이나 경쟁우위 전략을 실행하는데 있어서도 전략적 인적자원관리가 내·외적 적합성을 가지고 실행될 때 전략적 경영이 성공할 수 있다. 인사부문이 최고경영자의 전략적 파트너로서 부상하고 있는 것이다.

⑨ 인사관리는 사람(직원 및 고객)을 사랑하고 꿈을 주는 활동이다.: 인사관리는 종업원(사람)에 대한 애정과 신뢰를 바탕으로 하지 않을 경우, 상호 불신이 심화되어 인사관리가 제대로 되지 않는다. 고용주와 피고용인 간의 상호 불신은 상호 법적 분쟁으로 이어지기도 하며, 폭력이나 방화 등 물리적인 충돌이 발생하기도 한다. 회사와 종업원은 미래의 꿈을 서로에게 줄 수 있어야 한다. 미래에 대한 상호 기대는 현재의 고통과 불만을 참을 수 있게 해 주는 힘이 되지만, 미래에 대한 기대가 없어지는 순간 상호 불만과 충돌이 발생할 수 있다.

⑩ 인사관리는 사람을 돈(가치창출)의 원천으로 연결 짓는 활동이다.: 인사관리는 전략적 인적자원관리의 핵심 논리이자 메커니즘이다. 기업조직은 고객과 사회를 위한 가치를 창출함을 궁극적임 목표로 하며, 그 관리적 목표가 이윤창출이다. 사람은 기업의 목표를 달성함에 있어서 가장 핵심적인 자원이 된다.

⑪ 인사관리는 '경영' 그 자체이다.: 기업 활동을 구성하는 많은 하위기능 활동들 중 인사관리가 가장 핵심적이라는 점에 대해 기업가(경영자)들은 100% 동의한다. 모든 하위기능 활동들의 기본 토대가 인사조직관리이다. 경영자의 활동 및 역할 중 사람관리와 조직관리와 연관되지 않는 것이 없고, 가장 중요한 활동이다. 따라서 인사관리는 경영 그 자체라고 할 수 있다.

⑫ 인사관리는 '리더십'이다.: 기업조직의 규모가 작을수록 인사관리제도보다도 기업가(최고경영자)의 리더십이 절대적으로 중요하다. 기업조직의 규모가 커질수록 직원 수가 많아지므로 제도와 시스템 그리고 조직구조가 잘 갖추어져야 한다. 이때, 인사관리제도는 최고경영자의 경영철학과 인사철학을 종업원들에게 커뮤니케이션하고 동기부여 되도록 하는 메커니즘으로 작동한다. 따라서 인사관리는 최고경영자와 조직의 핵심가치 및 창업정신이 담겨 있도록 해야 한다. 특히 창업정신과 핵심가치가 무너지거나 훼손되지 않도록 해야 조직은 지속 가능하게 성장 발전해 갈 수 있다.

실제 사례

리더십 대체이론은 어떤 논리인가?

1970년대 대부분 리더십 상황론들은 특정 상황에서 효과적이고 적합한 리더의 행동유형 규명에 중점을 두었으나, 1978년 커와 저미어는 상화 요인 자체에 더 관심을 갖고 리더십의 중요성이나 효과성을 감소, 악화시키는 조직, 과업, 구성원들의 특성 등과 같은 상황 요인(변수)들이 무엇인지를 규명하는 데 초점을 둔 리더십 대체이론(Substitute for Leadership)을 발표하였다.

리더십 대체이론에서의 상황 요인은 대체 요인과 중화 요인로 구분되며, 대체 요인은 리더십 행사를 필요 없게 만드는 요인을 의미하며, 리더십 못지않게 이미 성과에 주요한 영향을 미치고 있는 상황 요인이 존재하는 경우, 리더십을 발휘하는 것은 의미가 없다는 논리이다. 예를 들어, 고도로 구조화된 과업의 경우, 리더의 감독이나 지시가 없어도 부하 직원은 과업을 효과적으로 수행할 수 있다. 이 경우에 리더의 구조주도 행동은 불필요하다. 즉, 구조화된 과업 상황은 구조주도 행동의 대체 요인이 된다. 또한 리더의 영향력을 감소시키는 중화 요인의 경우의 예로는 응집력이 강한 팀의 경우, 업무 경험이 많고 훈련을 충분히 받은 부하 직원의 경우, 권위주의적 성향이 강한 부하직원인 경우, 리더의 약한 지위 권력 등을 들 수 있다.

- 리더십 대체물(substitute)이란 리더의 행동을 불필요하게 만드는 상황 요인
- 리더십 중화물(neutralizer)이란 리더가 특정한 방식으로 행동하는 것을 방해하는 요인
- 리더십 보완물(supplement)이란 상황에 따라 리더의 행동을 보완하는 요인

학습정리

- 인적자원(HR)은 유형자원이나 무형자원과는 달리 능동성과 통제력, 잠재력, 유연성의 특성을 모두 지닌 자원이다.
- 인적자원관리는 조직에서 사람을 다루는 철학과 그것을 실현하는 제도 및 기술과 관련된 일련의 관리 활동의 체계이다.
- 인적자원관리는 인간에 대한 기본적인 경영관점에 따라 많은 영향을 받는다.
  PM(Personnel Management)은 조직이 필요로 하는 인력을 조달하고 관리하는 활동으로 인간을 노동력, 비용의 관점에서 바라본 시대의 인사관리 패러다임이다.
- HRM(Human Resource Management)은 조직이 필요로 하는 인적자원을 조달하고 유지 · 개발 · 활용하는 활동을 계획하고 조직하여 통제하는 관리 활동의 체계이며, 인사관리의 각 기능은 조정되어 조화를 이루어 관리가 이루어진다.
- SHRM(Strategic Human Resource Management)은 전사전략에 인사전략을 통합시킴으로써 인사전략의 일관된 방향성을 설정하는 것으로서 인적자원의 부가가치를 최대한으로 이끌어내어 기업의 전략적 목표를 이루는 것이다.
- e-HRM(Electronic-Human Resource Management)은 회사의 인트라넷 또는 인터넷 등을 통해 효과적으로 인사서비스를 제공하고 구성원들과 양방향으로 의사소통하는 시스템으로, 전통적인 인사 행정 업무는 축소되거나 사라지고 구성원이 직접 서비스를 찾아 컨설팅을 받을 수 있는 시스템이다.

참고문헌

1. David Lepak, Mary Gowan(2017). *Human Resource Management*, Third Edition, Chicago Business Press.
2. 전략적 인적자원관리(2007). 이학종 · 양혁승, 세경사.
3. 21세기형 인적자원관리(2000). 한국노동연구원, 명경사.

연습문제

01 테일러(Taylor)의 과학적 관리법에 관한 설명 중 가장 적절한 것은? 2006년 공인회계사

① 보상은 생산성과 연공(seniority), 팀웍과 능력에 비례하여 주어져야 한다.
② 임파워먼트(empowerment)와 상향적 커뮤니케이션을 중시하였다.
③ 동작연구, 감정연구, 인간관계연구가 활발히 진행되었다
④ 능률적 작업과 생산성 향상을 주된 목표로 하였다.
⑤ 직무설계가 전문화, 분권화, 개성화, 자율화되었다

02 조직이론에 관한 다음의 각 항목을 조직이론의 발전 순서에 따라 바르게 나타낸 것은?

2003년 공인회계사

> ⓐ 조직의 인간적 · 사회적 측면을 강조하였으며, 행동과학 분야와 인적자원관리의 발전을 위한 이론적 틀을 제공하였다.
> ⓑ 조직은 환경과는 무관한 폐쇄체계로, 그리고 조직을 구성하는 인간과 인간집단은 합리체계로 간주하였다.
> ⓒ 조직의 목표달성보다는 생존을 중시하고, 조직 내부의 비공식성과 비합리성의 영향을 부각하였다.
> ⓓ 서로 다른 환경의 요구들에 대처할 수 있는 방안을 제시하는 상황적합이론(contingency theory)이 발전하였다.

① ⓐ－ⓑ－ⓒ－ⓓ
② ⓐ－ⓓ－ⓑ－ⓒ
③ ⓑ－ⓐ－ⓓ－ⓒ
④ ⓒ－ⓐ－ⓓ－ⓑ
⑤ ⓓ－ⓒ－ⓑ－ⓐ

03 경영학의 발전 과정 중 나타난 용어와 설명 관계가 적절하지 않은 것은? 2008년 공인회계사

① 시스템이론: 조직을 여러 구성인자가 유기적으로 상호 작용하는 결합체로 봄.
② 행동과학이론: 인간관계를 중시하며 비공식 조직의 존재와 그 기능을 밝힘.
③ 과학적 관리: 과업관리의 목표는 높은 임금·낮은 노무비의 원리로 집약됨.
④ 구조조정이론: 리엔지니어링, 벤치마킹, 아웃소싱 등의 기법이 있음.
⑤ 포드 시스템: 봉사주의와 저가격·고임금의 원리를 중심으로 하는 경영이념을 가짐.

04 조직기술에 관한 설명으로 가장 적절한 것은? 2011년 공인회계사

① 생산규모와 기술의 효율성에 따라서 우드워드(Woodward)는 생산기술을 8가지로 분류하였는데 이는 크게 단위소량생산기술, 대량생산기술, 연속공정생산기술, 대량주문생산기술로 구분된다.
② 우드워드(Woodward)에 따르면 단위소량생산기술을 사용하는 조직은 전반적으로 기계적 조직구조를 가지는 반면, 대량생산기술을 가진 조직은 전반적으로 유기적 조직구조를 가진다.
③ 페로우(Perrow)는 과업의 불확실성과 기술의 복잡성, 기술의 개방성에 따라서 부서단위의 기술을 분류하였다.
④ 페로우(Perrow)에 따르면 일상적 기술을 가진 부서는 공학적 기술을 가진 부서에 비하여 공식화와 집권화의 정도가 상대적으로 낮다.
⑤ 톰슨(Thompson)에 따르면 집합적 상호의존성(pooled interdependence)을 사용하는 조직은 순차적 상호의존성(sequential interdependence)을 사용하는 조직보다 의사소통의 필요성이 낮다.

05 테일러(Taylor)의 과학적 관리법 설명으로 가장 적절하지 않은 것은? 2014년 공인회계사

① 분업의 원리를 적용하여 업무를 세분화하고 작업절차를 표준화하였다.

② 시간과 동작연구를 통하여 표준 작업량을 설정하였다.

③ 종업원 개인이 달성한 성과에 따라 임금을 차별하였다.

④ 조직의 관리 과정을 계획, 조직, 지휘, 조정, 통제의 단계로 구분하였다.

⑤ 작업능률과 생산성을 향상시키는 최선의 방법(one the best way)이 존재할 수 있다고 주장하였다.

02장 인사조직 책임자와 인사조직 전문가의 직무역량

학습목표

1. 인사조직 담당자의 역할에 대해 이해한다.
2. 인사조직 담당자의 권한에 대해 이해한다.
3. 인사조직 담당자의 역할 변화에 대해 이해한다.
4. 인사조직관리의 주체 변화에 대해 이해한다.

실제 사례

대기업 인사팀의 위상이 달라졌다

2000년대부터 삼성, LG의 각종 투자전략회의에는 인사팀이 반드시 참석해야 한다. 최고의사결정기관인 경영위원회에도 인사담당 임원이 참석한다. 최고경영자가 회사의 미래전략을 짜면서 조직구조를 어떻게 설계할 것인지, 또 핵심 요직에 등용할 인재를 내부에서 선발할 것인지 외부에서 데려올 것인지 결정하기 위해 인사팀에 수시로 자문을 한다. 외환위기 전까지만 해도 이런 회의에 인사팀은 참석할 수 없었다.

인사팀의 위상 변화는 인사팀의 업무가 후방 지원부서에서 전문지식으로 무장한 기획부서로 변화하고 있기 때문이다. "몸으로 때우던 인사팀의 일이 외환위기 이후 고도의 전문지식이 필요한 업무로 변화"한 것이다. 적당한 수준의 인재가 대량으로 필요하던 자원투입형 경제에서는 인사팀은 관리부서에 머물렀지만, 기존 자원으로 최고의 효율을 이끌어내야 하는 시대로 접어들면서 인사팀의 역할이 최고경영자의 전략 파트너이자 조직의 변화를 관리하는 기획업무로 바뀌게 된 것이다.

과거 인사팀의 주 업무는 인사발령, 급여정산, 신입사원 공채, 교육, 노무, 종업원 복리후생, 각종 증빙서류 발급, 휴가 및 시간외수당 체크 등 주로 행정적인 업무였다. 인사업무가 전산화돼 있지 않던 시절에는 월급날이나 인사철, 신입사원 공채 때는 수많은 서류와 씨름하면서 기계적인 업무를 지겹도록 반복해야 했다. 인사팀 스스로 자신들을 '대서방(代書房)'이라고 비하해서 부를 정도였고 총무부의 하위부서로 있는 경우도 많았다.

연봉제, 종신고용 파괴, 경력사원 수시 모집, 핵심인재 육성, 평가 및 보상체계 설계 등 1960년 이후 지속됐던 인사 관련 관행이 외환위기 이후 혁명적으로 바뀌면서 인사팀의 업무도 크게 바뀌었다. 급여정산, 후생복지, 생산직 사원 모집 등 관리업무가 아웃소싱됐고 행정적인 업무는 모두 전산화됐다. 각 기업들은 성과주의 풍토 조성과 조직원에게 성취동기를 불어넣기 위한 평가 및 보상업무를 도입했고 이 과정에서 외부 전문가들이 인사팀에 대거 수혈됐다. 인사팀이 가장 집중하는 업무는 핵심인력 스카우트 및 인재 양성제도 설계에 있다. 삼성 구조조정본부의 인사팀은 이공계 출신의 박사, 외국 인력, 해외 영업통 등으로 다양하게 구성돼 있다. 그 분야에서 가장 실력 있는 사람들을 선발하고 해당 분야에 맞는 연수 프로그램이나 교육을 제공하려면 그 분야의 전문가가 인사팀에 필요하기 때문이다. LG전자도 2014년에 5만2,000명의 직원 중 절반이 넘는 2만8,000명이 해외에서 근무하기 때문에 인사팀은 전문적인 지식과 글로벌한 식견을 가져야 하고 외국계 인사 전문가도 필요하게 된 것이다.

기업철학에 맞는 조직문화 설계도 인사팀의 몫이다. 금호아시아나그룹 인사팀은 작년부터 컨설팅회사에 자문을 해가면서 창업자의 철학과 금호아시아나만의 독특한 기업문화를 정착시키기 위한 인사제도 설계를 하고 있다.

도삼그룹 이○○ 인사팀장은 하루에도 3~4회 이상 사장실을 출입하고 있다. 월말부터 미국 등 해외 각지에서 MBA 출신의 우수인재를 모집하기 위해 한 달간 일정으로 준비중인 인재채용투어에 대한 마스터플랜을 마련해 놓고 있기 때문이다. 특히 이 회사 박○○ 총괄사장은 스카우트 물망에 오른 우수인재들의 최종면접을 위해 직접 미국 현지로 출장을 갈 정도로 관심이 크다. 삼성전자, LG전자, SK그룹 등의 인사최고책임자들도 해외 우수인재 확보를 위해 1년 중 60일 이상을 해외에서 보내고 있다.

과거 대기업 인사 팀의 주된 업무였던 인사발령, 급여정산, 신입사원 공채, 각종 증빙서류 발급 등 행정적 업무량은 전산화를 통해 예전의 3분의 1 수준으로 줄어들었다. 대신 인사팀은 회사의 성장을 위해 채용, 유치한 우수인재들을 지속 관리하는 소위 '부가가치 창출형' 업무에 매진하고 있다.

푸즈코 박○○ 인사팀장은 자신이 속한 인사팀의 위상이 나날이 변화하고 있음에 스스로 놀라고 있다. 민영화 이후 각종 투자 관련 회의에서부터 회사 내 핵심임원들이 참석하는 전략회의에도 인사담당 임원이 반드시 참석하고 있다. 삼성, LG, SK, 현대차 등 국내 대기업의 인사담당 임원들도 회사 전략에 적합한 '사람 문제'를 어떻게 해결할 것인가 하는 주제로 매주 사장단 회의에 참석한다.

인사팀 자체의 역량 강화를 위한 투자도 아낌없다. 신입사원 채용 시에는 소위 'S'급으로 분류되는 최고 인재를 팀원으로 가장 우선적으로 배정 받는다. 그 이유는 우수인적자원을 채용하고, 분류 관리하기 위해서는 채용업무 담당 인력부터 고급화해야 한다는 회사의 정책적 지원이다.

자료: 동아일보, 2004.1.25. "기업인사팀 위상 '업그레이드'…최고경영자 전략파트너 부상"; 파이낸셜 신문, 2004. 2. 5, 대기업 인사팀의 위상이 달라진다 발췌

실제 사례

인수합병(M&A) 시 인사관리부서의 역할

기업 간 인수합병(M&A)에서 경영기획이나 회계부서가 가장 중심적으로 핵심적인 일을 할 수밖에 없다. 그러나 M&A가 성공하려면 두 기업의 문화적 통합이 매우 중요하다. LG경제연구원은 2002년에 "인수합병의 성공요체"라는 보고서를 통해 M&A 과정에서 사람관리와 문화관리가 절대적으로 중요한 사안인 만큼 인사부서의 역할이 막중하다고 주장했다. LG연구원은 기업들이 인수합병을 추진하는 과정에서 인적자원관리의 중요성을 인식하지 못해 실패한 사례가 많았다고 밝혔다.

미국에서 인수합병 후 성과가 낮은 100개 기업을 분석한 결과 두 기업 간 인적자원관리 방식과 문화적 차이가 실패의 원인이 된 경우가 85%를 차지한다는 점을 볼 때, 인적자원관리를 담당하는 인사부서가 인수합병의 성공과 실패를 좌우하는 중요한 결정 요인이라고 할 수 있다. 미국 인사관리협회(SHRM)와 인사관리 전문컨설팅 기관인 타워스페린이 세계 주요 기업 임원을 대상으로 실시한 설문조사에서도 인수합병의 실패 요인으로 문화적 불일치와 핵심인력유출이 가장 높은 비중을 차지했다.

따라서 LG연구원은 인사부서가 제 역할을 수행하기 위해서는 사업 파악 능력, 인수합병에 대한 지식과 노하우, 프로젝트 기획 및 주도역량 등을 강화해야 한다고 강조했다. 인수합병 과정에서도 인사부서의 참여시기가 늦을 경우 제 기능을 다하지 못할 수도 있어 인수합병 초기단계부터 인사부서를 적극적으로 참여시켜야 한다는 것이다.

LG연구원은 규모의 경제를 확보하려는 금융기관 간의 인수합병이나 신속한 성장기반을 확보하려는 벤처기업 간 인수합병이 본래의 취지대로 성공적으로 이루어지기 위해서는 인적자원관리 등이 인수합병의 성공과 실패 요인으로 연구되어야 한다고 주장한다.

01 인사조직관리 책임자의 역할과 권한

인사조직관리 책임자의 역할은 무엇인가?

HR 담당자(부서)란 인적자원관리의 제반 관련 기능과 역할을 담당하는 조직단위 또는 담당인력을 말한다. 인사부서, 인사담당인력, 인적자원 전문가 등이 이에 속한다.

인적자원관리는 인적자원의 계획, 모집, 선발, 직무설계, 인사고과, 보상관리, 노사관리, 인적자원의 개발 등 다양한 기능과 활동을 포함한다. 인적자원관리 활동은 일선에서 현업을 관리하는 실무관리자와 HR 담당부서(인사부서) 간의 다양한 관계 속에서 이루어지고 있다.

인적자원관리 활동은 조직 내 모든 관리자들이 담당하는 일반관리기능이라고 할 수 있다. 즉, 실무관리자들은 근본적으로 성과와 목표달성에 대한 책임과 더불어 합리적이고 효과적인 인적자원관리 실행의 책임을 갖고 있다고 할 수 있다. 조직 성과의 주체는 인적자원이고 인적자원관리는 실무관리자와 HR 담당자 간의 긴밀한 관계 하에서 이루어지는 만큼, HR 담당자는 조직 성과에 있어 매우 중요한 역할을 한다.

HR 담당자의 역할은 기능에 대한 초점을 어디에 두는가에 따라 장기적 측면과 단기적 측면으로, 내용에 따라 과정중심적 측면과 인간중심적 측면으로 구분할 수 있다. HR 담당자의 기능과 역할은 그 초점과 내용을 기준으로 다음과 같은 네 가지 유형으로 개념화할 수 있다.

1. 행정관리자

행정관리자 역할에는 모집, 선발, 인사고과, 보상, 교육훈련 등 인적자원관리에 필요한 모든 시스템과 제도, 절차를 설계하고 운영하는 역할 등이 있으며 그 기능에는 실무관리자와 직원을 위한 일상적인 각종 인적자원관리의 지원 및 서비스가 있다. 이를 통하여 비용을 줄이며 유영체계를 항상 개선해 나가는 역할을 담당한다.

2. 구성원 옹호자

구성원 옹호자로서의 HR 담당자는 직원들의 욕구를 이해하고 그들의 욕구충족과 문제해결에 노력함으로써 직원들의 사기를 높이고 일에 대한 적극적인 태도를 조성하는 역할을 한다. 직원들의 몰입 수준을 높이고 조직과의 일체감을 증진시켜 궁극적으로는 조직 성과에 기여한다는 것을 기본 전제로 하고 있다.

3. 전략적 동반자

전략적 동반자란 HR 담당자가 조직의 경영전략 형성 과정에 적극적으로 참여하고 경영전략의 수행 과정에서 인적자원관리를 경영전략과 연계 시킨다는 것을 의미한다. 전략적 동반자 역할에는 인적자원관리 기능의 우선순위를 경영전략에 따라 설정하여 조직의 전략목적이 달성되도록 실천하는 기능과 활동을 포함한다. 이 역할을 수행하는데 있어 HR 담당자는 자연적으로 조직의 강점과 약점을 분석하고 경영전략과 인적자원관

그림 2-1 인사부서의 역할 구분

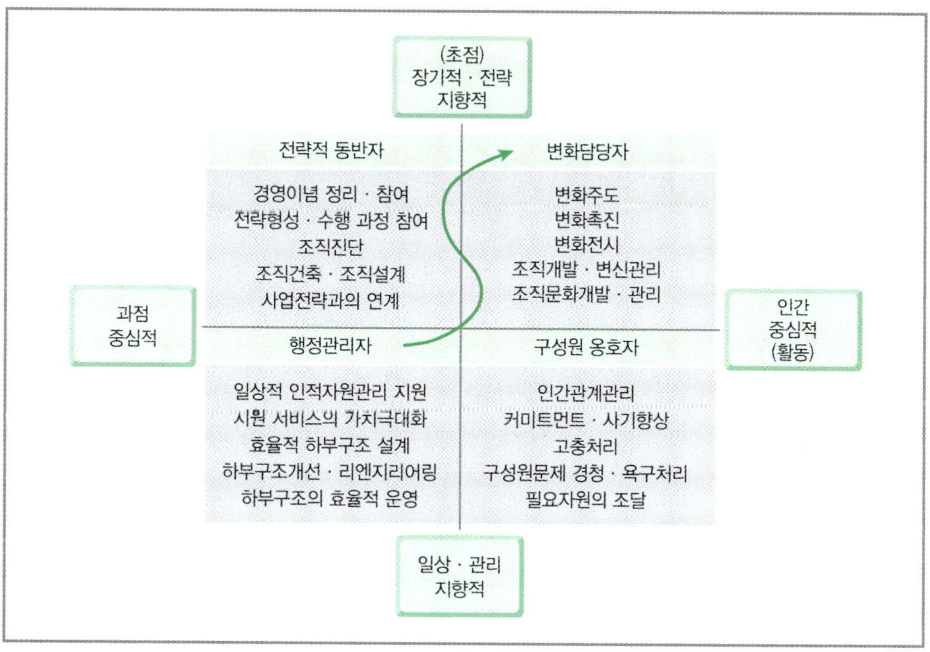

출처: Ulrich, David(1997), *Human Resource Champion*, Boston: Harvard Business School Press.

리의 통합관계를 점검하는 등의 조직진단을 하게 된다.

4. 변화담당자

변화담당자로서의 역할은 조직의 변화와 혁신을 촉진시키고 직원들의 변화 및 조직개발능력을 향상시키는 기능과 활동을 말한다. 변화담당자 역할에는 조직의 전통가치에 대한 이해와 더불어 조직구성원들로부터 요구되는 새로운 가치관과 행동을 분석하여 바람직한 변화를 유도하고 새 조직문화를 개발해 나가는 변화와 변신관리 활동 등이 있다.

HR 담당자의 역할은 어떻게 변화해 왔는가?

HR 담당자는 4가지 유형의 역할을 수행한다. 이러한 4가지 유형이 조직에 골고루 분포되어 있는 것은 아니며, 경영환경과 이에 따른 조직의 대응 과정에 따라 시대의 흐름에 맞춰 변해왔다. 과거 산업화 초기의 시대나 1960년대에는 인사부서가 행정관리자, 구성원 옹호자의 역할을 주로 수행하였으나, 1980년대와 최근의 경영환경 하에서는 점차 변화와 혁신을 주도하는 변화담당자, 전략적 동반자의 역할을 수행하고 있다. 특히 전략적 인적자원관리 활동을 통해 인적자원관리 활동을 경영전략과 연계시키는 활동이 증가했다. HR 담당자의 역할은 조직의 변화와 혁신을 촉진시키고 직원들의 변화와 조직개발능력을 육성하는 것에 초점을 둔다. 또한 조직과의 일체감을 증진시키는 역할뿐만 아니라 인적자원관리에 필요한 모든 시스템과 제도, 절차를 설계하고 이를 합리적으로 운영하는 기능도 포함된다. HR 담당자의 주요 역할 변화를 살펴보면 다음과 같다.

① 인사부서는 단순한 일상적 인사 기능만을 수행하는 것이 아니라, 기업의 경영목표를 효과적으로 수행할 수 있도록 경영전략과 연계된 인사전략을 추진하는 것이 요구되고 있다. 과거 인사의 핵심 기능으로 여겨지던 채용과 교육, 임금관리 등의 기능은 아웃소싱되는 경향이 확산되고 있어 인사부서의 새로운 기능개발 및 위상의 재정립 없이는 규모의 축소가 불가피한 상황이 되고 있다.

② 다양성과 유연성을 담보하는 인사관리의 필요성이 증대하고 있다. 과거에는 인사관행이 내부 인력관리에 치중했지만, 점점 외부 우수 인적자원을 포함한 다양한 인력들

을 확보하고 활용할 수 있는 경쟁력 높은 인사시스템이 요구되고 있다. 또한 인사부서는 스톡(stock)형 인력관리에서 벗어나 노동의 유연성을 오히려 강화시켜야 하는 플로우(flow)형 인력관리로 전환해 나가야 하는 시대가 되었다.

③ 인사관리 주체로서 현장관리자의 중요성이 증대하고 있다. 인사관리의 주체가 인사부서 중심에서 현장관리자 중심으로 변화하고 있다. 즉, 인사업무가 인사부서의 전유물이 아니라 일선관리자의 의견과 권한이 더 커지고 있다.

④ 사람중심의 인사관행이 이제는 조직의 성과나 부가가치 창출에의 기여도를 중시하는 성과 및 일중심의 인사관행으로 변화하고 있다.

⑤ 인사부서는 조직 전체의 성과달성 및 향상을 촉진할 수 있도록 인사전략을 실행해야 할 뿐 아니라 스스로도 조직 성과에 대해 기여하고 있음을 각종 이해관계자에게 납득시켜야 한다.

⑥ e-HRM의 도입으로 저부가가치 업무가 효율화되는 한편, 현장으로의 인사운영권이 대폭 위양되면서 분권화가 이루어지고 있다. 모든 일을 인사부서에서 집중적으로 처리하는 경우는 점차 줄어들고 있다.

| 그림 2-2 | 인사조직관리의 발전 과정과 인사조직 담당자의 역할 변화

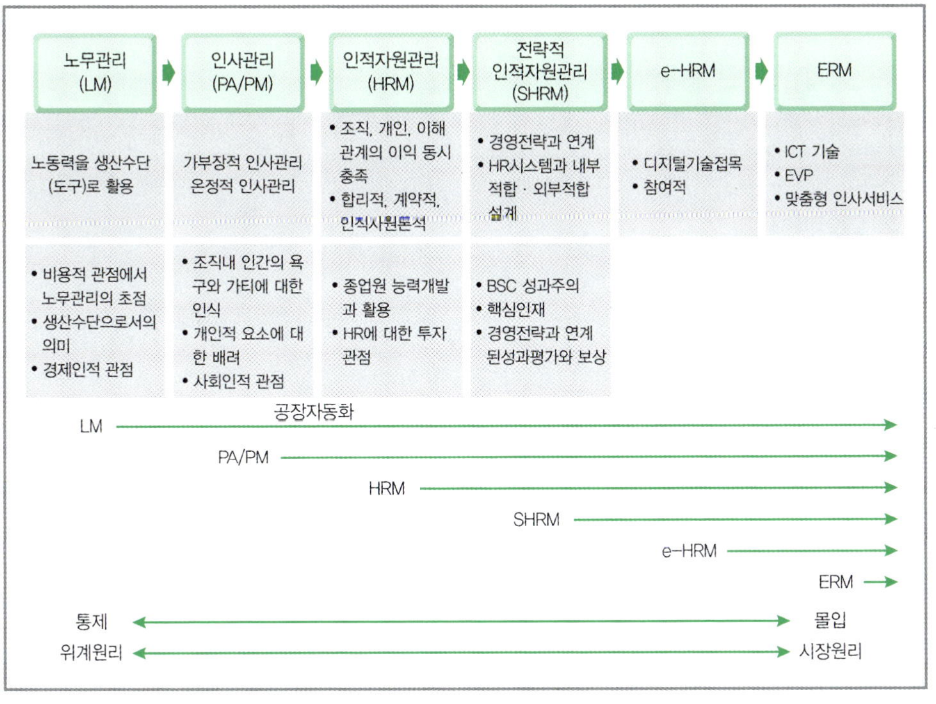

HR 담당자의 권한 범위는 어디까지인가?

HR 담당자와 실무관리자 간의 권한관계는 의사결정권한을 기준으로 네 가지 유형으로 분류할 수 있다.

|그림 2-3| 실무관리자와 HR 담당자 간의 권한관계

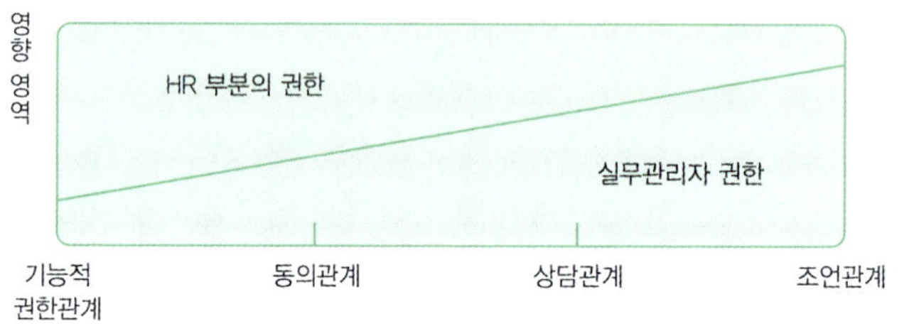

출처: 이학종 · 양혁승(2005), 전략적 인적자원관리.

1. 기능적 권한관계

기능적 권한관계는 주로 기능적 조직에서 흔히 볼 수 있는 관계다. HR 담당자는 인적자원관리의 특정 분야나 기능에 대한 의사결정 권한을 갖고 있으며, 실무관리자는 HR 담당자의 의사결정을 따라야 할 의무가 있다.

2. 동의관계

인적자원관리에 있어 의사결정권한은 원칙적으로 실무관리자에게 있지만, 실무관리자의 의사결정이 효력을 가지려면 HR 담당자의 동의를 필요로 하는데 이를 동의관계라 한다. 이 관계는 HR 담당자가 실무관리자의 의사결정에 대한 최종적인 승인 또는 거부권을 가지고 있는 관계다.

3. 상담관계

상담관계는 실무관리자에게 인적자원관리에 대한 권한을 전적으로 부여하지만, 실

무관리자는 의사를 결정하는 과정에서 반드시 HR 담당자와 협의해야 하는 관계를 지칭한다. 실무관리자의 의사결정에 HR 담당자의 전문적인 의견이 반영되도록 하는 것이 이 관계의 특징이다.

4. 조언관계

조언관계에서는 전적으로 실무관리자에게 인적자원관리에 대한 의사결정권한이 부여된다. 하지만 필요할 경우 실무관리자는 재량적으로 HR 담당자에게 전문적인 조언이나 제언을 요청하고 자신의 의사결정 과정에 이를 고려한다.

이와 같이 실무관리자와 HR 담당자는 상호간에 다양한 권한관계 속에서 인적자원관리 기능을 수행한다. 상대적인 영향관계를 볼 때, HR 담당자가 기능적 권한을 발휘할수록 그 역할과 영향력도 커지지만 조언관계에 있을수록 그 역할과 영향력도 작아지게 된다.

인적자원관리 전문가 역량 모델

인적자원관리 업무가 깊이 심화되고 요구되는 역할이 다양화되면서, 조직 내부와 작업장 내부관리뿐만 아니라, 조직의 전략적 경영과 조직 변화와 혁신, 조직문화의 창달, 사회적 책임경영 및 윤리경영, 기업의 사회적 가치 공유 등의 분야를 포함하게 되었고, 인적자원관리 담당자는 HR 전문가로서의 역량을 갖출 것을 요구받고 있다.

인적자원관리 전문가가 다양하고 수준 높은 역할과 책임을 수행하려면 여러 가지 역량들을 갖추어야 한다.

① **인간관계 스킬**: 다른 사람들을 잘 이해하고 그들과 더불어 일할 수 있는 능력은 모든 분야에서 중요하지만, 인간관계 스킬은 오늘날 HR 전문가에게 특히 중요하다. 오늘날 HR 전문가는 커뮤니케이션, 협상, 팀 개발에 대한 스킬을 갖추어야만 한다.

② **의사결정 스킬**: HR 전문가들은 종업원의 역량과 동기부여, 조직의 효율적인 운영과 법 준수에 영향을 줄 수 있는 다양한 의사결정을 내려야만 한다. 조직의 사업을 이해

그림 2-4 인적자원관리 전문가에게 요구되는 직무역량 모델

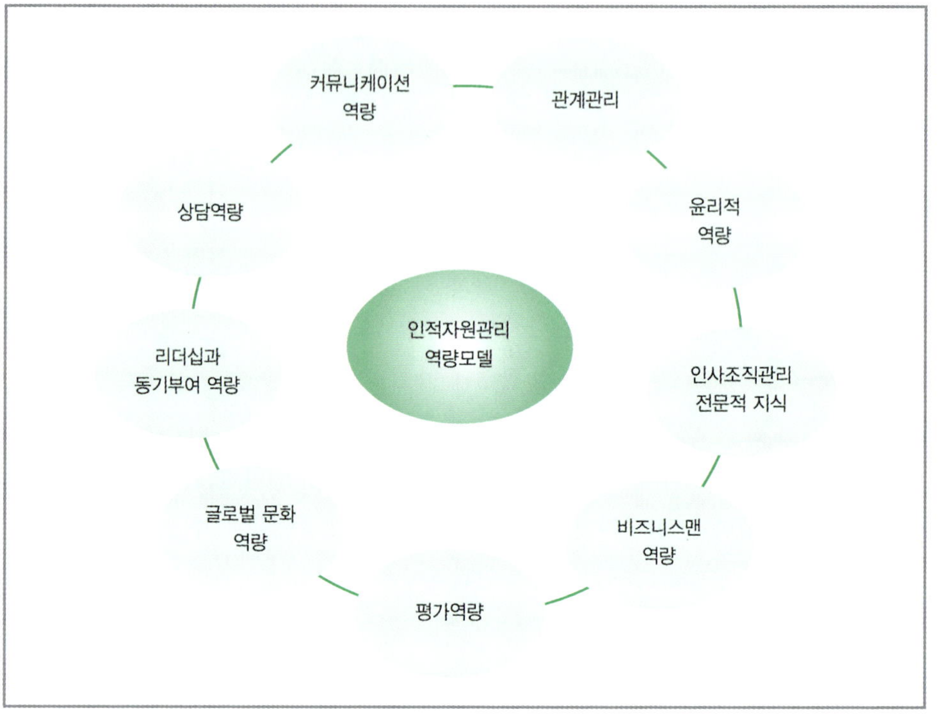

하고 비용과 이익의 관점에서 적절하게 고려하는 능력을 필요로 한다. 그리고 의사결정은 사회적, 윤리적 측면도 적절하게 고려해야만 한다.

③ 리더십 스킬: HR 전문가들은 조직의 인적자원과 관련하여 리더십을 발휘해야만 한다. 오늘날의 환경에서, 리더십은 종종 조직의 변화를 관리하는데 도움이 될 것을 요구한다. 변화는 일반적으로 갈등, 저항, 혼란을 초래하므로, 변화가 성공할 수 있도록 감독하고 교육하며 혁신을 독려해야 한다.

④ 전문지식의 현장 적용능력: 인적자원관리에 있어서 전문가들은 채용, 개발, 보상, 조직설계, 그리고 커뮤니케이션과 같은 영역에 있어 최첨단 지식을 갖추고 업무에서 활용할 수 있어야만 하다. 새로운 선발 방법, 성과평가 방식, 훈련프로그램, 인센티브 계획은 지속적으로 개발하여야 하며, 매년 새로운 법이 개정됨에 따라 전문적 기술은 어떻게 준수해야 하는지에 대한 지식도 계속 업데이트해 나가야 한다. 전문가들은 새로운 제도들의 유용성을 평가할 수 있어야 하며 어떤 것이 바람직한지를 인적자원관리 원칙과 경영 가치의 관점에서 정확하게 평가할 수 있어야 한다.

02 HRM 주체와 인적자원관리에 대한 책임

HRM 주체

전통적으로 인사관리는 사장이나 인사부서에서 하는 것으로 인식되어 왔다. 그러나 인사관리가 인적자원관리로 발전하면서 그 주체는 사장 및 인사부서뿐만 아니라 모든 일선 라인 관리자, 모든 직원 전체가 주체가 되고 있는 것이다.

과거의 인사관리에서는 인사관리부서에서 각 인사 대상자들에게 인사관리의 결과를 일방적으로 통보를 하는 방식이었다. HRM의 주체는 인사관리부서로 국한되어 인사관리와 관련된 사항은 모두 인사관리부서를 통해 결정되었다. 즉, 인사관리 대상자와 인사관리부서 간의 커뮤니케이션은 인사관리부서 중심의 종속적인 관계였던 것이다.

하지만 인적자원관리의 전략적 기능이 강화되고 인터넷 기술이 접목되어 e-HRM이 등장하면서 인사관리부서와 인사관리 대상자들 사이에 쌍방향 커뮤니케이션이 가능해졌다. 그리하여 인사관리부서뿐만이 아니라 현장관리자 및 종업원 개개인들도 인사관리 과정에 대해 참여할 수 있게 되었고 어느 정도의 결정을 할 수 있게 되었으며, 책임도 질 수 있게 되었다. 또한 인사관리부서가 기업의 전략이나 아웃소싱에서도 중요한 역할을 하게 되었으며 동시에 사업의 성과 측면에서도 책임을 갖게 되었다.

과거의 HRM은 최고경영자와 인사관리부서가 중심이었지만 e-HRM부터는 최고경영자와 인사부서뿐만 아니라 현업관리자 및 모든 종업원에 이르기까지 인사 활동에 관련된 모든 이들이 HRM의 주체가 되었다. 인적자원관리가 성공적으로 운영되기 위해서

그림 2-5 HRM 주체의 확장

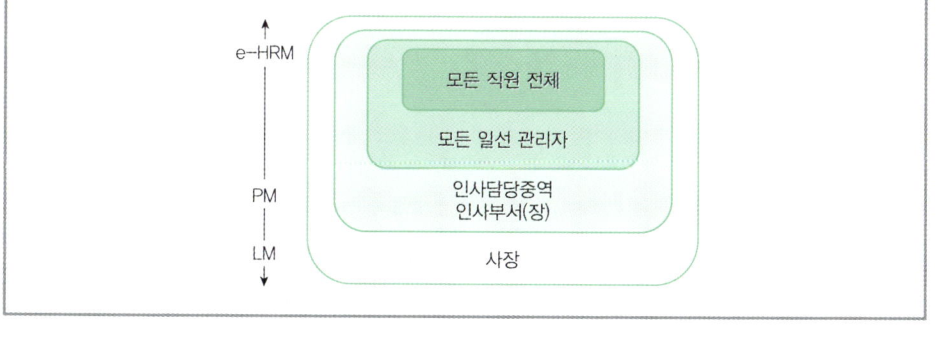

는 인사관리 활동에 조직의 모든 구성원들이 적극적으로 참여하고 주체로서 역할을 해야만 한다.

인사부서와 현업부서의 인적자원관리 및 사업결과에 대한 책임

과거에는 HR 매니저(HR Managers)가 행정관리자나 구성원 옹호자의 역할을 수행하는 경우, HR 담당자는 단순히 인력을 관리하는 것에 대해서만 책임을 지고 사업 성과 부분에 대해서는 책임을 지지 않았다. 실무관리자(Line Managers)들에게도 역시 사업 성과 부분에 대해서만 책임을 지도록 하고 인력관리 문제에 대해서는 따로 책임을 묻지 않았다.

그러나 HR 담당자의 역할 변화는 실무관리자들과의 책임관계에도 변화를 가져왔다. HR 담당자가 전략적 동반자와 변화담당자의 역할을 수행하게 되면서 HR 담당자는 실무관리자와 함께 인력관리와 사업 성과에 대해 공동으로 책임을 지는 역할을 하게 되었다.

그림 2-6 HR 담당자와 사업담당자의 인적자원관리 및 사업결과에 대한 책임

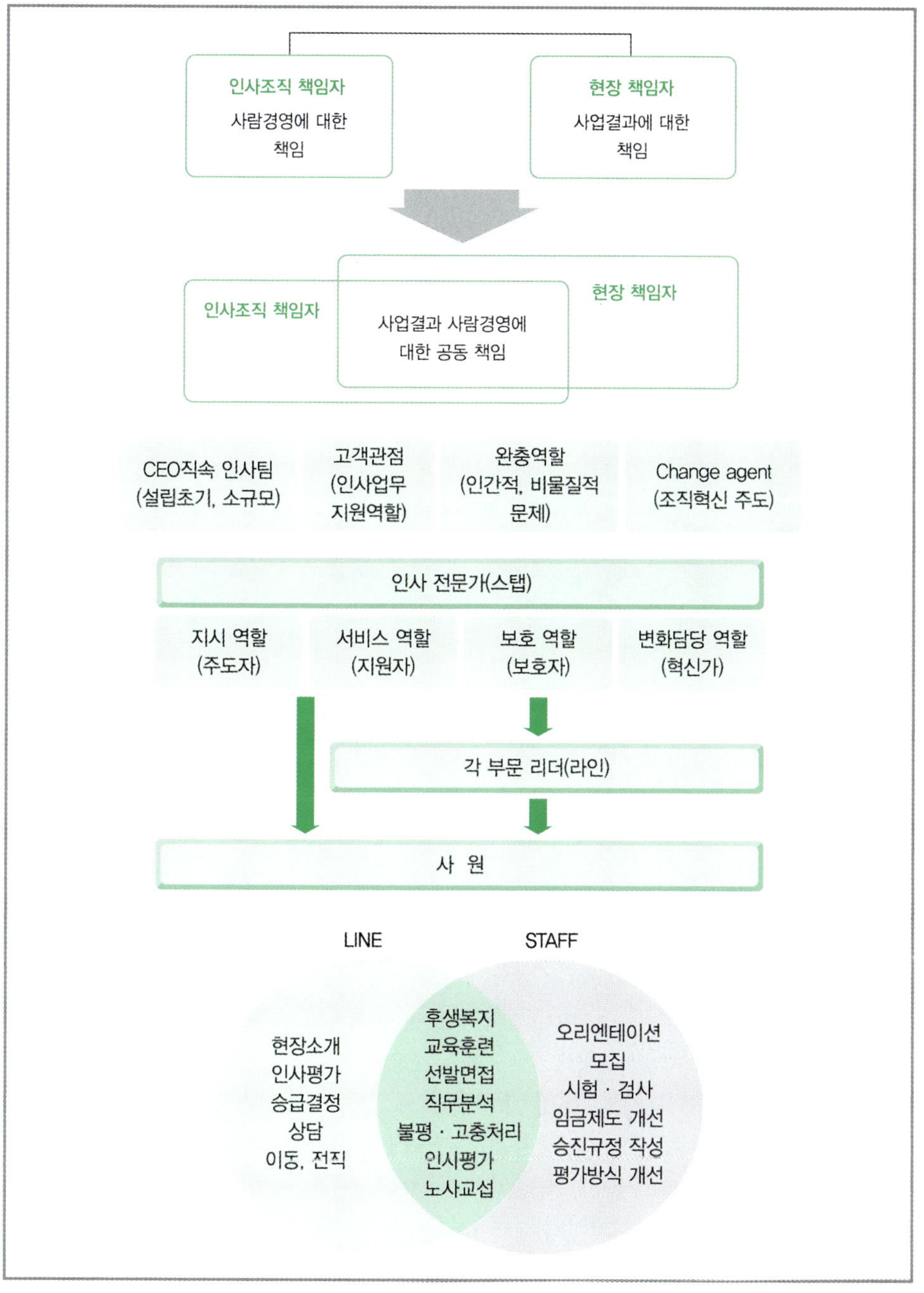

학습정리

- 조직 성과의 주체는 인적자원이고 인적자원관리는 실무관리자와 HR 담당자 간의 긴밀한 관계 하에서 이루어지는 만큼, HR 담당자는 조직 성과에 매우 중요한 역할을 한다.
- HR 담당자의 역할은 장·단기적 측면과 과정중심적/인간중심적인 측면으로 구분하여 행정관리가, 구성원 옹호자, 전략동반자, 변화담당자 등 네 가지 유형으로 개념화할 수 있다.
- 실무관리자와 HR 담당자는 상호간에 다양한 권한관계 속에서 인적자원관리 기능을 발휘하는데, HR 담당자가 기능적 권한을 발휘할수록 그의 역할과 영향력도 커지는 반면 조언관계에 있을수록 그들의 역할도 작아지게 된다.
- 과거 산업 초기나 1960년대에는 인사부서가 행정관리가, 구성원 옹호자의 역할을 주로 수행하였으나, 1980년대와 최근의 경영환경 하에서는 점차 변화와 혁신을 주도하는 변화담당자, 전략적 동반자의 역할을 주로 수행하고 있다.
- HRM의 패러다임 변화와 HR 담당자의 역할 변화는 결국 HRM 주체의 변화를 가져왔는데, 과거 HRM의 중심이 인사관리부서였다면, 이제는 인사 활동에 관련된 모든 이들이 HRM의 주체로 변화 되었다.

참고문헌

1. 전략적 인적자원관리(2007). 황규대, 박영사.
2. 전략적 인적자원관리(2005). 이학종·양혁승, 오래.

연습문제

01 다음 중 인사부서의 역할에 대한 설명으로 틀린 것은?

① 인적자원관리는 실무관리자와 인사부서 간의 다양한 관계 속에서 이루어지고 있다.
② HR 담당자는 인적자원에 대한 관리를 수행함으로 인해 조직 성과에 매우 중요한 역할을 한다.
③ HR 담당자의 변화담당자로서의 주된 역할은 구성원들의 몰입 수준을 높이고 조직과의 일체감을 증진시켜 조직 성과에 기여하는 것이다.
④ 인사부서의 전략적 동반자로서의 역할은 조직의 경영전략 형성 과정에 적극 참여하고 경영전략 수행 과정에서 인적자원관리를 경영전략과 연계시키는 것이다.
⑤ HR 전문가 역량에는 인간관계 기술, 의사결정 기술, 리더십 기술, 전문적 기술이 있다.

02 다음 중 HR 담당자의 역할 변화에 대한 설명으로 옳지 않은 것은?

① 과거 산업화 초기나 1960년대에는 인사부서가 행정관리가, 구성원 옹호자의 역할을 주로 수행하였다.

② 1980~90년대에 들어와서는 HR 담당자가 인적자원관리를 경영전략과 연계시키는 활동도 많이 하고 있는 상황이다.
③ HR 담당자의 역할 변화는 HR 담당자와 실무관리자들 간의 책임관계에도 변화를 가져온 면이 있다.
④ 최근에는 인적자원관리의 기본적 역할로 인해 인사관리부서가 조직의 변화와 혁신에 관여하고 있지 않다.
⑤ 인적자원관리 발전단계별 HR 담당자의 주요 역할은 PM(Personnel Management), HRM(Human Resource Management), SHRM(Strategic Human Resource Management)의 단계로 변화 되었다.

03 맥스리거(D. McGregor)의 X-Y이론은 인간에 대한 기본 가정에 따라 동기부여 방식이 달라진다는 것이다. Y이론에 해당하는 가정 또는 동기부여 방식이 아닌 것은? 2018년 공인노무사

① 문제해결을 위한 창조적 능력 보유
② 직무수행에 대한 분명한 지시
③ 조직목표 달성을 위한 자기 통제
④ 성취감과 자아실현 추구
⑤ 노동에 대한 자연스러운 수용

04 X이론 관점으로 맞는 것은?

① 인간의 근성은 행동의 결과에서 오는 만족감에 따라서 조직목적에 몰입할 수 있다.
② 인간의 자기통제, 잠재능력개발을 중심으로 개인의 목적과 조직의 목적이 통합될 수 있는 환경적 여건을 조성해야 한다.
③ 유인과 통제를 강조하는 구조적 접근 방법을 반영하고 있다.
④ 일을 싫어하게 되는 것은 조직이 그렇게 만들었기 때문이다.

02

인사시스템 및 평가 · 보상의 원칙과 인사환경 및 노동관계법

3장 – 인사시스템과 평가 · 보상의 원칙

4장 – 인사관리환경과 노동관계법

03장 인사시스템과 평가 · 보상의 원칙

학습목표

1. 일반시스템, 경영시스템에 대해 이해한다.
2. 인사시스템에 대해 이해한다.
3. 인사시스템 모델에 대해 이해한다.

실제 사례

인사시스템의 실제사례들

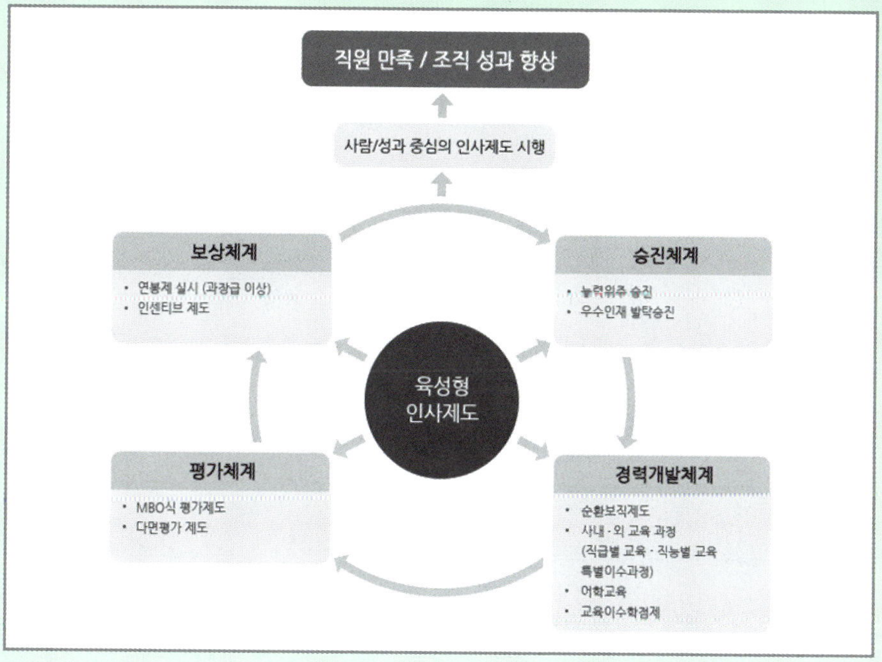

자료: 남양유업 홈페이지.

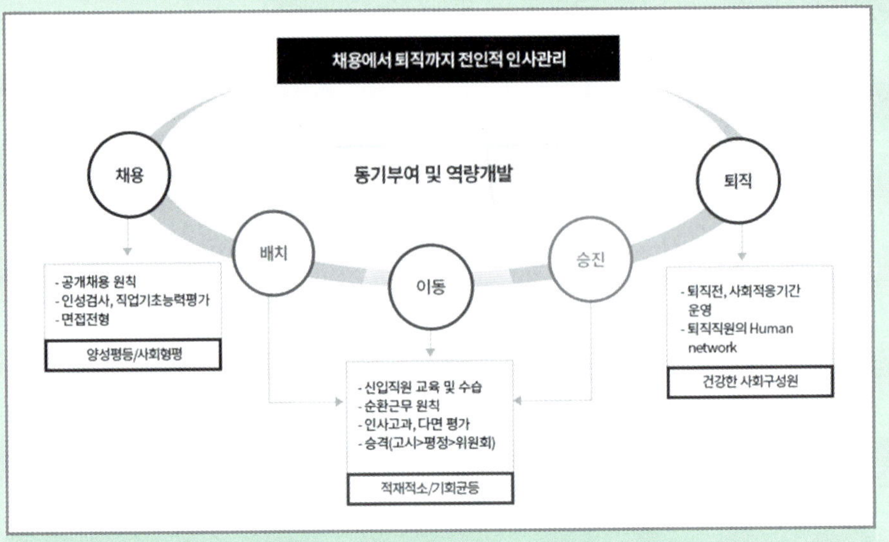

자료: 한국원자력연료 홈페이지

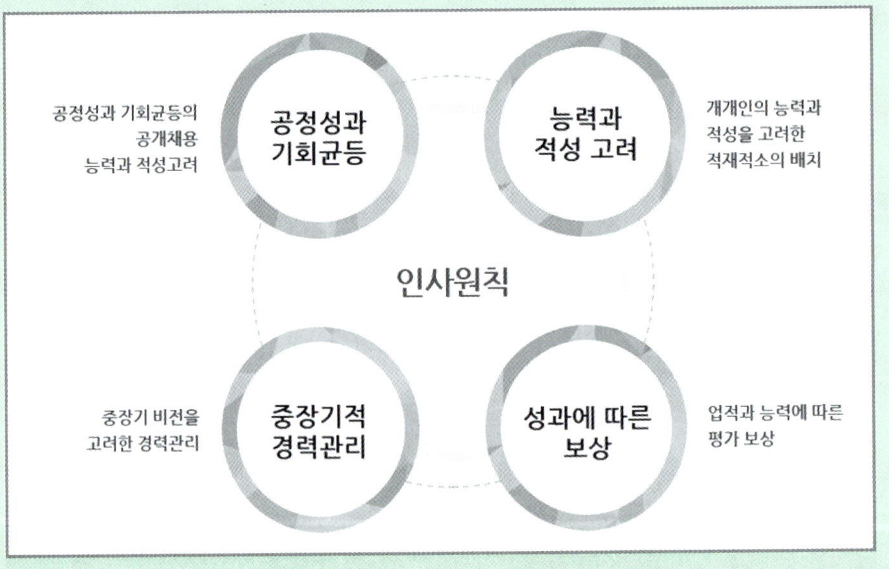

자료: 삼천리 홈페이지

01 인사시스템

일반시스템이란 어떤 것인가?

우리들은 일상생활 속에서 컴퓨터 시스템, 정보시스템 등 시스템(system)이라는 용어에 매우 친숙해져 있다. 시스템이란 외래어가 사전에서 설명하고 있는 의미는 여러 가지가 있지만, 시스템은 부분들의 집합체(a set of part)이다. 인체는 시스템인가? 태양계는 시스템인가? 동물의 왕국은 시스템인가? 답은 시스템 관점에서 볼 때, 세상 모든 것이 시스템이다.

계 · 문 · 강 · 목 · 과 · 속 · 종 이라는 동 · 식물의 분류체계가 바로 시스템이론이다. 시스템이론은 생물학 분야에서 탄생한 이론으로, 수많은 동식물들을 일목요연하게 분류하는 체계이다. 시스템 모델은 세상을 일목요연하게 이해하는 데 유용하다. 도서관학에서도 배운다 철학과 심리학은 100번대 150번대에 있다. 이렇듯 시스템스 관점은 세상을 일목요연하게 분류하여 체계화시켜 보는 눈이다.

시스템의 개념이 적용되는 범위는 매우 넓다. 예를 들어 은하계, 태양계와 같이 우주의 생태를 지칭하는 경우에도 시스템의 개념을 적용하며, 우리들이 일상생활을 하면서 보게 되는 시계, 자동차, 자동온도조절장치, 컴퓨터 등과 같은 기계적 장치에도 시스템의 개념이 적용된다. 또한 다양한 식물이나 동물, 인간 등과 같은 유기체 또는 생물에도 시스템의 개념을 적용할 수 있다. 더 나아가 시스템의 개념은 수많은 개인들과 집단들로 구성되는 사회에도 적용되며, 기업, 교회, 병원 등과 같은 조직에도 적용된다.[1)]

일반시스템(general system) 또는 시스템이라는 개념은 그 적용되는 범위가 광범위하지만, 이들 모두에 공통적으로 적용되는 시스템의 개념이 존재하고 있다. 즉, 전체는 상호 관련된 부분들의 집합(sets)이라 할 수 있지만, 그렇다고 전체가 부분들의 단순한 집합은 아니라는 점이다. 예를 들어, 우리들이 인간을 하나의 생물학적 시스템으로 간주

1) Boulding(1967)은 시스템을 복삽성의 정도에 따라 9단계로 분류하고 있다. 즉 ⅰ) 우주의 생태와 같은 정태적 틀, ⅱ) 미리 결정된 동작을 취하는 기계, ⅲ) 자동온도조절장치와 같은 통제메커니즘, ⅳ) 세포와 같은 자기유지 구조, ⅴ) 유전성을 지닌 식물, ⅵ) 이동성을 지닌 동물, ⅶ) 사고능력을 지닌 인간, ⅷ) 상호작용하는 개인들로 구성된 사회조직, 그리고 ⅸ) 궁극적이며 절대적인 초월적 체계를 제시하고 있다.

한다면, 인간은 골격 및 근육기관, 신경기관, 소화기관, 순화기관 등 상호 밀접한 관련성을 지닌 하부기관들로 구성되어져 있다고 볼 수 있지만, 그렇다고 이들 각각 기관의 단순한 합이 인간이 되지는 않는다. 하나의 전체로서의 인간은 단순한 합 이상의 의미인 사고능력을 지닌 생명체, 또는 하나의 인격체로서 인식된다. 따라서 시스템이란 부분들의 단순한 집합 이상의 의미를 지니는 상호 관련된 부분들의 집합, 또는 복잡하지만 통일된 전체를 이루는 부분들의 집합이라고 정의할 수 있다(Koontz & O'Donnell, 1976).

시스템의 개념에 기초함으로써 복잡한 사회현상이나 경영현상을 체계적으로 이해할 수 있다. 예를 들어, 우리가 자동차의 전문가가 아니라면 자동차라는 기계시스템을 하나의 전체로서 이해하기는 힘들지만, 자동차를 구성하는 엔진이라는 동력장치, 차축과 타이어라는 구동장치, 핸들이라는 조향장치 등으로 체계적으로 나누어 보면, 전체로서의 자동차를 이해하는 데 많은 도움을 얻을 수 있다.

시스템의 개념에 기초해 기업의 경영현상을 바라보면 복잡한 경영현상을 체계적인 기준에 따라 분류해 인식할 수 있다는 이점이 있다. 인간의 인지능력은 한계가 있기 때문에, 이와 같은 분류기준이 없다면 복잡한 경영현상을 도저히 이해할 수 없을 것이다. 또한 전체와 부분의 관계는 물론 전체에 속한 하위 부분간의 관계를 이해할 수 있게 된다. 특히 복합적인 성격을 지니고 있는 기업이라는 시스템의 경우, 전체를 파악하는 단일관점이 존재하기 힘들기 때문에, 연구자들이나 경영자들이 기업을 보는 다양한 관점을 가질 수 있게 도움을 준다.

일반시스템의 속성과 기본모형

일반시스템의 속성으로 여러 가지가 있지만, 가장 기본이 되는 시스템의 목표지향성, 환경적응성, 분화와 통합성, 투입－전환－산출의 메커니즘에 대해 알아보자.

1. 목표지향성

어떤 시스템이든 그것이 시스템으로서 기능하기 위해서는 목표지향성을 지녀야 한다. 우리들이 하찮게 여기는 식물이나 동물 등 생물시스템의 목표는 생존과 번식이라

할 수 있으며, 인간의 경우에는 여기에 덧붙여 자아실현이라는 고차원의 목표를 지니고 있다. 시계나 자동차, 컴퓨터와 같은 기계시스템들도 비록 인간에 의해 부여되기는 했지만 자신들의 고유한 목표를 지니고 있으며, 이를 지향하는 방향에서 시스템의 각 하위부분들이 기능하고 있다. 기업조직에 해당되는 기업경영시스템 역시 재화와 용역의 생산을 통한 이윤의 창출 등과 같은 고유의 목표를 지니고 있다.

2. 환경적응성

시스템은 자신을 둘러싸고 있는 환경과 부단한 상호작용을 하고 있다. 사람들은 식사라든가 호흡을 통해 끊임없이 환경으로부터 에너지를 흡수하거나 그것의 영향력을 받고 있으며, 반대로 환경에 영향을 미치는 행동을 하고 있다. 만약 환경과의 부단한 상호작용 속에서 시스템이 자신을 둘러싼 환경에 적응하지 못하면, 시스템으로서의 발전은 물론 생존의 위협을 받게 된다. 이것은 추운지방에 살던 사람이 아무런 준비없이 갑자기 무더운 사막지방에 가게되면, 그 기후에 적응하지 못하여 몸이 아프거나 병에 걸리는 것과 같은 이치이다.

시스템은 환경과의 부단한 상호작용 관계속에서 환경적응성을 지녀야 한다. 특히 이 점을 강조할 경우 우리들은 개방시스템(open system)이라 부른다. 반면 폐쇄시스템(closed system)은 환경으로부터 시스템이 격리되어 외부의 영향을 받지 않는 시스템을 말하는데 시스템 자체로서 기능이 강조되는 특성을 지니고 있다.

또한 하나의 시스템이 존속 · 성장하기 위해서는 외적인 여건과 상호작용하면서 동태적인 균형(dynamic equilibrium)을 유지해야 한다. 이러한 동태적인 균형의 유지가 시스템의 존속에 필연적이므로, 시스템은 안정과 적응을 위한 다양한 메커니즘을 지녀야 한다. 시스템은 자신이 소비하는 것보다 더 많은 에너지를 환경으로부터 받아들임으로써 시스템이 해체되거나 소멸되는 것을 방지하는 과정을 부(負)의 엔트로피(negative entropy)라고 한다. 이와같이 시스템은 당면한 외적인 환경과 부단히 상호작용하면서, 환경적응성을 통해 동태적인 균형상태를 유지해야 한다.

3. 분화와 통합성

시스템은 분화와 통합성을 지니고 있다. 인간은 골격 및 근육기관, 신경기관, 소화기관, 순화기관 등으로 구성되어져 있는 생물시스템이며, 자동차는 엔진이라는 동력장치, 차축과 타이어라는 구동장치, 핸들이라는 조향장치 등으로 구성된 기계시스템이라 할 수 있다.

하나의 전체시스템은 여러 개의 하위 부분, 즉 하위시스템(subsystems)으로 이루어져 있다. 하위시스템은 전체시스템과 유사한 특성을 나타내며, 다른 하위시스템과 상호작용하며 기능한다.

하나의 전체시스템이 여러 개의 하위 부분, 즉 하위시스템으로 분화되어 구성되어 있는 것들이 다시 하나의 전체로서 통합된다는 속성도 매우 중요하다. 전체시스템은 하위시스템이라는 부분의 합 이상이며, 하위시스템은 자신을 포함하고 있는 전체시스템이 없을 경우에는 존재할 수 없고, 다른 하위시스템과의 밀접한 상호의존성을 토대로 전체시스템으로 통합되는 속성을 지니고 있다. 이러한 속성은 시스템의 유지와 발전을 위해 반드시 시너지(synergy)를 가져야 한다는 점을 시사해 준다.[2] 또한 하위시스템들이 유기적으로 통합되는 방식에 대해서는 알기 어렵지만, 상이하게 결합된 시스템들이 동일한 결과를 산출할 수 있다는 것이 바로 이인동과성(異因同果性, equifinality)이다. 이는 어떤 동일한 목표를 도달하는 데에 여러 가지 수단이 존재할 수 있다는 점을 의미한다(Katz & Kahn, 1966, 19-26).

4. 투입－전환－산출의 과정

시스템의 활동은 일반적으로 외부환경으로부터 투입물(inputs)을 받아들여 내부 변환 과정을 거쳐 산출물(outputs)을 만들어 내는 투입－전환－산출 과정으로 이해할 수 있다. 예를 들어, 식물의 경우, 빛과 이산화탄소와 물을 투입물로 받아들여 광합성이라는 전환 과정을 거쳐, 필요한 에너지와 산소라는 산출물을 만들어 낸다. 기업이라는 시스템도 원자재, 인적자원, 에너지, 재무자원, 정보, 설비 등의 투입물을 받아들여, 이를 변환 과정을 통해서 제품 또는 서비스 형태의 산출물을 만들어 낸다. 그리고 외부로 배출된 산출물은 다음의 [그림 3-1]처럼 피드백 과정을 통해서 시스템의 다음번 순환 과정을 위한 투입물이 된다. 이러한 과정은 시스템의 생명을 지속적으로 보전하기 위해서 계속 반복된다(Bateman & Zeithaml, 1990, 63).

2) 시너지란 시스템 내 부분(하위시스템)들이 결합되거나 조정된 행동이 부분들 각각이 독립적으로 행동한 것보다 더 많은 결과를 성취하는 상태를 지칭한다(Higgins, 1994, 59-62).

그림 3-1 시스템의 기본모형

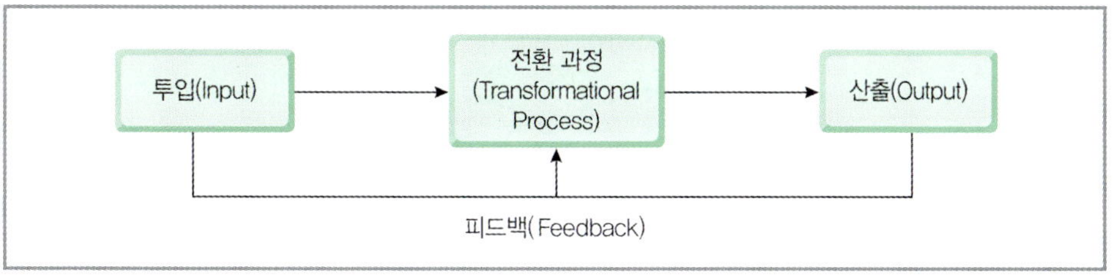

시스템은 자신의 유지 · 존속을 위해 피드백(feedback)이라는 자기통제 메커니즘을 지니고 있다는 점이다. 시스템은 환경 변화나 시스템 내부 변화에 대응하여 안정을 유지하고 성장하기 위해서 투입된 것과 산출된 것을 끊임없이 분석하고 조정하는 피드백 과정을 지속한다. 이러한 피드백의 개념은 사이버네틱스(cybernetics)를 통해 활용되는데, 이는 생물의 신경계통을 전기적인 통신이론과 결부시켜 고안한 것으로 "동물이나 인간의 신경계통의 작용을 통신과 제어의 시스템으로 파악하고, 기계에 의한 정보전달과 피드백 작용을 통일적으로 해명하려는 종합과학 체계"를 지칭한다. 오늘날 지구에서 쏘아올린 로켓이 달나라에 착륙할 수 있었던 것은 이러한 사이버네틱스의 개념을 활용했기 때문이다.

경영시스템(management system)과 인사시스템(HR system)

시스템 관점을 사회조직에 적용시킨 것이 조직시스템 모형이다. 그것을 기업경영시스템에 적용시킨 것이 기업경영시스템 모형이다.

인적자원관리 활동들을 체계적으로 인식할 수 있는 시각들로 기능론적 관점, 관리과정론적 관점, 시스템적 관점이 대표적이다.

1. 기능론적 관점

인적자원관리의 세부 활동들을 서로 유사한 활동들로 묶어 인적자원관리의 주요 기능으로서 분류하여 인식하는 관점이다. 인력채용, 배치, 평가, 보상, 교육훈련 등 각 기능들별로 지식과 관리기술들을 설명하고 이해하는 관점이다. 연구자의 주관에 따라서

| 그림 3-2 | 일반조직시스템 모형(organizational system)

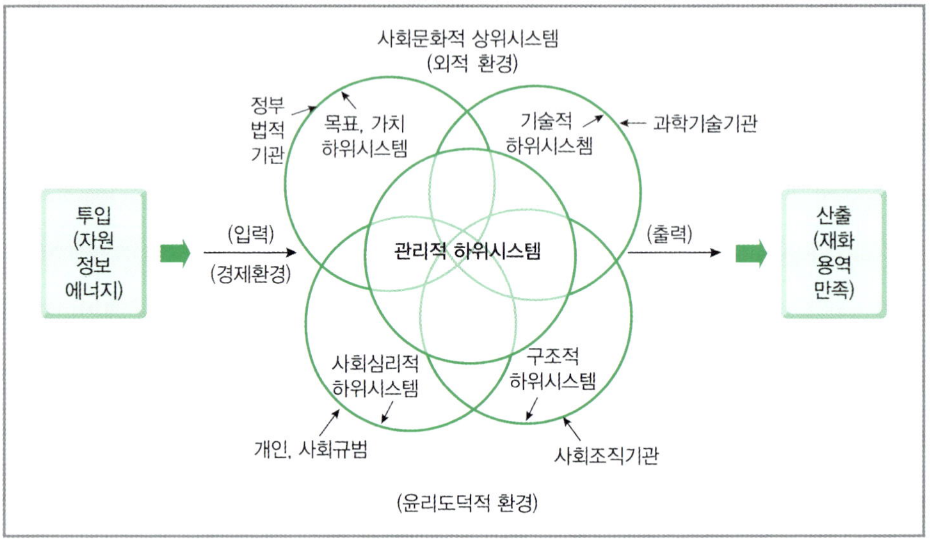

| 그림 3-3 | 기업경영시스템 모델(management system)

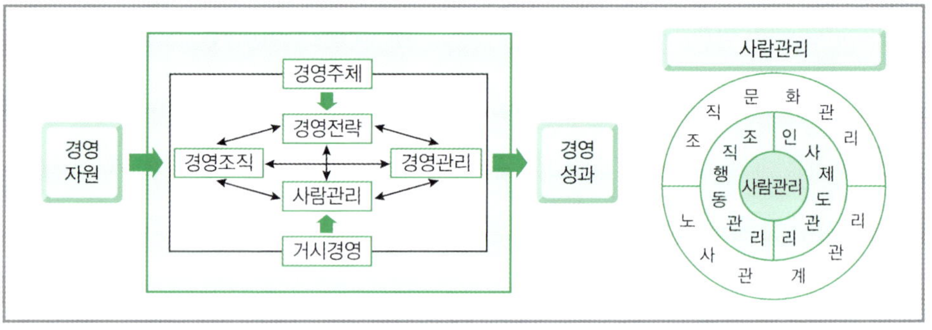

출처: 신유근(1996), 현대경영학: 원론적 접근, 다산출판사.

확보관리, 유지관리, 개발관리 등으로 분류하기도 한다.

2. 관리과정론적 관점

인적자원관리의 세부 활동들인 채용관리, 교육훈련관리, 인사고과관리 등은 공통적으로 계획(plan), 실행(do), 평가(see)라는 순환 과정을 거친다. 이처럼 관리 과정에 초점을 두어 인적자원관리를 설명하고 이해하려는 관점이 관리과정론적 관점이다. 경영활동 전체를 대상으로 한 관리과정학파의 관점을 인적자원관리 활동들을 과정론적 관점에서 파악하는 것이다. 관리 과정의 단계는 계획(planning), 조직(organizing), 충원(staffing), 지휘(directing), 통제(controlling) 등이 포함되는데, 인적자원관리는 인적자원계획, 인적자원조직, 인적자원통제의 관리 과정으로 설명할 수 있다.

3. 시스템론적 관점

인적자원관리를 하나의 전체시스템으로 보고 인적자원관리시스템을 구성하는 하위시스템들이 상호의존하며 상호작용하면서 전체 인적자원관리 목표 달성을 추구하는 단위로 보는 관점이다.

연구자에 따라서 인적자원관리시스템을 다양하게 인식할 수 있다. 경영활동을 시스템 관점에서 독창적으로 설명한 신유근(1996; 2006), 신유근 · 이춘우(2018)의 경영시스템 모델을 원용하여 본서에서는 시스템론적 관점에 입각해 다음과 같이 인적자원관리의 시스템 모델을 제안한다.

그림 3-4 이춘우의 인사시스템 모델

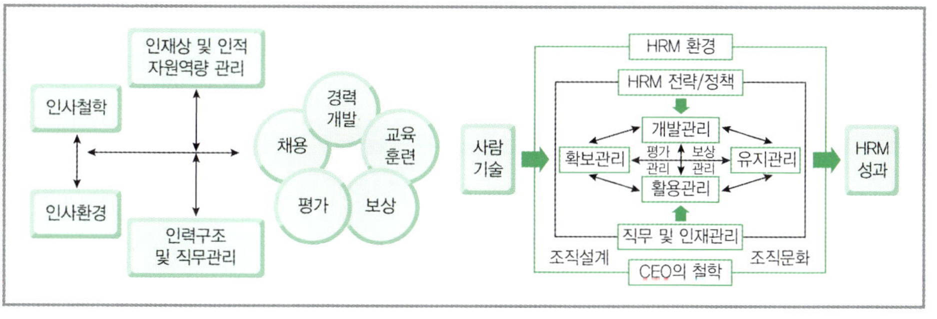

02 평가 · 보상의 원칙

연공주의

연공, 근속연수를 기준으로 인사정책을 시행해 나가는 것을 의미한다. 직급에 따라 정해진 초임금을 출발점으로 하여 근속연수, 연령에 따라 보상하는 시스템이다. 근속연수에 비례하여 숙련도가 향상된다는 점을 기본가정으로 하고 있다. 가장 대표적으로, 공무원, 공공기관의 종업원들이 연공중심 인사관리체계에 속해 있다. 승진은 연공적으로 이루어지고(입사순), 급여 또한 연공급 형태로 지급된다. 어떤 직무를 맡든지 연공서열이 동일하다면 동일한 액수의 보상을 받게 된다.

연공주의는 고과 대상의 순위(서열)를 근속(senerioty), 연령 등의 지표를 활용하여 결정하는 것이다. 연공에 의한 서열은 임금결정, 승진, 승격 등의 기초로 활용하는 경우가 많다. 근속연수나 연령과 함께 숙련도, 직무지식, 리더십, 충성심, 책임감 등이 높아지는 것을 전제로 하고 있다. 기업 내에서 연공주의는 다음과 같이 적용된다.

① 보상: 연공주의는 근속연수가 긴 고참 노동자를 근속연수가 짧은 노동자보다 회사의 근무환경을 더 잘 이해하는 사람으로 본다. 따라서 보통 회사에서 연차가 높은 직원에게 우선적으로 보상한다. 경험을 더 오래 한 직원의 지식 또는 의견의 가치가 회사의 발전에 중요하다고 생각하기 때문이다. 근속연수가 더 많거나 긴 직원일수록 더 많은 보상을 받는 임금제도를 채택하는데 대표적인 제도가 호봉제이다.

② 승진: 연공주의 기업의 직원이 어떤 분야에서 몇 년간의 실무 경험을 가졌다면, 그 직원에게 승진 기회가 주어진다. 한 회사에서 오래 일한 후에 승진을 기대하는 것은 회사를 위해 한 일에 대해 일종의 감사와 보상을 기대하는 것과 같다. 따라서 회사에서 연차를 오래 쌓은 사람일수록 승진에서 더 좋은 기회를 얻는다.

③ 채용: 연공주의 기반의 채용시스템은 신입사원을 공개채용하는 방식으로 채용 과정이 이루어지고 경력직 채용을 꺼려한다.

연공주의의 장점은 가장 가시적인 수량적 객관적 요소인 근무연수를 승진기준으로 사용하므로 지표의 모호성에 대한 문제제기는 거의 없다. 그러나, 연공주의 평가보상제도 속에서는 직원이 더 적극적으로 일을 하지 않더라도, 일정 기간 후에 저절로 승급과 승진을 하게 되므로, 연공주의시스템은 연공이 높으면 높을수록 직원들이 무사안일주의나 매너리즘에 빠지게 되어 창의혁신 노력이 위축되고 능률과 생산성 저하를 초래할 수 있다.

능력주의

능력주의란 능력이 많으면 많을수록, 고과 대상의 순위(서열)상 더 상위의 평가를 받고 더 높은 수준의 처우를 받도록 하는 원칙이다. 사원 개개인의 능력에 따라 채용, 배치, 승진, 교육훈련, 보수 등에 차별을 두는 인사제도의 핵심 원칙이다. 승진, 보수 등의 핵심 기준으로 능력평가를 준거로 하며, 능력 있는 자는 보다 빨리 승진시키고 보다 많은 보수를 지급하는 것을 원칙으로 한다.

채용 당시부터 기업가치의 증대를 가져올 수 있는 잠재적 "능력"을 가진 자를 채용하기 위해 노력한다. 이는 일반적인 인재를 채용한 이후 교육훈련에 초점을 두는 연공주의 인적자원관리 방법과 대조된다.

능력주의의 평가보상의 과제는 눈에 보이지 않는 능력을 가시화, 수치화하기 위해서는 평가 요소(평가지표)가 필요하다. 이러한 평가 요소별로 개인의 우열을 가림으로써 조직을 운영하여 나가는 방법이다. (ex. 영업 실적, 목표 대비 실현율 등을 이용해 영업사원의 능력 측정)

능력주의는 학력이나 연공서열에 의한 획일적인 인사관리가 아니고, 사원 개개인의 능력에 따라 채용 · 배치 · 승진 · 교육훈련 · 보수 등에 차별을 둠으로써 사원 상호간에 경쟁이 생기고 능력을 최대한으로 발휘하게 되어 업무능률이 상승하는 장점이 있다. 그러나 능력 이하의 직무를 담당하게 되면 능력의 유휴(遊休)와 과대급여가 발생하고, 그 역의 경우 반대의 현상이 일어나기 쉽다.

언뜻 보면 능력주의는 아주 이상적이고, 차별이 없는 공정한 사회를 만들 수 있는 것처럼 보인다. 능력에는 선천적 능력과 후천적 학습된 능력으로 구성되는데, 능력을 함양하는데 있어서 태어날 때부터 갖추어져 있거나 후천적으로 학습 기회가 구조적이고 원천적으로 차단되어 있을 경우 공정성에 대한 이슈가 제기될 수 있다.

성과주의

성과주의 평가보상원칙은 성과달성 수준에 따라 평가와 보상을 하는 원칙이다. 성과주의에서는 성과달성도가 평가 보상을 하는데 핵심적인 기준으로 활용된다.

일정한 직무(사업)를 통해 달성하고자 하는 성과목표를 사전에 설정한다. 성과목표의 달성 여부를 측정할 수 있는 계량화된 성과지표를 개발하여 성과목표와의 합치성을 비교, 평가한 후 그 결과를 인사관리에 반영하는 시스템이다. 즉, 기업에 유의미한 성과, 기업가치를 증대하는 성과를 중심으로 인적자원을 관리하는 것을 의미한다.

성과주의란 모든 의사결정의 중심에 성과가 있는 원리원칙으로 성과주의 인사관리 시스템은 성과를 바탕으로 직원을 승진, 이동, 육성하는 인사관리시스템의 한 형태를 말한다. 성과는 통상적으로 매출액이나 이익과 같은 재무적인 요소를 고객에게 가치를 줄 수 있는 구체적인 산출물 품질, 고객만족, 프로세스 효율화와 같은 비재무적인 측면의 요소도 포함하는 경우도 있다.

초기의 성과중심 인사관리는 테일러의 과학적 관리법처럼, 성과목표 할당량을 초과 달성 시 동일한 추가임금을 지급하는 것으로 시작되었다. 오늘날 대부분의 성과중심 인사관리는 연봉제, 성과급제, 스톡옵션 등에서 볼 수 있듯 종업원이 목표 이상으로 성과를 달성할 시, 일정 부분까지는 그 초과달성량에 비례하게 보상이 이루어진다. 종업원의 동기와 능력을 더욱 더 효율적으로 이끌어낼 수 있도록 기업 내부환경을 조성하는 데에 초점이 맞추어지고 있다. 성과중심주의는 조직구성원의 동기부여, 성과향상 및 우수인재 유치를 위한 효과적인 수단이 될 수 있다. 성과주의에 따른 인사제도는 현실 안주형 직원에게는 독이 되지만 도전형, 자기개발형 인재에게는 당근이 된다.

한편 성과주의원칙을 적용하는 경우에도 일반적으로 상급의 직책자가 성과달성 책임을 지는 구조이므로 상급 직책자가 더 많은 보상과 평가를 받게 되는 경우가 많다.

| 그림 3-5 | 조직 계층별 성과 책임의 일반적 내용

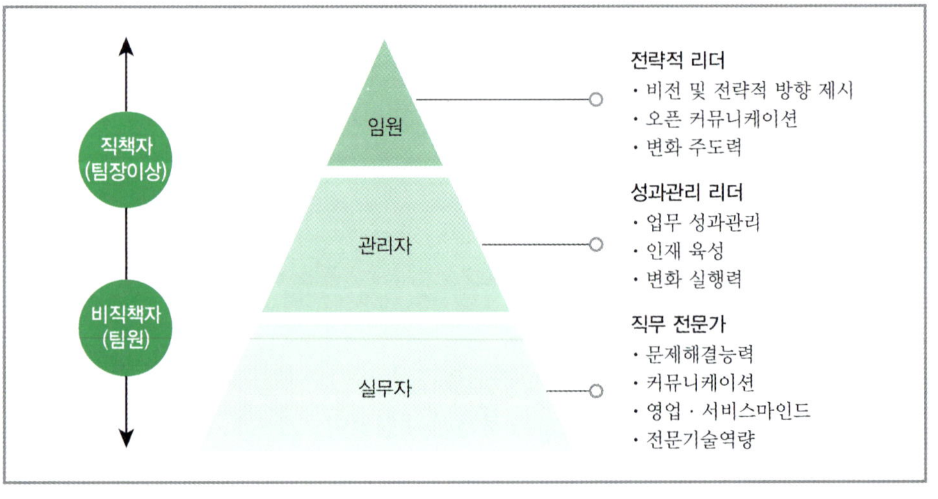

성과주의 인사관리의 제도적 접근법에는 인력 배치 및 인사이동관리와 관련하여 성과에 따라 승진, 이동하는 것이 속한다. 그리고 성과주의에 입각한 교육훈련 관리는 성과주의 인사관리의 개념에 대해 교육을 하거나 직원들의 자기계발을 돕는 교육제도 등이 해당된다.

성과주의 보상은 성과목표 달성도에 따라 차등하여 지급한다. 대표적인 성과주의 보상제도는 성과급제(개인성과급제 및 집단성과급제) 와 연단위 계약제도를 활용하는 연봉제가 있다. 연봉제는 매년 또는 반기별로 성과를 평가해 급여를 차등 지급하는 임금제도이다. 개인성과급제를 통해 개인별 차등 폭을 확대할수록 과당경쟁을 초래할 수 있고 팀구성원의 화합에 기반한 팀워크를 해칠 수 있다. 집단성과급제는 집단단위의 평가를 먼저 한 뒤 개인단위의 평가결과를 더해서 급여를 구성하는 보상제도이다. 성과주의 승진제도로 대표적인 제도가 발탁 승진제이다. 발탁 승진제란 직무에 적합한 사람이 있다면 연공서열주의 관행을 무시하여서라도 그 적격자를 적합한 상위 직무에 배치해야 하는 제도이다.

대표적인 전사적 성과평가시스템으로 BSC가 활용되는 경우가 있다. 기업의 비전과 전략의 실현을 위해 어떤 성과를 추구해야 하는지에 대해 네 가지 관점, 즉 재무적 관점, 고객의 관점, 내부 비즈니스 프로세스 관점, 학습 및 성장의 관점에서 조직의 성과를 평가한다.

직무중심주의

직무중심(job-based HR system)의 인사시스템은 직무(job)에 대한 분석 및 평가에 기반 하여 인사시스템을 설계하고 운영하는 방식이다. 일의 속성, 내용, 방식, 기술(일을 하는 데에 필요한 기술을 의미)을 분석하는 직무평가가 선행되어야 하며 정확한 직무평가가 직무중심주의 핵심이다. 모든 직무, 일(job)에는 가치가 있다. 직무중심주의 평가는 직무를 나누어 분석하고 직무의 등급을 나누고 직무가치를 평가하는 것이다. 즉, 직무 그 자체의 객관적인 가치판단을 하는 활동이다.

직무평가에 의해, 직무기술서, 직무명세서가 도출된다. 이러한 문서들에 기반 하여 인사관리의 제반 기능이 설계되는 인사관리 방식이다.

직무기술서, 직무명세서를 기반으로 한 채용, 선발, 직무역량중심으로 실시되는 교육훈련, 직무급을 통한 임금설계 등이 실시된다.

직무중심 인사관리는 직무분류와 직무분석, 직무평가를 기초로 한다. 그리고 채용, 배치 · 이동, 승진, 평가, 보상, 경력관리, 교육훈련 등 전 인사관리의 기초를 직무의 내용과 필요 요건을 기준으로 운영하는 체계를 구축한다. 직무분석의 결과로 산출된 직무기술서가 직무평가를 통해 그 가치를 결정하기 위한 기초자료로 활용된다. 직무평가는 다시 직무급 체계를 설계하는 중심자료로 활용된다. 즉, 직무중심의 보상관리 프로세스는 직무분석에 의해 직무를 설정한 후, 확립된 직무의 상대적 가치를 직무평가 툴을 이용해 서열을 매겨 직무 구분을 설정한 다음, 서열이 매겨진 직무의 등급마다 임률을 설정하여 개개인의 급여 수준을 결정하고, 성과평가의 결과를 반영하여 개인별 연봉을 조정하는 과정을 거친다.

직무중심 인사시스템은 글로벌화, 전문성, 고령화와 관련해 그 필요성이 더욱 높아진다. 예를 들어, 한국 기업의 글로벌 진출 확대와 현지 특성을 반영한 인사제도 운영의 필요성이다. 삼성전자는 14개 지역 총괄과 37개 글로벌 생산 네트워크, 51개 글로벌 판매 네트워크를 운영하고 있다. '글로벌 원 컴퍼니(global one company)'로 성장한 한국 기업들이 '글로벌 원 HR(Global One HR)'를 구축하기 위한 기본 단위가 바로 직무다.

둘째, 조직 내 수행 업무와 역할의 전문성 강화 관점에서 필요성이 높아진다. 한국 기업은 '사람' 중심의 인사 문화가 강했기 때문에 해외 선진 기업의 '직무' 중심 인사에 대한 공감대 형성이 어려웠다. 그러나 산업간 장벽이 무의미해지고 경쟁이 더욱 치열해지는 경영환경에서 결국 맡은 바 업무, 역할의 전문성 강화는 개인뿐만 아니라 조직 전체의 생존 기반으로 강조된다.

셋째, '사람' 혹은 '직급' 중심 인사 운영 체계는 고령화에 따라 지속적으로 고직급 인력 규모가 늘어나게 되고 인건비 부담이 가중되며 인력구조의 불균형 심화에 따른 성장동력 감소가 발생한다. 이에 직무중심의 인사시스템에 대한 필요성이 커지게 된다.

직능주의

직능주의는 연공중심 사고와 직무중심 사고를 절충한 평가 보상원리이다. 이를 제도화한 것이 직능주의 인사제도로서, "일정한 직능자격 등급을 기준으로 하는 인사체계"이다. 직능＝직무＋능력으로 정의된다. 능력은 연공서열에 따라, 즉 근속연수에 따라 점차 발전해감을 전제로 한다. 직무중심 인적자원관리 체계에 의해 직무를 정의하되, 연공주의적 색채를 가미하여 일부 직능에서는 근속연수가 늘어날수록 보다 상위의 직능으로 승급할 수 있게끔 한 제도이다. 이렇게 등급화(grading)한 내용을 바탕으로, 채용, 배치, 승진, 급여 등의 결정에 활용한다. 현재 일본기업의 대표적인 인사체계이다.

직능주의는 직능에 따라 인사행정이 이루어지므로, 명확한 기준이 제시되는 장점이 존재한다. 즉, 인사처우에 대한 종업원의 납득성을 높일 수 있다.

역량기반주의

역량기반주의는 직무(사업/프로젝트)를 수행하고 달성해야 할 성과목표기준에 적합하고 유용한 역량들을 모델링하고 이것을 평가 보상을 하는 원칙 또는 원리이다.

각 회사의 사업, 직무마다 성과를 산출해 내는데 적합하고 유용한 "역량들"이 서로 다르다. 따라서, "역량"을 정의하고, 역량모델링이 매우 중요하다..

"역량모델"은 조직마다 또는 직무별로 다르게 정의될 수 있으므로, 인사책임자는 직무 역량모델링을 지속적으로 해야만 한다. 인사시스템은 기업 특유적인 "역량"의 지속적인 재정의, 발전, 지속을 위해 노력하는데, 이를 역량중심 인적자원관리시스템이라고 한다.

역량이 정확히 기업 내부에서 정의되었다면, 역량중심 인적자원시스템을 통해 기업의 장기적인 목표와 개인능력의 연계가 가능하다. 즉, 기업에게 직접적인 효익을 가져다주는 핵심역량을 가진 인재를 선발하고, 배치하고, 육성하는 데에 초점을 맞춤으로써, 기업의 핵심역량과 개인의 핵심역량을 연계할 수 있다. 또한 적합한 고과기준이 제시되어 종업원들이 고과에 대해 보다 잘 수긍할 수 있다는 장점이 존재한다.

역량모델을 정의하는 방법은 여러 가지가 있다. 전통적으로 업무에 탁월한 업적을 내는 종업원들의 행동특성을 귀납적으로 찾아내어, 이를 선발, 보상, 교육 등 인사관리 전반에 활용하는 방법을 적용해 왔다. 그리고 직무를 중심으로 직무역량모델링을 하는 방법이 있다. 직무역량모델링은 기업 내부의 생산부서, 마케팅부서, 재무부서 등 각 기능별로 요구되는 기능역량과 각각의 직무 수행에 필요한 구체적인 역량을 포함한다.

교육훈련과 평가보상을 하는데 있어서 조직은 "역량"을 길러낼 수 있는 교육훈련을 실시하는 등의 활동을 전개한다. 대표적인 역량기반주의 보상제도가 역량기반의 지급제도(competency-based pay)로서 이것은 임직원의 역량의 수준에 따라 보상을 지급하는 보상시스템이다.

역할중심주의

구성원이 수행하는 직무 내용과 역할 및 책임 수준에 따라 평가 보상을 하는 원칙이다. 역할(role)이란 주어진 사회적 지위나 위치에 따라서 개인에게 기대되는 행동을 말한다. 조직 내 어떤 역할이 있는지 검토하고 역할을 분류한다. 직급에 따른 역할을 정의하여 그 역할 범위에서 평가하면서 차등 보상이 이루어지도록 한다. 기업 내에서도 상급자와 하급자에게 기대하는 역할이 각각 다르다. 역할중심주의 성과평가는 각 조직원들이 어떤 기대역할을 수행하고, 그에 따른 책임 수준에 초점을 맞추어 성과를 배분하는 것이다.

역할중심주의는 빠른 의사결정이 필요하고, 성과주의 조직문화가 있는 환경에서 적합하다. 매출액 대비 인건비 비중이 크고 연공주의에서 벗어나고 싶지만 직무중심주의를 채택하기엔 직무분석이 어려운 기업들이 주로 채택한다. 역할중심주의는 장기적 관점에서의 인재육성과 사람중심의 조직운영이면서 연공성을 제거한 '제3의 길'로서의 시스템인 것이다.

역할중심주의에서는 경영전략과 방침에 대응하여 역할을 설정한다. 역할과 임금이 일치해 합리적이고 우수 인재를 인력관리의 유연한 운영이 가능하다. 또한 우수 인재를 발탁할 수 있고 또한 복합적 요소를 반영하기 때문에 다양한 시스템의 장점을 취할 수 있다.

하지만 구체적인 직책을 담당하는 직원에게는 역할 구분이 쉽지만 일반 직원들의 경우에는 어렵다. 역할 정의의 모호성 때문에 장기적인 승진관리에는 부적합하다. 그리고 직책을 역할의 중요한 부분으로 포함시키기 때문에 직책의 변화 없이는 역할 등급의 상승이 어렵다. 또한 승진에 따른 동기부여가 어렵다(신재욱 · 김광우, 2016).

학습정리

- 시스템(system)이란 단순한 집합이 아니라 상호 관련된 부분들의 집합을 의미하며, 기본적으로 목표지향성, 환경적응성, 분화와 통합성, 투입－전환－산출의 메커니즘 등의 속성을 가지고 있다.
- 기업경영 및 인적자원관리 활동들은 기능론적 관점, 관리과정론적 관점, 시스템론적 관점 등으로 접근해 분석할 수 있다.

참고문헌

1. 신유근 · 이춘우(2018). 통합 경영학원론, 다산출판사.
2. 신재욱 · 김광우(2016). 역할급 설계방법과 사례, 피엔씨미디어.

연습문제

01 다음 중 기업경영 및 인적자원관리시스템에 대한 설명으로 적절하지 않은 것은?

① 기업경영시스템은 사회문화적 상위시스템과 관리적 하위시스템으로 구성되어 있다.
② 재화, 용역, 만족 등의 투입을 통해 자원과 정보, 에너지 등의 산출물을 얻는 과정이다.
③ 조직경영시스템 모델에서는 경영전략도 인사관리와 상호 관련된 요소로 작용하고 있다.
④ 인사철학도 인적자원관리시스템을 구성하는 주요한 요소이다.
⑤ 채용, 배치, 평가, 보상, 교육훈련 등은 기능론적 관점에 입각한 인적자원관리의 주요 요소이다.

02 부분들의 단순한 집합 이상의 의미를 지니는 상호 관련된 부분들의 집합, 또는 복잡하지만 통일된 전체를 이루는 부분들의 집합을 의미하는 것으로 목표지향, 투입-전환-산출의 과정을 특징으로 하는 것은?

① 프레임(frame)
② 프로세스(process)
③ 시스템(system)
④ 시너지(synergy)
⑤ 파트(part management)

03 채용, 고과, 임금관리 등과 같은 인사관리의 기본적인 기능들이 있지만, 각 기능들이 하나의 시스템으로 통합되고 조정되지 못하는 것은?

① HRM ② SHRM ③ e-HRM ④ PM

04 인적자원관리의 목표가 아닌 것은?

① 기업경쟁력 강화에 공헌할 수 있는 인적자원관리시스템을 설계, 구축, 운영

② 조직목표와 조직구성원목표가 win-win할 수 있는 구조적 시스템과 조직문화적 관리관행 구축
③ 지속적인 이노베이션을 통해 구성원 간과 부서(팀)들이 가치창출을 위해 열정적으로 일할 수 있도록 경쟁과 협력을 동시에 촉진하는 것
④ 인적자원의 계획과 확보, 활용과 유지, 보상과 개발을 포함한 경영의 하위 과정으로서 인적자원을 관리하는데 연관된 모든 기능과 활동

05 직무와 관련한 다음의 설명 중 가장 적절하지 않은 것은? 2010년 공인회계사

① 직무평가(job evaluation)는 직무급 도입에 도움이 되며, 직무들의 상대적 가치를 평가하는 활동이다.
② 직무충실화(job enrichment)는 작업자가 수행하는 직무의 의사결정 권한과 책임을 증가시키는 것을 포함한다.
③ 직무분석(job analysis)은 직무를 구성하는 과업을 구체화하고 직무수행에 요구되는 사항에 대한 정보를 수집 정리하는 활동이다.
④ 직무확대(job enlargement)는 과업의 다양성을 증진시키기 위해 직무의 범위를 수직적으로 확대하는 것이다.
⑤ 핵크맨(Hackman)과 올드햄(Oldham)의 직무특성이론에서 5대 핵심직무특성에는 과업정체성(task identity)과 과업중요성(task significance)이 포함된다.

04장 인사관리환경과 노동관계법

학습목표

1. 경영환경의 개념과 속성에 대해 이해한다.
2. 인사환경에 대해 이해한다.
3. 인사환경의 영향력에 대해 학습한다.
4. 노동관계법에 대해 이해한다.

실제 사례

AI가 직원 채용, 평가, 해고관리 대행

2017년 9월 아마존은 볼티모어 물류센터 직원들 중 300명을 '생산성 미달'을 이유로 해고했는데, 해고절차를 진행한 주체가 인공지능(AI)이었다. 관리자의 특별한 명령 없이도 물류센터 직원의 업무 이탈 시간을 측정하는 아마존의 직원 감시 컴퓨터 시스템의 분석결과에 근거한 결정이었다. 근무시간 측정 AI 는 근로자가 지나치게 오랫동안 업무 현장을 떠나 있는 직원을 파악하면 자동으로 경고를 보낸다. 이 경고가 누적되면 해고가능성이 커진다.

채용에서 AI 활용은 급속하게 확산되고 있다. 프랑스 화장품업체 로레알은 입사지원자의 1차 기본요건 검증과 2차 인터뷰에 AI 프로그램을 활용한다. 1차 검증 과정에서 AI 챗봇 '마야'가 지원자에게 경력 확인이나 비자 요건 등 기본적인 질문을 하고, 대화는 전용 웹사이트에서 문자를 주고받는 형태로 이뤄진다. 1차 검증을 끝낸 지원자는 AI는 '시드릭크'에 의해 2차 인터뷰를 한다. 시드릭크는 로레알의 기업문화와 가치 등을 학습해 로레알에 최적화한 인사검증 알고리즘을 짠다. 지원자가 인터뷰 질문에 대답하면 시드릭크는 해당 대답을 분석해 지원자가 로레알과 얼마나 어울리는지 평가한다. 로레알 측은 "AI 면접시스템을 도입함으로써 인턴십 채용 과정에서 200여 시간을 절감하고, 다양한 인력을 채용할 수 있었다"고 한다. 롯데 · 오리온그룹 등 일부 국내 기업들도 'AI'를 활용하여 채용을 하고 있다.

01 인사관리환경과 인사관리

까치와 인사관리는 서로 관계가 있는가 없는가

인사관리환경의 의의와 내용

인사관리환경(인적자원관리 환경)이란 인사관리 활동에 직 · 간접적으로 영향을 주고 받는 인사관리시스템을 둘러싼 요인들이다.

조직(기업경영시스템)은 개방시스템(open system)이므로(Gordon, *et al.*, 1990, 53), 경영환경은 조직경영시스템에 영향을 미치며, 그 과정에서 인적자원관리시스템에도 영향을 줄 수 있다. 경영환경이 변화하면 기업경영 활동의 내용과 과정도 따라서 변화하게 되는데, 기업이 역으로 외부환경에 대해 영향을 줄 수도 있다. 인적자원관리시스템도 인적자원관리 전체 시스템을 둘러싼 경영환경 요소들과 상호작용하는 개방시스템(open system)이라고 할 수 있다.

인사시스템은 최고경영자나 구성원들에 의해 영향 받기도 하지만, 주변 상황과 법률적 환경이나 정치적 환경, 사회 · 경제적 환경에 의해서 영향을 받는다.

경영환경의 변화는 인사부의 새로운 가능성을 제공하기도 하지만, 인사부서의 생존 여부에 중대한 위협 요인이 되고 있다.

경영환경의 변화는 인사부서의 변화를 압박하고 있을 뿐 아니라 새로운 역할을 요구하고 있다. 미국 미시건대학의 David Ulrich 교수는 "업무처리 및 문서작업 분야의 전문성을 강조하는 예전의 HR은 어떤 의미에서 죽어가고 있다. HR 부서는 더 작아질 것이다. 어떤 분야는 사라질 것이고, 어떤 분야는 사라져야 한다"고 주장한 바 있다.

인사관리환경은 외부 경영환경과 조직 내부환경으로 구분할 수 있다.

외부 경영환경은 조직경영시스템의 경계(boundary) 외부에 존재하는 사물이나 여건이나 상황으로, 경영활동과 직·간접적으로 관련을 맺으며, 조직 활동에 어떤 영향력을 미칠 수 있는 힘(forces)을 지닌 상황 요인들을 말한다(Robbins, 1991, 77; Baird, Post & Mahon, 1990, 155). 즉, 경영환경은 이 세상에 존재하는 모든 사물과 여건, 상황 등을 환경 요인으로 간주할 필요는 없다. 예를 들어, 기업이 만든 제품을 구입해 주는 소비자, 임금 및 고용조건을 둘러싸고 기업과 교섭을 행하는 근로자 및 노동조합, 유사한 제품을 놓고 시장에서 경쟁하는 타기업, 원료나 부품을 제공해 주는 공급기업, 정부정책, 경기활황·경기침체·원화절상·인플레이션과 같은 경제상황, 환경보호주의의 대두 등이 모두 경영환경이다.

외부 경영환경: 일반환경과 과업환경

외부 경영환경은 일반환경과 과업환경으로 다시 나눌 수 있다.

경영환경을 서로 성격이 다른 구성환경으로 분류하는 기준 및 방식으로는 여러 가지가 알려져 있지만,[1] 대표적인 분류 방식은 환경의 조직에 대한 영향력과 조직의 환경에 대한 관리가능성을 동시에 고려해 환경을 일반환경과 과업환경으로 분류하는 방식이다(Robbins, 1991; Baird, Post & Mahon 1990).

일반환경(general environment)이란 어떤 특정 조직에 대해서만 영향을 미치는 환경이 아니라 사회 전체 속에 속해 있는 모든 조직에 공통적인 영향을 미치는 환경을 가리킨다. 기업의 입장에서 보면 특정 대상이 파악되지 않기 때문에 일반환경 요인에 대하여 어떤 영향력을 행사하기가 어렵다. 이러한 일반환경은 통상 크게 경제적·기술적 환경, 법률적·정치적 환경, 사회·문화적 환경으로 나누어 살펴볼 수 있다. 또한 이러한

1) 경영환경을 분류하는 방식으로는 기업조직의 경계를 기준으로 한 내부환경과 외부환경의 분류 방식(Gordon, *et al.*, 1990; Donnelly, Jr., Gibson & Ivancevich, 1990), 환경의 조직에 대한 영향력을 기준으로 한 일차적 환경과 이차적 환경의 분류 방식(Bartol & Martin, 1991), 그리고 환경의 인식 방법을 기준으로 한 실제환경과 인지환경의 분류 방식(김원수, 1984 재인용) 등을 들 수 있다.

그림 4-1 경영환경의 구성체계

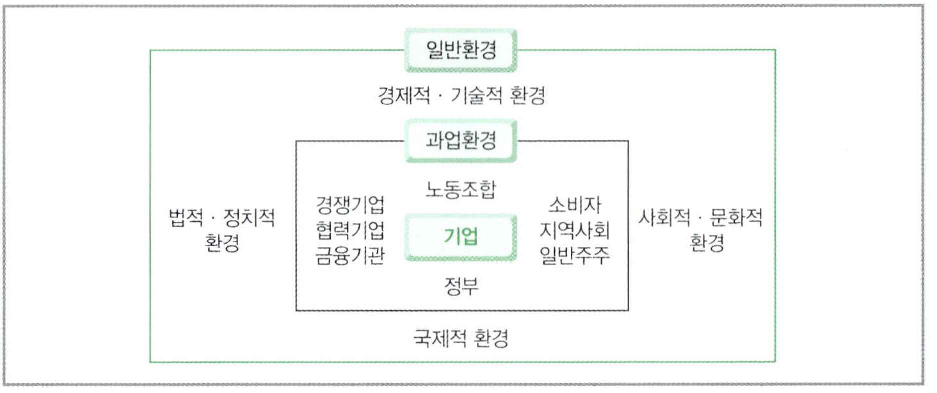

일반환경의 분류체계가 국제적 차원에 적용될 경우, 이를 국제적 환경이라 통칭할 수 있다.

과업환경(task environment)이란 기업과 매우 밀접한 관련을 가지면서 기업 활동에 직접적으로 영향을 미치는 근접환경을 말하는 것으로, 기업의 입장에서도 그 대상이 확인되므로 어떤 영향력의 행사가 가능하여 관리 가능한 경영환경을 일컫는다. 앞의 일반환경이 거의 모든 기업조직에 광범위하게 영향을 미치는 환경이라면, 과업환경은 특정 기업의 경영 활동 과정에 직접적으로 영향을 미쳐 상호작용하는 환경이라 할 수 있다.

일반적으로 과업환경은 기업경영 활동으로 인해 직 · 간접적인 이득이나 손해를 보는 이해관계자(stakeholder)들로 분류된다. 기업의 과업환경으로는 주주, 노동조합, 소비자, 정부, 지역사회, 타기업, 공급자, 금융기관 등이 포함된다. 오늘날 사회전반적인 민주화 및 다원주의화 추세에 따라 기업경영에 대한 이들 과업환경으로서의 이해관계자의 영향력이 점차 커지고 있는 경향이 나타나고 있다.

일반환경과 과업환경의 구분은 상황의 변화나 조직의 성격이나 활동에 따라 달라질 수 있다. 상황의 변화에 따라 일반환경의 일부가 과업환경으로 변화하기도 하며, 일부의 과업환경은 그 영역이 더욱 넓어져 일반환경으로 흡수되기도 한다. 또한 특정 기업에게는 과업환경이지만, 다른 기업에게는 일반환경에 속하는 경우도 있다. 일반환경과 과업환경은 인사관리환경으로 대부분 포함된다.

일반환경과 과업환경의 내용

외부환경은 정치 · 경제적 환경, 시장(제품, 노동)환경, 사회 · 문화적 환경, 노동조합 등으로 이루어져 있다. 정치 · 경제적 환경은 경제 여건의 변화와 정부의 거시경제정책, 정부의 이해관계자에 대한 정책과 기업 인사관리에 대한 직접적인 법적 규제로 나누어진다.

경기호황과 불황은 인사관리에 영향을 준다. 호황에 접어들거나 호황징조가 보이면 생산 활동이 활발해지면서 인력 수요가 증가하고, 임금 · 승진 · 복지 후생 등의 고용조건들이 향상되기도 한다. 반면 경기침체는 유휴 인력문제를 초래해 구조조정을 유발하여 실업문제를 발생시키게 된다. 이처럼 경기변동과 전반적 경제여건의 변화는 고용조건에 대한 노사 간의 기대와 교섭력을 변화시켜서 인사관리에 영향을 미친다. 경제여건에 따라서 정부의 경제정책이 변하게 되고 이는 다시 전반적 경제상황에 영향을 미치는 식으로 역동적으로 순환한다.

기업의 노동수요는 기업이 생산 공급하는 제품서비스를 시장에서 필요로 하는 수요에 의해 유발되는 파생수요(derived demand)이기 때문에 기업의 고용 수준은 제품서비스 수요에 의해 직 · 간접적으로 영향을 받는다.

인플레이션이 급격하게 일어나면 임금과 연금이 연동되는 인건비 총액이 증가될 수 있다. 근로자들은 물가상승률 이상의 임금인상을 요구함으로써 실질임금이 보전하고 수입을 증대시키려고 하게 되어 기업의 재무구조가 압박을 받을 수 있다.

사회가치관의 변화와 다양화 등으로 인하여 조직에 대한 개념도 변화하게 되었다. 과거와 같이 조직의 발전을 위해 조직에 개인을 몰입시키던 태도는 점차 사라지고, 조직보다 개인을 우선시하는 방향으로 가치관이 변화하고 있다. 이러한 가치관의 변화에 따라 조직으로서는 이러한 성격의 종업원의 불만족을 줄이기 위해 노동생활의 질(Quality of Working Life)의 향상문제나 일과 삶의 균형(work-life balance) 문제가 중시되기 시작했다.

[표 4-1] 일반환경과 인사관리에의 영향

경제적 환경	• 경기 호황: 생산 활동이 활발해지면서 인력수요 증가하고 • 유능인력 확보를 위해 임금 · 승진 · 복지후생 등 고용조건들이 향상됨 • 경기 불황: 유휴인력의 문제를 야기시켜 고용조정을 초래함
노동시장	• 기업의 인력수급 측면에 직접적인 영향을 미침 • 경제발전단계 및 산업구조 변화: 2차산업(공업화), 3차산업의 팽창 • 노동시장구조의 변화: 3D업무, 간호원, 스튜어디스, 조선족, 인도인 • 노동력 구성: 성비, 학력비, 연령비
시장경쟁심화	• 인력구성 및 운영의 유연화 촉진 기업의 고용 형태 변화 • 정규직 근로자 외에 파트타이머, 계약직, 임시직, 파견직 근무
기술적 환경	• 신기술 발전의 속도, • 신기술 출현에 따른 신 직종 출현과 없어지는 직무 • 정보기술에 의한 조직 변화 및 직장생활의 변화
사회문화환경	• 가족제도: 대가족제도 vs. 핵가족화 사회단체(다원화) • 사회가치관: 집단주의 vs. 개인주의 • 근로윤리, 근로의식의 변화, '성실성 무엇이든지 하겠습니다.' • 개인성장기회 중시, 개인중시 인사제도 저출산 고령화사회 도래
제도적 환경	• 교육제도: 학과제 학부제 2학기제 4학기제
정치적 환경	• 군사독재정권시대(낙하산 인사), 민주주의시대(역시 낙하산인사) • 중앙집중시대 – 지방자치시대 • 노동부, 산자부, 국방부 등 군출신 직원, 정부개입논리 기업자율논리
정부정책법률	• 경제정책, 소득정책, 노동정책 등을 통해 기업인사관리에 영향을 줌 • 정부는 기업 이해관계자들의 이해조정을 위해 고용, 임금, 퇴직 • 보건 및 안전, 제품가격, 환경오염 등에 직접 개입함.

[표 4-2] 과업환경과 인사관리에의 영향

소비자	• 기업인력수요는 곧 소비자의 제품수요로부터 파생되는 것 • 고객욕구의 다양화와 고차원화에 따라 창의적 인력과 전문인력수요 증가
협력업체	• 상생협력(공생발전) → 상생협렵팀(국) • 협력업체 임직원, 중소기업의 직원 상호교류 및 연수
금융기관	• 금융기관의 임직원, 채권단
주주	• 대표이사 및 등기이사 임면권 • 성과지향적 인사제도 선호: 1998년 외환위기 → 시장개방 기업매각
노조연합	• 전국단위 노동조합의 압력, 민주노총, 한국노총 • 연대파업

조직 내부환경

인사관리시스템과 영향을 주고받는 내부환경은 경영전략, 조직의 라이프사이클, 기업지배구조, 조직구조 및 직무의 성격 변화, 조직규모 등이 있다.

[표 4-3] 내부환경과 인사관리에의 영향

노조	노조는 근로자를 대표하여 노동조건의 향상을 요구하고 일부 인사관리상의 결정에 대해 참가할 것을 요구함 → 노사관계경영
경영전략	신규사업진입전략, 사업축소전략, 원가우위전략, 차별화전략, 집중인적역량축적 HR시스템과 전략은 상호작용관계임
조직수명주기	탄생기, 성장기, 성숙기, 쇠퇴기별 HRM 주요 이슈가 변화함 탄생성장기에는 필요인력조달과 보상관리상 외부공정성이 중요해지고 성숙 쇠퇴기에는 고용조정과 보상관리상 비용통제가 중요해짐
지배구조	경영권과 소유권이 이해관계자들 간에 어떻게 분포되어 있는가? 주주인가 근로자단체인가 채권단인가
조직구조	조직구조는 종업원의 역할과 책임을 결정함 직제, 프로세스, 작업기술
조직규모	중소 영세기업의 경우 인사관리 기능의 분화 제도화 없음 조직규모의 확대에 수반하여 인사관리 기능 세분화 이루어짐
조직문화	혁신지향적 문화 vs. 관료적 문화
관리기술	영업 기술(인적판매조직 야쿠르트 풀무원/ 직영점 vs. 가맹점: 주유소) 자금관리 기술(경리회계 vs. 투자)

- 노동조합: 노동조합의 성향과 노사관계 문화: 노동조합은 인사관리의 여러 가치 측면에 영향을 주게 되나 그 성립 과정에서 특히 노동조건을 둘러싼 의사결정에 큰 역할을 수행하고 있다. 노사간 상호작용의 특성에 따라서 노사간에 극도의 대립을 가져오기도 하지만 현대의 기업 조직에서는 노동조합을 불가피한 것으로 여기고 있다.
- 경영전략: 기업 전사적 차원의 경영전략은 인사관리의 방향에 매우 큰 영향을 끼친다. 기업의 전략적 사업에 있어서 인사관리가 필수적이기 때문에 전략적 인적자원관리 활동이 전세계의 많은 기업들로 빠르게 확산되고 있다.
- 조직 라이프사이클: 제품수명주기(product life cycle)가 있듯이 조직도 생애주기가 있다. 기업도 탄생－성장－성숙－쇠퇴를 거치는데 각 시기별로 적합한 인적자원

관리 방식이 있다. 도입기와 성장기 때는 필요인력의 조달이 매우 중요하며, 쇠퇴기에는 인력 감축이 발생하기 쉽다.

- 기업지배구조: 기업지배구조는 경영권 및 소유권의 구조를 말하는데 주주의 지분율의 차이에 따라 인사관리가 영향을 받을 수 있다.
- 조직구조 및 작업 프로세스구조: 조직구조나 작업구조는 종업원의 역할과 책임이 직결되므로 이의 변화 역시 인사관리에 영향을 준다.
- 조직규모: 기업의 인적자원관리는 조직규모에 의해 영향을 받는다. 규모가 매우 작은 조직의 경우에는 인적자원관리 기능의 분화가 일어나지 않고, 인적자원관리의 제도화가 이루어지지 않는 경우가 많다. 조직규모가 확대됨에 따라 인적자원관리 기능의 분화가 발생하게 된다.

노동시장 및 인구구조

노동시장은 노동력을 노동자와 사용자 간에 거래가 이루어지는 물리적 또는 비물리적 공간으로 노동의 수요자와 공급자 간에 노동력 공급과 대가의 교환이 일어난다.

노동시장은 기업의 인력수급에 직접적인 영향을 미치는 중요한 환경이다. 노동력의 양과 질은 인적자원관리에 크게 영향을 준다. 인구의 상대적 연령비율이 변한다는 것은 단지 인구의 숫자상의 변화만을 그치는 것이 아니라 전 경제사회시스템, 특히 생산과 분배에 있어서 연령층 간 자원의 재분배가 이루어진다는 것을 의미한다. 노동가능인력의 수가 변화하므로 노동력의 공급이 변한다. 인구의 고령화는 노동력의 고령화를 수반한다. 선진국의 경우 고령층의 조기퇴직으로 인해 수급자의 증가와 보험료 기여자의 감소로 노령연금제도가 재정적 도산의 위기에 몰리고 있다. 생산성의 변화를 가져온다. 노동력 규모 자체의 감소나 증가, 고령화와 같은 연령구조의 변화 등이 대표적이다. 여성의 경제활동참가율의 증감도 중요 환경이다.

노동력의 질을 대표하는 지표는 교육 수준이다. 한국은 1980년대 중반까지만 해도 중졸 이하의 학력을 가진 인력이 매우 큰 비중을 차지하였으나 1993년에는 중졸 이하가 40.1% 고졸과 대졸 인력의 비중이 42.4%의 비중을 차지하였다.

일부 특정 기술을 가진 인력은 전국단위 혹은 글로벌 노동시장에서 찾을 수 있는 경우도 있고, 특정 인력은 지역 노동시장에서 조달할 수도 있다.

인적자원관리 담당자는 직종, 지역, 동일 지역 내에 동종기업의 존재라는 상황 속에서 노동시장을 모니터링 해야만 한다.

기업이 찾고자 하는 인력이 부족한 조동시장에서는 채용기준이 낮아지고 임금이 상승하게 되는 반면, 공급이(구직자들) 수요(구인자)보다 많은 경우에는 채용기준이 높아지고 임금 수준이 낮아지게 된다.

인구구조도 인사관리가 중요하게 고려해야 할 환경이다. 인구의 상대적 연령비율이 변한다는 것은 단지 인구의 숫자상의 변화만을 그치는 것이 아니라 전 경제사회시스템, 특히 생산과 분배에 있어서 연령층간 자원의 재분배가 이루어진다는 것을 의미한다(정재훈, p.121). 노동가능인력의 수가 변화하므로 노동력의 공급이 변한다는 것을 의미한다. 인구의 고령화는 고령층 노동력의 증가와 노동력의 고령화를 수반한다. 베이비붐 현상이나 저출산 고령화 사회화와 같은 인구구조의 변화는 인력확보 및 운용 방식에 영향을 준다. 우리나라는 1990년대에 들어와서 인건비 상승과 함께 소위 3D기피현상까지 겹쳐 생산현장의 근로자 부족현상이 심화되고 있다. 이에 대응하여 '인재파견업'이라는 신종사업이 생기고, 시간제 고용(part timer), 즉 임시적 계약고용제도 생겨났다.

공정기술, 공장자동화기술, 작업기술(작업 방식)

공장자동화(FA: factory automation)와 사무자동화(OA: office automation)는 근무 형태 변경과 근로자에게 요구되는 기본적인 업무수행능력이나 자격 요건 변화를 요구한다. 생산공성 자동화도 작업 방식(노동 형태)이나 근로자의 능력 및 자격요건 들을 변화시켜왔다. 인공지능 및 로봇 등 ICT 기술을 활용한 작업 방식의 변화는 매우 큰 변화를 촉진하고 있다.

제조공정 자동화기술은 기존 노동력을 대체하게 함으로써 기업의 인력구조와 인건비 비중에 영향을 준다. 자동화기술은 전문기술직 등 높은 기술지식 수준이 요구되는 직종의 수요를 증대시키지만, 반대로 단순 반복적인 업무를 수행하는 직무 및 직종은 인력대체를 하게 만든다. 산업은 제조공정에 일하던 생산인력을 감소시키고 연구개발, 판매, 영업, 정보처리 등의 직종에 대한 인력 수요를 증대시켜왔다.

작업기술에 따라 일하는 방식이 바뀌게 된다.

기술 변화와 혁신은 새로운 직종의 인력 수요를 만들어내기도 한다. 컴퓨터 기술의 채택과 활용은 기업 내 전산직 인력의 수요를 증가시켰다.

02 노동관계법과 인사관리

노동정책 등 인사관리 관련 정부정책과 노동관계법

60세 정년제, 임금피크제, 남녀고용평등법 등은 기업의 채용, 교육훈련, 배치전환, 임금관리, 정년 등에 큰 영향을 미친다. 근로자의 의식과 행태에도 영향을 미친다.

2008년도에 한국에서는 채용 시 연령차별 금지법안이 통과되었다. 평균 수명이 연장되고 고령자들의 건강이 좋아짐에 따라서 정년연장에 대한 사회적 요구가 커져 노사 단체협약의 이슈로 부상하게 되면서 만들어진 법이다. 이와 관련해 정년연장에 따른 인건비 증가 문제, 고령화로 인한 직무수행능력의 변화 등이 중요해지면서 일본이나 한국에서의 임금피크제가 도입되고 있다.

업종별로 필요한 기술인력의 공급이 원활하게 이루어지고 있느냐도 기업이 신기술에 기반한 사업을 전개할 수 있는냐에 영향을 준다.

실제 사례

주당 노동시간이 40시간 이상을 초과할 수 없어 1주일에 8시간씩 5일을 근무할 수 있도록 한 제도. (주40시간근무제)

프랑스는 1936년, 독일은 1967년, 일본은 1987년부터 주40시간근무제를 실시. 2004년 현재 이들 3개국의 주당 근무 시간은 40시간보다 적다. 캐나다 · 오스트레일리아 · 네덜란드 · 오스트리아 · 벨기에 · 중국 등도 주당 근무시간이 40시간을 넘지 않음.

한국은 1998년 2월부터 주5일근무제를 추진하기 시작해 2000년 5월 노사정위원회에서 근로시간단축특별위원회를 구성함. 2002년 9월 입법안을 마련해 같은 해 10월 국회에 제출하였으나, 노사간의 의견 접근이 이루어지 않아 최종 합의에는 실패함.

2003년 8월 국회 환경노동위원회와 법제사법위원회의 의결을 거쳐 기존의 근로기준법을 개정해 같은 해 9월 15일 공포, 2004년 7월부터 단계적으로 시행에 들어감.

한국의 주5일근무제의 시행단계

- 1단계: 공기업 · 금융업 · 보험업 및 1,000인 이상 사업장은 2004년 7월부터 시행
- 2단계: 300인 이상 사업장은 2005년 7월부터
- 3단계: 100인 이상 사업장은 2006년 7월부터 시행
- 4단계: 50인 이상 사업장은 2007년 7월부터 시행
- 5단계: 20인 이상 사업장은 2008년 7월부터 시행
- 6단계: 20인 미만 사업장은 2011년을 기한으로 대통령령이 정하는 날부터 시행.

한국의 노동관계법

• 고령자 고용촉진법	• 산업안전보건법
• 고용보험법	• 산업재해보상보험 특별회계법
• 고용정책기본법	• 산업재해보상보험법
• 공인노무사법	• 산업재해보상보험업무 및 심사에 관한 법률선원법
• 국민연금법	• 장애인고용촉진 등에 관한 법률
• 근로기준법	• 중소기업근로자복지 진흥법
• 근로자 참여 및 협력증진에 관한 법률	• 직업안정 및 고용촉진에 관한 법률
• 기능장려법	• 직업안정법
• 남녀고용평등법	• 직업훈련촉진기본법
• 노동위원회법	• 진폐의 예방과 진폐근로자의 보호 등에 관한 법률
• 노동조합 및 노사관계조정법	• 최저임금법
• 사내근로복지 기금법	
• 산업보건기준에 관한 규칙	
• 산업안전기준에 관한 규칙	

2017년 1월부터 300인 미만 사업장인 중소기업에도 정년 60세 제도가 의무화되었다. '정년 60세 의무화' 제도는 권고조항으로 되어 있던 정년을 의무조항으로 바꾸고, 정년 나이도 55~58세이던 것을 60세로 연장한 것이다. 60세가 안 된 근로자를 특별한 사유 없이 해고하면 부당해고로 간주해 해당 사업주가 법적 처벌을 받는다. 여기서 60세는 '만 60세'이며, 최소한 만 60세 생일이 되는 날까지는 고용해야 한다는 의미다. 하지만 만 60

실제 사례

근로기준법

■ 근로계약서 작성과 교부

2012년 1월 1일부터 근로기준법이 개정되면서, 근로자를 채용할 때에는 반드시 ① 임금(임금의 구성 항목, 계산 방법, 지급 방법), ② 소정근로시간, ③ 휴일, ④ 연차유급휴가 및 근무 장소와 업무와 같은 주요 근로조건이 명시된 서면을 교부하여야 하며, 이를 위반하는 경우 500만 원 이하의 벌금이 부과될 수 있으므로 주의해야 한다.

■ 근로계약 기간

근로계약 기간은 2년을 초과하지 않는 범위 내에서 기간제 근로자를 채용할 수 있으며 2년을 초과하여 사용하는 경우에는 기간의 정함이 없는 근로계약을 체결한 근로자가 된다는 것을 염두에 두어야 한다.

■ 근로자명부, 임금대장 등 주요서류 관리

사업주는 근로자의 성명, 생년월일, 이력 등을 기재한 근로자 명부와 임금대장, 근로계약서, 임금의 결정 · 지급 방법과 임금계산의 기초에 관한 서류, 고용 · 해고 · 퇴직에 관한 서류 등 근로조건에 관한 중요한 서류를 사업장에 3년간 보존해야 한다. 만약 이를 위반하면 500만 원 이하의 과태료가 부과될 수 있으므로 유의하는 것이 좋다.

■ 취업규칙 작성과 관리

취업규칙이란 다수의 근로자를 사용하고 있는 사업장에서 근로자들이 지켜야 할 취업상의 규율과 직장질서, 근로시간, 임금 등의 근로조건에 관한 구체적 세목 등을 정한 규칙이다. 즉, 근로자 전체에 적용될 복무규율과 임금 등 근로조건에 관한 준칙의 내용을 담고 있는 것이다. 취업규칙을 통해 근로계약서에 담아야 할 근로조건을 통일적으로 규율함으로써 인사관리상 편의를 도모할 수 있는 것이다. 특히 상시근로자 10인 이상의 사업주는 반드시 취업규칙을 작성 · 신고하여야 한다. 취업규칙에는 근로기준법 제93조에 정해진 사항이 반드시 포함되어야 한다는 점을 기억해야 한다. 또한 취업규칙을 제정하거나 변경할 때에는 당해 사업 또는 사업장에 근로자의 과반수로 조직된 노동조합이 있는 경우 그 노동조합의 과반수 의견을 들어야 한다. 노동조합이 없을 때에는 근로자의 과반수의 의견을 들어야 한다. 특히 불리하게 변경할 때에는 근로자의 동의를 얻어야 한다.

출처: 2012년 8월 기업나라 발췌.

세가 종료되는 날까지 고용해야만 하는 것은 아니다.

2017년 최저임금 6,470원으로 2016년 시간당 최저임금보다 440원이 오른 6,470원이다. 6,030원이었던 2018년에 비해 7.3%가 인상됐다. 최저임금은 사업 종류에 구분 없이 전 사업장에 똑같이 적용된다. 최저 일급으로 계산하면 8시간 기준으로 51,760원이며, 월급으로 환산하면 주 40시간제 기준으로 135만 2,230원(유급 주휴 포함, 월 209시간 기준)이다. 각 사업장은 최저임금 시급과 월 환산액을 고시 · 공지해야 한다. 고용노동부는 최저임금 위반 가능성이 높은 취약 사업장을 대상으로 근로감독을 강화하고, 실효성을 높이기 위해 최저임금을 위반하면 2,000만 원 이상의 벌금을 부과한다.

노동부 소관 법령 현황(2008.9.22. 현재)

분 야	법 률 명(37)	소 관 팀
고용정책관 (5)	① 고용정책기본법 ② 고용보험법 ③ 사회적기업 육성법 ④ 건설근로자의 고용개선 등에 관한 법률 ⑤ 외국인근로자의 고용 등에 관한 법률	고용정책과 고용보험정책과 사회적기업과 지역고용개발팀 외국인력정책과
직 업 능 력 개발정책관 (5)	① 근로자직업능력 개발법 ② 기능대학법 ③ 한국산업인력공단법 ④ 국가기술자격법 ⑤ 기능장려법	직업능력정책과 직업능력정책과 직업능력정책과 자격정책과 직업능력정책과
고용평등 정 책 관 (3)	① 남녀고용평등과 일 · 가정 양립 지원에 관한 법률 ② 장애인고용촉진 및 직업재활법 ③ 고용상 연령차별금지 및 고령자고용촉진에 관한 법률	여성고용과 장애인고용과 고령자고용과
고용서비스 기 획 관 (2)	① 직업안정법 ② 청년실업해소특별법	고용서비스기획과 청년고용대책과
노사협력 정 책 국 (8)	① 경제사회발전노사정위원회법 ② 근로자참여 및 협력증진에 관한 법률 ③ 근로자의날제정에관한법률 ④ 노동조합 및 노동관계조정법 ⑤ 노동위원회법 ⑥ 교원의 노동조합 설립 및 운영 등에 관한 법률	노사협력정책과 노사협력정책과 노사협력정책과 노사관계법제과 노사관계법제과 공공노사관계과

	⑦ 공무원의노동조합설립및운영등에관한법률 ⑧ 한국노동교육원법	공공노사관계과 공공노사관계과
근로기준국 (9)	① 근로기준법 ② 최저임금법 ③ 공인노무사법 ④ 임금채권보장법 ⑤ 파견근로자보호등에관한법률 ⑥ 기간제 및 단시간근로자 보호 등에 관한 법률 ⑦ 근로자복지기본법 ⑧ 사내근로복지기금법 ⑨ 근로자퇴직급여 보장법	근로기준과 근로기준과 근로기준과 근로기준과 차별개선과 차별개선과 퇴직연금복지과 퇴직연금복지과 퇴직연금복지과
산업안전 보 건 국 (5)	① 산업안전보건법 ② 한국산업안전공단법 ③ 진폐의 예방과 진폐근로자의 보호 등에 관한 법률 ④ 산업재해보상보험법 ⑤ 고용보험 및 산업재해보상보험의 보험료징수 등에 관한 법률	안전보건정책과 안전보건정책과 근로자건강보호과 산재보험과 산재보험과

분 야	대통령령(38)	소 관 팀
기획조정실 (1)	① 노동부와 그 소속기관 직제	창의혁신담당관
고용정책관 (5)	① 고용정책기본법 시행령 ② 고용보험법 시행령 ③ 사회적기업 육성법 시행령 ④ 건설근로자의 고용개선 등에 관한 법률 시행령 ⑤ 외국인근로자의 고용 등에 관한 법률 시행령	고용정책과 고용보험정책과 사회적기업과 지역고용개발팀 외국인력정책과
직 업 능 력 개발정책관 (5)	① 근로자직업능력 개발법 시행령 ② 기능대학법 시행령 ③ 한국산업인력공단법 시행령 ④ 국가기술자격법 시행령 ⑤ 기능장려법 시행령	직업능력정책과 직업능력정책과 직업능력정책과 자격정책과 자격정책과
고용평등 정 책 관	① 남녀고용평등과 일 · 가정 양립 지원에 관한 법률 시행령 ② 장애인고용촉진 및 직업재활법 시행령 ③ 고용상 연령차별금지 및 고령자고용촉진에 관한 법률 시행령	여성고용과 장애인고용과 고령자고용과
고용서비스 기 획 관(2)	① 직업안정법 시행령 ② 청년실업해소특별법 시행령	고용서비스기획과 청년고용대책과
노사협력 정 책 국 (7)	① 경제사회발전노사정위원회법 시행령 ② 근로자참여 및 협력증진에 관한 법률 시행령 ③ 노동조합 및 노동관계조정법 시행령 ④ 노동위원회법 시행령 ⑤ 교원의 노동조합 설립 및 운영 등에 관한 법률 시행령 ⑥ 공무원의노동조합설립및운영등에관한법률 시행령 ⑦ 한국노동교육원법 시행령	노사협력정책과 노사협력정책과 노사관계법제과 노사관계법제과 공공노사관계과 공공노사관계과 공공노사관계과

근로기준국 (10)	① 근로기준법 시행령 ② 최저임금법 시행령 ③ 공인노무사법 시행령 ④ 임금채권보장법 시행령 ⑤ 파견근로자보호 등에 관한 법률 시행령 ⑥ 기간제 및 단시간근로자 보호 등에 관한 법률 시행령 ⑦ 근로자복지기본법 시행령 ⑧ 사내근로복지기금법 시행령 ⑨ 근로자퇴직급여보장법 시행령 ⑩ 근로감독관규정	근로기준과 근로기준과 근로기준과 근로기준과 차별개선과 차별개선과 퇴직연금복지과 퇴직연금복지과 퇴직연금복지과 근로조건지도과
산업안전 보 건 국 (5)	① 산업안전보건법 시행령 ② 한국산업안전공단법 시행령 ③ 진폐의 예방과 진폐근로자의 보호 등에 관한 법률 시행령 ④ 산업재해보상보험법 시행령 ⑤ 고용보험 및 산업재해보상보험의 보험료징수 등에 관한 법률 시행령	안전보건정책과 안전보건정책과 근로자건강보호과 산재보험과 산재보험과

분 야	노동부령(37)	소 관 팀
기획조정실 (2)	① 노동부와 그 소속기관 직제 ② 노동부소관비영리법인의설립및감독에관한규칙	창의혁신담당관 규제개혁법무담당관
고용정책관 (5)	① 고용정책기본법 시행규칙 ② 고용보험법 시행규칙 ③ 사회적기업 육성법 시행규칙 ④ 건설근로자의 고용개선 등에 관한 법률 시행규칙 ⑤ 외국인근로자의 고용 등에 관한 법률 시행규칙	고용정책과 고용보험정책과 사회적기업과 지역고용개발팀 외국인력정책과
직 업 능 력 개발정책관 (4)	① 근로자직업능력 개발법 시행규칙 ② 기능대학의수업료등징수규칙 ③ 국가기술자격법 시행규칙 ④ 기능장려법 시행규칙	직업능력정책과 직업능력정책과 자격정책과 자격정책과
고용평등 정 책 관 (3)	① 남녀고용평등과 일 · 가정 양립 지원에 관한 법률 시행규칙 ② 장애인고용촉진및직업재활법 시행규칙 ③ 고용상 연령차별금지 및 고령자고용촉진에 관한 법률 시행규칙	여성고용과 장애인고용과 고령자고용과
고용서비스 기 획 관(1)	① 직업안정법 시행규칙	고용서비스기획과 청년고용대책과
노사협력 정 책 국 (5)	① 근로자참여 및 협력증진에 관한 법률 시행규칙 ② 노동조합 및 노동관계조정법 시행규칙 ③ 노동위원회법 시행규칙 ④ 교원의노동조합설립및운영등에관한법률 시행규칙 ⑤ 공무원의노동조합설립및운영등에관한법률 시행규칙	노사협력정책과 노사관계법제과 노사관계법제과 공공노사관계과 공공노사관계과
	① 근로기준법 시행규칙 ② 최저임금법 시행규칙 ③ 공인노무사법 시행규칙	근로기준과 근로기준과 근로기준과

근로기준국 (10)	④ 임금채권보장법 시행규칙 ⑤ 파견근로자보호 등에 관한 법률 시행규칙 ⑥ 기간제 및 단시간근로자 보호 등에 관한 법률 시행규칙 ⑦ 근로자복지기본법 시행규칙 ⑧ 사내근로복지기금법 시행규칙 ⑨ 근로자퇴직급여 보장법 시행규칙 ⑩ 근로감독관증규칙	근로기준과 차별개선과 차별개선과 퇴직연금복지과 퇴직연금복지과 퇴직연금복지과 근로조건지도과
산업안전 보 건 국 (7)	① 산업안전보건법 시행규칙 ② 산업안전기준에 관한 규칙 ③ 산업보건기준에 관한 규칙 ④ 유해 · 위험작업의 취업제한에 관한 규칙 ⑤ 진폐의 예방과 진폐근로자의 보호 등에 관한 법률 시행규칙 ⑥ 산업재해보상보험법 시행규칙 ⑦ 고용보험 및 산업재해보상보험의 보험료징수 등에 관한 법률 시행규칙	안전보건정책과 안전보건지도과 근로자건강보호과 안전보건지도과 근로자건강보호과 산재보험과 산재보험과

03 경영환경 및 인사관리환경의 변화 추세

인사관리는 최고경영자나 구성원들에 의해 크게 영향 받기도 하지만, 주변 상황은 물론이고 사회 · 경제적 환경에 의해서도 큰 영향을 받는다.

변화하는 인사관리환경의 흐름을 빠르고 정확하게 파악하여 그에 맞는 인사관리시스템을 구축하는 것이 필요하다.

특히 정보통신 디지털 기술은 사회환경을 비롯해 기업의 경영환경, 전략 및 조직운영 방식을 크게 변화시키고 있고, 이와 함께 고객을 비롯한 기업 내 · 외부의 다양한 이해관계자들과의 관계가 근본적인 변화를 하고 있다.

또한 글로벌화로 인한 경쟁격화와 물적 및 인적자원의 글로벌 차원에서의 활용 · 확대는 기업의 활동 반경뿐 아니라 전략대응의 범위를 크게 확대시켜 놓았다.

그리고 경영의 투명화가 강조되면서 기업 및 각 기능 부문의 책임과 윤리가 강조되고 있으며, 경쟁력 강화를 위한 핵심역량의 강화가 최대의 경영현안으로 대두되고 있다.

경영환경의 변화는 인사부서의 변화를 압박하고 있을 뿐 아니라 새로운 역할을 요구하고 있다. 미국 미시건대학의 경영학 교수인 David Ulrich은, "업무처리 및 문서작업 분야의 전문성을 강조하는 예전의 HR은 어떤 의미에서 죽어가고 있다. HR 부서는 더 작아질 것이다. 어떤 분야는 사라질 것이고, 어떤 분야는 사라져야 한다"고 말한다. 경영환경의 변화는 인사부서의 새로운 가능성을 열어주기도 했지만, 인사부 생존에 중대한 위협 요인이 되고 있다.

① 글로벌화(globalization): EU의 탄생, NAFTA, FTA, PPT 등 전세계 경제는 통합화의 방향으로 가고 있는 추세로, 재화와 자본뿐만 아니라 서비스와 인력의 이동이 매우 자유로워 지고 있다. 기업은 글로벌화 환경에 적합하게 변신하기 위해 인종과 국적에 상관없이 인재를 확보 · 개발 · 유지하는 인적자원관리의 중요성이 커지고 있다. 국제적 공용어는 물론 현지 언어를 구사할 줄 아는 인력, 국제 통상 협상 전문 인력, 해외 지역의 경제환경을 꿰뚫어보는 인력이 필요하게 됨에 따라 세계 문화의 다양성에 대한 이해와, 커뮤니케이션을 테마로 한 교육훈련이 주목받고 있다.

② 인력 다양성(diversity) 증대: 여성, 장애인, 외국인 등 다양한 인력들을 특성에 맞게 체계적으로 관리하는 다양성 관리가 매우 중요해지고 있다. IBM은 다양성을 존중하는 의식을 사내에 전파함은 물론 승진, 복리후생, 작업환경, 교육훈련 등에서 차별을 없애고 다양한 인력이 일하기 좋은 환경을 조성하기 위한 태스크포스를 출범시키기도 했다. 또 모토로라는 부사장급 다양성관리 담당중역을 만들어 여성, 동성애자, 흑인 등 사내 소수그룹 관련 업무를 전담시키고, 존슨앤존슨은 '다양성대학'이라는 사이버대학을 설립, 직원들에게 글로벌 이슈에 대한 훈련프로그램을 제공하고 있다.

③ 개인주의 가치관 중시 강화: 젊은이들의 직업관과 노동관이 크게 달라지고 있다. 즉, 자기실현의 욕구가 강해지면서, 조직보다는 자기직무를 중시하며, 여유를 즐기는 시간과 업무를 균형 있게 처리해나가려고 한다. 과거처럼 악착같이 일만 하는 시대는 싫다는 것이다. 보람을 갖고 여유를 즐기면서 일하려는 성향이 강해지고 있다. 이와 관련해 앨빈 토플러는 제3의 물결에서 '탈규격화 인간'의 시대의 도래를 예견한 바 있다. 가정 및 개인생활을 중시하는 경향이 커져가고 있다. 기업은 직장생활과 개인생활의 균형(work-life balance) 문제에 더욱 관심을 기울이고 프로그램을 마련할 필요가 있다.

④ 저출산 고령화 사회의 가속화: 출산율을 낮아지고 중고령인력의 경제 활동 인력에

서 차지하는 비중이 증가하는 현상을 말한다. 중고령층 인력의 재취업 및 생산성 증대가 관심을 받고 있다. 노동력의 고령화는 근로자의 평균근속년수와 평균연령의 증가를 초래한다. 조직 내부적으로 인사적체가 심해지며 사회적으로는 청년실업률을 증가시킬 수 있다. 만약 연공서열형 임금구조를 갖고 있는 기업에서는 임금 및 퇴직금의 지급 증가 문제가 대두된다.

우리나라의 저출산 고령화 사회로의 진전속도는 매우 급속하다.

⑤ 조직충성도의 약화와 전문성의 중시: 과거에는 안정된 조직에 취직하여 정년까지 근무한다는 것이 대표적인 직업관이고 전형적인 생활설계였다. 오늘날에는 철저하게 개인의 적성과 재미에 의해 직업과 직장을 택하고 이를 충족시키지 못할 때는 직장과 직업을 바꾸는 데 미련이 없다. 따라서 조직에 대한 충성심은 크게 약화되었다. 반면, 업무 전문성을 중시하고 있다. 전통적 인사관리가 단기적인 시야에서 인력의 활용에 주력하였다면 새로운 인사관리는 장기적인 시야에서 전문지식 인력의 육성에 의한 다기능과 전문기술을 조화시킨 혁신정보의 축적에 관심을 가져야 한다(김성수, 2003).

⑥ 여성인력의 사회진출 증가와 양성평등 가치관의 강화: 여성인구의 경제 활동 참가율은 1973년 41.5%에서 1993년에 47.2%로 증가하였다. 1970년대에는 20세 미만의 여성인력의 경제 활동을 많이 하였으나 오늘날에는 그 수가 줄어드는 대신 기혼여성의 경제 활동 참가가 증가하였다. 서비스산업의 확대, 컴퓨터의 보급 일반화, 여성의 사회진출에 대한 긍정적인 사회적 인식의 증대, 출산율 감소 등이 복합적으로 영향을 준 것으로 추정된다.

모든 직업에서의 성차별이 없어지는 경향이 가속화되었으며, 사회적으로 여성들의 자기주장과 목소리가 커지고 있다. 따라서 여성인력의 비중이 점차 커지고 그 역할이 중요시되고 있으며, 이들에 대한 사회적 인식과 대우는 점차 고조되고 있다. 우리나라에서도 남녀고용기회 평등법의 제정으로 남녀고용평등의 사상이 널리 확산되었고 각 사업장에서도 성희롱(sexual harassment) 예방과 발생 시 이에 대한 사후 조치 프로세스가 회사마다 구축되고 운영되고 있다.

⑦ 네트워크 사회화: 스마트폰의 등장과 함께 모바일 서비스의 확산 그리고 SNS 등으로 인해 가상 네트워크가 전 세계적으로 급속하게 확산되고 있다.

⑧ 하이컨셉 하이터치 사회로의 진화: 디자인, 스토리, 심포니, 공감, 유희, 의미를 중시하는 방향으로 변화해가고 있다. 육체노동보다 정신노동, 즉 지식근로자를 필요로 하는 방향으로 바뀌어지고 소프트한 감성이 중시되면서, 여성인력의 사회진출이 확대되고 있다.

학습정리

- 인적자원환경은 기업을 둘러싼 경영환경 요소들과 상호작용하는 개방시스템으로 일반환경과 과업환경을 포함하는 외부 경영환경과 조직 내부환경으로 나누어 살펴볼 수 있다.
- 인적자원관리는 경영환경의 변화추세에 민감할 필요가 있으며, 글로벌화, 인구구성의 변화, 사회적 가치관의 변화, 다양성의 존중 등 경영환경에 영향을 미치는 다양한 이슈들이 지속적으로 발생하고 있다.

참고문헌

1. 다니엘 핑크, 김명철 역(2012). 새로운 미래가 온다, 한국경제신문사.
2. 신유근 · 이춘우(2018). 통합 경영학원론, 다산출판사.

연습문제

01 다음 중 경영환경의 구성체계에 대한 설명으로 옳지 않은 것은?

① 과업환경에는 경쟁기업, 금융기관, 소비자, 주주 등이 포함된다.
② 노동시장은 기업의 인력수급에 직접적인 영향을 미친다.
③ 제도나 정치적 환경도 기업경영에 영향을 미치는 요소이다.
④ 조직규모와 인사관리기능은 밀접한 관련이 없다.
⑤ 기술의 개발과 활용은 기업의 작업 방식과 경영에 큰 변화를 가져온다.

02 특정 기업의 경영 활동 과정에 직접적으로 영향을 미쳐 상호작용하는 환경으로서, 주주·노조·소비자·정부·지역사회·타기업·공급업자 등의 1차적 이해관계자로 구성되는 경영환경은?

① 일반환경(general environment)
② 2차적 환경(secondary environment)
③ 간접환경(indirect environment)
④ 상호작용환경(interaction environment)
⑤ 과업환경(task environment)

03 노동법에 관한 다음 설명으로 옳은 것은?

① 추상적 인격체 간의 형식적 평등을 지향하는 법이다.
② 근로자의 정치적 · 경제적 지위 향상을 목적으로 한다.
③ 노동법과 민법 모두 근로자 측의 근로조건 내지 권리를 중심으로 근로관계를 규율하고 있다.
④ 근로자의 생존확보를 위한 법이다.
⑤ 자본주의체제를 부인하기 위해 등장한 법이다.

04 부당노동행위제도와 관련된 다음의 설명 중 바르지 않은 것은?

① 미국의 와그너(Wagner)법에서 사용자의 부당노동행위만을 인정하였다.
② 미국의 랜드럼-그리핀(Landrum-Griffin)법에서 사용자의 부당노동행위와 함께 노동조합의 부당노동행위를 신설하였다.
③ 사용자가 노동조합의 대표자 또는 노동조합으로부터 위임을 받은 자의 단체협약체결 기타의 단체교섭을 정당한 이유 없이 거부하는 행위는 부당노동행위에 해당한다.
④ 사용자가 근로자의 후생자금 또는 경제상의 불행, 기타 재액의 방지와 구제를 위한 기금의 기부행위는 부당노동행위에 해당하지 않는다.
⑤ 현행 노조법의 해석상 유니온샵 협정이 체결된 경우 사용자는 근로자가 당해 노동조합에서 탈퇴한 것을 이유로 신분상 불이익한 행위를 할 수 있다.

05 다음 설명에 해당하는 직무설계는? 2017년 공인노무사

• 직무 성과가 경제적 보상보다는 개인의 심리적 만족에 있다고 전제한다.
• 종업원에게 직무의 정체성과 중요성을 높여주고 일의 보람과 성취감을 느끼게 한다.
• 종업원에게 많은 자율성과 책임을 부여하여 직무경험의 기회를 제공한다.

① 직무순환 ② 직무전문화
③ 직무특성화 ④ 수평적 직무확대
⑤ 직무수행의 방법

03

전략적 경영과 전략적 인적자원관리

05장 전략적 경영

학습목표

1. 전략적 경영의 개념과 유형에 대해 학습한다.
2. 전략적 경영의 경쟁전략을 학습한다.

실제 사례

한국과 북한의 경제력의 차이는 왜 더 크게 벌어져 오고 있는가?

인적자원관리 관점과 개념 또는 논리로 한국(남한)과 북한의 경제력 격차의 심화 원인을 설명할 수 있다. 한국의 경제규모가 6 · 25 전쟁 직후인 1953년 13억 달러에서 2013년 1조 3,043억 달러로 1,003배 이상 커졌다. 1960년대 경제도약기(1962~1971) 이후 1970년대 중화학공업 육성기(1972~1979) 도입 첫 해인 1972년 108억 달러와 비교해도 121배 이상 경제규모가 커졌다. 반면 북한 경제규모는 대한민국 경제규모의 40분의 1 정도 수준으로 전 세계에서 가장 가난한 지역으로 남아 있다. 그 원인들은 무엇인가?

|그림| 대한민국과 북한의 1인당 명목 GDP

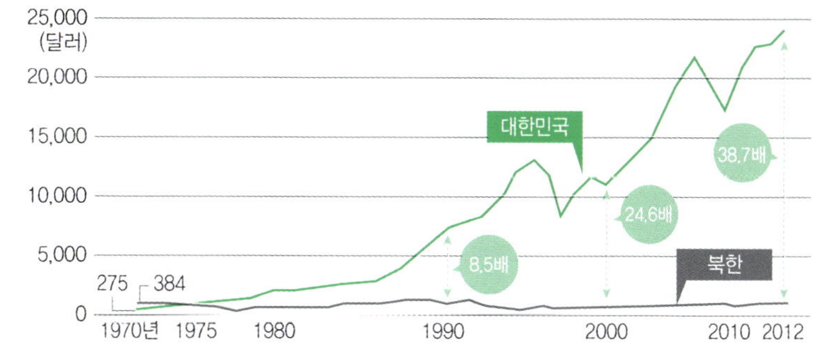

자료: 현대경제연구원.

01 전략적 경영의 개념과 유형

전략적 경영이란 어떤 경영 활동인가?

전략(strategy)이라는 용어는 "전장의 장수나 장수의 술(術)"(the art of general)을 뜻하는 고대 그리스어의 strategos 또는 strategia라는 말에서 유래했고, 동양에서는 '싸움할 전'(戰)자와 '꾀할 략'(略)자를 합쳐 "싸움하는 꾀"를 의미하는 말로 사용되었다. 이와 같이 전략은 단순하면서 구체적인 실행 방법을 의미하는 전술(tactics)과 달리 어떤 목표를 달성하기 위한 기본 방침이나 계획을 의미하는 포괄적인 개념이다.

전략적 경영이란 조직의 경쟁우위를 제고하거나 유지하기 위해 내부적인 강점과 약점을 외부의 기회 또는 위협과 어떻게 조화를 시킬지에 대한 회사의 전반적인 계획 활동이다.

경영전략이라는 개념 역시 기업의 목표달성을 위해 경영환경의 불확실성 증대와 그에 대한 체계적인 대응의 필요성에 의해 나타났다. 상품에 대한 수요가 항상 공급을 초과했기 때문에 공급자인 기업에 의해 시장이 주도되었던 과거에는 경영자들이 상대적으로 안정적인 환경 속에서 기업 활동을 할 수 있었지만, 최근에 기업환경은 완전히 다른 양상을 띠게 되었다. 급격한 기술혁신이 이루어지게 되었고, 고도의 경제성장에 따라 기업규모가 커지면서 기업 간 경쟁은 점차 치열해지고, 기업과 관련된 이해관계자들의 기업에 대한 사회적 요구들이 급속히 증가하기 시작하였다. 이에 경영자들은 외부환경의 변화에 효율적으로 적응해야만 살아남을 수 있다는 인식을 갖게 되었고, 이와 관련된 경험 및 지식들을 체계화하고 발전시키는 과정에서 전략적 기업경영, 즉 경영전략의 개념이 대두하게 되었다.

"경영전략 또는 전략적 경영(strategic management)이란 기업이 참여하고 있는 사업에서 지속적으로 경쟁우위를 확보하고, 나아가 고부가가치 사업구조를 형성하여, 경영성과의 향상을 꾀하는 합리적이고 체계적인 경영 활동"을 말한다. 경영전략은 특히 중·장기적인 관점에서 경영자들이 불확실한 미래를 예측하고, 자신들의 능력과 지식을 개발·활용하려는 계획적인 경영 활동이다.

"기업이 무엇을 해야 하며, 어떤 것을 달성해야 하는가"를 명확히 제시하는 활동인 전략적 경영 활동은, 첫째 변화하는 외부환경에 경영자가 유연하게 대처할 수 있도록 하는 환경적응능력을 촉진한다. 둘째, 경영자는 각 부문의 최적화가 아닌 기업 전체적인 성과의 극대화를 위해 보유자원을 어떻게 배분할 것인가를 합리적으로 결정해야 되는데, 경영전략은 바로 이러한 의사결정의 지침을 제공한다. 셋째, 기업의 존재가치와 사명을 명확히 하고, 사명달성을 위한 장기적인 전략목표와, 목표달성을 위한 활동방향과 행동경로를 제시함으로써 조직 내에서 이루어지는 다양한 의사결정과 행동들을 통합하는 역할을 한다.

전략적 경영 프로세스

전략적 경영 프로세스(strategic management process)는 7 단계로 설명될 수 있다.

(1) "우리는 지금 어떤 사업을 왜 하는 것입니까?"를 정의하는 단계

이 단계는 회사의 현재 비즈니스와 사명을 정의하는 것이다. 예를 들어, 코카콜라는 콜라와 스프라이트와 같은 청량음료를 주로 판매한다. 그러나 펩시콜라는 음료를 판매하면서도 퀘이커 오츠(Quaker Oats)와 프리토(Frito) 칩과 같은 음식도 판매하고 있다. 펩시콜라는 코카콜라와 같은 음료제조 판매업을 하는 것인가 아닌가를 명확히 하는 것이다.

(2) 회사의 내부 및 외부 강점, 약점, 기회 및 위협을 평가하는 단계

"우리 회사는 어떤 강점과 약점을 지니고 있으며 우리 회사가 직면한 기회와 위협은 무엇인지 파악하고 그에 대응하는 방법을 개발한다. 회사의 강점, 약점, 기회 및 위협 측면에서 의미가 있는 전략적 계획을 수립하는 것이다.

(3) 새로운 비즈니스 방향을 수립하는 단계

경쟁 업체가 하는 사업과 강점과 약점(환경 스캔 및 SWOT 분석)에 대한 분석을 바탕으로 3 단계의 질문은 우리의 새로운 비즈니스가 무엇인지, 판매 할 곳, 판매 할 곳 및 제품이나 서비스가 경쟁 업체의 제품 및 서비스와 다른 점은 무엇입니까? 일부 관리자는 새로운 비즈니스의 본질을 비전 선언문으로 표현한다. 비전 선언문은 회사의 의도 된 방향에 대한 일반적인 설명이다. 광범위한 의미에서 "우리가 되고자하는 것"을 보여준다. PepsiCo의 비전은 "목적에 부합하는 성과"이다. CEO 인 Indra Nooyi는 회사의 임원이 Performance with Purpose의 목표에 따라 기업의 지속가능성, 환경 지속가능성 , 그리고 재능의 지속가능성. 예를 들어, 그 비전은 PepsiCo가 건강한 퀘이커 오츠(Quaker Oats)와 게토레이(Gatorade)를 제품 라인업에 추가하도록 했다.

(4) 전략목표에 따라 사명을 명확하게 하는 단계

이 단계는 Mission을 명확히 하는 것이다. 회사의 비전 성명서(vision statement)는 비즈니스가 무엇이 되어야 하는 지에 대해 폭넓게 설명하고 있지만, 회사의 사명서는 회사의 주요 임무를 이야기 하는 것이다. 포드 (Ford)사는 "Quality Job One"이라는 회사의 사명을 채택했는데, Quality Job One을 "품질 향상 방법에 있어 각 부서별로 정확히 의미하는 것"으로부터 "정확히 말하면 10,000대당 1개 이하의 초기 결함"으로 미션(mission 사명)을 선언했다. 미션은 가능한한 매우 구체적인 수치로 표현하는 것이 유용하다.

(5) 전략 또는 행동 강령을 수립하는 단계

전략적 목표를 달성할 수 있도록 전략 - 행동 강령을 만드는 단계이다. 10,000대당 1개의 초기 불량 미션을 달성하기 위한 수단적 목표로 새로운 하이테크 공장을 마련하거나 보다 엄격하고 신중한 종업원 선발과, 교육 및 성과평가절차를 마련한다.

(6) 전략 계획을 실행하는 단계

전략 실행이란 전략을 행동으로 옮기는 것을 의미한다. 실제로 필요한 임직원들을 고용 또는 해고하거나, 공장을 건설 또는 폐쇄하거나 제품 및 제품 라인을 추가 또는 제거하는 활동들이 포함된다.

(7) 실행된 전략이 계획대로 실행되었는지를 평가하는 단계

경영자는 자신의 계획 및 실행결과를 평가한다. 일이 항상 계획대로 이루어지지는 않는다. 모든 관리자는 주기적으로 지혜와 전략적 의사결정 과정을 평가해야 한다.

경쟁력(경쟁우위)

전략적 경영은 기업경쟁력을 제고시키는 모든 조치와 활동들이라고 할 수 있다.

어떤 기업의 경쟁력(competitiveness)이 강하다는 것은 동일한 시장 내에서 다른 동종기업과의 경쟁에서 더 높은 성과와 수익을 내게 해주는 경쟁우위를 지니고 있음을 말한다. 그러나 이것만으로는 기업경쟁력을 설명하기에 불충분하다. 즉, 지속적인 경쟁우위가 확보될 때 비로소 기업경쟁력을 갖추었다고 말할 수 있는 것이다. 경쟁력이 취약한 어떤 기업이 잠시 높은 성과를 낼지는 몰라도 경쟁력이 강한 다른 기업이 진입을 하게 되면 경쟁우위를 상실할 수 있기 때문에, 기업경쟁력은 특정기업의 "지속 가능한 경쟁우위"(sustainable competitive advantage)를 말한다(Aaker, 1988).

만약 어떤 기업이 다른 기업에 비해 상대적으로 저렴한 가격으로 제품을 생산할 수 있는 원가우위를 갖고 있다면 그러한 원가우위의 원천은 매우 다양하다. 예를 들면, 규모의 경제를 달성할 수 있는 설비, 원가와 총경비의 철저한 통제, 수지를 맞추기 어려운 거래의 회피, 광고비절감 노력 등을 통해 원가우위를 달성할 수 있다. 또 특정 기업의 제품에 대한 고객들의 충성도를 높이는 차별화의 우위는 디자인과 상표의 이미지, 기술, 제품의 독특한 특성, 대고객 서비스, 견실한 판매망 등으로부터 나올 수 있다. 이처럼 기업경쟁력은 어떤 기업이 시장에서의 우월한 지위를 지니고 있음을 의미하지만, 보다 구체적으로는 특출한 능력(distinctive competence)을 지니고 있음을 가리킨다(Day & Wensley, 1988 참조). 이러한 점에서 기업경쟁력은 특정 기업이 해당 경쟁산업 내에서 다른 경쟁기업에 비하여 제품과 서비스를 생산할 때 높은 효율성과 효과성을 유지하는 능력, 즉 경쟁기업에 비하여 상대적으로 낮은 원가 또는 높은 기술력이나 성과를 유지할 수 있는 내부능력을 의미한다.

이러한 기업경쟁력은 기업 생존과 성장의 지표가 된다. 즉, 기업경쟁력은 기업이 앞으로도 계속 생존하고 성장할 수 있을 것인가를 가늠하게 한다. 기업이 경쟁환경 속에서 도태되지 않고 생존해야만 하는 것은 기업경영의 대전제라 할 수 있는데, 이 문제는 기업경쟁력의 강화 여부와 직결되는 것이다. 예를 들어, 기업경쟁력이 약한 기업은 동종산업 내의 기업에 비해 원가 및 제품의 차별화 측면에서 열세에 놓일 것이기 때문에 평균 이하의 성과를 얻을 수밖에 없게 되며, 낮은 성과가 지속될 경우 기업은 결국 소멸하게 된다. 급속히 변화하는 환경에의 적응이라는 측면에서도 기업경쟁력은 지속적인 기업의 생존을 보장한다. 즉, 경쟁력이 강한 기업은 경영환경 변화의 영향을 덜 받기 때문에 비록 국가경제가 전반적으로 불황이거나 심지어 그 기업이 속한 산업이 사양산업일지라도 다른 기업에 비해 높은 수익을 올림으로써 생존할 가능성이 높다(Porter, 1985).

전략적 경영의 영역

전략적 경영은 기업전략과 사업전략으로 이해할 수 있다. 기업전략은 어떤 사업에 진출하고 철수할 것인가를 의사결정하고 비즈니스 포트폴리오를 관리하는 전략이다. 기업 전체 수준에서 여러 사업들을 운영하면 사업단위들을 독립적으로 운영하는 것보다 훨씬 더 많은 성과를 달성하는 시너지 효과(synergy effect)를 얻을 수 있다는 것을 전제로 한다. 기업 전체적인 관점에서 다양한 사업단위들의 특성을 고려하여 각 사업단위에 적합한 장 · 단기목표를 부여하고, 부여된 목표를 수행하는 데 필요한 자원을 배분하는 것을 주요 과제로 한다.

사업전략은 전략적 사업단위(SBU: Strategic Business Unit)가 시장에서 경쟁우위, 즉 경쟁력을 갖추려면 어떻게 할 것인가 하는 경쟁력우위를 창출하고 유지하는 방법에 관한 문제를 다룬다.

그림 5-1 기업전략과 사업전략

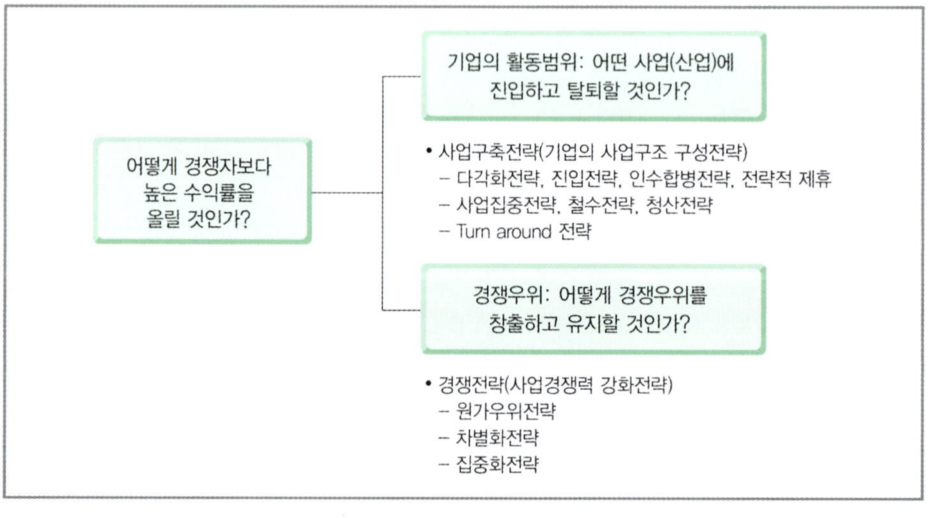

출처: 이춘우(2000).

다각화전략

기업들이 사업확장을 도모하는 경우 직면하게 되는 첫 번째 문제는 그들이 어떤 사업에 진출하는 것이 가장 많은 이익을 낼 수 있느냐 하는 다각화전략(diversification strategy)이다. 다각화전략에는 현 사업과 관련이 있는 사업에 진출하는 관련 다각화전략, 현 사업과 아무런 관련이 없는 새로운 사업에 진출하는 비관련 다각화전략의 두 가지가 있다.

그림 5-2 앤소프 매트리스

시장	제품	
	기존 제품	신제품
기존 시장	시장침투 (보수적 성장전략) →	제품개발 (관련 다각화전략)
신시장	시장개발 (확장전략) →	다각화 (비관련 다각화전략)

자료: Ansoff, 1957.

(1) 관련 다각화전략

관련 다각화전략(related or concentric diversification strategy)은 현재 기업의 사업 분야와 공통적인 활동 요소(제조, 마케팅, 자재관리, 기술, 상표명과 명성 등)를 공유하는 사업이나 유사한 사업에 참여함으로써 사업을 다각화하는 전략이다. 관련 다각화전략은 단순히 특정 기업 활동 요소를 여러 사업에 공통적으로 적용하는 것이 아니라, 기업이 가지고 있는 핵심역량의 이점을 여러 사업들에 활용함으로써 기업 전체의 시너지를 창출하고자 하는 전략이다.

관련 다각화전략을 추구하는 기업들은 무수히 많으나, 몇 가지 예로 빅(BIC), 필립 모리스(Philip Morris), 프록터 앤 갬블(Procter & Gambles) 등을 들 수 있다. 빅은 값싼 일회용 볼펜을 생산하다가 저원가 생산기술과 대량상품 구매기술을 공유하기 위해 일회용 라이터 · 면도기 · 스타킹 등으로 생산을 확대하였고, 필립 모리스는 담배(Marlboro) 판매를 통해 축적된 마케팅능력을 활용하여 맥주(Miller), 식료품(General Foods) 사업에 진출하였다. 그리고 프록터 앤 갬블은 공통 배분경로를 활용하여 버터, 케이크 믹서, 샴푸, 커피, 세제, 야채오일, 칫솔, 비누, 화장지 등을 생산하는 세계적인 소비재생산기업으로 성장하였다.

많은 학자들의 연구에 따르면 관련 다각화전략은 다른 전략들에 비해 높은 성과를 나타내는 것으로 밝혀지고 있는데, 구체적으로 관련 다각화전략은 다음과 같은 전략적 이점을 가지고 있다(Hunger & Wheelen, 1993: 180-181). 즉, 기존 사업과 새로운 사업 간에 자원 · 기술 · 노하우 등을 공유하여 "범위의 경제"(economy of scope)를 발생시킴으로써 비용절감과 경쟁지위향상이 가능하다는 점, 다음에 설명할 비관련 다각화에 비해 사업 활동의 동일성을 유지할 수 있고 사업에 관한 보다 많은 지식을 보유할 수 있기 때문에 위험이 작다는 점, 그리고 한 사업에 집중하는 전략과는 달리 한 사업의 수익과 매출을 다른 사업의 수익과 매출로 보충할 수 있기 때문에 기업 전체의 수익과 매출의 안정성을 확보할 수 있다는 점 등이다.

하지만 관련 다각화전략을 실행하기 위해서는 사업부 간 협조를 유지하기 위하여 많은 관리비용을 부담해야 된다는 점, 지나치게 좁은 시각을 가지고 핵심역량에 집착함으로써 보다 수익성 있는 사업기회를 포착하지 못할 수도 있다는 점 등의 단점에도 유의해야 한다.

(2) 비관련 다각화전략

비관련 다각화전략(unrelated or conglomerate diversification strategy)은 기존의 사업 분야와는 아무런 관련이 없는 사업, 즉 현재의 사업 분야와 기술 · 시장 · 유통망 등에 있어서 공통의 요소가 존재하지 않는 사업으로 다각화하는 전략이다. 비관련 다각화전략은 기본적으로 이익을 낼 수 있다고 생각되는 사업이면 어디라도 진출한다는 목표를 가지며, 다각화구성에 있어 명확한 전략적 주제가 없는 것이 일반적이다. 그래서 이 전략을 복합기업(conglomerate) 다각화라고도 한다(Gomez-Mejia, 2008: 291). 비관련 다각화전략을 추구하고 있는 대표적인 기업으로는 철도운영, 석유와 가스 탐사, 광산, 트럭운송, 석유정제, 부동산 사업을 하고 있는 미국의 복합기업인 유니온 퍼시픽 코퍼레이션(Union Pacific Corporation)과 냉난방기, 승강기, 헬리콥터, 전선과 케이블 사업을 하고 있는 유나이티드 테크놀러지(United Technologies), 그리고 우리나라의 여러 재벌그룹 기업들을 들 수 있다

경쟁전략(경쟁우위전략)

개별 사업단위들이 해당 사업에서 경쟁우위를 확보할 수 있도록 하는 방안이 바로 사업 수준에서의 경쟁전략이다.

경쟁전략에는 원가우위전략, 차별화전략, 집중화전략의 세 가지가 있다. 이 세 가지 전략은 개별 사업단위가 어떤 시장을 상대로(경쟁범위), 어떤 경쟁우위를 확보하는 데(전략적 우위 요소) 목표를 두느냐 하는 두 가지 기준에 의해 나누어진다.

그림 5-3 경쟁우위확보전략(본원적 경쟁전략)

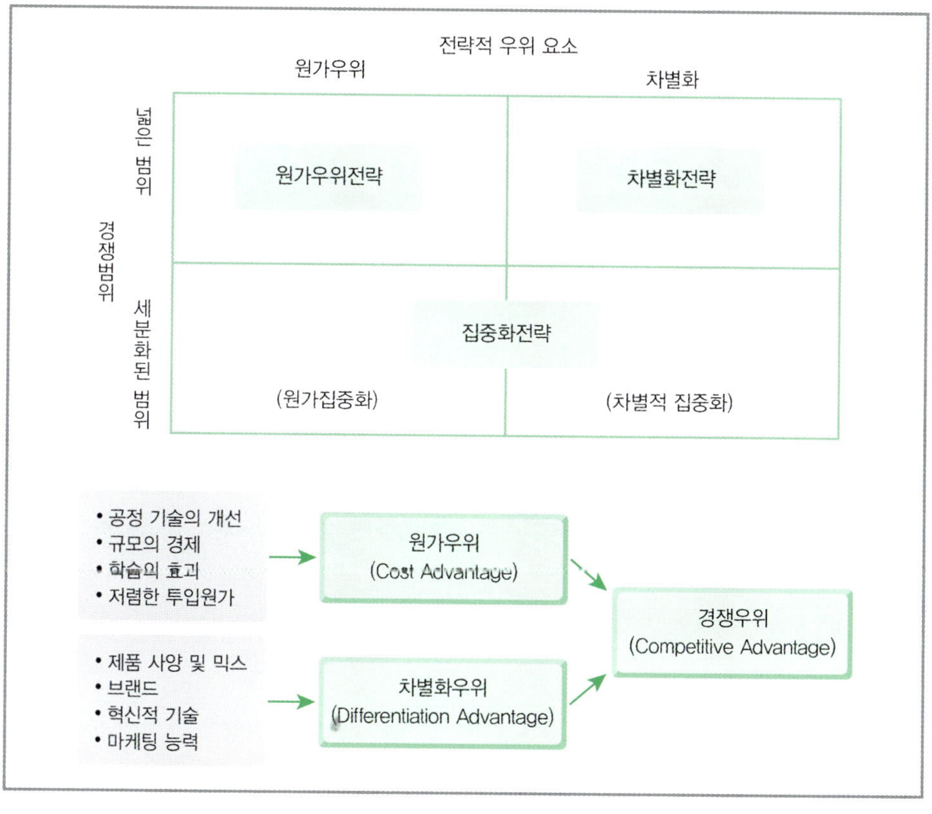

세 가지 경쟁전략에 대해 보다 자세히 알아보도록 하자(Porter, 1985: 26-44; Robbins 외, 2009: 188-189).

(1) 원가우위전략

원가우위전략(cost leadership strategy)이란 광범위한 고객들을 대상으로 박리다매 방식이나, 소품종 대량생산 방식처럼 원가절감을 통해 해당 산업에서 우위를 달성하는 전략으로, 어떻게 하면 경쟁기업들에 비해 상대적으로 낮은 원가로 생산할 수 있느냐 하는 것에 초점을 맞춘다. 물론 경영자들은 품질이나 서비스, 그 밖의 분야에 대해서도 관심을 가지기는 하지만 일차적으로 관심을 가져야 하는 것은 원가통제의 문제이다. 원가상의 우위를 확보한 기업들은 시장에서 강력한 경쟁적 요인들이 있다 할지라도 산업 평균 이상의 수익을 얻을 수 있다. 왜냐하면 경쟁 과정에서 이윤이 다소 희생되더라도 원가상의 우위로써 이를 메워 나갈 수 있기 때문이다.

원가우위전략을 추구하는 경영자들은 비용을 낮게 유지하여 다른 경쟁자보다 낮은 가격을 유지하는 것이 매우 중요하다. 이는 효율적인 규모의 경제(상품을 생산하거나 서비스를 수행하는 데 단위당 비용을 적게 만든다)에 의한 광범위한 생산 혹은 서비스 설비를 갖추는 것을 의미한다. 특히 생산성 향상은 원가우위전략을 시행하는 데 있어 가장 우선되어야 할 점이다. 원가우위전략을 구사하는 대표적인 예인 월마트(Wal-Mart)는 좋은 품질, 이름 있는 브랜드, 저렴한 가격, 불필요한 낭비가 없는 원스탑(one stop) 가족쇼핑에 중점을 둔다. 월마트는 단순히 할인판매라는 문구를 이용해 소비자들을 유혹하는 것이 아니라, 최저가격이라는 일관된 철학을 기준으로 움직인다. 또한 월마트의 전산화된 재고 네트워크는 경쟁자들을 압도하는 추가적인 비용우위를 제공한다. 이러한 월마트의 경쟁력은 2002년 라이벌이었던 K마트로 하여금 파산선고를 하게 만들었다. 제조기업에서 비용흐름을 최소화하여 선점하는 전략은 생산에서부터 구입, 임금, 간접비, R&D, 광고, 그리고 판매까지 모든 분야에서 실제적으로 이루어져야 한다. 그리고 상대적으로 큰 시장점유율은 이러한 대량생산, 저이윤전략을 시행하는 데 반드시 필요하다(Kreitner, 2004: 221).

그러나 원가우위전략은 다음과 같은 위험 요인들에 노출되는 경우 그 의미를 상실한다. 첫째, 과거의 투자나 습득된 기술 및 지식을 무산시키는 기술상의 변화가 발생함으로써 원가우위가 소멸되는 경우이다. 둘째, 신규진출기업이나 추종기업들이 모방이나 동일한 설비도입을 통해 원가우위를 이룩한 기술 및 묘책을 터득한 경우이다. 셋째, 원가에만 관심을 쏟아 제품이나 마케팅상의 변화요구에 부응하지 못하는 경우이다. 검은색 자동차만을 고집함으로써 시장의 변화를 따라잡지 못했던 포드(Ford)의 예가 이에 해당하는 대표적인 경우라 할 수 있다. 넷째, 경쟁기업들의 상표 이미지나 그 밖의 다른 차별화의 효과를 상쇄시킬 만한 가격차이를 유지하지 못하는 경우이다.

(2) 차별화전략

차별화전략(differentiation strategy)이란 광범위한 고객들을 대상으로 고객집단별로 그들이 요구하는 제품이나 서비스를 세분화하여 경쟁우위를 확보하는 전략을 말한다. 이를테면 담배산업에서 고객집단의 기호에 따라 타르(tar)의 함량을 다르게 생산 · 판매함으로써 자사의 제품을 담배산업 전체에서 구별되는 독특한 것으로 인식시키는 것이 차별화전략의 하나이다.

차별화전략은 주로 자동차산업에서 많이 나타난다. 대부분의 자동차 제조업체는 차별적으로 어필할 수 있는 자사만의 가치를 부각시키고자 노력한다. 혁신적인 디자인의 BMW, 탁월한 품질의 도요타(Toyota), 독특한 브랜드 이미지를 갖춘 벤츠(Mercedes-Benz), 기술선도자인 혼다(Honda) 등이 그러한 예들이다. 차별화전략의 장기적인 효율성은 경쟁자들이 얼마나 쉽게 그들의 기업이 제공하는 독특한 가치를 모방할 수 있느냐에 달려 있다. 만약 대부분의 경쟁자들이 그들이 제공하는 가치를 모방해 버린다면 그것은 더 이상 효과적인 차별화수단이 아니다(Hellriegel 외, 2005).

차별화전략을 추구하는 경우에도 원가는 역시 무시할 수 없는 요인이지만, 그렇다고 원가우위전략처럼 원가만을 우선적인 전략목표로 삼지는 않는다. 일반적으로 차별화전략을 추구하는 기업들은 광범위한 연구개발이나 제품디자인, 양질의 원자재 사용, 고객들의 선호를 유도하기 위한 광고 및 판매촉진 활동의 강화 등을 위해 많은 비용을 필요로 한다. 차별화전략의 성공은 바로 이러한 비용상의 부담을 극복하기 위해 고객들이 더 비싼 가격을 지급하고서라도 그 제품을 구매할 만한 가치가 있다고 느낄 수 있을 정도로 차별화를 달성할 수 있느냐에 달려 있다. 차별화전략을 추구하는 기업들은 경쟁제품 및 서비스와 구별되는 효익을 고객에게 제공함으로써 더 비싸게 또는 더 선호하게 되는 차별화 방안을 모색하는 것이다.

기업들이 차별화전략을 성공적으로 수행하기 위해서는 자원과 기술, 조직적 측면에서 다음과 같은 요건을 갖추어야 한다. 자원과 기술 측면에서는 강력한 판매능력, 생산기술, 창의적인 안목과 재능, 기초적인 조사연구능력의 강화, 품질 및 기술상의 명성, 산업 내에서 오랫동안 활동해 온 전통이나 다른 업종에서 익힌 독특한 기술의 배합능력, 유통경로의 적극적인 협력이 요구된다. 그리고 조직적 측면에서는 연구개발과 제품개발, 판매 간의 효율적인 기능조절, 양적인 평가 대신 주관적 평가 및 인센티브제도의 실시, 고도의 숙련을 갖춘 노동력이나 과학자, 창의적인 인재를 확보할 수 있는 쾌적한 근무여건 등이 요구된다.

차별화전략은 기업에게 산업 내에서 평균 이상의 수익을 보장하지만, 다음과 같은 위험부담이 따르기도 하므로 주의해야 하다. 첫째, 비용우위를 이룩한 경쟁기업들과 차별화를 이룩한 기업들 간의 비용격차가 너무 커서, 차별화에 따른 구매자들의 상표충성도를 지켜 나가지 못할 수 있다. 만약 가격차이가 너무 크게 되면 구매자들은 비용절감을 위해 차별화를 이룩한 기업이 제공하는 제품의 특성이나 서비스, 이미지를 포기할 수도 있다. 둘째, 차별화 속에 내포된 특이한 요소들에 대해 구매자들의 요구가 줄어듦으로써 차별화가 별 의미를 갖지 못할 수 있다. 셋째, 다른 기업들의 모방에 의해 차별화의 인식이 희박해질 수 있다. 이러한 현상은 산업이 성숙하면서 흔히 나타나게 된다.

(3) 집중화전략

집중화전략(focus strategy)은 특정 구매자집단, 제품라인의 일부분, 지역적으로 한정된 특정 시장을 집중적인 목표로 삼는 전략이다. 원가우위전략이나 차별화전략이 광범위한 고객들을 대상으로 삼는 데 반해, 집중화전략은 특정한 고객, 예를 들면 청소년들만을 집중적으로 겨냥하면서 모든 기업 활동을 이에 맞추어 전개시켜 나간다는 점에서 뚜렷한 차이가 있다. 즉, 집중화전략은 광범위한 영역에서 경쟁을 벌이는 기업들과는 달리, 한정된 전략목표를 보다 효과적이고 효율적으로 달성할 수 있다는 전제 하에 틈새 또는 적소(niche)를 찾아 배타적이고 집중적으로 시장을 공략함으로써 경쟁우위를 확보하고자 하는 전략이다. 따라서 집중화전략은 독특한 욕구를 갖는 고객, 제품, 서비스, 그리고 유통망 면에서 고유의 특성을 지닌 세분시장이 존재할 때 가능하다.

집중화전략은 일반적으로 세분된 시장에서 특정 대상의 요구를 보다 잘 충족시킴으로써 차별화를 이룩하려는 차별적 집중화(differentiation focus)전략이나 세분된 시장에서 제품이나 서비스를 공급하는 데 원가상의 우위를 달성함으로써 해당 시장에서 효율적으로 경쟁하고자 하는 원가집중화(cost focus)전략의 형태로 나타난다.

집중화전략을 성공적으로 수행하기 위한 조건은 앞의 비용우위전략이나 차별화전략을 수행하기 위한 조건들과 거의 동일하다.

학습정리

- 전략적 경영이란 조직경쟁우위 제고 활동이다.
- 전략적 경영은 어떻게 경쟁자보다 높은 수익률을 올릴 것인가를 과제로 비즈니스 포트폴리오전략과 경쟁우위전략으로 구성된다.

참고문헌

1. 신유근(1994). "현대인적자원관리의 이론구축을 위한 연구접근법 고찰," 노사관계연구 제5권, pp. 217~238.
2. 김주수(2014). 경영전략 중심에 선 '인사관리 3.0', 한경비즈니스. 2014.2.14.
3. Kamoche, K.(1996). "Strategic Human Resource Management within a Resource Capability View of the Firm," *Journal of Management Studies*, Vol. 33, No. 2, pp. 213~233.
4. Lawler Ⅲ, E. E.(1994). "From Job-based Approach to Competency-based Approach," *Journal of Organizational Behavior*, Vol. 15, pp. 3~15.
5. Lado, A. A. & Wilosn, M. C.(1994). "Human Resource Systems and Sustained Competitive Advantage: A Competency-Based Perspective," *Academy of Management of Review*, Vol. 19, No. 4, pp. 699~727.
6. Schuler, R. D.(1989). "Strategic Human Resource Management and Industrial Relations," *Human Relations*, Vol. 42, No. 2., pp. 157~184.
7. Walton, R. E.(1985). "From Control to Commitment in the Workplace," *Harvard Business Review*, March-April, pp. 77~84.
8. 이춘우(2002). 전략적 경영 강의 노트.

연습문제

01 중요한 업무 혹은 시간과 돈이 많이 드는 업무의 프로세스를 선정하여 투입·산출 과정을 분석하고 거기에 알맞은 정보기술을 파악하여 공정을 단축하고 자동화함으로써 관리 활동을 효율화하는 경영혁신기법은? 2013년 경영지도사

① 벤치마킹 ② 리엔지니어링
③ 리스트럭처링 ④ 전사적 품질관리
⑤ 태스크포스

02 경쟁전략의 하나로 고객집단별로 고객들이 요구하는 바에 맞추어 제품·서비스를 세분화하여 타 기업과 다른 가치 또는 효용을 제공함으로써 경쟁우위를 확보하려는 전략적 대안은?

① 세분화전략(segmentation strategy)
② 고객집단화전략(customer grouping strategy)
③ 차별화전략(differentiation strategy)
④ 원가우위전략(cost leadership strategy)
⑤ 집중화전략(focusing strategy)

03 전략적 경영 및 전략적 인적자원관리에 관한 다음의 설명 중 적절하지 않은 것은?

① 전략적 인적자원관리는 경영전략과 인적자원관리를 통합하여 상호 연계시키는 인적자원관리 활동 및 체계이다.
② 전략적 경영의 수준은 의사결정의 수준과 범위에 따라 기업 수준의 전략, 사업 수준의 전략, 기능 수준의 전략으로 나눌 수 있다.
③ 전략적 인적자원관리는 경쟁우위의 원천으로 물적자원보다 인적자원을 중시한다.
④ 후방 통합은 공급업자의 사업을 인수하거나 공급업자가 공급하던 제품이나 서비스를 직접 생산, 공급하는 방식의 전략으로 수평적 통합 전략의 하나이다.

04 직무관리에 관한 다음 설명 중 가장 적절한 것은? 2013년 공인회계사

① 핵크만(Hackman)과 올드햄(Oldham)의 직무특성이론에 의하면, 핵심직무 특성에는 기능다양성(skill variety), 과업완결성(task identity), 과업중요성(task significance), 자율성(autonomy), 성장욕구(growth and need strength)가 포함된다.
② 핵크만(Hackman)과 올드햄(Oldham)의 직무특성이론에 의하면, 과업중요성이 높은 직무를 수행할수록 직무에 대한 책임감을 많이 느끼게 된다.
③ 직무충실화(job enrichment)는 재량권과 책임은 변화시키지 않고, 수행하는 작업의 종류만 증가시키는 직무재설계 방법이다.
④ 요소비교법(factor comparison method)은 기준 직무를 선정하고, 평가하려는 직무의 평가 요소를 기준 직무의 평가 요소와 비교하는 직무평가 방법이다.
⑤ 서열법(ranking method)은 직무의 수가 많을 때, 시간과 비용을 절약하기 위해 도입하는 직무평가 방법이다.

06장 전략적 인적자원관리

학습목표

1. 전략적 인적자원관리의 개념에 대해 학습한다.
2. 전략적 경영과 인적자원관리의 연계성을 이해한다.
3. 전략적 인적자원관리에 대해 이해한다.
4. 전략적 인적자원관리의 마인드 셋에 대해 이해한다.

실제 사례

김 팀장 해고 스토리

전략적 인적자원관리를 소개하고 전파하는 과정에서 많은 경우 인적자원관리는 종래의 인사관리와 전혀 다른 것처럼 이야기되곤 하였다. 그러나 정작 실무자들과 접촉을 해보면 여전히 무엇이 근본적인 차이인가를 명확하게 인식하고 있지는 못하다. 다음 사례는 전략적 인적자원관리를 이해하도록 해주는 데 도움이 될 수 있을 것이다.

「대기업인 A사는 구조조정을 위해 식품사업부를 정리하기로 결정했다. 사업부 정리 프로젝트를 위해 김○○ 팀장을 식품사업부 공장에 파견했다. 현장에 내려갔던 김 팀장은 식품사업부의 '숨겨진' 수익성을 발견하고 노력을 기울인 끝에 폐쇄 직전의 식품사업부를 회생시키는 데 성공했다. 골치였던 식품사업부를 수익을 내는 사업부로 만들었으니 당연히 회사로부터 포상을 기대했던 김 팀장. 기업의 최대 목표는 이윤추구가 아니었던가. 그러나 그를 기다리고 있었던 것은 포상이 아닌 징계였다.」

A사의 인사 조치는 옳은 것인가? 옳지 못한 것인가?

01 전략적 인적자원관리의 개념과 이론

전략적 인적자원관리란?

전략적 인적자원관리는 어떤 것이며, 어떤 마인드를 가져야 기업경쟁력을 제고시키는 데 공헌할 수 있는가?

김팀장 사례에 대해 토론해 보자. 독자들이 A사의 인사담당자였더라면 김○○ 팀장에 대해 어떤 조치를 취할 것인지 한번 생각해 볼만하다. 대부분의 독자들은 A사의 인사조치가 너무 했다거나 오히려 포상을 했어야 한다거나, 전격적으로 식품사업부 본부장으로 발탁 승진시킨다는 생각을 가질 수 있을 것이다.

또 다른 독자들은 인사부서의 명령을 어겼으니 징계를 받기는 해야겠지만 식품사업부를 살려놓았으니 적절하게 절충안의 조치를 취할 수도 있었다는 의견이 있을 수 있다. 즉, 회사가 단기적이지만 이익을 가져다준 직원에게 가혹한 처사를 한 것이 아닌가 하는 입장이다.

하지만 전략적 인적자원관리의 기본 관점을 생각해 보면, A사의 조치가 이해될 수도 있다. 회사 측의 설명은 이랬다.

'김 팀장을 공장에 파견한 것은 식품사업부를 살리기 위한 것이 아니고 정리하기 위한 것이었다. 또 사업부를 정리하기로 한 경영진의 결정은 단기적인 수익성 때문이 아니었고, 장기적인 차원에서 그 결정이 회사에 더 이익이 된다고 판단했기 때문이었다. 결국 개인적인 판단으로 식품사업부를 '살렸던' 김 팀장은 이후 사표를 제출했고, 식품사업부는 따로 분사했다.' 이 사례는 개인이 회사에서 일할 때에는 항상 개인이나 팀 차원이 아닌 회사 전체 차원의 목표를 염두에 두고 업무를 해야 한다는 점을 잘 보여주고 있다.

전략적 인적자원관리, 과연 어떤 것인가?

Strategic HRM이란 '전략아 함께 놀자!'이다.

전략적 인적자원관리란 도대체 인적자원관리를 어떻게 행하는 것을 말하는가?

교과서에서는 '조직의 전략목표를 달성하기 위해 필요한 인적자원을 확보하고 개발하며 활용하는 조직적인 관리 활동의 체계', '경쟁전략의 형성 및 집행 과정에 인적자원관리 활동을 통합시킴으로써 인적자원관리 전략 및 활동의 통일된 방향성을 갖도록 하는 인적자원관리시스템', '전략적 조직목표 달성에 필요한 가치, 능력, 행동을 갖춘 사람을 선발하고 육성하며, 평가하고 보상하는 활동'으로 정의하고 있다. 교과서는 당연히 이와 같이 일반론적이고 보편적인 용어들로 정의해야 할 것이다.

이를 쉽게 되씹어서 이해해 본다면 전략적 인적자원관리는 한마디로 '전략아 함께 놀자!'라고 할 수 있다. 즉, 기업이 추구하는 전략적 지향목표와 인사관리의 가치관 및 기능 · 활동들을 전략적 과제나 전략적 지향가치와 일관성을 갖추도록 하는 것이 바로 전략적 인적자원관리이다. 예를 들어, 기업의 경쟁전략이 차별화전략을 추구하면 인적자원관리가 육성해야 할 인재상은 '끼 있는 사람'이어야 할 것이고, 원가우위전략을 지향하고 있다면 인적자원관리는 '근검 · 절약을 하는 짠돌이형, 수전노형 인재'를 확보, 개발, 육성하고 그러한 사람에 대해 고과를 하고 보상을 해야 하는 것이다.

|그림 6-1| 전략적 인적자원관리의 의미

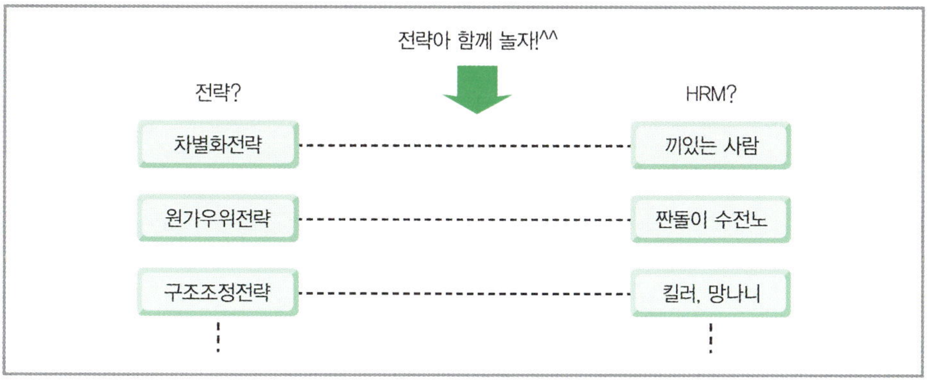

출처: 이춘우(2000).

경영전략의 성공적 실행과 연계시키는 인사 부문

인사 부문은 전략적 의사결정과 동떨어진 상태에서 별개로 운영되어 왔다. 경영전략과 무관한 기능으로 여겨지기도 하였다. 인사관리가 관리기능으로 대접받기 시작한 시

실제 사례

유명한 한국 기업의 전략 회의에서는 최고경영자(CEO)와 주요 임원이 사업계획을 점검하고 사업부 · 마케팅 · 재무 등이 지난 실적을 차례로 보고하고 사업목표를 발표한다. 인사관리 보고에는 현 인원이 몇 명이고 인건비 추이가 어떠하며 앞으로 몇 명을 채용할 것이란 간략한 보고가 전부다. 경영전략과 사업전략을 성공적으로 실행하기 위해 인사파트가 어떻게 하였으며 할 것인가를 소개하지 않는다. CEO를 포함한 대부분의 임원은 HR 이슈에 관심이 없고 별다른 논의도 없다. 인사 부문이 전략실행과 멀어져 있는 이런 풍경은 다른 회사에서도 대동소이하다.

기는 1940년대 후반이다. 이 시기에 인력(노동력)은 획득하기 쉬운 자원이었다. 일하고자 하는 사람이 풍부했고 업무에 요구되는 요건도 복잡하지 않아 간단한 교육만으로 업무를 수행하는 데 어려움이 없었다. 당연히 인사관리의 주요 담당업무 및 역할은 노동법 준수, 임금 지불, 개인 이력 관리 등과 같은 효율적 행정 처리에 맞춰졌다. 이후 시장환경과 경영환경이 확대되고 복잡해지면서 인사 부문의 기능은 효율적 행정 처리에서 노사관계, 고과평가, 교육훈련, 채용 등으로 확대되었다.

인사관리의 중점 관리포인트가 '직무는 체계적으로 구분돼 있는가', '공정한 평가를 위해 평가 기준과 프로세스는 적절한가', '보상은 평가결과와 잘 연계돼 있는가', '보상수준은 구성원을 동기부여하기에 충분한가' 등과 같이 효과성 관련 목표지표들이 추가되었다.

그러나 여전히 경영전략과 인사 활동의 연계가 이루어지지는 않은 상태이다. 경영전략의 파트너로서 인사 부문은 '어떻게 하면 HR가 사업 성공을 이끌고 기업경쟁력을 강화할 수 있을까'다. 많은 기업들이 사업에 필요한 인재를 정의하고 구성원의 역량 향상을 고민하며 외부의 유능한 인재를 찾는 데 힘을 기울이는 것이다. '인적자원 니즈를 예상하고 이를 충족시키는 과정'이라는 전략적 인재관리(strategy talent management)의 개념을 포함한다. 일반적으로 인재관리는 '사업에 필요한 인재를 파악하고 이를 적시에 확보 · 육성, 적재적소에 배치하는 제반 활동'으로, 경영전략을 성공적으로 실행하는데 있어서 핵심적이고 필수적인 활동이다.

몇몇 기업에서는 적정 인원수 파악이나 인력 수급 규모 결정을 인재관리로 생각하는 경우가 있다. 이것은 인재관리를 지나치게 좁은 의미로 접근하는 것이다. 재무적 추이나 업무량에 기초한 '적정 인원수'는 경영 환경이 안정적이고 조직구조 변화가 거의 없을 때에는 유용했다.

최근 비즈니스 환경은 향후 1분기도 예측하기 힘든 상황이고 회사의 조직도 경영환경에 따라 수시로 바뀐다. 특정 시점에 파악한 적정 인원 수는 미래 비즈니스 상황과 연계되지 않을 가능성이 높다. 인재관리 활동(인재 풀 확보, 파이프라인 관리, 승계 계획 수립, 채용 등)은 비즈니스 니즈를 적절히 반영하지 못하는 경우가 많다.

많은 기업들이 인력계획 시 사업부에서 요청한 인력 수를 취합하고 인건비 측면에서 조정하는 과정을 거친다. 인적자원은 단순 인건비 이상의 가치가 있기 때문에 인력계획은 인건비보다 비즈니스 실행력 확보와 연관돼야 한다. 그렇지 않은 인력계획 활동은 비즈니스 실행에 도움을 주기 어렵다.

인력수요를 미리 예측해 대응하는 '사업 수행 역량 기반 인재관리'가 전략적 인적자원관리의 하나이다. 중요한 것은 특정 시점의 숫자(인력 수, 인건비 등) 파악이 아니다. 인재관리의 궁극적 목적은 성공적인 사업 실행 지원이다. 인재관리는 어떤 사업을 하고 있는가 하는 문제로부터 출발해야 한다. 적정 인원 수를 파악하고 인력계획을 수립하는 것은 그 다음의 일이다. 가장 우선적으로 회사의 사업 영역, 핵심 기능, 프로세스에 대한 깊은 이해가 필요하다. 사실 이 부분을 모르는 HR 조직은 없을 것이다. 어려운 점은 '비즈니스적 이해를 어떻게 인사적으로 해석하고 대응할 것인가(strategic decoding)'다. 이 부분이 전략과 HR가 만나는 접점으로, 비즈니스 차원의 인력 수요(business demand)를 예측하고 이에 따른 HR 차원의 공급(HR supply)을 고민하는 것이 전략적 인재관리의 핵심이다.

'사업수행 역량(talent capacity)' 관점에서 인재관리를 접근하는 것이 전략적 인적자원관리이다. 기업들은 자신만의 사업수행 방식(business delivery model)이 있다. 은행이나 보험사는 지역별 지점 운영이, 건설사나 정보기술(IT) 서비스 기업은 프로젝트 조직 운영이 기본적인 사업수행 방식이다. 사업수행 역량은 이러한 사업수행 방식을 현재 구성원으로 얼마나 잘 수행할 수 있는지를 판단하는 척도다.

'사업수행 역량 기반 인재관리'의 특징은 고민의 시작을 사업수행 방식에서 시작한다는 점이다. 또한 필요 인재를 정의할 때 인력 수뿐만 아니라 질적 측면(인력 수 × 역량 수준)을 함께 감안해야 한다. 각 사업수행에 필요한 핵심 직무가 무엇이고 어느 정도 역량 · 스킬을 보유한 사람이 얼마나 많이 필요한지를 구체화하여야 하는 것이다.

예를 들어, 보험회사의 사업수행 방식은 기본적으로 고객에게 보험상품을 판매하는 것이다. 세부적으로는 지역별 영업사원을 통한 전통적인 지점 영업 방식과 고객이 직접 가입하는 온라인 영업 방식이 있다. 각 사업수행 방식은 각기 다른 업무와 인력이 필요하며 요구되는 역량 수준과 스킬에도 차이가 있다. 전통적 지점 영업 방식은 영업사원을 교육하고 동기부여 하는 지점장이 핵심인 반면, 온라인 영업 방식은 비용구조를 최소화하는 상품설계 인력이 핵심이다. 건설사는 건설 현장 단위로 사업이 진행되고 현장 소장이나 프로젝트 매니저(PM)가 매우 중요하다. 이들이 어떤 건설사업을 담당하느냐에 따라 요구되는 전문성과 수준이 달라진다. 사업수행 방식은 하나의 모델로 정의하기보다 상품 · 서비스에 따라 달라져야 하며 하나의 사업수행 모델도 상품 · 서비스의 규모와 특성에 따라 세분화될 필요가 있다. 그리고 각 모델에 필요한 직무 · 인력수 · 역량 수준도 차별화돼야 한다.

사업수행 모델과 필요한 인재 요건(직무 · 인력 수 · 역량 수준)이 정의되면 다음 단계는 현재 보유한 인적자원의 역량 수준 파악이다. 이 단계에서 중요한 것은 역량 수준의 객관적 측정이다. 일부 기업에서는 구성원 역량 수준 평가를 회의적으로 바라본다.

역량 수준 평가가 필요 없기 때문이라기보다 기존의 평가 방식이 적절하지 않거나 어떻게 평가할지에 대한 대안이 없기 때문인 경우가 대부분이다. 일반적으로 많이 활용되는 평가 요소는 경험 · 잠재력 · 성과 등이며 사업 및 직무 특성을 반영한 차별적 평가 기준을 설정해야 한다. 또한 일회성이 아닌 상시적 역량 수준 평가가 이뤄질 수 있는 평가 기준을 만드는 것이 중요하다. 구성원의 역량 수준이 파악되면 앞서 설정한 사업수행 모델에 구성원 역량 수준을 대입해 사업수행 역량을 도출할 수 있다. 이는 구성원의 역량 수준을 비즈니스 가치로 환산한 결과로, HR뿐만 아니라 사업부에도 많은 시사점을 제공해 준다.

사업운영에 필요한 인재 요건과 구성원의 역량 수준을 파악했다면 인력계획 및 인적자원 과부족을 채워 가는 활동(채용 · 육성 · 배치)과 연계해야 한다. 인력수요는 사업부의 사업계획 · 사업수행 모델 · 모델별 인재 요건을 조합해 예측할 수 있으며 과부족은 예측한 인력수요 대비 현재 인원을 비교해 파악할 수 있다. 물론 인력수요나 과부족을 판단할 때 단순히 인원 수가 아닌 역량 수준도 함께 분석해야 한다. 결론적으로 사업수행 역량 기반의 인재관리는 사업에 필요한 인재 정의, 구성원의 역량 수준 분석, 이를 통해 달성 가능한 비즈니스 영향력 분석, 지속적 관리 프로세스 연계를 포함한다.

구성원 역량평가로 공통의 '언어' 만들어야

전통적으로 사업목표 수립은 사업부와 전략 부서의 담당이다. 전략 부문은 전년도 실적과 경영환경을 고려해 사업부에서 목표를 수립하고 전략 부서에서 이를 조정하는 방식의 업무를 한다. 이 과정에서 HR는 사업부에서 요구하는 인원을 취합·검토하고 이에 따른 후속 조치(채용·육성·재배치) 역할을 담당했다. A사는 이런 모습에서 벗어나 '어떻게 하면 비즈니스에 선제적으로 도움을 줄 수 있을까'를 접근하므로, 그 출발점으로 사업 추진에 필요한 인재 요건을 규명하고 현재 구성원 역량 수준을 객관적으로 파악하는 역할은 인사 부문의 역할을 한 단계 진화시킨 것이다.

결과적으로는 구성원 역량 수준을 일목요연하게 파악하고 나아가 사업부와 공통의 '언어'를 가지게 됐다. 기존에는 특정 역량을 보유한 구성원을 찾는 데 많은 시간이 소요되고 정확하게 찾기도 어려웠다. 구성원의 역량 수준을 바라보는 시각도 사업부와 HR 간에 차이가 있어 서로 합의가 이뤄지지 않는 경우가 발생했다. 이제는 전사적으로 통용되는 객관적 '언어(역량 수준, 사업수행 역량)'를 통해 HR 내부뿐만 아니라 사업부와 원활한 커뮤니케이션을 할 수 있게 됐다.

둘째, 더 중요한 효과는 HR가 후행적(reactive) 지원 업무에서 벗어나 비즈니스를 선제적(proactive)으로 지원하게 된 점이다. 그들은 분석한 구성원 역량 수준을 토대로 사업부 비즈니스 계획이 무리 없이 수행 가능한지에 대한 정보(사업 수행 역량)를 제공했다.

실제 사례

실제로 2014년 경영 계획 수립 시 HR가 가장 먼저 사업부별 수행 가능 매출 규모를 발표하고 이후 사업부별 계획과 비교·검토하는 과정을 거쳤다. 마지막으로 현재 투입된 인력의 적정성을 검토, 부족한 곳은 인력을 보강하고 과투자된 사업 영역은 인력을 축소·재배치하는 기준을 마련했다. A사의 이러한 모습은 HR가 비즈니스를 선도하는 변화로 HR 혁신을 고민하는 기업에 많은 시사점을 준다. 콘퍼런스보드가 실시한 조사에서 전 세계 CEO들의 가장 큰 관심거리로 인적자원(human capital)이 지난 2년간 1위를 차지했다. CEO가 '사람'에 대해 관심이 많다는 사실은 HR에 반가운 일이다. 반면 CEO의 관심에 확실한 답을 해야 하는 숙제를 안은 셈이다. '우리 회사 구성원은, 그리고 HR 부서는 비즈니스에 어떤 가치를 제공하는가.'

Strategic HRM의 특징은?

전략적 인적자원관리가 종래 인사관리와는 전혀 다른 인사관리 방식인 것처럼 소개되어 왔지만, 정작 실무적으로 보면 전략적 인적자원관리나 인사관리나 채용하고 오리엔테이션 하고, 배치하고 고과하고 승진 인사이동하고 보상하고, 휴가 보내는 등등 별반 차이가 없는 것처럼 보인다.

그 이유는 기본적으로 전략적 인적자원관리가 종래의 인사관리의 추구가치나 관리기법 방식을 완전히 폐기하는 것이 아니라 종래 인사관리관행을 기본으로 하면서도 새롭게 지향하는 추구가치와 관리 방식이 더해지기 때문이다. 다시 말해 전통적인 인사관리의 추구목표와 관리 방식에 추가적으로 전략적 인적자원관리의 새로운 추구목표와 관리 방식이 접목되는 것이다. 다음 [그림 6-2]는 이러한 점을 요약하고 있다.

그림 6-2 전략적 인적자원관리의 세부적 특징

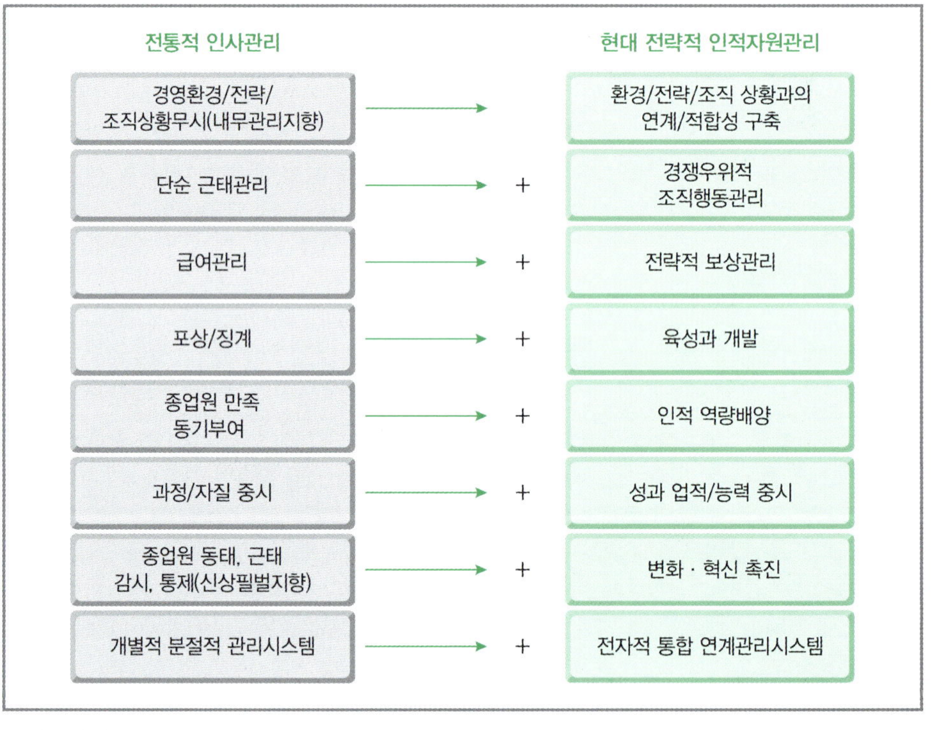

출처: 이춘우(2000).

Strategic HRM의 뿌리는?

전략적 인적자원관리는 종래 인사관리를 바탕으로 하면서 전략적 접근관점이 접목됨으로써 형성된 인적자원관리시스템이다. 전략적 인적자원관리 외에도 현대 인적자원관리시스템에는 노사관계론적 접근법과 접목된 인적자원관리 방식이나 조직행위론적 접근법과 접목된 인적자원관리 방식 등 또 다른 형태의 인적자원관리시스템이 존재하는 것이다.

[그림 6-3]은 현대 인적자원관리시스템에 있어서 전략적 인적자원관리론, 노사관계론적 인적자원관리론, 조직행위론적 인적자원관리론의 형성에 대한 이해를 도와준다.

그림 6-3 HRM의 뿌리와 3대 접근법

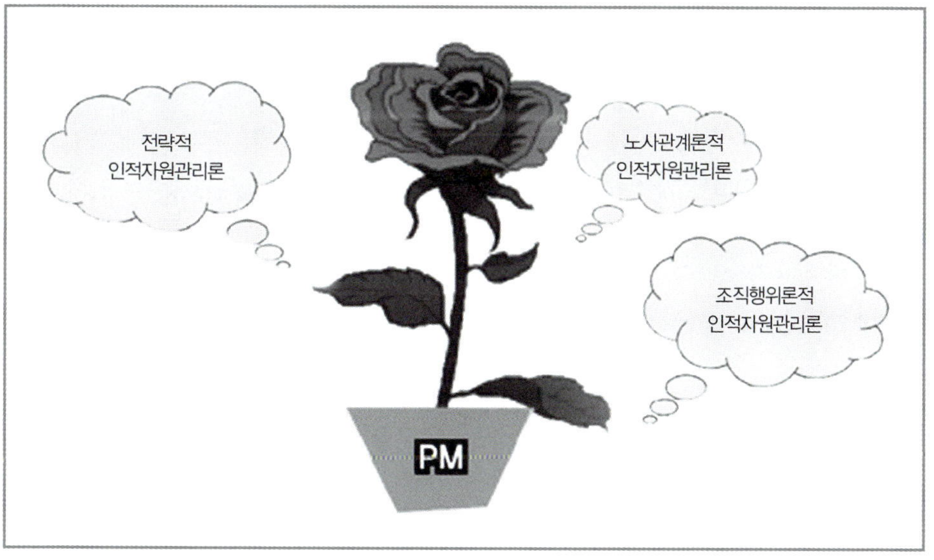

출처: 신유근(1994).

현대 인적자원관리의 3대 연구접근법에 따라 형성된 인적자원관리시스템은 전통적인 인사관리론과 접목된 분과학의 배경, 관리의 원칙, 인간에 대한 가정 측면에서 비교해 보면 〈표 6-1〉과 같다.

[표 6-1] HRM의 3대 접근법 및 연구접근법의 비교

	기본 접근법	전략론적 접근	노사관계론적 접근	조직행위론적 접근
접근법	분과학 배경	• 경영전략, 정책이론 • 상황이론, 조직이론 • 조직환경이론	• 제도론적 노사관계론 • 단체교섭론 • 노동경제학	• 조직행위론 • 산업, 조직심리학 • 비교경영하는 인류학
연구배경	관리의 원칙	• 적응성, 유연성 • 기능성 • 적합성, 통합성	• 안정성 • 분배 • 공평성과 효율성 조화	• 유효성 • 생산성과 만족성 조화 • 공정성, 신뢰성
	인간(사람)에 대한 가정	• 경쟁력 우위원천으로서의 인적자원 • profit의 원천	• 정치적 · 경제적 요구를 하는 근로자 • 경제적 거래행위를 하는 노동자	• 사회인(사회적 · 경제적 · 인간적 욕구) • 자아실현과 만족을 추구하는 개인

자료: 신유근(1994).

Strategic HRM의 흐름은?

전략적 인적자원관리 내에서도 세분화된 연구흐름이 존재한다. 전략적 인적자원관리론은 인사관리론 분야에서 새롭게 형성되어 가고 있는 이론 분야로서, 초기에는 상황론적 접근법이 주류를 이루어 왔으나 자원기초이론으로부터 핵심역량관점이 출현하기 시작하면서 인적자원관리론에 대한 자원기초이론적 접근법(또는 역량기초접근법) 분야가 급부상하였다.

초기의 전략적 인적자원관리론은 경영전략과 인적자원관리 간의 적합성(fit)이 중요한 연구초점이었다. 양자가 적합성을 가질 때 전략실행을 효과적으로 하게하고 그것이 조직 성과를 결정해 준다는 것이다. 이러한 적합성은 전략적 인적자원관리론이 발전하기 시작한 초기에는 어느 상황에서나 이상적인 적합성을 가져야만 한다는 점을 강조하였다가 곧 상황에 따라서 적합성이 달라질 수 있다는 전통적인 구조적 상황이론의 논리가 주류를 이룬다. 그 후 전략적 인적자원관리론은 환경, 전략, 인적자원관리 간에 개별적 요소간의 적합성이 아닌 전체적인 구성체적 적합성(configurational fitness)을 갖출 때 조직 성과를 높여준다는 이론으로 발전되고 있다.

또 다른 한 흐름으로 인적자원관리론과 자원기초이론이 결합되어 전략적 인적자원

[표 6-2] 인적자원관리 변화 방향

	과거	변화 방향
채용	• 순형주의, 국내 인재 중심 • 신규졸업자 대량채용 • 획일적 고용관계	• 혼혈주의, 글로벌 인재 확보 • 상시 · 중도채용, 직종별 채용 • 고용계약의 다양화
승진승격	• 연공서열적 직급 운영	• 성과 · 역량에 기초한 발탁 인사 • 직책중심의 승진관리
인력개발	• 회사주도의 사내 육성 • 일반관리능력 위주 주입식 교육	• 자기책임 하의 시장가치 향상 • 직무역량 향상 · 리더십 교육 강화
인력운용	• 정규직중심의 일원적 관리 • 업무의 내부화	• 핵심인력 · 비정규직 등 차별화 • 분사 · 아웃소싱 활성화
평가	• 결과중시의 블랙박스형 평가 • 보유 · 잠재능력평가 • 업적과 태도	• 평가 과정관리 및 투명성 강화 • 직무 성과 · 역량평가 • 전략과 연계된 평가(BSC)
보상	• 직급중심, 연공형 처우 • 획일적 복리후생	• 시장가치와 성과에 따른 보상 • 선택 가능한 탄력적 복리후생
퇴직관리	• 퇴직관리 미흡	• 상시퇴직관리, 지원프로그램 활성화

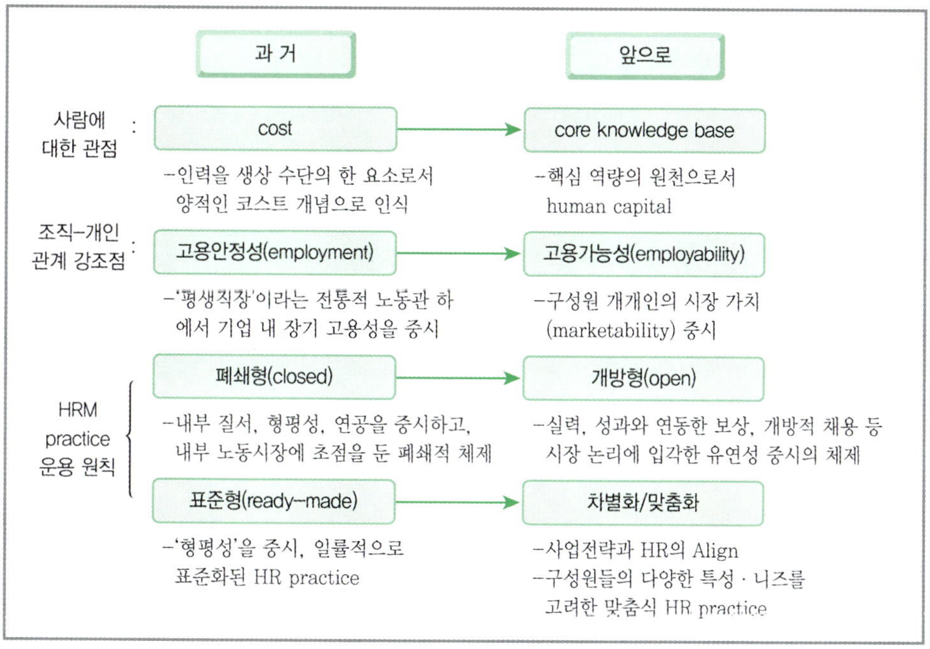

관리론의 한 분야를 형성시켰다. 즉, 전략적 인적자원관리론에 자원기초이론 관점이 결합되어 자원기초이론의 논리들을 수용하면서 핵심적인 기업자원으로서 인적자원 또는 인적자원역량이 무엇이며 이를 촉진·고양할 수 있는 인적자원관리시스템에 연구의 초점을 둔다(Lado &Wilson, 1994). 많은 자원기초이론 연구자들이 핵심적 기업자원으로서 인적자원·인적자본을 논의한다는 점에서 발전한 결과이다.

예를 들어, Hall(1992)은 비가시적 자원(Intangible Resource)이 바로 종업원들의 스킬이나 노하우라고 주장한다. 자원기초이론 접근의 전략적 인적자원관리론은 기업자원 중 인적자원을 매우 중핵적인 전략적 자원으로 본다. 인적자원이 자원의 기업특유성을 충족시키며, 상대적으로 중요한 핵심역량의 내용이거나 적어도 중요한 결정 요인이다.

인적자원관리론에 대한 역량기초접근법(competence based approach to HRM)이 발전하여, 구체적인 연구개념으로서 인적자원역량(Human Resource Competence)을 밝혀내는 연구를 하고 있다.

여기서 인적자원역량은 인적자본(human capital) 관점에서 종업원 개인이 보유한 지식·스킬·능력의 축적물(Kamoche, 1996)이라고 하거나 행태적 관점(behavioral perspective)에서 종업원들의 경쟁우위적 행동(competitive behavior) (Schuler, 1989; Barney & Zajac, 1994)이라고 제시하기도 한다.

인적자원관리시스템에 대한 연구로 Lado & Wilson (1994)이 조직역량을 제고시키기 위해서는 인적자원역량을 제고시킬 수 있도록 확보, 개발, 평가하는 이른바 역량제고형 인적자원관리시스템(competence enhancing HR system)을 만들어야 하며, 이것이 조직의 지속적인 경쟁우위를 제고시킨다는 개념적 연구를 수행했다.

이외에도 Walton(1985)의 몰입형 작업인력시스템, Lawler(1994)의 고관여조직(high involvement organization) 등은 종업원들의 역량을 제고시킬 수 있는 인적자원관리시스템으로 제시되고 있다.

Strategic HRM Mind Set은?

결국 전략적 인적자원관리는 기업경쟁력의 원천을 인적자원 및 인적자원관리시스템으로 포지셔닝하는 패러다임을 갖고 있으며, 전략적 가치를 받아들이고 있는 것이다.

실무나 학계 모두에서 대부분의 관심사는 기업이 지속적으로 생존하고 성장할 수 있도록 하는 경쟁우위 요소를 조직 내부적으로 탐색하고 있다. 처음에는 물적 · 가시적 자원도 기업의 경쟁우위를 높일 수 있는 경영자원으로 인식하고 논의하고 있었지만, 핵심역량 관점이 제기되면서 비가시적이고 비물적인 요소가 경쟁우위의 원천으로 이해되고 있다.

기업경쟁력의 원천이 되는 여러 가지 경영자원 중에서도 핵심적인 경영자원이 무엇인가를 규명하려는 관점에서 형성된 것이 바로 Prahalard & Hamel이 1990년 핵심역량(core competence)이다. 선행연구들에서 제시된 핵심역량은 내용 측면에서는 유형(비물적), 무형(물적)자원을 모두 포괄하지만 상대적으로 비물적 자원, 즉 학습될 수 있는 스킬을 강조하는 것이다.

핵심역량은 기업이 성공하기 위해서는 기업이 보유한 자원 그 자체보다도 자원을 창출하는 조직능력이 중요하다고 본다. 즉, 기업이 어떠한 자원을 보유하고 있는가 하는 문제보다도 그러한 자원을 획득하고 축적할 수 있는 능력이 더 중요한 기업자원이라는 것이다.

그러나 핵심역량의 연구는 보다 핵심적이고 구체적인 기업자원을 규명하려는 시도였지만, 이들의 개념과 실체를 밝히는 문제가 또 하나의 연구과제가 되고 있다. 기업경쟁력을 창출할 수 있는 여러 자원 요소 중에서도 더욱 핵심적인 자원에 초점을 둔다는 아이디어는 특히 조직이 보유하고 있는 수많은 다양한 자원들 중에서 중심적인 기능을 하는 자원들만이 경영자원이 될 수 있다는 시사점을 준다.

핵심역량이 될 수 있기 위한 조건으로는 고객효익제공성, 다시장 범용성, 모방곤란성과 같은 속성을 지녀야 한다고 논의되고 있다. 이러한 요건이 갖추고 있는 조직 내부의 경영자원들이 무엇인가에 대한 논의가 여전히 지속되고 있는 가운데, 다른 어떤 요소들보다 틀림없는 것은 바로 조직문화, 즉 구성원들이 공유하고 있는 신념 및 가치관, 마인드 셋이다.

최고경영자를 비롯하여 조직의 임직원들이 공유하는 공통적인 추구가치가 무엇이냐가 바로 기업의 생존과 성장을 좌우하는 핵심 요소라는 점이다.

결국 최고경영자의 철학과 가치 그것으로부터 형성된 조직문화적 공유가치가 기업경쟁력의 보이지 않는 근본 원천이며, 전략적 인적자원관리의 성패도 최고경영자를 비롯하여 조직구성원들이 전략적 가치를 조직문화적 가치로서 공유하고 있느냐가 관건이 된다.

그렇다면 어떤 가치를 공유해야만 전략적 인적자원관리가 제대로 작동할 수 있을 것인가? 그것이 바로 전략적 인적자원관리 마인드 셋이다. 전략적 인적자원관리가 제대로 작동하기 위한 마인드 셋은 [그림 6-4]와 같은 한국어를 영어로 번역하는 연습을 통해 가능하다.

그림 6-4 전략적 인적자원관리의 마인드 셋 연습

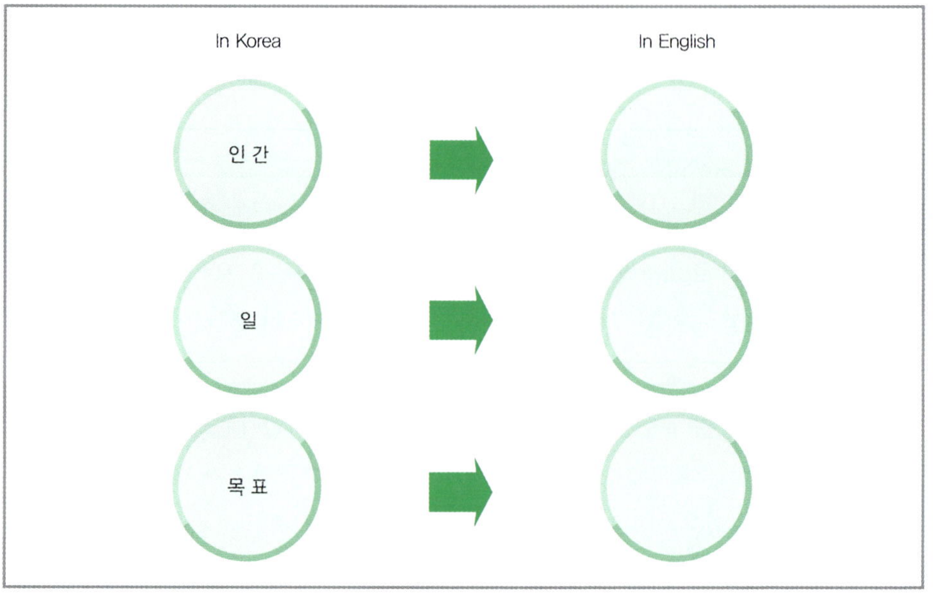

출처: 이춘우(2000).

전략적 인적자원관리의 마인드 셋을 갖추고 있는 조직구성원들은 인간을 Human being이나 people이라고 번역하지 않는다. 또한 일을 work나 job으로 번역하지 않으며, 목표를 goal이나 target, objective로 번역하지 않는다.

과연 인간, 일, 목표를 어떻게 이해하는 것이 전략적 마인드 셋일까? 전략적 인적자원관리가 '전략아 함께 놀자'라는 의미라는 것을 잊지 않았다면 그 해답은 우리 회사가 설정한 전략적 목표가 무엇인지를 명확하게 하고 있느냐에 따라 좌우된다. 특히 조직구성원들이 공유하고 있는 행동문화적 가치는 회사마다 다를 수 있기 때문에 회사구성원들이 공유된 문화적 가치 속에 전략적 목표가 연결되어 있는지를 살펴보면서 함께 만들어내야 한다. 전략적 가치를 전제로 할 때 인간, 일, 목표를 어떻게 번역해야 할지 회사 동료들과 함께 곰곰이 생각해 볼 일이다.

Strategic HRM과 Resource-Baed view

자원기반 관점은 조직의 지속적 경쟁우위의 원천을 조직 내부 요인들 중 경쟁자로부터 쉽게 모방되기 어렵고, 희소하며, 가치창출에 활용되고, 기업만이 보유한 특유의 자산(firm specific strategic assets)인 요인들로 찾는 관점이다.

자원기반 관점은 요소시장의 불완전성을 가정한다. 투입되는 자원은 이질적으로 분포하고 있고 시장에서의 자유로운 거래가 제한적이라는 가정에서 출발한다.

Strategic HRM의 2가지 접근논리

인적자원역량모델 또는 개인역량모델은 개인 차원의 미시조직행위론적 접근논리이다. 미시적 접근의 전략적 인적자원관리는 직무역량모델이 핵심적인 개념이다.

그림 6-5 Strategic HRM의 Logic and Approach

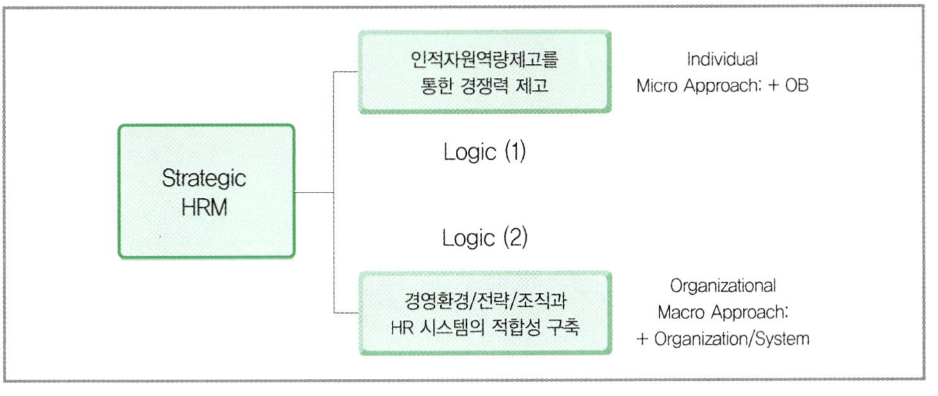

| 그림 6-6 |

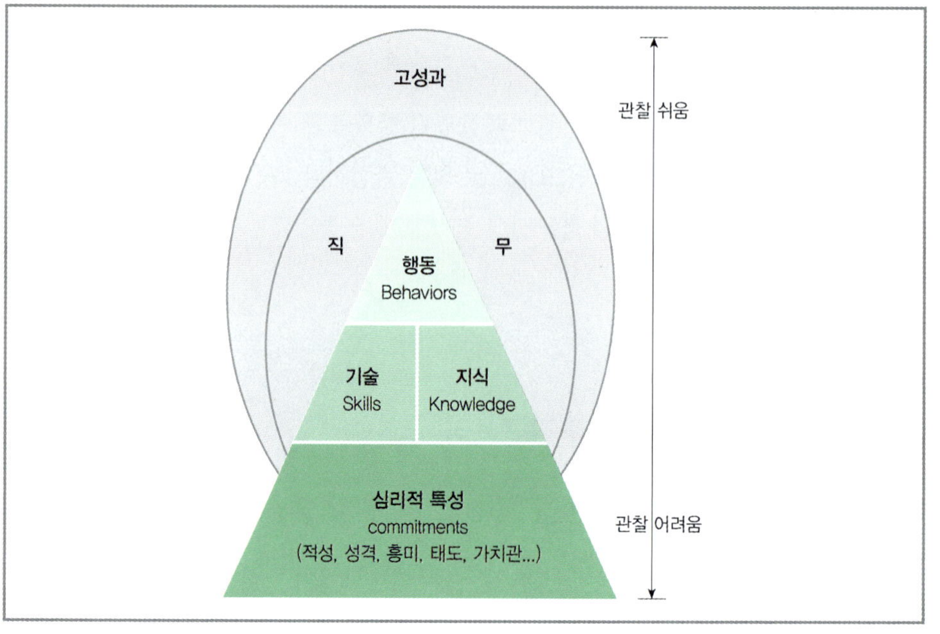

고성과
직
무
행동
Behaviors
기술
Skills
지식
Knowledge
심리적 특성
commitments
(적성, 성격, 흥미, 태도, 가치관...)
관찰 쉬움
관찰 어려움

학습정리

- 전략적 인적자원관리는 전략적 경영과 인적자원관리를 상호 연계하는 인적자원관리 관점이자 방식이다.
- 전략적 인적자원관리의 특징은 환경 전략 조직 상황과의 적합성을 추구한다는 것이다.

참고문헌

1. 신유근(1994). "현대인적자원관리의 이론구축을 위한 연구접근법 고찰," 노사관계연구, 제5권, pp.217~238.
2. Kamoche, K.(1996). "Strategic Human Resource Management within a Resource Capability View of the Firm," *Journal of Management Studies*, Vol. 33, No. 2, pp. 213~233.
3. Lawler Ⅲ, E. E.(1994). "From Job-based Approach to Competency-based Approach," *Journal of Organizational Behavior*, Vol. 15, pp. 3~15.
4. Lado, A. A. &Wilosn, M. C.(1994). "Human Resource Systems and Sustained Competitive Advantage: A Competency-Based Perspective," *Academy of Management of Review*, Vol. 19, No. 4, pp. 699~727.
5. Schuler, R. D.(1989). "Strategic Human Resource Management and Industrial Relations," *Human Relations*, Vol. 42, No. 2., pp. 157~184.
6. Walton, R. E.(1985). "From Control to Commitment in the Workplace," *Harvard Business Review*, March-April, pp. 77~84.
7. 이춘우(2000). 전략적 인적자원관리 강의 노트.

연습문제

01 전략적 경영(strategic management) 및 전략적 인적자원관리에 관한 다음의 설명 중 적절하지 않은 항목만으로 구성된 것은? 2010년 공인회계사

a. 전략적 인적자원관리는 경영전략과 인적자원관리를 통합하여 상호 연계시키는 인적자원관리 활동 및 체계이다.
b. 전략적 경영의 수준은 의사결정의 수준과 범위에 따라 기업 수준의 전략(corporate strategy), 사업 수준의 전략(business strategy), 기능 수준의 전략(functional strategy)으로 나눌 수 있다.
c. 후방통합(backward integration)은 공급업자의 사업을 인수하거나 공급업자가 공급하던 제품이나 서비스를 직접 생산, 공급하는 방식의 전략으로 수평적 통합(horizontal integra-

tion) 전략의 하나이다.
d. 전략적 인적자원관리는 전통적인 인사관리와 달리 기업의 경영전략과 인적자원관리시스템 간의 적합성(fitness)을 강조한다.
e. 전략적 인적자원관리는 경쟁우위의 원천으로 인적자원보다 물적자원을 중시한다.

① a, c ② b, e ③ c, e ④ d, e ⑤ b, d

02 다음 중 SHRM 단계에서 HR 담당자의 주요 역할은?

① 조직의 목표와 전략에 부합하는 인사정책의 수립과 실행
② 인사관리 기능별 분리된 활동을 추진
③ 기능별로 제도화가 되어 있어서 인사담당자가 바뀌더라도 일관된 일 추진 가능
④ 각 기능별 활동을 서로 조정해 가며 하나의 통합된 제도하에 활동

03 다음 중 HR 담당자의 역할 변화에 대한 설명으로 옳지 않은 것은?

① 과거 산업화 초기나 1960년대에는 인사부서가 행정전문가, 구성원 옹호자의 역할을 주로 수행하였다.
② 1980~90년대에 들어와서는 HR 담당자가 인적자원관리를 경영전략과 연계시키는 활동도 많이 하고 있는 상황이다.
③ HR 담당자의 역할 변화는 HR 담당자와 실무관리자들 간의 책임관계에도 변화를 가져온 면이 있다.
④ 최근에는 인적자원관리의 기본적 역할로 인해 인사관리 부서가 조직의 변화와 혁신에 관여하고 있지 않다.

04

직무 · 직제 및 워크 시스템 관리

07장 직무 · 직제 및 워크 시스템

학습목표

1. 직무관리의 중요성과 개념에 대해 이해한다.
2. 직무분석의 의미와 주요 내용에 대해 이해한다.
3. 직무평가의 의미와 주요 내용에 대해 이해한다.
4. 직무설계의 의미와 주요 내용에 대해 이해한다.

실제 사례

직무중심의 인사관리의 기초: 직무관리

1990년대 후반에 들어 한국기업들은 구조조정과 함께 인사관리의 혁신 차원에서 '성과주의 인사관리'를 과감히 추진하기 시작했고, 그 중심에 연봉제가 있었다. 연봉제는 개인의 기여도에 따라 보상을 차별화하는 제도이다.

대부분의 한국기업들에서는 직무중심의 인사제도가 도입되어 있지 않다. 삼성, LG, 포스코, 태평양, CJ, 한국타이어, 동양제과 등 한국기업들은 1997년 IMF 외환위기 이후 성과주의 인사관리를 본격적으로 도입하기 시작했다. 성과주의 인사시스템은 성과와 역량을 기반으로 평가하고, 이를 기초로 보상 및 승 · 진급 등을 결정하는 제도이다. 그러나 성과주의 인사시스템을 도입한 한국기업들은 대부분 기존에 있었던 연공주의 인사체계에 성과에 따라 승진이나 급여 등을 차등하는 제도를 도입했다. '무늬만 연봉제'라는 냉소적인 말들도 떠돌아 다녔다. 즉, 기존의 직급 및 호봉에 근거해 연봉을 결정하고, 매년 성과를 평가해 연봉인상에 차등을 두고 있다. 이러한 방식은 직무가치에 따라 급여를 결정하는 직무중심의 인사체계와는 다른 것이다. 한국기업들에서는 2012년도에도 직무의 가치나 기여에 대한 구분 없이 직무가치나 기여가 낮음에도 불구하고 동일한 임금을 지급받는 관행이 유지되고 있다.

일부 한국기업들은(예: CJ) 직무분석 및 직무평가에 의해 직무체계를 재정립하고, 직무가치에 따른 기본급(직무급)을 결정하는 직무주의 인사관리체계를 도입하였다.

직무중심의 인사관리는 직무의 가치를 인정하기 위해 직무의 기여도를 평가할 수 있는 직무가치의 측정과 성과에 대한 평가가 필요하다. 직무주의 인사관리를 정착시키기 위해 직무에 대한 철저한 파악과 분석이 필요하다. 직무가 지니고 있는 상대적 가치가 직무주의 인사관리의 기본이 된다. 직무가 지니고 있는 상대적 가치를 파악하기 위해 직무의 내용과 그 직무를 수행하는 사람이 갖춰야 하는 능력, 경험, 자격 등을 상세히 분석하는 직무분석(Job Analysis)과 직무들의 상대적 가격을 결정하는 직무평가(Job Evaluation)가 이루어져야 한다. 직무주의 인사관리는 일(직무)의 상대적 가치(Comparable Worth)를 결정하고 그에 기반하고 있기 때문이다.

01 직무관리의 개념과 직무분석

직무관리, 왜 중요한가?

직무란 쉽게 말해서 '일거리'라고 할 수 있다. 인간이 모여 서로 사냥을 하거나 궁궐이나 사찰과 같은 큰 건물을 짓고자 한다면 사냥감의 포획이나 큰 건물을 성공적으로 완성하기까지의 과정에서 해야 하는 여러 가지 다양하고 복잡한 일들이 있다. 이와 같은 일거리를 어떻게 관리하는가에 따라 성과가 좌우되는 것은 어찌 보면 당연한 이치일 것이다. 이처럼 직무도 어떻게 관리해야 하느냐가 중요한 관건이다.

직무관리의 중요성은 다음과 같다.

첫째, 인사관리는 기본적으로 직무와 사람을 대상으로 하기 때문에 직무관리는 인사관리의 출발점이라는 중요한 의미를 갖는다. 직무관리는 과학적이고 합리적인 인적자원관리를 가능하게 해 주기 때문이다.

둘째, 직무를 필요성 및 중요성의 정도에 따라 잘 나누는가 그렇지 않은가에 따라 전체 목표 성과를 효율적이고도 효과적으로 달성할 수 있는가가 좌우된다. 만약 불필요한 일거리들이 많이 있는 경우나, 역으로 꼭 필요한 일거리가 누락되어 있는 경우에는 목표 성과를 달성하기 어려울 것이다.

셋째, 직무는 모두 동일한 것이 아니기 때문에 직무관리를 해야 한다. 필요한 직무(일거리) 들을 보면 상대적으로 더 어렵고 고난도의 기술이 요구되는 업무(직무)들도 있기 때문이다.

넷째, 직무관리는 적재적소주의(job-person fitness)라는 인사관리의 중요한 기본원칙과 철학을 구현하는데 있어 필수적이고 핵심적인 부분이다.

다섯째, 일을 하다 보면 어떤 일은 흥미롭고 재미가 있지만 어떤 일은 그렇지 않은 것도 있다. 직무설계와 같은 직무관리를 통해 직무담당자로 하여금 일이 재미있고 즐거워 직원들이 동기부여 되도록 해야 할 필요가 있다.

직무관리란 무엇인가?

직무관리가 무엇인지를 알기 이전에 우선 직무라는 용어에 대해 알아보자.

직무의 개념을 이해하기 위해 과업 및 직군의 개념과 구분하여 이해할 필요가 있다. 조직에서의 일은 그 범위에 따라 과업(task), 직무(job), 직군(job family) 등으로 구분된다. 직무(job)는 종류와 수준이 비슷한 과업(task: 작업)들로 구성되어 있다. 과업이란

[표 7-1] 직군, 직종, 직렬, 직위, 직급, 직무, 과업, 동작

구분	내용
직무란?	직무란(job)란 유사한 역량과 지식 · 기술이 요구되는 일련의 과업들(task)의 집합으로 보통 1명 정도가 수행 가능한 정도의 역할 · 책임의 크기를 말하며, 직무크기는 대체적으로 조직의 규모에 따라 결정됨.
직군 (Job Family)	일련의 직종들로 구성된 일의 단위로 보통 본부단위의 업무를 의미함(예: 경영관리직군, 사무직군, 연구개발(R&D)직규, 영업직규, 기술직군 등)
직렬 (Job Series)	직군을 세분화시킬 필요성이 있을 때 사용되는 일의 단위(예: 영업직군-국내영업직렬, 해외영업직렬 등). 직군의 인력이 많고 광범위할 경우에 사용됨. 예를 들어, 사무직군을 기획직렬과 관리직렬로, 영업직군을 국내영업직렬과 해외영업직렬로 구분.
직종	직종은 Job보다는 큰 개념 채용-교육-임금관리 등 인사직무(인사관리 업무 직종)
직무 (Job)	유사한 과업들로 구성된 일의 단위로 미국의 경우 직업단위를 의미함(예: 인사, 총무, 재무 등, 채용, 교육, 평가, 퇴직, 노무 등) • 종류와 수준이 비슷한 과업(작업)들로 구성되어 있음 • 직무는 유사한 과업들이 모여서 하나의 일의 범위를 형성하는 것임 • 직무는 하나 또는 여러 개의 직위로 구성됨
과업 (Task)	독립된 목적으로 수행되는 하나의 명확한 작업 활동. 일반적으로 직무분석의 가장 작은 단위로서 한 사람이 수행하는 특정한 작업 활동(한 가지 산출물을 생산하기 위해 사용되는 일련의 작업 요소)
활동 (Activity = Work behavior) 작업동작(Motion)	일의 가장 작은 단위로 과업(task) 수행의 구체적인 업무 활동을 의미함 (예: 채용계획 수립, 급여계산 등)
직위 (Position) 직책	과업수행에 있어 직원 개인의 의무나 책임을 포함한 직책상의 지위나 분담을 뜻함

[표 7-2] 직제의 요소

직무, 직위, 직군, 직종, 직렬, 직책(직무 관련 용어들은 회사마다 달리 사용함: 직제)	
직군	유사한 직무, 직종, 직렬들의 집합 인력관리상의 편의를 위해 직무들을 집단화한 개념
직종, 직렬	상호 연관성이 있거나 유사한 특성을 갖는 직무들의 집합
직무	특정 조직원이 담당하는 공식적인 업무 활동 내용(과업)들의 집합
과업	독립된 목적으로 수행되는 하나의 명확한 작업 활동
작업동작	조직원이 담당업무를 수행하는 과정에 포함되는 작업 활동의 내용

한 가지 산출물을 생산하기 위해 사용되는 일련의 작업 요소를 말하며 직무는 유사한 과업들이 모여서 하나의 일의 범위를 형성하는 것이다. 직군은 유사한 직무들의 집단을 말한다. 예를 들면, 비서직은 하나의 직무이며, 비서직이 수행하는 "연락업무, 상사의 스케줄진행, 방문객 접대" 등은 과업이 된다. 비서직은 "사무보조직군"이라는 직군에 속한다고 할 수 있다.

직무는 하나 또는 여러 개의 직위로 구성된다. 직위(position)란 과업수행에 있어 직원 개인의 의무나 책임을 포함한 직책상의 지위나 분담을 뜻하는 것으로, 직무의 개념이 직위의 개념보다 크고 포괄적이다. 각자의 업무에서 그 종류와 성질이 동일하고, 그것을 수행하기 위한 요건이 동일한 경우에 그러한 일군(一群)의 직위를 일괄해서 직무라고 한다. 따라서 하나의 직위는 반드시 하나의 직무 안에 포함된다. 그러나 직무에는 몇 가지 직위가 포함되는 경우가 있지만, 하나의 직위가 몇 가지 직무를 포함하는 일은 없다. 조직을 경영관리하는 직위를 경영직(위) 또는 관리직(위)이라고 부르며, 이는 다시 사장 · 부사장 등의 최고관리직위, 부장 · 과장 등의 중간관리직위, 계장 · 감독자 등의 하급관리직위로 나누어진다. 즉, 경영관리직무에는 사장직위, 부장직위, 계장직위가 포함되는 것이다.

직무와 관련된 또 다른 개념은 직급이나 직책이다. 직급이란 직무의 책임 수준 정도에 따라 직무나 직원들을 분류해 놓은 하나의 단위이다. 우리나라 공무원들을 9급부터 1급까지 그 급을 나누어 놓은 예가 직급이다. 직급은 연봉이나 월급지급의 기준이 되기도 한다. 직급을 나누는 기준이나 표현 방식은 회사별로 다를 수 있지만 전통적으로 1급, 2급~9급 등으로 나누어 놓은 것이 대표적인 예이다. 그리고 직책이란 특정 권한과 책임이 부여된 직위를 말하는데 위계적 조직에서의 과장, 차장, 부장 등을 지칭하며, 팀제 조직에서의 팀장과 같은 조직도 상에서의 책임직위를 말한다. 1990년대 이후 팀제가 도입되면서 직급 · 직책 분리제가 도입되어 오늘날 팀제 조직에서의 과장, 차장, 부장의 호칭은 직책으로서의 의미라기보다 직급으로서의 의미를 갖게 되었다.

직무관리란 직무분석을 통하여 직무기술서와 직무명세서를 작성하고, 이를 토대로 한 직무평가를 통해 직무가치에 관한 정보를 산출하며 직무담당자로 하여금 일할 맛을 느끼며 일을 수행할 수 있도록 직무를 설계하는 일련의 관리 활동을 말한다.

다시 말해, 종업원이 경영조직 내에서 어떤 역할을 하는지, 그가 담당하는 직무의 성질이 어떤 것이며 그 직무수행에 요구되는 숙련도나 지식과 능력, 또는 책임이 어떠한

구분	직 무	직 원
직급	특정 직무의 난이도	특정 직무를 수행할 수 있는 자격 및 요건을 갖춘 직원
직위	특정 직무가 조직 내에서 점하고 있는 수평적 · 수직적 위치	특정 직급 또는 직책의 대외적 호칭 ○○담당 직원
직책	직제규정, 업무분장 규정상 공식적인 조직도상에 명시된 직위로서 특정 직무 담당자들을 통솔할 권한과 책임이 부여된 직위	특정 직책의 대외적 호칭 ○○상무, ○○부장, ○○과장, ○○팀장
승진	조직에서의 책임과 역할을 동반하는 직책상의 상승으로, 하위직책에서 상위직책으로의 변동을 말함.	
승격	직급상의 상승으로 하위직급에서 상위직급으로 변동함을 말함	

구분	영업직군	일반관리직군
1급	영업부장직	인사부장직, 서무부장직, 전문직(상급)
2급	영업과장직, 영업선전과장직, 영업기획전문직, 상품관리과장직	인사과장직, 서무과장직, 비서과장직, 전문직
3급	판매계장직, 영업기술직, 영업전문직, 영업기획직, 광고기획직	인사전문직, 전자계산계장직, 인사관리직, 기획관리직
4급	영업기획직, 광고기획직, 상품관리직	인사관리직, 기획관리직
5급	판매직, 영업사무직, 섭객직, 상품관리사무직	인사사무직, 기획사무직, 비서사무직
6급	판매수습직, 접객수습직, 영업사무수습직	사무수습직

가를 분석 · 평가하고 설계하는 제반 활동이 바로 직무관리이다. 이러한 직무관리는 조직에 존재하고 있는 직무들에 관한 정확한 정보를 산출해 냄으로써 과학적인 인적자원관리와 효율적이고 효과적인 인적자원관리를 하기 위해 매우 유용한 관리 활동이다.

직무분석

1. 직무분석의 의의

인사조직관리의 기초를 세우기 위하여 직무의 내용을 분석하는 조직 활동을 직무분석이라고 한다. 직무분석을 통해 각 직무에 대해 밝혀야 할 항목은 다음과 같다.

① 직무내용(목적 · 개요 · 방법 · 순서)
② 노동부담(노동의 강도 · 밀도)
③ 노동환경(온도 · 환기 · 분진 · 소음 · 습도 · 오염)
④ 위험재해(감전 · 폭발 · 화재 · 고소 · 재해율 · 직업병)
⑤ 직무조건(체력 · 지식 · 경험 · 자격 · 개성)
⑥ 결과책임(직무를 수행하지 않았을 경우의 인적 · 물적 손해의 정도)
⑦ 지도책임(후진자 지도의 책임)
⑧ 감독책임
⑨ 권한

직무분석의 방법에는 실제 담당자에 의한 자기기입(自己記入), 분석자에 의한 관찰, 면접청취, 통계, 측정, 검사 등이 있다. 직무분석의 결과는 직무기술서나 직무명세서로 종합 · 정리되어, 채용 · 승진 · 배치전환 · 교육훈련 · 임금 · 안전위생 등 인사관리나 작업 방법의 개선, 표준작업량의 결정, 직무분담 · 부서편성 · 지휘감독 등의 인사조직관리를 위한 기초자료로서 활용된다.

2. 직무분석의 용도

직무분석의 결과 산출되는 직무에 관한 정보는 ① 배치 및 진로상담, ② 교육 및 훈련,

③ 직무수행평가(인사고과), ④ 직무평가, ⑤ 직무의 설계 및 재구조화, ⑥ 직무분류, ⑦ 급여결정의 기초(직무급), ⑧ 인사고과 등에 활용될 수 있다.

1990년대 존재했던 삼성 HP사는 미국 HP사와 삼성전자가 합작한 회사로 출발 당시부터 미국의 HP의 경영 방식에 의해 운영되고 있으므로 직무분석제도의 도입 및 운영 또한 미국 HP사의 방식을 많이 전수 받아 실시하였다(출처: 한국인사관리협회, 1990, 11월호). HP사는 급여결정과 MBO를 추진하는 기초자료로서 각 직무의 과업 정의라는 두 가지 목적에서 직무분석을 실시하였다.

첫째, 급여결정의 첫 단계로서의 직무분석제도는 개인의 직무가 갖는 가치와 업적을 고려하여 개인의 급여액을 결정하는 성과급제에 기반한 것이다. 여기서 개인의 직무를 어떻게 분류, 정의하여 그 등급을 정확히 매기느냐가 그 성패를 좌우하는 열쇠이다. 직무분석을 직무의 분류, 직무기술서의 작성, 직무등급의 결정 크게 3단계로 나누어 실시하였다. 미국 타사와 비교한 삼성 HP 직무분석의 특징은 상세한 직무분석보다는 광범위하고 포괄적인 직무분석을 하며, 문서화된 직무기술서를 참고하여 각 사업단위별로 급여결정의 중심단계인 직무평가를 한 점이다.

둘째, MBO의 기초로서 HP에서는 position plan을 작성하도록 하였다. 즉, 해당 position의 목표, 주요 책임 및 성과 측정 방법을 명시하는 것이다. 이 position plan은 신입사원이 입사했을 때 직속상사가 작성하며, 이를 통해 신입사원은 자기가 무엇을 해야 하며, 어떻게 성과 측정이 되는지를 이해하게 된다. 이것 또한 직무기술서와 마찬가지로 여건에 따라 변하게 된다.

3. 직무기술서

직무기술서는 직무분석을 통하여 얻은 직무에 관한 자료와 정보를 직무의 특성에 중점을 두고 정리 · 기록한 문서이며 직무표식(job identification: 직무명, 직무번호, 소속부서명 등), 소속직군 및 직종 직무개요(job summary: 다른 직무와 구별될 수 있는 직무수행의 목적이나 내용의 약술), 직무내용(job content), 직무요건(job requirement: 직무의 수행에 필요한 책임, 전문지식, 정신적 · 신체적 조건 등), 직무수행에 필요한 원재료 · 설비 · 작업도구, 직무수행의 방법 및 절차, 작업집단의 인원 수, 상호작용의 정도 등을 기술한다. 이처럼 직무분석은 직무의 목적과 표준 성과를 제시해줌으로써 직무에서 기대되는 결과와 직무수행 방법을 기술하는 것이다. 직무기술서는 직무의 특성을 강조한다는 점에서 특정 직무를 담당수행하기 위해 갖추어야 할 사람의 요건, 즉 인적요건을 중점적으로 밝히는 직무명세서와는 다르다.

[그림 7-1] 직무분석의 체계

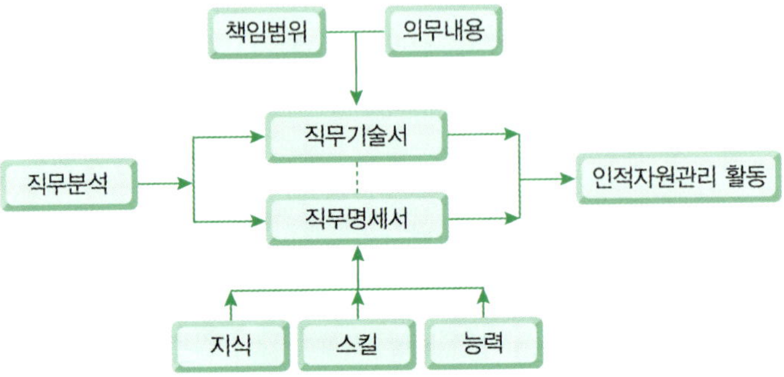

직무기술서	직무명세서
• 직무분석의 결과에 의거하여 직무수행과 관련된 과업 및 직무행동을 일정한 양식에 기술한 문서	• 직무분석 결과에 의거하여 직무수행에 필요한 종업원의 행동, 기능, 능력, 지식 등을 일정한 양식에 기록한 문서 • 인적 요건에 초점
• 직무명칭 직무의 요건 • 직무개요 하는 일이 무엇이냐, • 직무내용 어떻게 하는 것이냐? • 자격요건 직무특성, 사용되는 장비, 직무환경특성 • 작업조건 과업과 직무행동 기술	직무에 적합한 사람의 요건 직무를 수행하기 위한 자격 요건은 무엇인가? 직무수행에 필요한 지식, 기능, 능력, 기타 신체적 특성, 인성
• 표현이 명료해야 한다. • 범위를 명시해야 한다. • 구체적이어야 한다. • 감독책임을 나타내야 한다. • 단순해야 한다.	• 직무명칭 • 교육 • 육체적 특성과 건강 • 지적 능력 • 특수한 능력 • 과거 작업경험 • 특수한 지식 혹은 기능 • 성숙가능성

[표 7-3] 직무기술서

직무기술서

직무번호		직무명	교육기획	소 속	관리부 인력개발팀
직 군	경영관리	직 종	인 사	등 급	3, 4, 5등급
직무개요	기업에서 요구하는 고급인재상을 기초로 한 개인의 교육 Needs를 충분히 고려하여 등급별 · 직능별로 효과적인 교육프로그램을 기획하고 진행하며 정확한 교육평가를 통한 더욱 발전적인 사내 · 외 교육을 개발한다.				

수행 요건

일반요건	남녀별 적성	공통	최적연령범위	30세 ~ 35세
	기초학력	대졸 정도	특수자격	
	전공계열	인문계열	전공학과	철학, 사학, 교육학
	필요 숙련기간		전환 가능부서/직무	
	기타			
소요능력	지식	종류	세부내용 및 소요 정도	
	학술적 지식	교육학 경영학	• 산업교육학, 교육심리, 교육공학, 교육철학 • 조직관리, 목표관리, 인사노무	
	실무적 지식	교육훈련 규정 상벌 규정 조직, 인사 규정 교육 관련 상식	• 등급별 교육훈련 규정, 연수 규정, 통신교육 규정 • 교육훈련 실시 및 결과에 따른 상벌 규정 • 전사적 조직구조의 정확한 이해 • 타사사례의 정통한 지식, 교육 관련 시사 상식	

출처: Raymond A. Noe, John R. Hollenbeck, Barry Gerhart, Patrick M. Wright(2005), *Human Resource Management*, McGraw-Hill Companies, p. 74.

HIS Help Desk는 컴퓨터와 관련한 실무적인 조업을 제공하는 업체인데, 직무기술서의 중요성을 알게 되었다. 회사는 직원들의 유연한 업무를 위해 경직화된 직무기술서 활동을 별로 중요하게 생각하지 않았다. 하지만 특별한 이유가 없는데도 이직률이 높아지는 현상이 발생하게 되었는데, 그 이유를 직원들의 퇴직면담을 통해 알게 되었다. 회사는 직무기술서를 구축하지 않음으로써 직무수행의 유연성을 제고시킬 수 있을 것이라고 기대하였는데, 그러한 기대효과는 나타나지 않고, 오히려 직원들은 직무기술서가 없기 때문에 미래 비전을 찾기 어렵다는 부정적인 반응을 보였다. 직원들은 자신의 업무 정체성 파악에 어려움을 겪었고, 이는 업무에 대한 불만과 업무 혼란이 감독자와의 의사소통의 어려움으로 연결되었다. 또한 직원뿐 아니라 감독자들 역시 경력계획을 세우기 어렵다는 고충을 토로했다(Raymond *et al.*).

02 직무평가와 직무설계

직무평가

직무평가(job evaluation)란 조직(기업) 내에 있는 모든 직무들을 대상으로 각 직무가 지니고 있는 상대적 가치에 관한 평가정보를 합리적이고 체계적으로 산출하는 활동 및 과정이다. 직무평가에는 각각의 직무가 가지는 중요성과 난이도, 위험도 등의 평가 내용과 그 직무를 수행하기 위해 요구되는 담당자의 질적 · 양적 · 상황적 조건들에 관한 상대적인 가치를 결정하는 활동들이 포함된다. 이러한 직무평가는 직무분석에 의해 산출되는 직무기술서 또는 직무명세서를 기초로 하여 이루어진다.

직무평가는 동일한 가치를 지닌 직무에 대해 동일한 임금률을 적용하고 더욱 높은 가치가 인정되는 직무에 대해서는 더 많은 임금률을 책정하는 직무급제도를 수립 · 실시하는 것의 기초가 된다. 직무평가는 기업 내의 직무에 기초한 인사관리시스템을 구축하고 직무의 상대적 가치에 따른 임금체계와 형태를 확립하며 나아가 인적자원관리 전반의 합리화를 기하는 데 그 목적이 있다고 하겠다.

직무평가는 어디까지나 직무 그 자체의 가치를 결정하는 것이지 직무담당자인 사람의 가치가 얼마나 되는지를 평가하는 것이 아니다. 따라서 직무평가는 일체의 속인적인 조건을 떠나서 직무 그 자체에 대한 객관적인 가치판단을 행하는 활동이다.

10여 년 전인 2000년에 한국은행에서도 직무평가가 행해졌다. 한국은행은 총재에서부터 행원에 이르기까지 한국은행 내 2,000여 개 직무에 '자리값'을 매겼다. 예정된 연봉제 실시를 앞두고 본격적인 직무평가작업을 시작하였다. 한국은행은 성과 및 능력 위주의 인사관리시스템 도입을 하기 위해서 조직 내 모든 직무의 가치를 점수화하는 '직무평가작업'을 한 것이다. 직무평가작업을 마친 후 각 직무에 적절한 연봉을 산정하는 '급여설계' 작업도 하였다. 직무평가를 실시하기 오래전부터 한국은행은 선진국형 인사관리 방법인 성과주의 인사관리시스템을 도입키로 하고 1999년 5월에 직무평가팀을 신설해 한국은행의 조직목표와 직무별 기여도를 분석해 왔다. 새로운 인사제도는 △조직목표와 직무분석 △직무별 기여도를 점수화 △점수에 따른 급여 산정 △산정된 급여와 성과를 반영한 연봉 책정의 4단계로 추진하였다. 1999년도 말 한국은행 전체 임직원 수는 2,126명 정도였다. 직무평가는 신입사원이 입사했을 때 직속상사가 작성하며, 이를 통해 신입사원은 자기가 무엇을 해야 하며, 어떻게 성과측정이 되는지를 이해하게 된다. 직무평가도 직무기술서와 마찬가지로 여건에 따라 변할 수 있다.

[그림 7-2] 직무평가의 과정

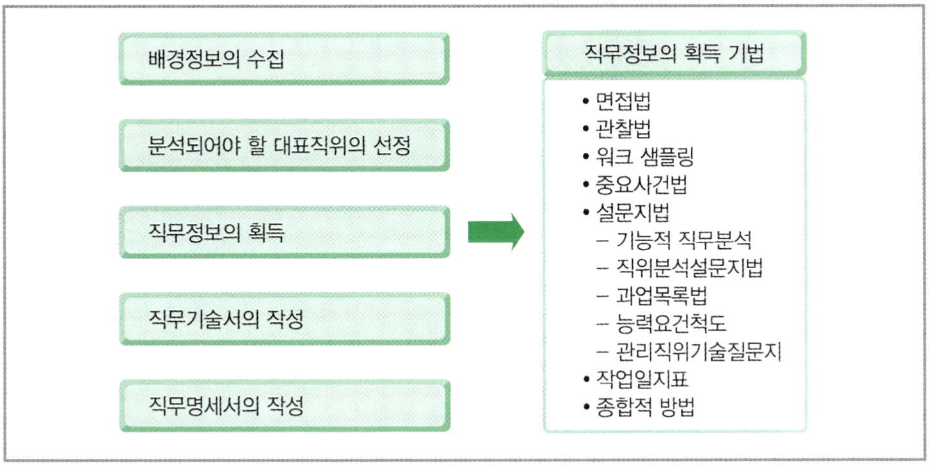

직무설계

1. 직무설계의 의의

직무설계는 조직 전체 차원에서의 직무내용과 이에 수반되는 직무별 보상, 그리고 개별 직무에서 요구되는 자격요건(qualification), 직무수행과 관련된 사항을 결정 · 통제하는 권한의 범위, 직무 자체의 특성 등을 계획하고 설계 · 구축하는 관리 과정이라고 정의할 수 있다. 즉, 직무설계는 조직의 전체 목표달성에 효과적으로 기여하면서 동시에 직무를 수행하는 사람에게 의미와 만족을 부여하기 위해 필요한 직무의 내용, 방법, 관계를 구체적으로 계획하는 활동이다. 따라서 직무설계의 목표는 조직 자체의 생산성과 능률을 향상시키고 조직구성원의 이익과 만족을 달성하는 것이다.

2. 직무설계의 목적

① 작업의 생산성 향상
② 재화와 용역의 질적 양적 개선
③ 원가절감과 시간 절약
④ 새로운 기술에 신속한 대응
⑤ 종업원의 모티베이션 향상
⑥ 이직과 훈련비용의 감소
⑦ 인간공학과 산업공학에의 공헌

3. 직무설계의 접근 방법

직무설계의 접근 방법은 크게 기계적 접근 방법과 행동심리적 접근 방법으로 나누어 볼 수 있다.

(1) 기계적 접근법(전통적 접근법)

기계적 접근법은 직무가 단순하고 표준화 될 때 근로자들이 보다 생산적이고 효율적으로 일할 것이라고 가정하는 접근 방법이다. 아담 스미스의 분업화와 테일러의 과학적 관리법 등에 기초한 직무설계 방법으로서 산업화의 과정에서 조직이 당면하고 있던 문제들을 해결하기 위해 주로 조직의 요구를 중심으로 하여 전개한 방법이다. 조직 내의 각 작업 요소를 단순화, 표준화, 전문화하는 것을 핵심 요소로 본다.

① 단순화(simplification): 전체적인 작업을 조사하여 가능한 한 최소의 작업단 위로 세부화
② 표준화(standardization): 세분된 작업단위를 수행하기 위해 필요한 작업절차나 방법을 규격화
③ 전문화(specialization): 각 종업원에게 한 가지의 작업만 수행하도록 하여 작업의

능률을 향상

직무설계에 있어서 산업공학적 접근법을 강조한 테일러의 견해를 정리하면 다음과 같다.

“최대한의 단순함과 효율성을 위한 업무할당 및 효과적인 수행 방법을 결정하기 위해서는 과업이 과학적으로 분석되어야 한다. 작업자는 가능한 한 과업이 요구하는 바에 따라서 연결지어져야 하며 작업자들은 과업의 과학적 분석에 의해 구체화된 그대로 과업을 수행할 수 있도록 관리자들에게 주의 깊게 훈련되어야 한다. 또한, 작업자들이 감독자가 명령하는 작업 방식과 과정에 따라 일하도록 하기 위해서는 금전적인 보너스가 지급되어야 한다.”

요컨대, 테일러의 과학적 관리법에 기초한 직무설계에 대한 전통적 접근 방법은 작업 방식을 필요동작과 필요시간을 중심으로 분석적으로 해부한 후 직무를 단순화, 표준화, 전문화하도록 설계함으로써 작업의 효율성을 증대시키고자 하는 방법이다.

전통적 접근 방법의 시사점은 근로자들의 과업을 단순화, 표준화, 전문화할수록 효율성을 크게 증대시킬 수 있다. 그러나 이러한 전통적 원칙에 따라 직무설계를 행한 조직들을 연구한 결과 반드시 그렇지만은 않다는 사실도 발견되었다. 즉, 과업이 단순하며 전문화되고 표준화되어 설계될 때, 오히려 직무수행자는 불만족, 작업에 대한 피상적인

[표 7-4] 워크 시스템: 교대근무제

<table>
<tr><th>구분 기준</th><th>고정성</th><th>심야 조업</th><th>24시간 조업</th><th>주말 조업</th><th>근무 형태</th></tr>
<tr><td rowspan="8">교대제구분</td><td rowspan="6">순환형</td><td rowspan="5">심야교대</td><td rowspan="4">전일교대</td><td rowspan="3">연속조업교대</td><td>2교대
(3조/4조/기타)</td></tr>
<tr><td>3교대
(3조/4조/5조/기타)</td></tr>
<tr><td>기타
(1주야교대/기타)</td></tr>
<tr><td>주말조업중단교대</td><td>2교대/3교대/기타</td></tr>
<tr><td>심야정시교대</td><td colspan="2">2조 2교대</td></tr>
<tr><td>비심야교대</td><td colspan="3">주간연속교대(2교대)</td></tr>
<tr><td rowspan="2">고정형</td><td colspan="4">야간근무전업(2교대)</td></tr>
<tr><td colspan="4">저녁근무전업(2교대)</td></tr>
</table>

관심, 몰개성화, 소외감, 개인적 성장 및 성공기회의 결여로 인한 좌절감 등을 느끼게 될 수도 있다. 이런 심리적 상태는 근로자의 심리적 태도를 악화시켜 태업, 노사분쟁, 높은 이직 및 결근율, 변화에 대한 저항, 제품의 품질하락과 같은 경제적 · 조직적 문제를 야기할 수도 있으며 심하면 근로자에게 정신병을 유발할 수도 있다.

(2) 행동심리적 접근 방법

행동심리적 접근 방법은 직무가 반복적이지 않고, 의미가 있으며 도전적일 때 보다 효율적으로 일할 것이라고 가정하는 접근 방법이다. 행동심리적 접근 방법의 직무설계에는 크게 양적인 방법과 질적인 방법이 있다.

1) 양적 접근법

① 직무순환(job rotation)

직무순환은 직원이 단순화되고 세분화된 업무들의 몇 가지를 일정 기간 동안 순환하면서 직무를 수행하도록 하는 방식이다. 직무수행 과정에서 직무의 성질과 처리 방법 및 절차와 유기적 상호 관계성을 이해하게 되고 동일직무의 장기 수행으로 인한 태만성과 권태감을 제거시키는 관리기법으로서 효과가 있다.

② 직무확대(job enlargement)

직무확대는 특정인을 중심으로 하여 직무의 다양한 부분을 동시에 수행시켜 한 사람이 여러 가지 직무를 수행하도록 직무를 확대시키는 것이다. 직무확대는 직무수행 과정에서의 다양성을 통해 직무의 지루함과 권태감을 감소시켜 작업의 능률을 증대시킬 수 있다고 본다. 그러나 직무확대는 직무수행의 주체인 개인의 능력과 자질을 고려하지 않은 채 제도적으로 운영을 강제하다 보면 업무수행 과정에서 작업결과의 질이 떨어질 가능성이 있다.

2) 질적 접근법

① 직무충실화(job enrichment)

직무충실화란 직원에게 직무수행 과정의 의사결정권과 통제권한을 부여하며 성취감과 일의 보람을 느낄 수 있도록 직무내용과 환경을 설계하는 방법이다. 이 방법은 작업을 수행하는 과정에서 해당 직무의 수행과 성과에 대한 책임을 강하게 요구하면서 수행 과정에서의 자율성을 부여하는 것이다. 이를 통해 직무충실화는 종업원의 직무에 대한 몰입과 집중도를 높여 업무능률을 향상시키고 종업원의 직무만족과 동기부여를 촉진할 수 있게 된다.

② 직무특성접근법(job characteristics)

직무특성접근법은 어떤 직무특성 혹은 직무범위가 직원의 직무만족이나 동기부여에 관련이 있는가를 고려하여 그러한 특성이 반영되도록 직무를 설계해야 한다는 직무설계의 행동심리적 접근법이다. 직무특성접근법은 직무의 어떤 특성이 직원들에게 일할 마음이 생기게 하는가, 또 어떤 직원들이 그 일에 적합한가, 직무가 동기부여를 보다 많이 제공할 수 있도록 하기 위해서는 어떻게 해야 하는가, 그리고 그 결과로서 직원의 직무만족의 향상도, 조직 성과의 향상도 등을 어떻게 측정할 것인가에 관한 것 등을 염두에 두고 직무를 설계할 것을 시사해 준다.

[그림 7-3] 올드햄과 핵크만의 직무특성접근법

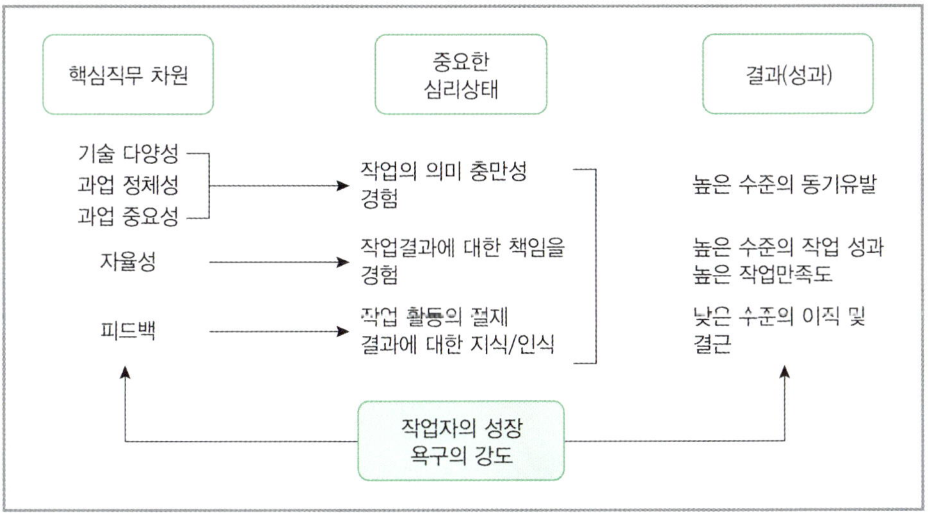

① 핵심직무 차원: 모든 일에는 다음 5가지 공통적인 면이 존재하여 개인이나 조직의 성과에 영향을 미친다.

ⓐ 기술의 다양성(skill variety): 직무담당자가 하는 일이 얼마나 다양한 스킬(기술)을 요구하는지와 관련된 직무특성이다.

ⓑ 과업의 정체성(task identity): 직무담당자가 하는 일이 어디에서 시작해서 어디에서 끝나는지에 관한 일의 범위를 의미한다. 직무의 전체량과 직무담당자의 작업수행 범위가 얼마나 일치하는지에 대한 직무특성이다.

ⓒ 과업의 중요성(task signification): 직무담당자가 하는 일이 조직의 성과나 타인에게 얼마나 중요한 영향을 미치는가를 뜻한다. 다른 사람의 삶 또는 일에서 직무가 가진 실질적인 영향력의 정도를 나타낸다.

ⓓ 자율성(autonomy): 직무담당자가 직무수행 과정에서 스스로 자율적으로 일을 달리할 수 있는 여지가 얼마나 되는지를 말하는 것이다. 즉, 스스로 작업 일정을 짜고 성취하는데 사용할 절차결정에 있어 직무가 제공하는 자유, 독립성, 자유재량의 정도를 말한다.

ⓔ 피드백(feedback): 평가된 일로부터 정보를 다시 받는지의 여부를 말하는 것으로, 직무수행의 유효성에 대해 개인이 획득한 솔직하고 분명한 정보 내에서 직무결과에 따라 요구되는 작업 활동의 달성 정도를 말한다.

② 중요 심리상태: 무엇이 사람들로 하여금 열심히 일하게 만드는 것인지를 알아보기 위한 것으로 다음과 같은 특성이 있다.

ⓐ 작업의 유의성: 직무담당자가 어떤 직무에서 그 일이 얼마나 의미가 있고 가치가 있으며, 해볼만 하다고 지각하는가 하는 정도를 말한다.

ⓑ 작업결과에 대한 책임: 직무담당자가 수행한 일의 결과에 대해 개인적으로 지각하는 책임감이나 설명의무의 정도를 말한다.

ⓒ 작업활동결과에 대한 인식: 직무담당자가 행한 성과가 얼마나 유효한가를 알고 있는 정도를 말한다.

③ 개인 성과 및 작업 성과: 일련의 직무수행 과정이 만든 결과로서 직무담당자의 모티베이션 정도, 만족도, 결근율 및 이직률 등이 포함된다.

④ 행동심리적 접근 방법 시사점: 행동심리적 접근 방법이 성공적으로 이루어지기 위해서는 최적의 업무를 수행하게 되는 활성화 수준에 대한 개인차의 문제가 해결되어야 한다. 분명히 개인마다 최적의 활성화 수준은 다르며, 더욱이 한 개인이 과도하게 자극을 받거나 미달된 자극을 받았을 때의 행동은 성격에 따라 다르다는 연구결과도 있다. 이런 문제점 때문에 행동심리적 접근 방법은 개인차를 어떻게 다룰 수 있는가에 대한 한계를 지니고 있다.

⑤ 행동심리적 접근 방법의 예: 직무설계의 사회심리적 접근 방법을 활용한 예로

NUMMI를 살펴볼 수 있다. 전통적 테일러식 작업조직을 가진 GM-프레몬트 공장의 직무설계는 현장경험이 없는 80여 명의 전문작업연구자들에 의하여 이루어졌으나 작업현장에 실질적으로 적용되지 못한 채 ① 생산성저하, ② 품질불량, ③ 작업자의 마약과 알콜 남용, ④ 작업자의 결근율 상승, ⑤ 작업자들의 불만 고조 등의 문제점들을 초래했다. 이에 GM-프레몬트 공장(이하 GM)은 직무설계의 접근 방법으로 직무전문화 접근 방법을 택했다. 이것은 GM이 전통적 테일러식 생산라인으로 작업이 조직되었으므로 전문가들이 주체가 되는 직무세분화로 작업자는 작업의 좁은 부분만을 담당하고 수행하도록 설계하여 테일러식의 생산라인에 걸 맞는 과업관리를 달성하고자 했던 것이다. 그 결과 1992년 GM-프레몬트 공장은 "세계 최악의 공장"이라는 불명예를 안고 폐쇄되었다. 반면, NUMMI는 사회심리적 접근 방법과 사회기술적 접근 방법을 혼합한 형태의 접근 방법을 시도하였다. NUMMI의 직무설계는 현장작업자들의 참여를 통하여 팀 단위로 이루어졌다. 즉, 작업자들이 직접 작업의 측정, 분석, 기술, 개선과 구체적 명세서 작성에 부분적인 역할을 담당하게 한 것이다. 즉, NUMMI는 작업자들이 직무설계의 주체로서 자기의 과업관리에 대한 참여 권한을 부여 받는 직무충실화를 통한 사회심리적 접근 방법과 작업자들 스스로가 가장 안전하고 능률적인 작업 방법을 모색하고 개선함으로써 사회기술적인 접근 방법에도 부합되는 직무설계 방법을 택했던 것이다

학습정리

- 직무관리란 직무분석을 통하여 직무명세서를 만든 다음, 이 직무명세서에 의하여 직무평가를 하고, 직무평가를 통해서 직무급을 확립하고 직무의 설계를 수립하는 것을 뜻한다.
- 직무분석은 분석적인 방법에 의하여 직무의 내용을 한정 짓는 요인을 서술하여 이를 조직적으로 제시, 기록하는 것으로, 직무수행을 평가할 준거를 알아내는 절차를 의미한다.
- 직무평가란 각각의 직무가 가지는 중요성과 난이도, 위험도 등의 평가 내용과 그 직무를 수행하고 있는 조직원들의 질적 · 양적 · 상황적 조건들을 평가 방법에 따라 상대적인 가치를 결정하는 일련의 업무 과정이다.
- 직무설계는 과업, 기능, 관계성을 포괄하는 직무내용과 보상, 그리고 개별직무가 요구하는 기술 · 지식 · 능력을 포함하는 자질 등을 포괄하는 실제적인 계획을 의미한다.
- 직무설계 중 테일러의 과학적 관리법에 기초한 전통적 접근 방법은 과업을 과학적으로 분석한 후 과업을 단순화, 표준화, 전문화하도록 설계하여 작업을 효율성을 증가시키고자 하는 방법이다.
- 직무설계 중 행동심리적 접근 방법은 직무가 단순하나 반복적이지 않고, 의미가 있으며 도전적일 때 보다 효율적으로 일할 것이라고 가정하며 크게 직무순환, 직무확대, 직무충실화 등의 3가지 방법으로 직무를 설계한다.

참고문헌

1. 내가 하는 직무분석(2010). 양인, 들샘.
2. 직무분석 이렇게 한다(2008). 장수용, 전략기업컨설팅.
3. 현대인사관리(2003). 민경호, 무역경영사.
4. 직무분석 활용기법(2000). 편집부, 전략기업컨설팅.

연습문제

01 다음 중 직무특성모델의 핵심직무특성과 가장 거리가 먼 것은? 2000년 공인회계사

① 기능다양성(skill variety)
② 과업정체성(task identity)
③ 과업의존성(task dependence)
④ 자율성(autonomy)
⑤ 피드백(feedback)

02 직무와 관련된 서술 중 가장 적절한 것은? 2004년 공인회계사

① 직무충실화(job enrichment)는 전문화된 단일과업을 수평적으로 확대하여 과업의 수를 늘리는 것인 반면, 직무확대(job enlargement)는 종업원의 직무를 수직적으로 확대하여 직무의 책임을

증가시키는 것이다.

② 직무평가(job evaluation)는 수행업무분석과 수행요건분석을 통해 누가 어떤 직무를 해야 하는가에 대한 평가이다.

③ 직무분석의 기법에는 과업목록법(task inventory analysis), 중요사건기록법(critical incidents technique), 자유기술법(essay appraisal), 행동기준 고과법(behaviorally anchored rating scales)이 있다.

④ 직무명세서(job specification)에는 교육 경험, 지적 능력과 지식, 직무 경험, 업무 기술(skill)이 명시되는데 비해 직무기술서(job description)는 직무의 명칭, 직무개요, 직무의무와 책임이 명시된다.

⑤ 핵크먼과 올드햄(Hackman & Oldham)의 직무특성모형을 보면 과업의 다양성, 기술의 중요성, 과업의 자율성, 정체성 및 피드백의 다섯 개 요인과 개인의 성장 욕구와 존재 욕구의 강도에 의해 동기부여가 된다고 한다.

03 직무기술서에 포함되는 사항이 아닌 것은? 2016년 공인노무사

① 요구되는 지식
② 작업조건
③ 직무수행의 절차
④ 수행되는 과업
⑤ 직무수행의 방법

04 직무평가(job evaluation)와 관련된 서술 중 가장 적절한 것은? 2009년 공인회계사

① 직무평가를 통하여 직무의 절대적 가치를 산출한다.

② 직무평가는 현재의 직무수행 방식의 장점과 단점을 평가하는 과정이다.

③ 서열법은 직무의 수가 많고 직무의 내용이 복잡한 경우에 적절한 평가 방법이다.

④ 분류법은 핵심이 되는 몇 개의 기준 직무를 선정하고, 평가하고자 하는 직무의 평가 요소를 기준 직무의 평가 요소와 비교하는 방법이다.

⑤ 직무기술서와 직무명세서를 활용하며, 직무평가의 결과는 직무급 산정의 기초자료가 된다.

05 직무분석과 직무설계에 대한 다음의 설명 중 가장 적절하지 않은 것은? 2007년 공인회계사

① 직무순환, 직무확대, 직무충실화는 개인 수준에서의 직무재설계 방법이다.

② 작업자의 직무범위가 넓어짐에 따라 인력배치의 폭도 넓어질 수 있다.

③ 한 작업자가 수행하는 과업의 수를 늘리고 의사결정과 관련된 권한과 직무의 책임을 증가시키는 것을 수평적 직무확대라고 한다.

④ 직무분석에서 정리된 자료는 직무기술서와 직무명세서를 작성하는 데 사용되고 직무평가의 기본 자료로도 사용된다.

⑤ 직무분석에서 관찰법은 직무분석자가 작업자의 직무수행을 관찰하고 직무내용, 직무수행 방법, 작업조건 등 필요한 자료를 기재하는 방법으로 특히 육체적 활동과 같이 관찰 가능한 직무에 적절히 사용될 수 있다.

06 핵크만(R. J. Hackman)과 올드햄(G. R. Oldham)의 직무특성이론(job characteristics theory)에서 5대 핵심 직무특성과 직무수행자의 심리적 상태에 관한 설명으로 다음 중 가장 적절한 것은? 2008년 공인회계사

① 기술다양성(skill variety)은 업무수행에 요구되는 기술이 얼마나 여러 가지인가를 뜻하며, 다양성이 높은 직무에서 수행자는 책임감을 느끼게 된다.

② 과업정체성(task identity)은 업무내용이 시작부터 끝까지 전체에 관한 것인지 아니면 일부에만 관여하도록 되어있는지에 관한 것으로, 정체성이 높은 직무에서 수행자는 수행결과에 대한 지식을 얻게 된다.

③ 과업중요성(task significance)은 수행업무가 조직 내 · 외에서 타인의 삶과 일에 얼마나 큰 영향을 미치는가에 관한 것으로, 중요성이 큰 직무에서 수행자는 업무에 대한 의미성(meaningness)을 느끼게 된다.

④ 자율성(autonomy)은 업무수행에서 개인에게 부여된 자유와 재량권 정도로서, 자율성이 큰 직무에서 수행자는 업무에 대한 의미성을 느끼게 된다.

⑤ 피드백(feedback)은 업무 자체가 주는 수행 성과에 대한 정보의 유무를 뜻하며, 수행자가 인지하는 상황의 불확실성을 가중시킨다.

07 직무관리에 관한 설명으로 가장 적절한 것은? 2015년 공인회계사

① 요소비교법을 사용하여 직무평가를 할 때, 직무의 평가 요소와 기준직무를 선정하는 것이 필요하다.

② 핵크만(Hackman)과 올드햄(Oldham)이 주장한 직무특성이론(job characteristics theory)에서 핵심직무특성에는 기능다양성, 과업정체성, 과업중요성, 직무독립성, 피드백이 포함된다.

③ 직무충실화(job enrichment)란 과업의 다양성을 증진시키기 위해 직무의 수를 증가시키는 것을 의미한다.

④ 서열법을 사용하여 직무평가를 할 때에는 등급분류 기준을 설정해야 한다.

⑤ 핵크만(Hackman)과 올드햄(Oldham)의 직무특성이론에서 중요심리상태에는 작업에 대한 만족감, 작업 결과에 대한 책임감, 직무수행 결과에 대한 지식이 포함된다.

08장 조직관리: 조직설계 및 조직개발

학습목표

1. 조직설계의 개념에 대해 이해한다.
2. 조직구조의 설계변수와 조직이론에 대해 이해한다.
3. 조직설계의 방법에 대해 이해한다.
4. 조직개발의 필요성과 개념에 대해 이해한다.
5. 조직개발의 접근 방법에 대해 이해한다.

실제 사례

우리나라 금융권의 매트릭스 조직

2007년, 2008년도는 우리나라 금융권에서 매트릭스 조직 개편 도미노가 있었던 시절이다. 금융권에서의 새로운 조직 형태인 매트릭스 조직의 모습은 한 점포에서 S은행과 S금융투자 직원이 한데 모여 양사 제품을 함께 취급하는 새로운 형태의 점포를 설계 운영하는 것이었다. 이미 매트릭스 조직을 도입한 H금융지주에 이어 S금융지주도 매트릭스 조직으로 개편하였고, A금융지주도 1년 넘게 태스크포스(TF)팀을 가동해 오면서 2008년도에 매트릭스 조직을 도입하였다.

매트릭스의 사전적 의미는 '가로, 세로가 그물처럼 엮여 있는 일종의 망'이다. 금융지주 내에는 은행, 증권, 보험, 카드, 저축은행 등의 계열사가 세로로 나열돼 있어 금융지주의 취지 자체가 '시너지'이지만, 각 계열사가 독자적으로 움직이는 만큼 계열사 간에 시너지를 창출해 내기가 쉽지 않은 상황이었다. 매트릭스 조직은 각 계열사에서 같은 역할을 하는 부서를 한데 모아 고객에게 원스톱 서비스를 제공한다는 개념으로, S금융지주의 경우 S은행과 S금융투자 자산관리부서를 한데 모았다. 즉, 고객은 한곳에서 은행과 증권상품 모두에 대한 심도 있는 설명을 듣고 자유롭게 가입할 수 있게 된 것이다.

H증권은 2008년 H금융그룹이 매트릭스 제도를 도입한 후 IB(투자은행) 부문에서 큰 성과를 보였다. 2009년 20위였던 M&A(인수합병) 컨설팅 부문에서 2010년 7위로, 23

위였던 회사채 발행 부문에서 9위로 각각 뛰어오른 것이다. 애널리스트들은 "은행 기업금융 부문과 증권 IB 사업부 협력관계가 원활하게 작동하면서 나타난 결과"라고 평가했다. 한국, 중국, 일본 등 동아시아 국가를 제외한 선진국가 금융기관은 매트릭스 조직을 운영하고 있으며, 글로벌 100대 금융회사 중 중국계 은행을 제외한 약 83%가 매트릭스 조직을 도입하고 있다.

01 조직설계

조직설계, 왜 필요한가?

조직은 특정한 과업을 맡고 있는 여러 개인들과 집단(팀이나 부서)으로 구성되어 있다. 조직이 산출하고자 하는 결과물을 만들어내기 위해서는 필요한 업무들이 무엇인지를 명확하게 구분하고(과업의 분화) 이 업무들을 담당자들에게 맡기고(권한의 배분), 어떤 원칙이나 방식에 의해 일을 수행할 것인지(공식화)를 정해 놓아야 한다. 그렇지 않으면 여러 사람들이 협업을 하여 공동의 목표를 달성하는데 어려움을 겪게 되어 결과물을 제대로 산출하지 못하게 되기 때문이다. 역으로 산출물을 만들어 내는데 필요한 일들을 빠짐없이 잘 정하고 각 업무를 담당할 사람들에게 각각의 업무를 정확히 배분하며, 일을 수행할 원칙과 방식을 정해서 잘 지킨다면, 다른 경쟁자에 비해 추구하는 목표에 맞는 결과물을 더 효과적이고 효율적으로 만들어 낼 수 있다. 이러한 과업분화와 권한배분, 그리고 공식화에 대한 것을 규정하는 것이 조직설계이고, 따라서 조직설계는 매우 중요하다고 할 수 있다.

조직설계란 무엇인가?

조직설계란 조직이 추구하는 목표달성을 제대로 행하기 위해 필요한 업무와 요소들을 갖추게 하고 각 업무와 요소들이 효율적으로 작동하도록 상호관계를 규정하며 조정하는 일련의 관리 활동이라고 할 수 있다. 개인의 직무를 어떻게 설계할 것인가, 부문을 어떻게 편성할 것인가, 권한을 어디에 얼마만큼 부여할 것인가, 의사결정 및 커뮤니케이션은 어떤 방식으로 할 것인가 등이 조직설계에 해당된다. 조직설계는 다음과 같은 특징이 있다.

첫째, 조직설계는 조직 전체적인 입장에서 경영 활동의 기초가 되는 조직 내의 권한 및 권력관계, 또한 업무분담과 이것들의 상호관계를 결정하는 근본적인 활동이다.

둘째, 조직의 장기적인 성공을 위해 중요한 활동으로서 조직의 효율성, 유연성 등의 경영조직의 성과에 영향을 주는 활동이다.

셋째, 경영자들에게 조직과 환경(외부환경, 내부환경) 간에 상호 적합한 관계를 유지하도록 하는 경영조직에 대한 관리적 시각을 제공해 주는 활동이다.

조직구조설계의 변수

조직설계가 조직구조를 만들어내는 것이라고 한다면 조직구조를 설계할 때 변수로 작용하는 요소를 알아야 할 것이다. 조직구조설계의 변수는 과업의 분화, 권한의 배분, 공식화의 세 가지 요소로 살펴볼 수 있다.

1. 과업의 분화

과업의 분화란 전체 성과를 달성하기 위해 필요한 일을 나누는 활동을 말한다. 이는 분업화와 매우 유사한 개념이라고 할 수 있다. 분업은 인류의 역사만큼이나 오랜 역사를 갖고 있으며, 인류가 협업을 통해 효율성과 생산성을 증대시켜온 중요한 방법이다. 핫도그 장사를 시작한 한 상인의 이야기는 과업의 분화를 이해하는 데 도움이 된다. 처음에 그는 혼자서 장사를 시작하였고 규모도 작았다. 그런데 그 맛이 사람들에게 알려지면서 많은 사람들이 몰려들기 시작했다. 줄을 서는 사람들이 많아지면서 기다리다 지쳐 그냥 가는 사람이 많았고, 상인도 많은 손님을 상대하다 보니 핫도그의 맛과 품질을 유지하기 힘들었다. 그래서 새로운 직원을 2명 채용하여 한 명에게는 돈 계산을 맡기고 다른 한 사람에게는 핫도그에 케첩을 바르는 일을 맡겼다. 그 자신은 핫도그를 만드는 데 집중을 했다. 손님들이 기다리는 시간은 줄어들었고 핫도그의 맛과 품질도 처음 명성대로 계속 유지할 수 있었다. 과업의 분화를 통해 업무의 효율성과 생산성을 제고시킬 수 있는데, 우리 주변에서 쉽게 찾아볼 수 있다. 이처럼 과업의 분화는 조직에서 수평적으로도 혹은 수직적으로도 이루어질 수 있다.

(1) 수평적 분화

자동차조립생산 같은 복잡한 직무는 수십, 수백 개의 과업으로 나누어진다. 예를 들면 엔진조립, 차문조립, 타이어조립, 더 나아가서는 문짝조립도 유리 끼우기, 손잡이 달기 등 여러 개의 단위 작업으로 나누어 하는 것이 상례이다. 분화는 분업화의 정도가 높을수록 좋은 것만은 아니고, 이론적으로 분업화 정도에 따른 이익증대와 비용증대를 함께 감안하여 적정 수준으로 분업화하는 것이 가장 좋은 설계 방법이다.

(2) 수직적 분화

무슨 일이든 계획이 있고 실천이 있다. 이때 일을 계획하고 구성하는 부문과 계획안을 실행하는 실무집행 부문을 나누어 각각을 분업화(또는 전문화)시키는 것을 수직적 분화라고 할 수 있다. 과업의 성격상 전문가가 있어야 그 일을 구성하고 계획할 수 있는 것이라면 수직적 분화는 더욱 강화된다.

[그림 8-1] 수평적 분화와 수직적 분화의 개념

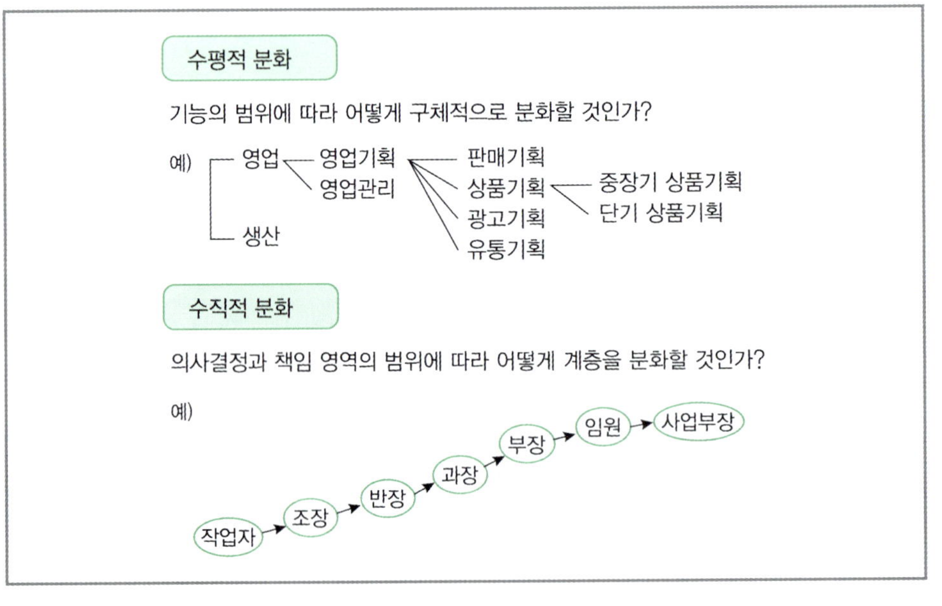

수직적 분화 역시 그 정도가 높아질수록 계획과 실천단계를 맡은 각자가 각각의 분야에 전문가가 되기 때문에 생산성은 오르겠지만 서로간의 갈등, 의사소통지연, 관리비용 등 부정적 부산물도 많기 때문에 적정한 수준으로 분업되어야 한다.

2. 권한의 배분

권한의 배분이란 조직에서의 권한이 상층에서 하위층까지 배분되어 있는 형태를 말한다. 조직의 의사결정권이 조직 내의 어떤 단일 위치(그것이 개인이건 혹은 어느 특정 부서이건 간에)에 집중되어 있는 정도를 집권화라고 부른다. 즉, 반드시 상층부서가 아니더라도 조직 내의 제반 의사결정권이 어느 한 부서나 한 개인에게 집중되었을 때는 집권화 정도가 강하다고 할 수 있으며 그 반대의 경우는 분권화 정도가 강하다고 할 수 있다.

권한의 배분이 필요한 이유는 다음의 세 가지로 정리할 수 있다.

첫째, 관리능력의 한계 때문에 분권화가 필요하다. 분리된 단위부서들이 서로 연결, 조정이 잘 되기 위해서는 중앙부서에서 절대권력을 가지고 여러 부서를 관리하며 교통정리를 해 주는 것이 가장 이상적이다. 그러나 한 개인이 전체의 분업화된 부문을 다 알고 있는 것이 아니기 때문에 혼자서 모든 것을 전부 결정하려다가는 부적합한 의사결정을 하기 쉬우므로 권력은 위임되고 분배될 수밖에 없다.

둘째, 변화하고 있는 조직의 외부상황에 적절하고 신속하게 대처하기 위함이다. 예를 들어, 독일에서 판매될 회사제품의 판매가격 결정을 위한 적절하고 신속한 정보는 서울 본사의 마케팅 담당이사보다 프랑크푸르트 지사의 판매직원이 더 잘 알고 있을 것이다. 현안문제에 가장 근접해 있는 사람, 문제를 직접 다루고 있는 사람이 그 해결에 가장 적절하고 신속한 정보를 활용할 수 있기 때문에 의사결정권은 가능한 한 현장에 위임될 필요가 있다.

셋째, 집권화의 부작용을 막기 위함이다. 지나친 집권화는 일선 업무현장인들이나 하위계층 사람들이 책임을 회피하거나 사기가 저하되는 등의 문제점과 그들의 참신한 아이디어나 창의성이 투입될 기회를 막게 되는 부작용을 일으킨다. 동시에 그들의 훈련기회도 막게 되어 요지부동의 꼭두각시로 세월을 보내게 하여 무능력자로 전락시키는 경우도 있다.

3. 공식화

공식화란 과업의 내용과 수행절차, 수행 방법 그리고 작업결과 등에 대해 사전에 기준을 정해 놓은 방법과 그 정도를 말한다. 따라서 한 작업자가 과업실천 과정에서 참고해야 할 규정문서, 각종 구두지시, 직무명세서 등이 자세하고 많을수록 공식화 정도가 크다고 할 수 있다.

비행기 내의 스튜어디스가 하는 일의 공식화는 대단하다. 옷차림, 인사법은 물론, 사용해야 할 향수의 종류, 매니큐어 색깔까지 명시해 놓을 정도이다. 또 자동차공장의 조립공들에게 자동차를 임의로 조립하도록 내버려 둔다면 부품을 정확하게 조립하지 않는 사람도 있을 것이고, 점심시간 후에 출근해 밤늦게까지 작업하는 경우 정시에 출근한 사람의 작업과 연결되지 않을 수도 있다. 그렇기 때문에 조직은 과업담당자들에게 작업수행과 관련된 행동기준을 미리 정하거나 작업규칙, 절차 등을 문서화하기도 하는 것이다.

이렇게 문서화하면 모든 작업자를 매번 찾아다니면서 일일이 관리할 필요도 없고 그냥 두어도 표준화된 공식에 의해 일사분란하게 움직일 것이기에 관리노력이 덜 들게 된다. 또한 미리 예정된 대로 각 분야의 작업이 이루어지기 때문에 서로의 연결과 통합이 잘 되어 전체적인 조화를 이룰 수가 있다.

그렇다고 해서 공식화를 하면 할수록 좋기만 하다는 것은 아니다. 일단 규정이나 방식이 공식화되어 정해지면 기업은 직원들에게 그것을 지키도록 요구하게 되는데, 사전에 공식화된 규정이나 방법으로는 대응하기가 곤란한 상황 변화가 있을 경우에는 업무담당자가 융통성을 발휘하기 어려울 수도 있기 때문이다. 또한 업무담당 직원이 창의성을 발휘하여 과업을 수행할 수 없게 되고 자신에게 가장 적합한 작업시간이나 작업순서로 조정할 수도 없어 때로는 작업 비능률을 가져오기도 한다. 동로마제국의 수도였던 비잔티움 시에서는 집 한 채를 짓기 위해 관련 행정기관의 도장을 60개나 받아야 할 정도로 규정과 절차가 복잡하기로 유명했다. 동로마제국은 오스만 터키군이 쳐들어 올 때에도 그리스정교 회의실에서 정부 관리들이 군대를 출동시킬 것인지의 찬반투표와 관련된 규정과 절차를 놓고 왈가왈부하고 있었고 결국 정복당하게 된다. 조직기능의 효율성을 제고시키려는 규정과 절차가 과다하게 될 경우 오히려 조직의 효율성과 성과를 떨어뜨리기도 한다.

조직설계의 이론

조직설계를 하는데 있어서 대표적인 이론적 접근법은 상황이론(contingency theory)이다. Contingency가 '무엇에 의해 결정되다 또는 무엇에 의해 영향을 받다'의 의미라는 점에서 알 수 있듯이 상황이론의 기본 논리는 조직구조가 상황에 따라 영향 받아 결정된다는 것이다. 즉, 지진이 많은 일본의 집구조와 그렇지 않은 한국의 집구조, 인도네시아의 집구조나 에스키모의 집구조가 다른 것처럼 조직의 구조나 형태 역시 조직이 처한 상황에 적합하게 설계되어야 한다는 것이다. 하지만 집의 구조는 기후와 토질에 의해서만 영향을 받는 것이 아니라 경제여건, 전통문화, 집 짓는 기술과 재료의 발전 등 무수한 환경에 의해 좌우되듯이 조직구조의 형성에 미치는 경영환경 요인도 한두 가지가 아닐 것이다.

상황이론은 어느 경우에나 가장 적합한 하나의 효과적인 조직이 존재할 수는 없고 상황에 따라서 효과적인 조직이 달라진다는 조직설계의 관점이다. 상황을 내적 상황과 외적 상황으로 나누어 이들 요인들 중 몇 가지를 살펴보도록 하겠다.

1. 내적 상황

사람은 나이가 들수록 신체구조가 달라지듯이 조직도 내적인 상황의 변화에 따라서 조직구조가 달라지며 조직은 이에 적응해 나가야 한다.

① **연혁**: 조직은 시간의 흐름에 따라 환경 변화로 인하여 활동내용이 바뀌고 문제해결 원칙도 시내의 변동에 따라서 바뀌어 나간다. (예: 위계실서 분위기는 옛날과 현재가 확연히 다르다.) 또한 조직이 나이를 먹으면 자체의 경험을 토대로 조직구조를 개선해 나갈 것이고 그러다 보면 좋아지는 점도 있지만 부작용도 생기기 마련이다.

② **규모**: 조직의 규모는 조직구조와 매우 밀접한 관계를 가진다. 규모가 커질수록 당연히 부서가 다양화되고 많아지며 부서 간의 이질화도 심화될 것이므로 이에 따른 조정과 연결의 필요성이 더욱 커지게 된다. 조직규모가 상대적으로 작은 중소기업의 경리과는 부서도 하나요 사람도 한두 명이면 족하지만 대기업의 경우 경리과는 지역별 · 제품별 · 관련 회사별로 부문화시켜야 되며 이에 따라 분업화된 상호연결도 필요하게 된다.

2. 외적 상황

기업은 외부세계와 단절되어 있는 폐쇄시스템이 아니고 외부환경의 변화와 그 작용에 의해 영향을 받는 개방시스템이므로 외적 상황을 고려하여 조직을 설계할 필요가 있다.

환경과 조직구조와의 관계에 관한 연구 중에서 고전에 속한다고 볼 수 있는 번즈(T. Burns)와 스토커(G. M. Stalker)의 연구는 20여 개 기업의 조직구조와 그들이 처해 있는 시장환경을 분석하여 두 요소 간에 밀접한 관련이 있음을 제시했다. 기술 유형을 분류하듯 환경도 유형을 분류해 놓고 보아야 하는데 그들은 분류기준을 환경의 안정성 정도에 두고 안정적인 환경과 가변적인 환경으로 유형화하였다. 그들은 환경의 안정성 정도의 차이가 조직구조 형성에 영향을 미칠 것으로 보고 실제 조사를 했는데 역시 서로 다른 환경에서 활동하는 기업의 조직구조가 서로 판이하게 다름을 발견했다. 안정적 환경의 조직들은 과업도 엄격하게 구분되어 있고 명확한 책임할당과 체계적이고 제도화된 과업수행, 그리고 수직 계층화된 지휘 · 보고체계와 의사결정권한의 상부 집중화 현상이 뚜렷했다. 반면에 시시각각으로 변화하는 환경의 조직들은 의사결정 권한이 현장에 주어져 있고 제도나 규칙의 적용이 매우 신축적이며 수평적 의사소통이 이루어지는 등 상하 간에 비교적 자유로운 관계가 유지되고 있었다.

조직 형태와 조직설계의 방법

조직구조의 대표적인 형태 5가지를 통해 조직설계 방법을 살펴보자.

1. 라인 조직

라인 조직은 직속의 상위자 한 사람으로부터 최하위단계에 이르기까지 단일계통에 의하여 모든 지휘나 명령이 이루어지는 조직의 형태로서 주로 창업단계에 있는 기업이나 중소기업에서 많이 찾아볼 수 있다.

이러한 형태의 조직은 의사결정의 신속성이라든가 일사분란한 명령지휘 등의 효율성 측면에서 장점을 갖는다.

하지만 경영환경이 불안정하거나 불확실성이 높은 상황, 기업의 규모가 큰 상황에서는 경영환경 변화를 탐지하는 능력이 떨어지고 혁신성이 떨어진다는 단점이 있다.

2. 라인 스탭 조직

라인 스탭 조직은 조직이 창업 후 성장을 계속해서 어느 정도 시장점유율이 커지고 조직의 규모가 커지면서 기존의 라인기능만으로는 모든 업무수행이 불가능하기 때문에 라인업무를 지원할 수 있도록 스탭기능이 분화되어 발달한 것이다.

기업이 더 성장하면 실제로 일을 하는 사람에게 조언도 해주고 지원해주는 전문가 그룹인 스탭이 필요하게 된다. 스탭은 직접 업무를 하거나 생산을 하는 위치가 아니다. 예를 들어, 영화에서 배우가 직접 출연하고 관객에게 얼굴을 내비치는 역할을 하고, 배우를 관리하고 영화가 촬영될 수 있도록 제반 여건을 만들어 주는 사람들을 스탭이라고 하듯이 기업에서의 스탭도 마찬가지의 역할을 맡는다. 이러한 스탭 조직이 첨가된 것을 라인 스탭 조직이라고 한다. 아래 M전자 조직도의 그림에서 전산실이나 기획실이 대표적인 스탭 조직이라고 할 수 있다.

[그림 8-2] M전자의 조직도

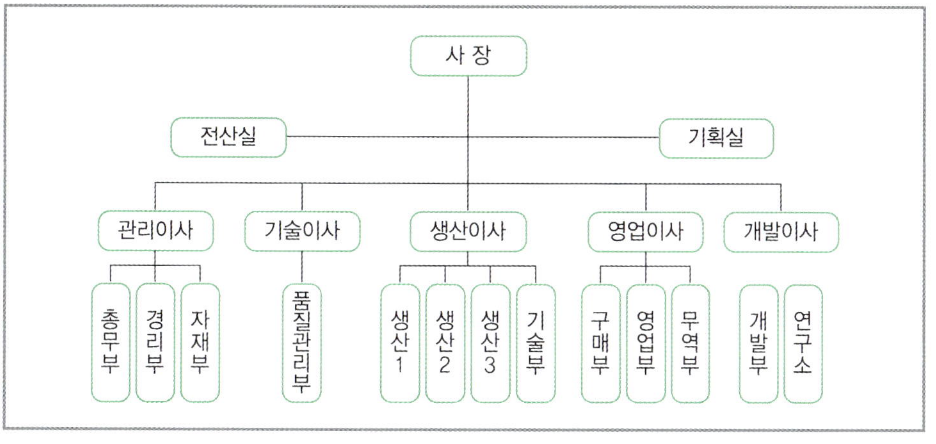

스탭 조직은 라인을 지원함으로써 라인업무의 효율성제고와 생산성향상을 지원하는 역할을 한다. 하지만 라인과 스탭 간에 권한문제와 관련하여 마찰이 발생하거나 스탭이 지나친 간섭과 영향력을 행사하는 경우가 있으며 스탭의 규모가 커지면서 이른바 관료

제화가 촉진될 수 있다는 단점이 있다.

3. 기능식 조직

기능식 조직은 조직 내 유사한 직무와 업무들을 분류, 결합하여 마케팅, 회계, 제조, 인사 등과 같은 활동들을 기능별 관리자 밑에 결집시키는 조직설계 방식이다. 기능별 관리자는 기능별 업무 활동을 중앙본부에 보고하도록 되어 있다. 기능식 조직은 유사한 업무내용끼리 한데 묶어 효율성을 최대화한다는 장점이 있지만, 기능부서 간 이해가 부족할 경우 부문 간 갈등이 발생할 수 있다.

[그림 8-3] 기능식 조직의 예: KD제약 조직도

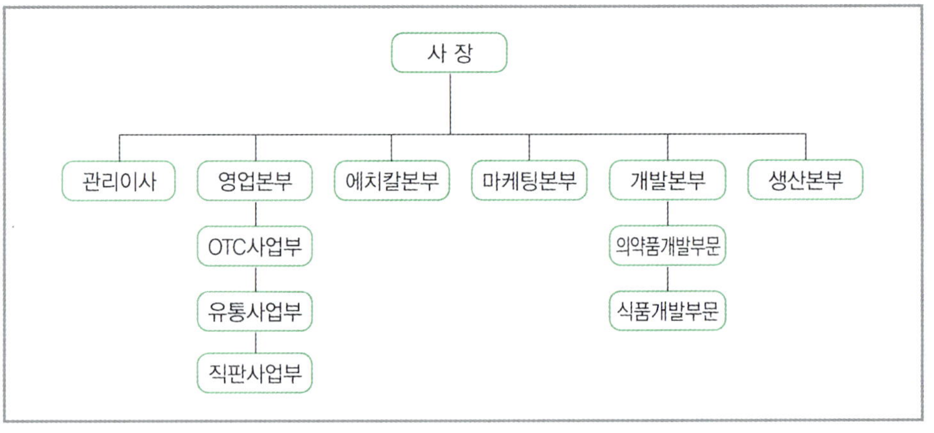

출처: KD제약 홈페이지(2012).

4. 사업부제 조직

기업의 규모가 점점 커져 다양한 제품을 생산하거나 많은 고객을 갖게 되면 시장변동에 매우 민감해질 수밖에 없게 되는데, 이러한 필요를 라인이나 스탭으로는 충족시키기 힘들다. 이에 시장 등 경영환경 변화에 전념할 수 있는 조직으로 등장한 것이 사업부제 조직 형태이다.

사업부제 조직은 단위적 분화의 원리에 따라 사업부단위를 편성하고 각 단위에 대하여 독자적인 생산과 영업 및 관리 권한을 부여하여 제품별 · 시장별 · 지역별 이익중심

[그림 8-4] 사업부제 조직의 예: 한국토지주택공사(2012)

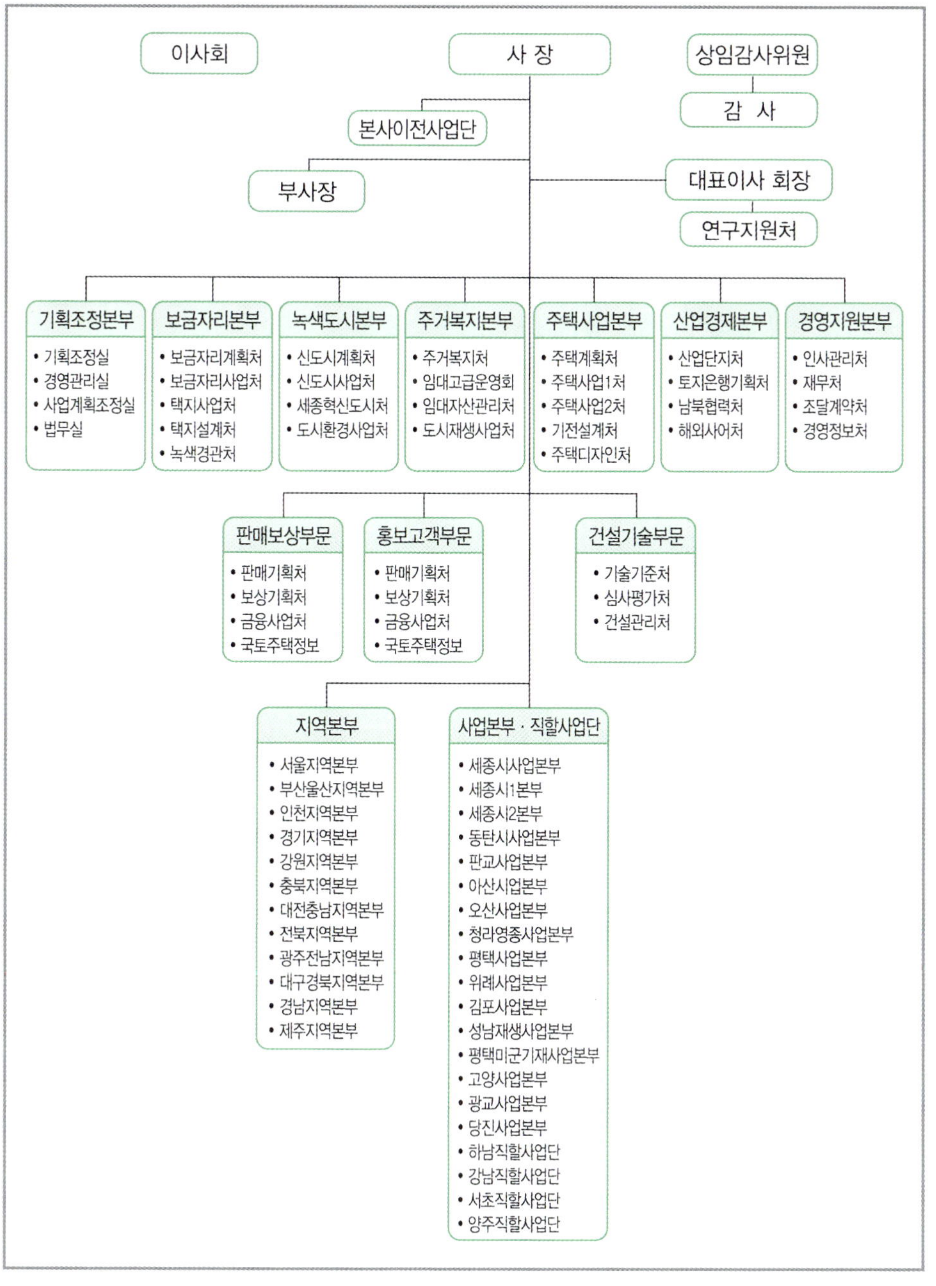

출처: 한국토지주택공사 홈페이지(2012).

점을 중심으로 독립채산제를 실시하는 조직 형태를 말한다.

사업부제 조직은 하나하나의 제품이나 브랜드에 집중을 하고 신중한 접근을 필요로 한다. 사업부제 조직구조는 사업단위별로 책임경영과 자율경영을 실시할 수 있다는 장점이 있으나, 사업부 간의 과당경쟁이나 업무 또는 인력의 중복투자에 따른 조직의 비효율성이 증가할 수 있다는 단점이 있다.

선진은행들은 일찍이 책임경영이 요구되는 사업본부 위주의 조직구조를 도입한 바 있다. 미국 주요 20대 은행 중 19개 은행이 사업본부제 형태를 취하고 있으며, 사업단위별 철저한 수익성 관리를 통하여 책임경영체제를 구축함으로써 보다 높은 수익을 내고 있다. 우리나라에서도 1997년 IMF 이후 금융산업의 효율성을 제고하기 위한 은행산업의 구조조정과 맞물려, 대부분의 국내 은행들이 급변하는 금융시장환경에 신속하게 적응하기 위한 방안으로 사업본부제를 도입하거나 영업점을 새로 개편하는 등 조직 개편을 하였다. 국내 은행권에서 사업본부제를 경쟁적으로 도입했던 이유는 첫째, 국내 은행들의 최대 현안 과제가 되고 있는 수익 위주의 책임경영체제를 구축할 수 있다는 점 때문이었다. 사업본부제 조직구조에서 고객군별로 구분된 각 사업본부가 독립성과 자율성을 가지고 하나의 '소은행'처럼 운영되는 이익 책임단위이기 때문에 이익, 생산성, 시장 지위 등의 성과를 객관적으로 측정 · 평가하기가 용이하여 책임경영체제가 가능해질 수 있다.

둘째, 사업본부제 조직을 통해 세분화 · 다양화되고 있는 시장의 요구에 신속하게 부응할 수 있다는 점 때문이다. 기능식 조직에서는 직능이 여러 책임자(본부장)에게 세분화되어 있기 때문에 문제 해결을 위한 결정단계에 이르기까지는 여러 명이 참가하는 책임자 회의라든가 협의 과정을 거쳐야 하지만, 사업본부제에서는 한 책임자(사업본부장) 선에서 모든 결정이 이루어지므로 의사결정이 그만큼 신속해질 수 있다.

셋째, 최고경영자의 의사결정에 있어서 '그레샴의 법칙'을 억제하고, 기업가적 마인드를 가진 인재를 배출할 수 있다는 점이다. 기능식 조직 하에서는 세분화된 직능별로 이루어지는 각 부분의 독립적인 업무수행이 최고경영자에 의해 조정 · 통제됨으로써 최고경영자에게 과중한 의사결정 부담을 준다. 따라서 사소한 의사결정이 중요한 의사결정을 축출하게 되는 그레샴의 법칙이 나타나게 된다. 사업본부제 하에서는 사업부 내의 모든 운영책임에 대한 의사결정과 관련한 책임 및 권한을 사업본부장에게 이양함으로써 최고경영자는 일상적인 조정문제업무로부터 벗어나게 되며, 사업본부장들의 경영 마인드도 높아질 수밖에 없다.

5. 매트릭스 조직

매트릭스 조직(matrix organization)이란 효율성과 유연성을 동시에 향상시키고자 하는 목적으로 조직구성원이 기능부서에 소속됨과 동시에 프로젝트 팀에도 소속되는 것이다. 이러한 조직의 형태는 기능식 조직과 프로젝트 조직이 합쳐진 형태라고 할 수 있다.

매트릭스 조직에서 조직구성원들은 어떤 한 기능부서에서 일하면서 동시에 특정 프로젝트에도 소속되어 자기부서의 상사는 물론 프로젝트의 관리자에게도 보고하는 이른바 이중지휘체계 하에 놓이게 된다. 즉, 전통적인 조직운영의 원리인 명령일원화의 원리를 파기한 것이다. 이런 조직구조는 1960년대 초 미국 항공기 제조회사인 보잉항공사에서 처음 시도되었다(Robbins, 1991, p. 323).

처음 매트릭스 체제로 조직을 전환할 때는 직원들에게 다양한 역할을 요구하기 때문에 직원들이 좌절할 수도 있고 닥쳐올 변화를 두려워할 수도 있으며, 각 프로젝트 팀으로의 권한위임이 증가함에 따라 불건전한 경쟁이 초래될 수도 있다.

[그림 8-5] 매트릭스 조직의 예: 하나금융그룹 조직도

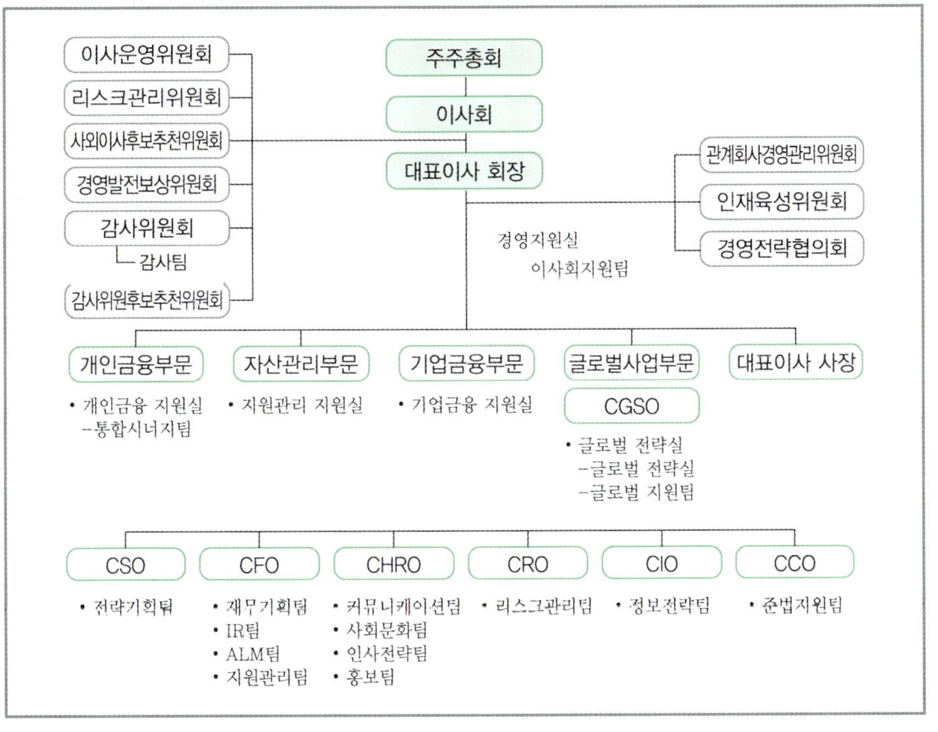

출처: 하나금융그룹 홈페이지(2012).

매트릭스 조직은 고객의 요구나 시장에서의 급격한 변화에 신속하게 대응하고 조직구성원의 능력과 재능을 최대한 활용할 수 있기 때문에 조직의 기능적 효율성과 조직구성원의 만족 및 성과를 동시에 높일 수 있다는 장점이 있다. 또한 매트릭스 조직은 서로 충돌하는 부서 및 프로젝트의 목적을 조화시킴으로써 조직의 유연성을 제고 시킬 수 있다(Arnold and Fledman, 1986, p. 259). 그러나 매트릭스 조직은 이중지휘체계에 기인한 구성원들의 역할과 관련된 갈등이나 모호성에 따라 스트레스를 유발할 수 있으며, 구성원들의 시간배분의 문제와 성과평가 담당자를 정하기 어렵다는 데 문제가 있다. 또한 의사결정 시 많은 이해관계를 가진 사람들이 얽혀 있기 때문에 의사결정 자체가 복잡해지고 거대해지며 이 결과로 기능부서와 프로젝트 관리자들 간에 권력투쟁이 발생할 가능성도 있다(Butler, 1991, pp. 169~170). 매트릭스 조직은 소량주문생산기술을 이용하는 상황, 시장환경이 빨리 변화하는 상황, 조직의 규모가 지역별로 다변화된 상황에서 효과적인 조직 형태이다.

02 조직개발

조직개발, 왜 필요한가?

조직설계를 통해 전체적인 조직구조를 갖추어도 조직은 목표달성을 위한 방향으로 원활하게 움직이지 않을 수도 있다. 조직을 구성하는 사람들이나 부서가 상호 유기적으로 협력하기 위해서는 이들의 의식과 행동이 상호 협력적이도록 지속적인 개발이 필요하다. 조직구조의 설계와 함께 필요한 것이 바로 조직개발이다.

업무를 배분하고 나면 특정 업무를 담당한 사람이나 부서는 다른 사람이나 부서가 하고 있는 일에 신경을 쓰지 않거나 오히려 자신의 목표달성을 위해 다른 사람이나 타 부서의 업무 및 목표를 무시하는 경향이 나타날 수 있다.

이를테면 영업사원은 생산이나 경리 일에는 별로 신경을 쓰지 않게 되거나 심지어 상대방의 업무를 무시하게 되어 비협조적인 행동을 하게 되는 조직의 경직화 현상이 발생하는 것이다. 따라서 조직 내 구성원들 간에 그리고 팀들 간에 상호 협력적인 행동을 하도록 지속적으로 개발하고 관리할 필요가 있다. 이와 같은 활동을 조직개발이라고 한다.

조직개발이란 무엇인가?

조직개발을 정의하는 데 있어서, 프렌치(French)와 벨(Bell)은 "조직개발이란 조직이 직면하고 있는 문제를 해결하고 조직의 재생능력을 증진시키기 위한 장기적인 노력을 의미하며 특히 변화관리자나 변화주도자의 도움과 응용행동과학의 이론 및 기술을 이용하여 보다 효율적이고 협력적인 조직문화를 형성해 나아가는 것을 뜻한다."라고 하였으며, 버크(Burke)는 "조직개발은 행동과학에서 개발된 기술, 연구된 결과와 이론들을 이용하여 조직문화를 계획적으로 변화시켜 나아가는 과정이다." 라고 한 바 있다. 즉, 조직개발이란 기업의 경쟁력 강화와 장기적인 조직효율성 및 경영 성과의 향상을 목적으로 조직구조와 경영 과정 그리고 구성원행동과 기업문화의 개선을 가져오는 체계적이고 계획적인 변화 과정"이라고 할 수 있다. 조직개발은 다음과 같은 특징을 지닌다.

[표 8-1] 조직개발의 특징

성 격	의 미
1. 계획된 변화	구체적 목표를 가지고 철저한 진단에 입각하여 변화를 계획하고 실천한다.
2. 공동노력에 의한 변화 추구	변화에 영향을 받는 조직구성원들의 참여와 몰입을 전제로 한다.
3. 성과지향적	성과를 높이는 방법에 초점을 둔다.
4. 인본주의	조직개발은 근본적으로 구성원들의 잠재력을 극대화시켜 보다 효과적인 조직 성과를 창출해 내는데 주력한다.
5. 시스템접근	조직의 한 부분, 한 문제에 국지적으로 적용할 수도 있지만 전체 조직시스템의 변화를 더 중시한다.
6. 과학적	조직효과증진에 효과가 있다고 입증된 기법들을 적용한다.

조직개발의 접근 방법

조직개발은 기본적으로 개인 수준, 집단 수준, 조직 수준의 세 가지 수준별로 접근할 수 있으며, 각 수준별로 조직개발 방법이 있다.

1. 개인 수준의 조직개발

업무를 담당한 구성원들이 상호 협력적이고 우호적인 태도를 갖도록 하는 활동이 개인 수준의 조직개발이다. 대표적인 기법은 실험실훈련 기법이다.

실험실훈련은 감수성훈련 또는 소집단훈련이라고도 하는데 비구조적 소집단을 활용하여 피교육자 간의 개방적이고 자유스러운 상호작용, 대화를 통하여 행동의 개선을 유도하는 직원의 행동개발 기법이다. 감수성훈련의 목적은 직원 개인 자신의 행동이 타인에게 어떤 영향을 주는지를 파악하고 자신에 대한 인식을 높이며, 집단의 각 구성원들 간의 원활한 상호작용을 도모하는 데 있다.

가족의 예를 통해 설명해 보면, 가족 간에 불화와 다툼이 있고 가족의 분위기가 좋지 않을 때 마음을 터놓고 대화를 나누면 어느 정도 문제점을 파악할 수 있고 서로에 대해 좀 더 이해할 수 있으며 가족 간의 오해도 풀 수 있고 대화도 자주 갖게 되어 화목한 가정이 되는 발판이 될 수 있다.

[표 8-2] 수준별 조직개발 방법

수 준	기 법
개인 수준	감수성훈련, 그리드훈련(개인 수준), 교류분석, 스트레스 수용능력개발, 생애-경력계획, 일반적 교육훈련 프로그램, 직무충실화, 역할연기
집단 수준	팀구축, 집단대면, 과정자문법, 제3자 조정법, 서베이-피드백, 조직체 거울, 감수성훈련, 그리드훈련(집단 수준)
조직 수준	그리드훈련(조직 수준), 관리자대면기법, 시스템 4, 목표관리, QWL, 서베이-피드백, 스캔론플랜, 인적자원회계, 종업원지주제, 보상프로그램

2. 집단 수준의 조직개발

집단 수준에서의 조직개발 활동은 팀 개발이라고도 한다. 팀 개발은 팀원 간의 팀워크 스킬의 향상, 리더십 역량의 배양, 커뮤니케이션의 활성화, 팀원 간 갈등관리를 통해 팀 성과를 향상시키도록 하는 활동을 말한다. 대표적인 기법은 사회기술시스템 접근법이 있다.

사회기술시스템 접근법(sociotechnical system approach)은 사회적 조직(예: 구성원

간의 비공식적인 인간관계)과 기술적 조직(예: 공식적이고 업무로 조직된 관계)이 밀접한 관련성이 있다는 전제 하에 직무 재설계나 조직 재구조화 같은 기술적 조직의 개발이 사회적 조직에 영향을 미치는 점을 강조한다.

예를 들어, 축구대표팀에서 선배와 후배 간에 장벽이 있어 대화가 없으면 팀워크나 전력에 좋지 않은 영향을 끼치게 된다. 이럴 경우 연습할 때 선배와 후배가 호흡을 맞추도록 포지셔닝하면 서로 호흡을 맞추는 동안 대화도 늘고 일 대 일로 연습하는 기간도 늘어나게 된다. 그러다 보면 서로간의 벽이 무너지게 되어 팀워크가 다시 살아나게 되는 것이다. 즉, 포지션 배치(기술적 조직)가 선후배 간의 인간관계(사회적 조직)를 개선한 것이다.

3. 조직 수준의 조직개발

조직 수준 조직개발의 대표적인 방법은 시스템 4 조직기법이다. 시스템 4 조직기법은 리커트(Likert)의 시스템 4 조직이론에서 나온 것으로 관리자의 집단중심적 리더십과 참여적 의사결정을 통하여 조직의 성과를 올리는 방법이다. 시스템 4 조직을 제창한 리커트는 조직분위기의 수준이 높을수록 신뢰감, 동기부여, 책임감, 의사소통, 몰입도 등과 같은 요소들이 경영방침 수행의 성과 및 결과를 좌우한다고 보았다. 시스템 4 조직의 조직개발 방법은 조직분위기와 조직 성과 간의 밀접한 관계를 전제로 하여, 조직의 효율성과 성과를 높이기 위해서는 무엇보다도 구성원들이 지각할 수 있도록 조직분위기를 개선해야 한다고 한다.

리커트 이론은 조직 성과에 영향을 주는 일곱 가지 조직분위기의 요소(리더십, 동기부여, 의사소통, 상호작용, 의사결정, 목표설정, 관리 및 통제 등)를 제시하고 조직분위기에 따라 4가지의 시스템 유형을 분류하면서 조직은 시스템 1형이나 2형에서 시스템 3형이나 4형으로 개발해 나가야 한다는 것이다.

① 시스템 1형(독재적 - 착취적 시스템): 상하 간의 불신관계를 위시하여 집권적 권한과 통제적 경영관리 그리고 상부의 지시와 공포에 의한 관리분위기가 이 시스템의 특징이다.

② 시스템 2형(독재적 - 전제적 시스템): 마치 주인과 머슴의 관계와 같은 상하관계 하에서 집권적 의사결정과 통제적 경영관리의 경향이 크고 따라서 하위계층의 의사결정

참여가 극히 제한되어 있는 조직시스템이다.

③ 시스템 3형(상담적 시스템): 상하 간의 신뢰 분위기가 어느 정도 조성되어 제한된 범위 내에서 하위계층으로 권한위양이 이루어져 조직구성원의 의사결정 참여가 허용되고 공식조직과 비공식조직 간의 통합이 어느 정도 이루어져 있다.

④ 시스템 4형(참여적 시스템): 상하 간의 신뢰적 분위기 속에서 의사결정과 통제 과정이 조직 각 계층에 분산되어 있고 공직조직과 비공식조직 간의 통합이 이루어져 있는 유기적이고 개방적인 조직시스템이다.

시스템 4 조직으로의 조직개발을 하기 위해서는 첫째, 경영층과 변화 담당자가 집단이나 조직의 문제증상을 놓고 이 기법의 활용을 검토 하고, 둘째 변화 담당자의 개입 아래 리더십, 동기부여, 의사소통, 상호작용, 목표설정, 통제관리, 성과 등의 측면에 대한 설문지를 작성하며, 셋째 문제집단이나 조직을 대상으로 자료를 수집한 후, 넷째 수집된 자료를 분석하여 문제를 파악하고 그것을 해결하기 위한 계획 및 전략을 수립한다.

시스템 4 조직개발은 권한의 집중성 여부, 의사결정에의 참여 정도 여부, 상하간의 신뢰성 정도 여부, 조직의 개방성 여부, 자율성 여부 등을 진단하고, 이를 높은 수준이 되도록 체계적이고 계획적으로 변화시키는 활동이다.

학습정리

- 조직설계는 조직이 추구하는 목표달성을 제대로 행하기 위해 필요한 업무와 요소들을 갖추고 효율적으로 작동하도록 상호관계를 규정하고 조정하는 일련의 관리 활동이다.
- 조직구조의 설계변수는 필요한 일들을 나누는 분화와 권한의 배분 정도를 나타내는 집권화, 그리고 업무수행 기준의 정도를 나타내는 공식화 세 가지로 나눌 수 있다.
- 조직설계를 하는데 있어서 대표적인 이론은 상황이론(Contingency Theory)인데, 상황이론은 어느 경우에나 가장 적합한 하나의 효과적인 조직이 존재할 수는 없고 상황에 따라서 효과적인 조직이 달라진다는 조직설계의 관점이다.
- 조직설계의 방법으로 다양한 것들이 존재하는데 대표적인 조직설계 방법으로는 라인 조직, 라인 스탭 조직, 사업부제 조직, 매트릭스 조직 등이 있다.
- 조직개발은 기업의 경쟁력강화 등을 목적으로 조직구조와 경영 과정 그리고 구성원행동과 기업문화에 개선을 가져오는 체계적이고 계획적인 변화 과정이다.
- 조직개발은 기본적으로 개인 수준, 집단 수준, 조직 수준의 세 가지 수준별로 접근할 수 있으며 대표적인 조직개발 방법으로는 실험실훈련과 사회기술시스템 접근법 등이 있다.

참고문헌

1. 조직이론과 설계(2010). Richard L. Datf, 옮김-김광점 외, 한경사.
2. 조직행동(2008). 임창희, 비앤엠북스.
3. 신경영조직론(2001). 이수도 외, 문영사.
4. Robbins, S. P.(1990). *Organizational Theory*, 3rd edition, Englewood Cliffs, N.J.: Prentice-Hall.
5. Arnold, H. J. & Fledman, D. C.(1996). *Organizatinal Behavior*, New York: McGraw-Hill.
6. Butler, R.(1991). *Designing Organizations: A Decision-making Persective*, London and New York: Routledge.

연습문제

01 다음 중 조직설계에 대한 설명으로 틀린 것은?

① 조직이 산출하고자 하는 결과물을 만들어내기 위해서는 필요한 업무들이 무엇인지를 명확하게 구분할 필요가 있다.

② 조직 내의 업무들은 수행 주체를 정하는 것이 중요하고 그 다음 어떤 원칙이나 방식에 의해 일을 수행할 것인지는 그 주체에게 일임하는 것이 바람직하다.

③ 조직설계는 경영자들에게 조직과 환경 간의 적합한 관계를 유지하도록 하는 경영조직에 대한 관리적 시각을 제공해 줄 수 있다.

④ 조직설계는 조직의 장기적인 성공을 위해 중요하며, 조직의 효율성, 유연성 등의 경영조직의 성과에 영향을 주게 된다.

⑤ 조직설계는 개인의 직무설계와 부문편성, 권한부여, 의사결정 및 커뮤니케이션의 방식 등을 포함하는 개념이다.

02 다음 중 조직개발에 대한 설명으로 틀린 것은?

① 조직개발은 조직과 유기적이고 협력적으로 작동하도록 하기 위해 구성하는 사람들이나 부서가 상위해서 필요하다.

② 조직개발은 조직구조와 경영 과정 그리고 구성원 행동과 기업문화에 개선을 가져오는 체계적이고 계획적인 변화 과정이라고 할 수 있다.

③ 조직개발은 근본적으로 구성원들의 잠재력을 극대화시킬 수 있도록 수행되어야 한다.

④ 조직개발은 조직구성원의 협력과 커뮤니케이션이 중시되기 때문에 직접적으로 성과를 제고하는 방법과는 상관이 없다.

⑤ 조직개발은 조직의 한 부분, 한 문제에 국지적으로 적용할 수도 있지만 전체 조직 시스템의 변화를 더 중시한다.

03 조직구조에 관한 상황이론은 어느 경우에나 항상 효과적인 조직구조가 존재할 수 없고 상황에 따라 달라진다는 조직설계의 관점이다. 다음 중 조직구조를 설계할 때 고려되는 상황 요소들로만 구성된 것은? 2000년 공인회계사

a. 경영전략	b. 분화	c. 규모
d. 집권화	e. 공식화	f. 기술

① a, b, e ② b, c, e ③ b, d, e ④ a, c, f ⑤ c, d, f

04 다음 중 조직구조와 관련된 기술 중 가장 적절하지 않은 것은? 2004년 공인회계사

① 기능별 조직은 환경이 비교적 안정적일 때 조직관리의 효율을 높일 수 있다.

② 기능별 조직은 각 기능별로 규모의 경제를 얻을 수 있다는 장점이 있다.

③ 제품 조직은 사업부 내의 기능 간 조정이 용이하다.

④ 제품 조직은 시장특성에 따라 대응함으로써 소비자의 만족을 증대시킬 수 있다.

⑤ 매트릭스 조직은 많은 종류의 제품을 생산하는 대규모 조직에서 효율적으로 기능한다.

05 조직설계와 관련된 다음의 서술 중 가장 적절한 것은? 2004년 공인회계사

① 부문화(departmentalization)는 조직구성원들이 책임지고 수행해야 할 과업의 범위와 깊이를 의미한다.

② 공식화(formalization)는 분업화한 과업을 효과적으로 수행하기 위해 과업수행에 관련된 행동

을 구체화시키는 것을 의미한다.

③ 우드워드(Woodward)의 연구결과에 의하면 조직구조는 조직이 사용하는 생산기술에 영향을 미치고 기술과 조직구조의 적합성 여부에 따라 조직의 성과가 달라진다.

④ 페로(Perrow)는 기술을 과업의 다양성과 문제의 분석가능성에 따라 장인기술, 비일상적 기술, 일상적 기술, 공학적 기술로 나누었다.

⑤ 혁신의 양면성 모형(ambidextrous model)에서 보면 효율적 관리혁신을 위해서 조직의 중간 또는 하위관리층은 기계적인 조직이 되어서는 안 된다.

06 조직구조와 설계에 관한 다음의 설명 중 가장 적절하지 않은 것은? 2006년 공인회계사

① 기계적 조직은 유기적 조직에 비하여 일반적으로 공식화의 정도가 높다

② 관료제 조직은 전문화와 공식화를 지향한다.

③ 기능적 조직은 제품과 서비스의 종류가 증대될수록 효과적으로 작동한다.

④ 제품별 조직, 시장별 조직, 지역별 조직은 부문별 조직의 예이다.

⑤ 네트워크 조직은 수평적 연결과 왕래가 많고 환경 변화에 신속하게 반응할 수 있다.

07 경영조직에 관한 서술 중 가장 적절하지 않은 것은? 2009년 공인회계사

① 유기적 조직에서는 공식화 정도가 높다.

② 매트릭스 조직에서는 역할갈등 현상이 나타날 수 있다.

③ 기계적 조직은 안정적이고 단순한 환경에 적합하다.

④ 제품 조직(사업부제 조직)에서는 기능부서별 규모의 경제를 상실할 가능성이 높다.

⑤ 우드워드(Woodward)에 의하면 대량생산 기술을 적용할 경우에 집권화, 분업화의 정도가 높아진다.

08 기계적 조직과 유기적 조직에 관한 다음의 설명 중 가장 적절하지 않은 것은? 2010년 공인회계사

① 기계적 조직은 일반적으로 공식화 정도가 높으며, 안정적이고 단순한 환경에 적합하다.

② 막스 베버(M. Weber)가 제시한 관료제 조직은 전문화와 공식화를 지향하므로 기계적 조직에 가깝다고 할 수 있다.

③ 기계적 조직과 유기적 조직 관점에서 볼 때, 현실의 조직들은 극단적인 기계적 조직과 극단적인 유기적 조직 사이의 연속선상에 위치할 수 있다.

④ 내용이 유사하고 관련성이 높은 업무를 우선 결합시키는 기능적 조직은 유기적 조직에 가깝다고 할 수 있다.

⑤ 네트워크 조직은 환경 변화에 신속하게 반응 할 수 있으므로 유기적 조직에 가깝다고 할 수 있다.

05

인재경영시스템과 역량모델관리

9장 – 인재경영시스템: 인재상과 핵심인재관리

10장 – 역량과 역량모델관리

09장 인재경영시스템: 인재상과 핵심인재관리

실제 사례

글로벌 기업의 핵심인재관리

치열한 글로벌 시장환경에서 사업의 흥망성쇠에 가장 영향을 주는 요인들로는 재무적 요인, 마케팅, 생산, 연구개발 등의 다양한 경영 요인들이 있지만, 가장 중요한 요인은 핵심인재라고 할 수 있다.

글로벌 선진기업의 특징은 핵심인재를 입사에서부터 체계적으로 관리 · 육성한다는 점이다. 글로벌 기업 중 핵심리더 육성을 잘하는 인재사관학교 기업으로 P&G와 IBM을 예로 들 수 있다. P&G는 신입사원을 입사초기부터 지속적으로 관리하여 성장시키는 전형적인 내부 성장형의 리더육성 방식을 취하고 있다. 신입시절부터의 평가를 통해 주니어급 리더를 육성하고, 중간관리 직급 이후에도 경력사원은 거의 채용하지 않고 신입사원 위주로 중요한 직무를 채워나가는 방식이다. 이후 이렇게 육성된 직원들 중에서 글로벌 인재와 최고경영자가 될 인재를 양성한다. 또한 P&G에서는 개인의 소속업무와 병행하여 타 부문을 경험하여 다방면을 이해하는 전문가가 될 수 있도록 하는 경영자육성시스템을 운영한다. 관리담당 리더도 제품개발, 마케팅 등을 경험하도록 하여 회사 전체를 파악할 수 있도록 하는 인재육성 방식이다. 경력개발을 촉진하는 직무순환도 활발해 전세계 업장에 근무하는 주재원의 수가 2,000명이 넘는다고 알려지고 있다.

IBM의 경우도 주니어급 인력을 시니어급 리더까지 시스템적으로 체계화된 육성을 시키는 대표적인 기업이다. IBM에서는 미래의 핵심사업 부문의 사업부장급 리더를 육성하기 위해 다양한 활동을 전개하고 있는데, IBM의 핵심인재 양성(developing high potential employees), 리더십 파이프라인(leadership pipeline), 후계자육성 프로그램(succession planning)은 신입에서 임원까지 이어지는 차세대 리더육성 프로그램이 유기적으로 연계되어 있는 대표적 사례이다.

01 인재상의 개념과 정립 방법

인재상, 왜 중요한가?

"인재격차가 기업격차를 낳는 시대"로 표현될 만큼 오늘날 기업의 성공적인 성장발전을 위해서 기업은 우수한 자질과 능력을 가진 인재를 필요로 하고 있다. 기업목표에 부합하는 인재상을 설정해 놓지 않으면 기업의 인사관리는 전략 전체의 최종목표와 유리되어 별개로 진행될 가능성이 매우 크다. 예를 들어 "예쁘고 향기로운" 집을 만든다고 생각해보자. 그러면 기업의 목표, 즉 기업의 최종적인 전체 목표는 "예쁘고 향기로운" 집을 짓는 것이 된다. 이 전략적 목표에 부합하는 재목에 해당하는 인재상은 '향기가 나는 나무'나 혹은 '분홍색 색감이 잘 어울리는 나무', '둥글게 잘라도 뒤틀어지지 않는 나무'와 같은 것이 될 수 있다. 이와 같이 집을 짓는 공사에 필요한 재목의 특성에 대해 정립되어있다면 "예쁘고 향기로운" 집을 짓는데 좀 더 효율적이고 효과적일 것이다.

기업에게 있어서의 인재상의 정립은 인사관리 활동의 전반에 걸쳐 공통적인 방향성을 담는 기준을 확립하는 활동이다. 인재상은 인사관리의 제반 활동에 공통적으로 중시해야 할 핵심가치를 제공해준다. 직원의 선발과 교육 · 이동 · 보상에 이르기까지 하나의 일관성을 갖는 공통 기준이 되는 것이 바로 인재상이며, 직원에게 자신이 개발해야만 하는 역량의 내용과 방향을 제시해준다.

[그림 9-1] 인적자원 포트폴리오

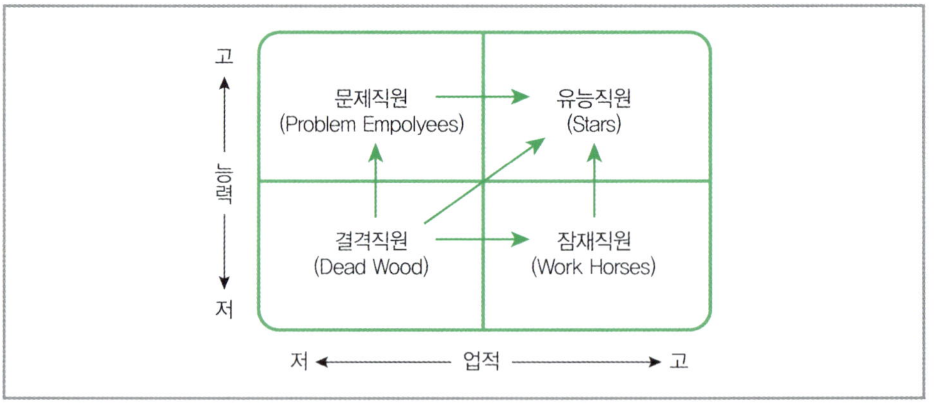

인재상이란 무엇인가?

인재상이란 조직(기업)이 바람직하게 여기는 직원의 이상적인 모습을 말한다. 인재상의 개념은 구체적으로 다음의 4가지 측면에서 이해할 수 있다.

① 조직 외적인 요소(환경적인 요소): 경영 외적인 요소를 말한다. 이것은 경영환경의 변화에 따라 정립되는 인재의 모습이다. 최근에는 외국어 구사 능력, 다른 문화에 대한 적응 능력 등이 강조되고 있다.

② 조직 내적인 요소: 조직의 특성에 따른 인재의 모습을 말한다. 과거에는 일률적으로 성실한 모습의 인재가 요구되었지만, 오늘날에는 프로페셔널 하면서도 멀티 플레이형의 인재가 선호되는 경향이 있다.

③ 인간(개인) 외적인 요소(대인관계 관련 요소): 직원들의 특성이 달라짐에 따라 요구되는 인재상의 모습이다. 세대 간의 폭이 넓어지면서 보다 다양한 생각을 가진 사람들이 조직을 구성하게 되었고, 여성의 사회 진출이 활발해짐에 따라 인재가 갖추어야 할 바람직한 모습 역시 상호 존중과 신뢰, 그리고 매너 있는 협력자의 모습을 요구하고 있다.

④ 인간(개인) 내적인 요소: 누구나 가지고 있는 가치관에 대한 요소이다. 인간의 내면적 성향은 기업의 전략적 목표를 수행함에 있어 힘의 원천이 되는 요소라고 할 수 있다.

교육과학기술부는 "기업이 바라는 인재상"이라는 주제로 2010년 6월에 제29회 미래인재포럼을 개최한 적이 있다. 포럼에서는 기업경쟁력을 결정하는 요소가 '시장환경 여건'에서 '조직의 내부역량'(사람과 문화)으로 변화하고 있다고 지적하면서 이전에는 높은 진입장벽, 대체재가 없는 제품, 높은 규모의 경제효과 등이 기업의 경쟁력이었다면, 현대 사회에서는 구성원들의 강한 열정과 에너지를 결집시키는 조직문화와 이에 적합한 인재확보가 기업의 경쟁력이라는 주장들이 나왔다. 포럼에서는 인사팀을 탤런트 매니지먼트 팀으로 운영하여 직원들의 재능을 지속적으로 개발, 활용함으로써 조직과 함께 성장하도록 지원해야 한다는 주장이 제기되었다. 또한 포럼에서는 현대 기업이 바라는 인재상으로 첫째, 기술의 융·복합과 혁신을 이끌 창의적인 글로벌 인재, 둘째 Fast Follower가 아닌 Fast Mover인 창조적 인재, 셋째 기술 융·복합적 통찰력을 지닌 통섭형 인재, 넷째 어학과 다문화에 대한 이해를 갖춘 글로벌 인재, 다섯째 기본역량과 인성을 갖춘 인재 등이 제시되었다.

□ 인재상=조직이 바람직하게 여기는 직원의 이상적인 모습

구분	개 인	조 직
내적 요소	개인의 가치관 (일, 근면, 끈기)	조직의 특성에 따른 인재 (회사의 선호도 투영)
외적 요소	기대, 대인관계 (상호존중, 협력)	경영 외적인 요소 (사회의 선호도 투영)

□ 기업별 인재상(역량을 갖춘 인재) 예

- 샘표 – 몰입, 겸손(학습), 사심없음(합리적)
- 삼성 – 합리추구(이병철 회장) ☞ 실력주의와 경쟁이 가능한 문화 지향

인재상, 어떻게 정립할 것인가?

앞서 인재상의 개념을 조직 외적인 요소, 조직 내적인 요소, 인간 내적인 요소, 인간 외적인 요소로 구분하였다. 조직 외적 요소, 조직 내적 요소, 인간 외적 요소, 인간 내적 요소는 각각 구별되어 있는 것이 아니라 서로 연관되어 있고, 각 요소들에 의해 개별적으로 인재상이 정립되는 것이 아니라 두 개의 혹은 그 이상의 요소들에 의해 인재상이 정립된다.

1. 조직 외적 요소에 의한 접근

조직 외적 요소에서 접근하는 방법이란, 조직 외부에서 발생하는 변화나 혹은 사건들로부터 인재상을 정립하는 활동이다.

지난 10여 년간 지속되고 있는 사회 변화와 조직 변화의 흐름은 창조와 혁신, 세계화, 자율과 민주화, 기술의 발전 및 융합화 등이라고 할 수 있다. 이 네 가지 변화 속에서 많은 기업들은 인재상 속에 변화와 혁신, 글로벌화, 역량, 전문성 등을 강조한다.

특히 IMF 이후 우리나라 기업에게 던져진 화두는 변화와 혁신이라고 할 수 있다. IMF라는 환경 변화를 겪으면서 우리 기업들은 그들이 가진 한계를 여실히 절감하고 그로부터 강요된 보다 구체적이고 가시적인 전략적 경영기법들을 도입하게 되었다. 이처럼 환

경의 변화에 따라 경영 정책이나 수단이 변화될 때, 그 시작에 바로 인재상이 있다.

1970년대 중반 자동차의 해외 수출 시작과 건설업의 해외 진출이 시작되면서 우리나라의 세계화가 시작되었고, 이는 88서울올림픽, 86아시안게임 그리고 반도체 기술의 발전으로 더욱 가속화 되었다. 이러한 세계화의 바람은 기업으로 하여금 이 변화에 대처할 수 있는 역량을 갖춘 인재를 필요로 하였다. 글로벌 인재상에서 요구되는 외국어 구사능력이나 이문화 친화력 같은 것이 있을 수 있다.

세계적으로 건전한 시민에 의한 자율과 민주적인 절차를 중시하는 사회로 변모해 나가는 추세이다. 과거에는 상대적으로 결단력과 추진력이 강한 인재가 조직에서 매우 중요시 되었다면, 오늘날에는 민주적 절차를 통해 합의를 이끌어 낼 수 있고, 또 그 절차에 적극적으로 참여할 수 있는 인재가 선호되고 있다.

마지막으로 기업은 기술의 발전과 변화에 따라 새로운 인재상을 정립하게 되었다. 이제 PC 사용에 관한 능력은 기본적인 소양이 되었다. 기업은 기술 발전에 의한 환경의 요구에 따라 보다 전문적인 지식을 가진 인재를 요구하게 되었으며 제약회사나 IT 사업을 하는 기업일수록 기술을 가진 전문인을 더욱 더 요구하는 것은 당연한 흐름이 되었다.

2. 조직 내적 요소에 의한 접근

먼저 조직 내적 접근법에서는 인재상을 직군이나 직책별로 정립하기도 한다. 그 이유는 조직 내 계층에 따른 욕구와 기대되는 역할이 다르기 때문이다. 최근 변화에 빠르게 대처하기 위해 조직이 점점 슬림화 되어 가고, 팀 중심의 운영이 많아지다 보니 인재가 갖추어야 할 요건으로 친화력을 강조하는 경향이 있다. 그리고 보다 개방적 경영시스템을 지향하는 추세는 끊임없는 피드백 과정을 소화할 수 있는 인재를 요구하고 있다.

직무의 성격에 따라 인재상이 정립되기도 한다. 가령 R&D를 예로 든다면, R&D의 업무환경은 일상적인 업무환경에 비하여 불확실하고 동태적이며 과업특성도 비일상적이고 높은 수준의 다양성과 창의성을 필요로 할 뿐만 아니라 정보처리적 업무보다는 정보창조적 업무의 비중이 큰 편이다. 그렇기 때문에 이러한 업무환경과 과업특성을 고려하여 R&D 인력의 인사제도가 개선되어야 한다.

또한 조직 내적인 측면에서 인재상을 정립할 경우, 인재상은 기업의 문화와 많은 연관성을 가진다. 시장에서 그 기업이 자리한 위치나, 그 기업이 가지고 있는 문화적 특색에 따라 인재상이 달리 정의될 수 있다. 1980년대 일본으로 진출한 미국기업들은 자국에서 성공적으로 평가 받은 수평적 조직 구성과 구성원에게 자율적인 판단을 하게 하는 경영을 하였다. 그러나 유교적인 문화가 강한 일본에서 이와 같은 인재를 요구하는 것에는 많은 무리가 있었다. 기업의 구성원들은 달라진 위계질서에 쉽게 적응하지 못했고, 자율 속에서 성과를 창출하기보다는 목표 의식을 잃고 방황하는 경우가 많았던 것이다. 결국 하나의 우월한 인재상이 구성원들의 성향이 다른 문화에서도 똑같이 적용될 수 있을 것이라 믿었던 많은 미국기업들은 관리상의 시행착오를 겪어야 했다.

3. 인간 외적 요소에 의한 접근

인간 외적 요소를 통한 접근법은 다른 말로 하자면 구성원 접근법이라고 할 수 있다. 조직구성원의 성향이나 구성원의 요구가 달라짐에 따라 새로운 인재상을 정립하는 것이다.

우리나라도 선진국처럼 저출산 고령화사회로 접어들기 시작하였고, 가치관이 서로 다른 다양한 세대가 공존하며 서로 다른 이해관계를 가진 사람들의 이해관계자집단이 상호 연합하거나 충돌하기도 한다. 특히 여성 인력의 사회 진출이 활발해져 조직구성원의 성비가 달라지고 있다. 이러한 변화에 발맞추어 기업들은 보다 나은 양보와 협조의 미덕을 갖춘 인재를 요구하고, 열린 마음을 가지고 열린 행동을 하는 인재를 요구하고 있다.

이처럼 구성원의 성향이나 특성에 따라 인재상이 정립될 수 있는데, 이때 주의해야 할 점은 현재의 구성원에 대한 고려에만 그칠 것이 아니라 미래의 구성원의 특색에 대해서도 고려해야 한다.

4. 인간 내적 요소에 의한 접근

인간 내적 요소에 대한 접근 방법은 인재상 정립에 있어서 가장 많이 강조되는 부분이다. 그 이유는 첫째, 인재가 아무리 높은 능력을 가지고 있다 하더라도 그 인재의 인격에 결함이 있다면 그 능력을 제대로 발휘할 수 없기 때문이다. 두 번째 이유는 조직전략에 적합한 인재를 찾는 과정에 있어서도 기업은 그에 들어가는 비용을 고려하지 않을 수 없는데, 인간 내적 요소는 가장 개발하기 힘든 요소이기 때문이다.

[그림 9-2] 인재상의 인간내적 요소들의 구조

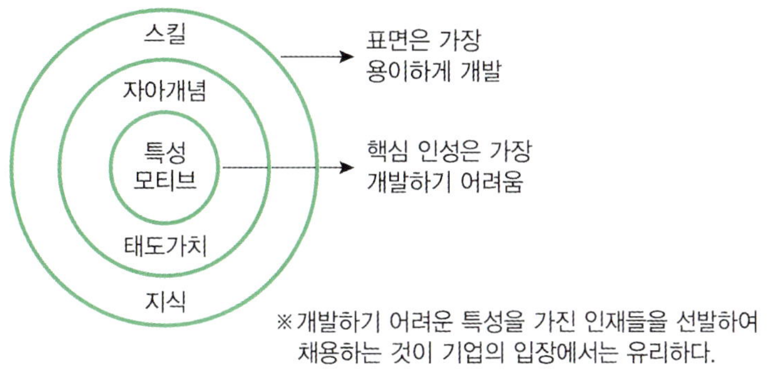

지식과 스킬이라는 역량은 조직의 핵심역량과 연계되어 조직의 목표를 달성하는 구체적인 수단이 된다. 하지만 지식이나 스킬과 같은 외부 특성은 내적 특성이 받쳐주지 못하면 결코 실현될 수 없다. 기업들은 이런 이유로 서둘러 창의적이고 도전적인, 그리고 진취적인 인재상을 정립하고자 하는 것이다.

[표 9-1] 인재확보 전략

구분	내부육성(Make Strategy)	외부영입(Buying Strategy)
장점	조직문화 이해 조직헌신도 높음	전문 분야
단점	야생성이 약함 (온실속의 화초)	조직문화 적응 어려움 본인의 사적인 욕망 충족 가능

02 핵심인재의 관리

핵심인재는 누구이며 그들의 특성은 무엇인가?

핵심인재는 인재상의 모습을 완벽하게 갖춘 사람, 조직의 운명을 가름하는 core competency를 갖춘 사람 등 여러 가지로 정의할 수 있다. 그 여러 가지 정의들을 하나로 합치면 '조직의 전략적이고 핵심적인 일을 할 수 있는 사람'이라고 할 수 있을 것이다. 이 말은 핵심인재가 없다면 조직의 전략적이고 핵심적인 일을 실행하기 어렵다는 것을 뜻한다. 쉽게 말해 핵심인재란 인재 중에서도 상대적으로 더 탁월한 인재라고 할 수 있고, 이들을 가리켜 차세대 경영 인력이라고 할 수 있다.

[표 7-2] 핵심인재의 개념

- 조직 성과(성장/생존)에 결정적인(critical) 영향을 줄 수 있는 직무를 탁월하게 수행할 수 있는 사람(이춘우 교수)
- Value chain model에서 핵심직무를 탁월하게 수행할 수 있는 사람
- 분야별(직무별) 최고전문가
- 업무에 정통한 도사 귀신
- Core job(permanet employee) vs. non core job(tentative employee)
- 영웅(Hero)
- 천재급인재(이건희)
- Top Talent
- 심복(오너 또는 최고경영자 입장에서 볼 때)
- 인재상에 가까운 인물

차세대 리더로서의 핵심인재는 과연 어떤 역량을 갖추어야 하는가?

무엇보다도 핵심인재는 성취지향적이고 혁신지향적인 역량을 갖추고 있어야 한다. 앞서 언급한 것처럼, 핵심인재는 급변하는 경영환경에서 조직을 더욱 견고히 하기 위해서 확실한 성과를 창출할 수 있어야 한다. 단순히 기존 프로세스에서 성과를 창출하는 것에만 그쳐서는 안 된다. 핵심인재는 혁신지향적인 역량을 갖추고 있어야 한다. 환경이 급변하는 만큼 조직을 더욱 더 발전적으로 이끌어 나갈 수 있어야 하기 때문이다.

두 번째로 핵심인재는 다른 사람을 이해하고, 타인에게 전략적인 영향력을 행사하며, 타인과 긍적적인 관계를 형성할 수 있어야 한다. 특히 타인에게 전략적 영향력을 행사한다는 것은 구성원 간의 전략적 교류가 반드시 필요한 요즘에 아주 강조되는 요소라고 할 수 있다. 다시 말해 핵심인재가 조직구성원에게 긍정적이고 효과적인 행동을 유발시킬 뿐만 아니라 핵심인재는 구성원의 요구에 적절히 부응할 수 있는 능력도 갖추고 있어야 할 것이다.

세 번째로 핵심인재는 기술적인 전문성을 갖추고 있어야 한다. 조직이 필요로 하는 지식과 스킬을 갖추고 있어야 한다. 핵심인재는 자기 분야에서의 전문적인 지식과 스킬

은 물론 다른 분야에 대해서도 관심과 기본적인 소양을 갖추고 있어야 한다.

네 번째로 위에 언급한 여러 가지 역량들뿐만 아니라 도덕성이라든지 개방적이고 유연한 사고능력이나 조직에 헌신하는 자세 등과 같은 인간내적인 역량 또한 핵심인재가 반드시 갖추어야 할 역량이다. 인간 내적인 역량은 인재상의 정립에서 언급한 바와 같이 핵심인재가 그 능력을 발휘함에 있어 아주 중요한 요소들이다. 시장이 공개되고 매스 미디어가 발달하면서 사회는 기업으로 하여금 윤리경영을 하도록 강요하고 있다. 기업이 아무리 전략적으로 훌륭한 업적을 이루었다 하더라도 그것이 보편적인 선(善)의 기준에 위배되는 과정에 의한 것이라면, 사회적 지탄을 피하기는 어려울 것이다.

[표 9-3] 회사형 인재 vs. 시장형 인재

구분	회사형 인재	시장형 인재
특징	회사에 충성적인 존재	개인의 역량 증대에 관심
장점	조직문화 이해 / 업무수행능력 탁월	개인역량 탁월
단점	인재 경쟁력이 떨어지는 경우가 많음	애사심 부족, 잦은 이직

핵심인재, 어떻게 확보 · 배치 · 유지 · 육성할 것인가?

(1) 핵심인재의 확보

핵심인재를 확보함에 있어 가장 중요한 것은 앞서 설명한 인재의 특성들 가운데에서도 소속의 특성이나 직무, 직책의 특성에 맞는 인재를 확보해야 한다. 인재 전쟁이 치열한 요즘 환경에서 미래 조직의 전략적 목표에 부합할 수 있는 인재를 미리 확보해 두지 않는 조직에게는 미래가 없다고 해도 과언이 아닐 것이다.

핵심인재 확보를 위한 대기업들의 노력은 참으로 대단하다. 이를테면 마이크로 소프트사의 빌 게이츠는 핵심인재를 확보하기 위해 회사를 합병했다. 그리고 GE사의 잭 웰치 회장의 경우 크로톤빌 연수원을 설립해서 핵심인재 확보에 주력하고 있는데, 그의 업무 시간의 70%가 핵심인재 확보와 육성에 소요된다고 한다.

이러한 핵심인재의 확보와 배치, 유지, 그리고 육성에 있어 핵심인재에 대한 기업 내부의 명확한 기준이 반드시 필요하다. 이를 위해서 엄정한 평가기준과 선발 방법 및 절차가 전사적으로 합의를 이루도록 해야 하는데 그렇지 않으면 핵심인재와 다른 인재들

사이에 위화감이 발생하여 조직의 내부붕괴를 초래할 가능성이 있기 때문이다.

(2) 핵심인재의 배치 및 유지

핵심인재를 배치하고 유지함에 있어서 가장 중요한 점은 적절한 피드백 시스템이다. 적절한 피드백 시스템을 통해서 핵심인재의 성과를 적절히 보상해줌으로써 핵심인재에게 계속적인 동기부여를 해야 하기 때문이다. 따라서 평가체계 역시 연공주의적인 방식이 아닌 역량과 성과중심의 평가체계이어야 할 것이다. 역량평가는 기업의 장기적인 목표에서 후계자를 양성하는 데에 사용되고, 성과평가는 단기적으로 나타나는 성과물에 대한 보상에 이용된다. 평가를 통한 보상의 방법으로는 Stock Option, ESOP(Employee Stock Ownership Plan: 우리사주신탁제도) 등의 여러 가지 인센티브 제도들이 있다. 일본의 지방 중소기업의 연구원이었던 나카무라 슈지는 이름도 없던 지방 중소기업을 연간 10억 달러 이상의 매출을 올리는 대기업으로 성장시켰다. 그는 휴일도 반납하며 열심히 연구를 했고, 그 성과는 놀라운 것이었다. 그러나 그에게 지급된 대가는 2만 엔이었다. 결국 그는 20년간 몸담은 직장을 버리고 미국의 대학으로 떠나버렸다. 다시 일본으로 돌아온 그는 자신의 직무 특허와 관련한 소송에서 전에 몸 담았던 나치아 화학공업으로부터 승소해서 결국 그가 회사에서 공헌했던 특허의 대가로 200억 엔을 지급 받게 되었다.

다음으로 중요한 것은 알맞은 업무의 부과이다. 개개의 핵심인재가 가진 특성이나 성향들을 고려해서 그에 맞는 최적의 업무를 부과했을 때, 그 핵심인재는 더욱 더 훌륭한 성과를 창출할 수 있을 것이다. 또한 어렵게 확보한 핵심인재가 자기 자리를 찾을 수 있도록 배려해주어야 한다. 특정 한 부문에서 실패했을 경우 다른 부문에서 그 능력을 발휘할 수 있도록 유연한 직무배치시스템이 필요하다는 것이다.

(3) 핵심인재의 육성

조직에 들어온 신입사원들 중에서도 핵심인재의 가능성이 있는 인재를 해외로 연수를 보내고, 기업이 직접 대학을 운영하는 등의 일들은 핵심인재를 길러내기 위함이다. 조직 내에서 인재를 육성하는 일은 외부에서 핵심인재를 끌어오는 일만큼이나 중요하다고 할 수 있다. 조직 내에서 충분한 시간 동안 훈련 받은 핵심인재가 외부에서 들어온 핵심인재보다 조직을 훨씬 더 잘 이해할 수 있을 뿐만 아니라 조직에 헌신하는 정도 역시 더 높은 수준일 것이기 때문이다. 이와 관련하여 SONY는 전 세계 18만 임직원 중

30~40대 유망 사원 20명을 CEO 후보군으로 설정하고(향후 500명까지 Pool을 확대할 계획) 사내 대학 "SONY University"에서 경영자 교육을 실시하고 있다. SONY University는 1년간의 UCLA 위탁 교육 등 전문 지식 교육과 함께, 정기적인 CEO와의 심층 토론 등을 통해 경영자의 경륜을 전수해주고 있다. 또한 GE는 2~3년차 최우수 사원 300명을 전사 감사요원(CAS: Corporate Audit Staff)으로 임명하고 전사 운영에 대한 감사 활동을 통해서 전략적 감각을 육성하도록 하고 있다. 이들은 전사의 모든 정보에 대해 무제한 열람권을 가지며 사무실 등을 제공 받는다 (핵심인재 확보 양성 전략, 삼성경제연구소).

조직 내부에서 열성을 갖고 인재를 적극적으로 육성하는 일은 외부에서 핵심인재를 끌어 올 때에도 훌륭한 메리트로 작용하는 경우가 많다. 조직 외부에 있는 핵심인재가 자신을 신뢰하고 자신의 장점을 충분히 발휘할 수 있는 조직에 더욱 더 끌리는 것은 당연한 일일 것이다.

핵심인재를 육성함에 있어서 교육이나 도전의 기회를 주는 것만큼 훌륭한 방법은 바로 건전한 경쟁이다. 핵심인재들 간의 적절한 경쟁을 유도함으로써 핵심인재들 서로가 더욱 더 발전할 수 있는 계기를 만들 수 있기 때문이다.

학습정리

- 인재상은 기업이 지향하는 바람직한 인재의 모습이다.
- 인재상은 기업에게 있어서 인사행정 전반에 걸친 기준을 제시하며, 종업원에게는 과업의 목표와 근거를 제시해주고 조직의 목표를 위해 무엇을 왜 해야 하는지에 대한 지침이 된다.
- 핵심인재란 조직의 전략적이고 핵심적인 일을 할 수 있는 사람으로, 조직에서 이들이 없으면 조직의 성과에 커다란 부정적인 영향을 줄 수 있다.
- 핵심인재의 특성은 성과를 낼 수 있는 성취지향적이고 혁신지향적인 역량, 다른 사람에게 영향을 줄 수 있는 타인과 긍정적인 관계의 형성, 조직이 필요로 하는 기술을 가진 전문성, 조직에 대한 헌신 등 인간 내적인 역량 등이다.

참고문헌

1. 인재경영의 원칙(2009). 압 아이겐휴이스, 롭 반 디크, 옮김-이준승, 청림.
2. 핵심인재와 일하는 기술(2004). 레슬리 맥커운, 옮김-우종민, 지식 공작소.
3. 인재전쟁(2002). 에드 마이클스 외, 옮김-최동석 외, 세종서적.

연습문제

01 다음 중 인재상의 개념에 대한 설명으로 틀린 것은?

① 인재상의 정립이 없으면 기업의 인사행정은 전략적 역할과 별개로 진행되기 쉽다
② 인재상의 정립은 기업에게 있어서는 인사행정 전반에 걸친 기준을 제시한다.
③ 인재상은 직원에게 기업의 목표를 위해 무엇을 왜 해야 하는지에 대한 지침이 되어준다.
④ 인재상은 직원이 수행하는 과업의 성격에 따라 유기적으로 변할 여지를 둔다.
⑤ 인재상은 직원의 선발과 교육, 이동, 보상에 이르기까지 하나의 일관성을 갖는 공통의 기준이 되는 것이다.

02 인재상 개념의 4가지 구성 요소에 대한 설명으로 틀린 것은?

① 조직 외적인 요소는 경영 외적인 요소로 최근의 경우에는 외국어 구사능력, 이문화에 대한 적응능력 등이 강조되고 있다.
② 조직 내적인 요소는 조직의 특성에 따른 인재상의 모습으로 오늘날에는 프로페셔널 한 인재를 요구하고 있다.
③ 인간 외적인 요소는 대인관계와 관련된 요소로 조직의 구성원의 특성이 달라짐에 따라 요구되는 인재상의 모습이다.

④ 인간 내적인 요소는 가치관에 대한 요소로 폭넓은 기업의 교육에 의해 개발이 비교적 용이하다.

⑤ 인간의 내적인 요소는 기업의 전략적 목표를 수행함에 있어 힘의 원천이 되는 요소라고 할 수 있다.

03 핵심인재의 특성에 대한 설명으로 옳지 않은 것은?

① 성과지향적인 문화의 강조로 인해 핵심인재에게 인간 내적인 역량을 요구하지는 않는다.

② 핵심인재는 타인에게 전략적인 영향력을 행사하며, 타인과 긍정적인 관계를 형성할 수 있어야 한다.

③ 핵심인재는 조직이 필요로 하는 지식과 스킬을 갖추고 있어야 한다.

④ 급변하는 경영환경에서 조직을 더욱더 견고히 하기 위해서 핵심인재는 확실한 성과를 창출할 수 있어야 한다.

⑤ 핵심인재는 성취지향적이고 혁신지향적인 역량을 갖추고 있어야 한다.

04 조직설계에 관한 설명으로 가장 적절하지 않은 것은? 2011년 공인회계사

① 민쯔버그(Mintzberg)는 단순 조직, 기계적 관료 조직, 전문적 관료 조직, 사업부 조직, 애드호크라시(adhocracy)를 전형적인 조직의 유형으로 보았다.

② 기능별 조직은 같은 기능을 담당하는 사람을 한 부문으로 모아서 규모의 경제를 가질 수 있지만, 제품의 종류가 많아지고 시장의 변화가 빠르면 즉각적으로 반응하기 어렵다.

③ 로렌스와 로시(Lawrence and Lorsch)에 따르면 환경의 불확실성이 높을수록 조직에서 차별화(differentiation)가 많이 진행된다.

④ 매트릭스 구조는 담당자가 기능부서에 소속되고 동시에 제품 또는 시장별로 배치되어 다른 조직구조에 비하여 개인의 역할갈등이 최소화된다.

⑤ 기계적 조직은 유기적 조직에 비하여 엄격한 상하관계와 높은 공식화를 가지고 있고 안정적 환경에 적합한 구조이다.

05 조직에 관한 설명으로 가장 적절하지 않은 것은? 2012년 공인회계사

① 기능식 조직은 환경의 불확실성이 낮고 안정적인 경우에 적합하다.

② 사업부제 조직은 각 사업영역이나 제품에 대한 책임이 명확해지는 장점이 있다.

③ 유기적 조직은 기계적 조직에 비해 공식화 정도가 낮다.

④ 매트릭스 조직에서는 명령일원화의 원칙이 적용된다.

⑤ 우드워드(Woodward)는 생산기술의 복잡성에 따라 단위소량 생산기술, 대량생산기술, 연속공정 생산기술로 구분하고 있다.

10장 역량과 역량모델관리

학습목표

1. 역량과 역량모델의 개념에 대해 이해한다.
2. 역량모델의 수립 방법을 이해한다.
3. 역량모델의 적용 방법을 이해한다.

실제 사례

역량모델

1973년 하버드대 행동심리학 교수였던 맥클리랜드(D.C. McClleland)는 일반적으로 학교에서 사용하는 시험과 같은 필기시험, 또는 지능검사(IQ) 등을 통해 측정한 지적 능력 정도가 입사 후 업무 성과나 조직 적응 정도와 별다른 상관관계가 없음을 지적하면서 이에 대한 대안으로 '역량'의 개념을 사용하기 시작했다. 역량(competency)은 성과창출의 직접적인 동인이라고 할 수 있는 것들로서 '성과를 예측 설명할 수 있는 다양한 심리적 · 행동적 특성'을 말한다. 이때 성과는 조직의 성장 발전을 위해 자신의 직무 수행을 통해 끌어내야 하는 결과물이라고 정의할 수 있다.

역량모델은 성과를 창출할 수 있는 심리적 · 행동적 특성들의 체계화된 집합들로서 지식 기술, 능력, 태도들로 모델링 되어 왔다.

첫째, 지식 기술 요소는 말 그대로 해당 직무나 역할을 수행하는데 필요한 일반적이고 전문적인 지식과 숙련된 기술을 평가하는 것이다. 전공 관련 전문 지식이나 시사 상식, 한글 맞춤법, 도구나 기계, 재료 등을 생산하고 다루는 능력 등이 포함된다.

둘째, 행동 요소는 조직 내 특정 직무나 역할에서 높은 성과를 달성하기 위해서 반드시 필요한 개인적 특질 중 지속적으로 관찰 가능한 행동을 평가하는 것이다. AC에서 가장 중요하게 다루는 핵심 평가 요소다.

셋째, 조직적합성은 이직 의도, 직무만족 등에 영향을 미치는 요소를 알아내는 것이다. 입사 후 맡게 될 직무의 특성, 업무환경, 조직가치 및 문화 등과 개인의 가치관이나 태도, 흥미가 얼마나 일치하는가를 평가하는 것이다. 조직과 개인 간의 적합한 정도, 즉 '궁합'을 보는 것이라고 볼 수 있다.

넷째, 심리적 요소는 인성(성격)이나 태도, 적성 등 직접적인 관찰이 어려운 내면적인 특성을 평가하는 것이다. 주로 몇 가지 유형으로 성격을 분류하는 것과 달리 직업 현장에서의 인성 요인은 책임감, 성실성, 열정, 창의성, 배려, 도전정신 등 다수의 요인을 포함하기도 한다.

실제로 어떤 보험회사의 인사 담당자가 돼 영업 사원을 선발한다고 가정해 보자. 먼저 보험회사 영업직에 필요한 지식과 스킬은 어떤 것인가를 고민하게 될 것이다. 당연히 보험상품 관련 지식이라고 생각할 수 있다. 하지만 반드시 그런 것도 아니다. 보험회사 영업직의 특성상 보험상품과 관련된 지식이나 자사 보험상품의 특징을 줄줄이 외우고 있어야겠지만, 이는 입사 후 교육을 통해 충분히 습득할 수도 있다. 오히려 다른 사람의 마음을 파고드는 데 유리한 심리학적 지식을 풍부하게 갖춘 사람을 뽑아서 보험상품 지식을 교육하는 편이 효과적일 수 있다.

행동 요소에서는 실제 자동차 영업직을 수행하는데 필요한 고객 응대 상황에서의 의사소통능력, 설득력, 고객지향적 사고 등과 시장흐름을 파악하고 주요 타깃 고객 영업전략을 수립해 낼 수 있는 분석력, 전략적 사고 등의 역량을 평가할 수 있다.

조직적합성 요소에서는 영업직이라는 특수성을 고려해 주로 외근이 많고, 발품을 팔아야 하며, 일정 기본급보다는 자기 실적에 따른 판매 수당의 비중이 높다는 것 등의 업무 특성과 그 사람의 가치관(외근 선호, 앉아서 하는 일보다 동적인 일 선호, 성과에 따른 보상 선호)이 얼마나 일치하는가를 따져볼 수 있을 것이다.

또 심리적 요인에서는 고객에 대한 책임감, 성실성, 고객 불만에 대응하는 스트레스 내성, 자기 분야에서 성공하려는 끈기와 도전정신 등 인성 요인과 다양한 어휘를 구사하고 수치를 잘 다루는 등의 적성 요인을 평가할 수 있을 것이다.

역량평가 방법으로써 AC(Assessment Center, 평가센터)는 글로벌하게 적용되고 있는 평가기법이다. AC 방법에서 평가 요소가 중요한 것은 그와 같은 요소들에 따라 인재를 선발할 때 비로소 타당도가 높은 선발이 가능하기 때문이다. 예를 들어, 신입사원 선발 과정에서 토익과 같은 영어 시험점수를 선발 기준으로 삼으려면 입사 후 업무 처리 상황에서 영어가 많이 사용되고, 능숙한 영어 실력이 필요한 직무여야 하는 것은 물론, 예전에 선발한 신입사원 중 영어 성적이 뛰어난 사람일수록 회사 내에서 우수한 성과를 올리고 있다는 통계적 증거자료도 제시할 수 있어야 한다.

'나무 오르기를 오리에게 가르치는 것보다 다람쥐에게 가르치는 것이 낫다'는 말이 있다. 누구에게 무엇을 가르칠 것인가는 입사 후 교육에서 다룰 문제이지만, 적어도 선발 과정에서는 오리보다 다람쥐를 많이 채용하는 것이 목표이고 목적이 돼야 한다.

누가 오리이고 누가 다람쥐인가를 구분하기 위한 명확한 구분 설정, 그것이 핵심인재를 확보하는 첫걸음이다.

01 역량모델의 개념과 수립 방법

역량모델, 왜 중요한가?

21세기의 세계화 경영환경 아래에서 조직의 전략적 경영목표를 달성하기 위해서는 무엇보다도 핵심인재의 발굴과 육성이 중요하다. 인재관리의 중요성에 대한 인식을 바탕으로 최근 선진 기업에서는 직원이 탁월한 업무 성과를 달성하는 데 필요한 핵심지식과 기술, 그리고 개인의 역량을 파악하여 그 결과를 인적자원관리에 활용하는 데 많은 자원을 투자하고 있다. 이러한 요구에 발맞추어 전략적 인적자원관리를 위한 기초자료와 판단 기준 등을 제공해 주는 것이 바로 핵심역량모델링이다.

핵심역량모델의 중요성이 부각되는 이유는 조직이 반드시 갖추어야 할 핵심역량들 – 조직의 임무나 경영전략과 연계된 – 이 역량모델링을 통해 규정되고 개발됨으로써 급변하는 기업경영환경 하에서 높은 성과를 달성하도록 하기 때문이다.

실제 사례

역량모델의 성과

한 소매 유통업체에서 신규 채용자의 50%는 역량평가의 대표적 방법인 행동사건 면접법(BEI: Behavioral Event Interview)을 통해 선발하고, 나머지 50%(통제집단)는 종래 방식에 따라 이력서를 기준으로 선발하였다. 채용 다음 해에, 역량을 기준으로 선발된 사람들의 이직률은 20%(6명)였으며, 주당 판매액은 $5,000이었다. 반면 통제집단의 이직률은 40%(12명)였고 주당 판매액은 $4,200이었다. 이 사례에서 역량모델에 따른 선

발 시스템의 이득을 구체적으로 따져보면,

1. 이직에 의한 비용 손실 방지 – 통제집단에 비해 6명의 이직자가 덜 발생하였으므로, 1명의 인력 대체에 드는 비용을 \$20,000이라 할 때, 총비용 감소분은 \$120,000이다.
2. 이익 증대 – 30명의 영업사원 × 연간 \$40,000의 추가 매출 × 50%의 총마진 = 연간 \$600,000의 수익 증대

   ∴ 연간 총 이익 = \$720,000

출처: Lyle M. Spencer & Signe M. Spencer (2000), 핵심 역량모델의 개발과 활용.

역량이란 무엇인가?

'역량이란 무엇인가?'에 대한 기본적인 질문을 바탕으로 구축된 것이기 때문에 역량모델이라는 개념에 대해 설명하기 전에 먼저 역량의 개념에 대해 학습할 필요가 있다.

역량이라는 개념은 1973년 Harvard 대학의 심리학자인 David McClelland(1973)에 의해 그의 논문 "지능검사에 대한 역량검사의 우위성(testing for competence rather than intelligence)"을 통해 처음으로 제시되었다. McClelland(1973)의 역량이란 높은 성과를 창출하는 고성과자(High Performer)로부터 일관되게 관찰되는 행동 특성을 말하는 것으로 '지식, 기술, 태도, 가치' 등의 상호 작용에 의해 높은 성과를 이끌어 내는 행동을 말한다.

그 후 스펜서 등(Lyle M. Spencer & Signe M. Spencer, 2000)은 역량을 '특정한 상황이나 직무에서 준거에 따른 효과적이고 우수한 수행의 원인이 되는 개인의 내적인 특성'으로 정의를 내렸다. '준거에 따른다'는 의미는 영업사원의 판매실적이나 연구원의 논문발표 수처럼 어떤 사람의 성과 정도를 나타내는 구체적인 준거나 기준에 의해 내적인 특성이 예측된다는 의미다.

역량을 고성과자의 특성으로 정의하는 것은 오류일 수 있다. 역량은 고성과자 또는 저성과자와 상관없이 성과창출에 상대적으로 중요하게 공헌할 수 있는 적합한 요인들의 결집체(configuration)를 말한다.

[표 10-1] 능력과 역량의 차이

능력	역량
Knowledge	Knowledge
Skill	Skill
Ability	Ability
	value and beliefs
	Attitude
	기질 성향

역량의 구성

역량은 크게 동기(motives), 특질(traits), 자기 개념(self-concept), 지식(knowledge), 기능(skill)의 5가지로 구성되어 있다.

① 동기(motives): 동기는 한 개인이 일관되게 원하거나 마음에 담고 있는 어떤 것으로 행동의 원인이 된다. 즉, 동기는 특정한 행위나 목표를 향해 행동을 "촉발시키고, 방향을 지시하며, 선택하도록" 작용한다.

② 특질(traits): 한 개인의 신체적인 특성 혹은 태도와 같이 어떤 사건이나 상황, 정보에 대해 나타내는 일관된 반응을 의미한다.(신속한 반응이나 좋은 시력은 전투기 조종사에게 필요한 신체적 특질이다.)

③ 자기 개념(self-concept): 자기 자신에 대해서 어떻게 느끼고 인지하고 있는가라는 개념적인 자기 인지의 총체를 의미한다.(어떠한 상황이 닥치더라도 성공할 수 있다는 개인적 신념 등이 이에 속한다.)

④ 지식(knowledge): 자신이 수행하는 업무와 관련된 정보 등을 의미한다.(변호사가 법에 대해 가지고 있는 지식 등이 해당된다.)

⑤ 기능(skill): 신체적 또는 정신적 과제(즉, 과업 및 직무)를 해낼 수 있는 기능과 기능적 숙련을 의미한다.(비행기 조종사가 비행기를 조종하는 기술이나 치과의사가 신경을 건드리지 않고 얼마나 능숙능란하게 이를 치료할 수 있는가 하는 것 등이 해당된다.)

[그림 10-1] 역량구조의 내면과 표면

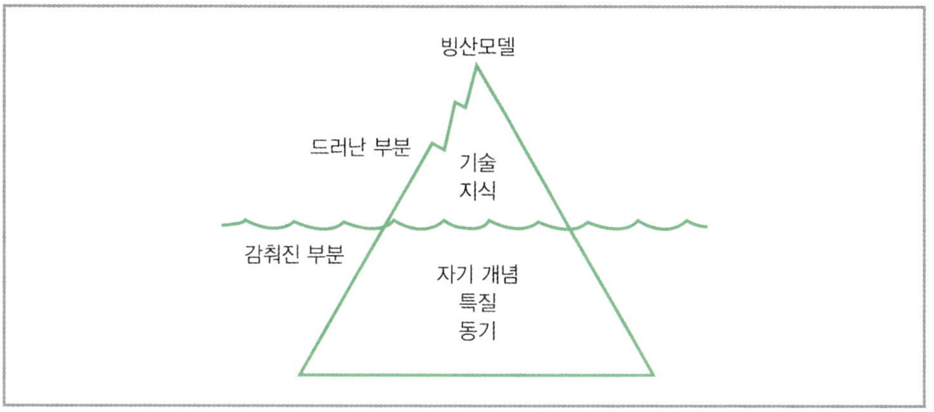

출처: Lyle M. Spencer & Signe M. Spencer(2000), 핵심역량모델의 개발과 활용, p. 21.

위의 그림에서 볼 수 있듯이 지식과 기술은 비교적 가시적이며 표면적인 특성을 가져 개발과 측정이 비교적 쉬운 반면, 자기 개념, 특질 및 동기는 감춰져 있어 개발과 측정이 어려운 편이다.

역량모델의 개념

역량모델에는 역량을 규명하는 대상에 따라 개인역량, 인적역량, 직무역량, 팀역량, 조직역량 등의 종류가 있다. 직무역량모델은 직원이 한 조직에서 맡게 되는 특정 역할(role)과 직무(job)에서 고성과를 달성하는 원인이 되는 직무나 역량 및 역량군을 해당 직무 또는 직무군별로 체계적으로 규정한 것이다. 직무역량모델은 각 직무의 성과 달성에 필요한 직무 담당자의 기능(skill), 행동 및 태도 등을 구체적으로 명시한 것이다. 이러한 역량모델은 각 직무 담당자의 직무역량을 평가할 때 사용하는 구체적 기준이 된다.

역량모델은 거시적 관점과 미시적 관점에서 통합적으로 수립되는데 먼저 거시적 관점에서는 기업의 Vision, Mission과 경영전략으로부터 전략적 핵심 과제와 조직의 전체적인 조직역량을 도출하고, 이와 연계하여 핵심 성공 요인을 추출한 다음 KPI(Key Performance Indicator)를 설정한다. 여기서 KPI란 '핵심성과 지표'를 의미하며 평가 대상 항목을 측정하기 위한 기준을 정량적 · 정성적 측면에서 측정 가능한 값으로 전환한 평가 산정 지표를 말한다.

다음으로 미시적 관점에서는 HR 전략을 수립하고 이에 따른 목표를 설정하며 Role을 분석하고 고성과자 집단으로부터 성공적 행동 특성들을 추출하여 역량 측정 도구와 역량프로파일(profile)을 작성하는 순으로 역량모델을 만들게 된다.

역량모델 수립 시에 각 단계별로 인터뷰와 설문 등을 통해 이를 계속적으로 검증해 나감으로써 보다 정확한 역량모델을 구축할 수 있다. 이러한 과정을 거쳐 역량모델이 만들어지면 그를 바탕으로 인적자원관리의 여러 하위 체계를 기업의 전략적 관점에서 통합적으로 설계, 운영하는 역량기반의 인적자원관리(Competency-Based Human Resource Management: CBHRM)를 실시하여 기업의 목표달성을 보다 용이하게 할 수 있다.

역량모델은 어떻게 수립할 것인가?

역량모델은 각 기업이 처한 정치적 · 경제적 상황이나 기업 고유의 문화, 규모 그리고 관련 분야 등에 따라 달라질 수 있고 같은 기업 내에서도 각 개인의 업무나 지위에 따라서도 달라질 수 있다. 그러므로 어떤 기업이 역량모델을 바탕으로 인사제도를 운영하기 위해서는 그 기업에 맞는 고유의 역량모델을 개발하는 것이 무엇보다도 중요하다. 여기에서는 역량모델이 구체적으로 어떠한 절차를 거쳐 개발되는지 알아보고 이를 일반적으로 사용되는 고전적인 방법을 통해 설명하겠다.

고전적인 역량모델 수립 방법은 크게 '수행 효과성의 준거 정의', '준거집단 선정', '자료수집', '자료분석과 역량모델 개발', '역량모델의 타당성 검증', '검증된 모델을 적용하기 위한 준비'의 6단계로 이루어진다.

1. 수행 효과성의 준거 정의

수행 효과성의 준거를 정의하는 것은 무엇을 효과적인 업무수행이라고 정의할 것인지에 대한 구체적이고 객관적으로 측정 가능한 기준이나 척도를 규명하는 것이다. 예를 들어, 영업사원은 판매고나 수익 등이 기준이 될 수 있고, 연구원이라면 논문을 발간한 실적이나 특허를 출원한 수 등이 척도가 될 수 있을 것이다.

2. 준거집단 선정

두 번째 단계는 준거집단을 선정하는 것인데 이전 단계에서 규명한 기준이나 준거를 토대로 우수자집단과 평균자집단을 선정하는 것이다.

3. 자료수집

이 단계에서는 자료를 수집하며 그 방법에는 크게 '행동 사건 면접', '전문가 패널', '설문조사' 등이 있다. 이에 대해 좀 더 알아보도록 하자.

(1) 행동 사건 면접

자료수집에 있어 가장 대표적인 방법의 하나인 행동 사건 면접(BEI: Behavioral Event Interview)은 피면접자가 해당 직무에 종사하면서 경험했던 중요한 사건에 대해 묻고 답하는 방식이다. 면접관은 피면접자에게 그 사건의 상황이나 과업 내용, 관련 인물, 대처했던 방법, 결과뿐만 아니라 그에 대한 생각이나 느낌과 같은 것에 대한 폭넓은 질문을 한다. 사건은 성공 사례와 실패 사례에 대해 각각 2~3개 정도의 예를 드는 것이 적당하다. BEI 방법의 장점은 다른 방법으로는 파악할 수 없는 심층적인 정보를 얻을 수 있다는 것이지만 시간과 비용이 많이 들며 면접자의 전문성이 요구된다는 단점이 있다.

(2) 전문가 패널

전문가 패널법(Expert Panels)은 이를 사용하기에 앞서 우수자 그룹이나 연구의 대상이 되는 직무의 상급 관리자, 해당 직무에 정통한 외부의 전문가로 패널을 구성한다. 그 후 패널을 통해 해당 직무를 수행함에 있어 필요한 적정 수준(즉 최소한의 허용 가능 수준, 혹은 한계)의 특성과 우수한 수준의 특성을 찾아낸다. 이 방법은 방대한 양의 자료를 단시간 내에 효율적으로 수집할 수 있지만 그릇된 통념이 반영될 소지가 있으니 주의해야 한다.

(3) 설문조사

설문조사(Surveys)는 전문가 패널이나 조직구성원들에게 설문조사를 실시해 효과적인 직무수행을 위한 각 역량 요소(역량이나 행동 지표)의 중요도와 요구되는 정도 등을

[그림 10-2] 역량모델링의 과정 사례

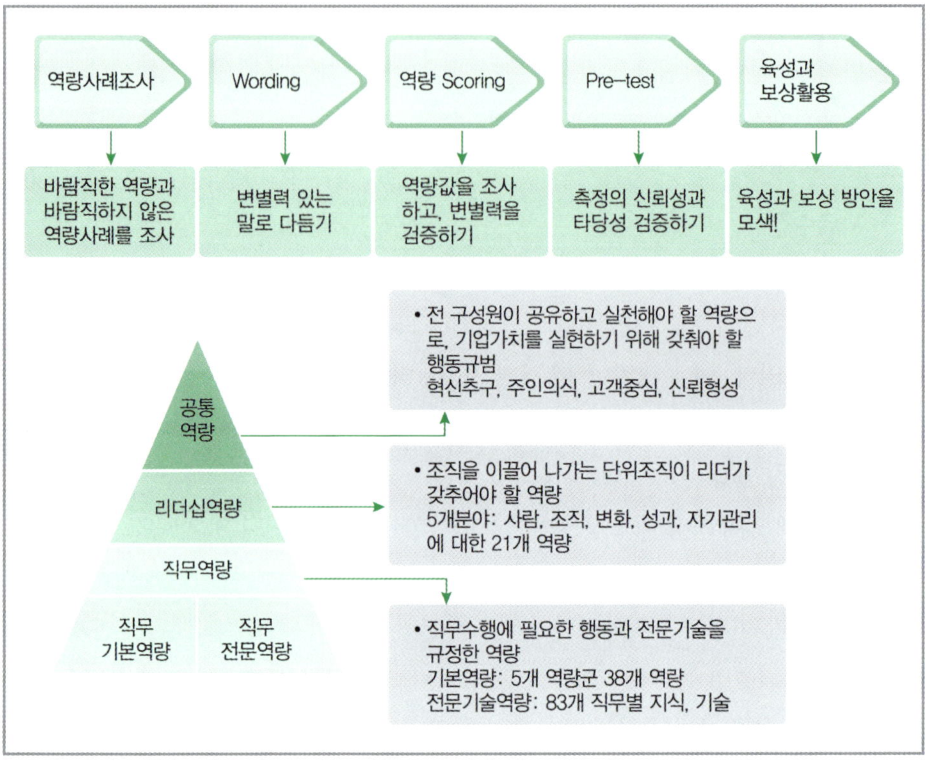

평가하는 방법이다. 설문개발 시에 고려하지 못했던 역량은 누락될 수 있다는 단점이 있지만 충분한 양의 자료를 저렴한 비용으로 신속하게 수집할 수 있는 장점이 있다.

4. 자료분석과 역량모델 개발

이 단계에서는 앞서 살펴본 여러 가지 방법을 통해 얻은 자료를 분석하여 평균자집단과 우수자집단을 구분하는 역량과 성격적 특성을 규명하여 정확하고 구체적인 역량모델을 개발한다. 기존에 이미 정의가 내려진 역량을 추출하는 경우도 있으며 정의되지 않은 새로운 역량을 찾아내기도 한다.

5. 역량모델의 타당성 검증

여기에는 크게 3가지 방법이 있으며 그를 통해 전 단계에서 구축된 역량모델의 타당성을 검증한다.

(1) 동시적 교차 타당화

그 동안 살펴본 방법을 통해 수립된 역량모델이 동일한 직무를 수행하는 다른 집단에서도 적용이 되는가를 확인하기 위한 것이다. 앞서 사용되었던 것과 다른 제2의 준거 표본을 설정한 후 BEI 데이터를 수집하여 다른 집단의 수행을 예측할 수 있는지 알아 본다.

(2) 동시적 구성 타당화

이 방법은 제2의 준거 표본의 우수자와 평균자를 대상으로 검사하는 방법이다. 검사 Tool을 개발하여 역량모델에 의해 정의된 역량을 측정하는 것으로, 역량모델과 검사 Tool 모두가 타당한 것이라면 제2의 준거 표본의 우수자 집단에 대한 평가에서도 역시 높은 점수를 얻어야 한다.

(3) 예언 타당도

3가지 방법 중 가장 확실한 타당화 방법이다. 역량모델을 적용하여 사람을 선발하거나 훈련한 다음, 실제로 이들이 우수한 직무 성과를 보이는가에 대한 검사를 실시함으로써 역량모델의 타당성 정도를 확인한다.

6. 검증된 모델을 적용하기 위한 준비

이상의 검사 방법을 통해 그 타당성이 입증된 역량모델은 선발 면접, 검사, 평가 센터, 경력 경로, 수행관리, 승계 계획, 교육훈련, 급여 등에 폭넓게 사용할 수 있도록 기타 시스템과과 연계되도록 한다.

02 역량모델의 적용

역량모델을 어디에, 어떻게 적용할 것인가?

1. 역량모델을 통한 우수 인재의 채용

역량중심의 선발(competency-based selection)이란 선발 시에 입사 후보자가 장차 맡게 될 직무가 필요로 하는 핵심역량을 기준으로 인재를 선발하는 것이다. 이 과정에서 입사 후보자는 전사 공통(기본) 역량뿐 아니라 충원이 필요한 직무가 필요로 하는 역량을 보유하고 있는지의 여부에 대해서도 평가 받는다.

이처럼 구축된 역량모델을 채용 활동과 연결시키기 위해서는 먼저 면접관이 입사 후보자가 해당 직무에 필요한 잠재능력을 가지고 있는지를 확인할 수 있어야 한다. 이를 위해서 인터뷰 도구의 개발이 필요하고 면접관이 해당 직무의 필요역량에 대해 완전히 이해하도록 반드시 사전 교육을 해야 한다. 또한 실제 인터뷰에 앞서 입사 후보자의 잠재역량을 종합적으로 비교할 수 있는 도구도 개발되어야 한다. 이렇게 인재의 선발에 각종 인터뷰 도구와 역량모델을 이용함으로써 선발기준의 모호성이나 추상성 등의 문제점을 해결할 수 있다.

역량모델을 통한 채용 및 선발의 장점은 다음과 같이 정리할 수 있다.

첫째, 역량중심의 선발은 성과 창출에 공헌할 수 있는 요건에 대해 명확하면서도 구체적인 기준을 제공한다. 역량모델은 해당 직무의 성과를 산출하는데 어떤 요소들이 요구되는지에 관한 정보를 제공하므로 채용 과정에서 지원자가 직무 성과를 산출하는데 공헌할 수 있는 역량들을 갖추고 있는지를 고려하여 선발할 수 있다.

둘째, 높은 성과를 달성할 가능성이 많은 사람을 채용할 수 있도록 한다. 채용 면접 담당자들은 역량모델에 의해서 직무수행에 필요한 주요 특성, 지식, 기술이 부족한 지원자들을 가려내고 강한 잠재력의 소유자를 채용할 수 있게 된다.

셋째, 조직의 기대에 부응하지 못할 사람들을 제외시킬 수 있게 된다. 이는 조직원이 낮은 성과를 내어 직무에 만족하지 못해 결국 이직하게 될 경우 드는 교육비, 선발비 등

실제 사례

역량모델을 통한 우수 인재의 채용과 선발

한 대형 컴퓨터 업체는 수천 명의 간부 직원(이들은 평균 연봉 $50,000 이상의 '돈만 축내는 지원 부서'에 속한 직원들이었다)들을 영업직으로 배치하기로 결정했다. 관료적인 타성에 찌든 이들 중 영업사원의 역량을 갖춘 사람은 많지 않았다. 우선 영업 교육 과정에서 30%(700명 중 210명)가 탈락했다. 교육 중 매달 실시되는 시험에서 세 번 연속 불합격한 사람은 탈락되었던 것이다. 한 사람이 탈락할 때마다 회사가 입는 연간 손실을 급여를 기준으로 산정하면 다음과 같다.

$16,667 × 연 210명의 탈락＝$3,500,000/년.

(후생복지, 교육비 등을 감안하지 않은 보수적인 수치이다.)

이 회사는 영업사원의 역량모델을 개발해서 후보자들을 선발하기로 했다. 역량에 따라 선발된 집단의 탈락 비율은 3%(낙제자: 21명)에 불과했고, 그 결과 90%($3,150,000)의 비용을 줄이는 효과를 얻게 되었다.

출처: Lyle M. Spencer & Signe M. Spencer(2000), 핵심역량모델의 개발과 활용, p. 263.

의 각종 낭비를 최소화할 수 있기 때문에 더욱 중요하다. 그러므로 역량모델은 선발 과정에서 부적격자를 미리 가려내 기회비용을 최소화한다.

넷째, 채용 면접 담당자들이 성공에 직접적인 영향을 주는 직무와 관련된 주요 역량에 집중하여 지원자를 평가할 수 있도록 해준다. 이는 역량모델을 바탕으로 개발된 여러 선발도구들을 통해 가능하다. 선발에 관계된 모든 사람들에게 똑같은 기준을 적용하여 선발의 공정성과 함께 선발 의사결정의 수용성을 높이는 효과도 있다.

다섯째, 역량모델은 교육과 훈련이 가능한 역량을 구분할 수 있게 한다. 성공에 가장 큰 영향을 미치는 역량을 명확히 해주고 뿐만 아니라 교육과 훈련을 통해 개발되기 쉬운 속성의 능력과 그렇지 않은 것을 구별할 수 있게 해준다. 따라서 좀 더 효율적인 교육과 훈련이 가능해진다.

2. 역량모델을 통한 인재육성 및 개발

역량기반 인적자원관리(Competency Based Human Resource Management)의 기능

과 역할은 업무의 수행 수준을 높여 탁월한 업무 성과를 창출하도록 하는 데 있다. 조직은 역량모델을 설정함으로써 조직의 목표와 개인의 행동을 연계시켜 조직의 전략적인 가치와 방향을 개인의 그것과 일치시킬 수 있다. 현재의 직원은 과거와 달리 단순히 조직에 공헌하여 그 대가로 고용을 보장 받고 높은 연봉을 받는 것에 만족하지 않고 새로운 지식과 기술을 개발할 수 있는 기회를 제공 받고자 하는 욕구를 가지고 있다.

기업은 직원들의 성과를 성공적으로 산출하는데 필요한 역량이 무엇인지를 파악하여 이를 개발할 수 있도록 지원하는 인적자원개발에 초점을 맞추어야 한다. 아울러 세계화되고 경쟁이 치열한 비즈니스 현장에서 경쟁력을 갖출 수 있도록 단기적 유행을 단순히 따라가는 듯한 교육을 지양하고 역량모델에 따라 단기와 중 · 장기계획을 체계적으로 세워 교육을 진행해야 한다.

오늘날과 같은 무한경쟁시대에 다른 조직 혹은 개인에게 이기기 위해서는 역량모델에 기초한 교육개발시스템의 구축 및 운영이 필요하다. 왜냐하면 역량모델에 기초한 교육개발시스템을 통해 역량을 보다 효율적으로 개발할 수 있기 때문이다.

그리고 무엇보다도 역량모델에 기초한 교육개발시스템은 각 개인이 현재 보유하고 있는 역량의 정도를 정확하게 파악해 낼 수 있다. 이를 바탕으로 좀 더 우수한 성과를 내기 위해서는 각자에게 어떤 역량의 개발이 좀 더 필요한지에 대해 적극적으로 피드백하여 스스로 자기 육성의 Needs를 고취시키도록 해야 한다.

또한 개인의 이러한 자기 육성 Needs를 효과적으로 충족시켜 줄 수 있는 교육시스템을 마련해서 역량을 향상시킬 수 있도록 뒷받침해야 한다. 그리고 이렇게 향상된 역량을 보상과 같은 HRM의 다른 부분과 연계시켜 조직적 차원의 역량도 함께 끌어 올리도록 노력해야 한다.

3. 역량모델을 통한 평가 및 보상

지금까지 우리나라의 기업들은 능력평가에 중점을 두었다. 그러나 이는 그리 정교하지 못했을 뿐만 아니라 개인의 능력 가운데서도 주로 협조성, 책임감, 적극성 등의 태도 부문에만 집중하였으며, 측정 도구 또한 구체적이지 못하고 추상적인 것들이 대부분이었다. 하지만 역량모델을 이용하여 평가를 하게 되면, 성과 창출에 직접적으로 기여하거나 장기적으로 기여할 것으로 판단되는 행동특성인 역량을 중심으로 각 개인을 평가하고 이를 금전적 보상이나 승진, 경력과 같은 비금전적 보상과 연계시켜 종전의 문제점을 극복할 수 있다.

역량 기반의 보상(CBP: Competency-Based Pay)을 통해 얻게 될 것으로 기대되는 효과는 크게 다음의 두 가지로 정리할 수 있다.

먼저 경영자는 역량과 보상을 연계함으로써 기업이 조직구성원에게 요구하는 핵심역량이 무엇인지를 명확하게 전달할 수 있다. 아울러 이는 구성원들이 높은 수준의 역량을 학습하도록 고취하며 획득한 역량을 실제 업무에 적용하도록 하여 높은 성과를 창출하게 한다.

국내 H사의 역량 중심 포인트 시스템(CPS: Competency-based Point System)은 각 직급 내 사원들의 역량 차이를 나타내 주는 일관된 기준으로 평가, 보상, 승격 및 육성 개발 등의 인사 전반에 관한 의사결정을 지원하기 위한 시스템이다. 개인이 가지고 있는 지식, 스킬, 능력, 태도, 특성은 총체적으로 업적에 반영되어 나타나는 발휘된 능력을 역량으로 보았다. 개인이 가진 역량에는 차이가 있으며 그 차이를 고려하면서 역량의 축적 정도를 일정하게 계량화한 수치가 역량 포인트(competency point)이다. 역량 포인트의 구성은 상하반기 인사평가 결과, 각종 교육 과정 이수와 전산 및 실무 자격 획득, 그리고 외국어 자격 획득 시 일정 포인트가 누적된다. 이 회사의 역량중심 급여시스템은 직급별 및 역량 포인트별로 설정된 급여 테이블을 통해 기본급이 산정된다. 평가는 목표관리에 의한 업적평가가 70%를 차지하고 창안제도를 통한 반기별 지식 마일리지 점수가 30% 반영된다. 창안평가의 인사고과 반영은 사원 개인의 인사고과에 대한 통제가능성을 증가시켜 열심히 노력하면 좋은 고과를 받을 수 있다는 기대감을 통해 동기를 부여하는 효과가 있다. 인사고과의 최종 등급은 본부 조직 및 팀 단위 조직평가가 반영된 개인 업적평가와 창안 마일리지 점수로 결정된다. 팀 단위 조직평가는 A, B, C 3단계로 평가되며 조직평가 C를 받았을 경우는 표준 고과율이 적용되고 B를 받았을 경우와 A를 받았을 경우 해당 팀 구성원의 상위 평가 인원 배분율이 각각 10%, 20% 만큼씩 상승한다(이홍민 · 김종인, 2003).

사람이 기업 성공의 중요한 자원이라는 핵심가치를 표방하는 Dow Chemical사는 구성원의 역량 수준 및 개발 정도에 따라 보상하겠다는 원칙을 가지고, 각 직군별 역량 수준에 따라 차등 보상하고 있다.

Dow사는 기업이 성공하는 데에 가장 중요한 자원은 사람이라는 핵심가치를 보유하고 있다. 즉, 구성원들의 역량개발이 구성원 자신은 물론 기업의 성장 및 성과 창출에 기여할 것이라는 철학을 지니고 있다. Dow사는 구성원들이 역량의 역량 수준 및 개발 정도에 따라 보상하겠다는 원칙을 표방하면서, 각 구성원들의 역량을 대변할 수 있는 역량 프로파일(competency profile)을 선정하였다. 해당 부서가 주최가 되어, 수행하는 역할이나 직무에 있어서 높은 성과를 창출하기 위해 필요한 역량이 무엇인가를 심도 있는 토론을 하였다.

우선, Dow사는 글로벌 리더, 기능별 전문가, 관리자, 기술자라는 4가지 직군(job family)으로 구분하고 각 직군별로 역할과 업무를 정의하고 있다. Dow사는 최소한 경쟁사 보상 수준만큼은 보상해 주겠다는 기본원칙 하에 DuPont, Exxon Chemical, 3M, P&G과 같은 경쟁 기업의 보상 수준을 벤치마킹하여 직군별 초기 보상 수준을 설정하였다. 이러한 취지에서 Dow사 내부의 보상위원회(compensation staff)는 매년 경쟁 기업들의 보상 동향을 모니터링하고 보상 수준의 변화를 즉각적으로 보상에 반영하고 있다.

그리고 직군 내에서 업무수행 역량 수준을 습득단계(acquiring), 응용단계(applying), 레버리지단계(leveraging), 숙련단계(visioning)로 구분하였다. 이는 업무수행 수준을 초기단계에서부터 숙련단계까지 구분한 것으로서, 각 단계별로 보상의 범위를 차등 설정하고 있다.

이러한 업무수행에 필요한 구체적인 역량 외에도, 모든 구성원들이 갖추어야 할 8개의 공통역량(global competency)을 평가에 활용하고 있다. 주도력, 혁신성, 대인관계력, 학습, 가치창출 등이 그것이다. Dow사는 구성원들이 글로벌 역량을 개발할 수 있도록 34개의 강의식 수업과 33개의 온라인 수업을 제공하는 등 구성원 역량개발을 위한 배려를 하고 있다.[1)]

1) Risher, H.(2000), "Dow Chemical's salary program: A model for the future?," *Compensation & Benefits Review*, Vol. 32, pp. 26~24.

학습정리

- 역량이란 높은 성과를 창출하는 고성과자(high performer)로부터 일관되게 관찰되는 행동 특성을 말하는 것으로 지식, 기술, 태도, 가치 등의 상호 작용에 의해 높은 성과를 이끌어 내는 행동을 의미한다.
- 역량모델이란 앞에서 언급한 역량 개념을 바탕으로 개인이 한 조직에서 맡게 되는 특정 역할(role)과 직무(job)에서 고성과를 달성하는 원인이 되는 해당 직무 또는 직무군에 결정적인 영향을 주는 역량을 체계적으로 규정한 것이다.
- 역량모델의 수립을 위한 고전적 방법은 크게 '수행 효과성의 준거 정의', '준거집단 선정', '자료수집', '자료분석과 역량모델 개발', '역량모델의 타당성 검증', '검증된 모델을 적용하기 위한 준비'의 6단계로 이루어진다.
- 역량모델은 HRM(Human Resource Management)과 HRD(Human Resource Development)의 전 분야에서 활용될 수 있는데, 특히 채용과 선발, 육성 및 개발, 평가 및 보상에서 집중적으로 활용되고 있다.

참고문헌

1. 역량평가: 인적자본 역량모델 개발과 역량평가(2009). 이홍민, 리드리드출판.
2. 핵심역량 핵심인재(2003). 이홍민, 한국능률협회.
3. 핵심역량모델의 개발과 활용(2000). Lyle M. Spencer & Signe M. Spencer, 민병모 외, PSI컨설팅.

연습문제

01 다음 중 역량과 역량모델의 개념에 대한 설명으로 틀린 것은?

① 역량모델이 중요한 이유는 역량을 개발함으로써 급변하는 기업경영환경 하에서도 높은 성과를 이끌어내는 것이 가능하기 때문이다.

② 역량이란 회사에 높은 충성심을 보이는 구성원들로부터 일관되게 관찰되는 행동 특성을 말하는 것이다.

③ 역량모델이란 개인이 특정 역할과 직무에서 고성과를 달성하는 원인이 되는 해당 직무 또는 직무군에 결정적인 영향을 주는 역량을 체계적으로 규정한 것이다.

④ 역량모델은 거시적 관점에서는 기업의 경영전략으로부터 전략 핵심 과제를 도출하고 이와 연계하여 핵심 성공 요인을 추출한 다음 KPI를 설정하게 된다.

⑤ 역량모델은 미시적 관점에서는 HR 전략을 수립하고 이에 따른 목표를 설정하며, 고성과자 집단으로부터 성공적인 행동 특성들을 추출하여 역량모델을 만든다.

02 다음의 ( )안에 들어갈 내용을 적고 그에 대해 간단히 설명하시오.

> 역량의 구성은 크게 5가지로 나눌 수 있는데 이는 ( ), ( ), 자기개념(self-concept), 지식(knowledge), 기술(skill)이다..

03 역량모델의 수립의 고전적 방법은 6단계로 이루어지는데, 다음의 6가지 항목을 단계별로 배열하시오.

> A. 자료수집
> B. 검증된 모델을 적용하기 위한 준비
> C. 자료분석과 역량모델개발
> D. 역량모델의 타당성 검증
> E. 수행 효과성의 준거 정의
> F. 준거집단 선정

( ) – ( ) – ( ) – ( ) – ( ) – ( )

04 역량모델 수립을 위한 방법 중 자료 수집단계에서는 흔히 "행동 사건 면접(BEI)" 방법을 이용한다. 이 방법에 대해 간단히 설명하시오.

05 조직에서 역량모델을 수립하여 이를 실행하면 여러 가지 혜택을 받을 수 있는데, 그 중 대표적인 것은 채용과 선발 과정이다. 역량모델의 적용을 통해 얻을 수 있는 채용과 선발 과정의 장점에 대해서 3가지 이상 간단히 기술하시오.

06 핵심역량과 관련된 다음의 설명 중 가장 적절하지 않은 것은? 2000년 공인회계사

① 핵심역량은 조직에서의 집단적 학습 과정을 통하여 배양된다.
② 핵심역량은 다양한 시장으로 진출할 수 있는 기회를 제공한다.
③ 현재의 효과적인 전략은 미래 핵심역량 형성의 토대가 된다.
④ 핵심역량은 타기업과 공동으로 개발할 수 없다.
⑤ 핵심역량을 기준으로 사업철수와 사업확장을 결정한다.

06

인사시스템 성과: 모티베이션과 임파워먼트

11장 모티베이션과 직무스트레스관리

학습목표

1. 동기부여(motivation)의 의미와 성과에 대해 이해한다.
2. 동기부여이론의 내용 및 전개 과정을 설명할 수 있다.
3. 자신뿐만 아니라 타인에게도 동기를 부여할 수 있는 방법에 대해 이해한다.

실제 사례

소통(커뮤니케이션)을 통한 동기부여

직원들을 동기부여시킬 수 있는 방법은 매우 다양하다. 인간들은 자신들이 원하는 보상을 얻기 위해서 동기부여되곤 하는데, 금전적 · 물질적인 보상뿐만 아니라 비금전적 · 사회심리적 보상을 통해서도 동기부여된다. 단지 진실된 의사소통을 하는 것만으로도 사람들은 동기부여될 수 있다. 모 종합식품기업 CEO는 3,300여 명 전 직원들에게 매월 1일 이메일 한 통씩을 보내고 있다. 그의 이메일 소통은 2009년 3월 이 회사 대표이사로 취임한 직후부터 한 달에 한 번도 거른 적이 없다. 매달 '이메일 경영'을 통해 최고경영사(CEO)로서의 고민이나 회사의 경영정보 등을 솔직하게 털어 놓거나 직원들을 독려하는 소통을 하고 있다. 그는 '2016년 매출 5조 원, 영업이익 5,000억 원을 달성'을 하기 위해 '계획을 잘 수립하고, 계획대로 실행하고 계획과 실행 사이의 차이를 분석한 뒤 또 개선해 실행하고 다시 계획을 재수립하는 사이클을 반복해야 한다'는 점을 강조하면서, 직원들 스스로 달성 방안을 찾기를 독려하고 직원들의 변화와 혁신을 주문하기도 하였다. 또한 국내 식품업계가 직면한 불확실한 경제상황을 타개하기 위해 '우리는 무엇을 해야 하는지'에 대한 진지한 고민도 털어 놓기도 하였다.

경영자의 진심이 담긴 진솔한 커뮤니케이션은 직원들을 동기부여시키는 데 상당한 효과가 있는 것으로 여겨지고 있다.

01 모티베이션의 의미와 이론적 배경

모티베이션, 왜 필요한가?

직원들을 동기부여 하는 것은 인적자원관리의 중요한 목표 중의 하나이며, 단순히 회사의 성과달성에만 유익한 것으로 그치는 것이 아니라 종업원 개개인에게 있어서 직장생활의 질을 향상시키는 데 있어서 매우 핵심적인 과제이다. 모든 경영자들은 직원들을 어떻게 동기부여 시킬 것인가에 대해 큰 관심을 가지고 있다.

"만일 당신이 배를 만들고 싶다면 사람들을 불러 모아 목재를 가져오게 하고 일을 지시하고 일감을 나눠주는 등의 일을 하지 말라. 대신 그들에게 저 넓고 끝없는 바다에 대한 동경심을 키워줘라!"(생텍쥐페리)라는 말에서도 알 수 있듯이, 조직구성원들이 동기부여를 통해 지속적이고 열정적으로 업무를 수행하는 행동을 하도록 해야, 궁극적으로 개인과 조직의 성과를 높일 수 있게 된다. 그러나 제대로 동기부여가 되지 않으면 개인과 조직의 발전이 이루어지지 않음으로 장기적으로 조직의 경쟁력에 부정적인 영향을 주게 된다. 동기부여는 조직에서 개인 종업원의 성과향상에 기여하고 궁극적으로 조직의 경쟁력과 성과목표 달성에 공헌할 수 있도록 하는데 필수적인 부분이다. 전통적으로 인사관리나 인적자원관리는 종업원들의 동기부여 문제(근로의욕 고취 또는 사기진작)를 인사관리 활동의 직접적인 성과목표로 삼아 왔다.

모티베이션의 개념

동기부여(motivation)란 일반적으로 목표를 향해 자발적인 행동을 끌어내며 또 그러한 행동이 계속 이루어지게 하는 심리적 과정을 뜻한다. 일반적으로 사람들은 어떤 욕구를 충족시키기 위하여 동기가 유발되고, 이러한 동기가 어떤 행동을 이끌고 이 행동을 통해서 욕구를 해소하게 된다.

즉, 동기부여는 행동과 직접적으로 관련이 있는 것은 행동을 이끄는 동기이며 그 동기를 일으키는 심리적 과정이 바로 동기부여라고 할 수 있다. 경영학적 측면에서는 동기부여를 조직의 목표와 개인의 목표 달성을 위해 행위를 유발하고 지속시키려는 관리자의 노력도 포함할 수 있다.

동기부여 유발은 일반적으로 내재적 동기부여와 외재적 동기부여의 두 가지로 나눌 수 있다.

① **내재적 동기부여 유발 요인**: 내재적 요인은 동기를 내부에서 유발하는 요인으로 개인적 관심사, 욕구, 성취감 등을 뜻한다. 이러한 내재적 요인은 자신의 일에 흥미와 자부심을 갖거나, 회사 내 동료 간 서로 협력하는 분위기 그리고 자신의 일에 대한 선택권과 의사결정권을 가질 때 크게 유발될 수 있다.

② **외재적 동기부여 유발 요인**: 외재적 요인은 외부에서 사람들 내부의 욕구와 필요 그리고 후속행동 등에 영향을 미치는 요인들로서 승진, 칭찬 등과 같은 것이 있다.

이러한 내재적 동기부여 유발 요인과 외재적 동기유발 요인은 서로 보완적인 관계로 어느 하나만으로 동기를 유발할 수 있는 것은 아니다.

[그림 11-1] 모티베이션의 두 타입

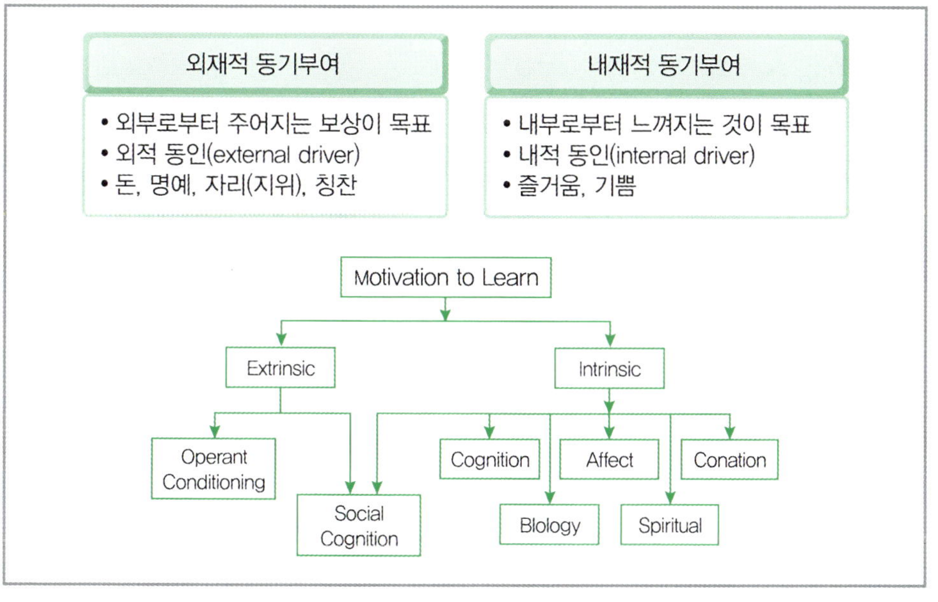

토론 사례

교육청의 봉사 활동 운영계획을 보면 매년 20시간 정도의 봉사시간을 학생들에게 권장하고 있다. 하지만 봉사 활동은 대학입시 수시전형 중 학생부종합전형과 논술전형 등에 활용된다. 서울대는 2016년 대학 신입생 10명 중 7명은 수시로 뽑고 이들 전부를 학생부종합전형으로 뽑는다. 1점이 아쉬운 학생들에게 교육청의 권장은 곧 강제가 된다.

어린 시절부터 꾸준히 자원봉사를 해온 한 친구는 "너는 봉사 활동으로 대학 가려는 거야?"라는 말 때문에 상처받은 적이 많다고 했다. 또한 바쁜 학생들에게 4시간 봉사시간을 받을 수 있는 헌혈이 인기를 끌며 대한민국 전체 헌혈자의 36%를 학생들이 채우는 일이 벌어지기도 한다. 그뿐만 아니라 학생들이 봉사 활동을 방학에 몰아서 하는 경우가 많은데 아무래도 양질의 자리가 부족하다 보니 단순 반복적인 활동 위주로 참가하게 되어 만족도가 낮아진다. 보건복지부의 조사에 따르면 봉사 활동 참여율은 중고교생 때 70%를 넘었다가 20대가 되는 순간 10%로 뚝 떨어진다.

Q: 학생들은 봉사 활동을 자발적으로 하게 되는가? 그렇지 않은가?

동기부여이론

동기부여이론은 크게 욕구의 분석을 강조하는 내용이론과 행위의 분석을 강조하는 과정이론, 그리고 보상을 강조하는 강화이론으로 나눌 수 있다. 대표적인 내용이론으로는 욕구단계설과 2요인이론 그리고 과정이론으로 기대이론과 공정성이론 등이 있다.

1. 욕구단계설

매슬로우(Abraham Maslow)는 인간에게 다섯 가지 종류의 욕구계층이 있다고 말한다. 그리고 이들 욕구는 동시에 발생하는 것이 아니라 순서에 따라 하나의 하위욕구가 충족되었을 때 다음 단계의 상위욕구가 발생한다. 즉, 어느 단계의 욕구 발생과 충족 행동은 그보다 하위욕구가 충족되었을 때에 비로소 가능하다는 것을 뜻한다. 이 이론이 갖는 시사점은 첫 번째, 욕구가 계층에 따라 발생함에 따라 이에 대한 동기부여 방법도 단계적으로 접근하는 것이 효과적이라는 것이다. 두 번째 시사점은 인간에게는 단순하고 기본적인 욕구만이 있는 것이 아니라 자아실현과 같은 고차원적인 욕구도 존재한다는 점을 인식하고 이에 따른 경영이 필요하다는 사실이다.

[그림 11-2] 매슬로우의 욕구단계설

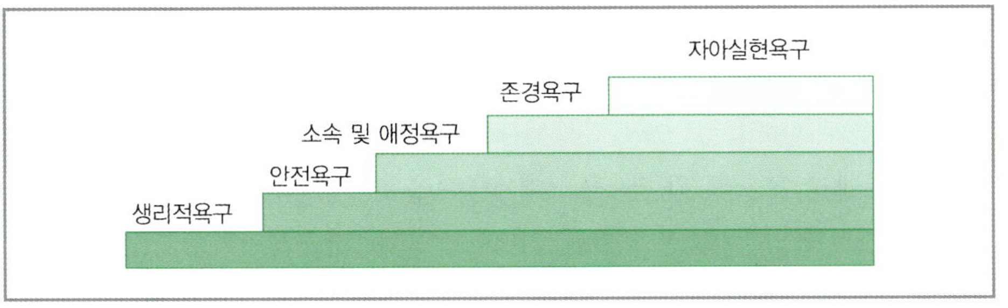

출처: 신유근(2006), 인간존중 경영.

2. 2요인이론

프레드릭 허쯔버그(Frederick Herzberg)가 개발한 이론에 의하면 종업원들의 만족도는 직무와 관련된 여러 요소들을 충족시켜 주느냐의 여부에 따라 오르내리는 것이 아니라고 한다. 대신 어느 요소를 충족시키느냐에 따라 증상이 다르며 크게 두 개 범주로 나누어진다. 그는 모든 욕구 요인을 불만족 요인(위생 요인: hygiene factors)과 만족 요인(동기 요인: motivator)으로 분류하여 불만 제거 시와 동기부여 시 관리해야 할 요소가 다르다는 두 개의 요인(two factor)이 있다고 보았다. 따라서 동기부여를 위해서는 위생 요인에 신경 쓰는 것보다 동기 요인에 중점을 둔 관리가 필요하다. 예컨대, 월급 문제, 소음 문제, 노동시간 문제를 잘 개선시키면 파업도 줄고 결근율, 사고율도 줄겠지만 진

[그림 11-3] 허쯔버그의 2요인이론

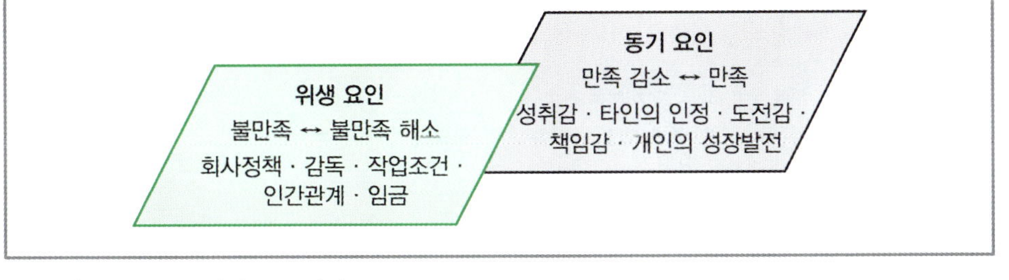

출처: 신유근(2006), 인간존중 경영.

정으로 동기부여된 노력을 유발하기 어렵다. 반면, 동기부여를 위해서는 다양하고 좀 어려운 일, 중요성 있는 일을 주고 자율성, 책임감을 부여해야 한다.

3. 기대이론

기대이론은 구성원이 스스로 노력을 하면 자기가 바라는 목표에 도달할 수 있다고 기대할 수 있을 때 비로소 행동에 옮기게 된다는 점에 기초를 두고 있다.

기대이론에 따르면 행위와 결과의 관계에서 다음 3가지의 요소가 모두 유효할 때 효과적인 동기부여가 이루어 질 수 있다. 기대이론에 따르면 구성원의 동기는 단순히 보상 간의 함수가 아니라, 아래의 세 가지 요건이 모두 충족되어야 동기가 유발된다.

① 노력과 성과 간의 기대: 구성원이 열심히 일하면 그것이 성과로 이어질 수 있다는 믿음을 의미한다. 열심히 일해도 성과로 이어질 수 없다면 동기는 줄어 줄 수밖에 없다.

② 성과와 보상 간의 연결: 성과가 보상으로 연결될 수 있다는 기대를 의미한다.

③ 보상의 가치: 성과를 창출한 구성원에게 주어지는 보상이 얼마나 소중한 정도를 의미한다. 동기를 주는 정도는 이러한 보상에 대해 인식하는 가치 수준과도 밀접히 연관된다.

[그림 11-4] 기대이론의 모형

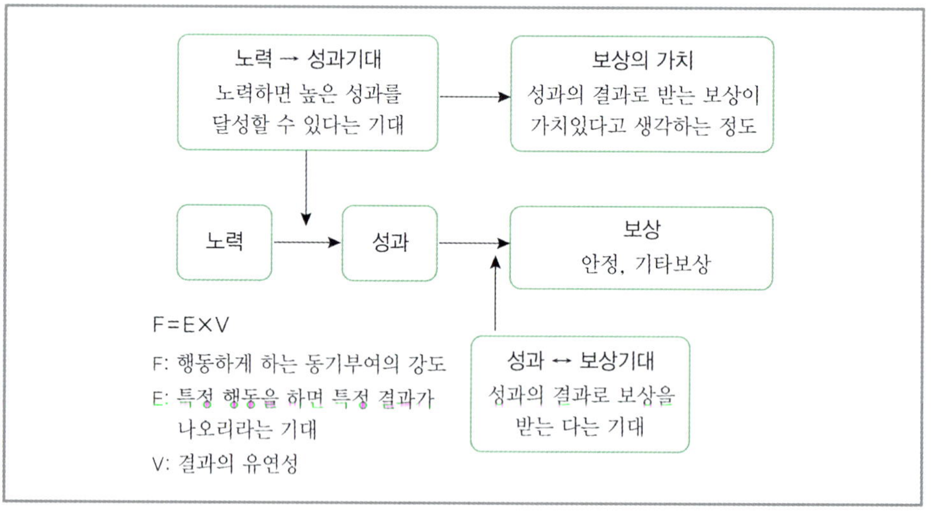

4. 공정성이론

인간은 자기가 알고 있는 바와 자신의 행동이 다를 때 부조화를 느끼고 이를 조화시키려는 행동으로 동기가 부여된다. 이때의 변화 노력은 약간의 태도 변화에서 적극적 행동 변화에 이르기까지 다양하다. 예를 들면, 동료들보다 노력을 더했는데 회사로부터 똑같은 보상을 받았다면 다음에는 노력을 덜 하는 쪽으로 동기가 부여된다. 즉, 각 개인은 상대방으로부터 자신의 공헌에 대한 정당하고 공평한 대가를 받아야 한다고 보고 있는데, 그 정당성 여부는 자기의 공헌-보상만 보고 판단하는 것이 아니라 남들의 것과 비교한 후에 판단하게 된다. 따라서 불공정하다고 판단되면 화를 내거나 죄책감을 느끼고 이 불공정을 줄이려고 노력을 하게 된다. 이 이론이 갖는 시사점은 단순히 물질적 · 정신적 보상을 많이 해주는 것이 동기부여로 이어지는 것이 아니라 항상 공정한 원칙 하에서 보상이 이루어져야 한다는 사실이다.

토론 사례

포도원의 품꾼들: 마태복음 제20장

1. 천국은 마치 품꾼을 얻어 포도원에 들여보내려고 이른 아침에 나간 집 주인과 같으니
2. 그가 하루 한 데나리온씩 품꾼들과 약속하여 포도원에 들여보내고
3. 또 제삼시에 나가 보고 장터에 놀고 서 있는 사람들이 또 있는지라
4. 그들에게 이르되 너희도 포도원에 들어가라 내가 너희에게 상당하게 주리라 하니 그들이 가고
5. 제육시와 제구시에 또 나가 그와 같이 하고
6. 제십일시에도 나가 보니 서 있는 사람들이 또 있는지라 이르되 너희는 어찌하여 종일토록 놀고 여기 서 있느냐
7. 이르되 우리를 품꾼으로 쓰는 이가 없음이니이다 이르되 너희도 포도원에 들어가라 하니라
8. 저물매 포도원 주인이 청지기에게 이르되 품꾼들을 불러 나중 온 자로부터 시작하여 먼저 온 자까지 삯을 주라 하니
9. 제십일시에 온 자들이 와서 한 데나리온씩을 받거늘
10. 먼저 온 자들이 와서 더 받을 줄 알았더니 그들도 한 데나리온씩 받은지라
11. 받은 후 집 주인을 원망하여 이르되

12. 나중 온 이 사람들은 한 시간밖에 일하지 아니하였거늘 그들을 종일 수고하며 더위를 견딘 우리와 같게 하였나이다
13. 주인이 그 중의 한 사람에게 대답하여 이르되 친구여 내가 네게 잘못한 것이 없느라 네가 나와 한 데나리온의 약속을 하지 아니하였느냐
14. 네 것이나 가지고 가라 나중 온 이 사람에게 너와 같이 주는 것이 내 뜻이니라
15. 내 것을 가지고 내 뜻대로 할 것이 아니냐 내가 선하므로 네가 악하게 보느냐
16. 이와 같이 나중 된 자로서 먼저 되고 먼저 된자로서 나중 되리라.

Q: 주인의 결정은 옳다고 생각하는가? 그 논거는 무엇인가?

02 동기부여의 방법

동기부여 방법에는 세 가지 방법을 고려할 수 있다.

1. 직무설계를 통한 동기부여(직무관리)

직무의 경제적 · 기술적 요소뿐만 아니라 직무와 관련된 심리적인 요소들도 통합하여 직무 내용을 설계함으로써 구성원의 동기를 유발시키는 방법이다.

2. 보상을 통한 동기부여(욕구이론, 기대이론 등)

구성원의 과제 수행에 따른 성과급과 같은 물질적 보상과 공개적인 표창과 같은 정신적인 대가를 제공함으로써 동기를 부여하는 방법이다.

3. 커뮤니케이션을 통한 동기부여(욕구이론, 기대이론, 자기실현적 예언 등)

조직의 관리자와 구성원 사이에 인간적인 교감, 피드백을 통한 목표관리, 구성원에게 권한과 책임부여 등 효과적인 커뮤니케이션을 통해 동기를 부여하는 방법이다.

보상을 통한 동기부여 방법과 유의사항

물질적 그리고 정신적인 대가를 제공함으로써 동기를 부여하는 방법으로 물질적으로는 급여와 인센티브 등의 형태로 제공되고, 즉각적인 포상이 이루어지게 한다. 또한, 성과와 보상 간의 인간관계를 명확히 해야 한다. 정신적인 보상은 공개적인 칭찬이나 표창, 상장과 그리고 상품권, 자기계발 기회, 가족형 보상 등 다양한 형태로서 동기를 부여할 수 있다.

보상시스템에서 가장 중요한 것은 보상의 근거가 명확하고 투명하여야 하며, 물질적 보상과 정신적 보상이 모두 동시에 이루어져야 한다. 그렇지 않으면 부작용이 생겨 오히려 동기가 더욱 유발되지 않을 수도 있다. 예를 들어, 과거처럼 연공에 의한 보상이 행해진다거나 서로 차례에 의한 돌려먹기 식의 보상이 이루어지면 사원들의 무사안일과 능력 있는 사원들의 동기가 저하될 수 있다.

정신적인 보상 방법 중 대표적인 방법은 진정한 의미의 칭찬이라고 할 수 있다. 미국 코닝사는 종업원들이 좋은 느낌을 가질 수 있는 환경에서 일할 수 있도록 노력했으며, 이를 위한 천 개의 아이디어를 실행했는데 그 중 하나는 사원들에게 존중과 관심을 주는 방법을 다루는 것이었다. 이러한 방법에 대해 실제 수행했던 담당자는 이렇게 평가하였다. "이제 사람들이 받는 것은 '금주의 사원' 이라는 인정이다. 칠판에 그들의 사진을 붙이거나 꽃을 주거나 커피잔을 준다. 또한, 누군가가 감사하다고 얘기한다. 이것은 사람들이 관심을 갖고 참여하고 싶어한다는 것을 나타내주는 것이다. 그저 사람들 자리에 꽃이나 커피 등을 놓아 주고 감사하다는 말을 하면 된다. 단순하지만 이를 통해 어떤 일이 일어나는지 보면 놀랄만하다."

물질적 · 금전적 보상 방법으로 카페테리아식 복리후생제도는 회사가 구성원에게 획일적인 복리후생을 제공하는 것이 아닌 개인별 욕구에 따라 다양하게 복리후생을 선택적으로 제공하는 제도로, 보상대상자에게 일정 한도 내에서 물질적인 보상과 정신적인 보상 내용이 담긴 여러 프로그램(예: 유급휴가, 해외연수, 체력단련비, 학원 교육비 등)에서 직접 보상 프로그램을 고를 수 있도록 하므로, 동기부여의 방법으로 활용될 수 있다.

커뮤니케이션을 통한 동기부여 방법

동기부여 방법으로 효과가 가장 크지만 실행이 가장 어렵고 또한 장기적으로 수행되어야 하는 부분이다. 이 방법은 크게 세 가지 구체적인 방법으로 수행할 수 있다.

1. 구성원을 존중하고 진심어린 관심을 보인다.

모든 사람은 존중 받을 만하고 모든 사람은 자기 존중과 다른 사람의 존경을 받음으로써 가장 강력한 동기를 부여받을 수 있다. 먼저 자신이 타인에 대한 존중과 진심어린 관심을 보임으로써 그 타인에 대한 동기부여를 기대할 수 있다. 또한 의견을 경청하고 진심에서 우러나는 칭찬과 같은 관심을 보임으로써 구성원에게 동기를 부여할 수 있다.

아인슈타인 어머니의 자녀 지도 방식은 예가 될 수 있다. 위대한 물리학자 아인슈타인은 초등학교 성적이 엉망이었다. 아인슈타인이 어느 날 받아온 성적표에는 이렇게 적혀 있었다. "이 학생은 장차 어떤 일을 해도 성공할 수 없을 것으로 판단됨" 담임선생님의 이 짤막한 의견을 읽은 아인슈타인의 어머니는 어린 아인슈타인에게 이렇게 말했다. "너는 남과 아주 다른 특별한 능력을 가지고 있단다. 남과 같아서야 어떻게 성공하겠니?" 진심어린 관심과 칭찬을 통해 우리는 사람을 변화하고 더 나은 동기부여와 성과를 보일 수 있게 된다.

2. 높은 기대 수준과 적절한 피드백을 제공한다.

구성원에 대한 높은 기대 수준을 보이는 것은 그 사람을 존중하고 능력을 인정한다는 표현이다. 당연히 기대를 받는 사람은 그 기대를 저버리지 않으려 노력하며 이는 동기유발로 이어진다. 또한 적절한 피드백을 줌으로써 구성원의 역량을 강화시키고 실수를 개선하도록 유도할 수 있다. 피그말리온 효과를 통한 동기부여 방식은 피드백이 동기부여 방식이 될 수 있음을 말해준다. "관리자의 기대감이 직원들의 업무수행에 긍정적으로든 부정적으로든 영향을 미칠 수 있다

3. 구성원에게 일정한 책임과 권한을 위임한다.

어떤 목표를 달성해야 하는 책임과 그것을 수행할 수 있도록 지원하는 권한을 줌으로써 동기를 부여할 수 있다. 구성원은 책임과 권한에 따른 높은 신뢰와 존중감을 느끼고 더욱 열심히 노력하게 된다.

리츠칼튼 호텔 직원들은 고객의 불편을 감지하는 즉시 그 문제를 해결하기 위해 아무런 경로를 거치지 않고 바로 그 자리에서 스스로 판단하여 최고 2,000달러를 지출할 권한을 갖고 있다.

직무스트레스 및 직장생활 스트레스관리와 직무소진(Burn Out)의 예방

스트레스란 환경에 대한 사람의 반응을 의미한다. 스트레스는 환경조건에 대한 사람들의 육체적 · 정신적 반응을 말하는데, 이러한 스트레스는 인간의 행동을 변화시키거나 조정하도록 하기도 한다. 스트레스는 사람의 욕구, 능력 그리고 환경의 요구, 변화, 기회와 관련된 기대라는 세 가지의 적합 관점에서 이해될 수 있다. 사람과 환경 간 좋은 조화는 스트레스에 긍정적 반응을 낳고, 사람과 환경 간의 관계가 부적합하면 부정적인 결과를 초래한다. 스트레스가 견딜만한 적절한 수준으로 주어지고 스트레스가 동기부여, 혁신 그리고 학습에 기여할 수 있는 경우에 스트레스는 긍정적인 기능을 할 수 있다. 예를 들어, 승진 과정에서 겪는 스트레스는 대부분의 종업원들이 긍정적으로 경험하게 되는 스트레스이다. 반면, 스트레스가 지나치게 높은 수준이거나 반대로 지나치게 낮은 수준이거나, 또는 너무 오랜 기간 지속되면 역기능을 초래할 수 있다. 역기능적인 스트레스는 사람의 제어능력을 제압하여 육체적 · 감정적 피로를 유발한다.

직장에서 개인들이 경험하는 스트레스는 개인의 업무효율성을 저하시킬 뿐만 아니라 신체적 · 심리적 건강상태에도 좋지 않은 영향을 주어 개인을 무기력 상태에 빠지게 한다. 따라서 조직은 조직에서 일과 관련된 스트레스의 원인을 감소시키거나 스트레스를 경험하고 있는 개인들이 대처하도록 스트레스관리(stress management intervention)를 해야 한다. 조직 내에서 직무 스트레스가 전혀 없다는 것은 있을 수 없는 현실이므로, 스트레스관리의 핵심은 스트레스의 정도를 적정 수준으로 유지하는 데 있다.

스트레스를 감소시키고 적정 수준으로 유지하기 위해서는 먼저 구성원들이 각자의 스트레스를 각급 관리자에게 알리고, 스트레스를 측정하고 관리할 수 있는 제도를 개발하며, 각급 관리자는 종업원과의 면담을 통해 스트레스의 상태를 파악 · 관리하고, 회사는 적절한 치료와 대응책에 대한 예산을 배정한다.

구체적인 스트레스관리 방안으로는 물리적 작업환경, 보상시스템, 훈련이나 선발 · 배치 방법 등을 재검토하고 개선하는 방안을 들 수 있다. 또한 작업수행 시 필요한 제반 여건을 보완 · 개선하여 직무스트레스를 해소할 수 있다. 그리고 개인의 스트레스를 관

실제 사례

중견기업 기획실에서 부장으로 근무하는 왕소진 씨는 실력을 인정받는 엘리트다. 굵직굵직한 프로젝트를 성공적으로 진행하면서 과장 시절부터 회장 신임을 얻은 왕 씨는 임원 승진을 앞두고 있다. 상사, 부하직원과 관계도 좋아 사내에서는 소통의 아이콘으로 통하는 사람이었다. 그러던 그가 최근 두세 달 전부터 갑자기 변하기 시작했다. 부하직원의 작은 실수에도 호통을 치고, 만사에 짜증을 냈다. 얼굴에는 수심과 피로로 가득하다. 매사에 자신감이 없고 불안하고 무기력하다. 한 번도 잊어본 적이 없던 약속을 망각하는 증세가 나타났다. 정신과 진료를 받은 결과 병명은 '소진증후군'으로 진단받았다.

한국 직장인 중 85%가 스트레스를 받으면서 소진증후군을 경험하는 것으로 조사되었다. 소진증후군의 핵심 증상은 인생의 의미와 가치를 잘 느끼지 못하는 것이다. 일을 완수하면 성취감과 삶의 의미를 느끼지 못하고 무의미하게 느낀다. 옆에서 보면 매너리즘에 빠진 것처럼 보이기도 한다. 잠을 설치는 것도 특징이다. 스트레스를 받고 뇌가 피로하게 되면 신체 면역력도 떨어진다. 불면증, 두통, 식욕 부진이나 폭식, 소화불량, 변비, 성욕 감퇴가 대표적인 스트레스성 질환이다.

소진증후군 환자 진단 문진

1. 맡은 일을 수행하는 데 정서적으로 지쳐 있다.
2. 일을 마치거나 퇴근할 때 완전히 지쳐 있다.
3. 아침에 일어나 출근할 생각만 하면 피곤하다.
4. 일하는 것에 심적 부담과 긴장을 느낀다.
5. 업무를 수행할 때 무기력하고 싫증을 느낀다.
6. 현재 업무에 대한 관심이 크게 줄어들었다.
7. 맡은 일을 하는데 소극적이고 방어적이다.
8. 나의 직무 기여도에 대해 냉소적이다.
9. 스트레스를 풀기 위해 쾌락을 즐긴다.
10. 최근 짜증, 불만이 많아지고 여유가 없다.

※ 10가지 항목 중 3가지 이상 해당되면 소진의 우려가 있음.

리하는 데 있어서 주위 동료들의 관심과 격려와 같은 사회적 지원을 촉구하는 것이 효과적이다(Greenberg & Baron, 1995). 그리고 종업원들에게 정기적인 신체검사나 긴장이완훈련을 실시하거나 운동을 위한 시간이나 장소를 마련해 주는 것도 바람직할 것이다. 더 나아가 개인의 능력과 그의 직무 간의 적합도를 알아보기 위해서 직무를 공정하게 평가하는 방안도 스트레스관리에 효과적이다.

번아웃신드롬(Burnout Syndrome)이라고 불리는 소진증후군은 감성 에너지가 완전히 방전돼 버릴 때 생기는 뇌의 심각한 피로 현상을 의미한다. 미국의 정신분석 의사 H. 프뤼덴버그가 자신이 돌보던 간호사를 치료하는 과정에서 고안한 심리학 용어다.

학습정리

- 동기부여의 의미를 파악하고 각 구성원에 대해 동기를 부여함으로써 탁월한 성과를 이룰 수 있다.
- 동기부여이론에 대한 이해는 각 구성원에 대한 동기유발 요인과 동기부여 방법에 대한 해법을 찾는 토대로서 작용한다.
- 자신과 타인에 대해 동기를 부여할 수 있는 다양하고 효과적인 방법을 찾아 지속적이고 장기적으로 수행함으로써 조직 전체의 성과 향상에 기여할 수 있다.

참고문헌

1. 동기부여의 힘(2006). 존 발도니, 옮김-이진원, 더난출판사.
2. 동기부여의 기술(2003). 앤브루스 외. 옮김-윤대현, 지식공작소.
3. 성공하는 리더는 혼자 뛰지 않는다(원제: Effective Motivation)(1999). 존 어데어, 옮김-엄길청, 다해.

연습문제

01 강화이론(reinforcement theory)에 관한 다음 설명 중 가장 옳지 않은 것은?

2001년 공인회계사

① 적극적 강화는 보상을 이용한다.
② 소극적 강화는 불편한 자극을 이용한다.
③ 적극적 강화에는 도피학습과 회피학습이 있다.
④ 연속강화법은 매우 효과적이나 적용이 어렵다.
⑤ 부분강화법 중 비율법이 간격법보다 더 효과적이다.

02 모티베이션과 관련한 다음의 설명 가운데 가장 적절하지 않은 것은? 2002년 공인회계사

① ERG이론은 욕구단계이론과는 달리 좌절-퇴행의 가능성을 인정한다.
② 동기-위생이론(2요인이론)에서는 만족과 불만족을 상이한 차원으로 이해한다.
③ 인지적 평가이론(cognitive evaluation theory)은 내재적 보상과 외재적 보상을 구분하지 않는다.
④ 공정성이론 또는 형평성이론(equity theory)은 사람의 노력과 그에 대한 보상을 계량화할 수 있다는 가정을 전제로 한다.
⑤ 목표에 의한 관리는 목표설정이론(goal setting theory)을 바탕으로 한 기법이다.

03 종업원의 동기부여에 관한 다음의 내용 가운데 기대이론(expectancy theory)에 근거한 것은?

2003년 공인회계사

① 관리자는 종업원들이 모두 같은 종류의 보상을 추구한다는 것을 인식해야 한다.

② 보상은 성과보다는 연공서열에 따라 책정되어야 한다.

③ 낮은 유의성과 낮은 수단성을 통해 동기가 부여된다.

④ 노력 수준을 높임으로써 성과가 높아진다는 종업원의 지각이 동기부여를 위해 중요하다.

⑤ 명확한 목표와 과업의 적절한 난이도는 성과 수준에 영향을 미치는 주된 요인이다.

04 동기부여이론에 관한 다음의 서술 중 가장 적절하지 않은 것은? 2004년 공인회계사

① 목표설정이론(goal setting theory)에서는 목표가 구체적이고 어려울수록 그리고 달성기간이 짧을수록 동기가 유발된다고 한다.

② 동기부여이론(motivation theory)은 크게 과정이론과 내용이론으로 나누어지는데, 과정이론은 어떤 과정을 거쳐 동기가 발생하였는가에 초점을 두며, 내용이론은 욕구의 정체와 종류, 충족 여부에 관심을 둔다.

③ 기대이론(expectancy theory)에 따르면 사람의 동기 수준은 노력을 하면 업적이나 성과가 오를 지의 확률, 성과 및 업적이 오르면 임금인상이나 승진이 되는지의 수단성, 그리고 임금인상 및 승진과 같은 보상에 대한 욕구의 크기에 의해 결정된다.

④ 공정성이론(equity theory)에 따르면 회사에서 남들보다 적은 액수의 돈을 받더라도 개인은 불공정성을 지각하지 않을 수 있다.

⑤ 매슬로우(Maslow)의 욕구이론(need theory)에 따르면 인간의 욕구는 육체적욕구, 안정욕구, 사회적욕구, 존경욕구, 자아실현욕구의 단계를 가진다.

05 동기부여의 기대이론(expectancy theory)과 관련된 설명으로 가장 적절하지 않은 것은?

2005년 공인회계사

① 기대감(expectancy), 유의성(valence), 수단성(instrumentality) 중 하나라도 0의 값을 가지면 동기부여 수준은 0이 된다.

② 전체 동기부여 수준은 음(−)의 값을 가질 수 있다.

③ 기대감(expectancy)이란 노력을 했을 때 특정 수준의 성과를 낼 수 있는가에 대한 객관적 확률로서, 0에서 1까지의 값을 가진다.

④ 카페테리아식 복리후생제도는 유의성(valence)을 높이는 방법이 될 수 있다.

⑤ 성과급을 도입하면 수단성(instrumentality)이 높아질 수 있다.

06 동기부여(motivation) 이론 중 매슬로우의 욕구이론(need theory)에 관한 서술 중에 가장 적절한 것으로 묶인 것은? 2006년 공인회계사

> a. 하나의 욕구가 충족되면 그 다음 상위단계의 욕구를 충족시키려 한다.
> b. 상위욕구가 충족이 좌절되면 그 보다 하위단계의 욕구를 충족시키려 한다.
> c. 생리적욕구 – 안전욕구 – 존경욕구 – 사회적욕구 – 자아실현욕구의 순서로 단계가 나누어진다.
> d. 사회적욕구는 위생 요인으로 생리적욕구와 안전욕구는 동기 요인으로 분류하였다.
> e. 매슬로우의 5가지 욕구 중 존경(esteem)욕구, 관계(relatedness)욕구, 성장(growth) 욕구 3가지만을 고려하여 ERG 이론을 만들었다.

① a ② a, b, c ③ a, e ④ a, c ⑤ d, e

07 동기부여(motivation)이론을 설명한 것 중 가장 적절하지 않은 것은? 2007년 공인회계사

① 맥클리랜드(McClelland)의 성취동기이론에 따르면 친교욕구(need for affiliation)가 높은 사람은 다른 사람의 인정을 받으려고 노력하고, 권력욕구(need for power)가 높은 사람은 다른 사람을 지배하고 통제하고 싶어 한다.

② 알더퍼(Alderfer)의 ERG이론은 인간의 욕구를 존재(existence), 관계(relatedness), 성장(growth)의 세 가지 욕구로 분류하고, 욕구의 만족 – 진행(satisfaction-progression)과 좌절 – 퇴행(frustration-regression)이 일어난다고 주장한다.

③ 공정성이론(equity theory)에 따르면 개인이 불공정성에 대한 지각에서 오는 긴장을 감소시키는 방법으로 자신의 투입(input)의 변경, 산출(output)의 변경, 투입과 산출의 인지적 왜곡, 비교대상의 변경 등이 있다.

④ 봉급, 작업조건, 감독, 상사와의 관계는 허쯔버그(Herzberg)의 2요인이론에서 동기 요인(motivator)에 해당하는 것으로, 위생 요인이 충족되더라도 구성원을 동기화시키지 못하며 성과향상을 위해서는 동기 요인을 충족시켜야 한다고 주장한다.

⑤ 기대이론(expectancy theory)은 개인의 동기 수준이 기대감(expectancy), 수단성(instrumentality), 유의성(valence) 값의 곱으로 설명되고 있다.

12장 임파워먼트

학습목표

1. 임파워먼트의 중요성과 개념에 대해 이해한다.
2. 임파워먼트의 수준별 그리고 내용별 구성 요소에 대해 이해한다.
3. 임파워먼트의 방법을 이해하고 실제 생활에서 적용할 수 있도록 한다.

실제 사례

임파워먼트와 자율경영

임파워먼트(empowerment)는 권한(power)을 위양하는 것만을 의미하는 것이 아니다. 업무담당자가 업무수행능력을 갖추지 않았음에도 불구하고 업무권한을 전적으로 맡긴다면, 담당자는 아무것도 할 수 없는 막막한 상태에 빠지고 오히려 근로의욕이 저하될 수 있다. 임파워먼트의 또 다른 핵심 축은 일을 처리할 수 있도록 힘(power)을 키워주는 활동이며, 업무에 대한 자신감을 갖도록 하는 활동이다.

임파워먼트는 업무를 담당하는 조직구성원이나 팀에게 상부에서 업무를 일일이 지시하는 경영관리 방식에서 완전히 벗어나, 자율경영관리체제를 구축하는 것이라고 할 수 있다. 임파워먼트가 고도로 실행 정착된 단계가 되면 관리자는 부하직원들에게 이렇게 하라 저렇게 하라고 지시할 필요가 없다. 담당자들 스스로 업무를 추진하고 관리자는 필요한 조언과 코칭만을 해줄 뿐이다.

임파워먼트가 정착된 조직에서 관리자는 위험할 때만 도와주는 역할을 한다. 큰 위기에 봉착하지 않는 한 관리자는 다른 사람이 하는 일에 일체 간섭하지 않는다. 임파워먼트는 관리자 부하직원들에게 혹은 조직구성원들 상호간 스스로 성장할 기회를 만들어 주며 서로 영향을 준다. 관리자는 바람직한 행동과 역할을 시연해 주면서 다른 사람이 자신의 행동을 보고 따라하도록 함으로써 성장시킬 수 있다.

관리자(경영자)의 임파워먼트 역량은 근본적으로 자기수양에서 비롯된다. 부하직원들로부터 존경받으며 배울만한 본보기로서 인정받을 때, 관리자의 임파워먼트가 효과적일 수 있다. 존경 받는 관리자는 엄격한 자기관리에서 출발하고, 존경받지 못하는 관리자는 엄격한 관리를 타인에게만 들이대고 자신에게는 적용하지 않는다.

01 임파워먼트의 개념과 구성 요소

임파워먼트, 왜 중요한가?

오늘날 많은 기업들은 글로벌 시장경쟁상황에서 경쟁우위를 높이고 시장과 경영환경의 변화에 신속하게 반응할 수 있는 조직을 구축하기 위해 수평적 조직화를 설계 · 구축하고 있다. 왜냐하면 시장경쟁의 심화와 글로벌화는 많은 기업들로 하여금 고객지향적이며 환경 변화에 유연하게 대응하는 신속한 조직운영의 필요성을 크게 증대시키고 있기 때문이다.

이와 함께 기업들은 주로 조직구조 개편을 하면서 조직 내 의사결정단계의 축소를 지향하고 있다. 수평조직화는 조직 내 계층 수를 감소시키고 결과적으로 관리대상 인원 수의 증가를 초래한다. 이러한 상황에서 전통적인 조직관리 방식으로 관리자가 부하들

[그림 12-1] 임파워먼트의 개인 차원과 조직 차원의 의미

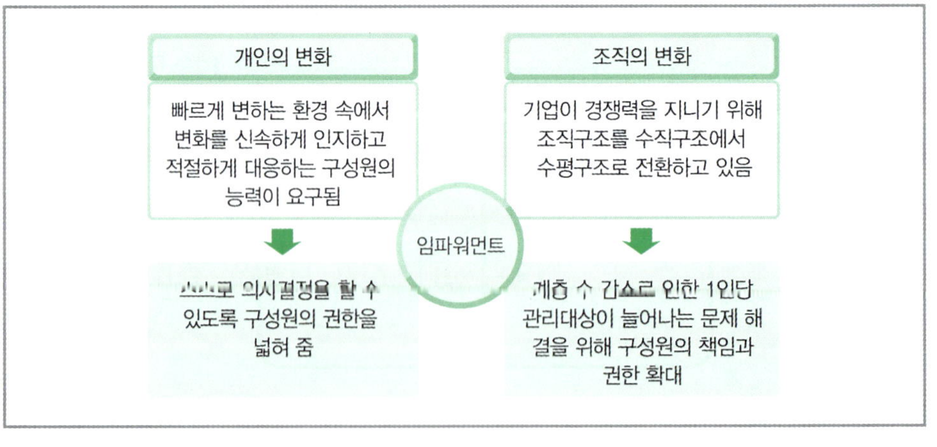

을 일일이 감독하고 관리한다면 그것은 상당히 비효율적일 것이다. 반면에 직원 개개인이 조직 전체의 목표를 정확히 인지하고 그에 맞게 스스로 알아서 업무를 수행할 수 있도록 한다면 조직운영이 매우 신속하고 효율적으로 이루어 질 것이다.

수평화 된 조직구조를 통해 기업이 성과목표를 달성하기 위해서는 관리자뿐만 아니라 직원 개개인도 종전과 달리 더욱 높은 수준의 업무수행역량은 물론 업무 관련 의사결정의 권한과 책임을 공유할 수 있어야 한다. 팀제와 같은 수평적 조직의 도입과 운영은 경영자와 관리자뿐만 아니라, 일반 직원들의 능력향상과 구성원 간의 상호관계의 변화를 요구한다. 이러한 수평적이고 민주적인 조직구조의 도입과 운영이 가능하도록 할 수 있는 인사관리 활동이 바로 임파워먼트이다. 즉, 구성원들의 일과 조직에 대한 몰입과 헌신, 책임의식과 주인의식, 그리고 높은 수준의 업무수행능력의 개발, 의사결정권한의 부여를 행하는 활동이 임파워먼트이다. 임파워먼트는 자율경영시스템을 구현하는 방법의 하나이다.

[그림 12-2] 임파워먼트의 연관 개념

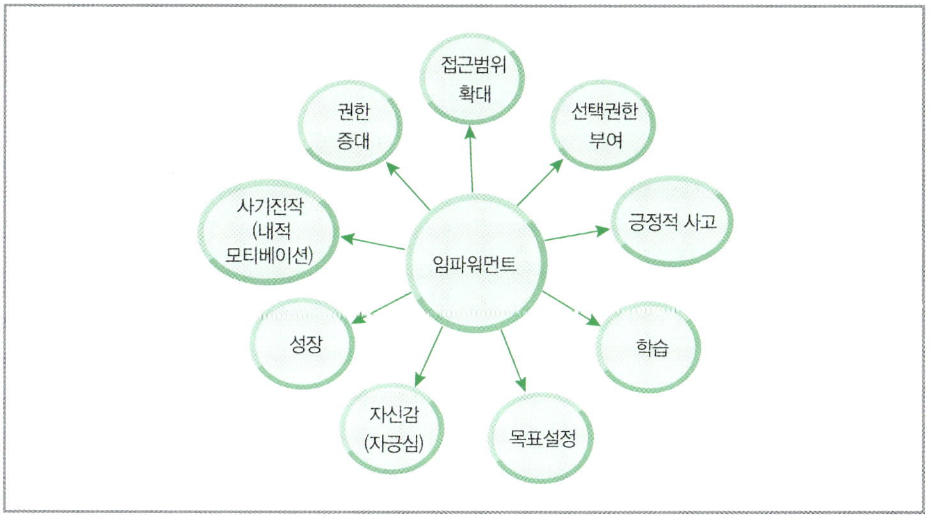

임파워먼트란 무엇인가?

우리 주위에서 임파워먼트는 흔히 조직 내 권한을 재배분하고 파워를 공유하는 것과 관련된 것으로 알려져 있다. 그리하여 다음과 같은 내용들이 임파워먼트의 내용으로서 흔히 언급된다.

- 최대한 아래로 조직 내의 의사결정권을 내려 보내는 것
- 문제에 가장 가까이 있는 사람에게 문제 해결 권한을 부여하는 것
- 구성원에게 일을 부여한 후, 그 일을 할 수 있게끔 그 앞길을 비켜주는 것
- 구성원으로 하여금 일과 조직에 대한 주인의식을 부여하는 것
- 팀의 자율관리가 가능케 하는 것
- 구성원이 올바른 일을 하도록 신뢰하는 것

위와 같은 내용으로만 임파워먼트의 개념을 설명하는 것은 미흡하다. 왜냐하면 임파워먼트는 본질적으로 파워의 크기(size)가 정해져 있다는 가정을 깨고, 그 크기 자체를 늘려나가자는 관점(positive-sum approach to power)이기 때문이다.

[표 12-1] 임파워먼트 개념의 도입 과정

내용	역량증대 활용, 확산	• 자신과 구성원으로부터 최고 · 최선을 추구하는 것 • 개인 속에 구속된 파워를 키워주고 풀어주는 것 • 사람의 능력을(잠재력까지도) 최대한 활용(harness)하는 것
목표	능동, 자율, 창조경영 (을 통한 성과증진)	• 수동적 · 상황적응적 관리(reactive management)를 지양하고 능동적 · 상황창조적 관리(flexible management)를 추구 • 조직 내 구성원으로 하여금 수동적보다는 능동적인 삶을 살게 함 • 조직의 지속적 성장을 추구
방법 (중 하나)	권한이전 (권한이양)	• 위임을 넘어서 가장 효과적으로 파워가 쓰이는 곳에 실질적으로 파워를 부여하는 것 • Power delegation보다는 power devolution 관점임

일견 비슷해 보이는 위임(delegation)과 임파워먼트는 내용상 상당히 다르다. 쉽게 보면 위임은 파워의 Zero-sum 관점에서 하부로 권한을 넘겨주는 것에 불과하지만, 임파워먼트는 Positive-sum 관점에서 권한위임에 더하여 위임된 권한이 실제로 활용 · 발휘되어 성과증진에 연결될 수 있게 하는 제반 조치의 추가적 지원까지 포함하고 있다.

임파워먼트는 Zero-sum 관점에서 한정된 파워를 권한의 하부 이동이라는 배분의 의미로 접근하기보다, Positive-sum 관점에서 모든 구성원 스스로가 긍정적 사고와 타인 신뢰감을 바탕으로 자신의 역량과 책임의식을 키운 후, 타인의 역량 증대까지 서로 도와줌으로써, 전체 파워 크기의 증대와 확산을 추구하는 것이다. 따라서 임파워먼트의

[표 12-2] 임파워먼트의 정의

학 자	정 의
Conger & Kanungo (1988)	조직구성원에게 무력감을 주는 요인을 파악하고 이를 제거하기 위해 동기부여와 자기 효능감을 고양시켜 주는 과정
Thomas & Velthouse (1990)	조직구성원이 자신의 목표 달성을 위해 과업수행에 필요한 행동을 스스로 결정하게 하여 내적 동기를 부여해 주는 과정
Spreitzer (1995)	조직구성원이 고업수행 시 직무에서 느끼는 인지적 요소(의미성, 역량, 자기결정력, 영향력)들에 대한 동기부여를 증진하기 위해 권한을 확대, 강화하는 심리적 과정

출처: 주세영, 2015. 11.

개념에는 권한위임이 부분적으로 포함되지만, 그보다는 조직의 역량증대나 확산을 의미하는 개념이 더 중요한 내용으로 포함된다.

임파워먼트 수준과 구성 요소

1. 개인, 집단 및 조직 임파워먼트

임파워먼트는 개인단위에서 출발하여 집단단위를 거쳐 조직단위에까지 연결될 수 있다. 즉, 개인단위에서 개인 임파워먼트를 통하여 임파워된 개인이 자신의 파워를 활용하여 다인의 파워증진을 추구하면(이때, 임파워 시키는 사람을 'empowering person', 임파워된 사람을 'empowered person'이라고 한다) 집단 임파워먼트가 일어나고, 이러한 과정이 조직에 확산되면 조직 임파워먼트가 발생하여 결과적으로 조직이 지속적으로 성장하게 된다는 것이다.

[그림 12-3] 임파워먼트의 수준별 구성 요소

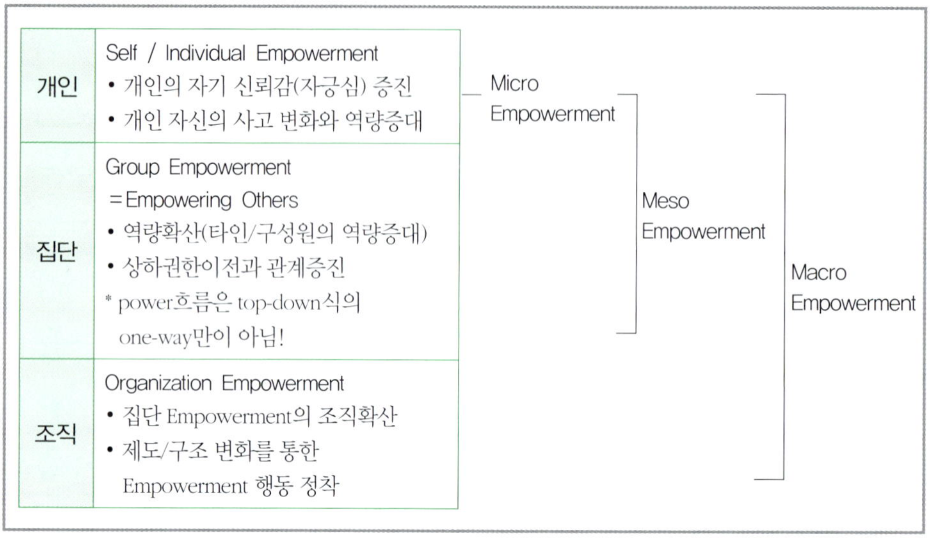

출처: Spreizer(1995).

[그림 12-4] 개인 임파워먼트의 심리적 과정

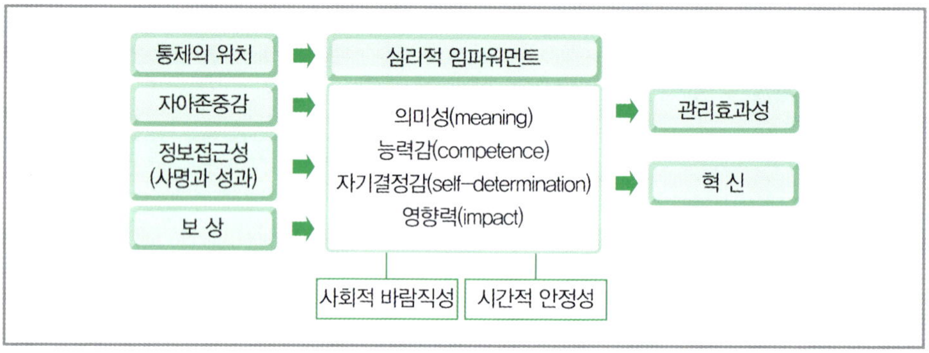

출처: Spreizer, G. M. 1995a, "Psychological empowerment in the workplace," *Academy of Management Journal*, 38(5): 1442-1465.

2. 임파워먼트의 내용별 구성 요소

임파워먼트의 내용으로는 조직 내 구성원의 사고(mindsets), 구성원 간의 관계(relationships), 조직의 제도나 구조(structures)가 있을 수 있는데, 임파워먼트는 이 3가지 모든 면에서 변화가 일어나야 진정 올바르게 달성되는 것이라 할 수 있다. 그리고 앞에서

[그림 12-5] 임파워먼트의 실행 과정

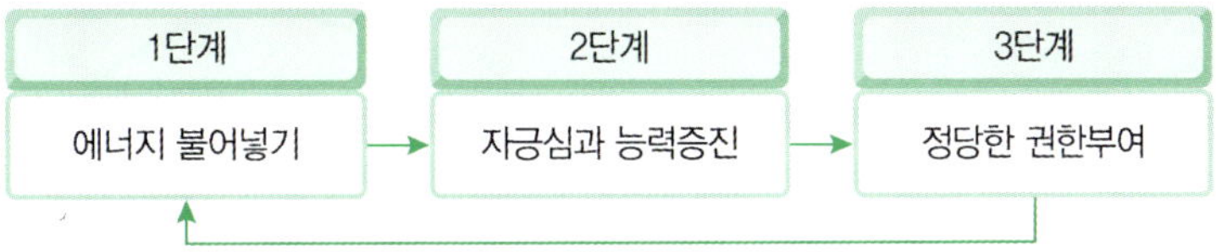

① 1단계: 조직구성원들에게 에너지를 불어넣기 위해 스트레스나 무력감을 유발하는 요소가 무엇인지 파악하고 이를 해소시킬 수 있는 방안을 마련하는 단계
② 2단계: 과업수행의 자신감을 향상시키는 방향으로 개인들의 자긍심과 능력을 증진시키는 단계
③ 3단계: 자신이 담당하고 있는 새로운 과업에 스스로 의사결정권을 가질 수 있도록 정당한 권한을 부여하는 단계

[표 12-3] 임파워먼트 내용별 구성 요소

	핵심내용	From	To
사고 변화	과정중시 책임공유 학습추구 자기 및 타인신뢰	무력감 지시를 기다림 일을 올바로 함 수동적 내용 양 상사책임 비난	임파워 행동을 취함 올바른 일을 함 창조적 · 선동적 과정과 내용 질과 양 모두의 책임 문제해결
관계 변화	팀중심, 과정과 학습 중시, 의사소통 증진, 책임과 보상의 공유, 협력 및 지원 중시, 참여적 의사결정, 상호신뢰 및 존경		
구조/제도 변화	피라미드 조직에서 수평 조직으로 전환 직무세분화에 의한 관료제 → 개인이나 팀의 network 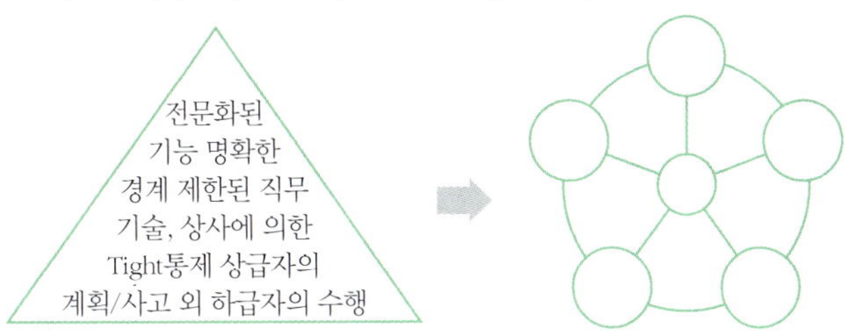		

출처: 박원우(1998), 임파워먼트 실천 메뉴얼.

설명한 3가지 변화대상을 수준별 구성 요소와 연결시켜 보면 일반적으로 사고의 변화는 개인 임파워먼트에서, 관계의 변화는 집단 임파워먼트에서, 구조의 변화는 조직 임파워먼트에서 일어난다.

02 임파워먼트의 방법

임파워먼트, 어떻게 실행할 것인가?

임파워먼트를 실제 경영에서는 어떻게 실행할 수 있는지 임파워먼트의 7가지 실행 방법을 살펴보겠다.

1. 명확한 비전과 원칙제시

임파워먼트가 성공적으로 실행되려면 직원들이 기업의 비전과 전략, 그리고 임파워먼트의 내용 등을 명확히 인식하고 있어야 한다. 명확한 이해를 기초로 할 때 직원들은 상사의 허락이나 지침을 기다리지 않고 자기 스스로 업무를 수행하며 조직 성과와 개인의 능력을 향상시킬 수 있다. 동시에 직원들이 가지고 있는 재량권의 한계가 어디까지인가를 말해주는 가이드 라인의 제시를 통해 재량권의 범위를 확실하게 인식시켜야 한다. 가이드 라인이 없다면 구성원들은 혼란을 느끼게 되어 임파워먼트가 되기 어렵다.

임파워먼트는 분명한 목표와 비전의 제시는 직원들로 하여금 자신이 진행해 나가야 할 방향을 큰 틀 안에서 생각해 볼 수 있도록 하기 때문에 자신이 어떻게 하면 조직유효성에 도움이 되는지 생각할 수 있게 한다. 또한 직원들의 책임감도 증진시켜 줄 수 있으며 직원들의 역량이 분산되지 않고 결집되도록 한다.

2. 에너지 불어넣기와 자긍심과 능력증진

임파워먼트는 직원들이 그들의 직업과 회사에 대해서 긍지를 느끼도록 해야 하며, 다른 직원들과 문제를 해결하기 위해 함께 일하고 있다는 동료애를 느끼도록 해야 한다.

또한 자신들이 존중 받고 있으며, 자신들의 의견이 경청되고 있다는 것을 느낄 수 있어야 한다. 이런 감정을 느낄 수 있어야 개인은 자신이 맡은 일에 주인 의식을 갖고 성과 향상을 위해 열성을 다해 노력하게 된다. 세계적인 청바지 제조 회사 Levi Strauss는 직원들을 중시하는 기업문화를 만들어 왔다. 미션 스테이트먼트에서 "우리는 우리의 직원들이 존경 받고 있으며, 정당하게 대우 받고, 자신들의 의견이 존중되고 있으며, 기업의 일원이라고 느끼기를 원한다. 우리는 우리의 직원들이 회사에 공헌하고, 새로운 것을 학습하고, 성장할 수 있는 기회를 가질 수 있기 때문에 자부심을 갖고 회사에 남아 있으려 하는 기업이 되기를 원한다"라고 명시함으로써 인적자원의 중요성을 강조하고 있다.

호손 연구에서 밝혀진 것처럼 사람들은 자신이 누군가의 관심을 받고 있다는 사실만으로도 의욕이 증진될 수 있다. 게다가 기업 전체의 문화가 직원들을 중시하고 존중하는 분위기라면 직원들도 자신을 존중해 준 것에 대한 보답을 하고자 할 것이다. 한 가지 주의할 점은 존중이 직무에서의 무능력마저 용인하는 것이 아니라는 점을 명확하게 인지시켜야 한다는 것이다.

3. 실패에 대한 격려

새로운 행동 방식을 실행해 나가는 임파워먼트는 항상 위험이 수반하기 마련이다. 만약 기업이 직원의 실패에 대해 처벌이나 제재를 가한다면 대부분의 회사 직원들은 능동적인 임파워먼트 수행에 어려움을 겪게 된다. 직원의 결정에 신뢰를 부여하고 추진할 수 있는 권한을 더해준다면 실패에 따른 결과보다 직원의 의욕을 고취시켜 얻어내는 성과가 더 클 수 있다.

실패는 누구나 할 수 있다. 하지만 실패의 원인을 규명하고 개선 방안을 도출하여 앞으로의 기업 가치에 도움이 될 수 있도록 활용할 수 있다. 실패 또는 실수로 인해 다음번의 실패를 방지할 수 있다. 실패와 함께 실패의 당사자까지 잃게 되는 것은 비용 측면에서 분명 기업의 손실이다. 누구나 실패는 할 수 있지만, 정기적이고 반복적인 실패인지 아닌지의 여부에 따라 격려 또는 처벌이 뒤따라야 할 것이다. 오늘 실패한 직원이 내일의 실패를 막아내거나 실패를 교훈 삼아 자신을 격려 해준 회사의 성과향상을 도모할 수도 있다.

4. 공정한 보상

동기를 부여하는 방법으로는 물질적 그리고 정신적인 보상을 제공하는 방법이 있다. 물질적 보상 방법은 급여와 인센티브 등의 형태로 제공되는데, 즉각적으로 이루어질 경우 효과적이다. 또한, 성과와 보상 간의 인과관계를 명확히 해야 기대되는 효과를 획득할 수 있다. 그리고 정신적인 보상 방법은 공개적인 칭찬이나 표창, 포상, 자기계발 기회 제공 등 다양한 형태가 있다.

명확하고 투명한 근거에 의해 행해진 보상은 직원들의 성취욕구를 고취시키고, 성과를 증진시킨다. 보상도 참여도에 따른 차별화가 필요하다. 나이나 직급에 관계없이 성과의 기여도나 능력 발휘도에 따라 보상 정도도 정해져야 한다. 아직 우리 사회에 뿌리 깊게 남아 있는 연공서열에 관한 문제나 어떤 기준과 방법으로 기여도를 결정하느냐 하는 문제가 대두될 수 있다. 진정한 의미에서의 임파워먼트는 합리적 보상이 타당하게 이루어질 때 가능하다.

5. 역할 재정립의 마인드 개발

현실에 안주하는 위험 회피적인 태도를 지니고 있는 직원들도 주도권을 쥐고 업무를 수행할 수 있도록 다음과 같은 특성들을 정립해 주어야 한다.

- 전체적인 전략 방향이 제시되면 조직구성원들은 그들의 업무목표 달성 방법의 선택에 대한 재량권을 갖고 의사결정을 할 수 있어야 한다.
- 조직구성원들이 자신이 하는 일에 대해 주인의식을 갖고 열정을 바치도록 해야 한다.
- 담당 과업을 제대로 수행할 수 있는 능력을 보유하고 있으며, 또한 자신들의 능력을 통해 업무목표를 달성할 수 있다는 자신감을 가질 수 있도록 하여야 한다.
- 구성원들이 자신의 수행 과업에 대해 영향력을 가지고 있으며, 상급자나 동료들이 자신의 의견을 존중하고 있다고 느낄 수 있어야 한다.

임파워먼트가 실행된 조직구조적인 형태의 하나로 소사장제를 들 수 있는데 특히 우량기업들의 경우 기업 내에 사내 기업가정신을 발휘하는 소사장을 많이 보유하고 있다. 소사장제는 '인트라프리너링(intrapreneuring)'을 활성화시키는 제도라고 할 수 있다.

인트라프리너링이란 Intracorporate Entrepreneuring을 줄여서 만든 신조어로 대기업 내에 소사장을 많이 두는 경영 방식을 말한다. 예컨대, 인트라프리너링은 벤처비즈니스를 회사 안에서 추진함으로써 벤처비즈니스의 장점을 살리는 시도이다.

사람들은 본질적으로 변화를 달가워하지 않으며 현실에 안주하려는 경향이 있다. 이 같은 성향이 조직시스템 상에 구조적으로 나타나는 것을 구조적 관성(structural inetia)이라고 한다. 구조적 관성은 구성원들에게 뿌리 깊이 박혀있는 것으로 제거해야 할 조직 병리 현상이다. 아이러니컬하게도 혁신을 통해 변화를 꾀해야 하는 기업 입장에서는 직원들을 변화시키는 수밖에 없다. 직원 한 사람 한 사람이 기업을 변화시킬 힘을 가지고 있고, 그 힘을 받쳐주기 위해 기업이 그들을 존중하고 그들의 권한을 인정해 준다면 달라진 자신의 역할에 맞게 개인의 능력발휘 정도도 변화될 수 있을 것이다.

6. 능력과 리더십의 조화

만약 직원들이 임파워먼트를 실행할 수 있는 능력을 전혀 갖추고 있지 못하다면 명령/지시 위주의 통제형 리더십이 성과를 달성하는 데 더 바람직하다. 왜냐하면 능력이 부족한 직원들에게는 보다 밀접한 통제와 교육이 필요하기 때문이다. 따라서 리더는 부하들에게 전체 과업을 적절히 분담해 주고 맡겨진 업무를 수행하도록 하며 시의적절한 조정과 통제를 수행하여야 한다. 동시에 지속적인 교육을 통해 과업에 대한 주인 의식과 고난도의 과업을 수행할 수 있는 능력을 개발시켜 나가야 한다.

반면 어느 정도 능력을 갖춘 직원들에게는 재량권을 일부 부여하는 대신 직원들이 취약한 부분에 대해 어느 정도의 의사결정권을 유지하는 후원/육성형 리더십이 적절하다. 마지막으로 임파워먼트를 실행할 수 있는 충분한 능력을 구비하고 있는 직원들에게는 조언과 폭넓은 가이드 라인만 제공하는 대신 과업에 대한 재량권을 업무 수행자에게 부여하는 임파워링 리더십이 적절하다.

임파워먼트에 대한 준비가 전혀 되지 않은 직원들에게 임파워링 리더십을 적용한다면 효과보다는 오히려 부작용이 더 클 수 있다. 마찬가지로 직원들의 능력이 아무리 높다 할지라도 통제형 리더십을 적용한다면 임파워먼트가 효과적으로 이루어 질 수 없다. 기업은 직원들의 능력에 따라 책임감의 정도를 적절하게 조정하고, 동시에 능력개발을 도모함으로써 결과적으로 직원들이 임파워먼트되어 스스로 업무를 처리할 수 있도록 만들어야 한다.

[표 12-4] 리더의 유형과 임파워먼트

리더의 유형	통제형 리더 ⇒ 후원/육성형 리더 ⇒ 임파워링 리더 (controlling leader) (enabling leader) (empowering leader)
리더십의 핵심	Telling ⇒ Selling ⇒ Coaching ⇒ Enabling ⇒ Empowering
리더십의 내용	• 옳은 제품선택 • 옳은 종업원 선택 • 필요시(요청시) 도와줌 • 필요시 팀을 대표함 • 대내 · 외 관련 조직, 부서 및 사람 간의 의사소통 증진 • 구성원의 교육 · 훈련 증진 • 과정, 절차, 표준/기준의 변경 • 다양한 훈련 강조/지원 • 계속적인 성과평가 • 목표와 가이드라인 설정 • 팀형성과 팀웍 증진 • 방향성 조정 • 제자원의 확보

출처: 박원우(1998), 임파워먼트 실천 매뉴얼.

기업의 입장에서는 직원 각각의 특성과 팀의 성격을 파악하여 리더십을 발휘하도록 하고, 또한 그런 리더를 발굴해 내는 것은 큰 부담이다. 최근에는 임파워먼트를 통하여 셀프리더가 되도록 하는 것이 대세이다. 자기 자신의 제반 능력증진을 통해 스스로를 셀프리더로 키우고 부하도 셀프리더로 이끌며 부하직원의 잠재능력이 최대한 발휘될 수 있도록 자극을 주고 모범을 보이는 것이 셀프리더이다. 결국에는 관리가 필요 없는 수준으로까지 조직의 힘을 키우는 리더가 기업이 이상적으로 생각하는 리더의 모습이라 할 수 있다.

❙그림 12-6❙ 임파워먼트의 3수준

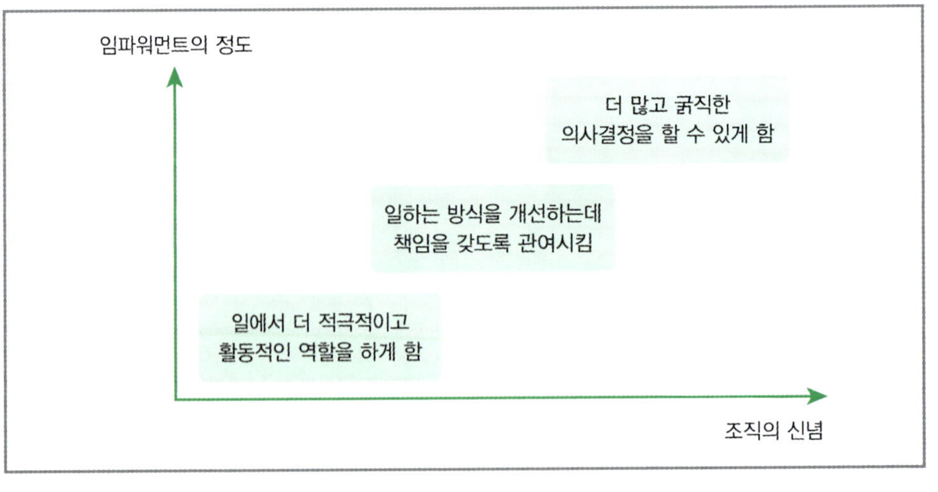

우리나라 후삼국 시대 강원도 철원을 중심으로 태봉을 건국한 궁예와 왕건은 독재적 리더십과 위임형 리더십의 예가 될 수 있다. 궁예는 조직의 모든 권한과 권력을 자신만이 행사할 수 있도록 하며, 모든 것을 자기 혼자 결정하고 자신에게 절대적인 충성과 복종을 요구하며 부하들 위에서 군림한다. 반면 위임형 리더십은 기본적으로 부하들에 대해 신뢰하고 그들을 육성 · 개발하여 용기를 주며, 자신감을 갖도록 격려하고, 부하들을 믿고 과제를 맡기며 결정 권한을 위임한다.

흔히 훌륭한 리더가 발휘해야 할 능력으로 인비전(envision), 인에이블(enable), 에너자이저(energizer), 임파워먼트(empowerment) 등이 제시된다. 위대한 리더와 그렇지 못한 리더의 차이는 부하를 키우고 신뢰하고 재량권을 주느냐 하는 임파워먼트에 의해 갈린다. 훌륭한 리더는 부하들을 믿고 결코 책임을 미루지 않으며 그들이 스스로 일하고 문제를 해결해 나갈 수 있도록 육성하고 '신뢰와 재량과 책임'을 주는 사람이다.

7. 신뢰 구축

미국 Viking Glass(VK)라는 회사에서는 2년간에 걸쳐 임파워먼트 환경을 형성하려고 노력하였다. 그 과정에서 철저한 현실적 벤치마킹을 통해 임파워먼트의 성공 요인을 조사한 결과 다음과 같은 결론에 도달하였다.

임파워먼트 노력이 성공한 경우와 그렇지 못한 경우를 대비하여 보면, 성공한 경우는 경영관리자와 직원 사이에 상호신뢰(mutual trust)의 분위기가 뚜렷이 존재한다는 것이다. 조금이라도 임파워먼트 노력의 결과가 미흡한 곳에서는 신뢰의 풍토가 확실히 낮게 형성되어 있었다.

실제로 조직에서는 직원과 감독자 간에, 더 나아가 조직 내의 거의 모든 상하계층 간에 불신이 흔히 존재한다. 불신이 밖으로 표출되지 않았다 해도 실제 안으로는 널리 퍼져있다. 그러나 이 현상을 인식하는 관리자는 많지 않다. 조직 내 상호 불신의 존재 여부조차 알지 못한다는 점이 바로 임파워먼트 노력의 치명적 장애 요인이 된다.

Bennis(1969)와 Covey(1989)는 다음과 같이 각각 신뢰의 중요성을 강조하였다. "신뢰란 조직이 돌아갈(작동될) 수 있게 하는 윤활유다." "신뢰란(거저 주어지는 것이 아니라) 노력해야만 획득되는데, 획득하기 위한 유일한 방법은 능동적으로 자기 스스로의 신뢰성을 형성시키는 것이다. 신뢰란 신뢰성의 산물이며, 임파워먼트는 신뢰의 과실이다."

신뢰를 바탕으로 한 경영원칙은 기존의 중앙집권적 · 관료적 · 통제적 · 정형적 · 경직적 기업에서 분권적이고 비정형적인, 유연하고 인간적인 기업으로 변화하게 도와준다. 인간존중 경영의 중요성은 알고 있지만, 실천하기 어려워하는 기업들에게 인간을 존중하는 가장 큰 원칙이 무엇인지를 알려주고 그 존중을 통해 성과를 이끌어내고 있다는 점에서 인간에 대한 긍정적인 시선을 느낄 수 있다. 현실적으로, 기업이 얼마만큼의 신뢰도를 가지고 있는지 실증적인 수치로 증명해내지는 못하지만, 신뢰는 사람과 기업에게 가장 큰 자산이다.

임파워먼트는 조직구성원의 신뢰 수준을 제고시키면서 조직경영 프로세스의 스피드를 제고시켜 경쟁력을 강화시킬 수 있다. 조직구성원에 대한 임파워먼트 실행결과는 업무담당자의 업무실행능력에 대한 신뢰 수준을 제고시키고 실무자로의 업무 권한이양으로 나타나 조직의 업무처리속도를 가속화시킬 수 있다. 조직원구성원들이 명확한 권한과 책임을 갖고 있어야 의사결정을 빠르게 내릴 수 있고, 빠른 의사결정이야말로 스피드경영의 핵심이다. 조직 성장의 원동력으로 빠른 의사결정과 책임경영을 꼽을 수 있다. 권한이양이 잘 되어 있지 않은 조직은 의사결정단계가 필연적으로 길어진다. 예를 들어, 과장급에서 얼마든지 해결할 수 있는 문제가 팀장, 실장을 거쳐 임원으로까지 확대되면서 발생하는 시간 지체는 기업 경쟁력 저하를 초래할 수밖에 없다.

증권업계 후발주자인 M증권은 스피드경영을 통해 증권사의 경쟁력을 배가시킨 대표사례로 꼽힌다. M증권은 1999년 설립 초기부터 권한이양을 중요한 경영 과제로 강조해왔다. M그룹의 회장, M증권 부회장, M자산운용 사장 등 창립 멤버 주축 3인의 역할과 권한은 명확했다. M증권사는 2006년 증권업계 최초로 사업부제를 도입하는 등 지점장 제도에 '소사장 개념'을 도입하고 지점장에게 지점 운영과 관련한 전권을 이양했다. 인력 충원, 고과평가, 인센티브 지급 등을 일임하면서 지점 운영의 독립성을 강조했다. M증권은 영업 부문을 3개 사업부로 개편했고 관리, 지원 부문은 경영지원 부문으로 통합했으며, 영업 부문에 대한 전문성을 높여 각 부문이 시장 변화에 적극적으로 대응할 수 있도록 함으로써 경영의 효율성을 높였다.

임파워먼트 적용의 주의사항

조직 내에서 임파워먼트를 실행하는 데는 많은 저항이 존재한다. 우선 기존에 파워를 지닌 사람들로부터의 저항을 쉽게 생각할 수 있다. 특히 실제적으로 집단 임파워먼트 과정에서 더 심각한 것은 파워를 받는 사람들로부터의 저항이다. 이들의 임파워먼트에 대한 저항 원인은 다음과 같이 정리할 수 있다.

[표 12-5] 임파워먼트에 대한 저항의 원인과 이유

Power를 지닌 사람의 저항	Power를 받는 사람의 저항
• 권한과 통제력 상실의 두려움 –특히 초급관리자(대리, 감독자급)가 더 심함 • 지위상실의 두려움 –승진과 경력진전의 기회상실로 여김 (특히 계층축소가 이루어지는 조직)	• 책임감의 두려움 –실패, 문제 발생 시의 책임감이 두려움 • Magic Helper 추구 경향 –책임질 사람이 따로 있어서, 책임 안 져도 되는 편안함을 추구하는 경향 –자긍심이 낮은(=외부통제형) 사람이 특히 이러함

이상과 같은 문제점을 극복하는 방편으로 임파워먼트 전문가인 Stewart(1994)는 다음과 같은 방안을 제시하고 있다.

① 파워를 점진적으로(서서히) 넘겨주어라

② 팀원 중 먼저 행동을 취하거나 '자기결정'을 잘하는 사람이 나타나면 적극적으로 칭찬하고 보상하라. 즉, 나머지 구성원에게 임파워먼트의 결과를 당신이 진정 원한다는 것을 행동으로 보여 주어라.

③ 5가지 원칙을 준수하라.

- 선도자를 지원하라(support initiative)
- 창의성을 강화하라(foster creativity)
- 의사소통을 증진하라(improve communication)
- 임파워된 행동을 보상하라(reward empowered behavior)
- 말로만 하지 말고 모델을 제시하라(walk the talk)

학습정리

- 임파워먼트는 성과 제고를 위해 능력과 의욕을 분리하는 것이 아닌 양자를 모두 향상시키는 것으로 구성원의 자율적이고 적극적이며 능동적인 활동을 유도해 내는 것이다.
- 임파워먼트는 파워의 크기가 정해져 있다는 것을 지양하고 Positive-sum 관점에서 접근하며 협력에 의하여 양자 모두의, 집단의, 조직의 파워 자체가 증대되도록 하는 노력과 과정을 의미한다.
- 임파워먼트의 개념은 수준별로 개인, 집단, 조직의 임파워먼트로 구성되며 또한 내용별로는 사고의 변화, 관계의 변화, 조직/제도의 변화로 나눌 수 있다.
- 임파워먼트를 실제 생활에서 적용하기 위해서는 명확한 비전과 원칙 제시, 인적자원을 중시하는 기업문화 구축, 실패에 대한 격려, 공정한 보상, 역할 재정립의 마인드 개발, 능력과 리더십의 조화, 신뢰의 구축 등 7가지 방법을 이용할 수 있다.

참고문헌

1. 임파워먼트 실천 매뉴얼(1998). 박원우, 시그마 컨설팅 그룹.
2. 경영혁신 임파워먼트(1995). 주디스 F. 보그트, 케네스 L. 머렐, 옮김-김성구, 고려원.

연습문제

01 다음 중 임파워먼트에 대한 설명으로 틀린 것은?

① 임파워먼트는 성과가 능력과 의욕의 함수라는 사실을 부정한다.
② 임파워먼트는 조직구성원들의 능력이 조직 전체의 경쟁력으로 이어진다는 사실을 인정한다.
③ 임파워먼트는 조직 내 권한의 재배분이나 권한의 하부이양과는 다른 개념이다.
④ 임파워먼트는 1980년대에 미국에서 무력감을 해소하기 위한 수단으로 등장하였다.
⑤ 임파워먼트가 성공적으로 실행되려면 직원들이 기업의 비전과 전략, 그리고 임파워먼트의 내용을 명확히 인식하고 있어야 한다.

02 임파워먼트의 내용별 구성 요소에 대한 설명이 틀린 것은?

① 일반적으로 사고의 변화는 개인 임파워먼트에서, 관계의 변화는 집단 임파워먼트에서, 구조의 변화는 조직 임파워먼트에서 일어나게 된다.
② 임파워먼트를 통한 사고의 변화는 구성원이 행동을 취하는 것에서 지시를 기다리는 것으로 변화하도록 유도한다.
③ 관계의 변화는 의사소통의 증진과 참여적 의사결정, 상호신뢰와 존경 등을 포함하는 개념이다.
④ 구조의 변화는 직무세분화에 의한 관료제에서 개인이나 팀의 네트워크 형태로의 변화를 도모

한다.

⑤ 사고 변화의 핵심내용은 과정중시, 책임공유, 학습추구, 자기 및 타인신뢰이다.

03 학습 및 동기부여이론에 관한 설명으로 가장 적절한 것은? 2016년 공인회계사

① 알더퍼(Alderfer)의 ERG이론, 브룸(Vroom)의 기대이론, 허쯔버그(Herzberg)의 2요인이론(two factor theory)은 동기부여의 과정이론(process theory)에 해당된다.

② 강화이론(reinforcement theory)에서 긍정적인 강화(positive reinforcement)와 부정적인 강화(negative reinforcement)는 바람직한 행동의 빈도를 증가시킨다.

③ 브룸(Vroom)의 기대이론에 따르면 유의성은 행위자의 성장욕구가 높을수록 크고 존재욕구가 높을수록 작으며 수단성에 영향을 미친다.

④ 매슬로우(Maslow)의 욕구단계이론에 따르면 성장욕구의 충족이 좌절되었을 때 관계욕구를 충족시키려는 좌절-퇴행(frustration regression)의 과정이 발생한다.

⑤ 아담스(Adams)의 공정성이론에 의하면 절차적 공정성, 분배적 공정성, 상호작용적 공정성 순서로 동기부여가 일어난다.

04 동기부여이론에 관한 설명으로 가장 적절한 것은? 2017년 공인회계사

① 목표설정이론에 따르면 구체적인 목표보다 일반적인 목표를 제시하는 것이 구성원들의 동기부여에 더 효과적이다.

② 공정성이론에 따르면 분배공정성, 절차공정성, 상호작용공정성의 순서로 동기부여가 이루어지는데, 하위 차원의 공정성이 달성된 이후에 상위 차원의 공정성이 동기부여에 영향을 미친다.

③ 교육훈련이나 직무재배치는 기대이론(expectancy theory)에서 말하는 1차 결과(노력-성과 관계)에 대한 기대감을 높여주는 방법이다.

④ 알더퍼(Alderfer)가 제시한 ERG이론에 따르면 한 욕구의 충족을 위해 계속 시도함에도 불구하고 좌절되는 경우 개인은 이를 포기하는 대신 이보다 상위욕구를 달성하기 위해 노력한다.

⑤ 핵크만(Hackman)과 올드햄(Oldham)의 직무특성모형에 의하면, 다양한 기능을 사용하는 직무기회를 제공하는 경우보다 자신이 잘하는 한 가지 기능만 사용하는 직무를 부여하는 경우에 동기부여 수준이 더 높다.

05 허쯔버그(F. Herzberg)의 2요인이론에서 동기 요인을 모두 고른 것은? 2016년 공인노무사

ㄱ. 상사와의 관계	ㄴ. 성취
ㄷ. 회사 정책 및 관리방침	ㄹ. 작업조건
ㅁ. 인정	

① ㄱ, ㄴ　② ㄱ, ㅁ　③ ㄴ, ㄷ　④ ㄴ, ㅁ　⑤ ㄹ, ㅁ

06 기대이론에서 동기부여를 유발하는 요인에 관한 설명으로 옳지 않은 것은? 2017년 공인노무사

① 수단성이 높아야 동기부여가 된다.

② 기대가 높아야 동기부여가 된다.

③ 조직에 대한 신뢰가 클수록 수단성이 높아진다.

④ 가치관에 부합되는 보상이 주어질수록 유의성이 높아진다.

⑤ 종업원들은 주어진 보사에 대하여 동일한 유의성을 갖는다.

07 다음 사례에서 A의 행동을 설명하는 동기부여이론은? 2018년 공인노무사

> 팀원 A는 작년도 목표 대비 업무실적을 100% 달성하였다. 이에 반해 같은 팀 동료 B는 동일 목표 대비 업무실적이 10% 부족하였지만 A와 동일한 인센티브를 받았다. 이 사실을 알게 된 A는 팀장에게 추가 인센티브를 요구하였으나 받아들여지지 않자 결국 이직하였다.

① 기대이론 ② 공정성이론

③ 욕구단계이론 ④ 목표설정이론

⑤ 인지적 평가이론

07

노동시장과 인력계획

13장 – 노동시장

14장 – 인력계획

13장 노동시장

학습목표

1. 노동시장 개념과 메커니즘에 대해 이해한다.
2. 노동시장과 인력계획의 연관성을 이해한다.

실제 사례

■ 중매결혼 연애결혼

전쟁에 나갈 때는 한 번 기도를, 바다에 나갈 때는 두 번 기도를, 결혼할 땐 세 번 기도하라는 경구가 있다. 매우 중요하다는 것이다. 중매결혼(arranged marriage)은 결혼 방식의 하나로, 두 남녀가 자신들의 뜻에 의해 만나서 결혼하는 것이 아니라, 양가 부모(집안)의 결정에 의해 결혼하게 되는 것을 말한다. 이때 알선하는 사람을 중매쟁이라고 부른다. 결혼을 주선하는 방식은 맞선(중매), 미팅, 소개팅, SNS 어플리케이션 활용, 결혼정보업체 활용 등이 있듯이 결혼도 마치 노동시장처럼 수요자와 공급자가 있고, 중개자가 있다.

■ 인력과잉

한국고용정보원은 '2014~2024 대학전공별 인력수급 전망'을 통해 "2014~2024년까지 10년 동안 4년제 대학 및 전문대 등 대졸자 79만여 명이 노동시장의 수요를 초과공급될 것"이라고 보고했다. 이 기간 4년제 대학의 졸업자는 302만 1,000명에 이르지만 인력 수요는 269만 9,000명에 그치고, 전문대 졸업자도 172만 6,000명이지만 수요는 125만 5,000명에 그칠 것으로 예상했다. 이 기간 중 18세 기준 인구는 저출산 여파로 23만 명이 감소(2014년 63만 명 → 2024년 40만 명)할 것으로 예상돼 일자리 시장에 투입되는 인력 공급 자체가 크게 줄 것으로 예상했음에도 향후 10년간 대졸자 일자리 규모는 이 같은 인구 감소 요인조차도 수용하지 못할 정도로 예상했다.

2015년 향후 10년 인력 과다, 인력 부족 예상 10개 학과(4년제 대학 기준)

인력과다		순위	인력부족	
경영 · 경제	12만 2,000명	1위	기계 · 금속	7만 8,000명
중등교육	7만 8,000	2위	전기 · 전자	7만 3,000
사회과학	7만 5,000	3위	건축	3만 3,000
언어 · 문학	6만 6,000	4위	화공	3만 1,000
생물 · 화학 · 환경	6만 2,000	5위	농림 · 수산	2만 6,000
인문과학	3만 5,000	6위	토목 · 도시	1만 9,000
디자인	2만 8,000	7위	의료	1만 1,000
음악	2만	8위	미술 · 조형	1만 1,000
법률	2만	9위	약학	9,000
특수교육	1만 9,000	10위	교통 · 운송	9,000

01 노동시장의 개념과 메커니즘

시장(Market)이란 재화가 거래되는 물리적 · 비물리적 공간이다. 즉, 소비자와 생산자(공급자)가 서로 필요한 재화와 서비스를 교환거래를 하는 물리적 · 비물리적 공간을 말한다. 일상생활에서 시장은 생활에 필요한 소매품을 파는 상점들이 밀집한 장소 (시장)를 말하지만, 경제학적인 측면에서 보았을 때, 거래의 목적물과 판매자, 구매자만 있으면 거래 장소가 특별히 정해져 있지 않더라도 시장이라고 표현한다. 시장은 경제학적으로 '권리, 용역, 제품(재화라고 함)의 소유권의 교환을 촉진하기 위하여 수요자와 공급자 등 참여자들의 상호작용으로 발전된 사회 구조'이다. 시장에서 매매되거나 교환되는 재화를 상품이라고도 한다. 판매자와 구매자는 재화의 종류, 가격, 대금의 지급 조건 등을 상호 합의한 약속에 따라 매매한다. 물물교환이 일어나는 초기 생성단계의 시장도 수요자와 공급자가 만나 정보교환과 흥정 등 상호작용을 하며 서로에게 도움을 얻는 공간이다.

재화가 아니라 노동력이 거래되는 시장을 노동시장(Labor market)이라고 한다. 노동시장에서 공급자는 구직자이고 수요자는 고용자이다. 고용자는 사람일 수도 있고, 기업이나 공공기관 같은 사회조직이나 제도적 기관일 수 있다. 노동시장도 제품시장과 노동시장은 매우 유사하다. 노동시장에서의 임금(wage)의 의미는 제품시장에서의 가격과 같다. 시장가격은 연봉(월급)이라고 이해할 수 있다.

경제학적 논의에서 시장의 균형은 수요와 공급이 일치되는 가격이 결정되어 있는 상태를 말한다. 마찬가지로 노동시장의 균형은 노동의 수요와 공급이 일치되는 가격(즉 임금)이 결정되는 상태를 일컫는다.

| 그림 13-1 | 노동시장의 균형

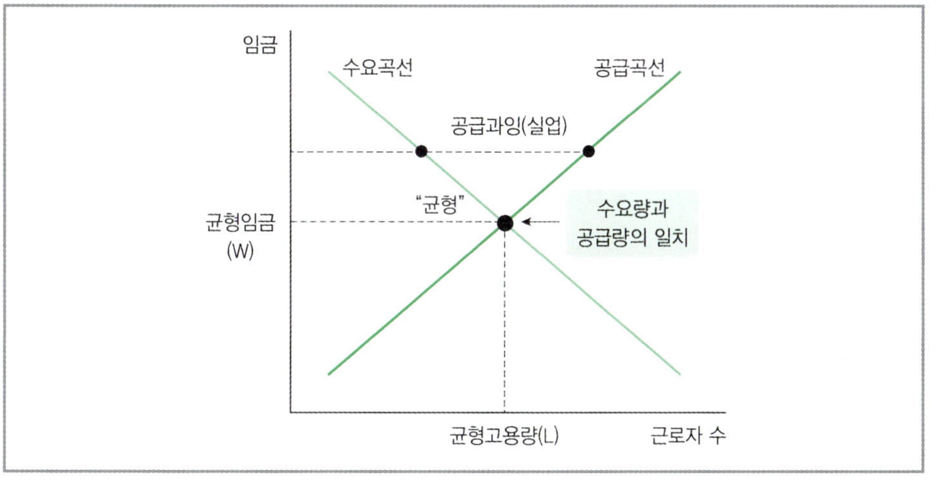

02 노동시장의 공급 및 수요와 가격(평균 월급)

거시적 관점에서 노동시장의 공급은 생산가능인력의 총 인원 수와 증가율로 알 수 있다.

사업체노동력조사 발표(고용노동부 2018년 6월)에 따르면 상용직과 임시·일용직을 더한 전체 근로자의 1인당 월 평균 임금 총액은 312만 2,000원으로 조사되었다. 상용 1인 이상 사업체의 전체 근로자 1인당 월평균 임금총액이 2017년 동월 대비 5.0% 증가하였다. 우리나라 근로자들의 월평균 근로시간은 163.7시간으로 전체 근로자가 받은 평균 시급은 단순 계산하면 시간당 19,071원이다.

그림 13-2 생산가능인구 증가율 추이 및 전망

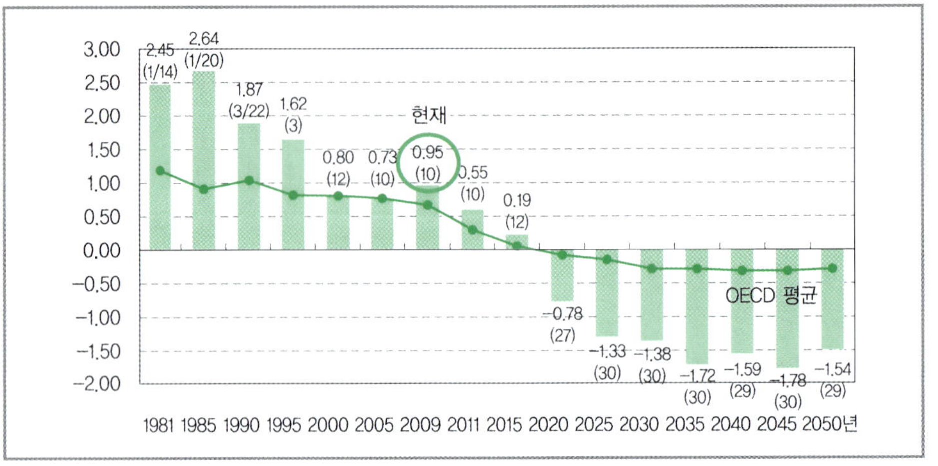

노동시장에서 임금은 노동의 가격으로서 역할을 한다. 최저임금제도와 같은 법률제도로 강제적으로 노동의 시장가격을 상승시키면 동일한 가격대에서 노동을 구매하려는 수요가 감소하게 되므로 노동의 초과공급, 즉 실업이 증가할 수 있다.

그림 13-3 노동시장의 수요와 공급

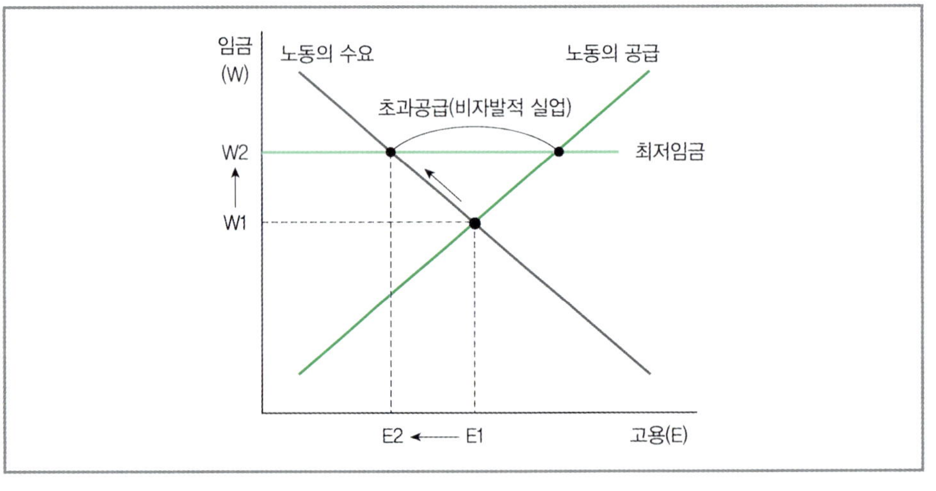

한국에서는 일자리 미스매치가 발생하고 있다. 고학력 졸업자의 수가 많아 대기업에 대한 선호도가 높은 구직자들이 초과 노동공급을 하고 있는 양상이 10여 년째 계속되고 있다.

|그림 13-4| 한국의 왜곡된 노동시장

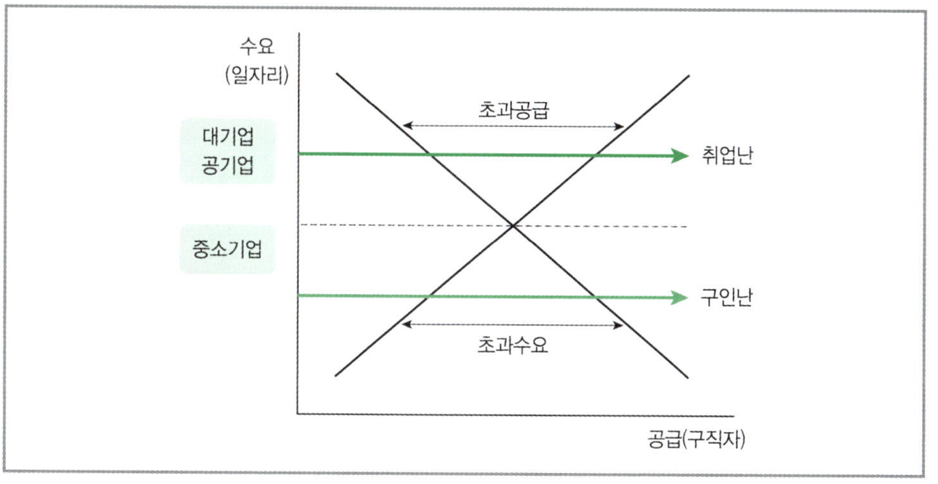

03 임금의 하방경직성과 노동시장의 경직성

노동시장의 가격인 임금은 한 번 인상되면 쉽게 내려오지 않는 경향이 있다. 이것을 임금의 하방경직성이라고 하는데, 제품시장에서도 가격 하방경직성과 같은 유사한 현상이 있다. 제품가격의 하방경직성은 카르텔과 같은 공급자의 담합구조가 형성되어 있는 경우이다. 임금 하방경직성의 원인으로는 강한 힘을 가진 노동조합이 본인들의 임금을 상승시켜, 효율성 향상으로는 도저히 원가를 낮출 수 없는 경우가 대표적이다.

최저임금제도는 최저임금법에 근거하여 근로자의 생활안정과 근로능력향상을 목적으로 국가가 노 · 사 간의 임금결정 과정에 개입하여 근로자에게 임금의 최저 수준을 보장하고, 사용자에게는 최저임금 수준 이상의 임금을 지급하도록 강제하는 제도이다.

한국의 최저임금은 2013년 4,860원, 2014년 5,210원(전년 대비 7.2% 상승), 2015년 5,580원, 2016년 6,030원으로 결정되었다. 2018년 7,530원, 2019년 8,350원(전년 대비 10.9% 상승), 2020년 8,590원으로 결정되었다.

특정 유형의 노동시장에 소속된 인력(구직자)은 다른 유형의 노동시장으로 옮겨가기가 쉽지 않다. 이를 노동시장의 경직성이라고 한다. 노동시장의 경직성의 반대 개념은 유연성이다. 노동인력이 특정의 노동시장에서 다른 노동시장으로 쉽게 이동할 수 있는

그림 13-5 한국의 최저임금 추세

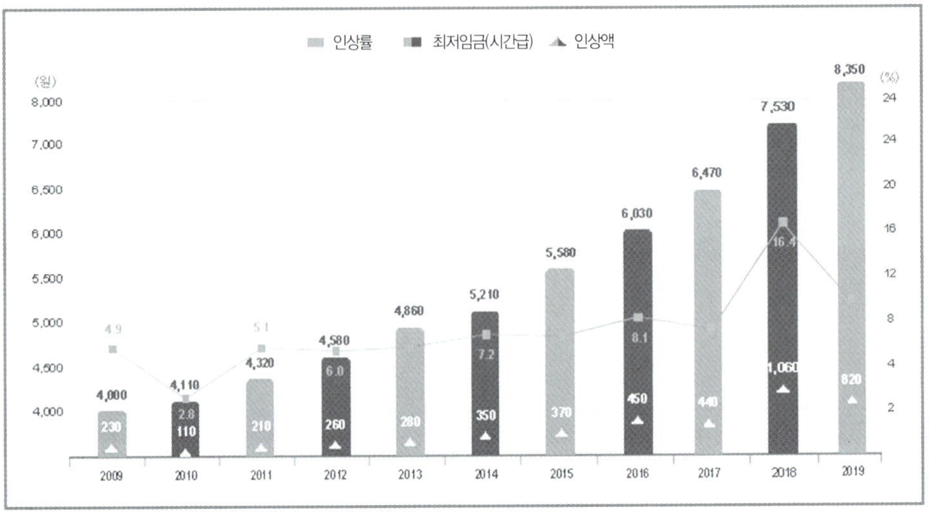

그림 13-6 최저임금제도의 효과에 대한 논쟁

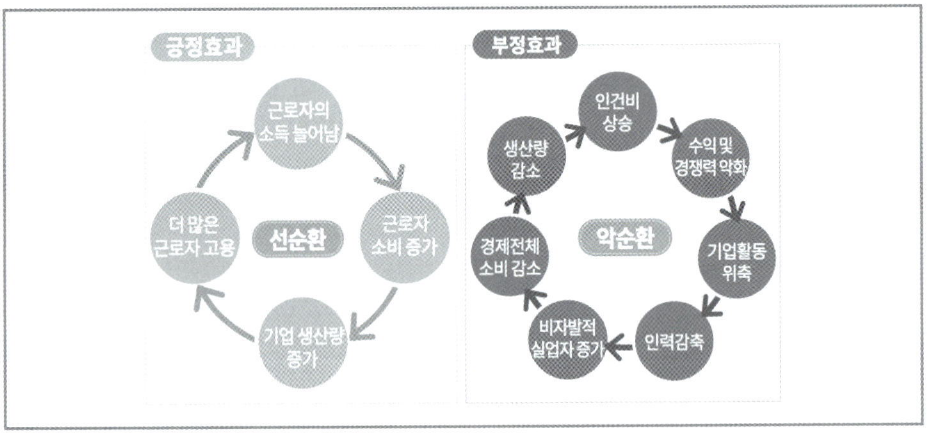

상태를 의미한다. 전자회사 영업직으로 근무하던 근로자가 다른 전자회사의 영업직으로 이직하는데 어떤 커다란 제약이 존재하지 않는다면, 유연성이 높다(경직성이 낮다)고 할 수 있다. 노동시장의 경직성이 매우 심한 대표적인 사례로 IMF 이전에 한국의 노동시장에서는 삼성전자 영업직 직원이 대우전자 영업직 직원으로 이직할 수 없었다.

노동시장의 이중성과 경직성에 대해 부정적인 관점을 갖고 논의하는 경우가 있다.

현실적으로 노동시장은 경제적 원리외의 사회문화적 · 제도적 · 역사적 · 관습적 원리에 의해 다중적이고 경직성이 존재한다. 다만 상대적으로 얼마다 덜 경직적인가 또는 덜 경직적이도록 할 수 있는 제도와 문화를 만들어 낼 것인가가 관건이다.

노동시장의 유연성(경직성)과 완전경쟁시장 가설의 비현실성

노동시장의 유연성이란 기업이 필요에 따라 고용 및 임금을 얼마나 자유롭게 조정할 수 있는가의 정도를 말한다. 노동시장의 유연화는 노동시장에 시장경쟁원리가 작동하도록 하여 시장메커니즘에 의해 노동시장이 수요와 공급의 균형에 이르도록 하도록 하고 이를 저해하는 제도와 문화적 관습과 법률적 규제를 완화하는 사회적 · 정책적 노력이 포함된다.

노동시장이 시장균형을 자연적으로 달성되록 하려면 노동의 공급자와 노동의 수요자의 필요에 따라 고용계약의 체결과 해지가 이루어지도록 해야 한다.

경직적인 노동시장을 유연화 하는 데 있어서 다루어야 할 변수(요인)는 '임금, 고용, 법 · 제도'이다.

첫째, 임금은 일반적으로 단체협약을 통해 결정되는데, 기업이 노조와의 협상을 통해 임금 인상을 조정하는 것이다. 임금 인상이 과도하면 원가상승으로 제품이 팔리지 않아 오히려 근로자도 손실을 보게 될 수 있다.

둘째는, 고용조정이다. 고용조정은 양적 조정과 기능적 조정이 있다. 경기불황으로 기업이 경영난에 처해 있을 때 기업이 해고를 통해 고용을 줄이거나 업무 재배치를 통해 고용조정을 하도록 하는 것이다. 이것은 인력계획과 연결된다.

셋째는 정책적 조정이다. 법 · 제도를 바탕으로 임금과 고용을 조정하는 방법이다. 주로 노사정 협상을 통해 이루어지는데, 정부가 노사협상을 중재하여 임금인상을 동결하거나 완화하도록 유도한다. 과도한 고용보호법규로 해고가 어려울 때 정부가 고용보호법규를 완화하여 기업이 해고를 쉽게 할 수 있도록 하기도 한다. 거의 모든 국가들은 노동시장 유연성을 높이기 위해 임금조정, 고용조정, 법 · 제도조정이라는 정책수단을 활용한다.

노동시장의 경직성이 나타나는 이유는 현실적으로 시장이 안전하지 않고 불완전하기 때문이다. 현실 시장이 불완전함에도 불구하고 경제학은 시장에 대해 상당히 이상적인 가정을 전제로 경제이론을 만들어 제시하는 경향이 있다.

경제학에서 완전경쟁시장에 대한 기본 가정은 첫째, 다수의 수요자와 공급자가 존재한다는 가정, 둘째 재화의 동질적이라는 가정, 셋째 자유로운 진입과 퇴거가 가능하다는 가정, 넷째 모든 경제주체가 완전한 정보를 가지고 의사결정을 할 수 있다는 완전정보에 대한 가설이다.

그러나 현실은 시장은 항상 불완전하다. 경제학에서 가정하거나 전제하는 것이 존재하지 않는다. 현노동시장 역시 완벽하지 못한 상태로 이것을 노동시장의 불완전성이라고 한다.

노동시장은 다수의 수요자와 공급자가 존재하기도 하지만, 현실적으로 소수의 수요자가 존재하는 시장인 경우가 많다. 인적자원의 질과 노동력의 질은 동질적이지 않다. 또한 노동자는 나이가 들어가고 직장 경력이 증가함에 따라 경력에 특화된 지식과 기량을 보유하게 되면서 노동시장에서 쉽게 퇴거하거나 다른 노동시장으로 진입할 수 없다. 노동시장에서 정보는 매우 비대칭적으로 존재한다.

완전시장은 다수의 수요자와 공급자가 존재한다고 보지만, 현실은 소수의 수요자 또는 공급자로 형성되어 있는 경우가 많다. 완전시장은 시장에서 거래되는 재화가 수준의 차이가 없다고 보지만 현실 시장에 출시되는 제품이나 노동시장에 진입하는 잠재적 구직자들은 각양 각색의 수준을 지니고 있다.

04 노동시장의 종류

제품시장이 여러 가지 기준에 의해 여러 종류가 있는 것과 마찬가지로, 노동시장도 한 종류의 시장이 아니라 여러 종류의 노동시장들이 존재한다.

업종별 · 직종별 · 직업별 노동시장

산업분류에 따라 노동시장이 형성되어 있다. 제조업과 서비스업이 대표적이다. 좀 더 구체적으로 섬유산업 노동시장, 유통산업 노동시장, 석유화학산업 노동시장, IT 산업 노동시장 등이 있다.

직업별 노동시장은 전문직 노동시장으로 회계사 · 변호사 · 변리사 · 노무사 · 의사와 같은 전문직 종사자들과 관련 조직이 참여자들인 노동시장이 있다. 직업별 노동시장에는 의사협회, 변호사협회와 같은 중세시대 길드(상인엽합회)와 같은 이익공동체가 만들어지는 경향이 있다.

직종별 노동시장은 사무직, 생산직, 영업직, 연구개발직, 교육직과 같은 조직의 기능직별 노동시장이 있다. 사무직이나 생산직의 노동자들이 연구개발직의 노동시장으로 이동하려면 요구되는 자격이나 훈련을 받아야만 한다.

그림 13-7 직업별 취업자 증감 현황(전년 동월 대비)

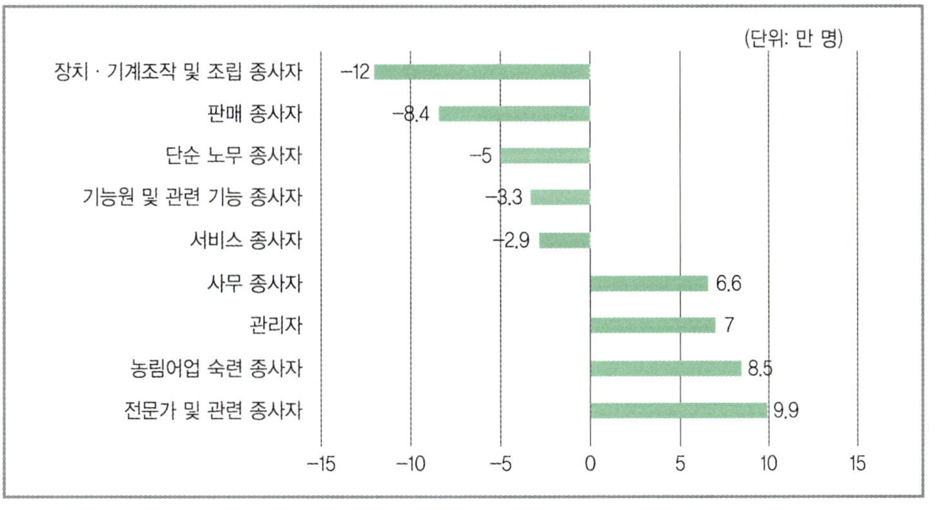

자료: 통계청.

1차노동시장 vs. 2차노동시장

1차노동시장 vs. 2차노동시장은 노동시장의 질적 수준에 의한 구분이다. 인적자원의 질적 수준과 인력시장은 노동력의 질(인적자원의 질) 측면에서 상급 노동시장과 하급 노동시장이 존재한다.

1차노동시장(primary labor market)과 2차노동시장(secondary labor market) 간의 노동력의 질적 격차가 존재한다. 2차노동시장에 속한 근로자의 비율이 높을수록 사회경제 전체적으로 일자리의 질적 수준은 낮다. 2차노동시장 근로자들이 1차노동시장으로 진입 가능성이 높을수록 노동시장과 사회의 역동성은 높아질 수 있다. 1차노동시장 vs.

2차노동시장의 직무특성과 노동특성은 다음과 같다.

	1차노동시장	2차노동시장
직무특성	고임금, 양호한 근로조건, 고용 안정성, 승진/승급의 기회, 합리적 노무관리	저임금, 저수준의 부가급여, 열악한 근로조건, 높은 노동이동, 승진기회의 결여, 자의적 관리감독
노동특성	낮은 수준의 이직률,	높은 이직률, 높은 수준의 지각 및 결근율, 높은 실업률, 교육훈련 기회 부족

일반적으로 노동조합은 노동시장에서 노동가격을 상승시키는 영향 요인으로 작용한다. 노조가 있는 정규직 직장의 근로조건과 노조가 없는 비정규직 직장의 근로조건을 비교해 보면, 2015년도 조사결과 노조가 있는 대기업의 정규직 근로자가 노조가 없는 중소기업 비정규직 근로자보다 3배 많은 월급을 받고 6배 더 오래 근속한다.

정규직이면서 노조가 조직된 사업장에서 300인 이상인 대기업에 근무한다는 3개 조건을 모두 갖춘 일자리에 있는 한국의 근로자는 전체 근로자의 7.6%인 142만 7,000명이었다. 반면 3개 조건을 모두 갖추지 못한 직장의 근로자의 수는 3배가 넘는 488만 5,000명(26.0%)이다.

정규직은 1차노동시장으로 볼 수 있고, 비정규직 노동시장은 2차노동시장으로 이해할 수 있다.

그림 13-8 정규직 · 비정규직의 임금차이 및 국가별 전환율

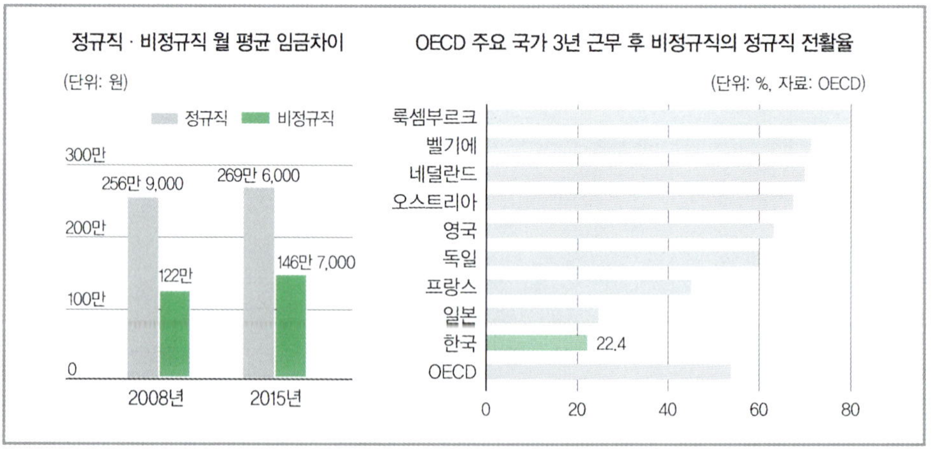

임금 수준뿐만 아니라 근속기간에 있어서도 1차노동시장과 2차노동시장 간에 차이가 있다. 좋은 일자리 근로자의 평균 근속기간은 13.4년으로 좋지 않은 일자리 근로자(2.3년)에 비해 6배 가까이 길고, 전체 근로자 평균(5.7년)보다도 2배 이상 긴 것으로 조사되기도 하였다.

[표 13-1] 일자리 간 근로조건 격차

	정규직+노조 있음+ 300인 이상 직장	비정규직+노조 없음+ 300인 미만 직장
총 근로자 수	142만 7,000명	488만 5,000명
월평균 임금	417만 원	139만 원
근속연수	13.4년	2.3년
1년 미만 근속자 비율	5.3%	54.6%
국민연금 직장가입	99.0%	32.9%
건강보험 직장가입	99.7%	40.2%
퇴직금 적용	99.6%	37.6%
상여금 적용	99.1%	37.6%

자료: 국회입법조사처, 통계청

국민연금, 건강보험 등 4대보험과 퇴직금, 상여금 적용에 있어서도 큰 차이가 난다. 좋은 일자리 근로자는 99% 이상 국민연금과 건강보험에 가입돼 있고 퇴직금과 상여금을 받은 반면 저급의 일자리 근로자는 3명 중 1명 정도만 받고 있다.

임금 수준을 기준으로 우리나라 노동시장은 대기업 정규직 → 대기업 비정규직 → 중소기업 정규직 → 중소기업 비정규직의 4개 노동시장으로 구분할 수 있다. 한국노동연구원에 따르면 2014년 현재 대기업 정규직 근로자의 시간당 평균 임금은 2만 1,568원으로 중소기업 비정규직 근로자(8,779원)의 2.5배이다. 대기업 정규직 근로자가 100원을 받는다고 가정할 경우 대기업 비정규직은 66.1원, 중소기업 정규직은 59.5원, 중소기업 비정규직은 40.7원을 받는 것과 같다.

외부노동시장과 내부노동시장

외부노동시장과 내부노동시장은 조직의 심리적 · 물리적 경계를 통해 구분되는 노동시장이다. 내부노동시장(internal labor market)이란 외부노동시장과 달리 임금이나 노동배분이 정해진 기업규칙과 절차에 의해 결정되는 시장, 또는 기업 내의 여러 가지 기준이나 관리를 통해 노동시장의 기능을 대신하는 물리적 · 비물리적 공간을 말한다.

내부노동시장은 '고용이 보장되고(고용안정성) 임금 수준도 높으며 노동조건이 좋은 1차노동시장으로, 고용도 불안하고(고용불안정) 임금 수준도 낮으며(저임금), 노동조건이 열악한 2차노동시장과 대비되는 개념으로 이중노동시장이론(dual labor market theory)에 근거를 두고 있다.

이중노동시장론(dual labor market)을 제시한 Doeringer & Piore(1971)는 거래비용을 활용하여 노동시장이 서로 분리되는 원인을 계약을 통해 외부에서 자원을 조달할 경우 발생하는 거래비용의 위험을 자원을 내부화하여 제거함으로써 기업이 기업특유 기술(firm-specific skill)을 축적하려고 하는 과정에서 내부노동시장이 형성된다고 설명하였다. 기업이 고용 내부화를 통해 숙련을 높이고, 통제력을 확보하고, 몰입과 헌신 같은 근로자의 충성을 제고하려 한다는 것이다. 이중노동시장이론은 노동시장이 하나로 구성된 것이 아니라, 최소한 두 개의 질적으로 서로 다른 노동시장으로 구성되어 있으며, 이들 간에는 장벽이 존재하여 서로 이동하는 경우가 많지 않다.

Doeringer and Piore(1971)는 내부노동시장의 대표적 특성을 기업만의 특유한 숙련, 직장내훈련(OJT), 관습(custom) 등 3가지로 설명한다. 특히 OJT(on the job training)가 내부노동시장을 이해하는데 있어 가장 중요하다. OJT는 블루칼라 노동자들이 습득하는 직무기술의 가장 큰 부분을 차지하는데, OJT는 비공식적으로 생산 과정을 통해 관리감독자 · 현직자 · 인접작업자 등에 의해 초보자에게 새로운 과업을 소개하고, 일부를 부하 직원에게 위임하거나, 부재 시 업무수행, 책임분배, 나아가 초보자에게 단조로운 직무를 부여하여, 경험자는 복잡한 직무로 이동하는 과업배치를 가능하게 한다.

Kerr 와 같은 제도경제학자도 노동시장은 단일한 하나의 노동시장이 존재하는 것이 아니라 둘 이상의 노동시장으로 나누어진다고 주장하였다. 고용주들의 이해관계나 노동조합의 규정, 정부의 고용관계제도 등 규칙의 제도화에 따라 독점, 차별, 노동조합 등에 의해 노동시장은 나누어진다.

Sorensen(1983)은 내부노동시장의 특징으로 장기고용관행, 단위사업체 내의 직무위계의 존재, 입직의 최하위직급으로의 제한, 숙련향상과 관련된 내부승진시스템을 들었다. 그는 비시장메커니즘을 통해 작동되는 내부노동시장의 차이점을 제시하고, 임금차별에 관한 일련의 노동시장메커니즘을 제시한 마르크스주의 이론을 소개하였다.

Edwards(1975) 등은 내부노동시장의 핵심은 직무사다리의 개발이라고 하면서, 경력사다리(career ladders)는 노동력을 구별하고, 우수한 인력(노동력)이 회사를 계속 다니도록 하기 위한 유인책이며, 조직의 요구에 복종하도록 한다고 주장하였다.

Althauser(1989)는 기업은 OJT를 통해 숙련부족 문제에 대응하는데, 숙련과 지식의 상승은 직무배치에 있어서 직무 변화를 동반하게 되며, 기업의 내부노동시장은 숙련과 지식의 증가와 함께 직무배치가 상승하는 것과 역동적으로 연결되어 있다고 하였다.

내부노동시장 형성 원인으로 가장 일반적인 요인은 기업특유의 기술(firm-specific skill) 축적이다. 이외의 요인들로 장기고용관행, 내부승진 관행, 근속에 따라 상승하는 임금곡선(연공임금곡선)을, 내부노동시장의 고비용구조 등이 있다.

외부노동시장은 경쟁적 노동시장이며 내부노동시장은 세분노동시장이다. 경제학의 '경쟁적 노동시장 모형'은 현실세계를 지나치게 단순화하였다. 즉, 현실 노동시장의 일

[표 13-2] 외부노동시장과 내부노동시장의 특성

	외부노동시장	내부노동시장
형태	경쟁적 노동시장	세분 노동시장
경쟁강도	경쟁적	비경쟁적

[그림 13-9] 내부노동시장의 특징

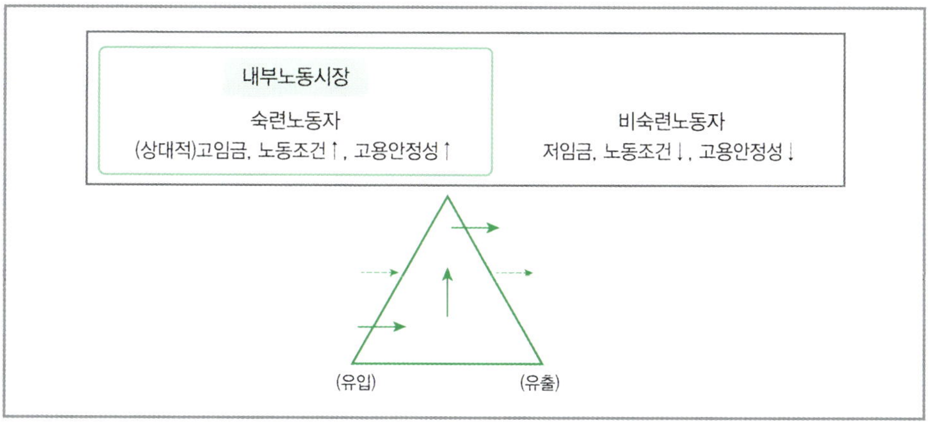

부 특징을 무시하고 있는 것이다. 세분노동시장(segmented labor market) 모형은 노동시장을 하나의 시장이라고 보지 않고 완전히 경쟁적인 시장이라는 가정을 인정하지 않는다. 노동시장은 상당히 다른 속성을 가진 근로자들이 서로 단절된 시장군을 이루고 있다고 본다. 이들 노동시장들 간에서 노동자들은 상호 이동이나 교류가 거의 단절된 상태에 있고 임금이나 근로조건도 서로 차이가 있다.

노동시장의 질적 수준을 향상시킬 수 있는 방법은 임직원들을 대상으로 지속적으로 교육훈련을 실시하는 것이다. 초 · 중 · 고 · 대학, 대학원 교육제도와 직업훈련기관에서의 교육훈련 등은 노동시장의 질적 수준을 제고시킬 수 있는 방법이다.

내부노동시장은 첫째, 피용인과 고용주의 고용관계가 장기간 지속될 것으로 기대되는 경우 발생하고 고용의 고정비용 – 채용비용, 훈련비용(firm-specific training) – 이 발생한다. 채용비용이 클수록 이직을 막기 위한 고용주의 노력은 커질 것이다. 기업만의 특수한 기술이나 스킬을 훈련받는 노동자들은 이직하지 않도록 하는 노력을 회사가 기울이게 될 것이다.

고용관계가 장기적인 경우는 근로자나 고용주가 고용관계를 설정하고 유지하는 과정에서 나름대로의 고유한 투자를 해야 하는 경우가 많다. 양측 모두 고용관계를 장기간 유지하려는 경향이 커지기 때문이다.

내부노동시장은 승진을 통해 상위직을 충원하고 그에 따라 높은 임금과 부가급여를 보상하는 체계로서, 기업이 채용과 훈련에 투자한 대가를 회수할 수 있도록 하기 위해

[표 13–3] 내부노동시장 형성 원인

관 점	핵심 요인
숙련형성과 훈련시스템	기업특유의 스킬(firm-specific skill) 형성 조직내훈련(on the job training)
고용관리	고용안정성 장기고용관행
임금관리 및 체계	효율임금이론 연공임금체계
인력계획	하위직 입사 제한, 내부승진체계, 직급 간 위계, 고연공자 정년퇴직 낮은 이직수준

자료: Doeringer & Piore (1972), Sprenson(1983), Althauser(1989).
박용철 · 임상훈 (2013) "내부노동시장과 기업별 노동조합의 발전사: 조선맥주 사례를 중심으로," 경영사학 제28집 제2호, pp. 25~48.

근로자의 장기근속을 장려하는 효과를 낼 수 있다. 내부노동시장이 형성되는 이유는 거래비용(transaction cost) 측면에서 기업의 규모와 복잡성, 이직비용(turnover cost), 강성노조 등에 의해 형성되는 복지 (welfare capital) 등이 발생하기 때문이다. 내부노동시장의 영향이 거의 없는 경우는 소규모기업의 근로자이다. 인적자원관리가 인간관계에 의존, 재화시장이 경쟁적이며 고용이 불안정하다. 내부노동시장의 영향을 강하게 받는 경우는 공공 부문의 근로자, 대규모 사업장이다. 자본집중도 시장지배력 등이 경영이나 단체교섭에 영향 받는다. 은행이나 보험사 등의 사무직종, 대학, 연구기관 등 기술-전문직(technical-professional)은 중간 정도로 영향 받는다.[2)]

노동시장의 수준과 인적자본

인적자본론(human capital theory)를 제시한 Gary Becker는 개개인의 학력, 지능, 기술습득 등의 개인적 차이가 사회경제적으로 서로 다른 보상을 초래하는 원인으로 보았다. 즉, 불평등한 보상구조는 개별노동력이 갖고 있는 인적자본의 불균등 때문에 생기는 현상으로 소득결정의 중요 요소는 개인의 교우 수준이나 가족배경으로 보았다.

국가마다 노동시장의 수준에는 차이가 있다. 어떤 국가의 노동시장의 인적자본은 질적・양적으로 높은 수준인 반면에 어떤 국가의 노동시장의 인적자본은 질적・양적으로 낮은 수준에 있다.

그림 13-10 세계은행 인적지본지수 상위 10개국

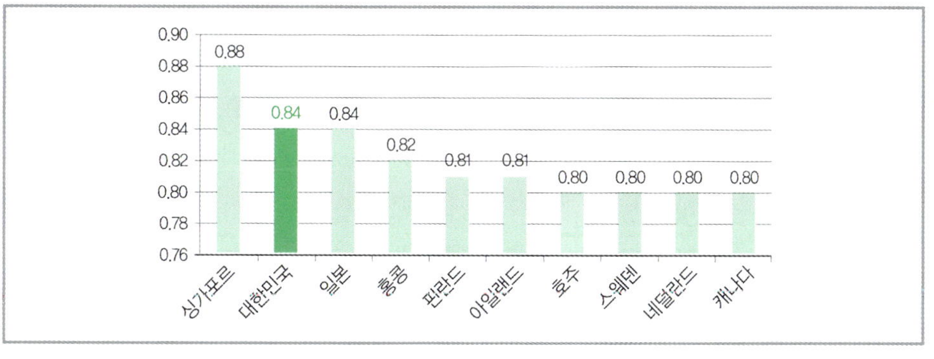

2) Dunlop, J.(1994), *Organizations and Human Resources: Internal and External Markets*, Harvard Unversity Press: Cambridge.

| 그림 13-11 | 2017 세계경제포럼(WEF) 한국 인적자본 평가

인적자본 능력 26위		인적자본 개발 26위	
15~24세 독해 및 산술	1위	15~24세 고등교육 등록률	2위
25~54세 고등교육 성취도	3위	교육시스템의 질	68위

인력배치 58위		노동숙련도 25위	
15~24세 노동시장 참여율	120위	경제구조의 복잡성	4위
15~24세 성별간 고용격차	1위	고숙련 노동자 비율	65위
25~54세 노동시장 참여율	101위	중숙련 노동자 비율	75위

신입직 시장과 경력직(경력자) 시장

경력직이란 해당 분야에서 경력을 쌓은 잠재적 직원을 말한다. 중고등학교나 대학교를 졸업한 후에 직장을 구하는 인력을 통상적으로 신입직이라고 한다. 신입직 시장과 경력직 시장은 구인기업의 수요에 따라 달리 선호된다.

신입사원을 선발하면 가르쳐서 써야 하지만 경력직은 바로 업무현장에 투입이 가능하다는 점에서 경제적이다.

경력직 채용 시 이력서 및 자기소개서는 주로 '경력기술서'라고 할 수 있다. 기업은 경력직 채용 지원자가 얼마나 즉시 업무현장에 투입되어 기대하는 성과를 창출할 수 있는 것인가에 관심을 둔다.

경력직 면접에서는 대부분 이직 사유에 대해 묻는다. 이직하려는 경력직 지원자가 조직 적응력, 충성도가 떨어지거나 인내심이 부족하지는 않은지 등을 알아보기 위해서이다. 면접 시 답변에 대해 신뢰가 생기지 않으면, 평판조회를 하기도 한다. 인크루트 설문조사결과 응답 기업의 49.1%가 경력직 채용 시 평판조회를 실시한다.

일반적으로 대기업이나 중견기업에서는 경력직을 선호하는 경향이 있다. 또한 불황일수록 기업들은 신입보다는 투자 대비 효율성이 좋은 경력직 채용을 선호하는 경향이 커진다.

신입직에 대한 선호이유는 60년 이상 회사를 운영하고 100년 이상 지속을 원하는 기업으로서 결국 신입사원은 뽑아 같이 성장하는 게 도움이 되겠다고 판단하기고 한다.

❙그림 13-12❙ 2016년 하반기 채용시장 특징

	비율	응답자
직무중심 채용 강화	21.5%	39
채용규모 감소	21.0%	38
경력직 채용 확대	12.2%	22
수시채용 확대	11.6%	21
기업간 채용 양극화	9.4%	17
인 · 적성검사 변화	5.5%	10
추천, 소개 채용 확대	5.0%	9
채용규모 증가	3.9%	7
서류기재항목 축소	2.2%	4
인턴십 확대	2.2%	4
자기소개서 다양화	1.7%	3
열린채용 확산	1.7%	3
면접전형 세분화	1.1%	2
인문학 강조 등 평가 기준 다양화	0.6%	1
기타	0.6%	1
오디션 등 이색전형 도입	–	0
	100.0%	181

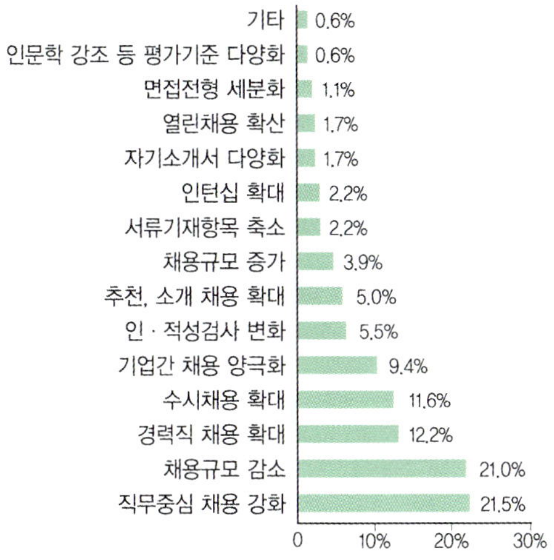

출처: 사람인 2016.

❙그림 13-13❙ 신입직 채용에서 경력자를 합격시킨 이유(*복수응답)

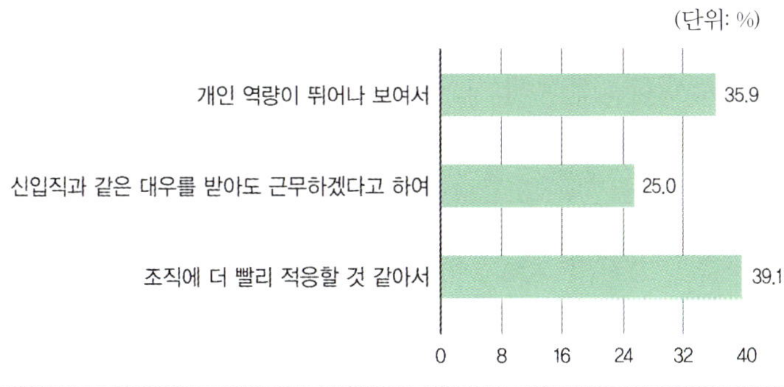

출처: 잡코리아.

'신입직 채용전형에서 경력자를 합격시킨 적이 있는 중소기업은 81.4%로 조사되었다. 신입 채용전형에서 경력자를 합격시킨 이유는 '조직에 더 빨리 적응할 수 있을 것 같아서'(39.1%), '개인 역량이 뛰어나 보인다'(35.9%) '신입직과 같은 대우를 받아도 입사하겠다고 하여(25.0%)' 로 조사되었다.

경영자 시장: 임원 및 대표사장급 노동시장

경영자 시장이란 임원급 이상의 전문경영자들로 구성된 노동시장을 말한다. 일반직원들의 노동시장과 구분하여 경영자 시장을 논의하는 이유는 일반직원 시장과 질적으로 다른 노동시장으로 사회경제적 리더 시장이기 때문이다.

스위스의 국제경영개발원(IMD: Institute for Management Development)은 국가경쟁력 순위를 발표하고 있다. 국가경쟁력을 가늠하는 지표의 하나가 '노동시장에서 유능한 경영인의 확보 용이성'이다. 이러한 지표의 활용 배경에는 한 명의 우수한 경영인을 양성하는 데에는 약 30년이라는 상당한 시간이 소요되기 때문에, 뛰어난 경영인은 어느 한 기업의 전유물이 아니라, 국가적 차원의 자산으로 봐야 한다는 것이다. 또한, 기업 간에 경영인과 같은 고급 인력의 이동이 자유롭다는 것은 그만큼 노동시장이 건전하고 활성화되어 있다는 의미로도 해석될 수 있다(박지원, 2006).

경영진 전문 헤드헌팅협회인 AESC(Association of Executive Search Consultant)의 조사(2005년)에 따르면, 미국의 경영진 헤드헌팅 시장은 약 74억 달러 규모까지 성장하였다. 이들 업체 중, 가장 규모가 큰 콘페리 인터내셔날社의 경우, CEO 헤드헌팅 매출이 2005년 약 3억 9천만 달러로 전년 대비 약 29%의 성장세를 보이고 있다.

한국의 경우에는 CEO 및 경영자 시장이 다소 미약하게 형성되어 있다. 일반 기업의 CEO는 퇴직하면 기업 외부에서 새로운 일자리를 찾아야 하는 반면, 재벌집단의 CEO는

그림 13-14 주요 10대 상장사 퇴직 임원 당시 연령 현황

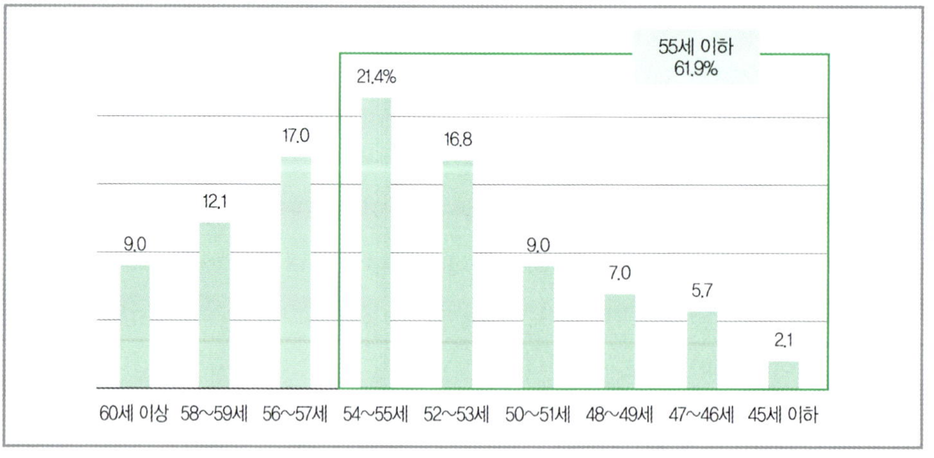

자료: 한국 cxo연구소, 2017년 퇴직 임원 388명 대상.

다른 계열사에서 제2의 직장으로 전직하는 경향이 있다.

전문경영인 시장이 형성되려면, 전문경영인은 사회적인 부와 명예와 존경을 받을 수 있도록 하는 사회문화적 풍토를 조성할 필요가 있다. 현재 대졸초임의 5배 정도밖에 안 되는 최고경영자의 보수 수준은 전문경영인에 대한 적절한 처우라고 할 수 없다. 스톡옵션이나 이익분배제도를 통해 현실화해야 한다. 우리나라는 미국, 홍콩, 대만, 싱가포르와 같은 경쟁국보다 낙후되어 있다. 전문경영인들이 시장에서 자유롭게 유통될 수 있도록 하는 제도와 관행이 만들어져야 한다.

인력시장과 근로자파견제도 및 인력아웃소싱 비즈니스

인력수급 중개 대행사(agent)가 노동시장에서 인력수급의 중개상 역할을 한다. 인력아웃소싱이란 인력을 기업(조직)의 외부의 조직체(인력파견업체)로부터 조달하는 제도이다. 아웃소싱은 기업 외부에서 필요한 것을 마련하는 방식의 경영전략을 일컫는 용어로 아웃소싱의 대상이 인력(인적자원)이다.

인력아웃소싱의 노동시장 메커니즘은 직무인력을 직접채용하면 고정비적 성격의 인건비 비중이 커지지만 아웃소싱을 하게 되면 직접 채용할 경우보다 인건비를 줄이고 변동비로 운영할 수 있다.

실제 사례

1992년 근로자 파견제도 시행

우리나라에서 근로자파견제는 1998년 7월부터 확대되어 시행되었다. 근로자파견제는 1992년에는 1,363개 업체 2,772명이었지만, 1997년에는 4,096개의 파견업체에서 10만 명의 근로자를 고용하고 있을 정도로 급격하게 증가하였다. 근로자파견제란 자기가 고용한 사람을 고용관계를 유지하면서 다른 사람을 위해 근로 활동에 종사하게 하는 제도이다. 고용계약은 근로자와 파견사업체 간에 체결되지만 파견사업체와 사용업체 간에 파견계약이 체결되고, 사용업체에 파견된 근로자는 그 회사의 지시에 따라서 일을 하고, 임금은 파견사업체에서 지급받는다. 파견근로자를 활용하면 단기간에 필요인력을 확보해야 할 때는 계절적으로 특정한 때에만 인력이 필요한 회사 등이 공개

모집 등 복잡한 방법을 통하지 않고도 인력을 조달할 수 있다. 정부가 마련한 근로자파견법의 파견대상 업무는 27개로 제한된다. 근로자파견사업을 하려면 일정한 조건을 갖춰야 한다. 즉, 파견근로자의 권익보호와 근로자파견사업을 적절히 운영하기 위해서는 일정 수준 이상의 자본과 시설규모를 갖춰야 한다는 것이 정부의 방침인데, 그 기준은 1억 원 이상 자본금을 갖춰야 하며 전용면적 66㎡ 이상의 사무실, 고용보험 등 이른바 4대보험에 가입한 상시근로자 5인 이상의 사업장에 국한한다.

국제적 노동시장과 ILO(국제노동기구)

몇몇 고용지표를 통해 국가별 노동시장의 질적 수준을 비교하기도 한다. 우리나라 노동시장은 OECD 국가들 중 2010년도에 비임금근로자 비율이 상대적으로 높다.

대한민국 인적자원의 질은 매우 우수하다고 평가받고 있다. 우리나라 근로자들은 근면하고 성실하다. 해외의 어떤 지역의 인력은 출근시간을 지키지 않는다. 그리고 출근을 예측할 수 없다.

국가 간의 노동시장의 차이는 인력(노동력)의 질적 수준의 차이, 인구구조적 특성의 차이, 노동시장의 효율성 등으로 이해할 수 있다. 우리나라 노동시장의 효율성은 83위로 매우 후진적이다. 노동시장에서 균형임금에서 근로자는 자신이 어떤 고용주를 위해 일을 하든 상관하지 않을 것이다. 고용주도 어떤 근로자를 채용하든 상관하지 않는다.

[표 13-4] 한국의 노동시장효율성 순위

년도	순위
2007년	24위
2008년	84위
2011년	76위
2013년	78위
2015년	83위

자료: 세계경제포럼(조사대상 131~148개국 중 순위)

|그림 13-15| 주요 고용지표의 국제비교(2008년 기준)

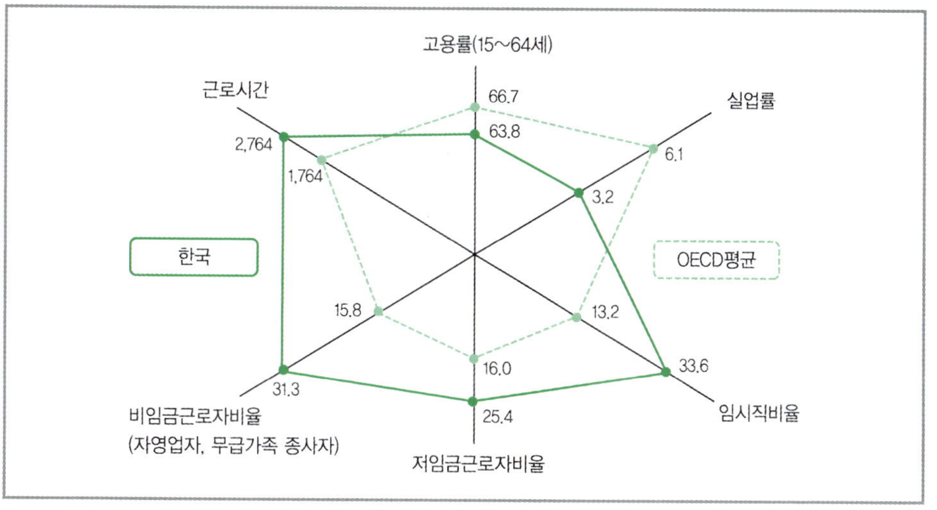

자료: OECD Factbook 2010; OECD Employment Outlook 2010; 기획재정부, 2010년 국가경쟁력 보고서.

05 노동시장의 변화

인구구조 및 인력구조의 변화: 저출산 고령화의 가속화

베이비붐이나 저출산 고령화와 같은 인구구조 변화는 인력확보 및 운용 방식에 영향을 줄 수 있다. 우리나라는 1990년대에 들어와서 인건비 상승과 함께 소위 3D기피현상까지 겹쳐 생산현장의 근로자 부족 현상이 심화되어 왔다. '인재파견업'이라는 신종사업이 생기고, 시간제고용(part timer), 임시적 계약고용제도 생겨났다.

노동력의 고령화는 근로자의 평균 근속연수와 평균 연령의 증가를 초래한다. 조직내부적으로 인사적체가 심해지며 사회적으로는 청년실업률을 증가시킬 수 있다. 만약 연공서열형 임금구조를 갖고 있는 기업에서는 임금 및 퇴직금의 지급 증가 문제가 대두된다. 우리나라의 저출산 고령화사회로의 진척 속도는 매우 급속하다. 우리나라는 인구유지를 위해 필요한 합계출산율(2.1명)의 절반에도 미치지 못해 조만간 인구 자연감소가 일어날 것으로 예상되고 있다. 여성 한 명이 평생 낳을 것으로 예상되는 평균 출생아

|그림 13-16| 연도별 남자 18세 추계 인구

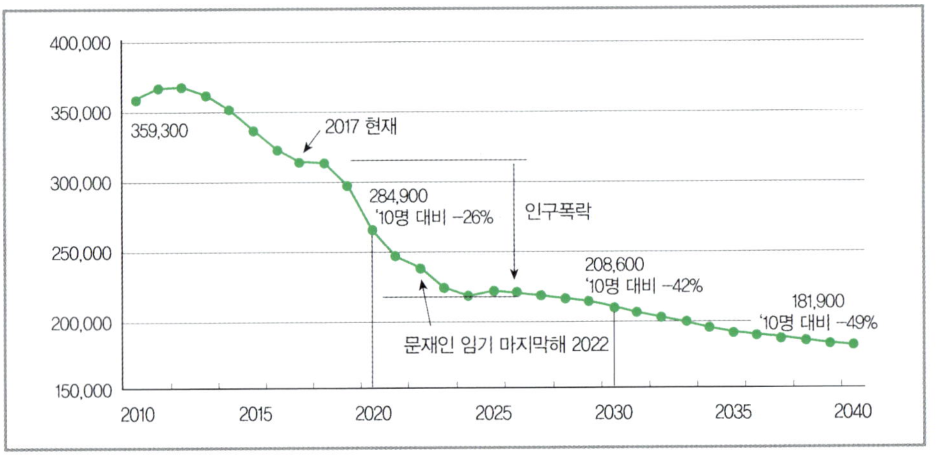

자료: 통계청.

수인 합계출산율이라고 하는데, 이것이 2018년 0.98명으로 연간 기준으로 1.0명 밑으로 내려온 건 처음이다. '합계출산율 0명대'는 세계적으로도 유례를 찾기 힘들다. 유엔인구기금(UNFPA)이 발간한 '2017 세계인구현황' 보고서에 198개국 중 합계출산율이 1.0명 아래인 나라는 한 곳도 없었다. 2010년 대만이 0.90명으로 떨어진 적이 있었지만, 다시 출산율이 1명 이상으로 올라왔다.

또한 우리나라는 생산가능인구 대비 고령인구 비율은 1990년 7.2%, 1995년 8.3%, 2000년 10.2%, 2005년 13.0%, 2010년 15.6% 으로 초고령화사회로 진입하고 있다. 반면 생산가능연령 비율은 1990년 69.4%, 1995년 71.1%, 2000년 71.7%, 2005년 71.6%, 2010년 72.5% 감소할 위기에 처해 있다.

여성인력 노동시장의 확대

과거에 비해 직무육체노동보다 정신노동, 즉 지식근로자를 필요로 하는 방향으로 바뀌어지고 소프트한 감성이 중시되어 여성인력의 사회진출(노동시장에의 진입이라고 할 수 있음)이 확대되기 시작했다. 여성인력의 비중이 점차 커지고 그 역할이 중요해지고 있다.

우리나라 여성인구의 경제 활동 참가율은 1973년 41.5%에서 1993.47.2%로 증가하였

다. 1970년대에는 20세 미만의 여성인력의 경제 활동을 많이 하였으나 점차 그 수가 줄어드는 반면 기혼여성의 경제 활동 참가 비중이 커졌다.

모든 직업에서의 성차별이 없어지는 경향이 가속화되었으며, 여성들의 자기 주장과 목소리가 커지고 있다. 우리나라에서도 남녀고용기회평등법의 제정으로 남녀고용평등의 사상이 널리 확산되었고 각 사업장에서도 성희롱(sexual harassment) 예방과 발생 시 이에 대한 사후 조치 프로세스가 회사마다 구축되고 운영되고 있다.

일은 육체노동에 기반한 직무 → 인지노동에 기반한 직무 → 감정노동에 기반한 직무로 진화되어 왔다.

비정규 임시직 근로노동시장의 확대

경제의 글로벌화가 진전함에 따라 기업은 보다 불확실한 시대에 돌입한다. 이러한 시대에 어떻게 위험을 최소화하고 불확실성에 대응할 수 있는 유연한 조직을 만들어 낼 것인지가 경영자의 주요한 과제가 되었다. 이러한 시대의 변화를 반영해서 기업의 고용전략도 크게 변화를 보게 되었다. 정규노동자와 더불어 단기적인 일의 증감에 따라 유연하게 일할 수 있는 노동자가 필요하게 된 것이다. 이로 인해 지금 파견근로자와 시간제 근로자 또는 임시근로자가 현격히 증가하고 있는 추세이며 앞으로도 비정규직 근로자가 증가하게 될 것이다.

하지만 비정규직 근로자의 경우 정규직 근로자에 비해 상대적으로 낮은 처우 및 열악한 근로조건으로 인하여 근로의욕과 사기가 낮고 조직에 대한 충성심이 현저히 떨어지며 그 결과 낮은 생산성을 나타내는 경우가 많아 이에 대한 인적자원관리 방안이 필요하다.

지식근로자의 노동시장의 형성

대졸 이상의 인력 비중이 증가하여 노동력의 고학력화가 일어났다. 우리나라도 1980년대 중반까지만 해도 중졸 이하의 학력을 가진 인력이 매우 큰 비중을 차지하였으나 1993년에는 중졸 이하가 40.1% 고졸과 대졸 인력의 비중이 42.4%의 비중을 차지하게 되었다. 사회적으로는 고학력 실업자의 수가 증가된다는 문제가 이슈화되고 있다.

글로벌화와 인력다양성(workforce diversity) 및 국제노동시장

글로벌 사회화에 조직이 적합하게 변신하기 위해 글로벌 인재를 확보 · 개발 · 유지하려는 인적자원관리가 중요시되고 있다. 국제적 공용어는 물론 현지언어를 구사할 줄 아는 인력을 확보 육성하는 문제는 물론이고 해외 지역의 경제환경을 꿰뚫어보는 전문가의 육성, 국제적으로 통용되는 설득기술 전문가를 육성하는 문제가 중요시되고 있다. 세계 문화의 다양성에 대한 이해와, 커뮤니케이션을 테마로 한 교육훈련이 주목 받고 있다. 글로벌화는 부정적인 측면도 초래하고 있다. 합법적으로 취업한 외국인 근로자들뿐만 아니라 관광 또는 방문여권으로 입국한 외국근로자들의 불법취업이 늘어나고 있으며 이들에 대한 처우 문제, 산업재해 발생 시의 처리 문제, 국내 근로자와의 차별 문제, 출입국 관리법상의 문제 등 사회 문제들이 발생하고 있다.

공유경제와 기그 워커의 확산

디지털 경제의 모바일 환경에서 '기그 워커'에 의해 경제가 주도되는 것을 '기그 이코노미'라고 한다. 필요할 때마다 단기계약이나 임시직으로 고용하는 근로 형태를 '기그 이코노미'라고 하는데, 기그 워커란 기그 이코노미 노동시장에서 구직 활동을 하는 사람들을 말한다. '기그'라는 단어는 1920년대 미국 재즈클럽에서 단기로 섭외한 연주자들이 하는 공연에서 유래되었다. '기그(gig)'의 뜻은 '재즈 연주', '일시적인 일', '재즈 연주가로 일하다'인데, 악보 없이 즉흥으로 연주하는 것을 '잼(jam)'이라고 하고 연주자를 즉흥으로 섭외하는 것을 '기그'라고 한다.[3)]

기그 이코노미는 스마트폰 등 IT 기기 보급과 공유경제(sharing economy) 확산 등을

---

3) 데이터분석업체 페이먼트닷컴은 최근 보고서에서 2018년 미국 내 기그 이코노미 규모를 1조 4,000억 달러(약 1,655조 원)로 추산했다. 보고서는 근로자 평균 수입 역시 5만 8,000달러에 이른 것으로 평가했다. 특히 소득 상위 40%의 경우 연간 10만 달러 이상의 수입을 올리고 있다. 조사결과, 기그 잡만을 전문적으로 하는 종사자 가운데 37.6%가 대졸 학위를 갖고 있다.

동력 삼아 빠르게 성장하고 있다. 기그 이코노미 종사자 대부분은 스마트폰 애플리케이션 등을 통해 일자리를 구하고 있다. 여기에 우버 등 차량 공유서비스, 최근 인기를 끌고 있는 전동킥보드 공유서비스 등은 사업 특성상 초단기 계약 형태로 근로자를 활용하는 경우가 많다.

모바일 환경에서 생겨난 아마존 플렉스(일반인 배송기사), 우버이츠(음식 배달), 배민라이더(배달의 민족 배송기사), 카카오 대리(일반인 대리운전) 등의 공통점은 특정 기업에 고용되지 않고 돈을 버는 시스템에서 일하는 임시직의 '기그 워커(Gig Worker)'이다.

2019년 6월 9일 CBS뉴스와 포브스, 미국의 소리(VOA) 등에 따르면 미국 금융정보업체 뱅크레이트닷컴의 최근 조사결과 밀레니얼 세대의 48%가 단기 또는 초단기 임시직을 뜻하는 '기그 잡(gig job)' 등을 통해 추가 소득을 올리고 있는 것으로 조사되었다고 보도했다.[4]

기업 입장에서는 많은 직원을 오랫동안 고용하기가 부담스러울 수 있다. 근로자 입장에서도 한 직장에서 통제받거나 인간관계의 스트레스 등을 싫어할 수도 있다. 서로 필요할 때에만 함께 일할 수 있는 제도가 필요하게 되었다.

회사는 필요한 프로젝트마다 적합한 사람을 그때그때 찾아 함께 일하고 프로젝트를 종료한다. 근로자는 자신이 원하는 시간에 원하는 일을 자신의 사정에 맞게 유연하게 수행한다.

'우버'는 자가용을 가진 개인들이 자기가 원하는 시간에 영업을 하도록 애플리케이션을 통해 택시 이용자와 연결을 해 준다. 현재 전 세계 700개 도시에서 약 390만 명의 운전자가 단기계약을 맺고 프리랜서로 일하고 있다.

2019년도에 27세인 켈시 가스파리는 금융서비스업체 영업 담당 매니저로 일하면서 매주 10시간가량 개를 산책시키는 기그 잡을 통해 100~300달러의 추가 소득을 얻고 있다. 워싱턴DC 토박이인 윌리엄 네어는 스마트폰 앱 수십 개에 등록해놓고 일거리가 뜰 때마다 확인해 일자리를 찾고 있다고 VOA에 밝혔다. 네어는 현재 전동킥보드를 모아 충전하는 일, 개를 산책시키는 일 등 12개 기그 잡을 갖고 있다. 그는 "기그 잡은 잠시만 일하는 단기직이니까 시간을 내 마음대로 활용할 수 있어 자유롭게 살고 있다"고 만족해 한다.

4) 밀레니얼 세대는 1980년대 초반에서 2000년 사이에 태어난 만 37세 이하 젊은 층을 일컫는 세대다.

❙그림 13-17❙ 늘어나는 미국 내 '기그 이코노미' 종사자

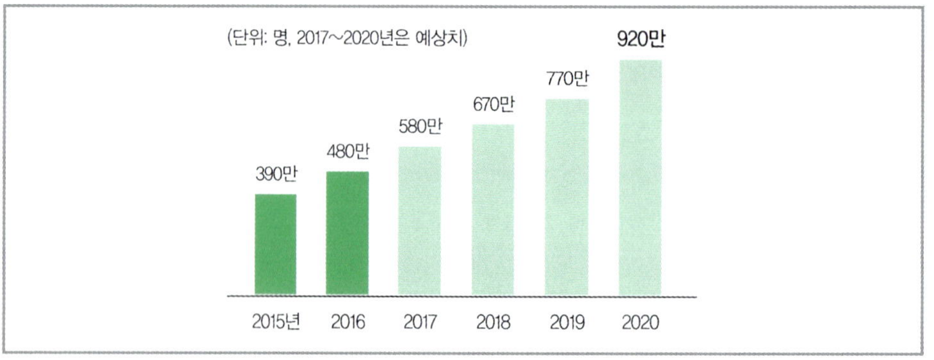

자료: 인튜이트 앤 이어전트 리서치.

'에어비앤비(숙박공유업체)'라는 회사는 숙소를 원하는 사람과 숙소를 빌려줄 사람을 연결해 준다. 영국의 음식 배달 업체에서 배달하는 일을 하는 사람들을 '딜리버루(Deliveroo)'라고 한다. 이 역시 해당 애플리케이션에 등록을 하고 원하는 시간, 원하는 지역에 배달을 해주고 수수료를 받는다.

프리랜서들은 일하지 않을 때는 아무 수입이 없다. 정규직에게 제공되는 각종 복지혜택도 없다. 수많은 프리랜서와 경쟁해야 하고 고용과 관련된 법적 보호도 없다. 우버의 최고경영자(CEO)는 '일에 삶을 맞추는 것이 아니라 삶에 일을 맞추는 시대가 왔다'며 우버 운전기사들을 독립적 프리랜서로 대우한다. 미국에서는 프리랜서를 노동자로 인정하지 않는다. 반면, 우버 운전기사들은 열악한 고용 조건을 이유로 대규모 소송을 했다. 영국의 고용 심판소는 이 소송에서 운전자가 자영업자가 아니라 노동자임을 인정했고, 프랑스 대법원도 이 서비스 운전자는 우버와 '종속관계에 있다'는 판결을 내렸다.

학습정리

- 노동력이 거래되는 노동시장은 구직자와 구인자가 서로 필요에 의해 만나 고용계약을 하는 곳으로 인력공급의 주원천이다.
- 노동시장은 단일시장이 아니라 여러 종류의 노동시장이 있으며 이동가능성은 제한적이다.
- 1차노동시장과 2차노동시장은 질적 수준에 의한 구분이다.

참고문헌

1. 한성덕 · 주석진(2018). 최신 직업정보와 노동시장, 공동체.
2. 김기선 · 오상호(2018). 청년 노동시장 및 고용정책: 독일, 한국노동연구원.
3. 김승택(2018). 청년 노동시장 및 고용정책 해외사례: 일본, 한국노동연구원.
4. 이용춘(2016). 노동시장내 청년창업생태계의 구축방안, 한국직업능력개발원.

연습문제

01 인력선발도구의 평가기준으로는 신뢰성과 타당성이 있다. 다음의 설명 중 가장 적절하지 않은 것은? 2000년 공인회계사

① 신뢰성은 어떤 시험을 동일한 환경에서 동일한 사람이 몇 번 다시 보았을 때, 그 결과가 서로 일치하는 정도를 말한다.
② 양분법(split-halves method)과 대체형식법(alternate form method)은 신뢰성 측정 방법이다.
③ 예측타당성(predictive validity)은 선발시험 합격자들의 시험성적과 입사 후 그들의 직무 성과 간의 상관관계에 의해 평가된다.
④ 내용타당성(content validity)은 선발도구에 측정하고자 하는 내용이 포함되어 있는 정도를 말한다.
⑤ 동시타당성(concurrent validity)은 선발시험의 예측타당성과 내용타당성을 동시에 검사하는 것이다.

02 인력모집과 선발에 관한 다음 서술 중 가장 옳지 않은 것은? 2001년 공인회계사

① 이력서와 추천서는 응모자에 대한 배경정보를 얻는 수단이다.
② 성취도검사는 응모자가 이미 가지고 있는 능력을 측정하는 것이다.
③ 집단면접은 다수의 면접자가 한 명의 응모자를 평가하는 방법이다.
④ 클로즈드 숍(closed shop) 하에서 신규 종업원 모집은 노동조합을 통해서만 가능하다.
⑤ 비구조화 된 면접은 응모자에게 의사표시의 자유를 최대한 주고 질문하는 방법이다.

03 선발과 모집과 관련한 다음의 설명 중 가장 적절하지 않은 것은? 2007년 공인회계사

① 사내공모제는 승진기회를 제공함으로써 기존의 구성원에게 동기부여를 제공한다.
② 외부모집으로 조직에 새로운 관점과 시각을 가진 인력을 선발할 수 있다.
③ 내부 인력원천은 외부 인력원천에 비해 비교적 정확한 능력평가가 가능하다.
④ 내부모집 방식에서는 모집범위가 제한되고 승진을 위한 과다경쟁이 생길 수 있다.
⑤ 여러 상황에서도 똑같은 측정결과를 나타내는 일관성을 선발도구의 타당도라고 한다.

04 기업에서 필요한 인력의 풀(pool)을 구성하는 방식에는 크게 내부모집과 외부모집이 있다. 내부모집과 외부모집의 특성에 관한 설명으로 다음 중 가장 적절하지 않은 것은?
2008년 공인회계사

① 내부모집은 내부인 끼리의 경쟁이라서 선발에 탈락되어도 불만이 적으며 과당경쟁도 거의 없다.
② 내부모집의 경우 이미 지원자들에 대해 많은 정보를 가지고 있어서 정확한 평가와 결정을 내릴 수 있다.
③ 내부모집은 내부인들 개인이 경력개발을 위해 계획을 세우고 실천하도록 함으로써 사내직원 전체의 능력향상을 도모할 수 있다.
④ 외부모집은 외부인이 자기직무에 잘 적응하기까지의 적응 비용과 시간이 많이 든다.
⑤ 외부모집을 통해 기업은 조직 내부의 분위기에 신선한 충격을 줄 수 있다.

05 모집·선발과 관련한 다음의 설명 중 적절하지 않은 항목만으로 구성된 것은?
2010년 공인회계사

a. 사내공모제(job posting)는 조직 내부의 구성원에게 희망 직무를 지원할 수 있는 기회를 제공하므로, 기존 조직구성원들의 만족도를 높일 수 있다.
b. 선발도구의 기준관련타당도(criterion-related validity)는 선발도구들이 실제로 직무 성과를 얼마나 잘 예측하는지를 말해 주는 것으로 예측타당도와 미래타당도가 있다.
c. 기업은 인력을 충원하기 위해 크게 내부모집과 외부모집을 고려할 수 있는데, 내부모집은 조직 내부에 새로운 충격을 주기 위해 선택되기도 한다.
d. 선발도구의 내용타당도(content validity)는 선발시험이나 면접의 내용이 해당 직무를 수행하는데 요구되는 요건들과 얼마나 일관성이 있는지를 나타낸다.
e. 선발도구의 구성타당도(construct validity)는 해당 선발도구가 측정도구(measurement tool)로서의 적격성을 갖고 있는지를 나타낸다.

① a, d ② c, e ③ b, c ④ b, d ⑤ d, c

06 모집과 선발에 관한 설명으로 가장 적절하지 않은 것은? 2014년 공인회계사

① 선발관리에서 입사성적과 입사 이후 업무 성과 간의 상관관계가 높을 경우 그 선발도구는 예측타당성이 높다고 할 수 있다.

② 선발도구의 신뢰성이란 시험결과의 일관성을 의미하며, 시험-재시험 방법을 이용하여 측정할 수 있다.

③ 내부 모집은 내부 인력의 능력개발을 유도하는 장점이 있다.

④ 조직이 급격하게 성장하고 변화와 혁신이 필요할 때에는 외부 모집을 하는 것이 적절하다.

⑤ 노동조합이 유니언 숍(union shop) 형태인 경우 사용자는 반드시 노동조합의 조합원 중에서 종업원을 채용해야 한다.

07 인사평가 및 선발에 관한 설명으로 가장 적절한 것은? 2016년 공인회계사

① 중심화경향은 평가자가 피평가자의 중심적인 행동특질을 가지고 피평가자의 나머지 특질을 평가하는 경향이다.

② 인사평가의 실용성 및 수용성을 파악하기 위해서는 관대화경향, 중심화경향, 후광효과, 최근효과, 대비효과를 지표로 측정하여야 한다.

③ 시험-재시험 방법(test-retest method), 내적 일관성(internal consistency) 측정 방법, 양분법(split half method)은 선발도구의 신뢰도 측정에 사용되는 방법이다.

④ 신입사원의 입사 시험성적과 입사 후 일정 기간이 지난 후의 직무태도를 비교하여 상관관계를 조사하는 방법은 선발도구의 현재 타당도(concurrent validity)를 조사하는 방법이다.

⑤ 인사평가의 신뢰성은 특정의 평가도구가 얼마나 평가목적을 잘 충족시키느냐에 관한 것이다.

14장 인력계획

학습목표

1. 인력계획의 개념과 사고 방식에 대해 이해한다.
2. 인력계획의 기법에 대해 학습한다.
3. 인력계획 관련 현장의 이슈와 해법에 대해 토론학습한다.

실제 사례

삼성전자의 스마트폰 제조공장은 왜 베트남으로 갔나?

삼성전자 구미 사업장 인근 200km 이내 고졸 인력 중 대학 미진학자는 연간 6만 4,000명으로 추정된다. 반면 삼성 베트남법인이 있는 하노이 북부 지역 15개 성에는 대학 미진학 고졸 인력이 22만 3,000명에 달했다.

매주 600명 이상 뽑아야 휴대폰 생산계획을 맞출 수 있다. 성수기에는 주 1,000명을 충원해야 한다.

고졸 출신 베트남 직원이 조립라인에서 일하면서 매달 500만동(약 25만 원)을 번다. 이러한 월급액은 농사짓는 부모님의 한 달 수입보다 많다. 만약 삼성전자가 베트남에서 휴대폰 생산을 하지 않고 구미공장에서 생산하였다면 연간 7,000억 원 이상의 제조비용 감소 효과를 포기해야만 한다. 또한 삼성전자 구미사업장에는 9,500명이 일하는데, 연간 채용 규모는 약 500명이고 생산라인에서는 고졸 여사원 전원이 정규직인 데다 연봉이 4,000만 원을 넘는데다가, 필요한 인력을 채우기가 어렵다. 구미 지역 1 · 2차 협력업체들은 주부사원, 외국인, 중졸 출신들로 생산인력 채용을 한다. 베트남에선 250달러 월급으로 한 해 2만 명의 생산직 인력을 차질 없이 충원할 수 있다

삼성의 베트남 진출로 생산직 일자리가 줄었더라도 휴대폰 사업의 경쟁력 향상과 함께 개발 · 기술 · 디자인 등 고급 인력은 한국에서 몇 배씩 늘었다.

실제 사례

전문의사 수급문제

보건의료서비스를 효과적이고 효율적으로 제공하기 위한 합리적인 전문의사인력 수급계획과 정책이 실시되어야 한다. 보건의료서비스 산업도 노동집약적인 사업으로 의료인력 중에서 의사인력이 중요하기 때문에 이에 대한 합리적인 인력계획이 이루어져야 한다. 의료서비스의 적정 공급을 위해 의사는 충분히 공급되고, 잘 훈련되고, 적절히 분포되고, 효율적으로 활용돼야 한다.

01 인력계획은 어떤 활동인가

인력계획의 개념

인력계획(manpower planning or Human Resource Planning)은 현재 및 장래의 각 시점에서 기업이 필요로 하는 특성을 지닌 인원의 수를 예측하고 이에 대한 사내·외의 인력공급을 계획해서 인력의 수급을 조정하는 계획을 수립하는 활동이다.

인력계획은 직무계획에서 필요한 자격요건을 갖춘 사람을 확정하면 이에 따라서 필요한 수의 인력수급을 계획하는 활동이다. 인력계획은 종업원의 입사에서부터 퇴직까지의 인력의 흐름(manpower flow)에 관한 전반계획이기도 하다.

[표 14-1] 인력계획의 개념

Walker(1980)	환경의 변화와 이에 대응하는 활동의 개발에서 조직이 필요한 인적자원을 분석하는 과정
Burack & Mathys(1980)	효율적인 노동력활용을 위한 프로그램의 구축과 실행에 관련된 정책, 계획, 분석, 체계, 방법들을 다루는 미래지향적 도구 및 접근법
Cascio(1982)	조직에서 미래의 사업과 환경적 요구들을 예측하고 이러한 환경들에 의해 요구된 인력 필요량을 만족시키기 위한 노력
Verhoeven(1982)	조직의 목표의 실현과 개별적 종업원들의 이해를 고려하는 범위에서 필요한 자질을 가진 종업원들을 이용 가능한 상태로 유지하고자 하는 목적으로 설계된 일련의 과정

Eric W. Vetter(1967)	조직이 어떻게 하면 현재의 인력상태를 바람직한 인력상태로 만들 수 있을 것인가를 관리자들이 결정하는 과정
Frank. H. Cassell(1973)	인력채용 인적자원개발 고용 모집 및 인력정보체계를 통해서 기업이나 공공단체의 계획과 목적을 장기적 미래의 양적 · 질적 인력요구와 이를 충족시키는 계획으로 변형시키기 위해 설계되는 과정
Angela Bowey(1974)	조직이 적정한 종류의 사람을 적시 · 적소에 확보하려는 것을 보장하는 것
J. W. Waker(1970)	조직과 개인에게 이익이 되는 활동을 수행하기 위하여 적절한 사람을 적절한 양으로 적당한 시기 및 위치에 배치할 수 있도록 인력수요를 예측하고 계획하는 일련의 복합적인 업무

인력의 수급계획에 있어서 인원 수라는 양적인 측면만이 아니라 조직이 필요로 하는 특성과 능력을 갖춘 사람을 적시에 공급해야 하는 질적인 측면도 중요하다. 이러한 질적 측면은 지식, 기능, 능력 등 인적자원의 역량에 관한 것으로서, 종업원의 내부육성 또는 경력개발과 연관되어 있다. 인력계획은 채용, 승진, 훈련 등 인력의 흐름과 관련된 직능 활동의 계획을 포함한다. 또한 인력계획은 인력수급의 과부족에 대한 조정계획도 포함한다.

인력계획은 기업이 현재 및 향후 수행할 사업에 적합한 인력을 적시에 적절하게 수급할 수 있는 적정 인력 산정 활동이기도 하다.

그림 14-1 인력계획의 프로세스

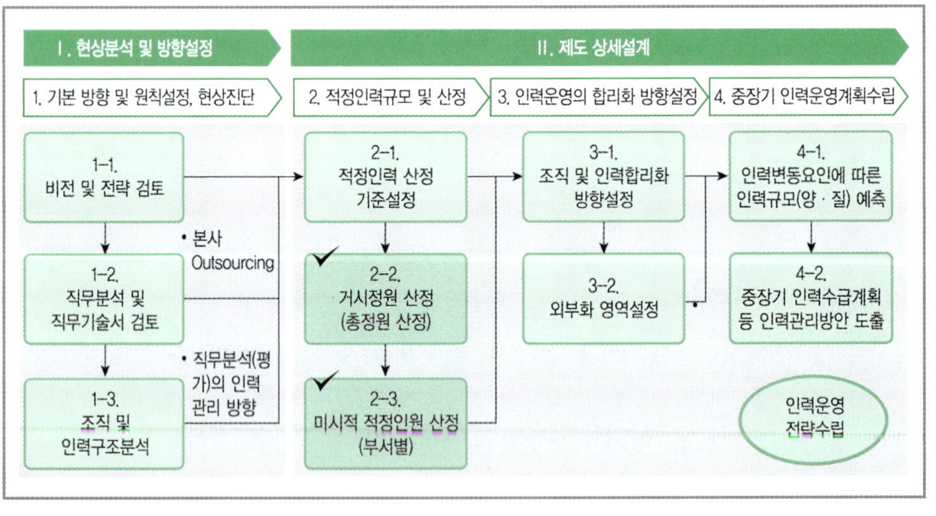

인력계획의 기능과 중요성

인력계획은 경영전략을 실행하기 위한 인적자원의 수급에 관한 계획으로 활용될 수 있다. 사업계획이나 전략적 목표를 달성하기 위해서는 이를 추진할 수 있는 적합한 인력을 충원하지 못할 경우, 문서상의 계획에 머무르게 된다.

인력의 양적인 수급이 조정되더라도 질적인 측면에서 조직이 필요로 하는 능력과 가치를 보유한 인력을 충원하지 못한다면 경쟁기업에 비해서 경쟁우위를 달성하기가 어렵다.

기업특유의 기술과 조직문화를 체득한 인력을 외부노동시장에서 조달하기는 불가능하다. 이러한 인력은 인력계획에 의해 조직 내부에서 장기적인 관점에서 육성되어야 한다.

인력계획은 조직의 장기적인 인력구성과 인력의 질을 계획하는 활동이다. 만약 인력계획인 잘못 수립되면 인력과잉이나 인력부족으로 인한 심각한 문제가 발생한다. 인력과잉의 경우 대량해고를 하게 되는 사태가 발생하기도 하거나 과다한 인건비 부담 때문에 기업의 수익성이 크게 저하되기 때문에 저임금정책을 써야만 하는 경우가 발생하기도 한다.

인력계획은 조직의 활성화에 영향을 미친다. 인력의 공급은 외부 노동시장을 통해서도 이루어지지만 조직 내부의 인력을 통해서도 이루어진다. 사내인력의 승진 · 이동을 통한 필요인력의 충당은 비록 훈련비용이 든다고 하더라도 사기와 학습의욕을 높이는데 큰 영향을 준다.

전략적 인적자원관리의 인력계획은 전략적 인력계획으로 전략적 경영의 사업 관점에서 사업수행 방식과 원활한 추진을 위해 필요한 인적요건을 갖춘 인력이 얼마나 필요한지 어느 정도 수준의 인력이 필요한지를 전략적 경영 관점에서 접근한다.

그림 14-2 전략적 인재관리 접근 관점

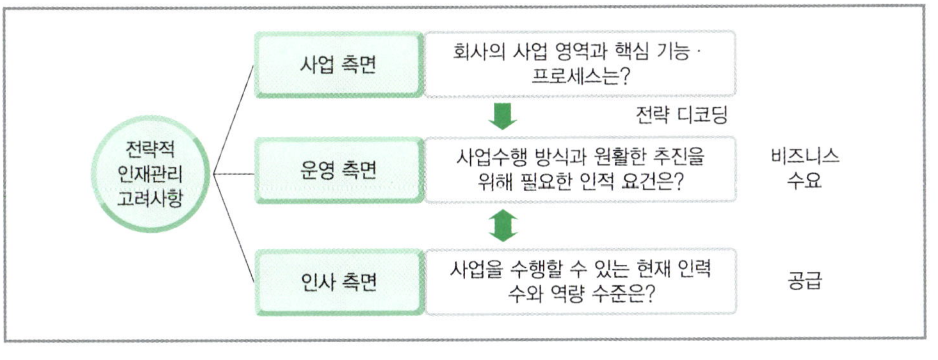

2018년 인터넷기업인 텐센트는 세계적으로 AI 연구에 필요한 인력이 수백만 명이지만 공급은 30만 명 수준에 불과하다고 진단했다. 한국기업도 AI 인력수요가 늘어나지만 충원하지 못하고 있으며, 전세계 15개국 중 13위에 있다.

그림 14-3 인공지능(AI) 인력 수급의 불균형

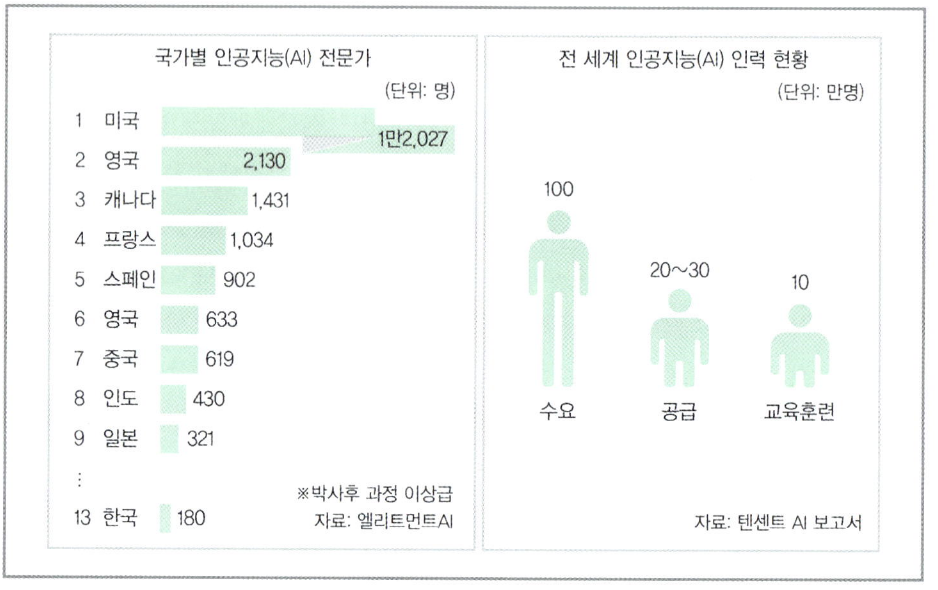

02 인력계획관리의 체계

인력계획의 체계와 내용

인력계획의 체계는 다음과 같다.

• 정보수집

인력계획에서 필요한 정보는 인력의 수요와 공급에 영향을 미치는 변수들이다. 이에는 장·단기 전략계획과 조직계획이 있다. 공장의 증설이나 축소 또는 자동화와 관련된 조직계획은 인력계획에 직접적인 영향을 미친다.

저원가전략을 구사할 것인지 또는 차별화전략을 구사할 것인지에 따라서 필요한 인력의 종류가 달라지게 된다. 인력의 공급에 영향을 미치는 정보는 조직 내부 인력 현황에 대한 정보와 외부 노동시장 정보가 있다. 조직의 인력 현황에 관한 정보는 현재의 인원 수와 기능 수준, 그리고 이의 변동에 관한 정보를 말한다. 외부 노동시장 정보에는 실업률이나 기능 수준 그리고 인구통계적 변수 등 인력의 공급 예측에 사용되는 정보들이 있다.

• 인력의 수요예측

수요예측은 계획기간 동안에 필요한 총 인력을 계획하는 것으로서 장 · 단기적 계획이 있지만 매년 단위로도 계획해야 한다.

• 인력의 공급예측

필요한 인력의 공급은 내부에서 충원될 수도 있고 외부 노동시장에서 충원될 수도 있다.

• 각종 직능 활동 계획수립

충원계획, 훈련과 개발계획, 조기퇴직계획, 경력계획, 기타 인력의 수급을 일치시키기 위한 각종 직능 활동을 계획해야 한다.

그림 14-4 인력계획의 체계

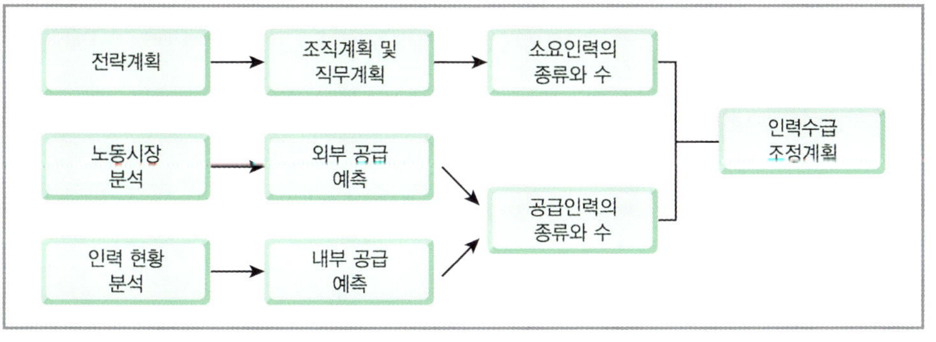

인력계획의 접근 방법

인력계획이란 계속적으로 실행되어야 할 인사의 중요 기능이다. 예를 들어, 현재 인력의 능력에 대한 분석을 토대로 향후 필요로 하는 능력을 갖춘 기업이 되기 위해서는 기존 인력의 개발과 신규 인력의 충원이 이루어져야 한다. 인력계획은 사업주기와 인력전략, 그리고 분석 수준에 따라 달라질 수 있다.

1. 인력계획의 거시적 접근 방법과 미시적 접근 방법

각 기업의 인력계획은 상황에 따라 달라지기 때문에 일반적으로는 다음과 같은 분석 수준으로 인력계획에 접근한다.

[표 14-2] 인력계획의 거시적 접근법과 미시적 접근법

분석 수준	초점	접근법
거시적 접근법 (전략적 수준)	총 소요인원 결정	• 경영전략분석 • 경영 성과와 인건비분석 • 기업 지급능력분석 등
중간 수준 (전술적 수준)	기능별 소요인원 결정	• 동종 유사 선진업체 벤치마킹 • 조직 내부 동일기능을 수행하는 베스트 프랙티스 벤치마킹 • 인력운용 현황 • 기능별 성과 • 기능에 대한 특성분석 등
미시적 접근법 (운영적 수준)	직무단위별 소요인원 결정	• 직무분석 및 평가 • 업무분석 및 평가 • 업무량분석 • 중복업무분석 • 업무분장의 적정성분석 등

2. 조직의 성장단계별 인력계획

일반적으로 생산직에 대한 필요 적정 인력 산정 방법과 사무직의 적정 인력 산정 방법은 다르다. 생산직의 경우에는 직무분석과 시간연구를 통하여 최적화된 업무기준을 결정하고 이를 적절하게 수행하기 위하여 필요한 표준시간을 산출하며, 이를 근거로 적정인원을 산정한다. 또한 사무직의 경우에는 시간으로 측정하기 어렵기에 직무별 업무량, 직무수행능력, 업무분장의 적정성, 직무 및 업무의 가치분석 등 다각적인 방법을 통하여 적정인원을 산정하고 대상회사 또는 부문의 사업주기와 인력전략에 따라 다른 주

안점을 갖고 있다.

[표 14-3] 성장단계별 인력계획 및 전략

성장단계	도입기	성장기	성숙기	쇠퇴기
전략	집중화전략	핵심인재전략	차별화전략	저인건비전략
인력계획	적극적 신규인력의 충원 및 개발	적극적 우수인력의 충원 및 개발	우수인력의 유지 및 부적절 인력 정리	인건비 절감 목적으로 인력동결 및 감원
특징	업무량 대비 약간 많은 인력으로 업무의 질 제고	양적인 수보다 질적으로 우수한 인재 충원	신규 부문에 우수인재의 적극적 배치	업무량 대비 약간 부족한 인력으로 업무의 질 유지

03 인력계획의 효과

인력계획관리 활동을 통해 각 기업은 현재를 기반으로 한 미래 인력설계가 가능하며, 기업은 자체 인력의 상황을 파악할 수 있고, 다음과 같은 효과를 얻을 수 있다.

- 인력구조분석 및 재조정안: 성별, 연령별, 학력별, 직급별, 본사 및 현장 간의 적정 인력 구조
- 동종 선진업체와 인력운영 현황 비교
- 적정 인건비 산출
- 업무분장 재조정안
- 중 · 장기 적정인력계획
- 인력계획안에 따른 인력운영계획: 인력 유지 · 확보 · 이동 · 배치 · 방출
- 현행 인력에 대한 평가 및 개발요구 분야 확인
- 전직훈련 및 아웃소싱 계획

04 인력계획의 방법

인력계획 방법의 종류

인력계획과 기업의 전략을 통합하기 위해서는 인력계획 과정에 최고경영자와 라인 관리자들이 함께 참여해야 한다. 인력계획은 총원, 직무, 개별 직위 수준에서 이루어 질 수 있다. 예를 들어, 경영자 승계계획은 개별직위 수준의 인력계획인 반면, 연구개발직의 수급에 대한 계획은 직무 수준에서 이루어진다. 인력계획의 기간은 미국의 경우 대개 1년 단위로 이루어진다. 그러나 1년 단위의 계획이 수립된 이후에도 상황 변화에 대응해서 계획이 수정될 수 있다. 인력 수요계획과 공급계획은 다음과 같다.

- 인력의 수요계획: 정성적 방법 , 계량적 방법,
- 인력의 공급계획: 내부 공급 방법, 외부 공급 방법

인력수요계획

인력의 수요계획은 현재 및 장래에 있어서 기업이 필요로 하는 인원이 얼마인가를 예측하는 것이다. 이러한 예측은 과거의 추세와 현재의 상황 그리고 미래에 대한 가정에 입각해서 이루어 진다.

1. 정성적 방법

정성적 방법은 소규모 조직이나 환경이 급변하는 경우에 적합하다. 환경이 급변하는 경우에는 과거의 추세가 미래에도 지속될 것이라는 전제를 갖고 있는 계량적 방법이 적합하지 않고 또한 통계적 기법의 유효성이나 효율성이 문제시 되기 때문이다. 판단적 방법에는 다음과 같은 3가지 종류가 있다.

① 각 부서나 작업단위에서 필요인력을 예측하고 인사부서가 이를 종합하고 조정함으로써 최종 소요인원을 예측하는 방법.

② 인력계획에 정통한 임원이나 최고경영자가 사업계획과 여타 영향 요인을 고려해서 소요인원을 예측하는 방법.

③ 전문가들로 하여금 수차에 걸쳐서 익명의 토론을 하게끔 하고 최종적으로 전문가들 사이에 합의점을 도출하는 방법(델파이기법).

2. 계량적 방법

계량적 방법은 하나 또는 그 이상의 기준 요소를 선정해서 이것을 근거로 해서 소요인력을 예측하는 방법이다. 계량적 방법으로는 인력수요와 관련된 각종 변수들을 동시에 사용하여 소요인력을 예측하는 다중회귀분석인자 선형계획법이나 목표계획법과 같은 복잡한 방법도 있다.

① **거시적 방법**: 기업 전반 또는 어떤 직장단위의 인력예측을 하는 것을 흔히 거시적 인력예측이라 하고 또한 그 성격상 하향적 인력계획이라고 할 수 있다. 거시적 인력예측은 먼저 조직단위 전체의 인력예측을 하여 총원을 정하고 나서 이를 다시 인력의 종류로 분할하는 절차를 밟아야 한다.

② **미시적 방법**: 거시적이고 총합적인 인력예측에 대비되는 미시적으로 집적방식의 인력예측도 가능하다. 상향적인 방향으로 인력을 예측하는 미시적 방법은 먼저 특정종류의 노동을 요하는 활동의 1인당 소요시간을 계획하여 이를 평균 활동시간으로 나누든가, 일정 기간의 총 성과를 동기간의 1인당 능률로 나누어서 소요인력을 계산할 수 있다. 이와 같이 직무 또는 작업단위별로 계산된 인력을 합산하여 소요인력을 집계하는 방식을 편의상 미시적 방법이라 할 수 있다. 이 방법을 적용할 때 흔히 쓰는 계산식은 다음과 같다.

$$\text{소요인원 수} = \frac{(\text{1일 생산 소요 전시간}) + (\text{직장 고정시간})}{(\text{1일 작업시간}) - (\text{개인 고정시간})} \times (1 + \text{여유율}) \times \text{가동률}$$

③ **인력예측의 조정**: 대체로 상향식 집계 방법에 의하여 산정된 인력은 일반적으로 하향적인 목표인원 수와 일치하지 않으며 목표인력을 상회하는 것이 보통이다. 양자 간이 차이가 너무 클 경우에는 일단 목표인력산정의 조건을 검토하여 그 적정성을 확인한 후에 다음과 같은 방법으로 미시적 결과를 거시적 결과인 목표인력에 접근시킨다. 또한

정원통제를 위해서는 부서별·직종별 정원산정의 근거기준을 제시하여 정원변동의 통제기준으로 삼을 수 있다. 정원통제기준율을 책정할 때는 직접부문에 있어서는 조업 수준에 따른 직접인력산정의 공통기준을 정하여 이에 따라 비례 또는 변화율을 산정하고, 간접부문은 직접부문과의 활동 변화 수준의 관계를 통계적으로 조사하여 이를 일반 수준과 비교하여 정책적으로 결정할 수도 있다.

인력의 공급계획

1. 내부 공급

인력의 내부 공급이란 공석에 대한 후보자를 현재의 종업원들에서 찾는 방법을 말한다. 내부 공급의 기법은 판단적 방법과 계량적 방법으로 구분할 수 있다. 계량적 방법의 대표적인 예로는 전이행렬을 이용한 마코브체인법이 있다. 인력의 수요예측과 마찬가지로 공급예측기법도 각각 장·단점을 지니고 있고 계량적 기법을 사용할 때 유의할 점도 동일하다. 따라서 미래의 불확실성이 높거나 통계적 방법을 적용할 수 있는 조건이 마련되지 않은 경우에는 계량적 방법에만 의존하는 것은 대단히 위험하다. 또 내부 인력의 공급은 개인별 경력개발제도, 훈련개발계획과도 밀접한 관계가 있을 뿐만 아니라 노동이동의 원인이 되는 노동시장 사정, 임금 수준과 제도 등 다양한 요인의 영향을 받는다. 따라서 기업이 통제할 수 없는 요인은 기타 방침에 의하여 종합적으로 상호 조종하여 인력계획이 현실적인 실천성을 갖도록 해야 한다. 내부 공급의 방법에는 승진도표, 기능목록, 마아코브체인법 작성들의 방법이 있다.

① **승진도표**: 현재의 인원 수는 인원의 현황 파악으로 쉽게 알 수 있으나, 장래의 변화에 대해서는 여러 가지 방법으로 변화를 예측하고 또 조정해야 한다. 현원의 상태를 그 능력의 면에서 면밀히 파악하여 개개의 승진, 이동의 시기, 순위, 훈련 등의 요건을 명기해 두고 이를 집계하여 내부 인력의 변화를 예측하는 방법이다.

② **기능목록(skill inventory)**: 기능목록은 내부 공급을 계획하기 위해서는 현직 종업원의 경력, 학력 및 교육능력에 관한 정보를 집적해둔 문서 또는 컴퓨터 프로그램을 말한다. 기능목록은 생산관리의 재고장부의 개념과 유사하다. 기능목록은 특정 지위에 적합한 사람들을 선별하거나 교육훈련의 필요성 분석 나아가 개인의 경력계획 수립에도

유용하게 활용될 수 있다. 그러나 기능목록의 한계는 개인에 대한 정보가 제한되어 있다는 점이다.

③ 마코브체인법(Markovchain method): 안정적인 조건에서 승진, 이동, 퇴사의 일정 비율을 적용하여 장래에 각 기간에 걸친 현원의 변동상황을 예측하는 기법이다. 마코브체인분석은 직무담당자가 다음연도에 현직무에 머무르거나 승진 · 이동 · 이직할 확률인 전이확률행렬을 사용하여 인력공급을 예측하는 기법이다. 마코브체인법의 문제점은 각 직무 담당자가 적을 경우에는 전이확률의 신뢰도가 저하된다. 각 직무에 최소 50명 이상의 인원이 있어야 적용 가능하다.

[표 14-4] 마코브체인분석

전이행렬확률					
현재 \ 미래	직무 A	직무 B	직무 C	직무 D	이직
직급 A	0.9625	0	0	0	0.0375
직급 B	0.025	0.95	0	0	0.0250
직급 C	0	0.0967	0.8533	0	0.0500
직급 D	0	0	0.15	0.8	0.0500
직급 T	0	0	0	0.8	0.2000

현재의 인원을 고려한 인원변동 예측						
현재 \ 미래	초기인원	1년 후	2년 후	3년 후	4년 후	5년 후
직급 A	50	49.6	49.4	49.3	49.3	49.4
직급 B	60	64.7	69.4	74.1	78.8	83.3
직급 C	80	81.8	84.8	86.6	87.3	87.1
직급 D	90	100	95.1	89.2	84.0	79.7
직급 T	35	18.9	16.3	15.8	15.7	15.5

2. 외부 공급

외부 공급은 조직이 필요로 하는 인력을 외부 노동시장에서 충원하는 것을 말한다. 외부 공급계획은 노동시장, 인구통계추세, 산업 및 직업추세에 관한 정보에 기초해서 수립되어야 한다.

3. 인력수급 조정기법

인력계획을 수립할 때 인력의 과부족이 발생할 가능성에 대비해서 인력수급 조정계획 및 대책을 세워야 한다. 인력이 부족할 때와 과잉일 경우로 나누어 조정기법이 있다.

① 인력부족: 정규직원의 신규채용을 고려하기 이전에 먼저 다른 대안을 모색해야 한다. 예를 들어, 퇴직연령에 도달한 사람들에게 계속 근무하도록 인센티브를 제공하거나 이직의 원인을 분석하여 대비책을 마련하는 것도 대안으로 고려될 수 있다. 만일 인력부족이 일시적인 현상이라면 기존 인력에 초과근무수당을 지급하거나 또는 임시직을 고용할 수 있다. 또한 비즈니스 리엔지니어링을 통해서 불필요한 직무와 업무절차를 줄임으로써 인력부족에 대비할 수 있다. 마지막으로 하청을 이용하거나 실업률이 높고 인건비가 싼 외국으로 진출할 수도 있다.

② 인력과잉: 인력과잉일 경우 해고는 가능하면 최후에 수단으로 남겨두는 것이 좋다. 해고를 단행하지 않고 인력과잉에 대처하는 방법에는 여러 가지가 있다. 미리 예측한

그림 14–5 인력계획과 인력조정기법

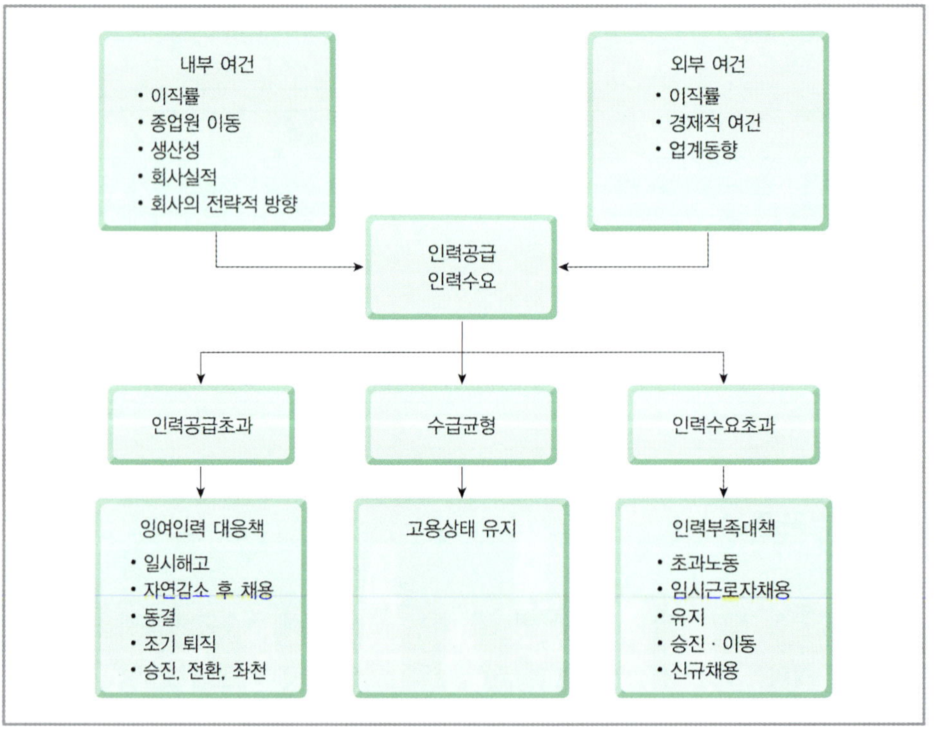

경우에는 신입사원을 선발하지 않는 방법으로 자연감원을 선택할 수 있고 조기퇴직을 도입할 수 있다. 인원과잉이 심각하지 않고 부서 간 인력과부족에 불균형이 있는 경우에는 조직 내부의 배치전환을 통해서 과잉인원을 해결할 수 있다. 만일 인원과잉이 단기적인 것이라면 과잉인원을 해고시키지 않고 훈련을 받게 하거나 또는 보전업무 등에 종사하도록 할 수 있다.

학습정리

- 인력계획은 회사가 필요로하는 인력의 양적 · 질적 측면을 예측하고 수급계획을 세우는 활동이다.
- 인력계획은 전략적 경영 활동과 연계하여 거시적 방법과 미시적 방법을 동시 병행한다.

참고문헌

1. 김태성(2012). 정보보호산업의 수요중심의 인력계획, 충북대학교출판부.
2. 박덕제(2003). 기업인력관리정책, 중앙경제사.

연습문제

01 기업의 인력수요 예측에 관한 설명으로서 옳지 않은 것은? 2003년 공인회계사

① 시계열분석이나 회귀분석에 의한 양적 인력수요 예측은 경영환경의 변화를 반영하기 어렵다.
② 생산성 비율분석에 의하여 양적 인력수요 예측을 실시할 경우, 경험학습에 따른 생산성 증가를 고려함으로써 예측의 정확성을 높일 수 있다.
③ 시나리오 기법에 의한 질적 인력수요 예측을 실시하기 위해서는 현재의 경영환경과 미래의 환경 변화의 요건을 포함하는 구체적인 내용을 제시하는 것이 필요하다.
④ 양적 인력수요 예측을 위한 추세분석기법은 과거 인력 변화에 영향 요소로 작용했던 환경 요소를 찾고, 시간에 따른 인력 변화 정도를 파악하여 미래 인력수요를 예측하는 것이다.
⑤ 조직환경과 구조가 불안정할 것으로 기대되는 경우에는 자격요건분석에 의한 질적 인력수요 예측이 바람직하다.

02 인력계획 활동에 대한 설명 중 가장 적절하지 않은 것은? 2007년 공인회계사

① 인사 부문에 대한 계획 활동은 인력확보계획, 인력개발계획, 인력보상계획, 인력유지계획, 인력방출계획을 포함한다.
② 실무부서단위로 부서의 목적달성에 필요한 인력수요를 예측하고 상부에서 종합하는 상향적 접근 방법은 인력수요를 과소예측하기 쉽다.
③ 직무분석은 모집, 선발 과정에서 자격조건을 명시하고 필요 인력수요를 파악하는 데 필요하다.
④ 기존 인력의 기술목록에는 기술과 경험, 능력정보, 교육훈련, 인적사항 등이 포함된다.
⑤ 인력개발에 관한 계획 활동에는 종업원의 현재 및 잠재능력의 측정과 종업원의 개발욕구분석, 경력욕구분석을 포함한다.

03 인력계획에 관한 설명으로 가장 적절하지 않은 것은? 2015년 공인회계사

① 마코프체인 기법에서는 전이확률행렬을 이용하여 인력의 수요량을 예측한다.
② 마코프체인 기법은 경영환경이 급격하게 변할 경우에는 적합하지 않다.
③ 기능목록(skill inventory)에는 종업원 개인의 학력, 직무경험, 기능, 자격증, 교육훈련 경험이 포함된다.
④ 델파이 기법(Delphi method)은 전문가들이 면대면(face to face) 토론을 통해 인력의 공급량을 예측하는 방법이다.
⑤ 조직의 규모가 급격하게 성장하고, 전략적 변화가 필요할 때에는 외부 모집이 적절하다.

04 질적 인력수요 예측기법에 해당하지 않는 것은? 2017년 공인노무사

① 브레인스토밍법
② 명목집단법
③ 시나리오 기법
④ 자격요건분석법
⑤ 노동과학적 기법

08

인재확보시스템과 교육훈련

15장 인재확보시스템과 채용관리

학습목표

1. 채용관리의 중요성과 개념에 대해 이해한다.
2. 모집관리와 선발관리의 방법에 대해 이해한다.
3. 온라인 채용에 대해 이해한다.
4. 헤드헌터(Search Firm)의 역할에 대해 이해한다.

실제 사례

적합한 사람을 선발하기 위한 몇몇 미국 기업들

적합한 사람을 명확히 정의하고 채용하는 것은 성공적인 인재육성의 시작이라고 할 수 있다. 적합한 사람이란 해당 기업의 사업 · 직무 특성 및 문화에 가장 적합한 사람이다. 좋은 회사에서 위대한 회사로 변화하는데 있어 가장 중요한 자산은 적합한 사람이라는 주장도 있듯이 이런 인재들이 그 기업의 핵심 인재로 성장할 가능성이 높다. 따라서 회사는 그들이 필요로 하는 적합한 인재상을 명확히 정립하고 그에 부합하는 사람을 선별할 수 있는 채용 프로세스를 구축해야 한다.

미국의 Nucor는 종업원 채용 시에, 새벽에 일어나 소젖을 짜고 일터로 나가는 농부와 같은 근면 성실성을 가장 중시한다. 그렇기 때문에 Nucor는 철강회사임에도 피츠버그 같은 전통적인 철강 도시 대신, 농업 지역인 네브라스카의 노퍽 같은 곳에 공장을 건립하였다. Nucor는 이런 노동윤리를 갖지 못한 사람들을 퇴직하게 만들어 공장 설립 첫해에는 50%의 높은 이직률을 보였지만 그 이듬해부터는 매우 낮은 이직률을 보이고 있다.

Southwest Airlines는 가장 적합한 인력을 선발하기 위해 직원 채용에 있어 매우 까다로운 회사로, 가장 중요시 하는 것은 태도이다. 대부분의 스킬은 입사 후 습득할 수 있는 것으로 생각하기 때문에 조종사나 정비사 같은 일부 전문직을 제외하고는 스킬에 대해서 거의 신경을 쓰지 않는다. 이 회사의 CEO 역시 바람직한 태도를 보여주지 않는 사람은 스킬이 뛰어나도 뽑지 않는다고 강조한다. 기업에 적합한 사람만이 뛰어난 인재로 성장할 수 있기 때문에 채용 과정에서 이를 반드시 고려해야 한다는 좋은 예를 보여주고 있는 것이다.

이와 같은 사례 기업들은 적합한 사람을 규정할 때, 특별한 교육적 배경이나, 보유 기술, 전문적인 지식, 작업 경험보다도 품성에 더 중점을 둔다. 기술이나 지식은 학습이나 훈련을 통해 습득될 수 있지만 회사에서 원하는 가치관, 헌신적인 책임 의식, 도전 정신과 같은 품성 요인들은 원천적으로 타고나는 측면이 강하다고 판단한 것이다.

01 채용관리의 개념 및 방법

채용관리, 왜 중요한가?

채용관리는 인적자원관리의 여러 가지 세부 기능 중에서도 첫 단추로서의 의미를 갖고 있다. 즉, 채용 활동은 인적자원관리의 출발점이다.

채용관리는 좋은 원재료를 확보하는 활동이라고 할 수 있다. 조직이 필요로 하는 적합한 사람을 적시에 정확한 자리(직무)에 최적의 비용으로 조달할 수 있는가 아닌가 하는 문제는 교육훈련이나 인사고과, 보상관리 등의 다른 인적자원관리보다 더 중요할 수 있다. 채용관리는 인력조절의 유연성을 높이고 인적자원의 역량을 축적하여 지속적으로 경쟁우위의 원천을 창출하고 새 사업기회를 활용할 수 있도록 내부적 역량을 개발하는 측면에서도 매우 중요한 역할을 담당하고 있다. 만일 채용관리를 잘못하면 노동생산성이 저하되고 이에 따라 구성원의 채용, 훈련, 해고와 관련된 제반 비용이 증가하여, 적절한 사람을 쓰지 못한 것에 대한 기회비용으로 인해 기업에 손실을 입힐 수 있다.

3M의 경우 30여 개의 독립적인 채용팀을 운영해 다양한 인재를 흡수한다. 특히 신속채용팀은 박사급 인재를 신속히 채용하는 데 목표를 두고 있다. 3M의 인적자원센터는 대학과의 협력관계를 유지해 캠퍼스 리크루팅에도 적극적으로 나서고 있으며 인적자원센터는 유능한 직원을 발굴, 양성하는 데 무게를 두고 운영한다.

채용관리의 개념

채용관리란 조직이 필요로 하는 유능한 인재를 확보하기 위한 일련의 의사결정 과정으로서 현재 또는 미래에 필요한 인력을 분석하고 유능한 인재에 대한 공급원을 개발하고 우수인력이 조직에 지원하도록 모집하고 일정한 기준에 의해 선별하는 활동이다.

1. 채용관리의 범위

넓은 의미의 채용관리에는 모집, 선발, 배치, 이동, 승진 및 이직 등에 대한 관리가 있다. 이 관점에서는 채용관리를 고용관리라고 지칭하기도 한다. 좀 더 세부적으로 살펴보면, 채용관리는 모집과 선발로 나눌 수 있고 배치, 이동, 승진 및 이직 등은 인력배치와 인사이동으로 나눌 수 있다.

[그림 15-1] 채용관리와 인력배치 및 인사이동의 범위

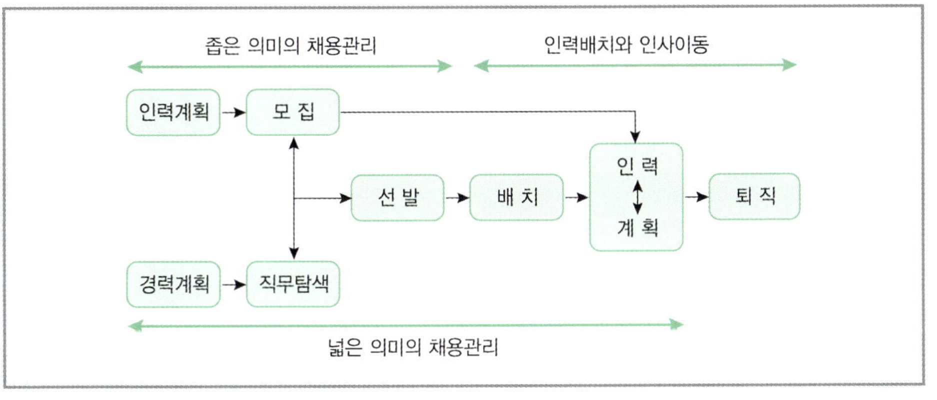

[그림 15-2] 채용의 프로세스

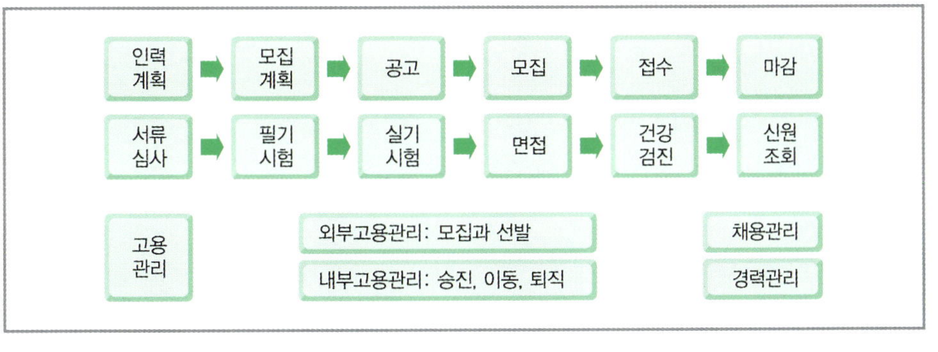

2. 모집관리와 선발관리의 개념

(1) 모집관리

모집관리는 선발관리에 앞선 활동으로, 잠재적인 응모자가 적극적으로 조직에 지원할 수 있도록 정보를 제공하고 동기화하는 활동을 말한다. 이는 인적자원 계획 및 정원 산정을 통해서 이루어진다. 윌리암(William, F. Glueck)은 모집이란 선발을 전제로 유능한 지원자를 발굴하여 조직으로 유인하는 과정이라고 정의하였다.

(2) 선발관리

선발은 직무를 효과적으로 수행할 수 있는 최적의 인적 요건, 최적의 적성 및 기술을 소지한 사람에게 특정 조직의 구성원 자격을 부여하는 행위이다. 모집관리를 통해 응모한 지원자 중에서 조직이 필요로 하는 사람을 선별해 내는 것이 바로 선발관리다.

채용관리는 어떤 의미를 갖는가?

채용관리는 기업환경 측면에서, 인적자원관리 측면에서, 시간적 측면에서 접근하여 그 의미를 생각해 볼 수 있다

(1) 기업환경 측면

일반적으로 기업환경 측면에서의 채용관리는 외부로부터 새로운 인력을 영입한다는 의미를 갖는다. 신규인력은 매너리즘에 빠진 조직에 활력소가 되고 종종 관행이나 타성을 개선하기도 한다. 그리고 신규인력의 영입은 사원들의 이동에 유연성을 제공한다. 가령 어떤 한 개인에게 부적합한 직무가 배치되어도 그를 대신할 인력이 없으면 그는 현 상태 그대로 있어야 하지만, 직무에 적격한 신규인력을 뽑아 그 자리를 대신하게 하면 그는 수평 · 수직으로 이동할 수 있게 된다. 이처럼 신규 인력의 영입은 직무에 대한 재배치를 가능케 하여 직원들의 이동을 원활하게 도와준다.

(2) 인적자원관리 측면

채용관리는 기업의 근간이 되는 인적자원을 확보하는 활동이다. 이때 단순히 '인간'

을 확보하는 것이 아니고 직무분석을 통해서 도출된 기준에 의거하여 직무에 적합하고, 기업의 자원이 될 수 있는 '인재'를 확보하는 활동이다.

채용관리에서 인재를 확보하기 위해 선행되어야 할 직무계획은 직무와 사람의 역량을 일치시키기 위해 양자 간의 효과적인 결합을 설계하는 과정이다. 또한, 필요 인력의 질적 기준을 결정하고, 객관적인 방법을 통해 조직이 필요로 하는 능력, 가치, 인성을 지닌 인재의 기준을 명확히 하여 채용에 필요한 각종 기준과 정보를 제공하는 것도 직무계획에 포함된다.

(3) 시간적 측면

기업이 현재를 중시하느냐 미래를 중시하느냐에 따라서 채용계획도 달라진다. 만일 기업이 미래를 중시한다면 기준에 미치지 못할지라도 그가 가지고 있는 잠재력을 보고 인력을 채용·유지한다. 하지만 현재를 중시한다면 현재 상황에 따라 불필요하다고 판단되는 인력은 감원하고 직무분석을 통한 기준에 의거하여 그에 알맞은 사람을 채용해 단기교육을 실시한 후 바로 직무를 수행하도록 하여 충원을 한다. 기업이 현재를 중요시 한다면 불필요한 잉여인력이 없으므로 경제적으로는 합리적이지만, 기업의 장기적인 목표를 수행할 때는 어려움을 겪게 될 수도 있다.

모집관리는 어떻게 수행하는가?

모집은 인력계획(인력수급계획)이 수립된 후에 시행된다. 일단 모집이 시작되면 내부와 외부 모집 원천으로부터 지원자들을 조직으로 유인해온다. 모집관리의 수행 과정은 아래의 4가지 과정을 통해 이루어진다.

(1) 목표의 설정

적합한 사람을 선발하기 위해 충분한 지원자를 확보하여 선발의 효율성을 높이고, 적절한 비용으로 신속하게 모집이 이루어지도록 목표를 설정해야 한다.

(2) 모집 활동의 강도와 시기에 대한 적절한 조절

광고나 직업소개소(리쿠르팅, 헤드헌팅 업체)와의 긴밀한 접촉을 통해 모집 활동을

[그림 15-3] 모집관리 프로세스

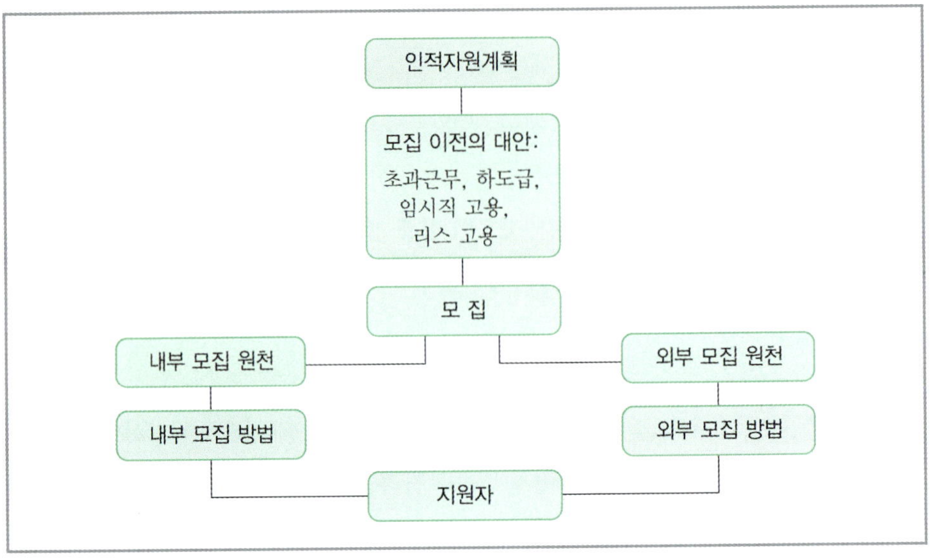

출처: 권인호 외(2005), 사례를 중심으로 인적자원관리.

강화하고 임금 등의 고용조건으로 지원자를 유인할 수도 있다. 또, 기업 간에 모집경쟁이 치열한 시기에는 모집이 어려우므로 장기적인 안목을 갖고 불경기에 모집 활동을 하는 것도 좋은 방법이 될 수 있다.

(3) 모집원의 선정

모집원의 선정에는 내부 모집과 외부 모집의 두 가지 방법이 있는데, 내부 모집은 조직 내의 현직 종업원을 대상으로 하고 외부 모집은 조직 외부의 사람을 대상으로 한다. 많은 학자들은 최하위직을 제외하고는 필요한 인적자원은 우선 내부에서 모집하고 이것이 불가능할 경우에 외부 모집을 해야 한다는 데에 의견을 같이 하고 있다.

내부 모집은 능력이 검증된 사람을 채용하는 것이므로 훈련과 사회화 시간이 단축되고 신속한 충원이 가능하기 때문에 충원비용이 절감된다는 장점이 있다. 그러나 내부 충원은 조직 내부 이동의 연쇄효과로 인해 혼란을 야기할 수 있고 조직 내부 정치와 관료제로 인해서 비효율적인 경향을 보일 수도 있다.

반면 외부 모집의 경우 새로운 아이디어와 생각이 유입되고 기업이 급격히 성장하고 있는 시기의 많은 수요를 충족시킬 수 있으며 연쇄효과로 인한 혼란이 없다는 장점이 있다. 그러나 시간과 충원에 따른 비용이 들며 현재 재직자의 사기를 떨어뜨릴 위험이 있고 선발 시의 점수와 입사 후의 성과가 일치하지 않을 가능성이 있다.

외부 모집을 하는 경우 가장 일반적인 방법은 광고 활동을 통한 모집이다. 출판물은 오래 읽혀질 수 있다는 장점 때문에 외부 모집의 매체로 가장 널리 쓰이고 있다. 하지만 매체가 시중에 나오기까지 시간이 걸리고 독자가 제한되어 있다는 단점을 가진다. 그 밖에도 직업소개소(헤드헌팅 업체)의 추천이나 현직 직원을 통해 모집하는 방법도 있다. 전자는 기업의 결원에 대한 광고를 할 뿐만 아니라 응모자의 자질의 적격성 여부를 1차적으로 판단하는 기능을 갖고 있다. 후자의 경우는 현직 종업원에 의한 방법이므로 실제 기업에 대해 잘 알고 있기 때문에 기업을 만족시킬 수 있는 인재를 앞서 설명한 두 가지 방법보다 더 잘 발굴해 낼 수 있다. 하지만 그렇게 채용된 신규사원과 추천직원이 파벌을 형성하여 다른 직원과의 인간관계를 해치게 될 위험이 있기 때문에 주의해야 한다. 회사가 대학에 직접 찾아와 인재를 모집하는 캠퍼스 리쿠르팅, TV나 라디오를 통한 모집과 같은 방법도 활용하고 있다.

(4) 모집 활동 후의 모집에 대한 평가

모집의 효율성을 평가하기 위해서 응모자의 수, 채용된 인원의 수, 채용된 인원의 직무 성과와 근속연수, 신입직원의 1인당 채용비용과 같은 요소를 고려한다. 그리고 목표와 비교, 평가하여 다음 모집 활동을 위한 개선책으로도 활용된다.

선발관리는 어떻게 하는가?

선발 과정 역시 모집관리와 마찬가지로 먼저 목표를 설정해야 한다. 선발에 있어서 가장 우선시 되는 목표는 정확성으로, 조직이 필요로 하는 사람을 공정한 절차와 적법한 요건 하에서 제대로 선택해야 한다는 의미다. 선발관리의 방법과 절차는 크게 여섯 단계로 설명할 수 있다.

첫째, 응모자가 지원을 하면 예비면접을 실시해서 모집 요건에 명백히 일치 하지 않는 지원자를 초기에 가려낸다.

둘째, 입사원서나 자기소개서와 같은 각종 서류를 접수 한 후 검토하고 평가하는 작업을 수행한다.

셋째, 선발시험을 통해 응모자의 서류만으로는 얻을 수 없었던 정보를 수집한다.

[그림 15-4] 선발관리 프로세스

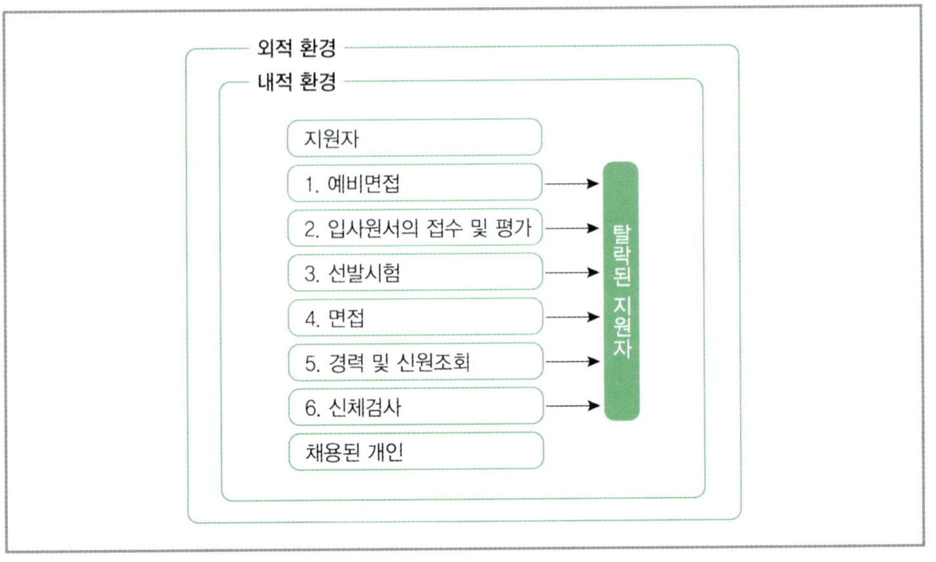

출처: 권인호 외 (2005), 사례를 중심으로 인적자원관리.

넷째, 면접을 통해서 지원자를 직접 대면하여 그에 대한 정보를 획득한다.

다섯째, 면접이 종료되면, 그 후 입사원서에 기재된 학력, 경력 등의 사실 여부를 확인하고 과거의 행적이나 교우관계 등을 파악한다.

여섯째, 최종 선발 결정에 앞서 조직이나 직무 요건에 신체적으로 부적합한지에 대해 검사하고 전염성 질병의 보균 여부를 확인하는 신체검사 과정을 거친다. 만약 신체가 건강하지 못한 신입직원을 선발하게 되면 그 회사는 폐업을 하게 될 수도 있다.

1. 면접의 종류 및 수행 방법

면접에는 ① 자유구술을 유도하는 비구조화된 면접과, ② 미리 계획된 질문을 차례대로 질문하는 구조화된 면접, ③ 피면접자에게 스트레스를 주는 스트레스면접, ④ 과거 직무상황을 질문하는 행위기술면접, ⑤ 다수의 면접자가 하나의 피면접자를 면접하는 패널면접, ⑥ 피면접자 간의 자유토론의 기회를 주는 집단면접이 있다.

첫째, 비구조화된 면접은 지원자에게 의사표시의 자유를 최대한 주고 그 가운데서 지원자에 관한 정보를 얻어 내는 방법이다. 면접자가 일반적이고 광범위한 질문을 하면 지원자는 생각나는 대로 자기표현을 한다. 그러나 그 결과가 채용 의사결정에 직접적인 영향을 주지 않는 경우가 종종 있고 면접자가 좋아하는 질문만을 해서 정작 핵심질문은 간과될 수 있다는 단점이 있다. 비구조화된 면접은 타당성과 신뢰성이 낮아서 구조화된 면접과 혼용하는 것이 일반적이다.

둘째, 구조화된 면접은 미리 계획된 질문을 모든 응답자에게 차례대로 질문하는 방식으로, 다른 면접들보다 타당성과 신뢰성이 높다고 알려져 있다. 이는 다시 정형적 면접과 상황면접으로 나누어지는데, 정형적 면접은 과거의 직무경험이나 경력목표 등에 대한 질문으로 '10년 후 무엇이 되고자 하십니까?'와 같은 질문이 여기에 속한다. 상황면접은 실제로 기업에서 미래에 있음직한 가상적 상황을 제시하고 그 상황 하에서 어떻게 행동하겠는지를 질문하는 것이다. 이 두 가지 방법은 3인 이상으로 구성되는 패널면접으로 진행하여 각 면접자들의 채점 점수를 종합해 최종 점수를 매긴다.

셋째, 스트레스면접이다. 이는 제2차세계대전 당시 미국 전략정보국의 첩보요원을 선발하기 위해 고안해낸 방법이다. 면접자는 매우 공격적으로 지원자를 무시해 지원자를 방어적이고 좌절하는 상황에 직면하게 만들어 이러한 스트레스 하에서의 감정의 안정성과 인내도를 관찰하는 것이다. 월스트리트에서도 지원자의 반응을 보기 위해 일부러 지원자를 불편하게 하는 '스트레스면접(Stress Interview)' 방식을 활용하기도 한다. 예를 들어, 지원자가 사무실에 들어왔을 때 5분 혹은 10분 동안 아무 말도 하지 않는 침묵면접이 그 전형적인 예라고 할 수 있다. 이 면접법은 아직 선발되지도 않은 지원자에게 회사에 대한 부정적 이미지를 심어줄 위험이 있으므로 판매요원과 같이 스트레스를 잘 처리해야 하는 능력이 요구되는 직업에 한해서 사용하는 것이 바람직하다. 또한 스트레스면접이 도가 지나칠 경우 지원자에게 모멸감을 주는 등, 지원자들의 인권을 침해할 수도 있다는 점에서 주의할 필요가 있다.

넷째, 행위기술면접이다. 상황면접과는 달리 과거 직무상황에서 실제로 어떻게 했는지에 대한 질문이다. 이를 위해서는 해당 직무를 분석하고 그 결과로 얻어낸 핵심 요소를 토대로 질문한다. 예를 들어, 판매직의 경우, 새로운 고객과의 관계가 중요한 요소로 분석되었다면 응모자에게 "지난 3개월간 귀하가 경험했던 고객과의 관계 중 가장 어려웠던 예를 제시하시오."라고 질문하는 것이다.

다섯째, 패널면접이다. 패널면접이란 다수의 패널인 면접자들이 한 사람의 지원자를 평가하는 방식으로서 면접이 끝나면 다수의 면접자들끼리 의견을 교환한다. 따라서 지원자에 대해 비교적 광범위한 조사가 가능하지만, 비용이 많이 들며 응모자가 긴장해서 자연스러운 반응이 나오지 않을 수도 있다. 주로 관리직이나 전문직과 같은 고급직종의 선발 시에 사용된다.

마지막은 집단면접이다. 이는 집단을 구성해서 집단별로 특정 문제에 대한 자유토론의 기회를 주고 토론 과정을 지켜보며 개별적으로 적격 여부를 심사하는 과정이다. 집단면접은 동시에 다수를 평가하기 때문에 시간이 절약되고 토론의 참여나 토론의 진행 방법으로 다수 간의 우열비교를 할 수 있기 때문에 리더십 있는 인재를 선발하는데 효과적일 수 있다.

2. 선발도구의 신뢰성과 타당성

채용관리가 효과적이기 위해서는 선발도구가 신뢰성과 타당성을 갖추고 있어야 한다.

그림 15-5 선발도구의 신뢰성 및 타당성 확보기법

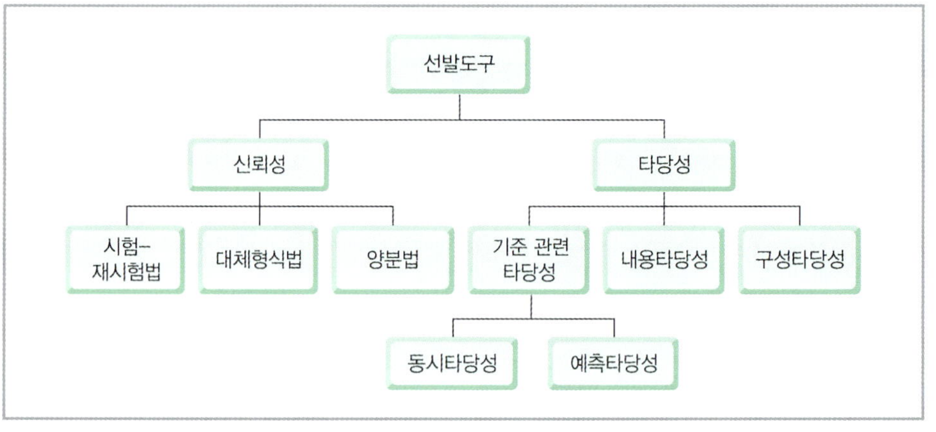

(1) 신뢰성(reliability)

선발도구가 효율적이고 합리적이기 위해선 우선 높은 신뢰성을 지니고 있어야 한다. 신뢰성이란 어떤 시험을 동일한 환경에서 동일한 사람이 몇 번 다시 보았을 때 그 결과가 서로 일치하는 정도를 말한다. 즉, 신뢰성은 시험결과의 일관성을 측정하는 것이다. 시험의 신뢰성을 측정하기 위한 방법으로는 시험-재시험 방법, 대체형식법, 양분법의 세 가지 방법이 가장 널리 쓰이고 있다.

시험-재시험 방법은 선발도구의 측정결과가 안정적인지를 알아보기 위해 동일한 시험을 동일한 집단을 대상으로 시간적 간격을 두고 재실시하여 두 개의 시험결과가 얼마

나 일치하는지를 검증하는 방법이다.

대체형식법은 동일한 문제를 사용하여 재시험을 보게 되면 첫 번째 시험으로 획득한 지식으로 인해 재시험의 의미가 없는 경우도 있으므로 난이도가 유사한 시험을 재실시하여 신뢰성을 검증하는 방법이다.

양분법이란 시험의 내용이나 항목을 반으로 나누어 별도로 시험을 실시한 후 두 개의 결과를 비교하는 방법을 말한다.

선발도구를 통해 얻은 측정치가 언제, 누가 측정하더라도 측정하려는 특성이 변하지 않는 한 일관되게 나타나는 정도

예) TOEIC 시험을 통해 얻은 점수가 언제, 누가 측정하더라도 영어실력이 변하지 않는 한 일관되게 나타나는 정도

[표 15-1] 신뢰성 측정 방법

기 법	내 용
시험-재시험법 (test-retest method)	동일한 상황에서 동일한 대상에 대해 동일한 선발도구를 시간을 달리하여 두 번 측정하여 그 결과를 비교하는 것
대체형식법 (multiple forms method)	선발도구와 유사한 선발도구를 개발하고 이것과 본래의 선발도구를 동일한 대상에 차례로 적용하여 신뢰도를 측정하는 방법
양분법 (split-half method)	선발도구의 항목을 임의로 반으로 나누어 각각 독립된 두 개의 척도로 사용함으로써 신뢰성을 추정하는 방법

(2) 타당성(validity)

타당성이란 사용된 선발 방법이 측정하고자 하는 내용 또는 대상을 정확히 검정하는 정도를 말한다. 예를 들면, 시험에서 우수한 성적을 얻은 사람이 예상한 대로 근무성적도 우수하다면 타당한 평가가 이루어졌다고 판단할 수 있을 것이다. 타당성은 시험의 목적에만 관계되는 것이 아니라 그 기업의 특수한 상황에 따라서도 달라진다. 선발도구의 측정치와 지원자의 근무성적 간의 관계를 비교하는 기준 관련 타당성, 선발도구가 측정하는 내용이 실제 작업상황과 직무행위에 있어 얼마나 유사한지를 측정하는 내용 타당성, 그리고 선발도구의 측정치가 이론적인 구성 또는 특징을 가지고 있는 정도를 측정하는 구성타당성이 타당성 평가의 주요 내용이다.

선발도구가 측정하고자 하는 것, 즉 응모자가 선발되어 직무에 배치되었을 때 직무수

행성과를 얼마나 잘 측정하고 있는가의 여부

① 기준 관련 타당성(criterion-related validity): 선발도구를 통해 얻은 예측치(predictors)와 직무 성과와 같은 기준치(criterion)의 관련성 여부

㉠ 동시타당성(concurrent validity): 현재의 종업원을 대상으로 선발도구를 적용하여 예측치를 얻고, 동시에 그 종업원의 직무 성과와 비교하는 것

㉡ 예측타당성(predictive validity): 선발 시에 지원자들로부터 얻은 선발도구들의 점수와 시간이 경과된 후 지원자들이 선발되어 종업원 자격을 갖고 있을 때, 직무 성과를 측정하여 양자를 비교

② 내용타당성(content validity): 측정대상의 주제를 선발도구가 어느 정도 내포하고 있는가 여부

③ 구성타당성(construct validity): 선발도구의 적격성 여부를 의미함

3. 채용관리의 효과성 및 효율성

채용에 있어서 채용의 효과성과 효율성을 확인하는 것은 중요하다. 채용의 효과성은 선발에 있어 정확성이 얼마나 높은지를 나타낸다. 선발의 정확성이란 잠재적으로 높은 성과를 낼 수 있는 사람을 제대로 선발했는지의 정도를 의미한다. 이런 선발의 효과성과 이를 높이기 위해 투입된 비용을 함께 고려하는 것이 효율성이다. 선발의 정확성을 높이기 위해 투입한 비용 대비 채용한 인재의 가치가 기업이 원하는 요건을 정확히 충족시킨다면 이 채용시스템은 효율성이 높다고 할 수 있다. 선발의 효율성이 높으면 선발에 있어서 평가도구 성적이 미래 직무 성과를 예측하는 능력이 커져서 선발비용도 절감되고 우수한 사람을 선발할 가능성이 높아지므로 조직에 이익을 줄 수 있다.

예를 들어, 우수한 인력을 선발하기 위해 다양한 사람에게 채용의 기회를 주거나, 전문가를 모셔오는 등의 활동은 선발의 비용을 높아지게 하는데, 이런 비용 투자의 결과 우수한 인력을 선발할 수 있다면 비용 대비 채용의 효과성이 높아 효율적이라고 볼 수 있다. 반면 그러한 비용을 투자했음에도 우수한 인력을 모집하지 못한다면 효율적이지 못한 채용이 된다. 즉, 채용의 효율성은 모집과 선발을 통해 입사한 직원들이 달성하는 성과와 모집과 선발에 투입된 총비용을 비교하여 판단하게 된다.

|그림 15-6| 채용 시 선발오류의 개념

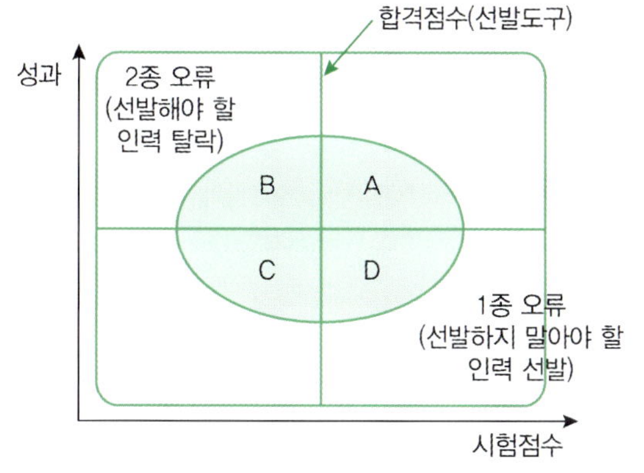

[표 15-2] 인력채용오류

인력채용오류		채용 여부	
		채용함	채용 안 함
입사후보	포지션에 적합	성공	1종 오류
	포지션에 부적합	2종 오류	성공

02 온라인 채용과 헤드헌터(Search Firm)

온라인 채용이란 무엇인가?

인터넷을 통한 온라인 채용은 이제 기업에 있어 특별한 일이 아니다. 이미 대다수의 기업이 구인 모집에 있어 인터넷을 이용하고 있으며 구직자들 역시 인터넷에 기반을 둔 광고와 모집을 가장 중요한 구직의 수단으로 삼고 있다. 이러한 온라인 채용은 기업들의 채용 방식이 대규모 공개채용 대신 소규모 수시, 상시채용으로 바뀌면서 더욱 활성화되고 있다.

온라인 채용은 기업이 직접 홈페이지에 공고를 하여 채용을 진행하는 방법으로, 직장을 구하는 불특정 다수를 대상으로 널리 취업자를 모집하기 위해 포털 사이트를 이용하는 것도 포함된다. 우리나라의 사람인(www.saramin.co.kr), 인쿠르트(www.incruit.com), 잡코리아(www.jobkorea.co.kr)가 그 대표적인 예라고 할 수 있다.

온라인 채용의 장·단점

온라인 채용은 단순히 채용에 있어 수작업 대신 컴퓨터와 인터넷을 사용한다는 채용 방식의 변화보다 더 많은 의미를 가지고 있다. 온라인 채용의 가장 큰 장점은 기업에게나 구직자에게나 모집 관련 비용이 획기적으로 감소한다는 것이다. 또한 기업의 입장에서는 잠재적 응모자에 대한 전 세계적인 풍부한 데이터베이스의 활용이 가능해지게 된다. 많은 집단에게 평등하게 정보가 전달될 수 있어 다양하고 많은 수의 지원자를 확보하여 인재 선발의 폭이 넓어지는 한편, 기업이 필요로 하는 특정한 지원자군을 타겟으로 삼아 모집할 수도 있다. 지원자들과 신속한 의사소통이 가능해진다는 것 역시 온라인 채용의 장점이라고 할 수 있다.

반면 온라인 채용으로 인해 공평한 채용의 기회가 주어지지 않을 수도 있다. 인터넷을 통해 채용공고를 확인하고 지원을 하게 되면서 인터넷에 익숙하지 않은 고령층에게는 채용의 기회가 제한될 수도 있다. 또한 우리나라의 경우 인터넷이 전국적으로 보급되어 있지만 외국의 경우 인터넷이 보급되지 않은 지역 주민들에게 채용의 기회가 제한될 수도 있다. 또한 지원이 간편해짐에 따라 이전에 비해 더 많은 지원자들이 응모하면서 이에 대한 처리비용이 증가할 수 있다는 것 역시 온라인 채용의 단점으로 지적되고 있다. 또한 지원자가 동시에 여러 회사에 응모할 수 있으므로 실제 선발에 응하는 지원자의 비율이 이전에 비해 낮아지게 되고 실제 선발에 적극적으로 응할 지원자를 가려내기가 힘들어 진다.

헤드헌터(Search Firm)는 무슨 일을 하는가?

헤드헌터란 채용을 원하는 의뢰인(조직)을 위해 전문 인력이나 임원 수준의 경영고위직을 찾아주는 사람이나 회사를 말한다. 이미 고용되어 있지만 새로운 직장으로 이동하고자 하는 경영자급 인력이나 전문가 인력(경력직)을 대상으로 하는 경우가 많다. 우리나라에서 헤드헌터라는 용어는 Search Firm과 혼용되어 사용되는데 헤드헌터라는 용어가 기업현장에서 흔히 사용되고 있다.

이들은 우선 의뢰인의 회사를 방문하여 경영자와의 면접을 통해 채용하려는 인재의 특성에 대해 파악하고 잠재적인 후보자와 접촉하여 의뢰인에게 소개한다. 이때 헤드헌터나 회사는 자신들의 인물 데이터베이스를 구축하고 있다. 이들은 이미 고용되어 있는 인력에 대한 정보를 최대한 보호하는데, 이는 전직을 원하는 인력이 현재 고용된 기업으로부터 불이익을 당하는 것을 방지하기 위함이다.

헤드헌터를 이용한 채용이 가지는 최대 장점은 이직에 관심이 없는 사람이라도 이상적인 인재라면 접촉해서 데리고 올 수 있다는 점이다. 그리고 기업을 대신하여 잠재적인 후보자를 찾고 검증해 주어 채용을 원하는 측 경영자나 채용담당자의 시간과 노력을 절약해줄 수 있다.

2006년에 대기업 A사는 에너지 사업에 뛰어들기로 내부결론을 내리고 외부 헤드헌팅사에 의뢰해 사업을 이끌어갈 임원을 선발하기로 했다. 배정된 에너지 담당 헤드헌터는 적합한 후보 인재들을 기업에 전달했고, A사 경영진은 그 중 2명을 지목했다. 헤드헌터는 우선 전화 통화를 통해 후보자들의 의사를 확인했다. 둘 중 한 명은 긍정적인 반응이 나왔지만 다른 한 명은 10대 그룹 중 한 곳에서 일하고 있는데, 동기보다 승진이 빠른 엘리트 직장인이었기에 이직에 선뜻 응하지 않았다. 하지만 헤드헌터는 후보자의 현 직장이 에너지 사업을 축소하기로 한 사실을 이용하여 실력을 발휘하기 위해서는 능력을 알아주는 곳으로 옮길 필요가 있음을 강조하면서 설득하였다. 후보자는 마음이 흔들려 이식에 응하게 되었다.

반면 헤드헌터가 채용성사에만 급급한다면 찾아준 사람이 회사가 원하는 사람이 아닐 수도 있다는 단점도 존재한다. 또한 수수료를 목적으로 알선 경험이 있는 우수인재들에게 다른 직장으로 이직할 것을 권유함으로 인해 고용안정을 저해할 수도 있다.

평판조회

평판조회(reference check)란 일반적으로 채용을 결정하기 직전 잠재적 합격자들이 이전 직장에서의 활동이나 생활에 대한 주변인들의 평가를 조사하는 것을 말한다. 이는 제출된 정보의 정확성 여부를 판단하고 지원자의 조직적응력이나 커뮤니케이션 능력, 도덕적 문제의 여부 등에 대해 확인하는 작업 등을 포함한다. 평판조회는 다양한 정보를 활용하게 되는데 주로 과거의 고용주, 기업동료, 신용조사기관, 정부기관, 학교 등을 통해 얻는다.

미국의 한 조사에 의하면 HR 관리자의 96%가 평판조회를 실시하고 있는데 이는 1990년대에 비해 66% 증가한 수치라고 한다(Maquez, 2006). 우리나라에서도 직장인들의 내신 성적이라고 할 수 있는 '평판조회'가 이직의 중요한 당락 포인트가 되고 있다. 엔터웨이에 따르면 기업들은 경력직 사원 채용 시 90% 이상 입사 후보자에 대한 평판조회를 실시했다. 임원이나 CEO의 경우는 100% 평판조회 대상이 됐다. 평판조회로 인해 입사에서 탈락된 비율은 대략 10%대인 것으로 집계됐다.

헤드헌터가 평판조회를 할 때, 후보자를 선정한 후 우선 전화 통화를 통해 후보자들의 의사를 확인한 후 각 개인별로 평판조회에 들어간다. 임원의 경우 보통 리더십과 도덕성 등이 요구되는데 이는 서류상으로는 분별하기 어렵기 때문에 이력서보다 평판조회가 더 중요하다. 한 예로 대기업 A사의 경우 후보자 중 한 사람에 대한 평판조회결과 주위사람들이 그에 대해 긍정적으로 생각하고 있지 않은 것을 발견하였다. 부하 직원에게 돌아가야 할 돈을 자신의 개인 용도로 사용하고 있다는 것이다. 그의 주변인들이 역시 돈에 관하여 해당 후보자를 믿을 수 없다고 하였다. 결국 그는 면접도 보지 못한 채 탈락하고 말았다. 이처럼 평판조회는 채용에 있어서 중요한 의미를 갖는다고 할 수 있다.

학습정리

- 채용관리란 조직이 필요로 하는 유능한 인재를 확보하기 위한 일련의 의사결정 과정으로서 현재 또는 미래에 필요한 인력을 분석하고 유능한 인재에 대한 공급원을 개발하는 것이다.
- 모집관리는 잠재적인 응모자가 적극적으로 지원할 수 있도록 정보를 제공하고 동기화하는 활동이다. 이는 인적자원 계획 및 정원 산정을 통해서 이루어지며 크게 내부 모집과 외부 모집이 있다.
- 온라인 채용은 기업에 있어 채용에 대한 비용을 감소할 수 있으며, 다양한 집단에 대해 정보를 공평하게 공유할 수 있어 더욱 많은 지원자를 모집할 수 있다는 장점을 가지고 있지만, 인터넷 사용이 어려운 집단에게는 채용의 기회가 제한되거나 너무 많은 지원자를 처리하기 위한 비용이 증가할 수 있다는 단점을 가지고 있다.
- 헤드헌터란 채용을 원하는 의뢰인(조직)을 위해 전문 인력이나 임원 수준의 경영고위직을 찾아주는 사람이나 회사를 말한다.

참고문헌

1. 채용이 전부다(2010). 한근태, 올림.
2. 인적자원관리-사례를 중심으로(2005). 권인호, 명경사.
3. 신 인적자원관리(2003). 임창희, 명경사.

연습문제

01 모집 과정에 대한 설명으로 바르지 않은 것은?

① 인력을 뽑기 전에 몇 배수의 잠재적인, 채용 가능한 지원자의 pool을 만드는 활동이다.
② 지원자가 어떤 재능 · 능력을 가지고 있는지, 어떤 경력을 보유하고 있는지의 정보를 제공한다.
③ 효과적인 선발도구에 따라 인력을 뽑는 활동이다.
④ 능력이 검증된 사람을 채용한다는 점에서 훈련과 사회화 시간이 단축되는 것이 내부 모집이다.
⑤ 회사는 어떤 직무에 결원이 발생하였는지의 정보를 제공한다.

02 채용의 정의로 틀린 것은?

① 모집, 선발, 배치, 이동, 승진 및 이직 등의 활동을 포함
② 기업이 필요로 하는 사람에 대한 정보의 수집과 분석
③ 외부 노동시장에서 신입사원과 경력사원을 선발하는 과정
④ 조직 내 내부 노동시장을 통한 배치전환과 공모제도
⑤ 면접관의 선호도에 따른 인력선발

03 선발도구의 전략적 과제로 틀린 것은?

① 신뢰성 및 타당성 ② 정확성
③ 선발도구와 직무내용의 독립성 ④ 시간과 비용의 최소화
⑤ 법규 및 정부 정책 기준에 부합

04 다음 중 채용관리에 대한 설명으로 틀린 것은?

① 채용 활동은 인사관리의 출발점이며 인사관리의 성패를 좌우하는 요소이다.
② 넓은 의미에서의 채용관리는 모집, 선발, 배치, 이동, 승진 및 이직 등에 대한 관리를 포함한다.
③ 좁은 의미로서의 채용관리는 모집관리와 선발관리, 인사이동을 의미한다.
④ 잠재적인 응모자가 적극적으로 조직에 지원할 수 있도록 정보를 제공하고 동기화하는 활동이다.
⑤ 기업이 미래에 초점을 두고 채용을 한다면, 현재의 기준에 미달해도 잠재력을 보고 인력을 채용할 수 있다.

05 채용관리의 모집 방법에 있어서 내부 모집과 외부 모집은 각각 장·단점이 있다. 내부 모집과 외부 모집의 장·단점에 대해서 간단하게 비교하시오.

06 종업원 모집 및 선발에 관한 설명 중 가장 적절하지 않은 것은? 2017년 공인회계사

① 선발도구의 타당성(validity)이란 선발대상자의 특징을 측정한 결과가 일관성 있게 나타나는 것을 말한다.
② 사내공모제(job posting)는 지원자가 직무에 대한 잘못된 정보로 인해 회사를 이직할 가능성이 낮은 모집 방법이다.
③ 평가센터법은 비용상의 문제로 하위직보다 주로 상위 관리직 채용에 활용된다.
④ 지원자의 특정 항목에 대한 평가가 다른 항목의 평가 또는 지원자에 대한 전반적 평가에 영향을 주는 것을 후광효과(halo effect)라고 한다.
⑤ 다수의 면접자가 한 명의 피면접자를 평가하는 방식을 패널면접 (panel interview)이라고 한다.

07 종업원 선발을 위한 면접에 관한 설명으로 옳은 것은? 2017년 공인노무사

① 비구조화면접은 표준화된 질문지를 사용한다.
② 집단면접의 경우 맥락효과(context effect)가 발생할 수 있다.
③ 면접의 신뢰성과 타당성을 높이기 위해 면접내용 개발단계에서 면접관이나 경영진을 배제한다.
④ 위원회면접은 한 명의 면접자가 여러 명의 피면접자를 평가하는 방식이다.
⑤ 스트레스 면접은 여러 시기에 걸쳐 여러 사람이 면접하는 방식이다.

16장 교육훈련관리와 e-Learning의 진화

학습목표

1. 교육훈련관리의 중요성과 개념에 대해 이해한다.
2. 교육훈련의 프로세스에 대해 이해한다.
3. 교육훈련의 종류와 방법에 대해 이해한다.
4. e-러닝의 개념과 발전 과정에 대해 이해한다.
5. 에듀테크, 블렌디드 러닝, 어댑티드 러닝, 플립 러닝, 소셜 러닝 등을 학습한다.

실제 사례

햄버거 대학 등 사내 대학을 운영하는 기업들

중국의 햄버거 대학에 들어오기 위해 일반적으로 130대 1의 경쟁률을 뚫어야 한다. 치열한 경쟁을 뚫고 입학한 만큼 혜택이 돌아온다. 합격자 전원은 수업료를 면제받으며 맥도날드는 주 5일 수업을 위해 1인당 1만 위안(약 170만 원)을 투자한다. 맥도날드 대학 상하이 캠퍼스는 중국 본토뿐 아니라 대만, 홍콩, 마카오 등 인근 중화권 국가 학생들도 지원을 하기 때문에 모든 수업에 영어, 중국어, 광둥어 통·번역시스템이 갖춰져 있다. 2010년 중국에서 고용된 7만 명의 맥도날드 직원 가운데 1,000명이 햄버거 대학에서 교육을 받았으며, 맥도날드는 교육생 수를 더욱 늘릴 계획이다. 햄버거 대학은 2014년까지 전교 학생 수를 4,000명으로 늘리는 것을 목표로 하고 있으며, 이를 통해 맥도날드가 필요한 인력풀을 갖추기 위해 노력하고 있다.

뉴욕 주 크로톤빌에 위치한 제너럴일렉트릭(GE)의 직원교육시설과 모토로라의 '모토로라 대학'은 직원들의 자기계발에 과감하게 투자함으로써 효율적인 관리 팀을 구축하고 TQM(Total Quality Management)의 이익을 달성한 사례로 유명하다. 〈포춘〉의 '일하기 좋은 기업'에 선정된 회사들은 재무실적이 다른 회사보다 우수할 뿐 아니라 직원들에 대한 교육투자도 다른 기업보다 앞서간다.

컨테이너 스토어(Container Store) 직원들의 연간 교육훈련 시간은 평균 162시간에 이른다. 섬유업체인 밀리켄(Miliken)은 직원들이 매년 40시간의 교육훈련을 의무적으로 받도록 하고 있다.

남성복 전문업체인 맨즈 웨어하우스(Men's Wearhouse)는 자사의 의상 컨설턴트를 '정장대학'의 4일 교육 프로그램에 보낼 뿐 아니라, 다양한 사후훈련의 기회도 제공하고 있다. 건설회사 TD인더스트리즈는 주에서 지원하는 대학에서 공부하는 자사 직원들의 수업료와 교재비를 전액 지원하고 있다. 직원 교육훈련의 효과에 대한 체계적인 정량연구를 통해서도 교육훈련 경비의 긍정적 효과가 확인되고 있다. 1960년부터 2000년까지의 기업의 교육훈련 프로그램을 평가한 자료에 의하면 교육훈련효과는 기업의 실적향상을 위한 다른 방법들의 효과와 비슷하거나 더 큰 것으로 나타났다.

출처: 제프리 페퍼 교수의 지혜경영(2008), p. 49 등 수정.

01 교육훈련관리

교육훈련관리, 왜 중요한가?

기업에서의 임직원에 대한 교육훈련관리는 '인재=자산'이라는 인적자원관리의 패러다임을 구현하는 직접적이고도 1차적 활동으로서 그 중요성은 매우 높다. 최고의 경쟁력을 갖춘 기업들은 자사의 전략을 이행하기 위해 직원들의 역량을 향상시키는 교육개발 활동을 잘 활용하고 있다.

교육훈련관리는 유능한 인적자원을 채용하는데 도움을 줄 수 있고, 인적자원을 유지하고 개선하는데 효과적인 활동이다. 종업원의 불만 요인 중 하나는 회사의 교육훈련 기회나 경력개발 기회의 부족이다. 대부분의 종업원은 새로운 직무능력을 획득하여 유능한 인재로 성장 발전하기를 원한다. 그러한 능력개발의 기회를 스스로 만들 수도 있지만 회사가 적극적으로 지원한다면 기존 직원이나 잠재적인 구직자들에게 매우 매력적인 회사가 될 수 있다.

교육훈련을 통해 직원들의 직무제도나 조직에 대한 태도를 개선함으로써 직원의 조직충성도를 제고시킬 수 있다. 교육훈련은 담당업무와 조직의 성과목표 달성에 대한 직원의 책임의식을 증대시킬 수 있다. 그러한 책임의식은 직원들이 열심히 일을 할 수 있도록 할 수 있을 뿐만 아니라 근태를 개선하고 이직률을 감소시킬 수 있다.

또한 교육훈련관리는 성과향상에 기여할 수 있다. 교육훈련의 주목적은 직원들로 하여금 최고 수준의 업무수행능력을 배양토록 하는 것이다. 시장경쟁이 매우 심한 산업에 속해 있는 회사나, 기술 변화가 심한 업체들의 경우 교육훈련 및 개발은 직원들의 직무역량이나 기술역량을 개선시켜 성과유지 및 향상에 기여할 수 있다.

인수합병은 국제화와 마찬가지로 교육개발의 필요성을 증대시키는 또 다른 요인이다. 광업 및 금속 재벌인 Finnish가 구리 및 항동 압연 공장인 American Brass Factory를 인수했을 때, 회사 임원들은 공장 직원들에 대한 개발 활동이 이루어져야 한다고 생각하고 국제경쟁의 역학, 성장경제 내에서의 생산원가, 손익계산서 읽는 법 및 제품원가에 영향을 미치는 요인들에 대해 교육했다. 결과는 가격, 경쟁 및 고객 관련 사안들이 매년 개선된 것으로 나타났다.

교육훈련관리는 조직문화적 공유가치와 전략적 성과목표가치를 공유하는데 매우 효과적인 활동이다. 교육훈련을 통해서 조직은 역사적으로 쌓아온 조직의 미션과 고유가치를 신규 직원이나 기존 직원들에게 전수하고 공유하며, 이해시켜 경영환경의 변화와 함께 새로 대두되는 변화된 가치를 직원들이 습득하게 함으로써 조직이 변화된 경영환경에 적응해 나갈 수 있도록 할 수 있다. 또한 전략적으로 추구하는 전사적 차원의 비전과 전략적 성과목표를 이해하고 공유하는데 교육훈련관리가 매우 유용하게 활용될 수 있다. 싱가포르 항공사는 교육훈련에 종업원 일인당 연평균 5,600달러를 지출하는데, 이것은 임금의 12%에 해당되는 금액이다. 그리고 이와 같은 투자는 2,800명에 달하는 종업원의 교육훈련 및 개발에 대한 엄청난 투자를 의미한다. 이 회사의 관리이사의 말에 따르면, 교육훈련 및 개발 직무는 회사의 주요 전략목표를 달성하는 데 중요한 연결고리가 되어 왔다고 한다. 그 목표들은 고객서비스, 이익, 신뢰도, 안전 등이라고 할 수 있다. 그리고 객실승무원훈련, 비행운전훈련, 관리개발, 영업훈련, 컴퓨터훈련들이 이 중요한 전략적 목표에 막대한 영향을 미치는 요소들이다. 따라서 교육훈련은 이 회사의 주요 전략 결정에 있어 주도권을 행사해 왔을 뿐만 아니라, 성공적인 항공사의 명성을 얻는 데도 큰 역할을 해 왔다.

교육훈련관리란 무엇인가?

교육훈련관리란 기업이 경쟁력을 제고하기 위해서 조직구성원의 사고 방식, 지식, 기능, 그리고 태도를 변화시켜서 적극적이고 책임 있는 행동을 하는 사람으로 만드는 철학과 그에 입각한 제반 관련 활동을 의미한다.

1. 교육훈련

교육훈련은 기초적인 지식을 포함해 직무에 관련된 특별한 업무기술을 향상시키는 활동이다. 교육훈련은 새로이 직무를 맡는 신입사원훈련이나 현 직원에 대한 훈련으로 기능적 · 기술적 직무훈련에 국한되는 것은 아니며, 특히 피교육자가 조직의 가치관, 지식, 기술 등을 습득케 하는 활동을 포함한다. 교육과 훈련의 개념적 차이를 구분해 보면 교육은 직원의 일반적인 지식 · 소양태도를 육성하는 것으로서 전체적 · 포괄적인 입장에서의 능력개발을 목적으로 하는 반면, 훈련은 특정 직무를 수행하는 데 필요한 지식과 기능을 높이기 위하여 개별적 · 구체적인 입장에서 문제를 해결하는 태도 · 관행 · 행동을 변경하는 것을 목적으로 한다. 상대적으로 교육은 정신적인 의미가 강조되고, 훈련은 육체적이고 기능적인 내용을 연습하는 과정으로서의 의미가 강조되기도 한다. 하지만, 일반적으로는 이 두 가지를 상호보완적인 것으로 보아 엄밀하게 구분하지는 않는다.

2. 학습 및 개발

학습이란 연습이나 경험의 결과로 나타나는 행위 또는 행위잠재력(또는 태도)에 있어서의 비교적 항구적인 변화로 정의된다. 이때 가시적인 행위 변화만을 학습으로 간주하는 경우도 있지만, 비가시적인 태도나 신념의 변화가 있는 경우도 학습에 포함시킬 필요가 있다. 교육훈련과 연관된 개념으로 조직문화적 관점에서 개인의 학습을 설명하고 있는 조직사회화가 있다. 조직사회화(organizational socialization)란 한 개인이 조직 또는 집단에서 공인되는 가치 · 태도 · 신념 · 행위를 스스로 학습 · 획득하는 과정을 말한다.

조직에서의 학습은 조직이 주체가 되어 행하는 교육훈련 이외에도 직원 개인이 주체가 되어 직장선배나 다른 동료의 행동을 보고 배우거나 스스로 필요한 행동이나 지식 및 기량을 습득하는 것을 통해서도 이루어질 수 있다. 즉, 학습은 개인 차원의 자기계발을 통해서도 이루어질 수 있는 것이다. 개인 차원에서 이루어지는 자기계발(self-development)이란 개인(학습자)이 외부의 도움에 의존하지 않고 무엇을, 언제, 어떻게 학습할 것인가에 대해 우선적으로 책임과 권리를 가지고 스스로 과업을 부여하고 필요한 훈련 및 개발 과정을 찾는 것이다. 자기계발은 학습에 있어 자신이 주도권을 행사하는 자기학습(self-directed learning)을 의미하는 것으로서, 조직에 의하여 제안되고 지시된 교육훈련과 달리 개인적인 선택을 강조하는 개념이다.

흔히 교육훈련과 인적자원개발(HRD: Human Resource Development)이 혼용되어 사용되기도 하지만, 개념적으로 다소 차이가 있다. 인적자원개발은 교육훈련에 비해 보다 포괄적이며 미래 지향적인 노력을 뜻한다. 개발은 교육훈련을 포함하는 것으로 상대적으로 더 넓은 개념이다.

교육훈련관리는 어떤 절차로 이루어지는가?

교육훈련 프로세스는 계획, 실행, 평가의 관리과정론 관점에서 이해할 수 있다. 먼저, 교육훈련의 계획 부분에서는 필요성분석이 이루어진다.

필요성분석이란 종업원에게 어떤 훈련이 가장 필요한 것인가를 밝히는 것이다. 여기서 고려해야 할 사항으로는 외부환경분석, 조직분석, 과업분석, 사람분석이 있다. 우선 외부환경분석은 법률이나 기술의 변화, 공급자와 수요자의 요구 변화, 경쟁자의 환경 변화 등 조직 외부의 환경을 분석하여 교육훈련의 필요성을 분석하는 것이다. 사람분석은 종업원 개인별 교육훈련이 지금 필요한지를 파악하는 것이다. 이는 교육훈련에 대한 종업원 개인의 욕구를 파악하여 기업이 추구하는 '경제적 효율성'과 종업원이 추구하는 '사회적 효율성'을 조정, 통합할 수 있는 근거를 찾을 수 있다는 점에서 중요하다. 조직분석은 조직 전체와 관련되는 제현상에 대해 문제가 생겼거나 조직이 추구하는 목표와 조직원들의 역량 간의 차이가 발견되었을 때 중요하다. 이런 경우 교육훈련은 기업의 경영전략과 직접 연결되어야 한다. 과업분석은 기술 변화로 조직구조가 변화되고 이로 인해 직무에 요구되는 작업자의 자격요건이 변화되었을 때 중요한 의미를 갖는다. 새로운 직무가 생겼을 때 이를 수행할 수 있는 역량을 지닌 사람을 기업이 보유하지 못하였거나 외부에서 확보할 수 있는 상황이 아니라면 내부적으로 양성해야 하므로 이 경우 교육훈련의 필요성이 나타나는 것이다.

필요성분석이 이루어지고 나면 교육훈련 목적의 확인이 필요하다. 앞에서 수행된 필

| 그림 16-1 | 교육훈련 프로세스

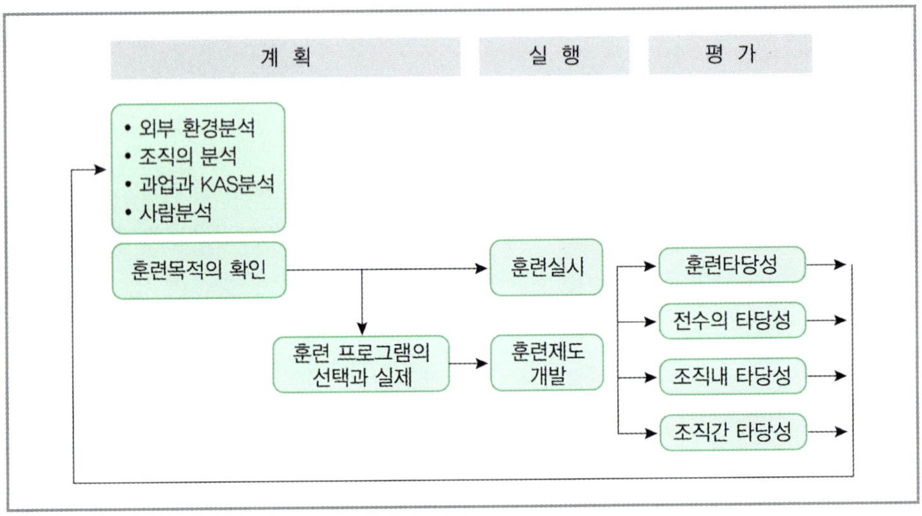

| 그림 16-2 | 필요성분석의 고려사항

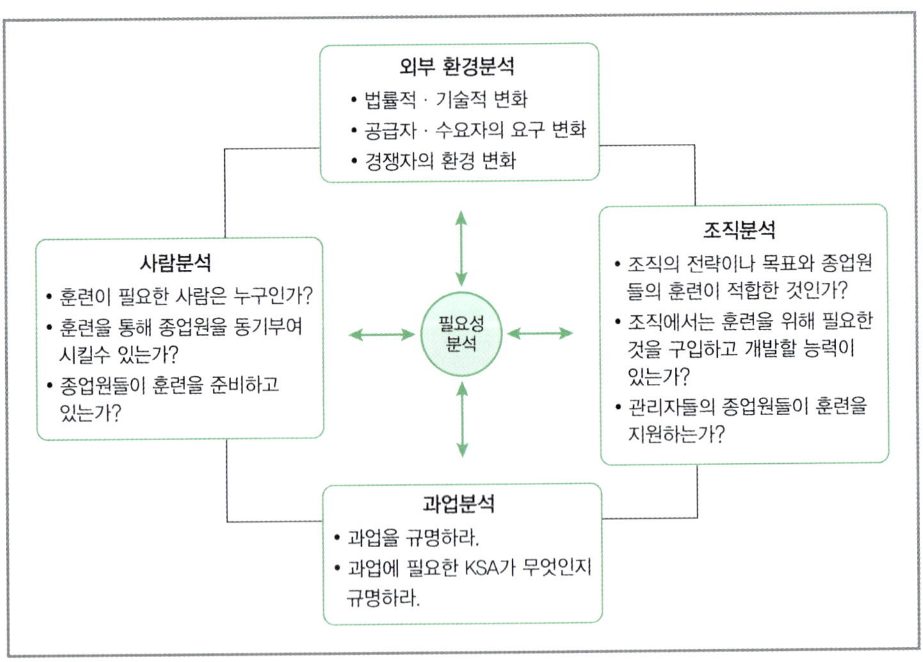

요성분석을 토대로 훈련목적을 설정하고 구체적으로 어떤 교육훈련을 받을 것인지 정하게 된다.

필요성분석과 교육훈련 목적 확인 등의 계획 후에 교육훈련을 실행한다. 교육훈련의 실시 과정에서 직원의 지식, 기능, 태도 등에 있어서 변화가 일어나는데 이 과정에서 교육훈련 프로그램이 개발된다.

평가단계에서는 실시된 교육훈련 프로그램이 얼마나 효과적이었는가를 점검하는 것이다. 평가는 다음번의 교육훈련을 더욱 효과적으로 설계하고 운영할 정보를 제공(feedback)할 수 있기 때문에 중요하다. 교육훈련의 성과에 대해 네 가지 기준에 의해 평가할 수 있다.

① 훈련 프로그램이 훈련목적에 적합한가?

② 훈련 프로그램이 피교육생들에게 있어서 전이학습을 유발하였는가?

③ 훈련 프로그램의 내용과 관리문제에 대해 피교육생들이 어느 정도 만족하고 있는가?

④ 다른 훈련 프로그램과 비교하여 가장 효과적인 훈련 프로그램은 무엇인가?

교육훈련관리의 종류와 방법에는 어떤 것들이 있는가?

1. 신입자 오리엔테이션

신입사원으로 하여금 새로운 직장의 환경에 적응하기 위한 교육훈련으로써 신입훈련(entrance training: 입직훈련)이라고도 한다. 교육훈련의 내용은 조직 전체에 대한 개괄(역사, 경영방침, 조직구조), 직무와 개별 종업원과의 관계(규정, 근로조건), 직무 관련 교육, 기타 조직의 일원으로서 필요한 입문교육(예절, 상식) 등이다. 오리엔테이션 훈련은 조직문화의 관점에서 볼 때 입사 초기부터 조직의 전통적 가치를 습득시켜 조직에 속한 사람으로 만드는 조직사회화(organizational socialization)의 과정이기도 하다.

2. 작업장 내 훈련

작업장 내 훈련(OJT: On-the-Job Training)은 직원이 현직에 종사하면서 직무에 관한 지식과 기술을 감독자에게 현장실무 중심으로 지도 받는 것으로 직무훈련이라고도 한다. 이 방법은 매우 실질적이고 적용 가능한 방법이어서 교육훈련 방법 중 가장 많이 사용되고 있다. 이 방법은 전사적인 교육훈련의 프로그램에 의해 실시되는 것이 아니고 각 부서의 장이 주관하여 모든 계획과 집행의 책임을 지는 부서 내 교육훈련이다. 이 훈련은 일을 하면서 훈련을 할 수 있고, 직원의 습득 정도나 능력에 맞춰 훈련을 할 수 있으며, 상사나 동료 간의 이해와 협조정신을 높일 수 있다는 장점을 가지고 있다. 그러나 일과 훈련의 병행에 따른 심적 부담이 있고 다수의 직원을 훈련하는 데는 적절치 못하며, 훈련 내용 및 정도가 표준화되지 않을 수 있다는 단점이 있다.

3. 도제훈련

도제훈련은 작업장이나 일정한 교육장소에서 상사와 피훈련자가 일 대 일로 훈련하는 방법이다. 도제(徒弟)라는 용어에서처럼 사제지 간의 의미가 강하기 때문에 직장 밖에서 받는 훈련에 비해 자신의 직속 상사에게 직접적으로 개인훈련을 받는다는 의미가 강하다. 도제훈련의 장점은 첫째, 교육자로부터 일 대 일 학습이 가능하기 때문에 피훈련자의 경험학습효과가 크다는 것이고, 둘째 피훈련자가 직무현장에 근무하면서 배우는 것이기 때문에 소정의 임금을 받을 수 있다는 점, 셋째 교육자와 피훈련자 간의 지속적인 상호 작용으로 시간이 지나감에 따라 새로운 업무기술을 창출하는 시너지효과가 있다는 점이다. 그러나 도제훈련은 특수한 직무를 수행하기 위해 필요한 경우가 많기 때문에 장기간의 시간과 비용이 소모된다는 단점도 가지고 있다. 종합병원에서 흔히 볼 수 있는 수련의(intern) 과정의 의사들은 직무가 수행되는 병원 내에서 자신의 지도교수 혹은 지도의사와 더불어 치료라는 직무를 수행하면서 학습하는 데 이것이 바로 도제훈련의 대표적인 예이다.

4. 연수원 및 기능대학 등 직장 외 훈련

기업이 자체적으로 인재 양성을 위해 인재개발원 등의 연수원이나 기능대학을 운영하는 경우가 있다. 이 방법은 노동시장에서 기업이 원하는 인재를 찾기 어려운 경우 기업이 자체적으로 인재를 양성하여 필요 인력을 스스로 조달한다는 데 의의가 있다. 또한 회사의 기본 방침을 전 사원들이 철저히 인식하고 실천할 수 있도록 집단적 교육 형태를 동원하는 방법이기도 하다. 맥도날드의 햄버거 대학이나 모토로라 대학, 홀리데이 인 대학 등이 그 예이다. 이런 교육기관을 설립하는 것뿐만 아니라 기업 내부적으로도 연수원 등을 운영하면서 직원의 역량을 높일 수 있는 교육을 제공하기도 한다. 우리나라에서는 삼성의 인재개발원이나 LG의 인화원과 같이 대부분의 대기업에서 자체적으로 연수원을 운영하며 스스로 필요한 인력을 조달하고 있다.

이처럼 직원을 일정 기간 직무로부터 분리시켜 기업 내 연수원 같은 일정 장소에 집합시켜 교육훈련에만 열중케 하는 훈련을 직장 외 훈련(Off-JT: Off-the-Job Training) 이라고 한다. 직장 외 훈련은 교육훈련 담당 스태프의 책임 하에 연수원이나 외부의 전문 교육훈련기관에 위탁하여 실시한다. 이 훈련은 현직을 떠나서 전문가의 지도 아래 훈련에만 전념할 수 있어 통일적 · 단체적 집단훈련이 가능하다. 또 다른 부서의 직원과 지식, 경험 등을 서로 교환할 수 있는 장점이 있다. 그러나 교육훈련 내용이 추상적이고 이론적이어서 현장과 괴리될 수 있으며, 훈련시설의 설치 및 이용에 따른 경제적 부담과 일손이 모자라는 중소기업은 작업시간 감소로 실시가 용이하지 않다는 단점이 있다.

5. 직능별 교육훈련

이 훈련은 생산, 영업, 상품개발, 인사, 재무 및 연구조사 직능 등과 같은 각 직능부서에 종사하는 직원들의 업무 관련 지식의 수준을 향상시키고 이들을 숙련인력으로 성장시키려는 목적으로 실시된다. 교육훈련을 통한 기술축적은 기업의 전 직능별로 골고루 이루어져야 내실 있는 경쟁력이 확보된다. 생산 부문의 교육훈련은 제품의 생산 및 개발과 관련된 기술 및 지식을 향상시키기 위한 교육훈련이고, 마케팅 부문의 교육훈련은 제품의 판매 및 유통에 관한 능력을 제고시키기 위한 교육훈련으로서 시장 및 소비자의 특성에 대한 조사, 마케팅믹스(marketing mix)전략, 물적 유통(physical distribution), 광고 등을 교육내용으로 한다. 또 인사 부문은 채용, 배치, 이동, 승진, 인사고과, 능력개발, 임금과 복지후생, 안전보건, 노사관계, 인간관계 측면의 능력 향상을 주요 내용으로 하며, 재무 · 회계 부문의 교육훈련은 자금계획, 자본의 조달과 운용, 자기금융과 배당정책, 경리 등에 관한 전문지식과 능력향상을 목적으로 한다.

6. 역할연기법

역할연기법(role playing)은 주어진 사례나 문제에 대해 어떤 인물의 역할을 실제로 연기해 봄으로써 당면한 문제를 체험하는 교육훈련 방법이다. 이것은 실제의 인간관계적 상황이 가상으로 구성되기 때문에 현장실습교육으로서 심리극(psycho drama)이라고도 한다. 이 방법은 감독 층, 관리자들의 인간관계훈련이나 판매훈련용으로 사용된다.

7. 청년이사회제도(junior boards of executives)

중간간부들이나 초급간부직 직원들로 하여금 경영관리자로서의 경험을 쌓고 그에 맞는 자질과 능력을 배양하도록 하는 훈련 방법으로서, 복수경영제도(multiple management) 또는 중견간부 이사회제도라고도 한다. 이 방법은 기업 내의 문제점이나 건설적인 제안들을 조사하여 이사회 및 상위 경영진에게 건의하는데 활용되기도 하고 청년이사회를 경영자로서의 실무경험을 쌓는 상설자문기관으로 두어 미래의 경영자를 배출하는 도구로도 사용한다.

8. 비즈니스게임(business game)

경영시뮬레이션(management simulation)이라고도 하는 것으로, 현직의 경영자나 예비경영자들에게 경영의사결정 능력을 개발하고 훈련시키는 일종의 사례연구법이다. 보통 5~6명이 한 조로 된 여러 개의 집단이 가상적인 모의회사의 경영진이 되어 부여된 각종 상황(생산비, 설비투자, 광고, 연구개발 등)에서 의사결정을 내린 후 그 결과를 심사집단에서 평가하여 통보함으로써 우열을 가리게 하는 방법이다. 이 방법은 가상적인 경영게임을 통해 복잡 다양한 경영문제에 대한 의사결정훈련을 하게 함으로써 수년에 걸치는 실무상의 경험을 수일 내에 습득할 수 있게 해준다.

교육훈련 방법의 적용 시 주의할 점

실시하는 주체, 목적, 대상, 교육 장소에 따른 교육훈련은 그 대상이 직원인지 감독자인지, 중앙관리층인지에 따라 각각 상황에 맞는 내용들을 설계함으로써 좀 더 효율적이고 효과적인 성과를 거둘 수 있게 된다.

또한, 교육훈련관리의 여러 가지 방법을 투입할 때 가장 주의해야 할 사항은 해당 방법의 성과가 꾸준히 일어날 수 있는 것인가에 대한 것이다. 즉, 실시한 교육훈련 방법에 의해 조직원이 어떠한 변화도 일으키지 못하고 있다면 다른 방법을 선택하거나 동일 방법을 통해 새로운 변화를 일으킬 수 있도록 해야 한다. 그렇지 못한 경우에서의 계속된 투입은 오히려 업무 효율을 떨어뜨리고, 조직원의 자신감 상실이라는 결과를 초래할 수도 있다.

1. 교육훈련 평가

① 학습진행과 학습실시결과의 진단 및 치료
② 교육 과정과 지도 방법의 개선
③ 학습동기유발
④ 학습계획 및 관리 방법의 개선
⑤ 생활지도
⑥ 교육 수준의 유지
⑦ 인사제도 활용
⑧ 교육환경평가
⑨ 강사평가
⑩ 학습촉진

2. 교육훈련 평가도구의 조건

① 타당도: 무엇을 평가하고 있는가?
② 신뢰도: 예측 가능하고 정확한 정보가 산출되는가?
③ 학습성취도에 대한 평가도구의 변별력
④ 경제성 · 실용성: 시간과 비용 및 인력을 적정하게 투입하고 쓸 수 있는가?

3. 교육훈련효과(학습효과) 평가기법

① 시기: 진단평가(교육훈련 실시 전에 실시), 형성평가(교육훈련 실시 중에 실시), 종합평가(교육훈련 종료 후 실시)

② 상대평가, 등위법, 유사등간법, 조합비교법, 절대평가숫자 척도법, 기술척도법

③ 객관식 평가: 선다형, 배합형, 진위형

④ 주관식 평가: 논술형, 단답형, 완성형

4. 커크패트릭의 4단계 트레이닝 평가모형과 Philips의 5단계 평가모형

1959년 도널드 커크패트릭이 만든 '기업 내 교육훈련평가(training evaluation)'의 4단계 트레이닝 평가모형은 '반응, 학습, 행동, 결과'로 현재까지 널리 활용되고 있다. 4단계 평가모형의 1단계와 2단계는 각각 개인의 트레이닝 경험에 초점이 맞춰져 있다. 첫 두 단계, 즉 반응과 학습단계에서는 사람들이 일에 어떤 영향을 미치는지 알 수 없다. 오직

[표 16-1] 커크패트릭의 4단계 평가모형

측정 수준	내 용	평가 내용	평가 방법
1단계 반응평가 (reaction)	• 교육 과정에 대한 학습자들이 만족했는가? • 프로그램에 대한 느낌과 만족도를 측정함	교육과 강사 관련 내용	• 설문지 • 인터뷰
2단계 학습평가 (learning)	• 교육 과정에서 무엇을 배웠는가? • 프로그램 이수의 결과로 지식, 기술, 태도는 얼마나 향상시키고 변화시켰는가를 일정 시점 이후에 측정함	교육목표 달성도	• 사전 · 사후검사 비교 • 통제 · 연수집단 비교 • 지필검사 • 체크리스트
3단계 행동평가 (behavior)	• 참가자들이 학습한 대로 행동하고 있는가? • 프로그램을 통행 학습한 지식, 기술, 태도 등을 직무에 얼마나 적용하고 있는가를 측정함	학습내용의 현업적용도	• 통제 · 연수집단 비교 • 인터뷰 • 설문지 • 관찰
4단계 성과평가 (result)	• 조직에 어떤 성과를 제공했는가? • 프로그램 이수의 결과가 조직의 사업과 성장에 어느 정도 영향을 미쳤는가를 측정함	기업이 얻는 이익	• 통제 · 연수집단 비교 • 사전 · 사후검사 비교 • 비용 · 효과 고려

행동과 결과만이 리더(평가자)들에게 평가된다.

3단계에서는 개인 수준에서의 트레이닝 결과를 중점적으로 다루면서 현업 업무 성과 변화가 측정된다. 마지막 4단계에서는 회사 전반에 대한 트레이닝의 조직적 결과가 측정된다. ROI(Return On Investment; 투자수익률)에 초점을 두는 것이다.

커크패트릭은 커크패트릭 파트너스(Kirkpatrick Partners)라는 컨설팅 회사를 만들었고, 1980대에 접어들어 자녀에게 물려준 뒤 은퇴했다. 커크패트릭의 교육훈련평가(training evaluation)시스템을 통해 교육훈련의 효과를 '증거의 사슬(chain of evidence)'로 이야기할 수 있게 됐다. 커크패트릭은 4단계 모형이라는 용어나 커크패트릭 모형이라는 명칭도 써본 적 없는데, 사람들이 지어준 명칭으로 모형이 개발된 후 30년 후 책을 출간했다.

커크패트릭 모형 이후 Philips의 Return on investment의 5단계 평가모형과 같은 아류 모형들이 많이 출현했다. Philips의 5단계 평가모형은 1단계 반응 및 실천계획, 2단계 학습, 3단계 현업적용, 4단계 사업결과, 5단계 투자결과 투자회수율이다.

02 e-Learning

e-러닝이란 무엇인가?

e-러닝은 전자(electric)라는 뜻의 'e'와 학습이라는 뜻의 'learning'이 조합된 신조어로, 정보기술기반(Information Technology based) 교육을 의미한다. e-러닝은 누구나, 언제, 어디서나 원하는 교육을 받을 수 있는 사이버 교육 및 평생학습시스템을 지칭한다고 할 수 있다. 즉, e-러닝은 학습자가 정보통신기술을 기반으로 하여 인터넷과 네트워크들을 통해 학습 활동을 수행할 수 있도록 하는 교육훈련시스템이라고 정의 내릴 수 있다.

사이버 연수원은 e-러닝의 한 가지 형태이다. 간단히 말해, 기업 내에서 필요한 지식이나 기능을 몸에 익히기 위하여 특별한 교육을 하는 연수원을 인터넷 상으로 옮긴 것으로 볼 수 있다. 웹을 기반으로 학습자가 스스로 관여하여 자신의 논리나 의사를 자유롭게 표현할 수 있는 가상의 공간으로, 의사표현이나 전달 과정에서 필요한 경우 학습에 관련된 교수, 행정지원자, 공동학습자 등 모든 참여자와 학습을 공유할 수 있는 가상학습공간이기도 하다.

효율적이고 유익한 학습이 되기 위하여 학습 과정에서 발생하는 모든 의사소통 거래 자료와 교육결과 자료 등 학습 참여자 정보와 교육결과 정보가 누적되고 이 자료가 학습자는 물론 모든 참여자의 기능 향상에 도움을 주는 가상의 공간을 말한다.

e-러닝은 1999년 시작된 노동부의 인터넷 통신훈련과 2001년 교육부의 사이버대학 개교 등 정부의 적극적인 인터넷 활용정책에 힘입어 사용자가 급격히 증가하고 있다. 국내 e-러닝 시장은 인터넷 사용인구의 급속한 확산을 배경으로 2000년대 초부터 웹 기반 직업 교육훈련으로 진가를 발휘하기 시작해 점차 산업적인 기반을 갖추며 일반 서비스 분야로 영역을 넓혀가고 있다.

KT 역시 2003년 4월부터 직원 교육 프로그램을 대폭 강화하면서 이를 위해 온라인교육(e-러닝)을 활용하고 있다. e-러닝을 통해 44,000여 명에 달하는 직원들을 굳이 일일이 교육장에 모을 필요 없이 각자 일터에서 인터넷을 통해 배울 수 있도록 함으로써 업무공백을 최소화하고 교육예산도 절감할 수 있기 때문이다. 실제로 KT는 전체 교육예산의 25% 이상을 사이버교육에 할애하고 있을 정도이다.

e-러닝의 발전 과정과 구분

e-러닝은 기술기반(technology-based) 교육으로서, 교육용 CD-ROM 이나 교육용 소프트웨어를 이용하는 컴퓨터 기반(computer-based) 교육, 웹 기반(web-based) 교육, 가상학습(virtual classroom), 교육과 협업을 강조하고 있는 디지털 콜레버레이션(collaboration)을 포함하는 개념이다.

① Computer-based 교육: 이 교육은 컴퓨터를 통해 이루어지는 교육으로서 주로 CD 나 파일 형태의 교재를 사용한다. 이것은 온라인 네트워크로 연결되지 않고 개별 컴퓨터의 독립적인 단위로 개인별 교육이 이루어지는 형태이며, 오프라인 교육의 일부로 활용된다. e-러닝의 가장 기본적이며, 초보적인 형태라고 할 수 있다.

② Web-based 교육: Web-based 교육은 인터넷을 통해 온라인으로 이루어지는 교육을 말한다. 따라서 강사나 수강자는 인터넷 사이트 접속을 통해서 연결되며, 교육의 대부분의 과정이 인터넷을 통해 진행된다. 웹 기반의 온라인 교육은 여기서 이야기 하고

있는 e-러닝의 가장 핵심적인 부분이다. 인터넷, 인트라넷, 엑스트라넷을 통한 교육이 이에 해당된다.

③ 가상학습(Virtual Classroom): 가상학습은 온라인 형태가 아니더라도 가상공간에서 이루어지는 교육을 말한다. 시뮬레이션(simulation)이나 가상현실(virtual reality) 기법을 교육에 활용한 것이다.

④ Digital Collaboration: 웹을 통해 교육에 필요한 디지털 콘텐츠를 주고받으며, 상호 커뮤니케이션하는 것을 말한다.

e-러닝과 온라인 교육, 사이버 교육은 거의 같은 의미로 쓰이고 있는 경향이 있다. 우리가 오프라인 교육과 대비하여 흔히 쓰는 온라인 교육은 인터넷, 인트라넷, 엑스트라넷을 통한 웹 기반의 교육을 의미하며, e-러닝의 한 부분이다. 그리고 유사개념으로 쓰이는 원격교육(distance learning)은 온라인 교육은 물론 e-러닝까지 포함하는 가장 광범위한 개념이다.

| 그림 16-3 | 이러닝(e-learning)

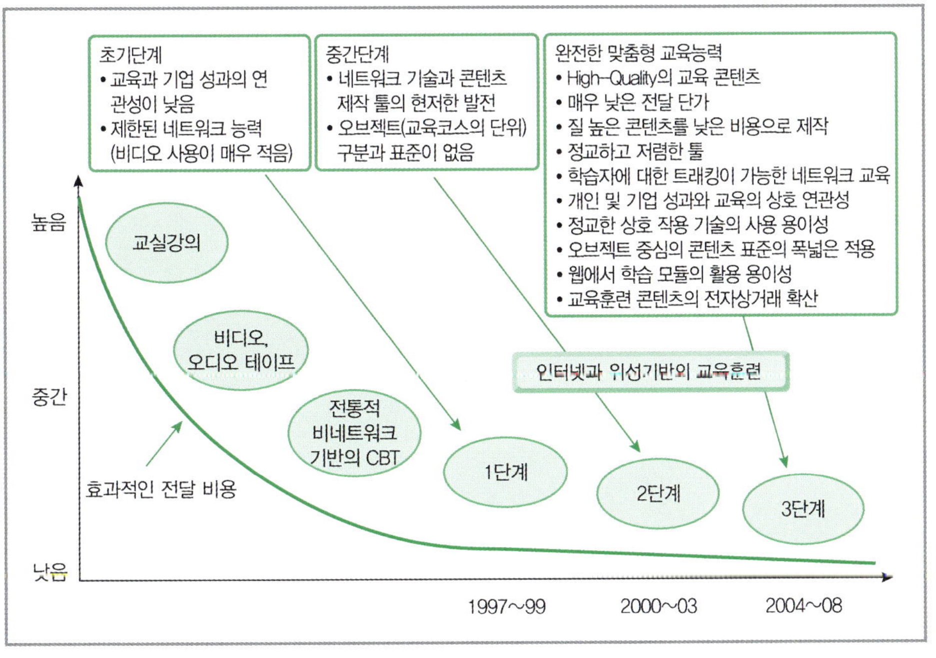

| 그림 16-4 | e-learning의 발전 방향

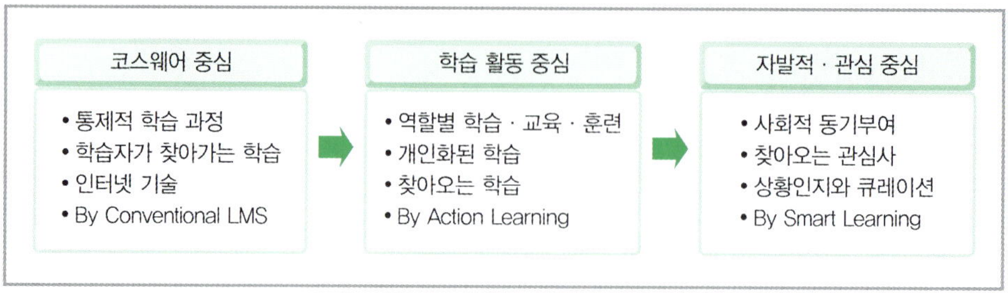

e-러닝의 특성과 장 · 단점

1. e-러닝의 특성

(1) 적극적 상호 작용성

기존 교육 방식은 교수자에서 학습자로, 지식창출자에서 지식소비자에게 일방적으로 지식이 전달되었다. 그러나 e-러닝은 상호작용을 통해 이러한 이분화된 구조를 없애는 역할을 한다. 다양한 형태의 교육 콘텐츠를 통해 교수자와 학습자, 학습자와 다른 학습자 간에 쌍방향 커뮤니케이션이 가능하고 참여자 간에 상호평가를 가능하게 하기 때문이다. 전달 받기만 하는 지식이 아니며 인터넷 등의 네트워크를 통해 지식을 보다 원활히 교류함으로써 지식창조로까지 확대시킨다. 창조된 지식은 바로 네트워크를 통해 또 다른 교육내용으로 이어질 수 있다.

(2) 자기 주도 학습

e-러닝이라면 언제 어디서라도 자기 주도적인 학습(self-directed learning)을 할 수 있다. 학습자 스스로가 학습목표와 방법을 정하고 학습을 주도하며 스스로 그 결과를 점검해가는 방식이다. e-러닝은 지식창조력 개발에 관심을 두는데, 지식창조력이란 새로운 지식을 만들어 낼 수 있는 능력을 말한다. 즉, 지식창조력을 기르는 교육은 타인이 만들어 놓은 기존의 지식을 따라 배우는 수용(受容) 교육이 아니라 자기 자신의 새로운 지식을 창출할 수 있는 능력을 기르는 교육이다. 상호작용과 학습공동체 형성 등의 e-러닝의 다른 특성들도 학습자의 자기 주도적인 지식창조가 가능하도록 한다.

(3) 학습공동체 형성과 참여

자기 주도적으로 원하는 지식을 습득하는 과정에서 일정한 상호작용이 지속되면 특정 지식을 공유하는 사람들끼리 새로운 학습공동체를 형성할 수 있다. 그리고 공동체에 참여하는 사람들은 각자의 지식을 생성해낼 수 있도록 서로 도움을 주고받게 된다. 또한 학습공동체 내의 적극적인 상호 작용을 통해 실제 경험을 대신할 수 있는 지식을 쌓을 수 있다.

2. e-러닝의 장점과 단점

비용절감효과	교육훈련 시설 및 운영 경비 절감, 훈련에 소요되는 시간절약 등 e-러닝은 교육훈련 과정에서 소요되는 비용을 혁신적으로 감소시킬 수 있는 방법이다.
맞춤형 교육 가능	누구에게나 같은 방식으로 보이는 동일한 콘텐츠를 제공하지만 상이한 학습 요구나 상이한 집단에 따라 맞춤형 프로그램을 구성할 수 있다.
신뢰할만한 컨텐츠	웹으로 구현되는 e-러닝은 즉각 갱신이 가능하므로 정보가 정확해지고 신뢰할 만하며 장기적으로 유용한 가치를 지닌다.
시간제약의 탈피	1년 365일 언제 어디서나 e-러닝에 접근할 수 있다.
기술적 보편성	e-러닝은 웹으로 구현되고 보편적인 인터넷 프로토콜과 브라우저를 이용하므로 모든 웹 사용자는 거의 같은 방식으로 거의 같은 자료를 받을 수 있다.
학습 커뮤니티 구축	웹 사용자는 훈련 프로그램이 종료된 뒤에도 지식과 통찰력을 공유하는 영속적인 실천 공동체(communities of practice) 구축이 가능하다. 이것은 조직 학습을 촉발시키는 원동력이 될 수 있다.
높은 수준의 확장성	인프라가 존재하는 한 약간의 노력과 비용만 들이면 10명이 참가하는 프로그램을 100명, 나아가 10만 명으로 확장할 수 있을 정도로 e-러닝 솔루션은 확장성이 뛰어나다
인간적 접촉(human touch) 상실에 대한 두려움	어떤 사람들은 원격학습은 비인간적이라고 주장한다. 혼자서 스스로 학습을 해야 하기 때문에 내가 나에게 질문을 해야 하는 경우가 생기며, 대면 수업이 아니므로 오프라인 교육에서의 제스쳐나 부연 설명 등에 의하여 이해가 가능한 내용의 의미가 비 대면 시에는 제대로 해석되지 않는 경우가 있다.
기술적 요건충족의 어려움	기술상의 고장과 어려움 등을 포함하는 기술적 요건을 충족하기가 어렵다.
학습자들의 개별적 특성	어떤 전문가들은 e-러닝(새로운 기술, 새로운 역할과 책임)에 위협을 느낄 수 있으며 많은 학습자들이 전통적 형태를 선호하는 경향이 있기도 하다.
e-러닝으로 가르치기 힘든 주제	팀 리더십, 어려운 사람 다루기, 효과적 피드백 제공하기 등의 소프트 스킬 및 타이핑, 댄스, 스포츠 등의 운동기능 등은 e-러닝으로는 학습하기가 힘들다.

4차산업혁명시대의 새로운 교육훈련기법들

에듀테크(Edu Tech): 인공지능(AI)기술을 활용한 교육훈련학습기법 및 도구·방법·산업총칭

1. 블렌디드 러닝(Blended Learning)

두 가지 이상의 다양한 학습환경을 혼합하여 학습효과를 극대화하는 학습 방법으로, 이를 위해 시간(실시간 여부), 공간(Off-line, On-line), 학습자(개인, 집단), 내용(구조화 여부), 방법(강의, 사례연구, 시뮬레이션, 심포지엄, 워크숍 등), 테크놀로지(미디어 선택), 상호학습자 활동(학습자 간, 강사 간) 등 측면에서 다양한 학습환경 및 기술을 상호 혼합하여 활용할 수 있다. 예를 들어, 집합교육을 중심으로 온라인 교육을 보완하거나 온라인 학습전략에 오프라인 학습을 보조하는 방법 등 매우 다양하다.

2. 어댑티드 러닝(Adaptive Learning)

상호 작용식 소프트웨어와 컴퓨터를 이용해 각 학생의 강점과 약점을 반영하면서 학습과 과제를 조율하고, 다시 학생이 배우는 속도에 맞추는 학습 방식이다.

3. 소셜 러닝(Social Learning)

소셜 미디어를 이용해 사람 간의 상호작용을 통해 학습의 효과를 증대하는 교습 방법을 말한다. 소셜 네트워크 서비스(SNS), 유튜브, 위키피디아, 포럼 등의 다양한 소셜 미디어 공간에 존재하는 개방된 지식과 정보, 다른 사용자와의 토론 및 피드백, 협업을 통해 자신이 필요로 하는 지식과 기술을 습득하는 과정이다.

4. 플립 러닝(Flipped Learning)

학생이 주도적으로 수업을 이끌어가는 방식으로, 학생이 사전에 수업내용을 온라인으로 개인별 학습을 한 후 수업시간에는 교사와 함께 토의와 문제 해결, 심화학습을 하

는 방식을 말한다.

|그림 16-5| 새로운 교육훈련 기법들

마이크로 러닝 | AR VR 활용 교육 | 디자인 싱킹 | 비정형 학습

- 교육효과 향상을 위해 새로운 교육기법의 확대
- 다양한 형태의 교육을 포괄하고, 교육결과 데이터를 축적할 수 있는 플랫폼 구축

- 마이크로 러닝(Micro Learning): 짧은 영상 등을 통해 핵심 메시지만을 효과적으로 전달하는 학습법
- 디자인싱킹(Design Thinking): 디자이너의 관점에서 종합적인 문제해결 사고 방식을 익히는 학습법
- 비정형 학습(Informal Learning): 일 학습 병행, 학습모임 등 일터에서 이루어지는 정형화 되지 않은 학습

학습정리

- 교육훈련관리란 기업이 경쟁력을 제고하기 위해서 조직구성원의 사고 방식, 지식, 기능, 그리고 태도를 변화시켜서 적극적이고 책임 있는 행동을 하는 사람으로 만드는 철학과 전략적 활동을 의미한다.
- 교육훈련 프로세스는 일반적으로 계획, 실행, 평가로 구성되어 있으며, 계획 과정에는 필요성분석과 교육훈련의 목적 확인이 이루어지고, 실행은 훈련실시와 훈련제도개발이 수행되고 그 뒤에 평가가 이루어진다.
- 교육훈련은 실시하는 주체, 목적, 대상, 교육 장소에 따라 적합하게 이루어져야 하고, 또한 각 상황에 맞는 내용들을 교육, 설계함으로써 좀더 효율적이고 효과적인 성과를 거둘 수 있다.
- e-러닝은 학습자가 기술(technology)을 기반으로 하여 인터넷과 네트워크들을 통해 학습하는 것으로 정의할 수 있으며 최근 그 중요성이 증가되고 있다.
- e-러닝은 적극적 상호 작용, 자기주도적 학습 방식, 학습공동체 형성 등 긍정적인 교육적 성격을 가지고 있다.

참고문헌

1. 21세기 기업교육훈련전략(2009). 장수용, 전략기업컨설팅.
2. 제프리 페퍼 교수의 지혜경영(2008). 제프리 페퍼, 옮김-유영만, 국일증권경제연구소 .
3. E-Learning(디지털 시대의 지식확산 전략)(2001). 마크 J. 로젠버스, 옮김-유영만, 도서출판 물푸레.
4. 글로벌 인적자원개발(2000). Jack J Phillips, 옮김-이만표, 한언.
5. 근로자 교육훈련의 모든 것(1999). 이주환, 청림.

연습문제

01 다음 중 교육 훈련에 관한 적절한 설명이 아닌 것은? 2006년 공인회계사

① 커크패트릭(Kirkpatrick)은 교육훈련은 반응, 학습, 행동, 결과의 4가지 기준으로 평가하는 것이 필요하다고 주장한다.

② OJT(on the job training)는 훈련받은 내용을 바로 활용할 수 있지만 잘못된 관행이 전수될 가능성이 있다.

③ 액션러닝(action learning)은 현장경험을 중시하는 경험위주의 교육훈련 학습 방법이다.

④ 교육훈련의 프로세스는 크게 필요성분석(수요조사), 계획설계, 실시, 평가의 과정을 거친다.

⑤ 중요사건법(critical incident method)은 직무 성과에 영향을 미치는 중요한 상황을 가정하고 시뮬레이션을 통해 훈련시키는 교육 방법이다.

02 학습(learning)과 교육훈련에 관한 설명으로 가장 적절하지 않은 것은? 2012년 공인회계사

① 불쾌한 결과를 제거하여 바람직한 행위를 유도하는 방법을 소거(extinction)라고 한다.
② 커크패트릭(Kirkpatrik)은 교육훈련의 효과를 반응, 학습 정도, 행동 변화, 조직의 성과로 구분하여 측정할 필요가 있다고 하였다.
③ 사회적 학습이론(social learning theory)에서는 사람의 인지적 측면을 강조하고, 다른 사람의 행동과 그 결과를 통해서 학습하는 것을 대리학습(vicarious learning)이라고 하였다.
④ 쏜다이크(Thorndike)가 제시한 효과의 법칙(law of effect)이란 원하는 보상을 받는 행동은 반복되고, 바람직하지 않은 결과가 나타나는 행동은 반복되지 않는다는 것을 의미한다.
⑤ 직무현장훈련(on the job training; OJT)은 업무수행 과정을 통해 학습하기 때문에 훈련의 전이 효과가 커지는 장점이 있다.

03 교육훈련 필요성을 파악하기 위한 일반적인 분석 방법이 아닌 것은? 2018년 공인노무사

① 전문가 자문법
② 역할연기법
③ 자료조사법
④ 면접법
⑤ 델파이기법

04 다음 중 교육훈련관리에 대한 설명으로 가장 거리가 먼 것은?

① 교육훈련관리는 유능한 인적자원의 채용에 도움이 된다.
② 기업에서의 사원에 대한 교육훈련은 '인재=자산'이라 일컬어지는 현 시대의 기업문화에서 더욱 중요해지고 있다.
③ 조직은 직원 훈련을 통해 여러 가지 직무와 관련된 이득을 얻음으로써 조직이 목표로 하는 성과를 더욱 높일 수 있다.
④ 교육훈련과 달리 개발은 교육훈련에 비해 보다 미래 지향적인 노력을 뜻하며 미래에 필요한 직무능력을 함께 기르기 위한 것이다.
⑤ 교육훈련은 새로이 직무를 맡는 신입사원에 대한 훈련으로 현직원에 대한 교육은 포함되지 않는다.

05 교육훈련의 성과에 대한 평가 기준이 아닌 것은?

① 훈련 프로그램이 훈련 목적에 적합한가?
② 훈련 프로그램이 직원들 간의 전이학습을 유발하였는가?
③ 훈련을 통해 직원들을 동기부여 시킬 수 있는가?
④ 훈련 프로그램의 내용과 관리 문제에 대해 직원들이 어느 정도 만족하고 있는가?
⑤ 다른 훈련 프로그램과 비교하여 가장 효과적인 프로그램은 무엇인가?

06 다음 중 e-러닝의 장점이 아닌 것은 무엇인가?

① 학습자 스스로 학습목표와 방법을 정하고 학습을 주도하며 스스로 그 결과를 점검하는 자기 주도적인 학습을 할 수 있다.

② 여행 경비 절감, 훈련에 소요되는 시간 절약, 강의실 · 훈련자 인프라 수요 절감을 통해 교육 비용을 대폭 줄일 수 있다.

③ 누구에게나 같은 방식으로 보이는 같은 콘텐츠를 얻는다. 하지만 상이한 학습 요구나 상이한 집단에 따라 맞춤형 프로그램을 구성할 수 있다.

④ 언제 어디서나 접근할 수 있다. 언제나 Just-in-time이 적용되므로 조직의 학습 사업이 글로벌한 성격을 띨 수 있다.

⑤ 댄스, 스포츠 등의 운동기능 배우기 용이하다.

인사이동 및 승진관리와 리더십 개발

17장 인사이동관리: 전배치와 직무순환

학습목표

1. 인력배치와 인사이동의 중요성과 개념에 대해 이해한다.
2. 인력배치와 인사이동의 방법에 대해 이해한다.
3. 인력배치와 인사이동의 수행 원칙에 대해 이해한다.
4. 직무순환제의 내용과 고려할 점을 학습한다.

실제 사례

사내공모제(job posting)

SK그룹은 계열사별로 부서배치 전 신입사원을 대상으로 각 부서의 선배사원들이 직접 자신의 부서는 어떤 곳인지 설명하는 '부서 박람회' 행사를 가진다. 그 뒤 신입사원들이 일하고 싶은 부서를 적어내도록 하여, 회사 인사팀은 인력수급이 허락하는 한도 내에서 본인의 희망을 최대한 고려한 인력배치를 한다. SK는 또 매년 인사고과를 매길 때 희망부서나 팀을 조사하여 인사이동을 할 때 본인의사를 최대한 존중한다. 물론 현재 근무 중인 부서의 팀장, 이동하려는 팀의 팀장, 인사팀의 의견도 참조한다. 개인이 좋아하는 일을 할 때 생산성이 가장 높을 수밖에 없고, 이런 면에서 맞춤식 인사는 개인의 능력과 창의력이 중시되는 디지털 경영시대에도 필요한 제도인 것이다.

신입사원뿐만 아니라 기존의 직원도 사내공모제를 통해 맞춤인사제도를 활용할 수 있다. 삼성물산은 사내에 'e-커머스팀'을 신설하면서 사내공모제를 통해 팀을 구성했다. (주)마이크로소프트와 한국 휴렛팩커드 같은 외국계 기업은 이런 관행이 뿌리내린 지 오래이며, 결원이 생길 때마다 인터넷에 해야 할 일, 필요 능력과 경험 등을 상세히 고지하거나 헤드헌팅 회사를 이용한다.

이처럼 우리나라의 대기업들이나 외국기업들에서는 '맞춤식 인사'를 활용하면서 직원들에게 하고 싶은 일을 할 수 있도록 인사배치를 하는 것을 강조하고 있다. 회사가 일단 배치하면 좋든 싫든 군말 없이 가서 근무해야 하는 '일방통행식 인사'가 사라져가고 있는 것이다. 이런 변화는 평생고용이 무너진 상태에서 직원은 자신의 캐리어 플랜에 따라 원하는 업무를 선택할 수 있어야 하고, 회사는 인사관리를 사람중심에서 일중심으로 전환하면서 맞춤식 인사관리가 확산되고 있는 것을 의미한다.

01 인력배치와 인사이동관리

인력배치와 인사이동은 왜 중요한가?

"각자가 가진 능력과 자질에 적합하도록 직무에 배속된 경우와 그렇지 못한 경우에 수행하는 작업량에는 약 3.5배의 차이가 있다"는 말(Adkins, D. C., 1947)이 있듯이 인력배치 및 인사이동은 인력의 능력과 직무의 요건이 부적합할 때 이 부적합성을 해소시켜 적합성을 향상시키기 위한 인사관리 활동이다. 합리적인 인력배치 및 인사이동관리의 시행은 기업의 제반 조직 기능들을 효과적으로 수행할 수 있도록 하여 조직의 성과목표를 달성할 수 있게 해주며 노동력의 이용 및 인재육성에도 크게 기여할 수 있다. 직원의 능력에 맞는 배치와 유연적인 인사이동관리가 이루어지지 않는다면 조직의 경직화와 직원의 사기저하를 초래하게 되어 성과목표를 달성할 수 없게 된다.

일본 자동차회사 마쓰다는 인력배치의 중요성을 인식하고 2004년부터 사원이 희망부서를 정해 해당 부서와 교섭하는 이른바 "프리 에이전트(FA)"제도를 도입하였다. FA는 자신이 희망하는 부서를 외부에 선언하고 부서장과 교섭을 통해 보직을 결정하는 방식이다. 이를 통해 일할 의욕과 능력 있는 인재를 적극적으로 등용해 적재적소에서 활용할 수 있게 되는 것이다. 대상은 근속연수가 7년 이상으로 부장보다 밑에 위치하는 매니저나 그 이하의 직원이다. 이동을 원하는 희망직원은 매년 1월 공모 때 "FA선언서"에 자신의 능력과 경력을 홍보, 네트워크상에 공개하고 2월 초부터 중순까지 교섭이 이뤄지고 자유계약 직원에 관심이 있는 부서가 희망자와 교섭한 후 쌍방이 합의하면 합의된 일자로 인사발령을 한다.

인력배치와 인사이동의 의미

1. 인력배치

인력배치는 채용된 신입사원 또는 경력사원을 적합한 직무에 연결시켜주는 활동을 말한다. 인력배치에는 장기간 휴직 등으로 인해 조직에서 떨어져 있다가 다시 조직에 복귀해서 직무를 부여 받는 과정인 재배치도 포함한 개념이다. 일반적으로 적절한 공급원에서 기업이 요청하는 인원을 모집하고, 이 가운데서 직무가 요청하는 자격요건을 갖춘 사람을 신뢰할 수 있고 타당성 있는 선발 방법을 통해서 선발했다고 고용의 모든 절차가 성공리에 끝났다고는 할 수 없다. 선발을 잘 했을지라도 배치가 잘못되면 인력이 조직에 적응하지 못하게 되므로 인적자원확보 관리 과정의 노력과 비용이 헛되이 되기 때문이다.

2. 인사이동

인사이동은 승진, 승격 등 직원의 종적인 이동인 수직적 인사이동과 기존의 직무에서 새로운 직무로 급여, 지위, 책임 등에서 별다른 변동이 없이 이동하는 수평적 인사이동(배치전환)으로 구성된다. 인사이동은 채용관리나 퇴직관리 등과 함께 조직 내 포지션의 변동을 의미한다. 즉, 인사이동은 직원이 어떤 조직에 고용되어 특정한 직무에 배치된 뒤, 그의 능력이나 직무내용의 변화 또는 조직운영상의 여러 가지 여건의 변화에 따라 수직적 · 수평적으로 배치상의 변화를 가져오는 인적자원관리상의 절차를 의미한다.

인력배치와 인사이동, 어떻게 할 것인가?

효과적인 인력배치와 인사이동을 수행하기 위해서는 5가지의 기본 원칙에 입각할 필요가 있다.

1. 적재적소(適材適所)의 원칙

적재적소는 인적자원관리의 제1의 핵심원칙이라 할 만큼 중요한 원칙이다. 기업들의 미래를 위해 인재확보가 최우선시 되는 현시점에서 어떤 기업이나 조직이든 최고의 능력을 갖춘 가장 적합한 인재를 확보하는 것은 결코 쉬운 일이 아니다. 기업이 보유하고 있는 한정된 인적자원을 최대한 활용하여 최상의 목표와 성과를 달성하도록 할 필요가 있다. 이는 적재적소(right man in the right place)주의 원칙에 의한 인력배치 및 인사이동관리에 의해 실현된다. 인적자원의 능력을 충분히 활용하기 위해서는 조직 내 존재하는 다양한 직무마다 가장 적합한 사람을 배치하는 것이 중요하다. 일반적으로 적재를 적소에 배치하는 데는 직원 1인에 대하여 적합한 일을 부여하는 것이 필요하며, 이는 직원 개개인의 학력 · 경험 · 기술 · 지식 · 교육기록이나 인성 · 특질 · 성향 · 기질 등에 대한 심도 깊은 이해를 바탕으로 행해져야 한다. 경영자가 직원 개개인에 대한 정보를 파악하는 것은 현실적으로 어렵기 때문에 적재적소주의 인력배치 원칙을 실현하기 위해 기업에서는 '사내공모제(job posting)'라는 방법을 많이 활용하고 있다.

사내공모제의 경우 기업 측에서는 직원들의 능력개발향상과 업무효율극대화를 꾀할 수 있고 사원들은 본인이 원하는 분야에서 일할 수 있어 회사와 직원 모두에게 환영받고 있다. 컴팩코리아는 특정 부서에 공석이 생길 경우 먼저 이를 내부에 공지하고 지원자가 현 소속 부서장의 동의를 받고 옮기려는 부서에서도 이를 수용하면 자리를 옮겨 일할 수 있다. 여직원들의 경우 사원충원제를 가장 적극적으로 활용하여, 비서로 입사해 2년 정도 회사의 분위기를 파악한 후 사원충원 내부 공지를 활용해 소질과 능력에 따라 마케팅, 세일즈 등 관련 부서로 자리를 옮기고 있다. 특히 철저하게 적재적소의 원칙을 활용하고 있는 외국기업의 경우 공석이 생길 경우 기존 사원들에게 응모자격을 부여해 신규 채용 등의 불편함을 줄이고 경험이 풍부한 직원을 채용하는 경향이 있다.

2. 적정인력배치 원칙

적재적소배치가 적성과 역량에 가장 부합되게 배치되어야 함을 강조하지만 적정인력배치 원칙은 업무량의 예측에 기초를 둔 적정한 수의 인원배치를 목적으로 한다. 말하자면 적재적소배치가 인적자원의 질적인 측면을 의미한다면 적정인력배치는 인적자원의 양적인 측면을 고려한 배치다.

적정인력배치는 어떠한 부문의 어떠한 작업에 얼마만한 수의 인원을 배치하는 것이 합리적인가 하는 문제를 다룬다. 적정인력 수의 배치를 가능하게 하기 위해서는 먼저 직무분석과 직무평가가 이루어져야 한다.

3. 능력주의 원칙

능력주의란 능력을 발휘할 수 있는 영역을 제공하며, 그 일에 대해서 올바르게 평가하고, 평가된 능력과 업적에 대해서 만족할 수 있는 대우를 하는 원칙을 말한다. 여기서 말하는 능력은 현재적 능력뿐만 아니라 잠재적인 능력까지도 포함하는 개념이며, 배치·이동에 있어서 능력주의는 특정 직무를 수행할 능력을 보유한 직원들 중에서 최고의 능력을 보유한 직원이 그에 따라 직무를 할당 받고 그 수행결과의 평가에 있어서 능력과 성과에 따라 합리적인 성과평가와 보상이 이루어지도록 하는 것이다.

이러한 능력주의 인사의 예 중 가장 대표적인 사례는 장영실일 것이다. 장영실은 조선 전기 과학자로서 본관은 아산(牙山)이다. 기생의 아들로 동래현(東萊縣)의 관노로 있을 때 재능이 뛰어나 세종의 명으로 중국에 파견되어 공부하였다. 귀국하자 면천되고, 1423년(세종 5년) 상의원별좌(尙衣院別坐)에 임명되어 궁중기술자로 활동하였다. 24년 물시계를 완성하여 정 5 품의 행사직(行司直)으로 승진하였고, 32년 천문관측의기(天文觀測儀器) 제작 계획에 착수하여, 먼저 간의(簡儀)·혼천의(渾天儀)를 완성하고, 37년 대간의·소간의 및 휴대용 해시계인 현주일구(懸珠日晷)·천평일구(天平日晷)·정남일구(定南日晷)·앙부일구(仰釜日晷)·일성정시의(日星定時儀)·규표(圭表) 등을 만들었다. 34년 새로운 형태의 물시계인 자격루(自擊漏)를 완성하여, 그 공로로 대호군(大護軍)에까지 승진하였고, 38년 다시 천상시계와 자동물시계 옥루(玉漏)를 만들었다. 또한 이천 등과 함께 금속활자의 주조사업에도 심혈을 기울여 조선시대의 활판기술을 대표하는 갑인자(甲寅字)와 그 인쇄기를 완성하였다. 신분에 대한 제약이 엄격했던 시절, 장영실은 비록 기생의 아들로 태어났으나 어려서부터 남다른 재능으로 실력을 인정받았으며 관직에 오른 후에도 훌륭한 발명품들을 만들어내어 대호군까지 승진하게 되었다.

그러나 능력주의 인사관리가 중요함에도 아직까지 우리나라에서 여성에 대해서는 강력한 유리천장이 존재하고 있다. 실제로 직원 수 1,000명 이상 규모의 국내 기업의 여성 관리자와 임원 수는 전체 17%, 6.2% 불과하며, 대규모 상장기업의 경우 여성 CEO 수는 1%에도 못 미친다. 삼성경제연구소는 이에 대해 여성 관리자의 경력 단절과 보이지 않는 차별 등으로 인한 여성 임원 후보의 풀(pool)이 부족하기 때문이라고 분석하였다. 반면 '포천(Fortune)'지가 선정한 500대 기업의 전체 CEO 중 여성비율은 지난 2000년 0.6%에서 2012년 3.6%로 12년간 6배 증가했다. 특히, 전통 여성 친화적 산업인 화장품·식료품·의류·유통산업을 넘어서 IT·화학·에너지·금융·미디어 등 다양한 산업에서 여성 CEO 활약하고 있는 것으로 나타났다. '포천(Fortune)'지가 선정한 500대 기업에서 여성 CEO가 탄생할 수 있었던 데는 개인·직무·회사 등 3가지 비결이 존재한다. 여성 CEO들은 전통적으로 권위보다는 배려와 참여를 중시하는 리더십을 발휘했으며, 직무에서는 기업 운영을 총괄하는 COO 출신이나 CFO 등 주요 보직을 경험하고, 여성 CEO가 있는 기업에는 성(性) 다양성을 존중하는 제도와 문화가 있다는 것이다.

4. 인재육성의 원칙

인력배치 및 인사이동의 기본적 성격이 직원 개개인의 보유한 잠재적·현재적 역량을 최대한 활용하는 것이기는 하지만, 직원들이 인적자원으로서의 가치를 소진하도록 한다면 인적자원관리의 기본 핵심 패러다임에 맞지 않을 것이다. 이에 인력배치 및 인사이동 역시 직원 능력의 활용과 동시에 직원이 학습하고 성장할 수 있도록 해야 한다는 인재육성주의 원칙에 입각하여야 한다. 즉, 인재육성주의에 의한 인력배치 및 인사이동의 원칙은 사람을 오로지 소모적으로 활용만 하지 않고 재출정과 육성개발하고 성장시키면서 활용해야 한다는 원칙이다.

5. 균형의 원칙

단순히 특정인만의 적재적소를 고려할 것이 아니라 상하좌우의 모든 사람에 대해서 평등한 적재적소와 직장 전체의 적재적소를 고려할 필요가 있다. 이는 직장 전체의 실력증진과 사기고양 등을 꾀하는 의미로서 전체와 개인의 조화를 고려하는 것이다.

한 예로 2011년의 삼성의 인사이동을 들 수 있다. 삼성은 2011년 정기 임원 인사에서 신제품의 성공으로 눈부신 실적을 거둔 삼성전자 무선사업부 인재를 파격 발탁해 승진시키면서 '신상필벌'의 원칙을 그대로 보여줬다. 리눅스 기반의 삼성전자 소프트웨어 플랫폼인 삼성 리눅스 플랫폼(SLP) 개발을 주도하면서 SLP에 기반한 휴대폰 개발에 성공한 점을 높이 평가받은 삼성전자 윤○○ 부장은 1년 만에 상무로 승진하였으며, 고졸

제조직으로 입사한 무선사업부 김○○ 부장도 특유의 근면함과 끊임없는 탐구열로 차별화된 제품을 연이어 출시하며 삼성전자가 글로벌 스마트폰 시장 1위를 달성하는 데 기여한 공을 인정받아 2년 앞서 상무로 승진하는 행운을 안았다. 특히 이번 인사이동에서는 여성인력의 승진이 눈에 띄었는데 외국계 그룹 P사 출신의 마케팅 전문가인 심○○ 신임 부사장은 2006년 삼성전자에 합류해 선진 마케팅 프로세스를 도입함으로써 브랜드 마케팅의 새로운 지평을 열었다는 점을 인정받아 삼성전자 최초의 여성부사장으로 임명받았다. 삼성전자 이○○ 부장은 반도체 물성 분야 전문가로서 각종 분석기술 및 분석시스템 개발로 안정적인 수율 확보에 기여했다는 평을 받는다. 삼성SDS 홍○○ 상무는 기업용 모바일솔루션 개발 및 운영을 담당하며 모바일 사업 성장을 주도했다. 제일기획 오○○ 상무는 삼성전자의 스마트TV 시리즈 광고를 성공적으로 런칭해 제품의 인지도 및 호감도 제고에 기여해 진급했다. 이 밖에도 김○○ 상무는 갤럭시 노트의 콘셉트를 제안하고 상품화해 신시장을 창출하는 데 기여한 공을 인정받았으며, 송○○ 상무도 멀티코어 분야 시스템 소프트웨어 개발자로서 갤럭시S2 성능 개선에 기여한 점을 높이 평가받았다. 삼성은 이번 인사이동으로 대졸 공채 출신의 최초 여성 상무를 배출하였으며, 이는 공채 출신의 여성임원 시대를 처음 열었다는 것이 의미있다고 할 수 있다.

02 직무순환제도

직무순환제도란 무엇인가?

직무순환은 조직원들이 여러 직무를 다양하게 경험토록 하기 위해 일정 기간이 지나면 다른 직무로 순환시켜 근무하게 하는 인사이동제도로서 이동, 전환, 직무이동, 순환보직 등의 명칭으로 사용되고 있다. 이는 집단을 대상으로 직무순환이 가능한 직무군을 미리 정해두고, 수평적으로 순환하는 것이다. 직무순환은 작업자가 수행하고 있는 직무간에 호환성이 있고 작업흐름의 어려움이 없는 경우에 직무상의 이동이 가능하다는 가정 하에 이루어지는 경향이 있다. 직무순환은 직무의 세분화, 단순화, 표준화, 전문화에 따라 제기되는 직무수행상의 권태감이나 실증, 소외감 등을 극복하고 종업원의 개별적 능력개발을 촉진하기 위해 도입된 직무설계의 기법으로도 이해된다(이원우, 2005).

직무순환제도의 목적

환경이 급변하는 현대에 있어 상황 변화에 조직이 민첩하게 대응할 수 있는 조직의 유연성은 조직의 성공에 매우 중요한 요인 중 하나로 인식되고 있다. 그러나 우리나라의 많은 기업 현장에서는 종업원이 직무순환을 원함에도 불구하고 시행하고 있지 않는 경우가 상당히 많다. 그 이유는 기존에 업무를 담당하고 있던 직원을 교체함으로써 새로운 직원이 재훈련되기까지 공백기를 거치게 되는 것을 부서장들이 꺼려하는 경향이 크기 때문이다.

조직의 대내·외적 환경 변화에 대처하기 위해 관리자가 적정시기에 조직의 인적자원을 재조정할 수 있는 수단이 직무순환이다. 직무순환의 목적은 직원으로 하여금 조직 내 여러 분야를 경험하게 함으로써 조직 전반에 관한 지식과 경험을 가진 유능한 일반 관리자와 경영층을 양성하고, 변화된 상황에 조직 차원에서 최대한 효과적으로 대처할 수 있기 위한 포지션의 변화를 취하려는 데 있다. 또한 직무순환제도는 구성원에게 다양한 직무를 수행하게 함으로써 조직운영의 유연성을 제고시킬 수 있으며, 인적자원을 재배치할 때 이에 대한 효율성 및 신속성을 확보하는 데 있다. 또한 조직 내 부서 업무는 업무량 측면이나 부서의 힘 측면 등에서 편차가 있기 마련이어서, 조직구성원들이 돌아가며 고루고루 힘든 부서와 한직의 부서를 담당할 균등한 기회를 배분하려는 목적도 있다. 특히 직무순환은 조직구성원들이 업무 매너리즘이나 부패 및 부조리에 빠지지 않도록 하기 위한 목적도 있으며 해고의 시그널로 좌천시키는 방법으로 활용되기도 한다. 개인 차원에서는 직무순환을 통해 개인이 지향하는 업무를 탐색하고 경력경로를 경험함으로써 궁극적으로 개인의 발전을 통한 자아실현을 통해 보람을 얻을 수 있다.

직무순환제도의 장·단점

직무순환의 장점으로는 첫째, 특정 직무가 오래 수행하기에 많은 스트레스를 가져다주며, 직무의 구조를 개선한다는 것이 거의 불가능할 때 여러 사람이 직무순환을 통해 스트레스를 분담할 수 있다. 둘째, 작업자가 비교적 장기간에 걸쳐 여러 직무를 수행함으로써 단조로움을 줄이고 매너리즘에 빠지는 것을 막을 수 있다. 셋째, 작업자에게 보다 수준 높은 직무수행의 기회를 제공하여 작업자의 능력신장을 기할 수 있다. 이를테면 유럽 3M은 제조라인 부서와 스태프 부서의 순환근무가 이뤄지고 있다. 제조라인은 스태프를, 스태프는 제조라인을 이해하는 데 큰 도움이 된다. 이 같은 인재양성시스템은 지역별 상호협력 체계를 유지하면서 자회사에서 개발한 혁신 제품을 수용하는 유연성을 보여줬다. 이는 일본 스미토모 3M의 디녹필름 개발 등으로 이어졌다.

하이닉스반도체는 2009년부터 우수 직원을 대상으로 원하는 부서에 배치하는 신 직무순환제도를 운영하고 있다. 직무순환제도는 직원이 다양한 직무를 경험함으로써 다방면의 경험과 지식을 쌓을 수 있다는 장점을 가지고 있어 많은 기업들이 실시하고 있다. 하지만 그 과정에서 부서 간 이기주의로 인해 소속 팀 내 우수 인재 이동에 어려움을 겪어 왔으며, 일부 직원은 기존 소속 집단에 대한 부담감으로 인해 신청 자체를 꺼리기도 하였다.

하이닉스는 이런 부작용을 방지하기 위해 직무순환제의 신청자를 소속팀장에게 사전 공개하지 않고, 인사이동 과정에 철저한 보안을 유지하였다. 하이닉스의 직무순환제의 특징은 희망 직무·직군에 제한을 두지 않아 연구·제조·마케팅 등 다양한 분야에 걸쳐 폭넓은 지식을 가진 전문가를 육성할 수 있다는 것이다. 특히 인사평가에서 중상(中上) 이상의 자격조건을 갖춘 직원만을 원하는 직무에 배치함으로써, 우수 직원에게 주도적인 경력개발의 기회를 제공하고 있다. 또한 이 제도를 통해 하이닉스는 직무순환의 효과는 물론 각 팀도 우수 인재 이탈 방지를 위한 노력 강화를 통한 전반적인 조직의 역량 향상 역시 기대할 수 있는 것이다.

많은 성공적인 기업에서는 이미 오래전부터 직무순환제도를 도입해 오고 있으며, 그 결과로써 기업 입장에서는 인력배치의 융통성을 높이고, 변화에 대한 적응력을 향상시키는 효과를 가져다주었다. 그러나 직무순환제도는 특정 직무에 대해 작업자를 자주 교체할 경우 생산성 저하 등 비용이 증가할 수 있다는 단점이 있다.

[표 17-1] 인사 파행의 유형과 대처 방안

인사파행유형	내 용	대 처 방 안
낙하산인사	정계, 재계, 관계 등 조직 밖의 권력을 통해 해당기업에 인사상의 영향력을 행사하는 경우 (해당 분야 전문식견이 전무한 외부 인사 영입)	• 책임경영을 위해 전문경영인 도입시스템 구축 • 외부압력에 약한 공기업 민영화 추진 • 투명한 인사관리시스템 구축
인사청탁	개인적인 친분을 이용하여 인사권을 갖고 있는 사람에게 채용, 보직, 승진, 이동 등을 자신에게 유리하게 해달라고 부탁하는 행위	• 고가/평가/승진 등 인사 전반에 투명한 인사시스템 구축 • 인사청탁자 내부고발제도 활성화 • 인사청탁자 공개 및 인사상 불이익 부여 • 임직원에 대한 윤리의식 강화 및 윤리경영 실천
파벌인사 (계보)	구성원들이 조직 내에 파벌을 형성하여 개인 또는 집단에 인사상 유리하도록 행해지는 행위 (특정 부서 출신간 끌어주기, 군대 하나회 등)	• 사내 파벌조성 금지 법제화 및 실천 • 건전하고 투명한 조직문화 조성 • 정기적인 직원의식 교육 실시
연고인사	혈연, 학연, 지연 등을 이용하여 인사상의 우대를 받는 행위 (K대 동문회, H향우회, 해병대 전우회)	• 합리적 사고가 지배하는 기업문화 구축 • 공정한 인사실시를 위한 인사담당직원 교육
차별인사	성별, 학력, 특정 지역 등의 사유로 인사상의 불이익을 주는 행위	• 능력위주 인사제도 구축 • 공정한 보상체계 수립 • 개인차별을 방지하는 기업문화 구축

학습정리

- 인력배치는 신입 또는 경력사원의 채용, 선발 후 직무를 연결시켜주는 과정이다.
- 인사이동은 승진, 승격 등 종업원의 종적인 이동인 수직적 인사이동과 기존의 직무에서 새로운 직무로 급여, 지위, 책임 등의 차원에서 별다른 변동이 없이 발생하는 인사이동인 수평적 인사이동으로 구성된다.
- 인력배치와 인사이동이 효과적으로 이루어지기 위해서는 적재적소의 배치, 적정 배치, 능력주의, 인재육성주의, 균형주의 등 5가지 원칙 하에 이루어져야 한다.
- 직무순환은 조직원들이 일정 기간이 지나면 다른 직무로 순환시켜 근무하게 하는 제도로서 직무수행상의 권태감이나 실증, 소외감 등을 극복하고 종업원의 개별적 능력개발을 촉진하기 위해 도입된 직무설계의 기법이라 할 수 있다.
- 직무순환제는 스트레스의 분담, 매너리즘 방지, 조직원의 능력신장 등 장점도 가지고 있지만 작업자를 자주 교체할 경우 생산성 저하의 우려도 있다.

참고문헌

1. 인적자원관리 프론티어(2007). 이순묵 · 탁진국 · 한인수 · 황규대, 박영사.
2. 인적자원관리(2007). 박성환, 한올출판사.
3. 인적자원관리(2003). 신철우, 삼영사.

연습문제

01 다음 설명에 해당하는 것은? 2016년 공인노무사

> 전환배치 시 해당 종업원의 '능력(적성) – 직무 – 시간'이라는 세 가지 측면을 모두 고려하여 이들 간의 적합성을 극대화시켜야 된다는 원칙

① 연공주의　② 균형주의
③ 상향이동주의　④ 인재육성주의
⑤ 적재적소적시주의

02 다음 중 인력배치와 인사이동에 대한 기본적인 수행 원칙이 아닌 것은?

① 적재적소배치의 원칙　② 적정인력배치의 원칙
③ 능력제일주의의 원칙　④ 인재육성주의 원칙
⑤ 균형주의 원칙

03 넓은 의미의 채용관리에서 인력배치와 인사이동은 각각 전사적인 HR 관점에서 중요성을 갖는데, 그렇다면 이 인력배치와 인사이동의 의미에 대해 간략하게 설명하시오.

04 인력선발과 관련된 서술 중 가장 적절한 것은? 2004년 공인회계사

① 인력선발의 유용성 평가는 비용분석과 혜택 분석을 통해 이루어질 수 있다.
② 관대화경향 오류는 특정의 피평가자에게 후한 점수를 주는 평가자의 오류를 의미한다.
③ 중심화경향 오류는 피평가자를 평가자 자신의 가치 기준으로 평가하는 오류를 의미한다.
④ 인력선발 도구의 신뢰성은 피평가자에 대한 측정결과의 정확성을 의미한다.
⑤ 인력선발에서 같은 지원자에 대해 다른 평가 방법을 사용하더라도 결과가 동등할 경우 선발도구의 타당성이 높다고 할 수 있다.

05 인력선발에서의 타인평가 및 지각과 관련된 다음의 용어 중 설명이 가장 적절한 것은? 2006년 공인회계사

① 주관의 객관화(projection)는 어떤 과업의 성공적 수행에 필요한 능력을 개인 스스로 가지고 있다고 생각하는 믿음이다.
② 자존적 편견(self-serving bias)은 자존심을 지키기 위해서 주위의 사람을 후하게 평가하는 경향을 말한다.
③ 나와의 유사성(similar to me)효과는 주위사람의 기대와 자신의 기대대로 행동함으로써 결국은 예측된 결과가 이루어지는 것을 말한다.
④ 대비효과(contrast effect)는 여러 사람 중에서 처음에 평가한 사람을 나중에 평가한 사람보다 나쁘게 평가하는 경향을 말한다.
⑤ 최근효과(recency effect)는 주로 최근의 정보를 가지고 타인을 평가하는 경향을 말한다.

18장 승진관리와 리더십개발

학습목표

1. 승진관리의 개념과 유형에 대해 학습한다.
2. 인사적체 및 유리천장에 대해 이해한다.
3. 승진관리와 리더십개발의 연결성을 이해하고 학습한다.

실제 사례

■ 승진율과 승진소요기간 및 인사적체

한국경영자총협회는 2011년도와 2014년도에 전국 250개 내·외의 대기업 및 중소기업을 대상으로 '승진·승급관리 실태조사'를 발표한다. 2011년 조사결과 전체 직급의 평균 승진율(승진대상자 가운데 실제 승진한 사람의 비율)은 38.8%로 2005년의 44.5%에 비해 5.7%포인트 낮아진 것으로 나타났다. 대기업의 승진율은 43.2%에서 35.5%로 7.2%포인트 떨어졌고 과장에서 차장으로 승진하는 비율은 36.5%에서 22.1%로 14.4%포인트 하락했다. 대기업의 인사적체가 심화되고 있는 것이다. 대기업 신입직원이 임원이 되려면 21.2년(2011년 조사), 22.1년(2014년 조사) 소요되고 1,000명 중 6명 정도가 임원으로 승진하는데, 임원승진이 되는 비율은 2005년 1.2%, 2011년 0.79%, 2014년 0.74%로 계속 감소해 오고 있다.

■ 승진 결정 시 고려 요인

우리나라 민간기업의 승진심사에서 '개인 실적'과 '관리능력'을 고려한다. 1996년 조사에서 개인 실적이 승진에 가장 중요한 요소라고 답한 비율이 21.7%, 2011년 조사에서 30.2%로 나타났다. 관리능력을 중시하는 민간기업의 비율은 같은 기간 19.3%에서 10.4%로 8.9%포인트 감소했다. 2011년 조사에서 대기업은 개인 실적(40.0%)을 승진의 최우선 반영 요소로 보는 경우가 많았고, 중소기업은 근속연수(26.2%)를 중시하는 곳이 많았다.

2014년 조사에서 사무직 승진 시 고려 요인으로는 부장급의 경우 '관리능력'(33.5%), '개인 성과'(19.8%), '근속연수'(19.6%), '직무전문성'(14.0%), 과장급은 '직무전문성'(29.2%), '개인 성과'(25.0%), '근속연수'(19.9%), '관리능력'(13.9%) 순으로 중시했다. 근속연수는 중소기업(부장급 20.2%, 과장급 19.5%)뿐만 아니라 대기업(부장급 18.3%, 과장급 21.3%)에서도 승진의 중요한 요인으로 나타났다.

■ 승진시험의 폐지 추세

승진시험을 치르는 기업의 비율은 1996년 5.8%에서 2005년 5.2%와 2011년 4.4%이다.

01 승진관리

승진의 개념

승진은 임직원이 책임과 신분 그리고 기술과 보상에 있어서 더 상위 수준으로 보임받는 것을 말한다. 책임의 범위와 중요성이 더 커지고, 지위신분도 높아지며 직무스킬의 수준이나 업무의 난이도 수준도 높아지고 금전적 · 비금전적 처우도 강화되는 됨을 의미한다. 승진관리제도와 밀접한 관련 인사제도는 인사이동, 직무순환, 리더십 교육훈련 등이다.

[표 18-1] 승진관리제도와 밀접한 관련 인사제도

용 어	의 미		
인사이동	조직에서 직위의 위치를 변경시키는 것		
	수직적 이동	수평적 이동	설정에 따른 이동
	승진과 강등이 포함	전환배치	기업의 형편에 따른 이동
직무순환	전환배치의 일종. 현재까지 담당했던 직무와 성격상 다른 직무로 이동하는 것		
	발생단위의 범위에 따른 형태	시기에 따른 형태	목적에 따른 형태
	직무간 순환, 부서간 순환, 사업순환 등	정기 순환, 수시 순환	능력배양, 적재적소배치, 침체 및 부정방지

기업현장에서 사용되는 승진과 혼용되어 사용되는 용어들로는 진급, 승격, 승급, 승호 등이 있는데, 우리나라 기업현장에서는 일반적으로 승진이라는 말이 보편적으로 사용되고 있다.

[표 18-2] 승진과 유사 용어

용 어	의 미
승진(昇進)	• 가장 보편적으로 사용되는 용어. 직위의 상승을 의미하나, 직급이 올라가는 의미로도 통용되어 사용됨
진급(進級)	• 직급이 올라간다는 의미로 승진과 함께 많이 사용됨
승격(昇格)	• 직능자격제도를 사용하는 회사에서 주로 사용. 역할을 변경되지 않고 직급만 바뀌는 경우에 많이 사용 • 소규모 승진으로서, 특히 같은 직종이나 직무분류 내에서 상위급으로 올라가는 것을 말한다.
승급(昇級)	• 진급과 동일한 의미로 사용. 호봉제에서 호봉이 올라가는 것을 의미. 승진이 어려운 기업에서는 승급도 승진으로 인식하기도 함.
승호(昇號)	• 호봉이 상승했다는 의미. 연공주의 인사관리인 호봉제 임금제도에서는 승급과 같은 의미로 사용됨

인력계획 측면에서 볼 때, 승진은 계층조직의 상위 직위에 결원이 발생했을 경우, 이 결원을 하위 직위의 재직자로 충원하는 활동이다. 승진은 이동의 한 방식으로 조직에서 구성원이 직무서열 혹은 자격서열이 상승하는 것을 말하며, 지위의 상승과 함께 보수, 권한, 책임의 상승이 수반되는 경우가 많다. 조직에서 상위직무는 일반적으로 직무의 곤란도와 책임의 범위가 확대되고 경중에 있어서 중요성이 커진다.

승진은 상위의 직위로 이동한다는 점에서 동일한 책임과 권한의 다른 직위로 수평적으로 이동하는 배치전환(配置轉換: transfer)과 개념적인 차이가 있다.

승진에는 권한과 책임의 증대뿐만 아니라 위신의 증대, 급여나 임금의 증가 등이 뒤따르는 것이 보통이다. 따라서 승진은 종업원에게 동기를 부여하여 근로의욕을 증진시키고, 종업원의 잠재능력을 육성하고 발휘하는 기회를 제공하는 중요한 수단이 된다.

승진의 기능

① 동기부여(모티베이션) 기능

인간의 본성은 성장욕구를 갖고 있는데, 성장욕구가 사회적 제도와 맞물려 작동하는 모습은 계층상승 및 계급상승욕구이다. 인간의 본성의 하나는 '저 높은 곳을 향하여 오르려는 본성을 갖고 있다. 이러한 성장욕구를 충족시켜줄 수 있는 제도가 승진제도이다. 승진은 개별 근로자에게는 미래의 임금 상승과 개인 성장을 기대할 수 있는 중요한 보상으로서의 속성을 갖고 있다. 승진은 종업원에게 자기발전의 욕구충족과 희망을 갖도록 하는 동기유발 기능을 한다.

② 경쟁과 협력의 촉진

종업원들은 승진제도를 통해 경쟁과 협력을 하도록 자극받게 된다. 승진제도 종업원의 능력을 효율적으로 활용하고, 무사안일의 조직분위기를 방지할 수 있다. 담당직무에 대한 타성에 빠져 문제의식이 결여되고, 부당 · 부정한 직무처리를 할 수 있는 문제점 등을 방지할 수 있다.

③ 인적자원의 질 향상을 위한 필터링 장치

승진은 상대적으로 우수한 역량을 가진 근로자를 선별해 내는 장치이다. 승진에서 탈락한 종업원은 퇴사하는 경우가 많다. 일정 기간이나 일정 횟수 이내에 승진을 하지 못하면 퇴사하도록 하는 계급정년제를 운영하고 있는 국가행정기관이나 지방자치단체, 공기업이나 민간기업도 있다.

④ 차세대 리더 양성

승진제도는 조직의 차세대 리더를 양성하는 조직 리더십 승계 프로그램으로 기능할 수 있다. 차세대 리더 양성 교육훈련제도와 연계시켜 운영될 수 있다.

승진의 유형

1. 일반승진과 특별승진

승진의 종류는 성격에 따라 일반승진과 특별승진으로 나뉜다. 일반승진은 승진요건을 갖춘 사람들을 대상으로 승진자를 결정하는 정기승진을 의미한다. 일반적으로 1년마다 승진심사를 통해 승진자를 결정하는 절차를 거친다.

특별승진은 특별한 성과를 낸 자를 대상으로 특별 성과에 대한 보상의 차원에서 승격이나 승격을 시키는 제도이다.

2. 직책승진과 자격승진

① 직책승진: 가장 일반적인 승진 유형이다(역직승진이라고 교과서에 소개되어 있지만 이러한 용어는 거의 사용하지 않는다). 직책승진은 관리체계로서의 직위인 라인직위 계열상의 승진을 말한다. 직책이란 조직구조의 편성과 조직운영의 원리에 의해 설치된 것으로 조직단위별로 소속구성원을 효율적으로 지휘 · 통제하기 위해 두어지는 것이다 직책승진으로 인해 권한과 책임 · 보상의 증가가 수반된다.

그림 18-1 조직종류별 직책 명칭

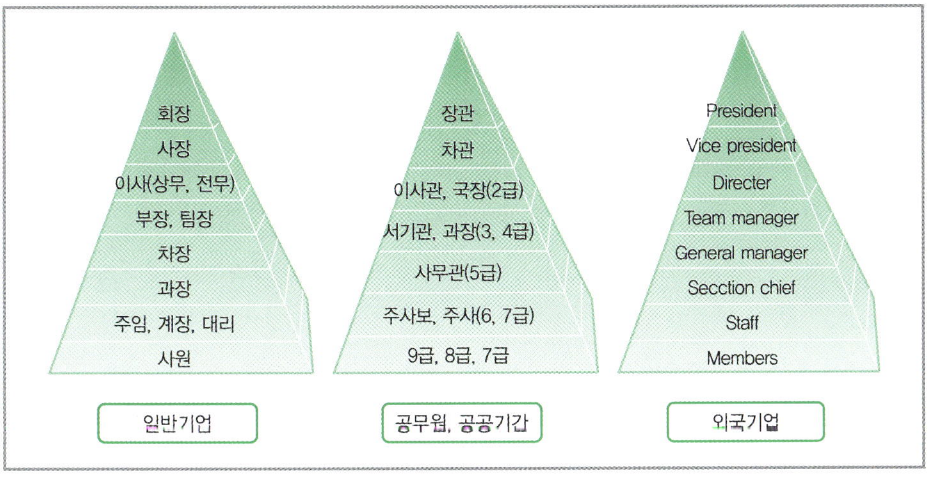

② 자격승진: 종업원이 갖추고 있는 자격과 직무수행능력을 기준으로 승진시키는 것으로 이는 상위 직급의 공석과 별개로 일정 자격을 취득하면 승진시키는 제도이다. 자격승진은 승격이라고도 하며, 조직도상의 직책승진은 아니다.

③ 대용승진(surrogate promotion): 직무중심의 경영체제에서 그 경직성을 제거하고 융통성 있는 승진관리를 확립하는 데서 비롯되었다. 준승진(quasi-promotion)이라고도 한다. 특정 구성원에 대한 승진의 필요성은 있으나 부여할 적합한 실제 담당직책

이 없을 경우 인사적체와 사기저하 방지를 위해 직무내용상 실질적 변화 없이 직위 명칭 또는 자격호칭 등의 상승만이 이루어지는 형식적 승진이다. 군대에서 '가라 상병' 이라고 하는 것이 해당된다.

④ 조직 변화 승진제도(O.C.(organizational change) promotion): 경영조직을 변화시켜 승진기회를 마련하는 것으로 직무주의와 사람주의를 절충시키는 방식이다. 이 제도는 승진의 정체화에 의한 종업원의 사기저하 및 이직의 방지를 위하여 실시되는 승진제도로서 종업원의 동기부여 및 조직의 활성화에 기여할 수 있다는 이점이 있다.

⑤ 발탁승진: 종업원의 학력 근속연수 연령 등의 연공서열 요소를 고려하지 않고 일정기간의 직무수행능력 및 업적만의 평가를 거쳐 특별히 유능한 사람에게 승진기회를 부여하는 방식이다. 이 제도의 도입을 위해서는 우선 발탁승진의 결정기준에 대한 공정한 평가와 신뢰성의 확보가 선행되어야 한다. 최근 우리나라의 대기업을 중심으로 종래의 연공서열주의 승진의 탈피와 능력주의 혹은 성과주의의 승진제도의 확립, 우수인력의 조기발굴, 적재적소의 배치 실현, 종업원들의 동기부여, 우수인력의 유출방지, 조직 활성화 등의 실현을 주요 목적으로 하는 이 제도의 도입이 점차 증가하고 있는 추세를 보이고 있다.

⑥ 전문직 승진: 기업 내 전문직 육성 및 관리를 목적으로 실시하는 승진제도로 기업 내 조직구조상 라인계통의 관리직에 대해 실시하는 일반적인 역직승진제도와 구분하여 참모 부분의 전문직 사원관리자에 대하여 상위직급에의 승진을 실시하는 제도이다. 전문승진제도는 전문직 육성개발형, 전문직 처우 개선형, 관리직 대체형 등의 다양한 유형으로 구분할 수 있다. 전문직 승진제도의 효율적인 보급을 위해서는 무엇보다 명확한 직무설계 및 적절한 평가제도와 처우개선이 확립되어야 한다. 이 제도의 보급은 전문직의 처우개선은 물론 전문직의 육성개발, 관리직 부족현상에의 대응, 관리직과 전문직의 승진기회의 균형유지, 전문직의 동기부여, 조직활성화에 기여할 수 있다.

승진프로세스와 승진대상자 풀(Pool)

일반적인 승진 프로세스는 [그림 18-2]와 같다.

|그림 18-2| 승진 Process

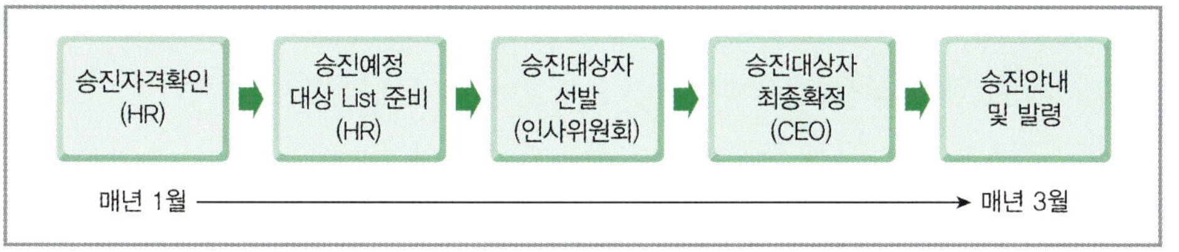

승진대상자 풀(Pool): 승진자 풀은 공기업이나 전통적인 대기업에서 일반적으로 승진 심사의 기본 요건을 갖춘 사람들의 집합을 의미한다. 승진은 준비된 직원을 조직의 필요에 의해 상위 직위(직급 또는 직책)으로 상향 이동시키는 활동이다. 이때 모든 직원이 대상이 되는 것은 아니다. 조직이 미리 정해 놓은 규정 및 원칙을 충족시키는 임직원들이 대상이 되도록 한다.

승진제도와 직군제도

군대의 직군제도는 장교직군과 사병직군의 분리제이다. 과거 90년대 중반까지도 한국의 민간기업에서도 생산직은 관리사무직이 될 수 없었다. 이것을 직군분리제도라고 한다. 사병이 장군이 될 수는 없다. 사병이 최고로 오를 수 있는 계급은 상사이고 준위가 될 수 있다. 장군이 되고자 한다면 사관학교나 ROTC 등 장교로 임관하는 교육훈련 과정을 거쳐야 한다. 장군이 사병이 되는 경우는 있다. 이른바 불명예 강등이다. 12 · 12군사반란 당시 전두환의 신군부에 저항했던 정승화 육군참모총장, 장태완 수경사령관은 신군부에 의해 보충역 육군 이등병으로 강등된 뒤 강제예편됐다. 임진왜란 당시 이순신 장군이 두 차례 강등 당해 백의종군했다.

민간기업에서도 승진제도의 적용대상이 직군에 따라 달리 운영하는 곳이 종종 있다. 스타벅스에서 승진제도 적용 직군은 이른바 정규직 직원만 해당된다.

승진정책

(1) 승진결정의 활용 자료: 실적과 경력

승진후보자를 선발하는데 활용하는 자료는 대부분 실적과 경력이다. 실적은 업무실적, 근무평정성적, 시험성적, 교육훈련성적 등을 의미하며, 경력은 근무연한, 학력, 근무경력 등이다. 우리나라 민간기업들은 승진기준자료로 경력평정, 인사고과, 연수평정 자료를 활용하고 있다. 경력평정은 해당 직급에서의 근속연수를 기준으로 이루어지며 이러한 방식의 경력평정은 기본적으로 연공을 반영하는 것이 목적이다. 인사고과의 평가 요소는 능력, 태도, 실적이다.

연수평정은 승진후보자가 기업에서 실시하는 교육훈련 프로그램에 참가하여 획득한 학습 성과를 말한다.

(2) 승진결정의 기준: 연공주의 vs. 능력주의 vs. 성과주의

우리나라 민간기업 공기업들이나 행정기관은 연공주의와 능력주의를 혼합하여 운영하는 경우가 대부분이다. 즉, 연공주의를 반영하는 기준으로서 경력점수가 있으며 능력주의를 반영하는 기준으로서 인사고과점수, 연수점수가 있다. 하위직에서는 연공적 요소인 경력점수의 비중을 높이고 상위직으로 갈수록 능력을 반영하는 비중을 높인다.

연공주의 기준에 의하면 근무연수, 연령, 경력, 학력 등 전통적 기준에 입각하여 승진한다. 능력주의는 선발기준을 직무수행능력 등의 목적적 기준과 경영가치관의 수용태세, 능력 등 가치적 기준에 의하여 승진시키는 것이다.

[표 18-3] 승진관리의 기본 원칙(방침 또는 정책)

구분	연공주의	능력주의
승진기준	사람중심(신분중심)	직무중심(직무능력중심)
승진요소	근무연수, 경력, 학력, 연령	직무수행능력, 업적 또는 성과
승진제도	연공승진제도	직계승진제도
장 · 단점	• 집단중심의 연공질서의 형성 • 지표 적용 용이함 • 승진관리의 안정성 • 연공이라는 수치 기준 활용	• 개인중심의 경쟁질서의 형성 • 적용이 어려움 • 승진관리의 불안정성 • 능력평가의 객관성 확보 중요

승진의 결정원칙을 능력주의로 할 것인지, 연공주의로 할 것인지는 조직의 내부 사정과 외적 상황에 따라 달라진다. 외적 요인의 대표적인 것이 이해관계자집단과 사회문화적 관습이다. 대표적인 이해관계자인 노동조합은 선임권(seniority)에 높은 비중을 두어 승진관리를 할 것을 선호하지만, 경영자는 능력(ability)에 더 높은 비중을 두려고 한다. 또한, 집단의 사회문화적인 전통에 의해서도 다르게 나타난다.

연공주의와 능력주의는 각각 특징과 장 · 단점을 지니고 있다. 연공주의는 그 적용이 용이하고, 승진관리의 안정성을 기할 수 있다. 능력주의는 직무중심의 인사관리를 통해 과학적이고 합리적인 승진관리를 할 수 있다.

연공주의와 능력주의는 상호배타적인 면도 있지만 상호보완적인 측면도 아울러 가지고 있으므로 제반 상황을 고려하여 조직의 실정에 맞게 적절한 조화를 시도할 필요가 있다. 연공주의가 강하게 지배하고 있는 조직문화에서는 연공주의의 장점을 최대한 살리면서 능력주의를 접목해 갈 필요가 있다. 연공주의의 장점을 최대한 살려가면서 점진적으로 능력주의를 받아들이는 절충주의 방식을 취하는 경향이 있다.

승진관리제도의 운영원칙

① 적정성(adequacy): 적정성의 원칙은 조직구성원이 조직목표 달성에 일정한 공헌을 하였을 때 어느 정도의 승진보상을 받아야 하는 그 크기의 적정성을 의미한다. 승진보상에 대한 적정성은 조직 내 정당성 측면과 관련되는 것으로 1) 시간적 차원과, 2) 공간적 차원에서 접근할 수 있는바, 시간적 차원에서 과거와 현재의 승진보상의 크기와 정도를 비교하는 것이고, 공간적 차원에서는 동종업계나 유사 조직의 구성원들이 받고 있는 승진보상과 비교를 하는 것을 의미한다.

② 공정성(equity): 조직이 조직구성원에게 배분할 수 있는 승진보상의 몫을 받을 만한 가치와 자격이 있는 사람에게 올바로 나누어 주었느냐와 관련되는 원칙이다. 이 원칙은 상대성을 갖는 것이기 때문에 공정성이 확보되지 않을 경우에는 조직 내 구성원간의 갈등과 불화의 원인이 될 수 있다. 따라서 개별조직의 승진제도는 승진기회가 비록 충분하지 않을 경우에도 기회는 공정하게 제공되어야 하고 승진기준에 대한 평가의 신뢰도가 철저히 유지되어야 한다.

③ 합리성(rationality): 이 원칙은 조직구성원이 조직의 목표달성을 위해 공헌한 내용

을 정확히 파악하기 위한 측정기준과 관련된 원칙이다. 기업은 조직의 업무수행이나 목표달성을 위해 연공과 능력을 조화시키는 방향으로 합리적으로 설정하여야 한다. 또한 승진기준이 계층별 · 직종별로 세분화되어야 하고 계층별 세분화 상위 층으로 올라갈수록 능력의 비중을 높이고 하위직으로 갈수록 연공의 비중을 높이는 것이 바람직하며, 직종별 세분화 관리직에 요구되는 조직목표 달성을 위한 자질과 능력은 생산직에 요구되는 자질과 능력과 다를 것이므로 차별적 승진기준에 반영되어야 한다.

승진의 효과평가: 승진관리시스템의 성과평가

누군가를 승진 시키면 승진을 제대로 시켰는가를 평가할 필요가 있다. 승진관리는 승진대상자 후보군을 만들고 엄정한 기준에 의해 승진자를 선별해야만 한다. 승진관리시스템이 제대로 작동하고 있는지를 진단 · 평가하는 인사시스템 평가제도가 별도로 마련되어 운영되어야 한다. 이러한 평가를 할 수 있는 기법이 HR Scorecard 제도이다.

승진된 임직원이 새로운 보다 수준 높은 직무를 제대로 수행하고 있는가가 중요한 측면일 것이다. 승진관리가 제대로 운영되고 있는가의 질문에 대한 답은 조직 전체적으로 리더십 역량이 강화되고 향상되었는가 일 것이다. 승진할 만한 사람이 승진되었는지, 부하 직원들에게 수용되고 승진된 사람의 리더십을 수용하고 따르려는 자발적인 의사가 커지는지 등이 평가 항목이 될 수 있다.

승진 관련 이슈

(1) 인사적체

인사적체란 특정 직위나 직무를 맡을 적정한 자격을 갖춘 인력의 수가 필요한 직위나 직무의 수보다 많아 모든 유자격 인력들을 해당 직위나 직무에 배치하지 못하거나 승진시키지 못하는 상태를 의미한다.

① 인사적체의 원인

인사적체의 원인으로는 경기불황이나, 조직구조의 수직적 위계서열화, 인력계획의 부재 등이 될 수 있다.

고성장시대에는 인력이 부족하였으나 저성장시대로 접어들면서 인사적체 문제가 발생하게 되는 경향이 있다. 기존의 고도성장에서 저성장시대로 접어들면서 승진정체가 발생하고 인건비 부담비중도이 증가하였다.

인력계획의 부재가 인사적체의 원인이 될 수 있다. 인력계획이 과학적인 직무분석이나 직무평가 없이 이루어지거나 인력계획이 전혀 실행되지 않은 채 인력관리를 하는 경우 인사적체 문제에 봉착하게 되는 경우가 많다.

일시적인 필요에 의해 인력을 충원할 경우나, 조직운영이 위계적으로 운영되는 경우나 암묵적인 고용보장 관행이 강한 경우에도 인사적체의 원인이 된다.

연공주의 인사관리 방식을 하는 경우 인사적체 문제에 맞닥뜨리는 경우가 많다. 이에 기업은 연공주의가 아닌 능력 또는 성과에 의한 임금체계와 승진관리를 도입하여 왔다.

② 인사적체의 영향

인사적체는 인사적체를 해소하기 위해 종업원을 해고하는 등의 고용불안이 야기되며, 고용불안이나 인사적체로 인하여 종업원의 사기가 저하될 수 있으며 사기저하나 근로의욕의 저하로 인하여 기업의 생산성이 저하되는 문제점을 안고 있다.

③ 인사적체의 개선 방안

인사적체 문제를 해결하기 위해서, 첫째 먼저 기업의 인재상에 맞는 장기적인 인력계획을 수립하여야 한다. 둘째, 조직 변화를 통하여 조직의 직위계층을 늘려 종업원에게 승진기회를 마련한다. 셋째, 직무 종류와 개인 특성에 따라 승진경로가 다양하게 이루어질 수 있도록 경력경로의 다양화와 직무재설계를 하는 방안도 효과적일 수 있다.

(2) 비합리적 기준에 의한 승진자 결정

승진자의 선발 방식으로 베버의 4가지 사회행동의 가치기준을 원용하여 설명할 수 있다. 승진자를 결정할 때 비합리적인 기준을 적용할 수도 있고 합리적인 기준을 적용할 수도 있다. 베버의 전통적 기준과 감정적 기준은 비합리적 기준이라 할 수 있고, 가치적 기준과 목적적 기준은 합리적 기준이라 할 수 있다.

비합리적 선발기준으로는 첫째, 전통적인 인습에 따라 선발하는 경우이다. 대상자의 근무연수, 학력, 가족관계, 출생지 등 연공을 선발의 기준으로 삼는 경우와, 둘째 선발자의 감정적인 느낌을 선발의 기준으로 삼는 경우이다. 대상자가 호감적이냐 혹은 반감적이냐가 선발기준으로 활용하는 경우이다.

합리적 선발기준으로는 첫째, 대상자의 가치적 행동을 선발기준으로 삼는 경우이다. 대상자의 경영조직체에 대한 가치관을 비롯하여 세계관, 사회관을 선발의 기준으로 삼는 경우로 특히 당해 경영조직체의 경영이념에 대한 일치성 여부를 많이 고려하는 것과, 둘째 대상자의 목적적 행동을 선발기준으로 삼는 경우이다. 대상자의 직무상의 성과에 따른 직무수행능력을 기준으로 삼는 경우이다.

(3) 유리천장과 더블 유리천장

유리천장(glass ceiling)이란 소수민족이나 여성과 같은 사회 내 비주류 세력이 조직에서 고위직으로 승진하지 못하는 현상 전반을 일컫는 용어이다. 유리천장은 1986년 Wall Street Journal에서 처음 사용한 개념으로 여성과 소수계층이 고위직으로 진급하는 것을 방해하는 보이지 않는 벽 또는 투명한 장벽이라는 의미를 지니고 있다(Still, 1992).

더블 유리천장(double-Glass ceiling)이란 많은 어려움을 극복하고 중간관리자로 승진에 성공한 소수민족이나 여성 등 비주류 출신 인력의 바로 위에는 예외 없이 주류 출신 인력의 상급자가 있어 더 이상의 승진을 할 수 없는 현실의 현상을 지칭한다(Powell & Betterfield, 1994).

유리천장이 발생하는 원인은 개인의 능력을 보지 않고 대상자의 출신성분이나 배경만을 더 고려하는 사회적 관습과 조직분위기와 편견 때문이다.

그림 18-3 유리천장 철폐 운동

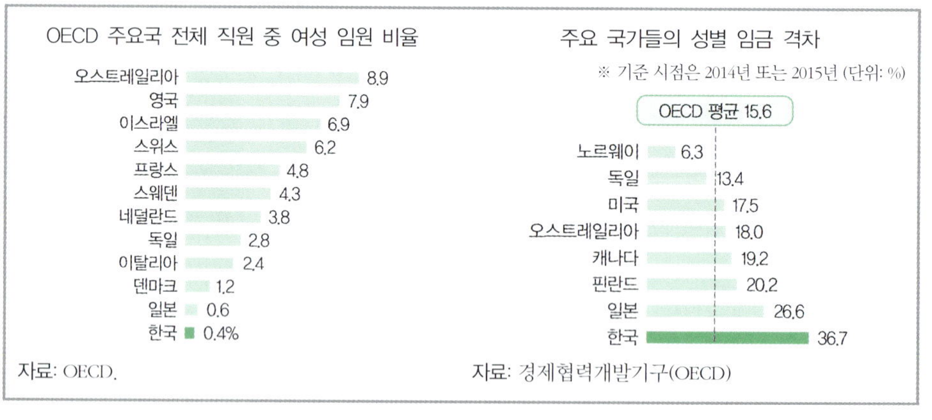

02 리더십개발

승진관리는 중간관리자 및 차세대 임원의 리더십개발 문제와 연결되게 된다. 중간관리자의 리더십개발은 업무역량개발과 대인 스킬 개발이다.

조직 내 계층별 요구되는 직무능력

경영자 및 중간관리자는 실제로 계획 · 조직 · 지휘 · 조정 · 통제 · 충원과 같은 관리의 기본 기능을 효과적으로 수행함으로써 양자의 목표를 접근시킬 수 있는 능력을 가져야 한다. 경영관리 기능을 수행하기 위해서 크게 3가지 능력(skill)을 갖출 필요가 있다. 3가지 능력을 갖춘 경영관리자는 전사적 목표달성을 위한 효과적인 경영관리업무를 수행할 수 있다.

① 기술적 자질(technical skill): 특정한 과업을 달성하는 데 있어서 경험 · 교육 · 훈련을 통해 얻은 지식 · 방법 · 기술 · 장비 등을 이용할 줄 아는 능력이다.

② 인간적 자질(human skill): 종업원들에게 동기를 부여할 줄 알고, 효과적인 리더십을 발휘할 줄 알며, 사람들에게 일을 시키거나 혹은 사람들과 함께 일하는 데 있어서 요구되는 능력과 판단력을 의미한다.

③ 개념적 자질(conceptual skill): 환경 및 전체 조직의 복잡성을 명료하게 파악하여 대처할 수 있고 조직구성원들의 활동이 어떻게 조직목표에 연결되는가를 이해할 수 있는 능력과 판단력을 말한다.

경영계층 면에서 볼 때, 일선경영자(감독자)의 위치로부터 최고경영층으로 올라감에 따라 변하게 된다.

낮은 계층에서는 기술적 자질이 상대적으로 많이 필요하며 높은 계층으로 올라감에 따라 점점 더 많은 개념적 능력이 중요해진다. 하위계층에 있는 감독자들은 자기 부서의 종업원들을 훈련 · 개발시키고 일선에서 직접 일을 하여야 하기 때문에 기술적 능력이 상대적으로 중요하다. 최고경영자는 일일이 과업들이 수행되는 방법이나 과정보다는 개념적 자질을 갖추어 조직의 모든 기능들이 전체 조직목표를 달성하는 데 어떻게 서로 관련되어 나가는가를 알고 있어야 한다.

그림 18-4 경영계층과 필요한 능력(skill)

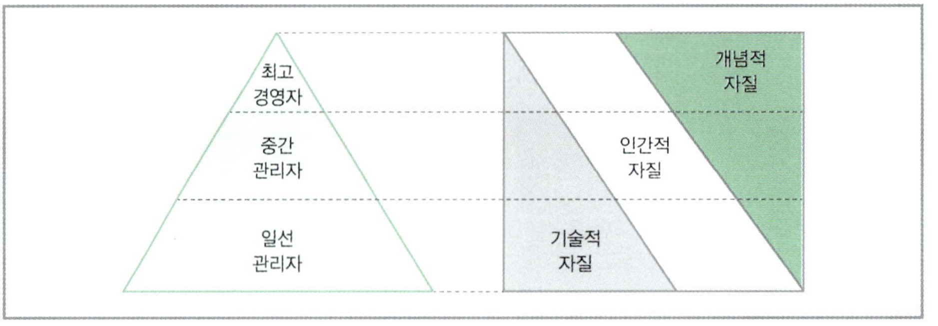

경영계층이 달라짐에 따라 갖추어야 할 기술적인 자질과 개념적인 자질의 양은 다르지만 모든 계층에 필수적인 공통분모는 대인관계 스킬이다. 인간관계능력은 사람들과 협조하여 일을 해 나갈 수 있는 능력이 다른 사람들과 함께 일하거나 다른 사람들을 이끌면서 일을 하는 것이 포함되므로 경영자들은 조직구성원들이 왜 현재의 방식대로 행동하는가를 이해하며 장래의 행동을 예측하고, 그들의 행위를 바람직하게 변화시키고 관리할 수 있는 효과적인 방안들을 찾는 능력이다.

리더가 갖추어야 할 자질(특질)

리더십 특성이론은 리더인 사람들은 리더가 아닌 사람들과 뭔가 다르다거나 리더가 될 수 있도록 하는 어떤 자질이나 특성을 선천적으로 갖고 태어난다고 믿는 "될 성 부른 나무는 떡잎부터 알아본다"는 속담과 유사한 관점이다. 반대의 관점은 리더십 역량은 누구나 교육훈련과 학습을 통해 갖출 수 있으며 발전할 수 있다고 믿는 관점이다.

효과적인 리더는 남들과 다른 개인적인 특성을 갖고 있다는 생각에서 그러한 특성을 추출하려는 노력이 매우 오래전부터 이루어져 왔다. 초기 리더십이론인 특성추구이론 또는 특성이론(traits theory)은 선천적이든 후천적이든 효과적인 리더들이 갖고 있는 공통적인 특성, 특질, 또는 자질을 규명하려는 이론으로서 리더가 어떤 고유한 특성을 가지면 상황이나 환경이 바뀌더라도 항상 리더가 될 수 있다는 점을 기본적으로 가정한다.

특성추구이론가들은 예를 들어 육체적 · 정신적 에너지, 목적의식과 지식능력, 정열,

친근감, 탁월한 품성, 기술적 우월성, 과단성, 높은 지능, 신념 등(Tead, 1935)과 같은 다양한 특성을 리더들이 공통적으로 구비하고 있다고 제시하였다. 하지만 수많은 특성이 난무하여 무엇이 진정한 리더의 특성인지를 파악하기 어렵게 되었다. 이에 스톡딜(R. M. Stogdill)은 특성추구이론에 대한 비판적 연구로 진정한 리더의 특성을 정리하였는데, 그는 지능, 지배성, 자신감, 열정적 활동의 수준, 업무 관련 지식 등의 다섯 가지를 제시하였다(Kreitner & Kinicki, 1995: 429).

특성추구이론이 진전되는 과정에서 리더의 특성들이 리더십의 유효성과 밀접한 관계를 갖지 못한다는 연구결과들이 제시되기 시작하였다. 리더가 갖추어야 할 특성이 제한 없이 제시될 수 있다는 점이다. 연구가 많아질수록 리더의 특성 요인 숫자의 범위가 넓어지고 각 특성 간의 연관관계도 거의 없는 일반적인 것도 많다. 그리고 특성의 예측 부족현상이다. 리더의 특성과 리더십의 효과성에 관한 관계에 대한 연구결과가 일관성이 없으며, 많은 경우에는 상반되는 결과를 나타내기도 한다. 리더가 갖추어야 할 특성은 그야말로 많이 제시되고 있어 리더십의 여러 다른 이론들이나 관점들과 중복되는 부분을 쉽게 찾아볼 수 있다.

그러나 최근들어와 리더의 특성으로서 카리스마적 리더십이 재조명 받고 있다. '카리스마'(charisma)라는 말은 그리스어로 "신이 주신 선물"이란 뜻으로서 고대 그리스에서 처음 사용되었다고 한다. 카리스마 리더십이란 개인이 소유하고 있는 영적인, 심적인, 초자연적인 특질이 있을 때 조직구성원들이 이를 신봉함으로써 생기는 리더십을 말한다.

막스 베버(Max Weber)도 그의 저서 *Economy and Society* 에서 카리스마에 대해서 언급하고 있다. 그는 카리스마를 권력의 정당화 측면에서 정의하고 있는데, 특정인이 갖는 권력(power)이 정당하다고 다른 사람들에 의해 인정되면 그의 권력은 권한(authority)이 된다고 하였다. 베버는 이러한 권력을 세 가지 유형으로 구분하였는데 법적(또는 합리적) 권한, 전통적 권한, 그리고 카리스마적 권한이 그것이다. 그중 여기에서의 주제인 카리스마적 권한은 사람 외적인 요소에 기초하는 다른 두 권한과 달리, 다른 사람들이 특정인의 특출한 속성을 믿고 따르기 때문에 발생하는 권한이라고 보았다. 어떤 사람이 초인적, 초자연적, 상식을 뛰어넘는 특성을 갖고 있다고 믿어지면 그가 내리는 명령을 따르고 그가 세우는 규칙을 지키려 하며 그를 본받으려 하고 받들게 된다. 베버는 이런 비범한 속성을 가진 사람이 리더로서 인정받는다고 주장했다(백기복, 2000).

최근에 카리스마를 새롭게 보려는 네오카리스마적 리더십(neocharismatic leadership)이란 어떤 개인의 특수한 능력, 다시 말하면 추종자에게 극대의 몰입을 끌어낼 만한 능력을 가진 리더로서의 개념을 의미한다. 과거의 특성이론 혹은 카리스마에 대해서 언급된 이론과 다르게 새로이 조명받고 있는 네오카리스마적 리더십은 다음과 같이 네 가지 특성이 있다(Robbins, 2005). ① 네오카리스마적 리더는 비전을 가지고 있으며, ② 그 비전을 실현하기 위해 위험을 감수하려는 용기가 있으며, ③ 환경적인 제약이나 부하들의 니즈(needs)에 민감하며, ④ 남이 생각하지 않는 기발하고 새로운 행동을 실행에 옮긴다. 이러한 특성들이 바로 전통적인 카리스마적 리더들과 다른 점이다.

카리스마적 리더들은 전문가적인 능력뿐만 아니라, 탁월한 말솜씨와 인식능력을 지니고 있으며, 부하들의 태도, 행동, 그리고 감정적인 변화까지 불러일으킨다.

리더의 과업지향행동과 관계지향행동 스타일

조직상황에서 리더의 역할을 수행하는 경영관리자는 조직의 업무수행 과정에서 두 가지 핵심적인 행동 방식을 실행함으로써 리더의 역할을 수행한다. 하나는 과업지향적인 행동이고 또 하나는 인간관계지향적인 행동이다. 이와 관련된 리더십 모형으로는 블레이크(R.R. Blake)와 모우튼(J.S. Mouton)의 '매니지리얼 그리드'(Blake & Mouton, 1968) 모형이 대표적이다.

'매니지리얼 그리드(managerial grid)'는 리더가 리더십을 발휘할 수 있는 행동스타일의 조합의 개념이다. 횡축을 생산에 대한 관심(과업)의 정도를 파악할 수 있도록 9등급으로 나누고, 종축을 인간에 대한 관심(관계)의 정도를 파악할 수 있도록 역시 9등급으로 나누고 있다. 따라서 이론적으로는 81가지 리더의 경영스타일이 나타날 수 있다. 이 중 기본적인 형태로서 (1, 1)형, (9, 1)형, (1, 9)형, (5, 5)형, (9, 9)형을 들 수 있다.

① (1, 1)형: 이는 무관심(impoverished)형으로서, 과업달성 및 인간관계 유지에 모두 관심을 보이지 않는 유형이다.

② (9, 1)형: 이는 과업(task)형으로서, 인간관계 유지에는 낮은 관심을 보이지만 생산에 대해서는 지대한 관심을 보이는 유형이다.

③ (1, 9)형: 이는 컨트리클럽(country club)형으로서, 생산에 대한 관심은 낮으나 인간관계에 대해서는 지대한 관심을 보이는 유형이다.

④ (5, 5)형: 이는 중간(middle of the road)형으로서, 생산과 관계의 유지에 모두 적당

한 정도의 관심을 보이는 유형이다.

⑤ (9, 9)형: 이는 이상형 또는 팀(team)형으로서, 생산과 관계의 유지에 모두 지대한 관심을 보이는 유형으로 종업원의 자아실현욕구를 만족시켜 주는 신뢰와 지원의 분위기를 이루는 동시에 과업달성 역시 강조하는 유형이다. 즉 이상형 스타일은 보다 협동적인 작업관계를 가질 수 있게끔 종업원의 행위를 변화시키고 생산성을 증가시킬 수 있다.

┃그림 18-5┃ 매니지리얼 그리드

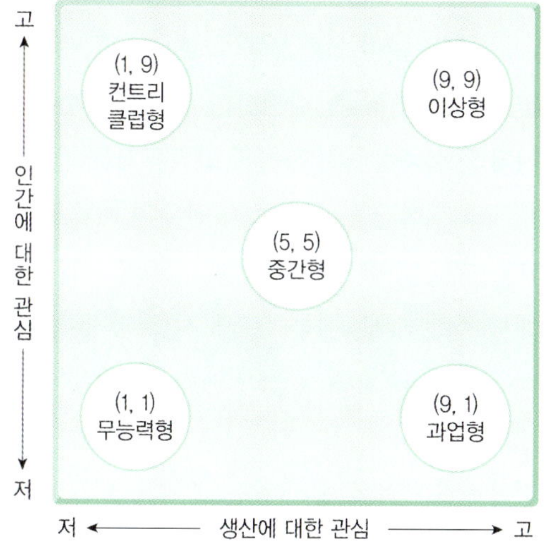

자료: Blake & Mouton, 1968, 수정.

조직에서 리더가 효과적인 리더십을 발휘하도록 하기 위해서는 생산에 대한 관심(과업)의 정도와 인간에 대한 관심(관계)의 정도가 모두 높아지도록 리더의 행위를 개발해야 한다는 시사점을 얻을 수 있다. 리더십이 (3, 8)로 나타났다면, 이 집단의 리더는 생산에 대한 관심이 부족한 것이다. 생산에 대한 관심을 늘려줄 수 있는 여러 가지 훈련기법들을 동원하여 이상적인 (9, 9)형에 접근할 수 있도록 승진자 교육을 할 필요가 있다.

승진자들이 효과적인 리더십을 갖출 수 있도록 하기 위해 리더십 교육훈련 프로그램을 실시할 필요가 있다. 매니지리얼 그리드 이론에 기초를 둔 그리드 조직개발 (Grid Organizational Development)기법은 유용한 리더십 교육훈련 프로그램이다.

매니지리얼 그리드 훈련은 6단계의 과정을 거쳐서 진행된다(Cummings & Huse, 1994, 206; Harvey & Brown, 1996 참조).

1단계는 그리드 세미나단계이다. 이 단계에서는 그리드 조직개발기법에 참여한 참가자가 자신들의 매니지리얼 스타일을 분석하고 문제해결을 위한 집단적 방법(team method)을 학습한다. 이 프로그램은 보통 일주일 정도의 세미나로 이루어지는데, 이 세미나에서는 설문지와 사례연구를 통해 자신들의 리더십 스타일을 진단할 뿐만 아니라 다른 구성원들로부터도 자신의 리더십 스타일이 어떤지를 피드백 받는다.

2단계는 집단적 방법을 활용하도록 팀워크를 개발하는 단계이다. 이 단계에서는 경영자들이 적어도 다른 두 집단 속에서 자신의 직속상사 및 부하들과 리더십 스타일 개발을 위한 팀 빌딩을 한다. 팀 빌딩을 하기 위해서는 그리드 세미나에서와 마찬가지로 일상적인 업무현장을 떠나 참여자들이 어떤 방해도 받지 않도록 해야 한다.

3단계는 집단 간 개발단계이다. 이 단계에서는 리더가 부서(집단)를 이끌어갈 때 조직 내 다른 다양한 부서와 상호유기적인 조정과 협력관계를 구축함으로써 부서의 목표를 달성하는 데 도움이 되도록 하고 동시에 조직 전체의 목표 달성에 기여할 수 있도록 하는 스타일을 개발한다.

4단계는 이상적인 전략모델을 개발하는 단계로서 경영자가 최고경영자로부터 제시된 우량조직모델(model of organizational excellence)을 달성하기 위한 행위를 개발하는 단계이다.

5단계는 이상적인 전략적 모델을 실행하는 단계이다. 위의 4단계 과정이 성공적으로 수행되었다고 하더라도 실행 과정에서 많은 장애물이 있을 수 있기 때문에 이들을 효과적으로 극복하여야 한다.

6단계는 체계적인 비판을 하는 단계이다. 그리드 조직개발기법에 참여한 경영자들이 이상적인 우량조직을 달성하는 방향으로 리더십 스타일을 개발하여 실제 실행하고 있는가에 대해 평가를 하고, 향후 그리드 조직개발을 수행하는 데 있어 무엇에 초점을 둘 것인가를 결정한다.

그리드 개발기법을 통해 승진자들은 과업지향적이면서 동시에 관계지향적인 리더십 스타일을 개발할 수 있게 된다. 시간관리, 성과평가, 문제해결 프로그램, 의사결정능력 향상 프로그램 등과 같은 업무수행 기술의 개발을 위한 훈련과 리더의 대인관계훈련이 포함되도록 하면 효과적이다.

효과적인 업무수행을 위한 리더십 스타일을 개발하기 위해서 리더가 자기 자신과 집단에게 구체적인 목표를 설정하고 초과달성의 의지를 보이며, 부하들이 성과목표를 설정하는 데 있어서도 관여하도록 한다. 또한 비용, 시간, 자원을 절약할 수 있는 부분을 찾고 구성원들에게도 질, 생산성, 비용이 개선될 수 있는 영역을 찾도록 한 다음, 효과적인 대인관계를 위한 리더십 스타일을 개발하기 위해 구성원들의 시각이나 입장에서 사안을 파악하면서 구성원들에게 반응하도록 한다. 구성원들의 반응을 관찰하고 해석한 후 말없이 몸소 실천하며 구성원의 개인적 관심사나 생활향상에 관심을 표명하고, 팀원들 각자의 역할에 대해서 팀원들 간에 합의를 이끌어 내야 한다(Jackson, 1993, 119; Daniel, 1993 참조).

임원 및 최고경영자의 리더십으로서 변혁적 리더십과 감동의 리더십

(1) 거래적 리더와 변혁적 리더

어떻게 하면 부하들의 변화를 촉진하는 리더십을 발휘할 수 있겠는가? 구성원들의 팀과 조직에 대한 강한 일체감과 적극적인 참여를 유발할 수 있는 변혁적 리더십(transformational leadership)이 대표적이다. 변혁적 리더십이론은 이전의 리더십에 관한 이론을 거래적 리더십이론으로 본다. 거래적 리더십(transactional leadership)이란 리더가 부하들의 역할과 과업요건을 명확하게 함으로써 기존에 잘 정립되어 있는 목표달성을 위해서 부하들이 노력하도록 모티베이션시키는 리더십으로 기존에 출현한 대부분의 리더십이론들이 여기에 해당된다. 반면 변혁적 리더십이란 리더가 부하들로 하여금 자기 자신의 이익을 초월하고 더 나아가 조직의 이익에 대해 관심을 가지고 공헌하

[표 18-4]

거래적 리더	변혁적 리더
• 적당한 보상: 노력에 대한 보상을 약속하고 성과에 따라 보상을 해 준다. • 행동표준화: 부하들이 규칙과 관습을 따르는 것을 좋아한다. • 목표지향성: 단기전망을 가지고 있으며 목표가 현상에 어긋나지 않는다. • 문제해결: 부하들이 문제를 해결해 주거나 해답이 있는 곳을 알려준다.	• 카리스마: 비전과 미션을 제시하고 자긍심을 키워주고 존중과 신뢰를 보낸다. • 격려: 높은 목표치를 제시하며 알기 쉬운 방법으로 중요한 목표를 설명한다. • 지적 자극: 사고력과 합리성을 고취시키고 합리적으로 문제해결을 유도한다. • 개인적 고려: 부하들을 항상 관심 있게 지켜보며 개인적으로 코치하고 조언한다.

자료: White & Bednar, 1992; Robbins 외, 2009 참조.

도록 고무시켜 주고, 부하 자신의 성장과 발전을 위해서도 노력하도록 중대한 영향을 미치는 리더십을 말한다(Steers, 1991: 392; Robbins 외, 2009). 변혁적 리더십은 리더의 행동특성이 부하들의 자각에 의한 변화를 촉진하고 그 결과 부하들의 모티베이션 수준을 높여 성과가 향상되도록 하는 과정으로 이해할 수 있다.

변혁적 리더십을 발휘하는 리더는 조직 전체가 나아가야 할 바람직한 방향으로서 이상주의를 표방하며, 구성원들에게 목표를 성취할 수 있는 능력을 키워주고 신뢰를 구축함으로써 구성원들 개개인에게 '에너지를 불어넣는' 즉 부하들을 임파워먼트(empowerment)하는 리더이다. 변혁적 리더는 매우 높은 자신감과 현상태를 뛰어넘는 이상적인 비전을 체계적으로 제시하는 능력을 지니고 있고, 비전을 추구하기 위해 개인적인 위험을 기꺼이 감수하려고 하며, 늘상 해 오던 방식을 계속 반복하지 않고 새로운 방법을 도입함으로써 변화담당자로서의 역할을 하여 구성원들로 하여금 기대 이상의 성과를 내

실제 사례

히딩크의 리더십

2002년 한일 월드컵에서 히딩크 감독이 보여준 리더십을 히딩크 리더십이라고 불렀다. 히딩크 리더십의 내용은 다음과 같다.

- 가장 약점이었던 한국 대표 팀의 체력을 오히려 강점으로 만든 변혁적 리더
- 오 대 영(5:0)이란 비아냥거림을 감수하면서 단기적 성과보다 체력훈련이라는 장기 프로그램에 충실한 신념의 리더
- 페널티킥에 실수한 안정환, 이을용을 교체하지 않고 그들로부터 공헌을 얻어낸 실패를 탓하지 않는 리더
- 상호경쟁을 통해서 스스로 발전하며 self leader가 되도록 한 슈퍼리더십(super leadership)
- 승리 후 선수들이 감독에게 뛰어가서 끼어 안을 정도로 마음을 산 인간적 감동의 리더
- 우리 편에게 실수한 주심에게 가서 물병을 건네주며 긴장감을 웃음으로 바꾸어 주는 유머러스한 리더
- 상대국의 전술과 전법을 예리하게 분석하여 대응작전에 성공한 분석적 리더
- 선수들끼리의 복종과 서열을 금지시키고 상호대화와 무한경쟁을 창조한 수평적 리더
- 학연, 인연, 연공, 유명, 인기보다 실력 위주로 선수를 기용한 능력주의 리더
- 우리도 하면 된다는 신념을 선수들에게 항상 북돋아 준 비전적 리더

도록 한다. 로빈스의 견해에 따르면 변혁적 리더십은 세 가지 공통적인 테마를 가지고 있다. 첫째, 상징적이고 감성적으로 어필하는 리더의 행동을 강조한다. 둘째, 어떻게 리더들이 종업원의 몰입을 최대한 끌어낼 수 있는지 설명하려고 한다. 셋째, 이론적으로 복잡한 내용은 덜 중요시하면서 리더십이라는 주제를 좀 더 일반적인 관점(비전문가적)에서 바라본다(Robbins, 2005).

(2) 감동의 리더십과 서번트 리더십

변혁적 리더십과 함께 최근 자주 등장하고 있는 리더십과 관련된 또 다른 흐름으로 감성적 리더십과 서번트 리더십을 들 수 있다. 이 두 가지의 유사한 리더십 스타일은 변혁적 리더십의 '강한' 측면을 보완해 주는 역할을 하기도 한다.

① 감동의 리더십: 네프(T. J. Neff)와 시트린(J. M. Citrin)은 *Lesson from the Top* 이란 그들의 저서를 통해 50명의 성공한 리더가 갖춘 15가지 공통자질 중 감동의 리더십(emotional leadership)을 제시했다. 성공적인 리더가 갖춘 자질들 중 지적 혹은 기술적 능력과 관련된 부분은 단지 세 가지뿐이고 대부분이 소프트한 차원에서 감동지능(EI: Emotional Intelligence)을 기반으로 한 태도나 의지라는 주장이다. 지적 능력 혹은 기술적 능력은 훌륭한 리더가 되기 위한 필요조건이기는 하지만 충분조건은 아닐 수 있다. 흔히 말하는 엘리트 코스를 밟고 탄탄한 지식으로 무장한 스마트한 사람들이 꼭 1등 리더가 되지는 않는다. 사람들의 감정과 정서에 호소할 수 있는 리더십이 사람들의 자발적인 추종의 마음을 얻는 경우가 있다.

② 서번트 리더십: 서번트 리더십(servant leadership)을 처음 언급한 그린리프(R. K. Greenleaf)는 헤세(H. Hesse)가 쓴 「동방순례」라는 책에 나오는 서번트인 레오(Leo)의 이야기를 통해 서번트 리더십의 개념을 설명하고 있다. 레오는 순례자들의 허드렛일이나 식사준비를 돕고, 때때로 지친 순례자들을 위해 밤에는 악기를 연주하는 사람이었다. 레오는 순례자들 사이를 돌아다니면서 필요한 것들이 무엇인지 살피고, 순례자들이 정신적으로나 육체적으로 지치지 않도록 배려했다. 그러던 어느 날 갑자기 레오가 사라져버렸다. 그러자 사람들은 당황하기 시작했고, 피곤에 지친 순례자들 사이에 싸움이 잦아졌다. 그가 사라지자 일행들은 혼돈에 빠지고 흩어져서 결국 여행은 중단되었다. 그들은 충직한 심부름꾼이었던 레오 없이는 아무것도 할 수 없다는 사실을 깨달은 것이다. 그 일행 중 한 사람은 몇 년을 찾아 헤맨 끝에 레오를 만나서 여행을 후원한 교단으

로 함께 가게 되었다. 거기서 그는 그저 심부름꾼으로만 알았던 레오가 그 교단의 책임자인 동시에 정신적 지도자이며 훌륭한 리더라는 것을 알게 되었다. 레오는 서번트 리더의 전형이라고 볼 수 있다(차동옥, 2004; 황인경, 2002; 매일경제, 2004. 3. 25. 참조).

서번트 리더십은 레오와 같이 다른 구성원들이 공동의 목표를 이루어 나가는 데 있어 정신적 · 육체적으로 지치지 않도록 환경을 조성해 주고 도와주는 리더십이다.

(3) 글로벌 리더십

글로벌 리더십(global leadership or cross-cultural leadership)은 "글로벌 차원에서 사업의 전략적 방향을 설정하고 구성원들을 조정 · 배치할 수 있는 통합역량"이라고 할 수 있다.

미국의 가전업체인 월풀(Whirl-Pool)의 사장 윗트램(Whitlam)은 1990년대 초 네덜란드에 기반을 둔 필립스(Philips)의 가전 부문을 인수하고 난 후 많은 고민을 하였다고 한다. 그 가운데 가장 큰 고민은 미국 시장 중심의 월풀을 향후 전 세계 시장을 대상으로 사업을 영위하는 다국적기업으로 변신시킬 수 있느냐 하는 것이었다. 왜냐하면 국내사업을 경영하는 데는 자신이 있었지만, 본인을 비롯한 경영자들이 글로벌 사업을 이끌 만한 스킬과 역량을 갖추고 있는지는 의문이었기 때문이다(허진, LG 주간경제, 2002).

블랙(J. S. Black)과 모리슨(A. J. Morrison) 등은 글로벌 경영자가 갖추어야 할 자질요건에 대해서 다음 네 가지를 제시하고 있다(장국현 역, 2002 인용).

① 탐험가와 같은 호기심: 호기심은 전 세계 곳곳을 돌아다닌 마젤란(F. Magellan)과 같은 탐험가들의 핵심적인 기질이나 특성이다. 글로벌 시장은 매우 다양하고 불확실하기 때문에 시장을 제대로 알고 개척해 나가기 위해서는 현지의 문화나 관습, 소비자 특성 등에 대한 이해가 필요하다. 현지에 대한 깊이 있는 이해를 위해서는 정열적으로 탐색 활동을 전개해야 하는데, 그 탐험 활동은 어떤 미지의 새로운 것에 대한 궁금증, 호기심에서 출발한다는 것이다.

② 다원성 수용능력: 글로벌 사업을 추진하는 경영자는 다양한 지역 · 국가에서 활동해야 하기 때문에, 매우 불확실하고 복잡하게 얽혀 있는 상황에 직면한다. 이러한 상황에 적절히 대처하기 위해서는 철저한 사전조사를 통해 지역시장을 깊이 있게 이해해야 하고, 시장의 전체흐름을 읽고 시의적절한 의사결정을 내릴 수 있는 전략적 판단력을 갖추어야 한다. 이렇게 복잡 다양한 글로벌 시장에서 경영자가 자주 직면하는 대표적인

이슈는 '범세계적인 통합'(표준화)과 '지역별 차별화'의 문제이다. 통합과 차별화는 서로 상충되는 요인인데, 글로벌 경영자는 자사의 사업특성이나 지역시장의 상황에 따라 이 두 가지를 조화롭게 추구할 수 있어야 한다.

③ 믿음을 줄 수 있는 인성: 글로벌 경영에 있어서 장기적 성공을 위한 초석은 현지 국민이나 정부의 신뢰를 얻는 데에 있다. 신뢰는 글로벌 기업이 현지에서 어려움에 봉착했을 때 현지인의 도움과 협조를 이끌어 내는 역할을 한다. 이러한 신뢰를 얻기 위한 기초는 다른 무엇보다도 현지인들을 이해하고 존중하는 것이다. 이를 위해서는 경영자가 자국중심의 편협한 사고에서 벗어나 상대방의 이야기를 경청할 수 있는 자세, 교만하지 않는 겸손함, 상대를 존중하는 언행, 현지인들에 대해 진실한 관심과 배려 등 인간관계 측면의 품성과 태도를 갖추어야 한다. 또한 단기적인 이윤추구에 급급하지 않고 현지의 제반 법규 준수, 환경보호, 현지 종업원들에 대한 공정한 대우 등 사회적 책임을 다해야 한다.

④ 사업과 조직에 대한 통찰력: 통찰력에는 두 가지가 있다. 하나는 세계적 관점에서 사업기회를 간파하는 사업적 통찰력이다. 예컨대, 신시장, 틈새시장(niche market)과 같은 잠재시장을 발굴하거나 인건비, 지리적 이점 등 지역별 비교우위를 활용한 이윤창출기회 등을 포착해 내는 능력을 뜻한다. 다른 하나는 간파한 사업기회를 실제로 활용하기 위해 조직의 자원(물적, 인적, 업무 노하우 등)을 동원해 내는 조직적 통찰력이다. 사업기회의 포착도 중요하지만, 이를 실제 조직 성과로 연결시키기 위해서는 세계에 널리 퍼져 있는 자사의 자원을 적절히 활용할 수 있어야 한다. 이러한 통찰력 확보를 위해서는 글로벌 시장의 동향이나 자사 주력사업의 변화추이를 지속적으로 모니터링하고, 현장에서의 정보획득 활동을 적극 전개해야 한다.

오늘날의 경영환경은 다국적기업에 의해 세계의 산업이 재편되고 경제구조마저 변화되는 글로벌 시대로 접어들었다. 따라서 글로벌 시대의 시장경쟁에서 승리하기 위해서는 글로벌 리더십을 확보하는 것이 다른 핵심역량을 확보하는 것만큼 중요한 것이다.

(4) 신뢰의 리더십

최고경영자뿐만 아니라 경영관리자는 임직원들로부터 신뢰를 받을 수 있는 신뢰의 리더십을 발휘해야만 한다. 종업원들이나 주변 사람들에게 믿음을 주는 사장은 사업이 실패하더라도 재기를 하고자 하면 돈을 모아 주는 등 후원을 해 주는 사례도 있다. 재기한 황산규 하이파가구 사장은 사업이 망했을 때, 종업원들이 모은 3천만 원과 친구 집을 담보로 5천만 원을 마련해 주신 형님의 도움, 그리고 협력회사 사장 한 분은 고향 땅을 저당 잡혀 1억 원을 주신 것으로 재기에 성공하였다(매일경제, 2003.3.2.)[1] 여행박사 신창연 대표도 회사가 망했을 때 종업원들이 모은 돈으로 재기를 하기도 하였다.

경영승계(Succession Plan): 경영 후계자 육성을 위한 리더십 파이프라인

기업이 지속적으로 오랜 기간에 걸쳐 경영 성과를 높이기 위해서는 훌륭한 후계자를 육성하는 것이 필수적이다. 현재 리더의 진정한 성공은 제2의 리더를 많이 양성하여 리더십 능력을 확대 재생산함으로써 완성된다. 그래야만 자신이 떠나더라도 조직이 구심점을 잃지 않고 계속해서 건전한 성장에너지를 가질 수 있기 때문이다.

과거 크라이슬러사를 위기에서 구했던 아이오코카 회장은 자신의 당대에서는 성공적으로 경영했을지 모르지만 리더의 재창출과 함께 지속적인 성공을 이끌어 내는 데 실패했다는 점에서 그 리더십의 한계를 지닌다. 어떤 CEO들은 자기 자리를 지키기 위해 안간힘을 쓰지만 어떤 CEO들은 오히려 떠나기 위해 준비한다. 흥미로운 점은 자기의 재임기간에 연연해하지 않는 후자의 사람들이 오히려 더 장수하는 아이러니한 상황이 종종 발생한다는 것이다(강석진 · 이태복 역, 2000).

투명한 후계자 육성을 통해 성공한 기업들의 사례는 적지 않다. 일본의 세계적 기업인 소니(Sony)는 장기적 안목으로 리더가 되기 10년 전부터 경력경로(career path) 관리를 통해 소니 스타일의 CEO학을 전수받게 한다. 소니 스타일로 육성된 엘리트 CEO인 이데이 노부유키는 소니의 핵심 사업부인 오디오 사업본부와 홈 비디오 사업본부의 본부장을 두루 거치면서 어느 누구보다 소니와 전자산업을 잘 이해하는 전문경영인으로 성장하였다. 소니는 이데이 노부유키에게 입사 이래 주요 업무와 시련의 경험을 부여하면서 차세대 리더가 되도록 성장환경을 부여하였다(정진철 · 장후석, 2003).

SONY Korea의 사카이 사장은 "소니가 한창 전성기일 때 나도 젊었고 그때는 필립스며 노키아 등 유수의 가전사들이 뒤로 밀리는 걸 보았다. 하지만 성공은 잠시뿐이고 금세 부채가 되었던 것 같다. 특히 회사에 강한 지도자가 사라져 버린 후에 승계 작업이 가장 중요하다고 본다. 치열한 경쟁이 펼쳐지는 글로벌 전자산업계에서는 한순간 방심하

---

1) http://news.mk.co.kr/newsRead.php?sc=30000001&year=2003&no=84683

면 나락으로 떨어진다"라고 한다(매일경제, 2014.05.25.)[2)]

|그림 18-6| 차세대 경영자 육성 파이프 라인

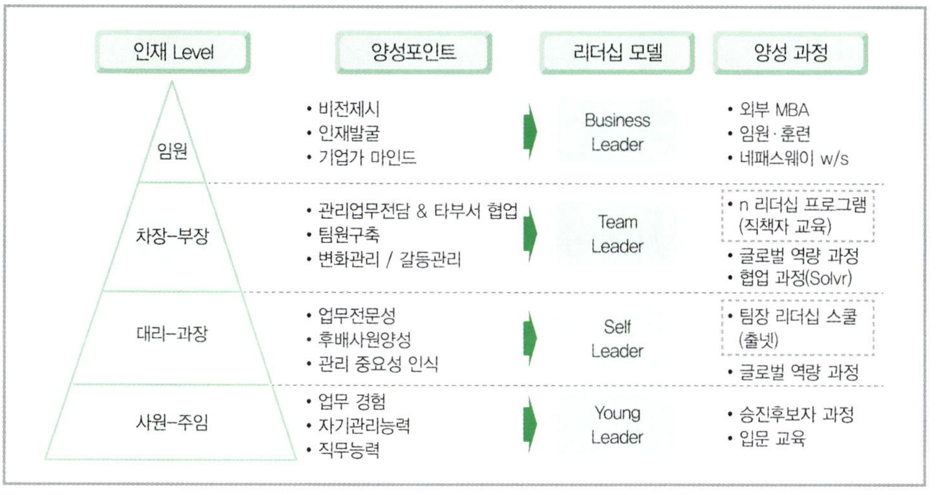

후계자에게 경영권을 성공적으로 위양한 사례로 GE의 경우가 많이 알려져 있다. 2001년 GE의 CEO로 취임한 이멜트(J. Immelt) 회장이 막판까지 3명의 CEO 후보와 경합을 벌인 것은 유명한 일화이다. 결과도 중요했지만 더욱 관심을 모은 것은 사실 어떻게 승계 과정을 거쳤는가 하는 점일 것이다. 웰치로부터 이멜트로의 승계 과정을 보면 GE는 웰치의 역할, 스탭들의 역할, 그리고 이사회의 역할이 후보군 선정부터 교육 · 훈련 · 보상, 평가, 그리고 최종 선발에 이르기까지 일사불란하고 공정한 절차를 밟았다.

2) http://news.mk.co.kr/newsRead.php?year=2014&no=810223

학습정리

- 승진은 임직원의 책임과 신분 그리고 기술과 보상에 있어서 더 상위 수준으로 보임 받는 것을 말한다.
- 승진은 종업원의 동기부여와 잠재능력의 육성과 발휘를 제공하는 수단이 된다.

참고문헌

1. 신유근 · 이춘우(2018). 통합 경영학원론, 다산출판사.
2. 신유근 · 이춘우(2014). 조직행위론, 다산출판사.
3. 김종수(2016). 리더의 격, 모아북스.
4. 한인섭(2019). 나는 사원에서 CEO가 되었다, 이담북스.
5. 한국경영자총협회(1996). 한국기업의 승진관리실태와 개선방안.
6. 박소연(2018). 승진의 정석, 한국경제신문.

연습문제

01 리더십에 대한 다음의 설명 중 가장 적절한 것들로 구성된 것은? 2000년 공인회계사

> a. 변혁적 리더십(transformational leadership)을 발휘하는 리더는 부하에게 이상적인 방향을 제시하고 임파워먼트(empowerment)를 실시한다.
> b. 거래적 리더십(transactional leadership)을 발휘하는 리더는 비전을 통한 단결, 비전의 전달과 신뢰의 확보를 강조한다.
> c. 카리스마적 리더십(charismatic leadership)을 발휘하는 리더는 부하에게 높은 자신감을 보이며 매력적인 비전을 제시하지만, 위압적이고 충성심을 요구하는 측면이 있다.
> d. 슈퍼리더십(superleadership)을 발휘하는 리더는 부하를 강력하게 지도하고 통제하는데 역점을 둔다.

① a, b　② a, c　③ b, c　④ b, d　⑤ c, d

02 리더십이론에 관한 다음 설명 중 가장 옳지 않은 것은? 2001년 공인회계사

① 리커트(R. Likert)는 리더행동 유형을 직무중심적 리더와 종업원중심적 리더로 구분한다.
② 관리격자이론은 과업중심의 정도를 횡축, 인간에 대한 관심의 정도를 종축으로 하여 리더십 유형을 분류한다.
③ 경로-목표이론은 리더십의 상황이론에 속한다.
④ PM이론은 리더십의 기능을 성과 기능과 유지 기능으로 나눈다.

⑤ 수직쌍연결이론은 리더가 하급자들을 동일하게 다룬다는 가정에 근거한다.

03 리더십에 관한 다음의 설명 가운데 옳지 않은 것은? 2003년 공인회계사

① 리더십 상황이론에 따르면, 리더십의 효과성은 리더의 개인적 요소와 상황적 요소의 상호작용에 의해 결정된다.

② 허시와 블랜차드(Hersey and Blanchard)의 상황적 리더십이론(Situational Leadership Theory)은 리더의 행동 유형을 과업중심적 리더행동과 관계중심적 리더행동으로 구분한다.

③ 피들러(Fiedler)의 상황이론에 의하면, LPC 점수가 높다는 것은 리더에게 주어진 상황이 우호적임을 의미한다.

④ 경로-목표이론(Path-Goal Theory)은 리더의 행동 유형을 지시적, 후원적, 참여적, 성취지향적 등의 4가지 유형으로 구분한다.

⑤ 변혁적 리더(transformational leader)는 조직 또는 집단이 추구할 비전을 제시한다.

04 리더십이론에 관한 다음의 서술 중 가장 적절한 것은? 2004년 공인회계사

① 미시건(Michigan)학파의 리더십 연구는 리더행동을 배려(consideration)와 구조 주도(initiating structure)로 나누었다.

② 피들러(Fiedler)의 리더십 모형은 리더와 부하의 관계의 친밀도, 과업의 구조, 리더의 부하에 대한 권력 정도를 리더십을 둘러싼 상황 요인으로 보았다.

③ 블레이크와 모우튼(Blake & Mouton)의 리더십이론은 인간중심과 과업중심으로 리더십의 차원을 나누고, 부하의 성숙도에 따라 지시형, 지도형, 위임형, 참여형 중 적절한 리더십을 발휘할 수 있다고 보았다.

④ 브룸, 예튼, 예고(Vroom, Yetton & Jago)의 리더-참여 모형은 의사결정의 질, 부하의 참여 등의 상황변수를 고려하여 지도적 리더십, 지원적 리더십, 참여적 리더십, 성취지향적 리더십을 적절히 구사해야 한다고 보고 있다.

⑤ 리더-부하 교환이론(leader-member exchange theory)에서는 리더가 부하를 차별적으로 대하는 것은 바람직하지 않으며 내부자집단이나 외부자집단이나 똑같이 대우해야 한다.

05 리더십의 상황이론에 대한 설명으로 가장 적절한 것은? 2005년 공인회계사

① 이상적인 리더십 스타일은 인간에 대한 관심과 생산에 대한 관심이 모두 높은 경우이다.

② 하우스(House)는 리더십을 지시적, 후원적, 참여적, 성취지향적 스타일로 구분하여 각각에 적합한 의사결정 상황을 제시하고 있다.

③ 일반적으로 전제적 리더보다 민주적리더가 높은 성과를 내는 경향이 있다.

④ 허시(Hersey)와 블랜차드(Blanchard)의 상황모형에 의하면, 리더-부하 간 관계와 부하의 성숙도에 따라 리더십 스타일이 달라질 필요가 있다.

⑤ 피들러(Fiedler)는 리더십의 상황 요인으로 과업구조와 직위권력을 제시하고 있다.

06 피들러(Fiedler)의 리더십이론에 관한 서술 중에 가장 적절한 것은? 2006년 공인회계사

① 리더십 스타일을 지시형, 위임형, 참여형, 지도형의 4가지 유형으로 나누었다.
② 상황에 따른 리더의 의사결정능력과 비전을 강조하였다.
③ LPC 점수로 리더를 둘러싸고 있는 상황 요인을 측정하였다.
④ 리더에게 유리한 상황부터 불리한 상황까지 8가지 상황으로 분류하였다.
⑤ 리더십 스타일은 부하의 참여도와 성숙도에 따라 달라진다.

07 리더십이론에 대한 설명 중 가장 적절하지 않은 것은? 2007년 공인회계사

① 허시와 블랜차드(Hersey and Blanchard)의 상황적 리더십이론은 지시형(telling), 지도형(selling), 참여형(participating), 위임형(delegating)의 리더십 스타일을 제시하였다.
② 허시와 블랜차드의 상황적 리더십이론에서는 부하의 성숙도를 부하의 능력과 의지 측면에서 분류하였다.
③ 브룸과 예튼(Vroom and Yetton)의 규범적 리더십 모형에서는 의사결정과정에서 리더가 선택할 수 있는 리더십 스타일을 5가지로 나누었다.
④ 하우스(House)의 경로목표이론에서 환경적 요인(environmental factors)이란 부하의 경험과 능력, 부하의 성취욕구, 집단의 과업내용, 리더의 권한위치를 말한다.
⑤ 피들러(Fiedler)의 리더십상황이론에서는 LPC척도를 이용하여 리더의 유형을 관계지향적 리더와 과업지향적 리더로 분류하였다.

08 리더십이론에 관한 서술 중 가장 적절하지 않은 것은? 2009년 공인회계사

① 피들러(Fiedler)의 리더십 상황이론에 의하면 리더가 처한 상황이 비호의적인 경우 LPC(least preferred co-worker) 점수가 낮은 리더십 스타일이 적합하다.
② 하우스(House)의 경로목표이론에 의하면 내재적 통제위치를 갖고 있는 부하에게는 지시적 리더십 스타일이 적합하다.
③ 허시와 블랜차드의 리더십 상황이론에서는 상사의 리더십 스타일을 관계행위와 과업행위로 구분하고, 하급자의 성숙도는 능력과 의지로 측정하고 있다.
④ 허시와 블랜차드에 의하면 부하의 의지와 능력이 모두 높은 경우에는 위양형(위임형) 리더십 스타일이 적절하다.
⑤ 변혁적 리더(transformational leader)는 부하 개개인을 관심 있게 지켜보며, 개인적으로 조언한다.

09 리더십이론에 관한 설명으로 가장 적절하지 않은 것은? 2014년 공인회계사

① 허시(Hersey)와 블랜차드(Blanchard)의 리더십 상황이론에 의하면 부하의 능력이 높고 의지가 낮을 때에는 참여형 리더십 스타일이 적합하다.
② 피들러(Fiedler)의 리더십 상황이론에 의하면 상황이 리더에게 매우 호의적인 경우에는 관계지향적 리더십 스타일이 적합하다.
③ 변혁적 리더십(transformational leadership)에서는 부하들에 대한 지적 자극과 부하 개인에 대

한 관심과 배려를 강조하고 있다.

④ 블레이크(Blake)와 모우튼(Mouton)의 관리격자모형에서는 일에 대한 관심과 사람에 대한 관심의 두 가지 차원에서 리더의 유형을 분류하였다.

⑤ 하우스(House)는 경로-목표이론에서 부하의 특성과 환경적 요인에 따라 리더십 스타일이 달라져야 한다고 주장하였다.

10 리더십이론에 관한 설명으로 가장 적절한 것은? 2015년 공인회계사

① 피들러(Fiedler)의 상황이론에 의하면, 리더가 처한 상황이 매우 호의적이거나 매우 비호의적인 경우에는 LPC(least preferred co-worker) 점수가 높은 리더가 적합하다.

② 리더-구성원 교환관계이론(LMX: leader-member exchange theory)은 상사와 모든 부하의 관계가 동질적이라고 가정하고 있다.

③ 허시(Hersey)와 블랜차드(Blanchard)의 상황이론에 의하면, 부하의 성숙도가 매우 낮거나 매우 높은 경우에는 위임형 리더십 스타일이 적합하다.

④ 블레이크(Blake)와 모우튼(Mouton)의 관리격자모형(managerial grid model)에서는 리더가 처한 상황에 따라 리더십 스타일이 달라진다고 하였다.

⑤ 하우스(House)의 경로-목표이론(path-goal theory)에서는 리더의 유형을 지시적, 지원적(후원적), 참여적, 성취지향적 리더십으로 구분하였다.

11 리더십이론에 관한 설명으로 가장 적절한 것은? 2016년 공인회계사

① 거래적 리더십(transactional leadership)은 조건적 보상, 예외에 의한 관리(management by exception), 지적인 자극, 이상적인 영향력의 행사로 구성된다.

② 피들러(Fiedler)의 리더십 모형은 리더를 둘러싼 상황을 과업의 구조, 부하와의 관계, 부하의 성취욕구, 작업환경으로 구분한다.

③ 브룸(Vroom)과 예튼(Yetton)의 리더십 모형은 리더십의 스타일을 리더와 부하의 관계의 질에 따라 방임형, 민주형, 절충형, 독재형의 4가지 형태로 나눈다.

④ 허시(Hersey)와 블랜차드(Blanchard)는 부하의 성숙도를 부하의 능력과 의지, 두 가지 측면에서 파악하여 4가지로 나누었다.

⑤ 블레이크(Blake)와 모우튼(Mouton)은 (1,1)형 리더를 이상적인 리더십 스타일로 규정하였다.

12 리더십이론에 관한 설명으로 가장 적절하지 않은 것은? 2017년 공인회계사

① 하급자에게 분명한 업무를 부여하는 행위는 오하이오주립대학교(Ohio State University) 리더십 행동연구에서 구조주도(initiating structure) 측면에 해당한다.

② 허시(Hersey)와 블랜차드(Blanchard)의 상황적 리더십이론(situational leadership theory)은 과업특성에 따라 리더십 스타일의 유효성이 달라진다고 주장한다.

③ 피들러(Fiedler)의 리더십 상황모형에서 높은 LPC(Least Preferred Co-worker) 점수는 관계지향적 리더십 스타일을 의미한다.

④ 리더십 대체이론(substitutes for leadership)에 따르면 집단의 높은 응집력은 리더의 관계지향적 행위를 대체할 수 있다.

⑤ '부하가 상사를 카리스마 리더로 인식할 때 조직 성과가 높아지는 것이 아니라, 조직 성과가 높은 경우 상사를 카리스마 리더로 인식하는 정도가 강해진다'는 연구결과는 리더십 귀인이론(attribution theory of leadership)의 예이다.

10

경력개발과 퇴직관리

19장 – 일(직업)의 의미와 경력개발관리

20장 – 퇴직관리와 상시적 구조조정

19장 일(직업)의 의미와 경력개발관리

학습목표

1. 일의 의미와 경력개발관리의 개념에 대해 이해한다.
2. 경력개발의 대표적인 이론에 대해 이해한다.
3. 경력개발관리 방법에 대해 이해한다.

실제 사례

경력개발관리는 입사단계부터

우리나라 기업들에서 회사 측이나 조직구성원들 모두 IMF 이후 경력개발관리에 대한 관심이 크게 증가하였고, 경력개발제도를 본격적으로 도입하기 시작하였다. 최근에는 입사초기 입문교육단계에서부터 경력개발 관점에서 신입사원들에게 교육프로그램을 운영하고 있다. 예를 들어, SK그룹은 신입사원들에 대한 입문교육을 그룹 공통교육, OJD(On the Job Development), 그리고 Career Counseling(경력상담)의 3단계로 운영하고 있다. 그룹 공통교육에서는 SK의 핵심가치와 기업문화 및 통신산업에 대한 이해도를 높이고 문제해결능력 등 기본적인 업무능력의 배양을 위한 교육을 실시한다. 그리고 배치 후 OJD(On the Job Development)라고 하는 해당 부서에서 근무하는 데 필요한 지식과 스킬을 체계적으로 교육훈련하고 있다. 또한 입문교육 과정 중 별도로 'Career Counseling(경력상담)'을 실시하여 회사의 필요와 개인의 적성·희망에 적합한 부서 및 직무를 선택할 수 있도록 하고 있다. 특히 경력상담을 통해 신입사원은 자신들의 적성과 희망부서 등을 정확히 파악하여 부서 선택 시 적절한 판단을 할 수 있도록 조언을 받는다. 회사 입장에서도 이를 통해 적합한 인재를 적재적소에 배치할 가능성이 커진다. 신입 사원들은 부서배치 과정에 함께 참여할 수 있게 되어, 배치부서에 대한 만족도도 높아지고 더 나아가 책임감 있는 업무수행을 하게 하는 효과를 볼 수 있다.

OJD 기간 동안 운영되는 멘토링 제도는 선배 사원들이 기업문화와 업무 노하우 그리고 회사생활을 하면서 체득한 경험 등을 신입사원들에게 전수하여 시행착오를 줄이고 역량과 자신감을 향상시킬 수 있도록 도와준다. 멘토의 역할이 중요하므로 멘토링 제도는 각 부서에서 운영되더라도 멘토는 인력관리실에서 선발한다. 멘토는 기본적으로 기업관이 건전하고, 커뮤니케이션 및 인간관계 스킬 등 기본역량이 우수하며, 생활태도에 있어서도 행동모델이 될 수 있는 사람으로 선정한다.

이렇게 선정된 멘토들은 신입사원 수행업무 및 직장생활 전반에 대해 리드하고 도와주며, 상시 · 지도적인 커뮤니케이션을 통해 신입사원의 애로사항을 파악하여 해결할 수 있도록 하고, 개인별 예비 배치팀에 대한 적정성 및 업무수행능력을 관찰하여 최종적인 팀 배치에 대한 의견을 피드백하게 된다.

01 '일'의 의미

일이란 무엇인가? 인간사회는 일을 중심으로 서로 도움을 주고받는 상부상조의 관계 시스템을 만들어 생존하고 성장하며 발전할 수 있다. 일은 권리이자 의무이다. 대한민국 헌법에는 국민의 4대 의무의 하나로 노동의 의무를 두고 있다.

|그림 19-1| 이춘우 교수가 제시하는 일의 의미

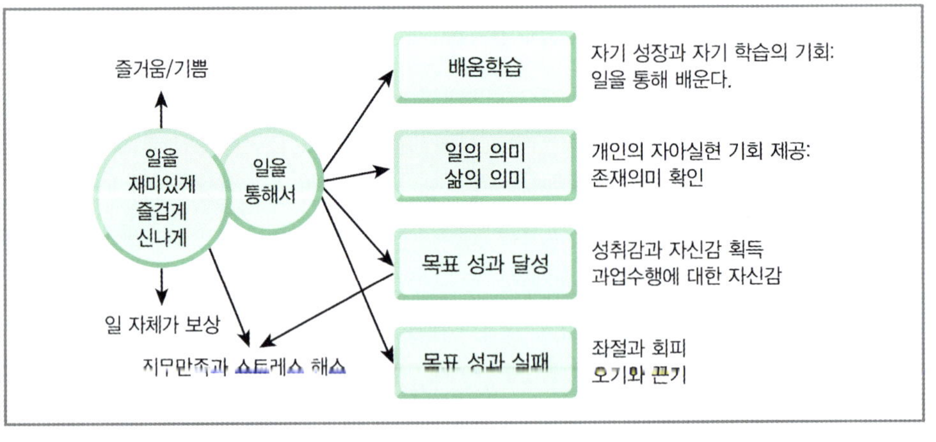

'일을 통해 사람들은 좋은 가치를 만들어 낼 수 있다.' 즉 일은 가치창출의 도구 또는 통로라고 할 수 있다 일을 하지 않고서는 필요한 재화를 얻을 수 없다. 일을 통해 성취욕과 성장욕구를 충족시킬 수 있고 보람과 기쁨 더 나아가 희열을 느낄 수 있다.

인간은 일을 통해 기술과 지식 경험과 노하우를 배울 수 있고 스스로 터득할 수 있다. 일을 통해 삶의 의미를 깨달을 수 있다. 일은 인격수양의 수단이 된다. 마음과 인성을 연마하는데 매우 탁월한 효능을 갖고 있는 것이 일이다.

실제 사례

기차표 인생의 선택: 기업가적 사고방식(Entrepreneurial mindset)

농장에서 일하던 두 사람이 농장을 떠나 새로운 곳으로 가기로 했다. 두 사람은 기차역으로 가서 한 사람은 뉴욕으로 가는 표를 사고, 다른 한 사람은 보스턴으로 가는 표를 샀다. 표를 산 두 사람은 의자에 앉아 기차를 기다리다가 우연히 이런 말을 듣게 되었다.

"뉴욕 사람들은 인정이 메말라서 길을 가르쳐 주고도 돈을 받는데, 보스턴 사람들은 거리에서 구걸하는 거지한테도 인심을 후하게 베푼대요."

뉴욕으로 가는 표를 산 사람은 생각했다. '아무래도 보스턴으로 가는 게 낫겠어. 일자리를 못구해도 굶어죽을 일은 없을 거야. 하마터면 큰일 날 뻔했잖아.'

보스턴행 표를 산 사람의 생각은 달랐다. '그래, 뉴욕으로 가는 거야! 길을 가르쳐 주고도 돈을 받는다면 금방 부자가 될 수 있을거야. 하마터면 부자가 되는 기회를 놓칠 뻔했잖아.'

두 사람은 표를 서로 바꾸었다. 뉴욕으로 가려던 사람은 보스턴으로, 보스턴으로 가려던 남자는 뉴욕으로 가게 되었다.

보스턴에 도착한 남자는 금세 그곳 생활에 적응해나갔다. 한 달 가까이 일을 하지 않고도 사람들이 던져 주는 빵으로 놀고 먹을 수 있었다. 그는 그곳이 천국이라는 생각이 들었다.

한편 뉴욕으로 간 남자는 돈을 벌 기회가 곳곳에 숨어 있다는 생각에 매우 들떠 있었다. 조금만 머리를 굴리면 먹고 살 걱정을 하지 않아도 될 것 같았다. 도시 사람들이 흙에 대한 특별한 향수와 애착이 있을 거라고 판단한 그는 그 날로 공사장을 찾아다녔다. 그리고 흙과 나무잎을 비닐에 담아 포장해서 '화분흙'이라는 이름으로 팔기 시작했다. 다행히 그의 판단은 적중했다. 꽃과 나무를 좋아하지만 흙을 쉽게 접해보지 않은 뉴욕 사람들의 마음을 움직인 것이다. 그는 화분흙으로 꽤 많은 돈을 벌었고, 일 년 뒤에는 작은 방을 렌트할 수 있었다. 그러던 중 그는 우연히 불빛이 꺼진 상점 간판을 발견했다. 화려한 불빛으로 거리를 밝혀야 할 간판들이 하나같이 때가 끼고 먼지가 쌓여 제 역할을 하지 못하고 있었다. 그러한 간판이 뉴욕 시내에 하나둘이 아니었다. 그는 청소업체들이 건물만 청소할 뿐, 간판까지 청소해야 할 책임은 없다는 사실을 알게 되었다. 그는 당장 사다리와 물통을 사들여 간판만 전문으로 청소해 주는 간판청소 대행업체를 차렸다. 그의 사업 아이디어는 성공했고 어느 덧 직원 150명을 거느린 기업의 사장이 되었고, 다른 도시에서도 청소를 의뢰할 만큼 유명해졌다.

얼마 후, 그는 휴식을 취할 겸 보스턴으로 여행을 가게 되었다. 기차역에서 나오자마자 꾀죄죄한 모습을 한 거지가 다가와 구걸을 했다. 거지의 얼굴을 본 그는 깜짝 놀라 그 자리에서 얼어붙고 말았다. 그 거지는 바로 5년 전에 자신과 기차표를 바꾼 친구였다.

[두 장의 기차표는 각기 다른 인생을 뜻한다. 당신의 마음가짐이 곧 선택을 좌우하며, 당신이 어떤 선택을 내리느냐에 따라서 당신의 운명이 달라진다. 부자로 사는 인생과 거지로 사는 인생 중 당신은 어떤 것을 선택하겠는가? 운명의 절반은 환경적인 조건으로 정해지지만, 나머지 절반은 자신의 힘으로 얼마든지 설계하고 계획할 수 있다. 만약 당신에게 주위 환경을 변화시킬 힘이 없다면, 무엇보다 자신의 마음가짐을 돌아보는 것은 어떨까? 인생이란 새로운 희망을 찾아 항해하는 과정이다. 용감한 사람만이 자신의 운명을 개척하고 자신만의 희망을 찾을 수 있다. 인생은 단 한 번뿐이다. 이 세상 최고의 평등은 신이 모든 사람에게 단 한 번 뿐인 인생을 준 것이다. 소중한 인생을 능동적이고 주체적으로 자수성가할 것인가 아닌가?]

귀하는 왜 현재의 직장에 다니고 있는가?

"왜 나는 오늘도 현재의 직장에 출근했는가?"를 질문하고 그에 대한 답을 철저하게 얻으려고 하면서 생활하는 사람들은 많지 않다. 사회생활을 하는 직장인들도 그렇게 많지 않다. 회사 사장님의 입장에서 직원들이 회사에 아무런 개념 없이 그리고 의미 없이 출퇴근하고 있다는 것을 알면 반가워할까?

자신의 인생을 스스로가 주인이 되어 살아가야 한다. 왜 나는 이 회사를 다니고 있는지, 왜 지금 하고 있는 직업을 하고 있는지, 왜 이 이일을 하고 있는지에 대한 의미와 가치를 인식하고 있는지는 매우 중요한 문제이다.

회사는 사용자와 노동자, 그리고 투자자, 채권자가 모두 함께 돈을 버는 터전이다. 그렇지만 회사는 돈만 버는 곳이 아니다. 돈 벌 수 있는 일을 배우는 곳이기도 하다. 회사는 돈을 버는 곳 이상의 의미를 갖고 있다. 기업의 본질은 자본의 집합체이자 지식의 집합체이며 기술의 집합체이고 문화의 집합체이다. 회사는 성취할 수 있는 기회가 제공되는 곳이다.

사람은 누구나 행복하게 직장에 다니기를 바란다. 대부분 삶의 시간을 보내는 회사생활이 직무와 인간관계 스트레스와 고통으로 지내는 것이 좋다거나 불행해도 괜찮다는 직장인은 없다.

우리 주변에는 직장생활을 행복해 보이는 사람이 있다. 활기가 넘치고 즐거워한다. 회사에 나오는 것을 좋아한다. 어떻게라도 회사를 안 나왔으면 하고, 무슨 수를 써서라도 사무실에서 빨리 빠져나오려고 하는 사람들이나 칼퇴근을 하는 일반적인 직장인과는 다르다. 무엇이 이와 같은 차이를 만드는 것인가를 여러분은 생각해 볼 필요가 있다.

일과 삶의 균형

일과 삶의 균형(work life balance)이란 개인의 일과 생활 간의 조화가 이루어진 상태로서 근로자가 자신의 일과 개인적 생활을 모두 잘 해내고 있다고 느끼는 상태를 의미한다.

1980년대 중반 미국에서 본격적으로 논의되기 시작했고, 조직행동 분야의 연구들에서 일과 삶의 균형이 근로자의 직무만족과 직장생활만족 직무 성과 또는 혁신행동에도 정의 상관관계가 있는 것으로 연구되면서 고 성과 달성을 위한 하나의 인사제도로 다루어지고 있다.

02 경력개발관리

경력개발관리, 왜 필요한가?

사람은 일생을 통하여 다양한 직업이나 일들을 경험하게 된다. 일과 관련된 경험을 경력(career)이라고 부른다. 개인의 경력개발과 그 성공은 개인적인 의미로 끝나는 것이 아니라 조직의 성과 향상과 직결된다.

우리나라에서는 1997년도 IMF 이후 평생직장시대가 가고 평생직업시대가 오면서 큰 변화를 맞이했다. 과거 평생직장시대에는 한 부서 업무에서 3년 정도 되면 기업 차원에서 순환보직도 시켜주고, 때 맞춰서 교육이나 해외연수도 보내줬다. 외국어가 뛰어나면 해외유학도 보내주고, 훈련을 목적으로 해외근무도 시켰다. 이와 같은 순환보직과 교육은 적어도 15% 정도의 여유인력이 있어야 원활하게 이루어지는 경향이 있는데, IMF 이후 조직의 인원을 많이 감축하였기 때문에, 오늘날 기업은 신입사원을 선발하여 육성하기보다, 즉각 성과를 낼 수 있는 경력자들을 찾는 경향이 있다. 따라서 경력개발 활동은 개인의 몫으로 여겨지고 있다. 그러나 조직구성원들은 자신의 경력개발관리에 미숙하기 때문에, 기업은 조직의 성과와 개인의 역량개발을 위해 조직 차원에서 경력개발관리를 할 필요가 있다.

경력개발은 조직의 관리 활동의 의미보다 종업원 개개인과 조직이 서로 커뮤니케이션 하며 경력관리를 함께 해 가는 공동참여를 중시한다. 경력개발은 기본적으로 조직구성원의 경력계획 과정에서 개인욕구와 조직욕구를 조화시켜 나가는 일련의 과정(matching process)인 것이다. 경력개발은 인재육성을 장기적 관점에서 접근한다. 앞에서 기술한 대로 경력개발은 한정된 시점에서의 인력개발을 도모하는 것이 아니라, 입사부터 퇴사까지 조직구성원들이 희망하는 경력경로를 적재적소의 원칙 하에서 고려하고 조정하여 장기적으로 인적자원을 효율적으로 관리하는 데 그 목적이 있다. 경력개발이 필요한 이유를 다음과 같이 생각해 볼 수 있다 (김흥국, 2000).

첫째, 경력개발은 조직과 직원이 함께 개인 스스로가 하고 싶어 하고 자신의 능력에 맞는 직무를 담당할 수 있도록 개인의 욕구와 일을 결합시킬 수 있다.

둘째, 경력개발은 개인의 전문능력을 향상 시킬 수 있는 기회를 만들어 직무에 정통한 전문인으로서 자신을 개발할 수 있도록 도와줌으로써 변화에 적응할 수 있게 한다.

셋째, 개인의 성공적인 경력개발은 직원 개인의 자아실현의 가능성을 그만큼 높이며 자신의 일에 몰두하게 될 가능성을 증대시킴으로써 종국적으로 업무 성과의 질을 향상시키고 조직의 성과목표 달성에 기여할 수 있게 한다.

넷째, 평생직장이라는 고용 보장이 현실적으로 어려운 상황에서 개인과 조직 간에 발생할 수 있는 잠재적인 갈등상태를 해소시킬 수 있는 방법이 된다.

다섯째, 기업경영이 글로벌화 됨에 따라 개인의 경력개발의 문제도 전 세계를 무대로 국제적 차원에서 고려할 필요성이 커지고 있다.

경력개발관리란 무엇인가?

경력개발제도(CDP: Career Development Program)는 경력(career)과 개발(development)의 결합어로서 경력개발 및 계획, 경력계획 및 개발, 경력관리, 경력계획, 경력개발 프로그램 등으로 다양하게 불리고 있다. 일반적으로 경력개발이란 "한 개인이 일생에 걸쳐 일과 관련하여 얻게 되는 경험을 통해 자신의 직무 관련 태도나 능력 및 성과를 향상시켜 나가는 과정"이라고 정의할 수 있다.

이것을 개인의 직업선택 이후의 과정을 주요 대상으로 하는 경영학적 관점에서 보면 "한 개인이 입사로부터 퇴직에 이르기까지의 경력경로(career path)를 개인과 조직이 함께 계획하고 관리하여 개인욕구와 조직목표를 동시에 달성해 가는 일련의 과정"으로 이해할 수 있다. 결국 경력개발제도는 종업원 개인의 업무수행 과정을 조직목표에 직결된 것에만 한정하지 않고 개인의 잠재능력 발현과 성장을 촉진하는 과정이 될 수 있도록 기구, 제도 및 절차를 설계한 체계적인 프로그램이라고 할 수 있다.

그림 19-2 경력개발의 과정

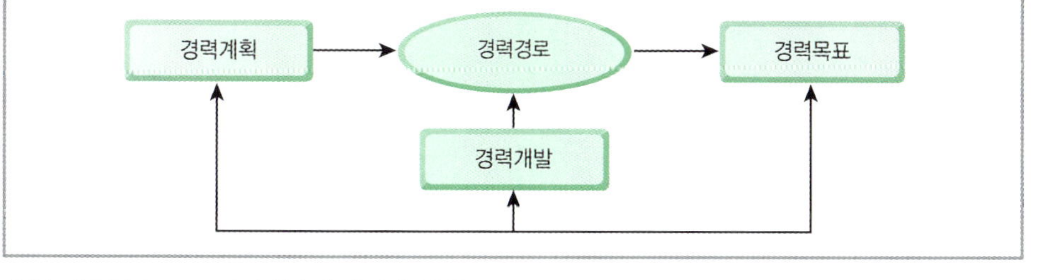

출처: 김흥국 (2000), 경력개발의 이론과 실제.

우리나라에서는 민간기업뿐만 아니라 서울특별시, 제주특별자치도 등 공공행정조직에서도 경력개발관리제도를 도입하고 있다. 제주특별자치도는 공직사회의 전문역량을 강화하고 공무원의 자존감을 높이기 위한 방안으로 경력개발제도(CDP)를 도입하였다. 경력개발제도를 도입하는 이유는 전문보직경로 구축을 통해 순환보직근무제의 단점을 극복하고, 공무원의 전문성을 강화하는 제도적 장치를 구축하기 위함이다. 경력개발제도가 공공 부문에서 제대로 운영되지 않았던 이유는 제도에 대한 공감대 부족과 전문보직경로의 경직된 설계 때문이었다.

① **경력목표**: 경력목표란 개인이 경력상 도달하고 싶은 미래의 직위(position)를 말하거나 또는 개인이 도달하고 싶은 최고의 성공목표를 의미한다. "당신은 장래 무엇이 되고 싶은가"의 최종목표를 가리킨다.

② **경력계획**: 경력계획이란 경력목표를 설정하고, 이 경력목표를 달성하기 위한 경력경로를 구체적으로 선택하는 과정을 말한다. 경력계획은 조직 내의 개인으로 하여금 경력목표와 경력경로를 알 수 있게 해주며 경력개발의 제반 활동을 통하여 각 개인은 자기자신을 개발하고 나아가서는 경력목표의 달성을 촉진시키는 방법을 찾게 해준다.

③ **경력개발**: 경력개발이란 개인적인 경력계획을 달성하기 위하여 개인 또는 조직이 실제적으로 추진하는 활동을 말한다. 경력목표를 실현시키기 위한 실행 프로그램을 의미한다.

- 경력개발관리의 개념: 개인의 경력목표를 달성하기 위하여 경력계획을 수립하여 조직의 욕구와 개인의 욕구가 합치될 수 있도록 각 개인의 경력을 개발하는 활동.
- 경력개발관리의 목적: 조직의 인력수요를 적시에 충족시키고, 구성원에게 앞으로의 경력진로의 기회를 알려주며, 현재의 인력계획과 인력프로그램을 활용하여 조직의 인적자원개발과 구성원의 경력희망 욕구를 동시에 만족시켜주는 것.

경력개발프로그램 서비스의 내용

① **경력의도조사**: 조직 내 종업원의 경력에 대한 관심 및 의도에 대한 조사.

② **경력정보시스템**: 개인에게 경력을 선택하고 결정하는데 필요한 자료와 정보를 제공할 수 있도록 하는 것.

③ **경력지도시스템**: 침체된 종업원에 대하여 경고하고 지도하는 것.

④ **탄력적인 경력경로설정**: 환경 변화에 대응할 수 있도록 경력경로 설정케 함.

⑤ **인사고과**: 경력개발제도와 관련하여 재정비 필요.

⑥ **잠재력 평가**: 인사고과만으로는 부족하고 적성검사평가센터 등을 통하여 잠재력 평가 필요.

⑦ **경력계획 및 경력개발**: 개인은 자기의 관심, 가치관, 동기 등을 파악하고, 상사 및 조직의 지도와 계획에 따라 자기의 경력개발에 대한 계획수립.

경력개발이론에는 어떤 것들이 있나?

경력개발은 조직욕구와 개인욕구를 통합하여 궁극적으로는 직원 개인의 만족과 조직의 성과목표 달성을 동시에 충족시킬 것을 목적으로 한다. 따라서 경력개발관리 관련 이론은 매우 다양하지만 경력개발은 개인 차원의 경력개발과 조직 차원의 경력개발로 나누어 살펴볼 수 있다.

개인의 성장환경, 능력, 가치관, 일에 대한 태도, 성격 등은 개인경력이론에 중요한 영향변수가 된다. 이 차원에서는 경력개발의 목표가 자기개발을 통해 심리적 만족을 얻는 데 있다. 이에 반해 조직경력이론은 조직이 직원의 경력을 개발하는 것이므로 직원이 조직에 들어오면서부터 시작된다. 조직의 경력개발은 조직의 필요에 어떻게 인적자원을 개발하여 그 필요를 충족시킬 것인가, 조직욕구와 개인의 경력욕구를 어떻게 잘 조화시켜 나갈 것인가에 관심을 두고, 그에 대한 방법론적인 내용을 담고 있다.

개인 관점의 경력개발관리를 이해할 수 있는 중요한 이론들로 홀랜드(Holland)의 직업선택이론과 샤인(Schein)의 경력 닻 이론 두 가지가 있다.

1. 홀랜드의 직업선택모형

홀랜드는 한 개인의 직업선택은 직업에 대한 흥미로 표현되는 퍼스낼리티와 밀접한 관계를 가진다고 주장하였다. 그리고 직업에 대한 흥미는 개인의 신체적 특성과 가정환경, 학교교육, 개인의 활동 등이 복합적으로 작용하여 형성된다고 설명한다. 그리고 개인의 직업에 대한 흥미와 관련된 퍼스낼리티는 여섯 가지, 즉 ① 사실적, ② 탐구적, ③ 예술적, ④ 사회적, ⑤ 기업가적, ⑥ 관습적 유형으로 구분된다고 했다.

홀랜드는 직업도 개인과 같은 여섯 가지 유형으로 분류하였다. 그는 어느 직업을 택하는 사람들의 개인적 배경은 비슷하며, 그러한 사람들로 이루어진 직업환경을 [표 19-1]과 같이 여섯 가지로 분류할 수 있다고 하였다.

[표 19-1] 개인 퍼스낼리티 및 환경 유형

유형	개 인		환 경 (전형적 직업)
	전형적 특성	적성 및 능력	
사실적 (Realistic)	• 기술이 능함 • 기계에 관심이 많음 • 현실적 • 물리주의적 • 잘 훈련되어 있음	• 기계조작능력 • 기술적 역량	• 자동차수리 기사 • 전기 기사 • 항공기 통제사 • 농부 • 영림서 지원
탐구적 (Investigative)	• 과학적임 • 머리가 좋음 • 학구적 • 내성적 • 발명에 관심 많음	• 지능이 높음 • 수학적 능력 • 과학적 역량 • 기계에 대한 이해력	• 생물학자 • 수학자 • 화학자 • 물리학자 • 약사
예술적 (Artistic)	• 창의적 • 상상력이 풍부 • 민감함 • 성격이 있음	• 예술적 역량 • 예술적 판단력 • 외국어능력	• 음악가 • 미술가 • 배우 • 사진가 • 작가
사회적 (Social)	• 영향력이 있음 • 남을 돕는 데 많은 관심 • 인내심이 강함 • 사교적임 • 이해심이 많음	• 대인관계능력 • 문제해결능력 • 리더십 및 세일즈능력 • 사회적·교육적 역량	• 교사 • 간호사 • 상담가 • 레크리에이션 강사 • 임상심리 치료사
기업가적 (Enterprising)	• 야망적임 • 공격적 • 리더 기질이 강함 • 바쁘게 움직임 • 책임감이 강함	• 리더십 및 세일즈능력 • 사업 및 사무적 역량 • 대인관계 역량 • 리더부재 집단토의	• 기업가 • 판매사 • 레스토랑 관리자 • 텔레비전 프로듀서 • 스포츠 흥행사
관습적 (Conventional)	• 정확함 • 수리에 강함 • 꼼꼼함 • 상상력이 적음 • 조직적임	• 사무적 적성 • 사무적 능력 • 사업 및 사무적 역량	• 회계사 • 은행가 • 사무직원 • 비서 • 치과 보조원

2. 샤인의 경력 닻 유형론

샤인(Schein 1978, 1990)은 경력 닻(Career Anchors)을 "자신이 누구인지에 대해 개인이 갖는 자아개념을 말한다"라고 설명하면서 개인은 이러한 경력 닻에 기초해 자신의 경력을 개발 · 관리해야 한다고 주장했다. 경력 닻은 ① 개인이 지닌 재능, 기술 또는 역량, ② 개인의 동기나 욕구 내지 삶의 목표, 그리고 ③ 가치관을 포괄하는 자아개념이다. 즉, 사람들은 업무 경험을 쌓아가면서 자신의 지배적 성향을 발전시키고 자아개념에 일관성을 기하려는 욕구 때문에 자신의 재능, 욕구, 그리고 가치관이 서로 조화된 자아개념, 즉 경력 닻을 가지게 된다는 것이다.

경력 닻 개념은 개인욕구와 조직욕구의 조화를 위한 기초를 제공하고 있다는 점에서 실무적 가치가 있다. 개인은 경력 닻을 중심으로 자신에게 맞는 일이 무엇인지를 파악하여 조직에 이를 전달하는 것이 필요하며, 조직은 개인의 자기계발을 장려하고 경력경로의 설정에 융통성을 주어 경력 닻을 기초로 적재적소의 인사원칙을 실현함으로써 개인의 자아실현과 능력발휘를 통한 조직경쟁력의 극대화를 기할 수 있다.

[표 19-2] 경력 닻 유형

경력 닻 유형	특성	일 · 직업의 유형	보상시스템
기술적 · 기능적 역량	• 특정한 분야의 일에 대한 재능과 흥미 • 경영자나 일반관리자가 되려는 관심이 없음 • 일의 내용에 대한 정체감	• 일 차체의 내재적 내용 • 도전적임 • 엔지니어, 기능 분야 부서장	• 기술 수준별 임금 • 카페테리아식 복리후생 • 전문직 경력경로 승진시스템 • 동료로부터의 인정
일반 관리자 역량	• 핵심가치: 조직의 상위계층으로 승진, 경영자가 되는 것 • 분석적 · 관계적 · 정서적 역량이 요구됨	• 리더십 발휘가 요구되는 업무 • 도전적 · 통합적 성격의 업무 • 조직성공가능성이 높은 일 • 고위경영자, 공장장	• 높은 보수 및 퇴직금 • 대내적 형평 • 성과기준 승진시스템 • 상사의 인정 및 고속승진
자율 · 독립	• 기본욕구: 일을 자기 독자적으로 하려함 • 독립적 경력추구	• 명확한 경계, 시한이 있는 전문 영역의 일 • 컨설팅, 연구개발직, 교수 • 많은 자유가 있는 직무	• 성과급 • 카페테리아식 복리후생 • 과거업적 인정 승진 • 상장, 메달 등을 등 인정
안전 · 안정	• 안정되고 예측 가능한 경력 추구 • 정년보장제도 선호	• 안정적, 예측 가능한 일 • 관공서, 시민 공공서비스 관계 직무	• 연공급 • 높은 퇴직금 • 연공기준 승진시스템 • 충성심과 지속적 성과에 기초한 인정
기업가적 창의성	• 자신의 사업운영 욕구 강함 • 새로운 조직, 제품, 서비스의 창출 • 성공척도: 돈을 많이 버는 것	• 새로운 창조에의 도전 • 자기 사업체의 소유 • 벤처기업가	• 재산 축적과 소유 • 사업의 구축 및 신장 • 개인의 과시와 공적 인정
서비스 · 봉사	• 세상을 변화시키려는 강한 욕구 • 기본가치 : 인류에 대한 봉사, 조국에 대한 기여	• 자신의 가치실현을 위해 조직 및 사회정책 입안에 관계된 직무 • 노동문제 전문가, 신약개발 연구자, 간호사, 사회사업가, 교사, 의사, 성직자	• 자신의 기여에 대한 적정 보수 • 영향력 지위로의 승진 • 경영진과의 가치 공유 • 동료 및 상사의 인정과 지원
순수한 도전	• 사물 · 사람에 대한 강한 정복 요구 • 성공지표: 장애극복, 문제해결, 라이벌에 대한 승리 • 강한 도전감과 승부욕구	• 도전과 시험기회가 많은 일 • 조종사, 탐험가, 육상선수, 영업직 종사자, 일부 경영자	• 도전기회의 지속적 제공
라이프 스타일	• 경력닻을 가지고 있지 않음 • 전체 삶의 스타일과 걸맞는 경력 추구 • 맞벌이부부 증가추세와 관련	• 출장, 근무지 이동, 업무시간, 연구휴가 등의 작업조건에 융통성이 많은 직무	• 출산휴가, 탁아소 운영 • 변동 근무시간제, 재택근무 • 관리자의 이해가 중요 • 종업원 중시의 조직문화

출처: 김흥국(2000). 경력개발의 이론과 실제.

경력개발관리, 어떻게 할 것인가?

경력개발은 과거 평생직장 · 종신고용 하에서 회사가 개인에게 반강제적으로 제공하는 발전 경로를 의미했다. 그러나 IMF 이후 평생직업이라는 개념이 도입되고 노동시장의 유연성이 증대됨에 따라 회사 내에서의 개인의 비전과 회사의 비전을 일치시키는 관리 방식으로서 경력개발이 더 부각되고 있다. 조직에서의 경력개발제도는 개인의 발전을 위해 스스로 선택할 수 있는 자율성을 배가시키는 방향으로 그 성격이 강화되고 있다.

|그림 19-3| 경력개발제도의 개념과 구성

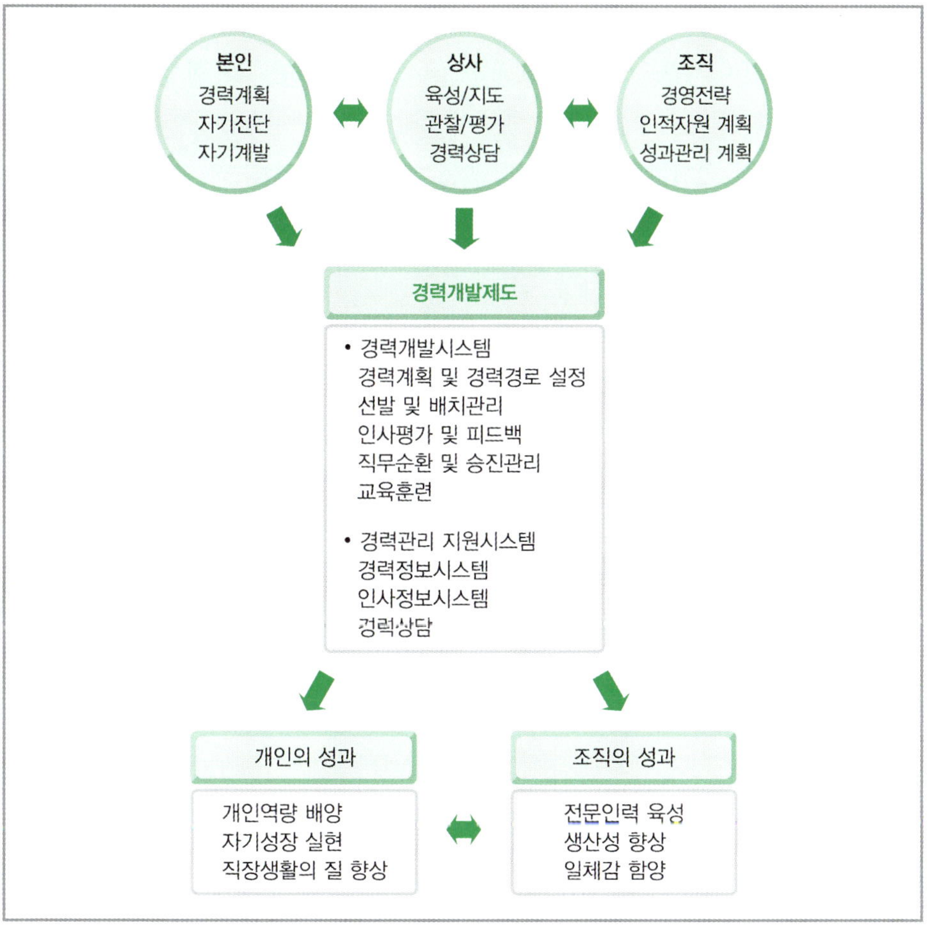

출처: 김흥국(2000), 경력개발의 이론과 실제.

경력개발제도는 경력관리시스템과 경력관리 지원시스템으로 구성된다. 경력개발제도는 조직구성원 본인을 통해 개인적 관점을 제도에 반영하고, 조직의 인적자원계획을 경력관리에 연계시키며, 개인과 조직을 연결해 주는 연결고리로서 상사를 두고 있다.

경력개발제도는 그 운영상 종업원 본인을 출발점으로 한다. 조직의 각 개인은 객관적 자료를 가지고 자신이 누구인지를 정확하게 파악하여 자가진단을 한 다음, 그에 따라 본인에게 맞는 경력경로를 스스로 계획한다. 그리고 자신이 조직에서 도달하고자 하는 경력 닻을 자기계발을 통해 부단히 가꾸어 나가는 자세가 필요하다. 조직의 경우 경영전략과 연계시킨 인재육성 및 성과관리 계획을 수립한다.

경력개발제도는 경력계획과 경력경로를 설정하고 직무순환, 승진관리, 교육훈련을 연계시킨 경력관리시스템(career management system)을 통해 인적자원을 효율적으로 관리한다. 경력관리 지원시스템(career management system)은 효율적 경력관리를 뒷받침하는 역할을 하며, 경력정보시스템, 경력상담 및 인사정보시스템 등이 이에 속한다.

경력개발제도에 있어서 상사(supervisor)는 하급자의 경력욕구와 조직의 여건을 연결해 주는 중개자 역할을 한다. 상사는 평소에 하급자의 특성을 관찰하고 평가한 결과를 바탕으로 하급자와 함께 진로를 상의하여 그에게 알맞은 경력계획을 설계하는데 도움을 주는 멘토(mentor)역할을 수행한다. 또 상사가 어떠한 내용을 카운셀링 해주느냐가 하급자에게 미치는 영향은 대단히 크기 때문에 하급자의 경력과 관계된 문의에 대해 경력상담을 하는 것도 상사의 주요한 임무 중 하나이다.

경력개발제도에 있어 목적을 달성하기 위해서는 이상에서 기술한 직원 본인과 상사, 그리고 조직의 노력이 서로 통합되어 관리되어야 한다. 만일 이들 세 부문 가운데 어느 하나라도 제 기능을 다하지 못할 경우 경력개발제도는 성공할 수 없다.

기업이 활용할 수 있는 대표적인 경력개발 활동은 다음과 같다.

① **사내공모제도:** 종업원에게 조직안에 비어있는 포지션에 응모할 수 있도록 공시하는 제도.

② **자기신고제도:** 자리가 비어있는 여부와 관계없이 자신이 흥미를 느끼거나 적합하다고 판단되는 자리를 지원할 수 있음. 조직은 이 제도를 통해서 종업원들의 선호도나 경향을 파악할 수 있으며 향후 교육의 필요점을 예측함.

③ **경력개발 워크샵:** 종업원이 자기인식을 보다 확실히 할 수 있는 기회를 제공하며 조직 내에서 경력기회에 대하여 주시하고 배우게 함.

④ 경력자원센터: 종업원들에게 경력개발에 관한 정보를 제공하고 적절한 학습기회를 부여함. 경력자원센터의 주요 기능 중 하나는 경력안내시리즈임.

⑤ 경력경로프로그램: 경력경로는 조직이 종업원들의 기술과 능력, 그리고 지식을 증진하기 위해 사용하는 활동.

⑥ 경력 상담자로서 관리자: 직무명세서와 자기평가실습을 통한 상담으로 종업원의 경력목표에 대해 토의함.

⑦ 후견인제도: 경력 · 심리적 기능에 기여하도록 직원간 공식적인 관계 맺어줌.

개인 차원의 경력개발전략으로는 다음과 같은 것들이 있다.

① 경력계획수립: 생애를 고려한 조직 내에서의 경력계획.

② 경력인식: 종업원은 경력개발의 요소를 인식해야 하며 경력목표를 달성하기 위한 계획을 구축하고 경력 영역을 분석해야 함.

③ 경력자원센터이용: 사내 또는 외부의 경력상담센터에서의 상담 등.

④ 조직에 대한 인식: 조직 내에서 이용 가능한 경력기회를 찾음.

멘토링 제도

멘토링 제도란 풍부한 경험과 지혜를 겸비한 신뢰할 수 있는 사람이 1:1로 지도와 조언을 하는 것이다. 멘토는 그리스 신화에서 유래한 말로 조력자의 역할을 하는 사람을 멘토(mentor)라고 하며, 조력을 받는 사람을 멘티(mentee)라고 한다. 멘토링은 일반적으로 기업체 등에서 우수한 경력과 풍부한 경험을 가진 선배 직장인이 후배 사원이나 신입사원의 업무능력의 향상이나 직장생활 및 조직생활의 적응을 돕기 위해 활용하고 있다.

한진해운은 '사람으로 사람을 키운다'는 슬로건으로 2005년부터 직원과 신입사원 간 멘토링 제도를 운영하고 있다. 한진해운은 멘토링 제도를 통해 입사 3년차 이상 직원이 신입사원에게 조직생활의 노하우를 선수하고 있으며, 업무시간 외에도 봉사 활동, 문화 활동, 스터디 등을 통해 직원들의 조직적응력 강화와 애사심을 고취하고 있다. 멘토로 선발된 직원과 신입사원으로 구성된 멘티는 오프라인을 통해 정기적인 만남을 갖는다. 이때 단순한 만남에 그치는 것이 아니라 직무스터디 실시, 월간 활동보고서(멘티) 및 관찰일지(멘토)를 작성하고 있다. 멘토링 프로그램은 신입직원들의 조직 적응력 제고와 소속감 고취로 조기 이직률을 감소시키는 효과를 내고 있다.

경력관리에서 직원의 역할

우리는 개인, 매니저 및 조직 모두가 개인의 경력개발에 있어 역할을 한다는 것을 알 수 있다. 예를 들어, 매니저는 시기적절하고 객관적인 성과 피드백을 제공하고 발달 과제 및 지원을 제공하며 직원과의 경력개발 토론에 참여해야 한다. 직원은 코치, 감정인, 고문 및 멘토 역할을 해야 하며 직원의 경력 계획을 듣고 명확히 하고 의견을 제시하고 경력 옵션을 생성하고 직원을 조직자원 및 경력 옵션에 연결해야 한다. 고용주는 경력 중심의 교육, 개발 및 판촉 기회를 제공하고 경력정보 및 진로 프로그램을 제공하며 직원에게 다양한 경력 옵션을 제공해야 한다.

궁극적으로는 자신의 경력에 대한 책임을 지는 주체는 직원 자신이다. 직원 개개인은 일반적으로 행복하고 성취하는 직업을 확보하기 위한 노력과 방법들을 취해야 한다.

경력수명주기 모형

인간은 신체적 · 정신적으로 성장단계를 거치게 된다. 개인의 성장단계에 대한 이해를 통해 우리는 사람이 태어나서 죽을 때까지 어떤 관심을 갖고 있으며 회사에 입사한 후부터 퇴사할 때까지 어떤 경로를 거치게 되는가에 대해 이해하는 안목을 가질 수 있다. 성장단계는 개인마다 동일하지 않다. 그리고 인간은 성장단계를 거치는 과정에서 학습(learning)을 하거나 직업을 갖게 되면서 일을 한다.

① 유년기 및 청소년기: 첫 번째 단계는 개인이 태어나면서 성인이 되기 전까지의 시기로서 신체적으로나 정신적으로 많은 성장과 발달이 이루어지는 단계이다. 일반적으로 20세 전후까지가 이 시기에 해당하는데 부모와 선생님으로부터 통제 · 보호를 받는 단계라고 할 수 있다. 이때 사람들은 기업조직에 대해서 피상적이고 간접적인 정보를 접하게 된다.

② 청년기: 청년기는 20세 전후부터 30대 초반까지의 시기를 일컫는다. 이 단계에 이

| 그림 19-4 | 인간의 성장단계와 성숙도

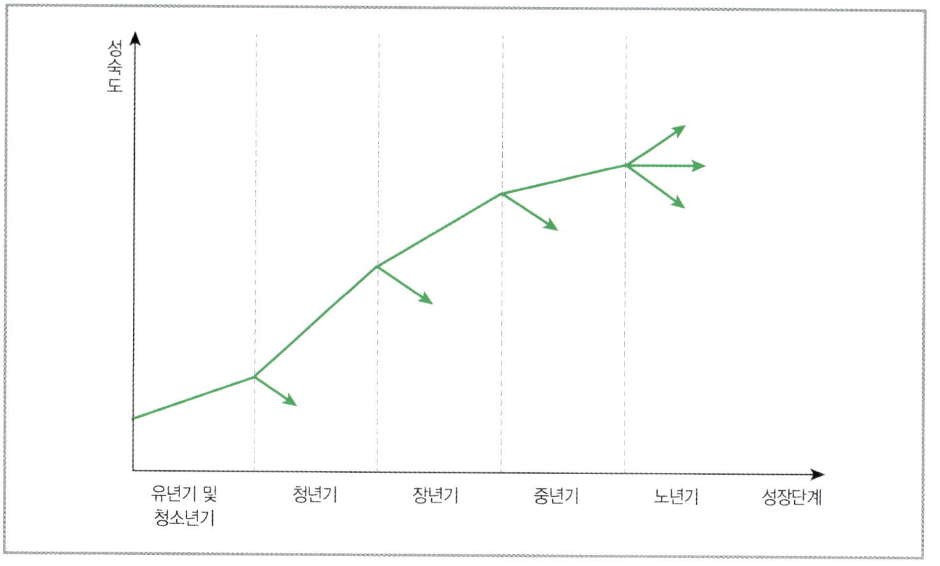

출처: 신유근 · 이춘우(2014), 조직행위론, 한경출판사.

르면 개인은 성인세계로 들어가는 과정을 거치면서 부모와 선생님으로부터 독립한다. 이 시기에는 가족보다 친구, 외부인과 더 많이 접촉하고 자신의 장래에 대해 크게 고심하게 되며, 자신이 무엇을 하고 있으며 왜 하는가를 점검하는 등의 노력을 하게 된다. 이 시기에는 군입대와 같은 병역 문제, 연인과의 사랑과 갈등, 배우자 선택의 문제, 직장 선택과 적응 문제 등이 중요한 관심사가 된다. 특히 이 시기에는 조직에서 개인이 과연 어떤 경로를 거쳐야 성공할 것인가 또는 어떻게 자아실현을 할 수 있을 것인가를 탐색(exploration)하게 된다. 이때 자신이 쌓을 수 있는 일에 대해 관심을 보인다. 이 시기에 개인들은 여러 가지 다른 경력을 가져 보면서 상당한 시행착오를 겪게 되므로 생활이 매우 불안정하고 그만큼 비생산적인 경우도 많다.

③ 장년기: 장년기는 30대 중반부터 40대 초반의 시기로 조직에서는 중간관리자로서 핵심적인 역할을 하며 생활기반을 닦기 위해 일에 몰두하는 단계이다. 가정에서는 주로 자녀의 육아 및 교육 문제 등에 대해 고민하는 시기이다. 한편으로 친구는 부장이나 이사가 되었는데 나는 아직도 대리나 과장에 머물러 있다거나, 친구는 집마련을 했는데 자신은 못했다거나 하는 비교에 의해 심한 정신적 스트레스를 받는 등 목표 성취를 위해 조급해지는 단계이다. 때로는 전직을 고려해 보기도 한다. 사람들은 전직을 고려하면서도 가족 문제나 장래의 위험에 대한 우려로 인해 심리적 갈등을 경험하면서 실행에 옮기

지 못하기도 하고, 실제 전직을 감행함으로써 인생의 전환을 시도해 보기도 한다(Levinson, 1986 참조). 그러나 심리적으로 조급해지는 단계를 벗어나면 개인은 조직에서 자신의 일에 대한 심도 깊은 이해를 하며 몰입하는 이른바 정착(establishment)단계에 다다른다. 즉, 개인은 차츰 안정되어 가기 시작하면서 다른 사람들과 친분을 맺고자 하는 욕구를 많이 갖는다(Jackson, 1993, 210).

④ 중년기: 중년기는 대체로 40대 중반부터 50대 중반까지의 시기로 생활이 안정되고 자신의 모습을 깨닫는 단계이다. 이때 자녀들 역시 청소년기를 벗어나 청년기에 접어들면서 점차 독립하려고 한다. 따라서 자녀보다는 오히려 배우자에게 더욱 깊은 관심을 기울이게 된다. 이 시기에는 정신적인 면에서 안정적인 완숙단계에 이르게 되고, 자신의 직업에 대해 소명의식을 느끼기도 한다. 이때 조직에서의 개인은 후배들에게 무엇인가 남기려는 것에 관심을 갖게 되며 업무에서 높은 생산성을 유지하고자 하는 욕구를 갖는 이른바 유지(maintenance)단계에 이르게 된다. 그러나 우리나라에서는 요즘은 중년기에 조기퇴직·명예퇴직 문제에 직면하는 경우가 많아져 사회적으로 문제가 되고 있다. 어떤 사람들은 조기퇴직에 대한 불안감과 스트레스, 그리고 조기퇴직에 따른 절망감과 소외감을 겪게 된다. 좌절감은 치유하기 힘든 사회적 정신질환이 되고 있다.

⑤ 노년기: 노년기는 일반적으로 직장에서 정년퇴임하는 시기이다. 어떤 사람들은 노년기를 인생의 황혼기라고 부르거나, 혹은 제2의 인생을 다시 시작하는 시기라고 말하기도 한다. 이 시기는 자신이 걸어온 인생을 다시 돌아보게 되는 단계이다. 비록 신체적으로는 노화되었을지라도 직관력이나 통찰력, 그리고 이해심 및 아량이 넓어지고 자율성을 갖추게 되어 정신적으로는 거의 완벽한 단계에 이른다고도 한다(Hyman, 1988 참조). 이 시기의 개인들은 조직에서 쇠퇴(decline)단계에 이르게 된다. 개인은 지금까지의 자신의 경력선택과 전반적 경력에 대해 반성하고 만족을 느끼고자 하는 욕구를 가진다. 산업사회의 발전 과정에서 의학이 크게 발달하여 사람들의 평균수명이 늘어나 고령화사회가 되어 가고 있다. 이와 함께 실질적으로 경제적 활동을 할 수 있는 연령이 점점 높아지고 있지만 사회는 일자리를 충분히 제공하지 못하고 있는 실정이다.

직업경로의 패턴

청년기의 젊은이들은 대학을 졸업하면서 사회진출과 동시에 직업을 갖게 된다. 대부분 대기업, 중견기업, 중소기업 가운데서 직업을 갖게 되는데, 홍보 분야, 패션 분야, 유통 분야, 금융 분야, 제조업 분야, 서비스업 분야, 문화공연업 분야, 스포츠산업 분야 등 매우 다양한 산업의 업종이 있다.

각 기업에 취업을 할 경우 지원자가 희망하는 부서나 직무와 회사에서 요구하는 직무가 서로 일치할 때, 직무배치가 이루어지는 것이 교과서적인 원칙이지만, 현실에서는 개인의 희망이나 사정을 약간 반영할 수는 있지만 조직(회사)의 필요에 의해 일반적으로 결정되어 배치되는 경우가 더 많다.

직무 역시 매우 다양하다. 관리직, 기획직, 영업직, 마케팅직, 홍보직, 생산직, 회계경리(재무관리)직, 연구개발직, 기술직 등이 일반적으로 분류되어 있는 직무군들이다. 일반 기업이 아닌 공기업이나 행정 부문에 진출하거나 군인이 될 수도 있다. 또 어떤 학생들은 대학원 진학을 통해 석사학위를 취득하거나 나아가 박사학위를 취득하여 연구소의 연구원이나 교수가 될 수도 있다.

어떤 사람들은 졸업 후 곧바로 사업을 시작하기도 한다. 자영업을 하기도 하고 법인 형태의 기업을 창업하기도 한다. 재학 중이나 졸업 직후 바로 기업을 창업한 대표적인 예로는 빌 게이츠나 스티브 잡스 등이 있다.

어떤 학생들은 부모님이 하고 계신 비즈니스를 이어 받아 가업승계 차원에서 회사를 경영하기도 한다. 사회적 기업이나 NGO, NPO와 같은 비영리단체 활동을 하는 사람들도 있다.

어떤 사람들은 회계사, 변호사, 변리사, 법무사, 관세사, 노무사 등 자격시험에 합격하여 전문직 직종에 종사하기도 한다.

그림 19-5 사회진출 직업 경로 패턴

취업	전문직	진학	봉사	가업승계	창업
• 대기업, 중소기업 (유통/제조/금융 등) • 공기업, 공공행정기관 • 군인	• 변호사, 회계사 • 세무사, 관세사 • 노무사, 컨설턴트		• NGO • NPO • 자원봉사, 종교		• 자영업 • 벤처기업창업 • 1인 소프트웨어기업

경력개발의 의의

청년기에 있는 젊은이들은 과연 어떤 직업을 선택하는 것이 가장 최선의 선택인가에 대한 고민이 매우 크다. 이러한 고민을 풀어가기 위해서 경력설계와 경력개발을 할 필요가 있다. 경력을 어떻게 성공적으로 설계하고 개발해 나갈 것인가 하는 것은 개인이나 조직에 있어서 큰 관심사이다. 경력개발[1)]은 개인들이 나름대로의 경력목표들을 설정하고 도달하기 위해 필요한 업무수행역량이나 자질을 개발해 가는 과정을 말한다(Greenhaus & Callanan, 1994, 5). 경력개발은 개인들이 자기 자신과 일에 관한 정보를 수집하고, 자신의 재능 · 관심 · 가치 · 좋아하는 생활 스타일뿐만 아니라 직업 · 직무 · 조직의 상황을 파악하여, 이러한 정보를 기초로 현실적인 경력목표를 개발하며 이를 달성하기 위해 필요한 활동들을 개발 · 실행하고 평가해 나가는 과정이다.

개인이 성공적으로 경력을 설계하고 개발하는 것은 다음과 같은 측면에서 중요성을 갖는다(신유근 · 이춘우, 2014). 첫째, 경력개발은 개인 스스로가 하고 싶어 하고 자신의 능력에 맞는 직무를 담당할 수 있도록 개인의 욕구와 일을 결합시킬 수 있게 한다. 경력개발은 기본적으로 개인이 원하는 직무를 조직과 협의하여 장기적으로 조정해 가는 일련의 상호작용 과정으로서 조직은 개인과 함께 구성원이 자신에게 맞는 일을 찾고 잠재능력을 최대한 발휘할 수 있도록 할 수 있다.

둘째, 경력개발은 개인의 전문능력이나 업무수행역량을 향상시킨다. 다시 말해 사람들이 고급화된 직무에 정통한 전문인으로서 자신을 개발할 수 있도록 한다. 개인은 경력개발을 통해 미래를 준비하는 것이므로 만약 미래에 의도하지 않은 어떤 변화가 일어난다면 충격을 극복할 수 있다.

셋째, 개인의 개성과 자아실현에 대한 존중이 중요해지면서 경력개발의 중요성도 더욱 강조되고 있다. 개인의 성공적인 경력개발은 자아실현 가능성을 높일 뿐만 아니라 조직의 목표달성에도 긍정적인 영향을 미칠 수 있다. 경력설계는 개인에게 조직에서의 직무경험뿐만 아니라 개인의 인생행로 또는 목표를 계획하고 이를 달성하기 위한 활동을 하는 과정이므로 개인의 경력개발과 그 성공이 단순히 개인적인 의미로 끝나는 것이

1) 개인의 경력설계가 활발하게 이루어질 수 있도록 조직은 경력개발제도를 도입하기도 한다. 경력개발제도(CDP: Career Development Program)란 조직욕구와 개인욕구가 경력을 통해서 일치되도록 체계적으로 제도화한 것이다(Sonnenfeld, 1989, 202 참조). 경력개발제도는 이 외에도 경력정보의 제공, 경력상담 및 경력교육, 구성원들이 조직에서 경험할 수 있는 가능한 직무의 군을 말하는 경력사다리의 구축 등과 같은 다양한 프로그램을 포함한다(Werther & Davis, 1993, 382-390).

아니다. 따라서 개인의 경력개발은 자기계발, 희망 · 요구, 사랑 그리고 조직의 지원을 포괄해야 한다.

성공적인 경력의 의미

무엇보다도 인생에서의 성공이 무엇인가에 대한 고민을 할 필요가 있다. 대부분의 사람들은 인생에서 성공적인 경력을 쌓고자 한다. 그러나 누가 얼마나 성공했는가를 말하기란 쉽지 않다. 왜냐하면 한 사람의 경력이 성공적인가 아닌가를 판단하는 것은 주관적이기 때문이다. 객관적으로 평가한다고 하더라도 그 방법은 매우 다양할 수 있다. 성공적인 경력을 단순히 남보다 빠르게 승진한다거나 수입이 많은 것이라고 단정 짓기는 어렵다. 자신의 생활, 삶에 대한 자신감, 심리적인 성공감도 성공적인 경력에서 빼놓을 수 없는 중요한 측면이기 때문이다(Morgan *et al.*, 1979). 성공적인 경력개발의 의미를 경력성과, 경력만족, 적응력, 경력일체성의 개념으로 이해해 볼 수 있다.

그림 19-6 성공적인 경력의 의미

① **경력성과:** 경력성과(career performance)란 흔히 성공의 상징으로 여겨지는 사회적 직위와 보수를 말한다. 우리가 일반적으로 누군가가 성공했다고 말을 할 때 '그 사람 벌써 과장으로 승진했다' 또는 '그 사람 연봉이 높다'는 식의 표현을 하곤 한다. 사회적 직위를 측정하는 지표는 리드하고 있는 조직원의 수, 관리하는 예산 규모, 통솔 부서조

직 또는 직원 수, 조직도표상에서의 직위 등을 들 수 있다. 보수(재정적)지표로는 보수 액수, 보너스 또는 금전적 특별혜택 등을 들 수 있다.

② **경력만족**: 경력만족(career satisfaction)이란 개인이 자신의 경력에 대해 만족하는 정도를 말한다. 이때 경력만족은 자신이 하고 있는 일 또는 소속 직장에 대한 행복감의 정도로 측정할 수 있다.

③ **적응력**: 적응력(adaptability)은 한 개인이 변화하는 자신의 직무환경에 빠른 속도로 적응할 수 있는 능력을 말한다. 사람들은 새로운 지식이 생기면 곧 진부한 사람이 될 수 있다는 '진부화 위험'에 항상 직면해 있다. 따라서 경력성공의 또 다른 기준은 자신에게 부과되는 새로운 과업요구를 수행할 수 있는 능력이다. 적응력의 측정지표는 새로운 변화에 적응하는 데 필요한 기술적 능력을 보유하고 있는가 하는 것이다.

④ **경력일체성**: 경력일체성(career identity)은 경력성공의 또 다른 중요한 측면으로서 개인의 일(경력)과 정체의식이 일치하는가를 말한다. 경력설정, 경력계획 및 탐색은 개인이 자신의 자기정체(self-concept/self-identity)에 대한 자각하도록 만들고 자기존중 또는 자긍심(self-esteem)을 더욱 높이기도 한다.

성공적인 경력개발을 위한 자기관찰과 자기성찰

성공적인 경력개발을 실행하기 위해서는 경력탐색을 매우 진지하게 할 필요가 있다. 경력탐색은 성공적인 경력개발의 출발점이 될 수 있다. 자신이 하고 싶은 것이 무엇이며, 가장 잘 할 수 있는 것은 무엇인가, 왜 하고 싶어 하는가 등에 대한 깊이 있는 자기관찰과 자기성찰이 선행될 경우 경력개발이 성공적으로 진행될 가능성이 높다.

경력탐색이란 자기탐색과 직업(직무)탐색으로 나누어 이해할 수 있다. 자기탐색은 가치, 흥미, 성격 요인, 능력, 라이프스타일 등과 같이 경력결정과 관련 있는 개인의 특성과 태도에 대한 정보를 얻으려는 활동이다.

경력탐색은 자신의 경력목표를 명료하게 하고 그 목표에 도달하기 위한 경력경로와 방법들을 확인하는 단계이다.

| 그림 19-7 | 경력탐색 프로세스

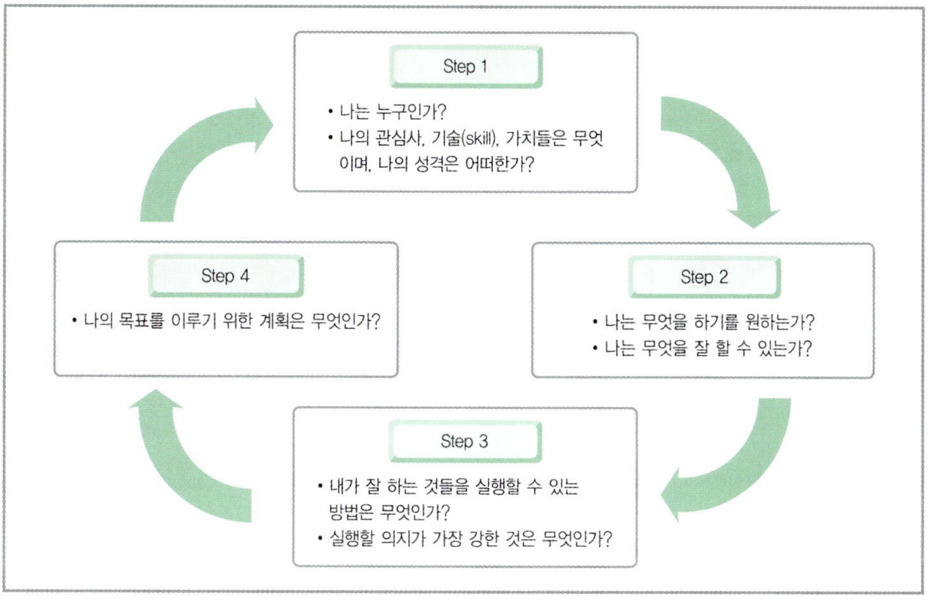

경력 닻 모형을 이용하여 자신이 어떤 유형의 경력 닻이 강한 유형인지를 파악하면 경력설계와 경력개발에 도움이 될 수 있다.

기업창업을 꿈꾸는 기업가를 경력목표로 설정하려는 사람의 경우에는 기업가적 창의성 경력 닻, 관리의 경력 닻, 기술적 · 기능적 경력 닻, 도전정신 경력 닻, 자율과 독립성 경력 닻 등이 동시에 높은 경우 가능할 수 있다.

경력개발의 실행

경력개발은 자신의 경력계획이 현실화될 수 있도록 실천에 옮기는 활동이다. 조직입장에서는 개인의 경력개발 활동이 조직의 목표달성에도 기여할 수 있도록 지원을 하는 단계이다.

경력개발 활동은 자신의 경력욕구에 대한 이해를 바탕으로 어떤 경력경로가 있는가 하는 경력정보를 탐색하고 경력상 도달하고자 하는 경력목표를 설정한 후 이를 달성하기 위한 노력을 투입한다(Greenhaus & Callanan, 1994, 19).

'나는 어떤 경력을 쌓을 것인가, 이 회사에서 무엇을 실현하고 싶은가'를 명확히 하고 이를 실현하기 위해 노력하는 과정이라고 할 수 있다.

경력개발의 실행을 위해서는 경력정보에 대한 탐색이 필요하다. 경력정보(career information)에 대한 탐색은 개인자신의 경력욕구를 충족시킬 수 있는 일들이나 직업이 있는지, 그리고 일을 수행하기 위해서 어떤 요건을 갖추어야 하는지에 대한 정보를 수집하는 것이다.

다음으로 경력목표의 설정이 필요하다. 경력목표(career goal)는 개인이 얻고자 하는 바람직한 경력 관련 결과를 말하는 것으로, 삶의 목표의 중요한 일부분이다(Tosi *et al.*, 1990, 250). 경력목표는 구체적인 것이어야 하되, 개인이 자기 자신과 상황에 대해 더 많이 알게 됨에 따라서 변화될 수 있다. 많은 연구들은 구체적이며 도전적인 경력을 목표로 설정하는 사람이 그렇지 않은 사람보다 성공한다는 연구결과들을 제시하고 있다(Greenhaus & Callanan, 1994, 24). 성공적인 경력의 의미에서 살펴본 바와 같이 개인에게 있어서 좋은 경력목표는 자신의 역량을 함양할 수 있는 일이나 경험이 되어야 한다.

개인은 자신이 설정한 경력목표를 현실화하기 위해서 자기계발을 하거나, 현재 담당하고 있는 일에 최선을 다해 소기의 성과를 낸다. 또한 자신의 업무기량을 향상시키는 것도 경력개발의 방법이 될 수 있다(Greenhaus & Callanan, 1994, 25). 여러 가지 새로운 기회를 적극적으로 활용하며, 선·후배나 동료들과의 상호지원적인 관계를 형성하는 것도 도움이 될 수 있다.

경력개발에 대한 평가와 재설계

성공적인 경력개발이 단번에 이루어지기란 쉽지 않기 때문에 경력개발 과정에서 경력목표와 경력계획을 계속해서 점검하고 발전적인 방향으로 수정해 나가려는 노력이 매우 중요하다. 따라서 개인은 경력목표가 경력개발에 의해 얼마나 달성되었는지 점검해야만 한다. 경력계획단계나 경력개발단계에서 발생한 문제점을 해결하거나 경력계획을 변경할 수 있다.

취업과 창업의 진로선택

취업과 창업은 서로 다르지 않은 측면을 지니고 있다. 가장 핵심적인 차이점을 꼽는다면, 창업은 자신이 하고 싶은 일을 독립적(독자적)으로 수행하는 것이고, 취업은 고용계약을 통해 조직 내의 일을 수행하는 것이라고 할 수 있다. 그러나 취업을 통해 담당하는 일이나 창업을 통해 담당하는 일이나 '일'이라는 측면에서는 공통적인 속성을 갖고 있다.

취업을 해서 조직에서 수행하는 일은 회사(고용주)가 바라는 수준의 가치가 있는 성과를 산출하지 못할 경우 개인과 회사 간 고용관계가 종료될 수 있다. 창업의 경우도 시장의 고객이 바라는 수준의 가치가 있는 재화와 서비스를 산출하지 못한다면 고객과의 관계가 종료될 것이다. 취업을 통해 일을 하든지 창업을 통해 일을 하든지 일의 결과물을 받는 상대방이 기대하는 수준의 가치 이상을 느낄 수 있도록 일을 수행해야만 한다는 점에서 공통적이라고 할 수 있다.

일의 영어표현을 통해 일이 의미하는 바를 생각해 보자. 일은 보통 'work' 또는 'job'이라고 사용한다. 하지만 일을 나타내는 영어 단어에는 Occupation(직업), Task(과업), Duty(책무) 등 다양한 표현이 있다. 그리고 기업가(사업가)의 일은 'Business' 라고 한다. 'Business'는 기업가가 공급자(생산자)로서 재화나 서비스를 산출하여 소비자(고객)에 공급하는 일련의 과정을 일컫는다. 그런데 미국에서는 'Business'라는 용어가 반드시 기업가가 하는 사업을 지칭하는 것은 아니다. 일반 사람들이 평소 자신의 관심사로 수행하는 일들을 'Business'라고 일컫는 경우가 많다. 시장에서는 제품과 서비스의 거래가 이루어지는 과정을 Business로 이야기 한다. 제품과 서비스가 아닌 '노동'이 거래되는 시장을 노동시장이라고 하는데, 노동시장에서 근로자와 고용주가 노동을 거래하는 것도 바로 Business이다. 노동의 소비자인 기업에게 가치 있는 노동을 생산 공급하지 않는다면 고용관계는 지속되기 어렵다는 점에서 취업을 선택한 사람들도 일은 Business 관점에서 바라볼 필요가 있다. 이러한 Business에서 근로자는 가치를 산출할 수 있도록 일을 수행하여 고용주(고객)에게 일의 결과물을 공급할 수 있어야만 한다.

종업원이 회사가 실시하는 교육훈련을 이수하거나, 자기개발 활동을 하는 것은 가치 있는 성과를 낼 수 있는 역량을 지속적으로 개발하고 향상시키려는 노력이라고 할 수 있다.

취업을 통해 한 개인이 직업(직무)을 갖게 되는 것은 그 사람의 비즈니스가 되는 것이다. 따라서 담당한 일의 성과물은 조직 내 다른 부서나 사람들에게 의미 있거나 유용한

가치를 지니고 있어야 한다. 만약 일의 산출물의 가치가 떨어진다면, 더 이상 그 일을 맡기지 않을 것이기 때문에, 결국에는 양측의 고용관계(또는 거래관계)가 종료될 가능성이 높다.

일의 결과가 유용한 가치를 갖도록 하는데 있어서 발휘해야만 하는 것이 바로 기업가정신이다. 직무담당자가 지속적으로 새로운 가치를 창출할 수 있도록 업무내용이나 업무방식을 혁신하거나 개선할 때 새로운 가치를 산출할 수 있다. 이와 같은 점에서 취업자도 창업가 처럼 기업가정신적 삶의 자세를 바탕으로 자사의 비즈니스 역량을 키울 필요가 있다.

경력설계에 있어서 자기 주도적 삶과 기업가정신적 자세

대부분의 많은 학생들은 졸업 후 취업을 하려고 한다. 이때 우리나라 학생들이나 부모님들은 공무원이나 대기업과 같은 이른바 안정된 직장을 선호하는 경우가 많다. 많은 사람들이 한국 사회, 특히 젊은 세대들이 위험을 회피하는 성향이 강해졌다고 비판하며 위험을 감수하고 모험을 시도하는 정신이 필요하다고 주장하고 있을 만큼 지나치게 안정지향적인 문화가 형성되어 있다.

원칙적으로는 평생 동안 경력개발을 해오는 것이 바람직하지만, 대부분의 사람들은 구직을 시작하거나 취업을 하면서부터 자신의 경력개발에 관심을 갖게 된다. 대기업이나 공공기관 경력개발제도를 명시적으로 운영하고 있지만, 제대로 운영되고 있는가에 대해서는 선뜻 말하기 어렵다. 왜냐하면 경력개발제도는 직접적이고 가시적인 투자성과가 바로 나타나지 않기 때문에 경력개발제도 구축과 운영에 소극적이거나 관심의 우선순위에서 밀려나는 경우가 많기 때문이다. 하지만 조직에서 경력개발제도가 운영되지 않더라도 개인들은 자신의 삶에서 어떤 일을 하고 살아갈 것인지를 구상해 놓을 필요가 있다.

우리나라 청년들의 졸업 후 진로 패턴을 보면 크게 민간기업 취업(대기업이나 중소기업, 중견기업), 공공기관 취업(행정 부문 공무원이나 공기업), 전문직 자격시험 합격을 통한 전문직 진출, 사회적기업 또는 비영리단체 활동, 석 · 박사 과정 진학, 가업승계 등으로 나누어 볼 수 있다.

어떤 진로 방향을 선택할지라도 오늘날에는 거의 모든 상황에서 기업가정신적 삶의 자세가 요구된다. 예를 들어, 직장생활도 기업가정신을 가지고 임할 필요가 있다. 예전처럼 전문직 종사자도 모두 다 성공하지 못한다. 개인병원이나 로펌 등이 폐업한다는 소식이 더 이상 낯설지 않다. 왜 이러한 현상이 나타나는 것일까? 전문가에게 지식이나 스킬 이상의 기업가정신이 발휘되지 못하기 때문이다. 우리는 각자의 분야에서 전문직 종사자의 수준을 넘어 자신의 삶과 일이 새로운 가치를 창출하는 가치창조자, 즉 기업가가 될 필요가 있다.

1997년 이후 한국에서 대기업에 취업한 직원들은 45세 이전에 퇴사를 하게 되는 경우가 많다. 그래서 사오정(45세 정년)이라는 은어가 생겨나기도 했다. 특히 대기업에 입사한 일반직원들은 40대 중반을 전후하여 대부분 자의반, 타의반으로 퇴사하게 된다. 직원들은 회사의 상시적 구조조정에 의하거나 자발적인 의지로 회사를 떠나게 되는 것이다.

라이프사이클(생애주기)에 비추어 볼 때, 누구나 '창업'을 고민하는 시기가 오게 되어 있다. 기업창업가들 중에는 대기업 출신도 있고, 연구원 출신도 있다. 창업에 뜻을 가지고 퇴사하는 경우도 있지만 구조조정의 대상이 되거나, 정년을 맞아 회사에서 나와 창업을 모색하는 경우도 상당히 많다. 누군가가 구조조정의 대상이 된다는 것은 담당하고 있는 업무가 회사의 성과달성에 크게 기여하지 못하고 있다는 의미일 수 있다. 담당자가 하고 있는 일이 조직에 어떤 공헌이나 기여를 하고 있다면, 구조조정의 대상이 되지 않을 것이다. 그러나 근로자가 조직에게 어떤 가치(value)를 줄 수 없다면, 구조조정의 대상이 될 가능성이 높다.

창업의 시기와 동기부여를 스스로 통제하기 위해서는 자기주도적인 삶의 자세를 가지고 직장생활을 할 필요가 있다. '창업을 할 것인가'를 선택하는 것과 '창업을 해야만 하는 것'은 다르기 때문이다. 자기주도적인 직장생활을 하기 위해서 갖추어야 할 정신적 자세가 바로 기업가정신이다. 기업가정신적 삶의 자세는 곧 자기주도적 삶의 자세라고 할 수 있다.

기업가정신은 새로운 시장을 찾아내거나 창조해 내는 탐험가, 위기를 기회로 바꾸려는 대담한 발상의 전환과 도전정신, 남과 다른 경쟁우위를 만들어내고 유지하려는 혁신정신, 시시각각으로 변화하는 시장소비자들의 니즈를 다른 경쟁자보다 더 빨리 더 만족스럽게 충족시켜고자 하는 비즈니스맨십(상인정신), 흩어져 있는 기술적 지식과 아이디어를 결합하여 새롭고 유용한 재화와 서비스를 창조하는 발명가정신을 포함한다. 또한 기업가정신은 기존의 고착화된 경제적 기득권과 관행 등을 바꾸어 나가는 도전정신을 말한다. 기업가정신은 새로운 시장수요를 포착하는 기회포착능력과, 계획을 구체화하여 실행하는 추진력 등도 포함한다.

그러나 기업가정신에서 가장 핵심적인 것은 바로 비즈니스맨 정신이다. 비즈니스맨은 상대방이 유용함을 느낄 수 있는 가치를 제공하려는 마인드이다. 직장생활에서도 업무를 수행하는 과정에서 비즈니스맨 정신을 가지고 자기주도적으로 생활할 수 있다. 비즈니스 마인드를 통해 단순히 가치 있는 직장생활에서 나아가 가치를 창출하는 사람이 되는 것이다. 반드시 기업창업을 하지 않더라도 어느 분야에 진출해 있는가와 상관없이 기업가정신을 발휘한다면 선택의 가능성을 높이고 자신의 인생을 주도적으로 만들어 갈 수 있다. 조직 모두에게 유익한 결과를 가져다 줄 수 있을 것인가를 생각할 필요가 있다.

실제 사례

1. 자발적 경력개발의 필요성

① 종업원 간 개인차가 다양하여 효과적인 인력관리가 어려움

- 교육의 차이, 경제적인 차이, 세대 간의 차이로 인해 종업원 사이에 다양한 갭이 존재함
- 종업원 간에 발생하는 다양한 갭은 협력을 통해 조직적 성공을 달성해야 하는 기업으로서는 목표 달성을 저해하는 치명적인 원인이 됨

② 자발적 경력개발은 종업원과 기업 모두에게 도움이 됨

- 경력개발을 통해 종업원의 자기혁신을 이루게 하여 종업원 간의 개인차를 좁히고 업무 실적을 올리게 할 수 있음
- 이를 효과적으로 지원하는 역할을 담당함으로써 궁극적으로 생산성을 향상시킬 수 있음

2. 자발적 경력개발의 7단계

① 1단계: 탐구(Exploration)

- 어릴 때부터 자신이 이루고자 하는 희망이나 직장에 대한 상상 등을 토대로 자신의 미래를 탐구하고 설계하는 단계임
- 이 단계에서는 가족이나 주위 사람들에 의해 많은 영향을 받으므로, 개인으로서는 어떤 환경에 처해있는지 검토해보는 것이 중요함

- 이를 위해 인터뷰, 독서, 인터넷 검색 등의 사회적으로 통용되는 공식적 행동이나 친구들과의 브레인스토밍, 미팅 등을 활용할 수 있음

② 2단계: 개별 평가(Personal assessment)

- 향후 자기 삶과 업무 조건에 대해 설계한 후, 갖추어야 할 자신의 경쟁력을 스스로 평가하고 이해하는 단계임
- 평가를 통해 나타나는 정보들은 탐구단계에서 찾아낸 경력개발 조건들을 재수정할 수 있도록 도움을 줌
- 이 단계에서는 공식적이거나 비공식적인 측정 수단, 체크리스트, 시뮬레이션, 인터뷰 등을 활용하여 세부 정보를 얻을 수 있음

③ 3단계: 분석(Analysis)

- 업무 목표를 설정하기 위해 경력개발에 대한 이해력을 높이는 단계로, 업무환경과 미래 경력개발의 인식을 통해 자신의 업무를 파악해야 함
- 각자의 가치관이 목표 설정의 중요 요인으로 작용하며 이런 가치관은 미리 파악될 수 있음
- 이를 위해 정보들을 작은 단위로 세분하고 과거, 현재, 미래의 인과관계를 좀 더 세밀하게 분석하는 것이 필요함

④ 4단계: 의사결정(Decision making)

- 설정된 목표의 중요성과 성취 가능성 여부를 타진하여 경력개발 경로의 의사결정을 내리는 단계임
- 의사결정을 함에 있어서 중요한 것은 반드시 현실적으로 가능한 것이어야 하며, 충분한 정보를 바탕으로 결정을 내려야 한다는 점임
- 현실적이지 않는 의사결정은 좌절과 실망감을 동반하게 되고, 이는 결국 좀 더 나은 미래를 위한 노력을 상실하게 만듦

⑤ 5단계: 계획(Planning)

- 목표 성취를 위한 방법들을 구체화하는 단계로, 세부적인 프로젝트 관리 계획을 작성하는 것과 유사함
- 이는 계획을 구체화하는 단계에서 서로 상충되는 일부 목표들을 수정하는 것이 다른 단계에서 이루어지는 것보다 바람직함
- 이를 위해서는 목표 성취를 위해 반드시 필요한 업무, 각 업무를 완성하는 데 필요한 시간, 업무 완성을 위한 순서, 다른 사람들과의 관계 설정 등을 명확하게 제시할 수 있어야 함

⑥ 6단계: 실행과 개발(Implementation and development)

- 구체화된 계획들을 동시다발적이나 순차적으로 직접 실행하고 이를 개발하는 단계임
- 실행 순서는 각 목표 간의 관계가 어떠한지, 목표가 얼마나 복잡한지 등에 의해 결정됨
- 이 단계에서는 자신의 목표를 끝까지 밀어붙일 수 있는 강력한 추진력과 세밀한 검토 등을 필요로 함

⑦ 7단계: 자기관리(Life-work management)

- 목표를 성취하여 일정한 보상을 받았을 때 자기생활과 업무를 효율적으로 조화시키는 단계임
- 남아있는 목표를 계속 추진하거나 어떤 도전에 직면했을 때 삶의 모든 요소를 고려하여 균형을 유지하는 것이 중요함
- 또한 예기치 못한 가족과의 일, 즉 병든 가족을 돌봐야 한다든지, 그들과 한 가족이 되어야 한다든지 등에 효과적으로 대처해야 함

3. 성공적인 경력개발을 위한 회사의 지원

① 공식적 지원

- 업무순환, 전환배치 등을 통해 종업원들이 쉽게 경쟁력 개발 기회를 가질 수 있도록 해야 함
- 적극적인 재정 지원을 통해 종업원들이 외부에서의 경력개발 기회를 놓치지 않도록 유도해야 함

② 비공식적 지원

- 점심시간 세미나, 동아리 모임 등 비공식적인 경력개발 활동 등에 회사는 스폰서 역할을 함
- 종업원들의 현 경쟁력을 고려하여 그들의 자발적인 변화 노력에 대한 우선순위 결정이 필요함

4. 유의사항

① 경영자의 경력개발에 대한 인식 전환이 필요함

- 종업원 개인이나 조직 모두를 위한 윈윈 전략의 하나라는 점을 인식해야 함
- 효과적인 경력개발은 종업원의 업무만족을 향상시켜 조직 생산성을 높일 수 있으며 종업원의 유지에도 도움이 됨

② 종업원의 경력개발에 대한 인식을 전환시켜야 함

• 자신의 경력개발을 위한 자발적 책임에 대해 철저히 인식해야 하고, 경력개발의 7단계를 가이드로서 활용해야 함

• 자기 경력개발을 위해서는 도서관이나 대학, 관련 기관들을 적극적으로 활용하려는 자세를 갖추어야 함

학습정리

- 경력개발관리는 한 개인이 입사로부터 퇴직에 이르기까지의 경력경로(career path)를 개인과 조직이 함께 계획하고 관리하여 개인욕구와 조직목표를 달성해 가는 총체적 과정이라고 정의할 수 있다.
- 경력개발 관련 이론으로 개인 경력이론은 개인의 성장환경, 능력, 가치관, 일에 대한 태도, 성격 등이 중요한 영향변수가 되며, 이 차원에서 경력개발의 목표가 자기개발을 통해 심리적 만족을 얻는 데 있다. 이러한 개인의 경력이론으로는 대표적으로 직업선택이론과 경력 닻 이론이 있다.
- 경력개발은 개인의 발전을 위해 스스로 선택할 수 있는 자율성을 배가시키는 방향으로 변화되고 있으며 이러한 맥락에서 경력개발제도가 많은 주목을 받고 있다. 이 경력개발제도는 크게 경력관리시스템과 경력관리 지원시스템으로 구성된다.
- 퇴직관리란 퇴직을 조직 내적으로 준비, 관리하고 개인에 대해서는 퇴직 후에도 안정된 생활을 가질 수 있도록 도와주는 제도이다.
- 국내 기업의 퇴직관리는 T/F식의 일시적 퇴직관리, 사후관리적 퇴직관리, 회사 주도형의 퇴직관리, 아웃플레이스먼트 제도의 성격을 가져왔으며 이에 대한 많은 개선이 필요하다.

참고문헌

1. 경력개발과 취업전략(2010). 박양근, 무역경영사.
2. 경력개발과 적응(2006). 김정인 · 김병선 · 김성회 · 김흥수, 청목출판사.
3. 경력개발 및 관리(2002). Jeffery H. Greenhaus, 옮김-탁진국, 시그마프레스.
4. 경력개발의 이론과 실제(2000). 김흥국, 다산출판사.
5. 김상배 · 장병휘(2016). 성공의 첫 번째 비결: CEO처럼 일하라, 한국경제신문.

연습문제

01 경력개발관리 기법으로 틀린 것은?

① 승진경로의 명확화
② 이직준비 교육프로그램의 구축
③ 순환보직제의 강제적인 적용
④ 경력 닻 모형에 근거한 경력경로 및 경력상담제도
⑤ 멘토링제도

02 다음 중 경력개발관리에 대한 설명으로 가장 거리가 먼 것은?

① 일반적으로 경력개발은 한 개인이 일생에 걸쳐 일과 관련하여 얻게 되는 경험을 통해 자신의 직무 관련 태도, 능력 및 성과를 향상시켜 나가는 과정을 뜻한다.

② 경력목표란 개인이 경력상 도달하고 싶은 미래의 직위를 말하거나 또는 개인이 도달하고 싶은 최고의 성공목표를 의미한다.

③ 경력계획이란 경영목표를 설정하고 이 경력목표를 달성하기 위한 경력경로를 구체적으로 선택하는 과정을 뜻한다.

④ 경력개발은 개인적인 경력계획을 달성하기 위하여 조직과는 별개로 개인의 니즈에 초점을 맞추어 개발하는 활동을 의미한다.

⑤ 경력개발제도는 개인의 발전을 위해 스스로 선택할 수 있는 자율성을 증가시키는 면을 강조하고 있다.

03 동기부여이론에 대한 서술 중 가장 적절한 것은? 2009년 공인회계사

① 허쯔버그(Herzberg)가 주장한 2요인이론(two factor theory)에 의하면 작업환경을 개선하면 종업원의 만족도가 높아진다.

② 공정성이론(equity theory)에 의하면 개인의 지각보다는 임금 수준 그 자체가 만족도를 결정하는 핵심적인 요소가 된다.

③ 기대이론(expectancy theory)에 의하면 종업원이 선호하는 보상 수단을 제공할 때 수단성(instrumentality)이 높아진다.

④ 직무특성이론에 의하면 성장욕구가 낮은 종업원에게는 단순한 직무를 부여하는 것이 효과적이다.

⑤ 직무특성이론에 의하면 과업의 분화가 많이 될수록 과업정체성(task identity)이 높아진다.

04 동기부여(motivation)이론에 관한 설명으로 가장 적절한 것은? 2011년 공인회계사

① 기대이론(expectancy theory)에서 수단성(instrumentality)은 행위자의 노력이 1차적 성과를 달성할 수 있을 지에 대한 객관적인 판단이다.

② 아담스(Adams)의 공정성이론(equity theory)은 투입 대비 산출의 상호작용적 공정성, 절차적 공정성, 효율적 조직 성과 배분에 대한 분배적 공정성을 모두 고려하고 있다.

③ 허쯔버그(Herzberg)의 2요인이론에서 동기 요인은 임금, 작업환경, 근로조건, 칭찬, 인정을 포함하고 근로자의 불만족을 제거하는 역할을 한다.

④ MBO(Management by Objectives)는 목표설정이론을 조직에 적용한 예로서 목표의 구체성과 난이도, 피드백은 동기부여에 영향을 미친다.

⑤ 동기부여이론을 크게 내용이론(content theory)과 과정이론(process theory)으로 분류할 때 직무특성이론, ERG이론, 내재적 동기이론은 과정이론에 속한다.

05 동기부여이론에 관한 설명으로 가장 적절하지 않은 것은? 2012년 공인회계사

① 알더퍼(Alderfer)의 ERG이론에서는 인간의 욕구를 존재욕구, 관계욕구, 성장욕구로 구분하고 있으며, 충족-진행의 원리와 좌절-퇴행의 원리를 제시하고 있다.

② 허쯔버그(Herzberg)의 2요인이론(two factor theory)에 의하면 급여, 성취감과 같은 위생 요인이 충족되면 만족도가 증가된다.

③ 핵크만(Hackman)과 올드햄(Oldham)의 직무특성이론에 의하면 성장욕구 수준이 높은 사람은 직무정체성이 높은 직무를 수행할 때 동기부여 수준이 높아진다.

④ 목표설정이론(goal setting theory)에 의하면 구체적인 목표를 설정할 때 성과가 높아진다.

⑤ 공정성이론(equity theory)에 의하면 허쯔버그가 제시한 위생 요인과 동기 요인 모두가 개인이 받는 보상(산출물)에 포함될 수 있다.

06 동기부여이론에 관한 다음 설명 중 가장 적절하지 않은 것은? 2013년 공인회계사

① 허쯔버그(Herzberg)의 2요인이론에 의하면, 회사의 정책, 작업조건, 급여 등의 요건이 충족되어도 만족도가 증가하지는 않는다.

② 기대이론에 의하면, 개인이 특정한 성과를 달성했을 때 최종적인 보상을 받을 수 있는 가능성에 대한 주관적 믿음을 기대라고 하며, 이는 '0'부터 '1'까지의 값을 가진다.

③ 공정성이론에 의하면, 과다보상을 받았다고 인식할 경우에도 비교대상이 되는 사람을 변경하거나 다른 사람의 투입과 산출을 다르게 해석하려고 노력할 수 있다.

④ 핵크만(Hackman)과 올드햄(Oldham)의 직무특성이론(Job Characteristics Theory)에 의하면, 직무의 자율성이 '0'의 값을 가지면 잠재적 동기지수(MPS: Motivating Potential Score)는 '0'의 값을 가진다.

⑤ 목표설정이론(Goal Setting Theory)에 의하면, 목표의 특성과 종류뿐만 아니라 상황적 요인에 따라서도 성과가 달라질 수 있다.

20장 퇴직관리와 상시적 구조조정

학습목표

1. 퇴직관리의 필요성과 개념에 대해 이해한다.
2. 퇴직관리의 성격과 시사점을 이해한다.
3. 상시적 구조조정에 대해 학습한다.

실제 사례

2000년대 초반 벤처기업 CEO들의 가장 큰 고민거리는 채용 문제였다. 신입직원들도 직장을 마치 프리랜서처럼 쉽게 자주 이직하기 때문이었다. 종신고용(終身雇用)이 보편적이었던 우리나라의 직장풍토는 IMF 구제금융 이후 급속하게 미국식으로 변화하기 시작했다. 김대중 정부는 IMF의 구제금융을 지원 받는 조건으로 기업이 근로자를 쉽게 해고할 수 있는 노동시장의 유연화정책을 실시했다. 기업도 기업경쟁력 확보 차원에서 구조조정을 했다. 그 결과 임직원들에게 더 이상 회사에 충성하지 않게 되었다.

기업가족주의를 내세우던 기업은 상시적 구조조정을 인사관리의 하나의 활동으로 양성화 하는 추세가 확산되었고, 직장인은 평생직장 의식을 버리고 평생직업 의식으로 경력개발 차원에서 직장이동을 하는 추세가 확산되었다.

이직은 매우 계획적이고 체계적으로 실행될 필요가 있다. 직장인들은 1년 이상만 같은 회사에 근무를 해도 '자기만 정체되어있지 않나'하는 생각에 이리저리 이력서를 넣어보고 혹여 채용이 되면 입사해 보았다가 조금만 마음에 맞지 않아도 다시 뛰쳐나오는 일이 벌어지기도 했다. 이러한 충동적인 이직은 종업원 본인뿐 아니라 기업에도 큰 타격을 준다. 마찬가지로 회사도 퇴직관리와 상시적 구조조정을 시스템적으로 하는데 있어서 기업뿐만 아니라 종업원의 경력개발관리 차원에서 접근할 필요가 있다.

중간관리자의 75%가 직장생활 중 세번 이상 이직하는 것으로 보인다. 직원들은 타

회사의 수시채용에 스스로 지원해 이직을 하거나 헤드헌터를 통해 이직에 성공하기도 한다. '온라인 사이트'나 '개별 스카우트' 등에 의해서도 이직하기도 한다.

이직 동기로는 연봉, 복지 · 처우 조건, 명예 · 지위 향상, 대인관계 문제 등인데, 특히 상사와의 관계 악화가 많다. 업종별로 IT 계열이나 컨설팅 분야의 이직률이 높다.

01 퇴직관리

퇴직관리란 무엇인가?

퇴직(retirement)이란 개인적 사유 또는 회사 차원의 사유로 직원과 회사 간의 고용관계가 종료되는 것으로 해당 조직원으로서의 신분상의 합법적인 자격을 상실함을 의미한다. 임직원의 퇴직사유는 일신상의 사정, 가정 사정, 사망, 고용계약의 만료나 정년, 명예퇴직 등이 있다. 이처럼 여러 가지 사유가 있는 퇴직은 주관적 퇴직, 객관적 퇴직, 고용시간에 기초한 퇴직(Palmore *et al.*, 19853) 등 다양한 유형이 있는데(Atchley, 1980), 이직, 정년퇴직(은퇴), 명예퇴직(조기퇴직: Early retirement)이 대표적이다.

이직(turn over)은 직원이 소속된 조직으로부터 떠나는 것으로 종업원 개인의 의사결정에 의해 이직하려는 자발적 이직[voluntary separation = 사직(quit, resignation)]과 조직의 결정에 의해 이직하는 비자발적 이직[involuntary separation = 면직 = 해고(fire, lay off)]으로 구분된다.

자발적 이직은 개인의 의사결정에 따른 이직으로서 조직에 대해 불만이 있거나 보다 나은 기회를 찾기 위해 다른 기업으로 옮기는 경우나, 개인적인 사정으로 결혼, 임신, 출산, 질병, 가족의 이동 등으로 조직을 떠나는 경우로 행정적으로 '의원면직' 처리된다. 자발적 이직을 결정하게 되는 원인들로는, ① 보다 나은 직무를 찾아서, ② 통근조건, 작업조건, 교대근무의 어려움 때문에, ③ 다른 종업원들이나 동료들 때문에, ④ 성취감을 못 느껴서(직무만족을 못 느껴서), ⑤ 집안사정, 결혼, 임신, 가족의 이주 등으로 일할 수 없게 되어 서 등이 있다. 우리나라에서 흔히 사용되는 사직 사유는 '진학'이나 '개인사정' 등이다.

- **사직(resignation)**: 개인의 의사결정에 따른 이직, 협의의 이직
  - 조직에 불만이 있거나 보다 나은 기회를 찾기 위해 다른 기업으로 옮기는 경우
  - 결혼, 임신, 출산, 질병, 가족의 이동 등으로 조직을 떠나는 경우
- **자발적 이직원인**
  ① 보다 나은 직무를 찾아서
  ② 통근조건, 작업조건, 교대근무의 어려움 때문에
  ③ 다른 종업원들이나 동료들 때문에
  ④ 성취감을 못 느껴서(직무만족을 못 느껴서)
  ⑤ 집안사정, 결혼, 임신, 가족의 이주 등으로 일할 수 없게 되는 데서

[표 20-1] 이직의 원인 변수

직무 관련 요인	개인특성 요인	외부환경 요인
• 임금 • 업무 성과 • 직무명확도 • 직무만족도 • 임금에 대한 만족도 • 직무 자체에 대한 만족도 • 감독자에 대한 만족도 • 동료에 대한 만족도 • 승진기회에 대한 만족도	• 조직 충성도 • 연령 • 근속연수 • 성별 • 교육 • 결혼 여부 • 부양자 수 • 적성 및 능력 • 지능 • 이직의도 • 기대감에 대한 충족도	• 고용에 관한 인지 • 실업률 • 취업가능률 • 노동조합의 유무

면직이란 조직의 의사결정에 의한 이직으로, 종업원의 의사와는 관계없이, 사용자나 조직의 입장에서 강제되는 것과 조직의 규칙위반으로 인한 것이 강제의 원인이 된다.

회피가능성의 여부에 따른 이직분류로 경영자의 노력에 의해서 그 발생을 최소화할 수 있는 회피가능이직(avoidable separation)과 종업원의 질병, 사망 등의 불가피한 원인에 의해 발생하는 회피불가능이직(unavoidable separation)이 있다.

이직의 원인을 "유인과 공헌과의 관계" 관점에서 보면, 종업원은 기업이 제공하는 유인이 자기의 공헌도와 최소한 같거나 더 많을 때 기업에 남게 된다. 따라서 종업원은 그가 원하는 보상을 기업이 충족시켜 주지 못하면 조직을 떠나게 된다.

| 그림 20-1 |

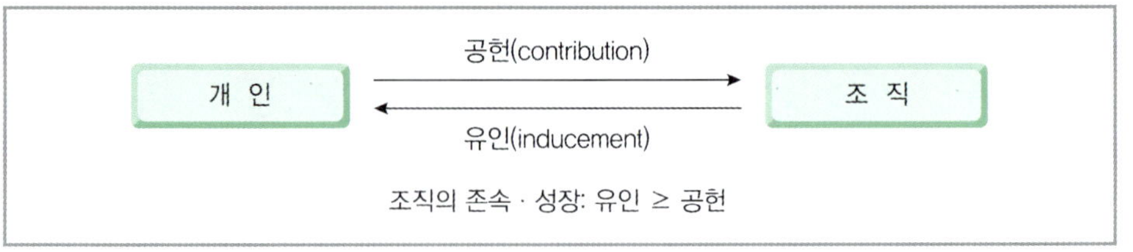

비자발적 이직은 회사가 고용관계의 해지를 주도하는 것으로 일시해고(lay-off), 징계해고(discharge), 정년퇴직(retirement) 등이 있다. 면직은 조직의 의사결정에 의한 이직으로 직원의 의사와는 관계없이, 사용자나 조직의 입장에서 강제되는 것과 조직의 규칙 위반으로 인한 것이 강제의 원인이 된다.

- 정년퇴직: 직원이 일정한 연령에 도달했을 때 회사와 직원 간의 고용관계를 자동적으로 단절하는 것을 말한다. 서구의 경우 우리나라처럼 통상적으로 말하는 정년은 드물고 노령연금을 지급 받게 되는 나이에 퇴직하는 것이 보통이다.
- 명예퇴직: 노동능력과 일할 의사가 있는 사람을 연령의 이유와 상관없이 경영합리화, 불경기의 이유로 자의 반 타의 반으로 퇴직시키는 것이다.
- 은퇴: 은퇴의 사전적 의미는 주로 고령을 이유로 현직에서 물러나 일을 그만 두는 것을 의미한다(Dennis, 1984). 은퇴는 어떤 업무를 더 이상 수행하지 않는 상태를 의미한다.

이러한 퇴직을 조직(회사)가 주도적으로 관리하는 활동이 퇴직관리이다. 회사 입장에서 퇴직관리는 사내 인력의 퇴직 상황을 파악하고 예측하며 적정한 수준의 퇴직 수준을 유지 · 관리하며, 퇴직결정을 전후해 발생하는 문제들을 해결하는 데 초점을 둔 인적자원관리의 하위 기능 활동이다. 그리고 경력개발관리 관점 및 복리후생 관점과 연결되어 퇴직관리는 직원들이 퇴직을 준비, 관리하고 직원 개인에 대해서는 퇴직 후에도 안정된 생활을 가질 수 있도록 지원해 주는 활동으로 변화해 오고 있다. 퇴직관리는 경력개발관리의 관점에서 퇴직을 미리 준비하고 제2의 삶과 경력을 위해 생애를 설계함으로써 퇴직 후에도 안정된 생활을 할 수 있는 역량을 갖출 수 있도록 하고 기회를 함께 탐색하는 제도이다.

퇴직관리, 왜 필요한가?

50대와 60대 직원의 많은 직원이 은퇴로 인한 재능 있는 근로자의 부족은 위협이 되고 있다. "퇴직관리"는 더 이상 현재 직원이 퇴직하는 것과 관련된 문제 이상의 문제이다. 오늘날 종업원들은 평생직장의 개념을 버린지 오래고 언제든지 더 나은 조건의 회사를 향해서 전직할 준비 활동을 벌인다. 직원들은 자신들의 경력개발관리 활동을 하고 있다.[1] 과연 내가 이 회사 이 부서 이 직무에 있는 것이 만족스러운 것인가 괜찮은 것인가를 반문하고 지낸다. IMF 구조조정 이후로 종신직장, 종신고용의 개념이 흔들리고 기업의 구조조정이 빈번해지고 필수불가결한 상황이 되면서 이직과 퇴직에 따른 사회적 문제가 대두되고 있다. 한 직장에 만족하지 못하고 잦은 이동을 하며 기업 경쟁력에 악영향을 끼치는 이직은 개인에게는 더 낳은 대우를 바라는 행복한 고민이겠지만 기업에게는 고급인력의 유출로 결과 되는 기업의 경쟁력 재고에 문제가 된다.

종업원에게 일반적으로 퇴직은 매우 큰 충격 요인이며, 사회적으로 부정적인 인식이 크다. 일자리를 잃게 되는 것은 사회적 죽음(social death)이기 때문이다. 맡겨진 일과 역할이 없는 상태로 정리해고나 명예퇴직 등이 새로운 직무경험의 기회로 활용되기보다 무능력자로 인식되는 경향이 있다. 퇴직에 대해 이야기하는 것을 꺼리고 터부시 하고 있다. 이것은 평생직장시대의 조직의존적인 관념은 완전히 떨치지 못했기 때문이다. 퇴직관리에 대한 부정적인 이미지는 퇴직관리에 대한 관심부족과 폐쇄적인 퇴직관리로 이어지고 결과적으로 종업원의 신뢰를 상실하는 원인이 될 수 있다.

퇴직은 누구나 한번은 겪어야 할 일이므로, 퇴직에 대해 전향적인 관점에서 접근할 필요가 있다. 사람들은 퇴직 후에도 일을 계속하려고 하거나 또 다른 일을 하는 경우가 대부분이다. 퇴직은 종업원이 전임 직원(full time worker)으로서 일하는 것보다 적은 시간 또는 비전임 직원(part time worker)으로 일하고 수입은 이전 직무에서 획득한 퇴직연금에 의존하여 있는 상태라고 할 수 있다 (Atchley, 1980).[2] 미국의 한 조사에서는 78%의 직원이 정상적인 퇴직 연령 후에도 일정 정도의 근무를 계속할 것이라고 응답했다. 불과 3분의 1만이 재정적인 이유로 업무를 계속할 계획이라고 밝혔다. 약 43%의 사람들

1) 특히 중소기업의 경우 중소기업의 경력이 대기업으로 전직할 수 있는 관문이 될 경우 중소기업은 높은 수준의 인력을 채용할 수 있다는 일부 주장도 있다. 대기업 입장에서는 직원 양성 비용을 절감할 수 있다는 베리트가 있다.

2) 우리나라의 공무원 연금법(1장 3조 3항)에 의하면, 퇴직은 면직, 사직, 기타 사망 외의 사유로 인한 모든 해직을 말하여 공무원의 자격이 소멸되는 경우라고 밝히고 있다.

이 활동을 계속하기를 원했다.

선진 기업들은 퇴직이 곧 제2의 인생출발이자 경력 확장의 기회로 인식한다. 예를 들어, 미국의 근로자는 평생 평균 7개 직장을 경험하는데, 이러한 잦은 이직이 부정적 이미지로 작용하지 않고 있다. 퇴직 및 해고에 임하는 기업 및 개인의 자세가 아직도 부정적인 경우가 대부분이기에 공개적이기보다는 인사부서를 중심으로 한 폐쇄적인 퇴직관리를 하고 있다. 결과적으로 회사에 대한 종업원의 신뢰를 상실케 하고 있는 상태이다.

경력개발관리 차원으로 퇴직관리가 양성화될 필요가 있다. 종업원의 퇴직은 후배 직원들에게 그들의 미래와 경력경로를 보여주는 대표적인 사례가 된다. 회사가 퇴직관리 시스템을 잘 구축하고 운영할 경우, 직원들의 경력개발관리 측면에서 큰 도움이 될 수 있을 뿐 아니라 후배 직원들의 회사에 대한 충성도와 모티베이션에 결정적인 영향을 줄 수 있다.

퇴직관리를 통해 종업원들로 하여금 회사를 캠퍼스처럼 여기도록 만들 수 있다. 즉, 회사생활을 통해 직원들은 자신들의 실력과 경력을 쌓아 올릴 수 있는 좋은 기회가 될 수 있도록 하는 것이다. 경력자 시장에서 높은 평가를 받을 수 있는 직장을 만들어야 하는 것이다. 회사가 종업원들의 개발에 더욱 투자하고 직원들은 회사의 성과목표 달성에 공헌하고 회사는 그에 대해 보상하며 더 높은 수준의 유망한 회사로 전직을 할 수 있도록 회사가 지원프로그램을 갖추고 있는 것은 직원들에게 또 하나의 동기부여가 될 수 있다.

직원들은 나이든 선배들이 어떤 대접을 받고 퇴직하는가를 보고 자신의 미래를 보기 때문에 퇴직 과정과 결과를 회사는 적극적으로 관리하는 프로그램을 실시할 필요가 있다. 퇴직관리는 직원 중시 경영의 실천으로 기업의 대외적 이미지를 높여 인력확보에도 긍정적으로 작용할 수 있도록 할 수 있다. 기업은 고령인력에 대한 재교육프로그램을 운영한다든지 아니면 퇴직예정자를 위한 프로그램을 운영함으로써 직원들의 사기진작을 도모할 수 있다.

인력계획 차원에서 퇴직관리는 중·장기적인 관점과 전체 조직 차원에서 관리해야만 한다. 중장기적으로 인력의 질적 수준을 향상시켜 인적자원경쟁력을 높여 종국적으로 조직경쟁력 강화에 기여할 수 있다. 잭 웰치가 경영했던 시기에 GE 관리자들은 매년 부하들을 평가하여 상위 20%인력과 하위10%의 인력을 구분하도록 본사로부터 요구 받는다. 하위 부진 인력 10%에게는 회사를 떠나도 좋다고 경고한다. 잭 웰치는 미래를 준비하는 경쟁력 있는 기업이 되기 위해서는 매년 하위 10%의 부진 인력을 퇴출시켜야 한다고 주장했다. 정년퇴직이나 명예퇴직을 앞둔 고령 인력(older workers)을 앞으로 어떤 인재들로 충원할 것인가를 고민해야 하는 것이다.

퇴직관리는 퇴직 관련 데이터 관리를 할 필요가 있다. 인구통계학적 분석, 회사 직원의 평균 퇴직 연령 결정, 퇴직이 고용주의 건강관리 및 연금 급여에 미치는 영향에 대한 자료 분석이 포함되어야 한다. 고용주는 "퇴직 문제"의 범위를 결정하고 사실에 근거한 인력계획 단계를 취하여 이를 해결할 수 있다.

한국기업 퇴직관리의 현황과 이슈

① 한국 기업의 퇴직관리는 인건비 절감으로 경영효율성 제고를 목표로 하는 경우가 많다. 한국 기업들에서 퇴직관리가 평상시 장기적 차원에서 이루어지기보다 일시적 경영난 극복을 위해서 실시되는 경우가 많다. 퇴직관리가 퇴직이나 정리해고를 앞둔 대상으로 추진됨에 따라 노사불신이 형성되었다. 한국기업들은 대규모 고용조정이 예견될 경우, 노조나 사회와의 마찰을 최소화하기 위해 인력구조조정 T/F를 구성하여 퇴직한다. 인력구조조정 후 T/F는 해체되고 사후관리도 더 이상 하지 않는다. 대부분의 한국기업은 퇴직관리를 경력개발관리 차원에서 접근하기보다 경영효율성 제고 차원에서 접근하는 경우가 많다.

반면, 선진기업들은 오래 전부터 장기적 측면에서 인력의 효과적 퇴진을 준비하고 실천하는 아웃플레이스먼트를 추진하였으며, 또한 사전적 경보와 다양한 퇴직지원시스템은 퇴직에 따른 노사갈등을 최소화하려고 했다.

② 퇴직관리가 아니라 퇴출관리를 회사 주도로 하면서 노사분쟁의 원인이 되고 있다. 퇴직관리가 정부의 신속한 구조조정의 마무리와 경영관리 후유증 최소화를 위한 수단으로만 인식되는 경향이 있다. 정리해고가 법제화되면서 한국 기업들도 경영상의 이유로 합법적으로 인원감축을 할 수 있게 되었지만, 노동계의 강력한 반발에 부딪혀 노사관계가 악화되었다. 퇴직자가 기업을 대상으로 법적 소송을 많이 하고 있자, 기업들은 후유증 최소화 차원에서 선진형 퇴직관리의 필요성을 인식하기 시작하였다. 종업원의 참여와 공감대가 부족한 회사 주도의 일방적 퇴직관리로 노사분쟁의 원인이 되고 있다. 퇴직자 선정에 있어 선정기준과 평가 방법 그리고 절차적 공정성이 큰 이슈가 되고

있다.

③ 인력감축 과정에서 나타나는 문제점은 우수한 인재의 퇴사, 조직구성원들 간의 고용불안감의 확산과 사기 저하, 퇴직금 등 인건비의 증가 등이 초래된다. 명예퇴직제도를 도입한 결과, 기대와 달리 우수한 인력들이 명예퇴직을 신청하는 현상이 나타났다.

퇴직관리는 양성화시켜야 한다. 명확한 고용정책과 함께 종업원들이 사전에 예측 가능한 퇴직관리를 실시할 필요가 있다. 체계적인 전직 지원시스템을 구축하고 운영함으로써 유연하고 자연스러운 퇴직이 이루어지도록 할 필요가 있다. 일본 기업들은 정리해고 이전에 고용가능성을 제고시키는 노력을 먼저 기울인다. 될 수 있는 한 종업원들이 스스로 선택하고 자립할 수 있는 퇴직제도를 운영한다. 희망퇴직제도나 퇴직장려금이 그 예이다.

④ 퇴직관리가 긍정적인 분위기 속에서 운영되기 위해서는 퇴직에 대한 사전적인 경고와 준비, 그리고 종업원의 선택과 이에 대한 회사의 지원 체제가 구축된 '퇴직 프로세스'가 구축될 필요가 있다. 종업원 개개인의 의사와 선택을 존중하는 참여적 퇴직관리 시스템을 구축할 필요가 있다. 개방적이고 상시적인 퇴직지원제도는 수용도가 높아지고 불만족도가 낮아질 수 있다.

실제 사례

도요타자동차는 고용안정을 노사 신뢰구축의 선결요건으로 인식한다. 장기고용을 중시한다. 오쿠다히로시 현 회장은 "자산을 팔아서라도 고용을 지킨다"라고 한다. 고용보장이 경영자의 의무임을 강조했다.

- **출향제도**: 도요타는 출향제도를 시행해 왔다. 중고령자 인력을 해고하는 대신 도요타가 출자한 자회사나 분사의 기술지도 또는 임원계층 등으로 출향시켜 60세까지 일할 수 있게 배려하는 제도이다. 실제로 1993년 버블이 꺼진 후 불황이 장기화 되었을 때에도 도요타는 기능인력 175명을 3개월간 도요타 차체에 출향 형태로 파견하였다. 1차 협력사에 매년 120~130명의 인력을 출향 또는 전적시킴으로써 장기고용을 유지하고 있다. 출향제도는 도요타에 550여 개에 달하는 자회사가 있고, 출향한 인력들이 헌신적으로 기술지도를 하여 완성차의 품질향상에 크게 기여하고 있다. 출향 자체가 모회사에겐 인력적체 해소를 위한 퇴직관리가 되지만 자회사에 있어서는 품질개선

과 기술전수가 되는 인력활용의 선순환 메커니즘이 작동되도록 하는 것이다. 단순한 인건비 삭감을 위한 전직 또는 퇴직관리와는 다르다. 출향제도는 모기업의 인력적체 해소에 도움이 되고 자회사에겐 부족한 경험과 기술전수를 가능하게 하는 선순환구조를 갖추고 있다.

- **재고용제도**: 일본은 고령자 고용 안정법을 개정하여, 2006년부터 고용연령이 단계적으로 올라가 2013년에는 정년이 연장되도록 하였다. 일본 기업들은 정년을 65세로 하든지, 60세 정년 후 65세까지 계속 고용제도를 도입하든지, 정년제를 폐지해야 한다. 도요타는 2005년 7월 재고용의 기준으로 건강, 직무수행능력과 기능, 팀워크 및 직무태도와 같은 평가기준을 설정하고 종업원을 선별해 65세까지 재고용하는 제도를 도입하기로 결정하였다.
  도요타에서는 나이가 55세 이상 되면 매년 평가기준에 의해 평가하고, 이후 근로자가 60세가 되면 지난 5년간의 평가기록을 토대로 우수 종업원만을 재고용하는 것이다. 재고용된 인력은 상근직으로 근무하되 매년 계약을 갱신하며 임금은 정년퇴직 시 수입의 반 정도이다. 재고용의 상한은 초기에 63세까지 단계적으로 65세까지 연장한다. 기업이 향후 필요한 숙련과 기술인력의 부족에 대처하도록 하고, 프로 커리어 컴백 제도 역시 우수 전문인력을 계속적으로 확보 활용하기 위한 전략이다.
- **Pro career Comeback 제도**: 2005년 8월 1일부터 사무기술직을 대상으로 실시한 제도로 배우자의 전근과 간호를 위해 퇴사하는 사원이 발생할 경우에 이들 중 전문성과 능력이 있는 직원을 대상으로 재고용 신청의 기회를 제공하는 제도이다. 직원들이 능동적으로 자신의 경력을 설계할 수 있게 해 줄 수 있다. 이 제도를 통해 도요타는 기술과 능력을 가진 우수 인력들이 장기간 도요타에서 자기 능력을 발휘할 수 있게 하고 있다.

퇴직관리 어떻게 할 것인가?

첫째, 경력개발 차원에서 상시적 퇴직관리시스템이 작동하도록 해야 한다. 퇴직관리가 평상시에 중 · 장기적 차원에서 지속적으로 이루어지지 않고 일시적으로 경영난을 극복하기 위해서 실행될 경우 회사와 직원들에게 미치는 충격이 매우 클 수 있다. 퇴직이나 정리해고를 앞둔 대상으로 추진됨에 따라 회사와 직원 간 신뢰가 깨지는 상황이 발생할 수 있다. 선진기업들은 오래 전부터 장기적 측면에서 인력의 효과적 퇴진을 준비하고 실천하는 아웃플레이스먼트를 실시하였다. 퇴직과 관련된 사전적 경보와 다양한 퇴직지원시스템은 퇴직에 따른 노사갈등을 최소화하는 데 일조할 수 있다.

둘째, 퇴직자에 대한 사후관리를 해야만 한다. 최근 퇴직자가 기업을 대상으로 한 법적 소송이 늘어나자, 기업들은 후유증 최소화 차원에서 선진형 퇴직관리의 필요성을 인식하기 시작하였다. 또한 명예퇴직금 등 구조조정 과정에서 추가적으로 요구되는 퇴직비용과 잘못된 구조조정으로 인한 인건비의 증대로 인해 사후관리가 전보다 더 중요시되고 있다.

셋째, 퇴직지원시스템을 운영할 필요가 있다. 직원의 참여와 공감대를 형성하지 못한 채 회사가 일방적으로 해온 퇴직관리는 노사분쟁의 원인을 제공할 수 있다. 인력구조조정의 필요성에 대한 공감대는 형성했지만 퇴직자 선정에 있어 평가기준과 프로세스가 미비될 경우 효과적인 퇴직관리를 실행할 수 없게 된다. 퇴직관리의 핵심 부분은 노사쌍방이 합의한 퇴직지원시스템을 운영하는 것이다. 대표적인 프로그램이 아웃플레이스먼트 제도이다. 평생직장 개념이 희미해지고 상시 구조조정 체제가 자리 잡으면서 '아웃플레이스먼트(Outplacement · 전직지원)' 제도를 도입하는 기업들이 늘고 있다. '아웃플레이스먼트' 제도는 기업들이 퇴직을 앞두거나 퇴직한 직원에게 재취업이나 창업 등 새로운 일자리를 찾는 데 필요한 교육과 지원을 해 주는 제도다. 1960년대 미국에서는 경영이 어려워진 기업들이 퇴직 대상자를 상대로 재취업 프로그램 등과 같은 지원을 하면서 시작된 제도로 1990년대 초 국내 일부 기업에서 이 제도를 도입하기 시작한 이후 외환위기를 거치면서 확산됐다. 이 제도는 회사로선 미래의 고객인 직원들의 애사심을 계속 유지시킬 수 있고 직원들도 안정적으로 미래를 준비할 수 있어 일석이조다. 따라서 전직지원제도가 채용과 능력개발에 이은 기업 인력관리의 마지막 단계로 자리 잡아 가고 있다.

다섯째, 사전적 경보시스템을 구축할 필요가 있다. 우리나라에서 실시된 바 있는 삼진아웃제는 3번 동일한 사항으로 적발되거나 기준조건을 충족시키지 못하였을 경우 퇴출시키는 제도로서 우리나라의 사회문화적 정서상 받아들여지는 퇴출제도이다.

여섯째, 공개적이고 양성화되어 종업원들로부터 수용될 수 있도록 해야 한다. 일방적 밀실 행정보다도 종업원과 회사가 상호 협의 · 조정하는 것이 장기적으로 비용을 절감하고 회사의 이미지를 유지할 수 있으며 조직을 안정화시킬 수 있다. 퇴직관리는 회사와 개인 모두가 윈윈할 수 있는 방향에서 설계되고 운영될 필요가 있다. 조직의 효율성을 향상시킴과 동시에 퇴사자의 이익과 인격과 기본생활을 보호할 수 있어야 한다. 퇴사자의 선택과 이익을 최대한 반영할 수 있도록 회사 측은 노력을 기울여야 할 것이다(강성철, 2007; 오석홍, 2005).

일곱째, 퇴직자 사후관리제도를 마련할 필요가 있다. 퇴직임원에 대해서 20년간 명절인사를 한다. 퇴직연금, 퇴직급여충당금, 국민연금, 기업연금, 실업급여 등의 제도적 혜택을 손쉽게 받을 수 있도록 서비스 대행을 해 주는 것도 한 가지 방법이다. 실업급여를 받을 수 있도록 해줄테니 사직서를 써달라는 식의 사직서 제출 유도 방법도 활용되곤 한다.

아웃플레이스먼트

기업들이 퇴직을 앞두거나 퇴직한 직원에게 재취업이나 창업 등 새로운 일자리를 찾는데 필요한 교육과 지원을 해 주는 제도이다. 퇴직자를 대상으로 실시하는 심리적 안정지원프로그램부터 전직지원프로그램을 회사가 단독으로 추진하거나 외부 전문컨설팅 업체를 활용하여 추진할 수도 있다. 구조조정 대상자의 심리적 안정지원프로그램부

아웃플레이스먼트 프로그램 내용의 예

① **임원급 퇴직예정자 프로그램**: 임원에 대해서는 전문직업에서 요구되는 지식과 기술, 그리고 전용으로 이용할 수 있는 충분한 시설물, 전담전문비서 지원을 제공합니다.

② **무제한적 1:1 프로그램**: 제한 없는 전문 카운슬링을 제공하는데 있어 직업을 찾는 모든 방법을 지원해줍니다.

③ **제한적 1:1 프로그램**: 서비스 기간에 대하여 제한을 두고 직업 찾기에 도움을 줍니다.

④ **주문형 직무탐색 프로그램**: 개인과 조직의 개별적 필요를 충족시키기 위해 인적자원개발 전문가와 회사 인사담당부서의 공동협의 하에 재취업을 지원합니다.

⑤ **조기퇴직 카운슬링 프로그램**: 퇴직예정자들이 퇴직 후 재취업할 계획 설계, 건강관리, 취미, 원만한 인간관계 등을 다룹니다.

⑥ **자산투자계획 카운슬링 프로그램**: 개인의 목표, 요구, 필요에 따라 재정상 요구되는 것들을 심도있게 분석하여 실행할 수 있는 자산투자계획의 수립을 지원합니다.

터 전직지원프로그램에 이르기까지를 포함한다. 아웃플레이스먼트 제도는 미래의 고객인 직원들의 애사심을 계속 유지시킬 수 있다는 장점이 있다는 주장이 있지만, 우리나라 조직 현장에서는 자발적이고 긍정적인 분위기 하에서 아웃플레이스먼트 프로그램이 운영되기 힘들기 때문에 이와 같은 효과를 기대하기가 어려울 수 있다.

평생직장 개념이 희미해지고 상시 구조조정 체제가 확산되면서 '아웃플레이스먼트(Outplacement · 전직지원)' 제도를 도입하는 한국 기업들이 증가하여 왔다. 1990년대 초 국내 일부 기업에서 이 제도를 도입하기 시작한 이후 외환위기를 거치면서 확산됐다. '아웃플레이스먼트'는 1960년대 미국에서는 경영이 어려워진 기업들이 퇴직 대상자를 상대로 재취업프로그램 등과 같은 지원을 하면서 시작된 제도이다. 2001년부터 실시해 온 포스코의 '그린 라이프 디자인(Green Life Design)'은 아웃플레이스먼트 사례이다.

그림 20-2 아웃플레이스먼트 절차

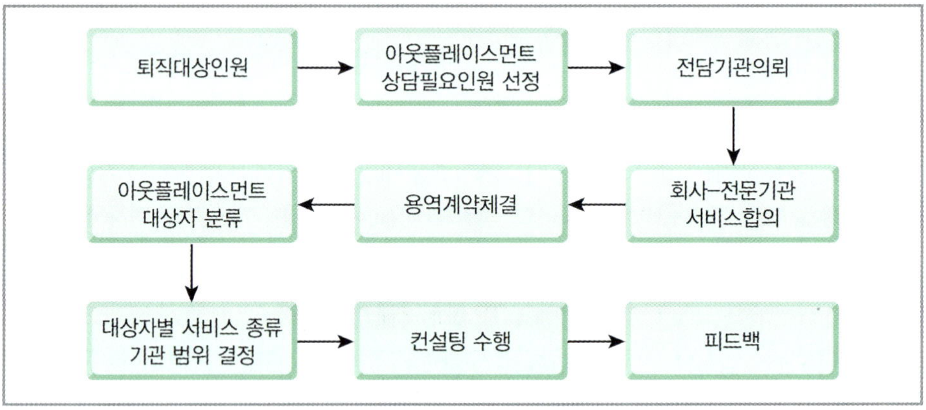

실제 사례

① 포항제철 - 포스코 그린 라이프제

- 지원내용: 학원수강지원, 사회위탁교육, 포스코 그린 라이프 연수회 개최 등
- 학원수강지원 - 주택관리사, 자동차정비사, 공인중개사 등
  - 월 60만 원 범위 내
- 그린 라이프 연수회 - 퇴직금 활용 방법과 건강관리법 등 교육

② 대상그룹 - 관리직 정년도래자 관리제(실버인사제)

• '정년이 두렵지 않다'라는 캐치프레이즈를 내걸고 제2의 인생설계프로그램
• 대상 - 정년을 6개월 앞둔 관리직 사원
• 프로그램내용 - 사내강사, 후임자 업무지도, 차상위자 자문, 퇴직 후 인생설계, 사외파견 교육지원 등

③ 현대자동차써비스 - 창업지원제
• 회사에서의 경험을 살려 개인사업자로 새로운 인생을 시작할 수 있도록 자동차정비 공장을 설립하는 퇴직임원들에게 최고 6억 원까지 대여

02 상시적 구조조정시스템의 운영

상시적 구조조정이란 무엇인가

구조조정(business restructuring)은 효율을 높이기 위해 조직의 내부구조를 변화시키는 것을 말한다. 'Restructuring'이라는 단어가 구조조정이라는 의미로 쓰이기 시작한 것은 1981년 레이건 대통령이 취임 후 공급중심의 경제정책을 채택하면서부터이다. 빠르게 변화하는 경제환경 변화에 적응하기 위해 기업이 사업구조, 소유구조, 자본구조, 경영구조, 지배구조 등을 변화시키지 않으면 뒤쳐지거나 살아남기 힘들다는 패러다임에 입각하고 있다. 한국에서는 1997년 IMF를 겪으며 여러 기업들은 조직원의 인원을 감축, 퇴출시키고, 조직을 매각, 폐쇄하며 '규모의 조정'을 중점적으로 감행하였다. 이로 인해 한국에서는 구조조정이 부정적인 의미로 받아들여지고 있다.

상시적 구조조정(ongoing restructuring)이란 구조조정의 상시적인 시행을 의미한다. 상시적인 기업구조조정체제가 구축되기 위해서는 무엇보다 기업부실의 재발방지를 위한 시장기능이 강화되어야 하며, 이를 위해 신용위험에 따른 여신금리의 차별화 등 금융기관의 체계적인 위험관리시스템이 작동되어야 한다. 또한 결합재무제표를 활용한 기업의 재무구조 건전화를 유도하기 위해 결합재무제표의 정보가 FLC(잠재부실을 반영한 자산건전성 분류기준) 평가에 적절히 반영될 수 있도록 점검해야 한다.

제도적인 측면에서는 금융기관의 원활한 부실기업 처리를 위해 자동정지제도, 절대우선원칙 등의 도입을 통해 도산제도를 개선할 필요가 있다. 국회는 이러한 상시구조조

정시스템의 정착을 위해 2001년 7월 「기업구조조정촉진법」을 제정하였고, 이 법은 2001년 9월부터 시행되고 있다.

구조조정은 단순히 정리해고나 몇몇 사업 부문의 정리 등에 국한될 수 없다. 구조조정의 궁극적 목표가 새로운 기업문화 도입과 경영 활동 혁신을 통해 새로운 기업을 만드는 데 있기 때문이다. 즉, 경제발전 등 여건 변화에 따라 경쟁력이 떨어지는 비교열위 업종이 점차 도태되면서 고부가가치산업을 중심으로 산업구조가 고도화되는 과정을 일컫는다.

이러한 구조조정은 기업단위뿐만 아니라 국가경제나 공공 부문 차원으로 확대될 수 있다. 이는 산업구조의 조정 과정에서 나타나는 기업의 무더기 도산, 대량실업 등의 부작용을 줄이면서 경제 여건에 걸맞는 고부가가치산업으로 이행하도록 세제 · 금융지원을 해주는 정책을 의미한다.

구조조정은 '준비 – 실행 – 내재화' 등 크게 3단계를 거치며, 각 단계는 짧게는 수주일에서 길게는 수년에 걸쳐 일어난다.

상시적 구조조정 체제를 구축하는 것이 좋은가?

상시적 구조조정 체제는 지속적으로 인적자원의 질을 향상시키고 적정인력의 양을 유지할 수 있도록 하는 인력관리시스템이다.

인적자원의 질을 지속적으로 향상시키는 대표적인 제도는 GE의 10% 인력관리시스템이다. 서울특별시에서 이를 벤치마킹하여 실시하는 제도가 3% 퇴출제도이다.

실제 사례

1990년대의 GE 관리자들은 매년 부하들을 평가하여 상위 20%인력과 하위10%의 인력을 구분하도록 본사로부터 요구받는다. 하위 부진 인력 10%에게는 회사를 떠나도 좋다고 경고한다. 잭 웰치는 미래를 준비라는 경쟁력 있는 기업이 되기 위해서는 매년 하위 10%의 부진 인력을 퇴출시켜야 한다고 주장한다.

출처: New York Times, 2001.5.19.

적정인력의 양을 유지할 수 있도록 관리하는 기법은 적정인력 산정기법과 인력감축 및 충원기법이다.

[표 20-1] 인력감축기법

노동시간 단축	• 희생이 적은 인력감축기법 • 시급근로자일 경우 효과적 • 고정비 성격의 간접임금이 높은 경우 부적합
자연감원 신규채용중단	• 비정규 종업원의 채용중지/해고 외주삭감 경우 정규인력 보호 • 퇴직자 비율이 연간 2~3%이므로 자연감원은 감축속도 느림 • 장기적 인력계획상 인력구조의 왜곡을 초래함
배치전환	• 기업 내 배치전환 경우: 시장 수급상황이 상이한 제품다각화 필요 • 기업 외 배치전환 경우: 계열관계나 자본관계가 있는 회사여야함
노무비 삭감	• 근로자 생계 위협 • 노사분쟁 가능성 있음
일시 귀휴	• 휴업수당(평균 임금의 60% 이상) 지급분을 정부가 보조 • 일시적인 방편에 불과함
희망 퇴직	• 중고령 근로자에 대해 퇴직신청을 받아 의원면직하도록 하는 제도 • 실제적으로는 반 강제퇴직의 성격임
해고	• 신속한 인력감축 • 기업 이미지 하락과 잔류종업원의 사기 저하 가능성 있음

3% 강제퇴출제도를 서울특별시 오세훈 시장이 실시한 바 있다.

실제 사례

'철밥통' 공기업 퇴출시스템 속속 도입

한국소비자원 직원들은 1월 1일 인사를 보고 깜짝 놀랐다. 최고위 직급인 부서장 8명 중 절반이 보직 없이 팀원으로 밀려났고 26개 팀이 22개 팀으로 통폐합되면서 팀장 8명도 팀원으로 내려앉았다. 1987년 창립 이래 처음 있는 대규모 강등 인사였다.

팀원으로 강등된 부서장과 팀장은 1년 후 평가결과에 따라 다시 보직을 받을 수 있도록 했다. 만약 3년 연속 보직을 받지 못하면 완전히 짐을 싸야 한다. 소비자원은 '저성과자 관리프로그램'을 마련해 '3진 아웃' 퇴출 방안을 도입했다.

정년이 보장돼 '철밥통'으로 여겨져 온 공기업의 인사시스템에 경쟁체제가 도입되고 있다. 지난해 한국전력공사와 한국광물자원공사 간부들이 무보직 발령을 받아 화제가 된데 이어 다른 공기업들도 이같은 경쟁인사시스템을 속속 도입하고 있는 것이다.

소비자원의 고위 관계자는 "소비자원은 지난해 정부의 경영평가에서 기관장 해임권고를 받았을 만큼 성적이 나빴다"며 "인사 혁신을 통해 직원 간 경쟁을 높이고 조직에 긴장감을 불어넣기 위한 불가피한 조치"라고 말했다.

한국산업인력공단은 최근 기관장급(1급) 4명과 팀장급(2급) 8명에게 무보직 또는 하향 보직인사를 실시했다. 공단 측은 "매년 1급과 2급 정원의 10%를 이같이 발령할 것"이라며 일회성 조치가 아님을 강조했다.

한국가스안전공사는 지난해 하반기 119개인 팀을 99개로 줄이면서 성과가 낮은 간부 4명을 보직 없이 발령 냈다. 팀원으로 1년간 생활한 후 성과가 좋아야만 다시 보직을 받을 수 있다.

상시적 구조조정 관리의 원칙

명예퇴직은 은퇴를 앞둔 고령자들에게만 실시하는 것이 좋을 수 있다. 정년이 아직 많이 남은 직원들을 대상으로 실시하면 다른 곳으로 이직이 가능한 우수한 직원들이 우선적으로 빠져나가고 업무능력이 낮은 직원들만 남을 가능성이 크다.

경영상의 어려움으로 구조조정을 할 경우에, 어렵더라도 한 번에 충분한 인원을 정리하고 더 이상의 구조조정은 없다는 인식을 심어주어야 종업원들의 불안감을 종식시킬 수 있다. 계속적인 고용에 대한 불안은 종업원들로 하여금 다른 직장 찾기와 재테크에 열중하게 하여 업무 효율을 크게 떨어뜨리고 심한 경우 종업원들의 부정행위를 초래한다. 주기적인 구조조정은 조직에 악영향을 미칠 수 있다. 3년마다 구조조정을 했더니 불안감을 느낀 직원들이 자신들의 실리를 챙기기 시작했다. 부정행위 및 비리가 급증하였으며 전직을 위한 행동이나 전직에 유리한 행위를 하게 된 사례가 있다.

구조조정보다는 가능하다면, 종업원들의 의견을 묻고 동의를 얻어 내어 전체적으로 급여를 삭감하고 정리해고를 안 하는 것이 낫다. Worksharing, 고용조정, 금전 신분의 변동 등이 그것이다.

구조조정으로 퇴직시키는 사람에게는 회사가 형편이 좋아져서 사람을 충원하게 될 때, 본인이 원하면 다시 돌아올 수 있다는 것을 약속한다.

해고통보는 소문보다 상관이 불러 직접 최초로 전달하게 하고 "그 동안 수고했다"는 말을 덧붙인다.

사직하고 경쟁회사로 갈 가능성이 있는 종업원에게는 '경쟁금지협약'을 체결한다. 구조조정으로 인하 고용불안감으로 부작용이 초래될 수 있다. 대표적인 부작용은 핵심인재가 이직을 결정하게 되는 경우이다. 기술인력이나 영업인력 중 핵심인재가 전직을 하게 될 경우, 기술유출이나 영업비밀이 유출될 수도 있다. 이런 경우 3년 이내에 경쟁회사에 취업하지 않겠다는 각서를 받아 놓기도 하지만, 법적으로는 민사소송을 제기할 수밖에 없고 입증하기도 어렵다. 따라서 핵심인재가 전직을 하게 될 경우 회사로서는 엄청난 타격을 입게 될 수 있다. 애초에 근로계약서를 쓸 때, '어디로 가면 얼마를 보상한다'고 명시하는 것도 한 방법이다. 종업원 본인이 심리적 부담감을 느끼게 되는데, 각서를 받을 경우 '배신하지 말자'는 취지의 충성도를 표현할 수 잇다. 법적 도의적 책임을 진다는 식의 문구를 계약서상에 삽입하는 것을 고려할 수 있다.

상시적 구조조정을 전면에 내세우지는 않는 것이 좋다. 해고나 구조조정은 최종적이고 최후의 칼이다. 업무집중도가 저하될 수 있다. 밥줄을 위협하는 것은 생명을 위협하는 것과 같다. '구조조정'이라는 용어는 사용하지 않는 것이 좋다. 한국에서 구조조정은 역사적으로 좋지 않은 느낌을 주는 용어로 정착되었다. '함께 살자' 전략이 좋다. 30~40% 깎고 감원 없이 가자는 전략이 좋다. 노동조합이 있는데 조직문화가 와해된 경우에는 노조투표를 했는데 '미운 거야' '자르자' 근로자의 개인차가 있다. '받고 나갈래 이제는 기회는 없다', '이거라도 나가는 게 낫지'이다.

실제 사례

퇴식 사선준비프로그램

- 정년퇴직으로 인한 구성원들의 경제적 · 심리적 충격을 완화하기 위한 제도
- 미국: 기업체의 1/3이 이 프로그램을 제공함

① 퇴직 사전상담(pre-retirement counselling)

- 퇴직 후의 생계유지와 이와 관련된 재정적 및 경제적 문제, 그리고 이에 대비하여 여러 가지 계획과 적응에 대한 전문적인 상담제공

② 퇴직 사전계획(pre-retirement planning)

- 퇴직 후의 생활안정을 위해 퇴직하기 오래 전부터 구성원의 저축계획을 적극 권장

하고 사무적 지원을 함

- 퇴직 후에도 다른 조직체로의 취업을 희망하는 구성원들에게 이에 필요한 기술을 습득하도록 협조

③ 점진적 퇴직(phased retirement)

- 퇴직에 따른 심리적 충격을 완화하기 위하여 퇴직자의 의사에 따라서 근무시간을 점차적으로 줄이고, 정신적 · 신체적으로 비교적 부담이 적은 직무에 배치함으로써 퇴직 과정을 점진적을 조정

합법적이고 정당한 해고

모든 직원의 퇴직이 자발적으로 이루어진 것은 아니다. 일부 경력계획 및 감정은 승진이나 은퇴가 아니라 회사와의 근로자 해고 - 비자발적인 해고로 끝난다. 예를 들어, 많은 해고가 나쁜 채용 결정과 함께 시작된다. 평가시험, 참고 및 배경조사, 약물검사 및 명확하게 정의 된 직업을 사용하면 해고의 필요성을 줄일 수 있다.

종업원의 해고는 근거 법령의 테두리 안에서 행해져야 한다. 우리나라 근로기준법 제23조(해고 등의 제한) 및 제24조(경영상의 이유에 의한 해고의 제한)를 지켜야 한다. 근로기준법에 부합할 수 있는 합법적인 해고는 긴박한 경영상의 필요가 있어야 하며, 사용자는 해고를 피하기 위한 성실한 노력을 다하여야 하며, 공정한 기준을 정하고 그에 따라 대상자를 선정하여야 하며, 사용자는 해고를 피하기 위한 방법 및 해고의 기준 등에 관하여 노동조합 내지 근로자 대표와 성실하게 협의하여야 한다.

근로기준법 제24조 제1항에 해당하는 사항으로 긴박한 경영상의 필요에 의한 해고이어야 한다. 긴박한 경영상의 필요 여부는 일부 부문만 기준으로 판단해서는 안 되며 전체를 대상으로 종합적으로 판단해야 한다. 일시적인 경영악화에 해당한다면 해고의 정당성을 확보하기 어려울 수도 있다. 회사가 일정 수의 근로자를 해고하지 않으면 경영악화로 사업을 계속할 수 없거나 적어도 기업 재정상 심히 곤란한 처지에 놓일 개연성이 있을 경우를 말하기도 한다. 긴박한 경영상의 사유로는 '계속되는 경영악화로 경영위기 직면', '경영악화방지를 위한 사업주의 양도 · 인수 · 합병', '일부 사업의 폐지, 업종의 전

환', '신기술의 도입, 기술혁신 등에 의한 작업 형태의 변경' 등으로 감원이 객관적으로 보아 합리성이 있는 경우 등이다. 우리나라 대법원 판례에서는 도산회피설 → 합리적 필요설 → 감량경영설의 입장으로 변화되고 있는 경향이지만, 법적 · 사실적 분쟁이 발생할 경우에는 그 요인을 종합적으로 검토하는 경향이 있다.

긴박한 경영상의 필요성을 인정한 판례들로는 '생산의 중단, 축소로 작업부서를 폐지한 사례', '취업규칙 등에 근거하여 경영합리화를 목적으로 직제를 개편한 사례', '방만한 경영에 따른 경쟁력 하락을 타개하기 위한 기구개편의 사례', '수익성 감소로 기업의 일부조직을 폐쇄한 사례'를 들 수 있다. 긴박한 경영상의 필요성이 인정되지 않는 사례들로는 '경영상 해고 후 경영실적이 호전된 사례', '경영상 해고 시점에서 다수의 근로자를 신규채용한 사례', '영업의 양도 · 양수 자체만으로는 일부 근로자를 제외한 사례' 등이다.

회사는 직원의 해고를 회피하려는 노력을 기울여야 한다. '경영방침의 개선 및 작업방식의 합리화', '근로시간(임금) 감축 등 인건비 절감', '신규채용 중지 또는 임시직의 재계약 정지', '일시휴업(휴직) 실시', '연장근로의 제한', '동시휴가', '배치전환, 사외파견, 전직훈련 등 다른 직종으로의 전환', '퇴직희망자 모집', '퇴직금 외에 위로금 지급' 등의 노력을 기울일 수 있다. 해고회피노력을 인정한 판례들로는 '사실상 해고 조치 외에 마땅한 방법이 없는 경우의 사례', '사무실 규모 축소, 임원의 임금동결, 촉탁직원의 권고사직 등의 사례', '신규채용중단 명예퇴직 실시 등을 실시한 사례' 등이다. 해고회피노력을 인정하지 않은 판례들로는 '경영합리화 조치, 신규채용 억제 등 적극적인 노력을 하지 않은 사례', '희망퇴직자, 인건비 절감, 휴직희망자 모집 등을 하지 않은 사례', '조업단축이나 배치전환의 노력을 하지 않은 사례' 등이다.

합리적이고 공정한 해고 대상자를 선정해야만 한다(근로기준법 제24조 제2항). 해고기준이 합리적이고 공정한 기준에 의하지 않으면 설사 긴박한 경영상의 필요성과 해고회피노력이 인정된다고 하더라도 해고 자체가 무효가 된다. 노사 간에 자율적으로 합의하여 '근로자 생활보호 측면'과 '기업이익 측면'을 적절히 조화할 수 있도록 해고대상자 선정 기준을 만들어야 한다. 합리적이고 공정하다고 본 판례로는 '일용근로자를 해고한 사례', '평소 근무성적, 상벌관계, 경력, 기능의 숙련도 등을 고려한 사례', '단기근속자 또는 입사경력이 적은 순으로 선정한 사례' 등이다. 반면 합리적이고 공정하지 못하다고 본 판례로는 '장기근속자를 우선 해고대상자로 한 사례', '근로자의 주관적 사정을 전혀 고려하지 않고 조정된 조직개편과 전혀 관계없는 직종 · 직급을 대상자로 한 사례', '정년에 가깝다는 이유로 경영상 해고한 사례' 등이다.

합리적이고 공정한 해고대상자 선정시스템을 구축하여야 한다. 사용자 측 입장에서는 '근무성적', '능력', 태도 고용 형태에 있어서 기업에 대한 귀속 정도 등을 고려할 수 있다. 근로자 측 입장에서는 근로자 연령, 근속기간, 피부양자 수, 재산 · 건강상태 등을 고려할 수 있다.

해고를 실행할 경우에는 해고 회피 방법 및 해고기준 등은 해고 60일 전에 근로자 대표에게 통보하고 성실하게 협의하여야 한다. 또한 해고 30일 전에 해고를 예고해야만 하며 해고 시에는 30일분의 통상임금을 지급하여야 한다. 해고사유나 해고예정인원, 근로자대표와의 협의내용, 해고 일정 등은 신고를 해야만 하는 신고사항이다. 이와 같은 절차를 지키지 않았을 경우에는 '부당해고'가 될 수 있으며, 소송 대상이 될 수 있다.

일괄사표 제출 후 선별수리를 통한 희망퇴직자 모집 시 유의할 점이 있다. 일정 근로자를 감원하기로 하고 전 근로자 또는 특정 부서의 모든 근로자에게 일괄하여 사표를 제출케 하고 그 중 일부의 사표를 수리하면서 희망퇴직자 형식을 취할 경우에 유의할 점이 있다. 첫째, 사용자가 사직서를 쓰도록 종용하고 근로자는 사표를 제출하지 않으면 유형 · 무형의 불이익 처분을 할 것으로 알고 종업원 본인이 쓴 사표가 수리될 것인지에 대한 확신을 할 수 없는 상황에서 진의 아닌 의사표시(민법 제107조)가 되어 부당해고가 될 가능성이 높다. 자진 사직을 권유하여 사직케(의원면직)한 경우에는 선정기준 및 과정에 잘못이 없으면 결과적으로 '해고'와 '자진 사직'의 선택을 맡긴 것으로 해석되어 정당행위가 될 가능성이 높다.

근로자 대표와의 성실한 협의를 하여야 한다(근로기준법 제24조 제3항). 절차적으로 요건으로서 필수적으로 충족하여야 한다. 협의는 해고하는 날의 50일 이전까지 근로자 대표에게 해고회피 방법 및 해고대상자 선정 기준을 통보하고 협의하여야 한다. '협의'이므로 필요한 사항을 상대방에게 설명하여 상대방의 의견을 듣고 또 질문에 성의껏 답변하는 것을 의미한다. 근로자 대표의 경우 다수의 근로자가 노사협의회 근로자위원 대신 다른 대표와의 선출을 원할 경우에는 별도의 선출절차를 거쳐야 한다. 선입된 근로자 대표가 계속되는 사용자 측의 협의 요청에도 불구하고 협의를 기피할 경우에는 근로자 스스로 권리를 포기한 것으로 간주한다. 성실하게 협의하였다고 본 판례는 '노사협의회에서 수차례 협의한 사례'이며 성실하게 협의하지 않았다고 본 판례로는 ' 근로자 대표와의 협의 없이 해고한 사례', '근로자 대표에게 일방적으로 해고계획을 통보만 하고 해고한 사례', '사용자가 해고회피 방법 및 해고기준을 제시하지 않고 협의를 한 사례

등이다.

고과성적이 저조하다는 사유만으로 해고할 수는 없다. 부당해고가 될 수 있으므로 해고된 직원이 소송을 제기하면 회사는 패소할 수 있다. 해고를 할 수 있으려면, '징계위원회'를 거칠 경우 가능하다. 해고에 있어서는 회사는 항상 소송 가능성에 대한 대비를 해야 한다.

특히 해고된 직원들의 감정을 복수심에 불탈 정도로 만들어서는 곤란하다. 해고당하는 종업원들의 분노를 줄이는 방법은 결과의 공정성(outcome fairness)을 기해야 한다. 절차의 공정성(procedural justice)을 기해야 한다. 일관성(consistency), 편견의 억제(bias suppression), 정보의 정확(information accuracy), 수정가능성(correctability), 대표성(representatives), 도덕성(ethicalith)을 확보해야만 한다. 해고 과정에서 회사 측은 해고되는 종업원과의 상호작용을 잘 해야 한다. 우선 간결하면서도 충분한 설명(explanation)을 해야 한다. 사회적 감수성(social sensitivity), 배려(consideration), 공감(empathy)을 해야 한다.

해고당하는 사람을 모욕하지 않고 자존감을 해치지 않는 것도 중요하지만, 업무 성과의 어느 부분이 표준에 못 미쳤는지 솔직하게 전달하는 것도 매우 중요하다. 해고당하는 사람을 모욕하지 않기 위해서 다른 이유를 말하면 나중에 소송을 당할 수도 있다.

참고: 근로기준법 관련 법조문

제23조(해고 등의 제한) ① 사용자는 근로자에게 정당한 이유 없이 해고, 휴직, 정직, 전직, 감봉, 그 밖의 징벌(懲罰)(이하 "부당해고 등"이라 한다)을 하지 못한다.

② 사용자는 근로자가 업무상 부상 또는 질병의 요양을 위하여 휴업한 기간과 그 후 30일 동안 또는 산전(産前) · 산후(産後)의 여성이 이 법에 따라 휴업한 기간과 그 후 30일 동안은 해고하지 못한다. 다만, 사용자가 제84조에 따라 일시보상을 하였을 경우 또는 사업을 계속할 수 없게 된 경우에는 그러하지 아니하다.

제24조(경영상 이유에 의한 해고의 제한) ① 사용자가 경영상 이유에 의하여 근로자를 해고하려면 긴박한 경영상의 필요가 있어야 한다. 이 경우 경영 악화를 방지하기 위한 사업의 양도 · 인수 · 합병은 긴박한 경영상의 필요가 있는 것으로 본다.

② 제1항의 경우에 사용자는 해고를 피하기 위한 노력을 다하여야 하며, 합리적이고 공정한 해고의 기준을 정하고 이에 따라 그 대상자를 선정하여야 한다. 이 경우 남녀의 성을 이유로 차별하여서는 아니 된다.

③ 사용자는 제2항에 따른 해고를 피하기 위한 방법과 해고의 기준 등에 관하여 그 사업 또는 사업장에 근로자의 과반수로 조직된 노동조합이 있는 경우에는 그 노동조합(근로자의 과반수로 조직된 노동조합이 없는 경우에는 근로자의 과반수를 대표하는 자를 말한다. 이하 "근로자 대표"라 한다)에 해고를 하려는 날의 50일 전까지 통보하고 성실하게 협의하여야 한다.

④ 사용자는 제1항에 따라 대통령령으로 정하는 일정한 규모 이상의 인원을 해고하려면 대통령령으로 정하는 바에 따라 고용노동부장관에게 신고하여야 한다.

⑤ 사용자가 제1항부터 제3항까지의 규정에 따른 요건을 갖추어 근로자를 해고한 경우에는 제23조제1항에 따른 정당한 이유가 있는 해고를 한 것으로 본다.

제107조(벌칙) 제7조, 제8조, 제9조, 제23조제2항 또는 제40조를 위반한 자는 5년 이하의 징역 또는 5천만원 이하의 벌금에 처한다.

해고의 영향

사회적 측면	기업은 고용을 확대하여 사회구성원들의 경제적 안정에 기여한다. 하지만 경영상 해고는 이러한 기업의 사회적 책임을 거슬러 윤리적인 문제를 유발시키는 원인이 된다.
경제적 측면	경영상 해고는 고용의 불합리성을 해소하는 결과를 가져온다. 즉, 기업은 낮은 임금을 유지하기 위해 기존의 고임금 근로자를 해고하고 저임금 신규인력을 채용하거나 잉여인력을 감축하고자 한다. 그러나 제도적 제한이나 노동조합의 압력 때문에 이를 시행하지 못하는데 경영상 해고는 이러한 불합리성을 해소하는 효과가 있다.
기업 내부적 측면	경영상 해고는 근로자의 의지와는 관계없이 외적인 요인에 의해 이루어지고 집단적으로 시행되기 때문에 사용자와 근로자 또는 노동조합 간에 긴장상태를 유발시키는 원인이 된다. 이는 협력적 노사관계보다는 갈등적 노사관계를 낳는 계기가 된다. 반면 기업의 분위기를 쇄신하고 새로운 기업문화를 재구축하는 긍정적 계기가 되기도 한다.
개인적 측면	경영상 해고는 근로자의 의지와는 관계없이 행해지기 때문에 조직 내에서 근로자들이 마음 놓고 경력을 쌓을 수 없는 중요한 요인으로 작용한다. 이것은 근로자 개인에게는 좌절감을 안겨주는 일이며, 나아가서 사회적으로는 소외, 아노미 현상과 같은 사회적 문제를 유발시킬 수 있다.

해고의 기업 측과 근로자 측의 긍정적 부정적 효과

구분	기업경영 측면	근로자 측면
긍정적 효과	• 경영상 해고가 기업에게 즉각적으로 경제적 부담을 덜어주는 가장 확실한 방법이다. • 기업 내 온정주의를 없애고 성과 위주로 인력관리를 할 수 있다. • 근로자에게 경각심을 불러일으켜 인력 수준의 하향평준화를 방지할 수 있다.	• 잔류자의 자율성과 책임감을 높이 지각, 수무수행에 있어서 더욱 적극성을 발휘. • 해고된 동료들에 대한 죄의식으로 인해 직무수행에 있어 더욱 적극적으로 성향 변화. • 잔류에 대한 보상심리로 인한 직무수행의 적극성 발휘.
부정적 효과	• 장기적으로 조직의 건강 및 전략에 부정적 영향을 미칠 수 있다. • 조직기강의 해이. • 업무에 대한 책임감 결여, 몰입도 감소. • 우수인력과 노하우 유출 등의 부작용 발생. • 근로자 사기저하로 경영 성과 하락의 악순환 발생. • 고용보장 회피에 따른 윤리적 비판.	• 경영상 해고의 충격과 후유증을 극복 못한 근로자들의 사기 저하. • 근로자의 허탈감, 불안감, 배신감 등의 심리적 역기능으로 육체적 건강에 악영향. • 생리적 스트레스를 유발, 콜레스테롤의 수치를 높여 육체적 · 정신적 건강을 위협하고 그에 따라 기업의 비용부담 증가. • 인수합병 시 피합병 회사의 근로자들의 정신적 고통과 가치관 및 문화의 일체감 형성의 어려움.

해고의 종류와 절차

"정당한 해고냐 부당한 해고냐?"	"해고가 미치는 영향은?
법과 사회 통념을 바탕으로 한 '정당성'(사유와 절차의 정당성)이 있느냐가 중요	사회, 경제적 측면, 기업 내부적 측면, 근로자 개인 측면 등 다각도의 영향 검토 필요
통상해고, 징계해고, 정리해고	정리해고
해고의 정당성 문제는 해고의 유형에서 그 기준을 간단히 살펴보았고, 사안별로 매우 다양한 형태로 제기	통상해고, 징계해고는 근로자 개개인을 상대로 한 해고로, 파급되는 영향이 제한적이나 정리해고는 영향이 매우 큼

통상해고

정의	• 근로자의 귀책사유가 없으나 개인의 정신적 · 육체적, 기타의 사유로 인해 법령, 단체협약, 취업규칙 및 근로계약 등에 규정된 근로제공의무를 충분히 이행할 수 없는 경우 이를 이유로 한 해고 처분

사례	• 질병 및 신체장애, 필요한 직무능력의 부족, 동료 직원과의 불화, 약물 및 알코올중독, 도벽, 성격이상
정당성의 인정범위	• 근로자가 자기의 사고로 신체적 장애가 발생한 경우, 계속적인 통원치료로 인해 조퇴와 병가를 반복하는 경우 • 자기 직무를 수행하기 위하여 필요한 근로적성을 갖추고 있지 못하였거나 그 적성을 기대할 수 없을 경우 • 기타 업무의 특성에 비추어 더 이상 근로관계 유지가 곤란하다는 것이 인정된 경우
절차	• 취업규칙상 정해진 징계절차를 반드시 따라야 하는 것은 아니나, 해고로 인한 근로자의 생활상 불이익을 최소화 할 수 있도록 협의하는 과정이 신의칙상 요구됨
의사표시 방법	• 사용자의 통상해고 의사표시가 근로자에게 도달하여야 하고, 근로기준법 제26조에 따른 해고예고를 하거나 해고수당을 지급함

징계해고

정의	• 여러 가지 징계 중 가장 중징계에 해당하는 것으로서 사회 통념상 근로관계를 계속 시킬 수 없을 정도로 근로자에게 책임이 있는 사유가 발생한 경우 취할 수 있는 징계적 해고
징계해고의 사유	• 근무태도 불량(무단결근, 직무태만, 허위사실유포, 직무수행능력부족, 인사명령 및 업무지시 위반) • 범법행위(업무상 횡령, 풍기문란, 유죄판결, 폭력행위, 업무방해, 직장질서문란행위) • 학력사칭, 근로자 고의과실에 의한 손해, 불법집단행위, 이중취업
절차	• 해고사유의 정당성이 인정된다 하더라도 단체협약이나 취업규칙에서 징계절차를 정리한 경우 이러한 절차를 위반한 징계해고는 원칙적으로 부당한 해고로써 무효임
문제점	• 해고사유의 정당성과 해고절차의 정당성이 동시에 충족되어야 하기 때문에 징계절차를 제대로 거쳤는가라는 문제와 징계사유에 대한 해고가 정당한가라는 문제가 쟁점이 될 수 있다.

정리해고

정의	• 경영상의 이유에 의한 해고 • 사용자가 경제적 · 산업구조적 · 기술적 성격에 기인한 기업합리화 계획에 따라 재직 근로자를 감축시키거나 그 인원구성을 바꾸기 위하여 행하는 해고
정당성 (정리해고의 요건)	• 긴박한 경영상의 필요 • 해고회피노력 • 합리적이고 공정한 해고기준의 설정 • 근로자 대표와의 사전협의

해고신고	• 일정 규모 이상의 인원을 해고하고자 할 때에는 고용노동부장관에게 신고(상시 99인 이하의 근로자를 사용하는 경우 10인 이상, 100인 이상 999인 이하의 근로자를 사용하는 경우 상시 근로자 수 10% 이상, 1,000인 이상의 근로자를 사용하는 경우 100인 이상의 근로자를 해고 하는 때에 적용됨) • 행정적 감시와 지도를 위한 것으로 해고의 효력에는 영향을 미치지 않음
근로자보호	• 사용자의 우선 재고용의무(해고한 날로부터 2년 이내에 채용) • 국가의 고용보장의무(해고근로자에 대한 생계안정, 재취업 등 필요조치)

정리해고(경영상의 이유에 의한 해고)의 요건과 절차

<table>
<tr><td>요건</td><td colspan="3">긴박한 경영상 필요발생
• 경영위기 직면
• 일부 사업 폐지
• 경영악화 방지를 위한 사업의 양수, 인수, 합병
• 신기술 도입, 기술혁신 등에 의한 합리적 감원</td></tr>
<tr><td rowspan="5">절차</td><td>해고회피 노력
• 작업축소, 동시휴가
• 근로시간 및 임금감축
• 신규채용금지
• 임시직 재계약 정지
• 배치전환, 시외파견
• 일시휴업(휴직), 명예퇴직제 실시</td><td>성실한 협의
(60일 전에
근로자 대표에
통보)</td><td>노동조합 및
근로자 대표</td></tr>
<tr><td>합리적 · 공정한 해고자 선정
• 피부양자가 없는 자, 전직 가능성이 높은 자
• 근무성적, 능력 낮은 자, 단기근속, 미숙련자
• 일용, 아르바이트 등
※ 남녀차별 금지</td><td>성실한 협의</td><td>• 해고회피, 대안 마련
• 해고자 선정기준에 대한 의견제시, 대안 마련</td></tr>
<tr><td colspan="3">해고 30일 전에 고용노동부에 신고(일정 인원 이상 해고 시)</td></tr>
<tr><td>경영상 이유에 의한 해고 실시</td><td colspan="2">30일 전 해고 예고 또는 수당(30일분 이상 통상임금) 지급</td></tr>
<tr><td>해고자 우선 재고용 노력</td><td colspan="2">경영상 해고 후 3년 내 신규채용 때</td></tr>
</table>

부당노동행위에 의한 해고

정의	근로자의 단결권, 단체교섭권 및 단체행동권 및 노동 3권을 침해하는 사용자의 행위로서 해고가 이러한 활동의 연장선에서 발생한 경우
관련법	노동조합 및 노동관계조정법 제81조(부당노동행위)

임시직 · 계약직의 해고

임시직 계약직의 해고	• 일반적으로 임시직, 일용직 등 기간의 정함이 있는 근로계약에 의하여 근로하고 있는 근로자에 대해 이루어지는 해고 • 일반적으로 계약기간이 끝나면 근로관계도 종료가 되나 계약기간이 반복하여 수차례 갱신된 경우 일반 근로자와 동일하게 해고의 정당한 사유와 절차가 필요
관련법	근로기준법 제23조(계약기간), 제26조(해고의 예고), 제35조(해고예고의 적용 제외)

해고의 종류별 관련법

사유	해고 유형	근로자 귀책사유 유/무	관련법
근로자 측 사유	통상해고	무	근로기준법 제23조(해고 등의 제한), 제24조(경영상의 이유에 의한 해고의 제한), 제26조(해고의 예고), 제28조(부당해고 등의 구제신청)
	징계해고	유	
사용자 측 사유	정리해고	무	
	부당노동행위해고	무	노동조합 및 노동관계조정법 제81조(부당노동행위)

저성과직원

어떤 사람들을 퇴출시켜야 하는가에 대해 담당 의사결정자는 매우 깊은 고민을 하고 있다. 일반적으로 퇴출대상자 선정 기준들로는 다음과 같은 것들이 고려된다.

첫째, 일을 못하는 사람이다. 업무수행능력이 매우 부족하거나 일할 의욕이 거의 없는 경우이다.

둘째, 회사 조직문화에 맞지 않는 경우이다. 팀분위기, 회사분위기를 흐리는 사람이다. 회사마다 규칙이 있고 관행이 있다. 동료들과의 마찰과 갈등이 많은 사람이 이에 해당될 수 있다.

셋째, 도덕성 · 윤리성이 결여된 사람이 퇴출대상자가 될 수 있다.

넷째, 일을 너무 잘하고 능력 및 역량이 탁월하여 현재의 회사에서 일하기에는 아까운 사람이다. 조직과 개인은 상호 적합해야 한다.

한국의 현실에서는 다음과 같은 것들이 관찰되고 있다.

- 출장 보낸 후 책상 치우기
- 격지발령내기
- 대기발령하기
- 성과평가
- 시말서 받기
- 제2직업(직장) 알선해 주기

자발적 이직의 경우 직원 유형을 나누어서 그 원인을 파악할 필요가 있다. 즉, 자발적 이직을 하는 인력이 핵심인력에 해당하는지, 골칫거리 직원에 해당하는지 파악하고 그 원인을 분석 규명할 필요가 있다. 문제는 능력 있는 직원이 자발적인 이직을 한다는 점이다.

학습정리

- 퇴직은 누구나 한번은 겪어야 할 일이므로 퇴직에 대해 전략적인 관점에서 접근할 필요가 있다.
- 퇴직과 상시적 구조조정은 직원개인과 회사 양 당사자뿐만 아니라 사회 전체적으로도 안전과 성장 발전의 방향에서 관리될 필요가 있다.

참고자료

1. 권석균 · 이영면, 구조조정 & 감량경영.
2. www.SERI.org 삼성경제연구소.
3. www.KPIok..co.kr 한국인사관리협회.
4. IMF 직후 퇴직관리의 국제비교(태원유, 2001 삼성경제연구소).

연습문제

01 다음 중 퇴직관리에 관한 설명으로 틀린 것은?

① 퇴직관리란 퇴직을 조직 내적으로 준비, 관리하고 개인에 대해서는 퇴직 후에도 안정된 생활을 가질 수 있도록 도와주는 것이다.

② 퇴직의 종류는 크게 이직과 정년퇴직, 그리고 명예퇴직으로 나눌 수 있다.

③ 개인의사결정에 의해 이직하는 것을 자발적 이직(voluntary separation)이라 하며, 흔히 사직이라고도 불린다.

④ 비자발적 이직에는 일시해고, 징계해고, 정년퇴직, 명예퇴직, 면직이 포함된다.

⑤ 최근 주목 받는 '아웃플레이스먼트' 제도는 기업들이 퇴직을 앞두거나 퇴직한 직원에게 재취업이나 창업 등 새로운 일자리를 찾는 데 필요한 교육과 지원을 해 주는 제도이다.

02 동기부여이론에 관한 설명으로 가장 적절한 것은? 2014년 공인회계사

① 알더퍼(Alderfer)의 ERG이론에 의하면 높은 차원의 욕구인 관계욕구가 충족되지 않을 때 낮은 차원의 욕구인 성장욕구가 충족되어야 동기부여 된다.

② 공정성이론(equity theory)에서는 보상의 상대적 수준보다는 절대적 수준을 강조한다.

③ 허쯔버그(Herzberg)의 2요인이론(two factor theory)에 의하면 동료와의 관계가 좋다고 느낄수록 만족도가 높아진다.

④ 기대이론(expectancy theory)에 의하면 기대(expectancy), 수단성(instrumentality), 유의성(valence) 중 하나라도 '0'의 값을 가지면 전체 동기부여 수준은 '0'이 된다.

⑤ 기대이론에 의하면 개인의 성과와 임금의 상관관계가 높을 때 기대값이 높아질 수 있다.

03 동기부여이론에 관한 설명으로 가장 적절한 것은? 2015년 공인회계사

① 브룸(Vroom)의 기대이론(expectancy theory)에 의하면, 수단성(instrumentality)을 높이기 위해서 종업원이 선호하는 보상 수단을 조사할 필요가 있다.

② 허쯔버그(Herzberg)의 2요인이론(two factor theory)에 의하면, 임금을 높여주거나 작업환경을 개선하는 것으로는 종업원의 만족도를 높일 수 없다.

③ 브룸의 기대이론에서 기대(expectancy)는 노력했을 때 성과가 나타날 수 있는 객관적 확률이다.

④ 브룸의 기대이론에 의하면, 연공급을 도입하면 기대가 높아진다.

⑤ 아담스(Adams)의 공정성이론에 의하면, 과다보상을 받았다고 느끼는 경우에는 만족도가 높기 때문에 행동의 변화가 나타나지 않는다.

04 동기부여이론과 리더십이론에 관한 다음의 설명 중 가장 적절하지 않은 것은? 2010년 공인회계사

① 알더퍼(Alderfer)는 인간의 욕구가 만족-진행(satisfaction-progression)과 좌절-퇴행(frustration-regression)이 일어난다고 주장한다.

② 하우스(House)가 제시한 상황적 리더십 스타일은 지시적, 후원적, 참여적, 성취지향적 리더십 스타일로 4가지이다.

③ 허쯔버그(Herzberg)는 2요인이론에서 봉급, 작업조건, 상사와의 관계와 같은 위생 요인이 충족되더라도 개인의 만족은 증대되지 않는다고 주장한다.

④ 허시(Hersey)와 블랜차드(Blanchard)는 리더십의 상황 요인으로 과업구조(task structure)와 직위권력(position power)을 제시한다.

⑤ 브룸(Broom)은 개인의 동기 수준이 기대(expectancy), 수단성(instrumentality), 유의성(valence)에 의해 결정된다고 설명한다.

05 변혁적 리더십에 관한 다음의 설명 중 가장 적절하지 않은 것은? 2010년 공인회계사

① 번즈(Burns)와 배스(Bass)는 변혁적 리더십을 제시하면서 기존의 리더십을 거래적 리더십(transactional leadership)이라고 하였다.

② 변혁적 리더십은 예외에 의한 관리를 포함하기도 한다.

③ 변혁적 리더십은 추종자들이 개인적인 성장을 할 수 있도록 그들의 욕구를 파악하는 등 부하 개개인들에 대한 배려를 포함하기도 한다.

④ 변혁적 리더십은 부하들에 대한 지적 자극을 포함하기도 한다.

⑤ 변혁적 리더십은 카리스마(charisma)를 포함하기도 한다.

06 리더십(leadership)이론에 관한 설명으로 가장 적절하지 않은 것은? 2011년 공인회계사

① 서번트 리더십(servant leadership)은 개별적 배려, 지적 자극, 영감에 의한 동기부여, 비젼 제시와 내재적 보상을 통해서 부하를 이끄는 리더십이다.

② 리더와 부하와의 관계, 과업의 구조, 리더의 직위권력(position power)은 피들러(Fiedler)가 상황적 리더십이론에서 고려한 3가지 주요 상황 요인이다.

③ 오하이오주립대학교(Ohio State University)의 리더십 행동연구에서는 리더십을 구조주도(initiating structure)와 배려(consideration)의 두 차원으로 나누었다.

④ 블레이크와 모우튼(Blake and Mouton)은 일에 대한 관심(concern for production)과 사람에 대한 관심(concern for people)을 두 축으로 하여 관리격자형(managerial grid) 리더십 모형을 제시하였다.

⑤ 거래적 리더십(transactional leadership)은 부하의 노력과 성과에 따라 보상을 한다.

07 리더십이론에 관한 설명으로 가장 적절한 것은? 2012년 공인회계사

① 하우스(House)의 경로-목표이론(path-goal theory)에서는 리더의 유형을 지시적, 민주적, 참여적, 성취지향적 리더십으로 구분하고, 환경특성과 부하특성에 따라 리더십 스타일이 달라진다고 하였다.

② 피들러(Fiedler)의 이론에서는 리더의 특성을 LPC(least preferred co-worker) 설문에 의해 측정하고, LPC 점수가 높을수록 과업지향적 리더십으로 정의하고 있다.

③ 피들러(Fiedler)는 상황이 리더에게 호의적인 경우에 과업지향적 리더십 스타일이 적합하다고 주장하였다.

④ 허시(Hersey)와 블랜차드(Blanchard)의 이론에 의하면 하급자(부하)의 능력과 의지가 낮은 경우에는 참여형 리더십 스타일이 적합하다.

⑤ 허시(Hersey)와 블랜차드(Blanchard)의 이론에서는 관계행위(배려)가 높고 과업행위(구조주도)가 낮은 리더를 지시형으로 정의하고 있다.

11

평가시스템관리: 인사고과와 전사적 성과평가

21장 인사고과관리

학습목표

1. 인사고과의 개념과 기능에 대해 이해한다.
2. 인사고과의 대상에 따른 종류와 내용에 대해 이해한다.
3. 인사고과 방법의 종류와 내용에 대해 이해한다.

실제 사례

상대평가와 절대평가 어느 것이 효과적인가?

상대평가는 성과평가 점수를 비교집단 내 다른 구성원들과 상대 비교해 등급화 혹은 등수화하고, 이에 근거해 승진, 인센티브, 기본급 인상 등을 결정하는 방식인 반면, 절대평가는 개개인 직무목표를 설정해두고, 이를 얼마나 달성했는지를 등급 혹은 점수화하고 타 구성원들과 비교로 상대 등급화하지 않는 평가 방식이다.

2000년부터 2014년까지 GE는 철저한 능력평가와 그에 따른 적절한 보상을 하는데 상대평가제를 실시했다. GE는 5단계 평가를 통해 1등급과 5등급은 각각 전체의 10%, 2등급과 4등급은 각각 15%, 3등급은 50%의 분포를 나타내도록 등급을 매기고 평가등급과 개개인의 장 · 단점 등은 e-mail을 통해 직원들에게 통보한다. 4등급까지는 차등적으로 성과급과 스톡옵션을 부여해 동기유발을 유도한다. 반면에 최하위 등급인 5등급에 해당하는 직원은 해고하고 새 인력을 채용한다. 고과자는 "판사가 재판을 한다"는 진지한 자세로 평가를 해야 한다. 고과 결과에 따라 연봉이 차등화될 뿐만 아니라 승진, 승격, 교육훈련 등에 지대한 영향을 주기 때문이다(한국경제, 2000. 3. 29).

GE는 2015년 상대평가를 중단하고 절대평가 도입을 선언하고, 2016년 말 대부분 직원에게 적용하였다. 마이크로소프트, 인텔, 어도비, 액센츄어, 갭, 카길과 같은 기업들도 2015~2016년에 걸쳐 절대평가로 전환하였다.

T사의 인사고과는 공통, 직무, 업적 등 3가지로 나누고 각 부분은 3~7개의 세부 항목으로 구성하여 동료, 상사, 고객, 부하직원이 평가대상자를 서로 다른 시각에서 분석하

고 평가하는 다면평가를 하여 편견에 의한 오류를 방지하고 평가결과의 수용성을 최대한 확보하고 있다. 인사고과결과는 같은 신입직원이라도 입사 이듬해부터는 바로 연봉이 달라질 수 있을 정도로 즉각적으로 보상과 승진에 반영한다. 대리급이 과장급보다 많이 받는 경우도 있다.

인사관리에 노조나 직원들을 참여시키는 경우도 있다. T사에서 노사 간 대화를 통해 애로점을 듣고 대응책을 마련하는 노사협의회는 분기마다 운영되는데, 중요한 안건이 인사제도다. 직원들이 협의회에서 인사제도의 미흡한 부분이나 공정치 않은 점을 허심탄회하게 지적하며 강압이 아닌 자유로운 분위기에서 진행된다. 회사는 평가대상자가 평가제도에 대해 의견을 제시하는 건 당연한 일이라는 생각을 하며, 반영할 점은 반영하고 아닌 것은 이유를 설명한다.

출처: 아시아경제, 2010. 11. 22.

01 인사고과의 의의와 대상 영역

인사고과, 왜 중요한가?

자신이 노력하고 성취한 결과에 대해 제대로 평가 받고 싶은 것이 사람의 심리이다. 열심히 일했는데도 상사(회사)가 제대로 평가해 주지 않고 알아주지 않는다는 생각이 들면 직원들은 힘이 빠지게 됨은 인지상정이다. 만약 인사고과를 실시함에 있어서 고과자가 감정적이고 주관적인 판단 하에 불공정한 고과를 행한다면 피고과자는 고과결과에 대해 불만을 갖게 되어 사기가 저하될 것이다.

회사가 얼마나 공정하고 객관적으로 인사시스템을 운영하는가는 직원들의 업무 동기부여 수준에 영향을 주어 조직의 성과목표 달성에 매우 큰 영향을 줄 수 있다.

인사고과는 조직을 관리하는 데 있어서 어떠한 형식과 기준에 의해서든 반드시 수행해야만 하는 가장 기초적인 인적자원관리 활동이다. 특히 성과주의와 능력주의에 의한 보상관리를 행하는 조직에서는 목표 달성 과정에서 직원의 공헌도를 합리적이고 객관적인 방법으로 평가할 수 있어야만 한다. 능력주의 인사관리의 성공적인 실행은 무엇보다도 공정한 인사고과가 바탕이 되어야 가능하다.

인사고과제도는 인적자원관리의 하위 기반을 이루는 인사기능으로 인사관리를 위한 기초적인 정보를 산출하는 활동이다. 만약 인사고과가 인적자원에 대한 정확한 정보를 산출하지 못하고 오히려 부정확한 정보를 산출하게 될 경우 인적자원의 효율적이고 효과적인 활용을 어렵게 만들 수 있다. 합리적이고 공정한 인사고과관리를 통해 산출된 개인의 능력과 성과, 태도에 관한 인사정보는 직원 개개인을 육성하고 개발하여 인재로 육성하는데 활용할 수 있는 기초적인 자료로 활용될 수 있다.

또한 인사고과제도는 인사관리 전반에 걸쳐 가장 많은 영향을 미치고 다른 인사관리 제도의 인프라로서의 역할을 한다. 인사고과로 산출된 직원에 대한 정보를 바탕으로 보상관리, 교육훈련관리, 경력개발관리 등을 보다 효과적으로 실행할 수 있다. 즉, 인사고과결과를 종업원 개인에 대한 보상의 근거자료로 활용할 수 있으며, 직원들의 미래 성장 방향을 제시할 기본자료로 활용할 수 있다. 인사고과는 특히 종업원들에게 업무목표를 제시해 주어 동기를 부여하는 핵심 역할(기제)이며, 최고경영자 입장에서는 전사적 차원으로 추구하는 전략적 목표와 추구가치를 종업원 개개인들에게 커뮤니케이션하여 공유하도록 할 수 있는 매우 강력한 수단이다.

인사고과제도의 기능

채용에서 퇴직에 이르기까지 일련의 직원 고용관리 흐름에서 볼 때 인사고과는 다른 인사관리의 기능 부문과 연관되어 있다.

① 인력배치 및 이동: 직원의 적성, 능력 등을 가능한 한 정확하게 평가하고 적재적소에 배치함으로써 직원의 효과적 활용에 기여

② 능력개발: 직원의 현재능력 및 잠재능력을 평가하여 기업의 요구 및 직원의 성장기회를 충족

③ 인력계획을 위한 기초정보 산출: 직원의 연령, 성별, 직종, 기능도, 근무연수 등에 따라 장·단기 인력개발 수립에 요청되는 양적·질적 자료의 제공

④ 성과측정 및 보상: 직원의 성과 업적을 평가하여 급여, 상여, 승급, 승진 등에 반영하여 보다 공정한 처우를 위한 기초정보 산출

⑤ 조직개발 및 근로의욕증진: 고과를 통하여 직무 담당자의 조직관계나 직무조건의 결함을 발견하고 개선할 계기를 구함. 뿐만 아니라 직원의 성취동기 및 동기부여 촉진

⑥ 채용 및 승진의 효과성 평가 기초 정보 산출: 인사고과를 통하여 직원의 근무성적을 평정하여 해당 직원의 채용 방법, 승진의 의사결정 타당성에 대해 모니터링해주는 도구

⑦ 사내 커뮤니케이션 시스템: 최고경영자의 경영철학, 경영방침 및 인사철학을 전 종업원에게 시스템적으로 커뮤니케이션 할 수 있는 채널

토론 사례

학점을 잘 주는 것이 학생들에게 좋은 일일까?

대학가의 학점 인플레이션이 극심해지고 있다. 원인은 역시 심각한 취업난이다. 학점이 취업의 당락을 좌우하는 요소는 아니지만 학생들은 만일을 대비해 학점은 높게 만들어 놔야 한다고 생각 한다(매일경제, 2006.03.09. 일부 편집 발췌).

대학 '학점인플레' 심각하다. 4년제 대학 졸업생 10명 중 9명은 B학점(100점 만점에 80점) 이상을 받는 등 '학점 인플레' 현상이 여전히 심각한 상태다. 서울대 등 8곳 재학생 절반이 'A학점'이다(뉴시스, 2015.4.30. 일부 편집 발췌).

미국 대학에서 가장 흔한 학점이 A일 정도로 학점 인플레이션이 심각해졌다는 조사결과가 나왔다. 미국의 대학교육 연구소인 '그레이드인플레이션닷컴'(GradeInflation.com)이 미국 전역의 400여 개 공립 · 사립 대학을 조사해 발표한 보고서에 따르면 전체 과목에서 학부생들에게 부여된 A학점은 2013년 현재 무려 45.3%에 이르렀다. 또한 5명 중 4명이 우수생으로 등록금 대가로 고학점 고객서비스를 하고 있는 것이다(연합뉴스, 2016.4.16. 일부 발췌).

92학번인 SK텔레콤 홍보과장은 "외환위기 이후부터 신입사원들의 학점이 높아지기 시작하더니 최근 4~5년 새 지원자 대부분이 4점대에 육박할 정도로 학점이 치솟았다" 고 말했다. 최근 대학가에 불고 있는 공기업 열풍도 학점 인플레이션에 한몫을 하고 있다. 최근 공기업들이 서류전형에서 학점 비중을 낮추는 추세지만 여전히 공기업 합격 기준선은 높기만 하다. 성균관대 4학년 정찬일 씨(26)는 "웬만한 공기업 서류전형은 학점이 최소 4.0 이상은 되어야 통과할 수 있다"고 말했다. 대학들도 졸업생들이 학점 때문에 취업에 불리하지 않도록 학점제도를 조정하고 있다. 이화여대는 엄격한 학점 관리가 학생들의 취업에 불이익을 줄 수도 있다고 판단 해 2005학년도부터 A학점과 B학점의 수여자 폭을 각각 5% 이상 확대했다. 그 결과 수강생 중 35% 이상이 A학점 이상을 받을 수 있게 됐다.(매일경제, 2006.03.09. 일부 편집 발췌)

Q1: 학생들의 취업에 도움이 되도록 교수님들은 학점을 잘 주어야 하는가? 귀하가 선택한 주장의 논거는 무엇인가?

Q2: 대학성적평가제도가 본연의 기능을 발휘하도록 하려면 어떻게 설계하고 운영해야 할 것인가?

Q3: 회사에서 인사고과제도(평가시스템)가 본연의 기능을 발휘하도록 하려면 어떻게 설계하고 운영해야 할 것인가?

Q4: 학점, 인사고과 등 평가를 함에 있어서 가장 핵심적으로 지켜야만 하는 것은 무엇인가?

인사고과의 개념과 구조

인사고과는 직원의 능력과 업적을 평가하여 그가 보유하고 있는 현재적 내지 잠재적 유용성을 조직적으로 파악하는 활동이라고 정의할 수 있다. 인사고과에 대해 여러 학자들이 다음과 같이 정의를 내리고 있다.

① 플리포(Flippo, E. B.): 고과대상이 되는 직원이 현재하고 있는 직무에 대해서 어느 정도 뛰어난가, 또는 보다 좋은 직무에 추천할 수 있는 잠재능력을 보유하고 있는가를 조직적 · 정기적으로, 그리고 인간에게 가능한 한 객관적으로 평정하는 활동.

② 랭스너(Langsner, A.): 구체적으로 직원의 능력, 근무성적, 자격, 습관, 태도의 상대적 가치를 조직적으로, 그리고 사실에 입각하여 객관적으로 평가하는 활동.

③ 글루에크(Glueck, W. F.): 승진, 전환배치, 임금, 교육훈련 등 직원의 지위에 영향을 미치는 인사결정.

④ 미이 (Mee, J. F.): 인간의 능력을 중심으로 조직에 있어서 직원이 보유하고 있는 현재 및 잠재적 유용성을 질서 있게 조직적으로 평가하는 활동.

인사고과는 평가관리의 한 종류다. 평가관리에는 직무평가, 채용평가, 경영평가, 부문(팀)평가, 인사고과, 인사감사 등이 포함될 수 있다. 직무평가는 직무 자체의 상대가치를 결정하는 평가이며, 채용평가는 신입사원을 선발할 때 시험이나 면접 등을 통해 적임자를 판별하는 과정을 말한다. 경영평가는 사업부의 경영 활동 및 성과를 평가하며, 부문(팀)평가는 팀의 활동 및 성과를 평가하는 활동이다. 인사고과는 직원의 업무능력과 성과, 태도 등을 평가하는 것으로, 근무평정이라고도 한다. 인사감사는 인사시스템 자체를 평가하는 관리 활동이다.

그림 21-1 인사고과의 구조적 체계

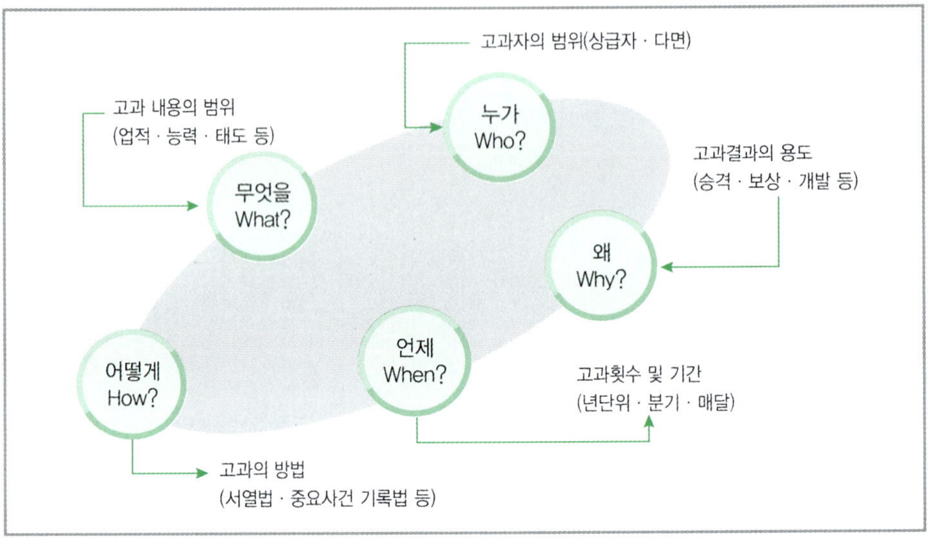

인사고과의 영역[1]

인사고과의 대상이 되는 대표적인 영역은 능력, 태도, 업적으로 구성된다. 만약 어떤 직원이 "매우 성실한 성격인데다가 훌륭한 업무상의 지식과 기능을 갖고 있으며 지각, 조퇴, 결근도 없고 근면한 직무태도로 일하여 훌륭한 업적을 올렸다."라고 평가를 받았다면, 그 직원은 직무를 수행하는데 필요한 지식의 내용과 수준을 갖추고 있으며, 직무를 수행하는 과정에서 보인 태도가 양호하고, 직무수행결과 역시 양호한 수준으로 달성했음을 의미한다.

인사고과는 직원의 직무수행행동의 과정과 결과를 측정하고 평가하여 정보를 산출하는 활동이므로, 직무행동의 수행 과정을 통해 결과를 산출하는데 과정에서 표출된 업무태도나 보유한 지식과 스킬 그리고 능력 등을 평가 항목으로 구성할 수 있다.

1) 인사고과 대상 영역은 박준성(2001), 인터랙티브 인사평가 시스템을 중심으로 정리하였음.

|그림 21-2| 인사고과의 종류와 그에 따른 평가 내용

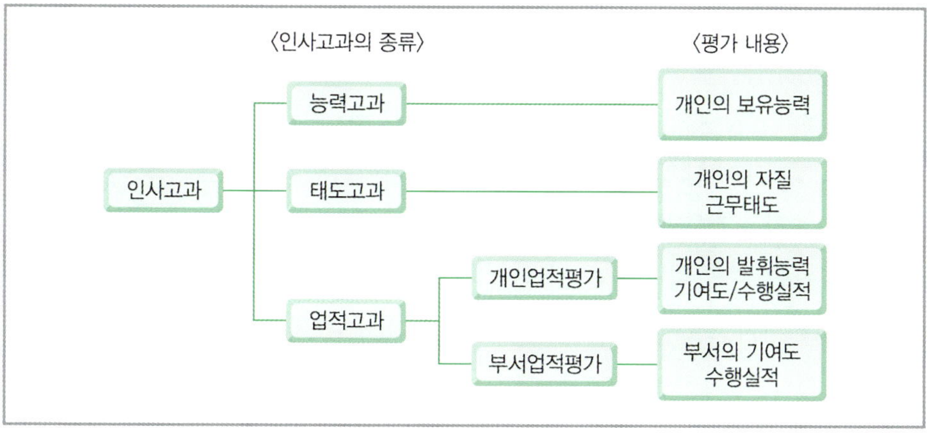

출처: 박준성, 인터랙티브 인사평가시스템.

1. 능력고과

업적평가가 '결과'를 보고, 태도평가는 결과에 도달하는 '프로세스'를 보는데 반해, 능력고과는 결과를 유도하여 도출해 내는 '원인'을 평가하는 것으로 이해할 수 있다. 고과의 횟수는 일반적으로 연 2회, 상반기와 하반기에 실시한다. 업적평가와 태도고과의 시점이 과거 것에 초점을 두는데 반해 능력평가의 시점은 현재 또는 미래에 초점을 맞추는 경향이 있다. 업적평가와 의욕(태도)평가가 과거 6개월간의 것을 평가하는 것과는 달리 능력평가는 '현재 보유하고 있는 능력이 어떤 등급에 해당할까?'를 1년간 업무를 수행해 온 결과를 보며 현재의 사실에 기초를 두고 평가하는 것이다.

능력고과는 업무를 끝내고 고과를 받을 때, 피고과자의 직위에 맞는 능력의 수준을 측정하는 것이다. 업무처리능력을 볼 때 현재 보유한 능력이 현재의 직위에 비교하여 높은지 낮은지를 보는 것이다. 즉, 업무완료 시 능력평가를 하는 이유는 그 직위에 맞는 능력과 업무처리 시 보여준 능력의 관계를 보기 위함이다.

2. 태도고과

업적평가가 업무의 결과를 보는 것이라면 태도평가는 업무수행 과정에서 업무에 임하는 자세, 조직의 일원으로서 '일하고자 하는 의욕의 정도', '일하는 태도'를 고과하는

것이다. 성과가 좋고, 풍부한 지식을 가지고 있다고 해도 비즈니스맨으로서 활동하려는 의욕과 업무에 임하는 태도가 좋지 않다면 회사생활에서 조직분위기나 팀워크를 해칠 수도 있다.

직무수행의 과정에서 나타나는 태도라 해도 모든 태도를 고과의 대상으로 하는 것은 아니다. 직장에 있어서 인간은 여러 가지 태도를 나타내기 때문에 그 모든 태도를 고과의 대상으로 하는 것은 불가능하고, 또 인사고과의 목적에서 보더라도 그럴 필요는 없다. 직무 자체에 대한 태도업적이나 생산성과 관련 있는 태도 및 직장에서의 인간관계와 관련 있는 태도 등이 고과의 대상이 된다.

3. 업적평가

업적평가는 현재의 직위에 대한 조직의 기대 수준을 평가하는 것으로 "조직에서 기대하는 조직기여도 수준에 얼마나 부응했는가"의 수준을 평가하는 것이다. 즉, 직원에게 요구하는 수준의 조직기여도와 부서장에게 요구하는 수준의 조직기여도가 다른데 업적평가는 직위별로 기대 수준과 실제 기여 수준을 비교하여, 일반적으로 개인이 연초에 스스로 계획한 목표와 연말에 달성한 실적을 비교하여 평가하는 방식을 사용한다.

기존의 업적평가는 재무적 화폐적 성과에 한정된 평가를 하는 경우가 많았다. 그러나 전략적 인적자원관리(SHRM)의 개념이 도입되면서 전략적 목표달성과 일치하는 직원들의 업무수행 과정과 결과를 고과하는 성과평가모델(BSC: Balanced Scored Card)을 구축해 활용하고 있다. BSC는 재무적 성과뿐만 아니라 비재무적 성과를 고려하여 균형적인 평가를 하는 것이다. 즉, 업무목표의 달성 여부, 고객의 만족 정도, 내부프로세스, 학습성장을 측정지표로 선정하여 평가한 후, 가중치를 적용시켜 고과를 한다. 예를 들자면 영업직의 경우는 고객의 만족에 좀 더 가중치를 둘 수 있다.

역량고과

최근 역량고과 개념에 기초한 평가모형을 채택하는 기업들이 늘고 있다. 역량(competency)이란, 높은 성과를 창출하는 고성과자(high performer)로부터 일관되게 관찰되는 행동 특성을 말하는 것으로 '지식, 기술, 태도, 가치' 등의 상호 작용에 의해 높은 성과를 이끌어 내는 행동을 말한다. 즉, 역량은 성과창출에 상대적으로 중요하게 공헌하는 요인들의 결집체(configuration)라고 할 수 있다.

역량고과는 역량모델에 포함된 요소를 가시적인 행동지표로 평가하는 방법으로 특히 고성과자들의 행동특성을 수준화하여 평가하는 방법이다. 즉, 높은 성과를 실현할 수 있는 행동특성들을 피고자가 갖추고 있는지 또는 행동으로 나타내고 있는지를 평가하는 고과기법이다. 역량에 기초한 평가가 등장하게 된 배경은 능력, 업적, 태도를 포괄하면서도 성과창출의 직접적인 동인(driver)이 되는 행동특성들의 집합군을 도출하여 평가함으로써 성과주의 인사관리시스템을 구축하려는 데 있다.

요약하자면 역량고과는 우수한 성과를 달성한 임직원에게서 일관되게 관찰되는 행동특성을 역량모델로 구축하고 모든 직원들을 대상으로 직위별로 평가하는 방법이다. 주요 평가 내용으로는 사업과 전략 포커스, 직무 및 역할 관련 행동특성, 경쟁력 있는 업적 관련 능력 등이 있다(김영재, 2010).

[표 21-1] 역량고과 모형의 예

1수준	• 기본적인 정보를 정확하게 체계화하고 결론을 도출 • 안내지침이 있으면 직무상에서 신속하게 학습 • 체계화된 방식으로 제시되면 새로운 스킬을 파악하고 아이디어를 이해 • 경험을 통해 효과적으로 학습
2수준	• 주요 이슈를 확인하고 영향을 평가하며 합리적인 결론을 끌어내면서 구체적인 내용 분야로부터 복잡한 정보를 분석하고 조직화 • 새로운 스킬과 아이디어를 신속하게 학습 • 새로운 정보나 아이디어를 소화하여 자신의 사고를 신속하게 조정 • 주요 문제나 기회를 논리적으로 설명할 수 있음
3수준	• 다양한 내용 분야로부터 나온 복잡한 자료에 근거하여 논리적인 결론을 분석 · 설명 도출 • 생소한 상황을 포함하는 복잡한 정보를 신속하게 학습하고 소화
4수준	• 정보의 중요성을 신속하게 확인하고 통찰력 있게 전략적인 행동을 결정 • 새로운 개념과 아이디어를 신속하게 학습하고 여러 다양한 내용 분야에 걸쳐 극히 복잡한 정보를 통합하고 소화

출처: Christoper A. Barlett(2001), *Microsoft: Competing on Talent*, Harvard Business School Case 9-3000-001, 1-28. 한인수(2010), 재인용.

02 인사고과의 원칙과 기법

인사고과의 원칙

1. 인사고과의 신뢰성

인사고과제도가 현장에서 작동하기 위해서는 신뢰성과 수용성을 달성할 필요가 있다.

그림 21-3 효과적인 인사고과제도의 요건

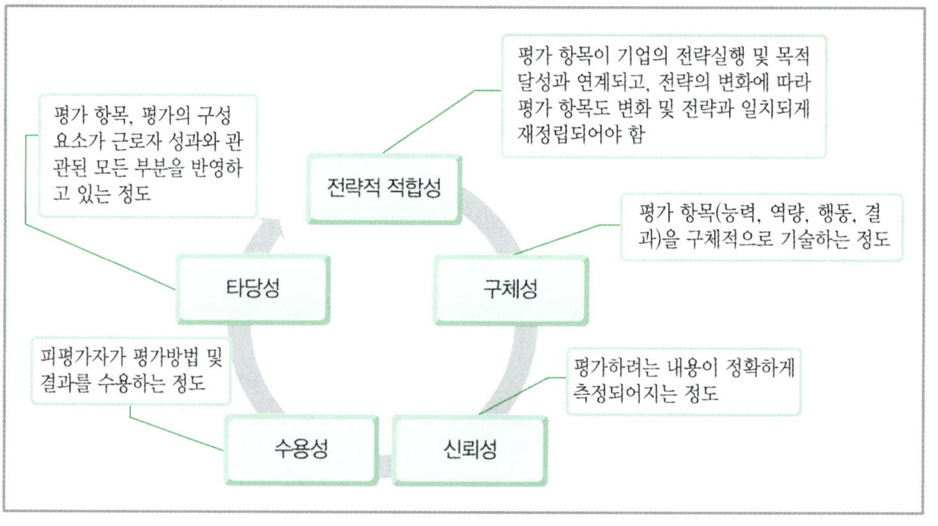

출처: 공정인사지침 27쪽, 고용노동부 2016.01.

2. 연공주의 능력주의 역량주의 성과(업적/실적)주의

연공주의는 조직구성원의 인사고과에 있어서 연령, 학력, 근속연수 등 시간의 차이에 의해서 승진에 대한 우선권을 주는 것이다. 이는 근무연수에 비례하여 개개인의 업무능력과 숙련도가 신장된다는 사고에 근거하고 있다. 연공주의는 측정의 관리지표의 가시성이 높고, 우리나라와 같이 연공서열주의 질서가 지배적인 사회에서 많이 나타난다. 연공주의는 대체로 근속연수와 안정성을 지향하는 종업원들과 노동조합의 지지를 받

실제 사례

거액 받고 고3 수험생들 스펙 조작, 입학사정관제 통한 부정 입학 적발

수험생들의 경력을 조작한 뒤 입학사정관제를 통해 대학에 부정 입학시킨 브로커와 학부모가 검찰에 적발됐다. 수원지검 성남지청은 1억 6,000여만 원을 받고 고3 수험생들의 거짓 비교과 활동 경력을 만든 뒤 입학사정관제를 통해 대학에 부정입학시킨 혐의(위계에 의한 업무방해)로 브로커 신모(20 · 대학생)씨를 붙잡아 조사하였다.

입시 브로커인 신씨는 학부모 A씨로부터 1억여 원을 받고 A씨의 딸이 자신이 대표로 있는 인터넷 언론사에서 청소년 기자로 활동한 것처럼 경력을 꾸민 서류를 입학사정관에게 제출하도록 했다. A씨의 딸은 신씨가 제공한 서류로 서울 모 대학에 합격하였다.

신씨는 지난해에도 학부모 B씨에게 6,000만 원을 받고 B씨의 아들이 1인 기획사를 설립해 운영한 것처럼 서류를 조작, 입학사정관 전형을 치르게 하였다.

아온 원칙이다.

능력주의는 조직구성원이 조직의 목표달성에 기여하는 업무수행능력과 성과에 따라 승진에 우선권을 주는 인사원칙이다. 능력주의는 조직의 성과를 추구하는 경영자들에게 지지를 받아왔다. 이들은 새로운 경영환경에 대응하기 위하여 조직구성원의 직무수행능력을 최대한 활용하여 기업의 효율성을 높이고자 능력주의를 지향한다.

3. 상대평가와 절대평가

인사고과 방법으로 상대평가 방법과 절대평가 방법 중 어느 하나를 선택할 수 있다. 상대평가 방법은 고과대상이 되는 사람을 비교하여 서열을 평정하는 방법이며, 절대평가 방법은 평가기준을 이용하여 점수를 평가하는 방법이다. 서열법이 전자의 대표적인 평가 방법이고 후자는 점수법이 대표적이다.

4. 신상필벌의 원칙

신상필벌(信賞必罰)의 원칙은 상 줄만한 직원에게는 상을 주고, 책임을 져야만 하는 사람들에게는 반드시 불이익을 준다는 인사 원칙이다.

실제 사례

따듯한 성과주의 인사관리의 토대

信賞必罰의 인사원칙과 德本財末의 경영철학을 바탕으로 하는 직무능력중심 인사관리

이춘우 교수(서울시립대학교 경영대학)

■ 신상필벌의 인사철학이 직무능력중심 인사관리의 토대

연공서열주의 인사관리제도를 폐지하고 직무능력중심의 인사관리제도를 도입만 하면 우리 기업의 경쟁력이 강화될 것이라고 믿는다면 매우 순진한 생각일 수 있다. 어떤 제도든지 성공적으로 작동하고 정착되기 위해서는 제도와 관련된 기본적인 규범과 원칙이 임직원들 간에 공유되어 있어야만 한다. 직무능력중심의 인사관리의 토대가 되는 인사원칙이 '공로가 있는 사람은 반드시 상을 주고, 죄가 있는 사람은 반드시 벌을 준다'는 신상필벌이다. 신상필벌은 특히 최고경영자가 갖추어야 할 인사철학일 뿐만 아니라 임직원들에게도 조직문화로 내재화될 때, 직무능력중심의 인사관리가 성공적으로 도입될 수 있다.

■ 히딩크의 축구대표선수 선발 및 관리에서의 신상필벌

2002년 한 · 일월드컵에서 히딩크 감독의 선수선발 및 관리 방식은 15년이 지난 지금에도 직무능력중심의 인사관리 방식을 왜 도입해야 하는가에 대한 시사점을 준다. 당시 히딩크의 대표선수 선발 및 관리 원칙은 연고주의 및 연공서열의식의 타파와 실력(능력)주의 경쟁, 신상필벌로 집약할 수 있다.

히딩크는 각 포지션(직무)별로 2~3명, 총63명의 후보선수들이 계속 경쟁하게 하여, 인맥-학맥 등을 배제하고 '실력'만으로 최종 엔트리 대표선수들 23명을 월드컵 개막 한 달 전에 결정했다. 약 1년 반 동안 신상필벌의 원칙 하에 엄격한 선발 과정을 거치는 동안 박지성, 송종국 같은 숨은 축구 인재를 발굴하였고 이들은 한국 축구팀이 4강에 오르는데 큰 역할을 했다.

팀내에 실력(능력)주의를 작동시키기 위해 히딩크는 선수들 간에 선 · 후배라는 연공서열의 위계의식을 타파하도록 했다. 특히 경기 중에는 선수들 간에 선 · 후배를 따지지 말고 반말로 의사소통을 하도록 하였고, 마사지를 받을 때도 선배가 먼저 받지 말고 마사지룸에 도착하는 순서대로 받도록 했다. 예비엔트리에 포함된 여효진이 7 대 7 미니 게임 중 자기 발에 걸려 넘어진 상대편 최용수 선배를 친절하게 일으키며 "괜찮으세요?"라고 하자, 히딩크는 여효진에게 달려가 "실전에서도 그럴 것이냐"라고 강하게 질타했다. 히딩크는 '찬물도 위아래가 있다'라는 한국인들의 고질적인 연공서열의식이 실력(능력)주의를 작동하지 못하게 하는 가장 큰 걸림돌로 보았던 것이다.

실력주의가 작동하도록 하기 위해 히딩크는 잘 하는 선수에게는 기회를 주고 잘 못하는 선수는 기회를 박탈하는 신상필벌의 원칙을 엄격하게 적용했다. '자기 자리를 지키지 않은 골기퍼 김병지를 배제하고 이운재를 기용하였으며, 과거에 아무리 잘했던 선수라도 확신을 심어주지 못하는 선수는 가차 없이 제외하였다.

■ 삼성 이병철 회장의 인사관리 방식과 신상필벌

묘비에 "자기보다 현명한 인재를 모아들이고 노력을 했던 사나이 여기 잠들다."라고 쓰여 있는 이병철 회장은 사업보국, 인재제일, 합리추구를 삼성그룹의 경영이념으로 표방하고, 실질적으로 직무능력중심의 인사관리 방식을 실행하면서 신상필벌의 인사철학을 엄격하게 적용한 대표적인 기업인이다.

이병철 회장은 임직원들의 특성을 파악해 주변에 기발하고 창조적인 '기획통', 치밀하고 분석적인 '관리통', 돌파력이 뛰어난 '불도저형' 등 여러 종류의 사람을 두고 이들을 조합해 쓰는 직무능력중심의 인사관리를 했다. 특히 신상필벌(信賞必罰)이 엄해 잘하는 사람은 한없이 키워줬지만 어리어리한 사람은 견딜 수 없도록 했다. 이병철의 인사관리 방식은 실력 있는 사람을 파격적으로 발탁하여 일단 일을 맡기면 전권을 주어 마음껏 능력을 발휘하게 기회를 주었고, 그 성과에 대해서는 놀랄 정도의 대우를 해주는 방식이었다. 삼성에서 일한 사람들의 이야기를 들으면 일을 맡기고 또 맡겨 밤잠을 제대로 못 잘 정도였는데 보너스를 받아보면 영(0)이 하나 더 있었다고 한다.

■ 한 · 미 · 일 글로벌 성공 기업의 공통된 인사원칙은 신상필벌

삼성뿐만 아니라 글로벌 기업으로 성장한 기업들은 공통적으로 신상필벌의 인사원칙을 지키고 있음을 발견할 수 있다.

'인화'를 강조하는 LG그룹도 실적이 좋은 계열사 CEO들과 임원들을 승진시키는 반면 실적이 부진한 계열사는 임원 승진폭을 큰 폭으로 줄이고, 조직의 급을 격하시키는 등 신상필벌의 인사원칙을 적용한다. 현대자동차도 중국 내 매출이 급감하자 2015년도 10월 중국 법인장을 전격적으로 교체하는 신상필벌의 인사를 단행한다.

종신고용 인사관리의 대명사인 일본기업들도 2009년도 일본능률협회 조사에 따르면 「신상필벌이 애매하지 않고 명확」한 경우가 성공적인 기업 57.9%, 침체한 기업 32.8%로 25.1포인트 차이가 나는 등 '신상필벌의 인사원칙'이 명확하게 적용되고 있는가가 성공기업과 침체기업을 구분 짓는 가장 뚜렷한 특징으로 조사된 바 있다. 직무능력중심의 인사관리가 아니더라도 신상필벌의 인사원칙은 '철저한 전문 직업 정신을 말

하는 장인정신(모노쯔꾸리)'나 잇쇼켄메이와 같은 강한 업무책임 문화 형성을 촉진하는 역할을 하여 경영 성과를 향상시킬 수 있는 것이다.

페퍼(J. Pfeffer)교수의 연구결과 성공적으로 성장한 미국기업들의 공통적인 7가지 인사관리 관행들을 보면 selective hiring of new employees(신입직원의 선별적(엄격한) 채용), decentralization and self-managed teams (종업원들에게 일을 맡기고 책임을 지게 하는 분권 자율경영), high compensation based on performance (성과에 따른 높은 보상), training(교육훈련), reduced status differentiators(계층지위의 최소화(수평적 기업문화 조성)), financial and performance information sharing (재무적 정보와 성과 정보의 공유), employment security(고용안정성 제공)으로, 성공적인 미국기업들에게서도 공통적으로 신상필벌의 원칙이 작동하고 있다.

03 육성중심 또는 개발지향적 인사고과

상벌중심의 인사고과제도는 과거의 실적이나 인적 특성에 따라 서열이나 우열을 판정하고 이 결과를 주로 피고과자의 승진 및 보상 여부를 결정하는 수단에 활용하는데에 주목적을 두는 인사고과제도이다.

육성중심 또는 개발지향적 인사고과는 조직이 개인의 현재 능력이나 업적, 잠재적 능력을 평가함으로써 개인역량의 배양을 위하여 필요한 정보를 획득하고 활용하는 미래지향적 인사고과제도이다. 업무수행을 하는 개인의 성과뿐만 아니라 그가 지닌 잠재적 능력의 개발가능성에 초점을 두어 평가하는 것이다.

긍정적인 피드백의 효과

평가자는 피평가자에게 평가결과를 피드백할 때 긍정적인 방향의 기대와 정보를 제공하는 평가피드백을 할 필요가 있다. 평가는 피평가자가 자신의 강점을 재확인하고 확신을 가지며 열심히 노력을 기울일 수 있도록 충분한 피드백을 해 주는 것이다. 특히 피평가자가 미래에 취할 바람직한 행동을 제시하는 긍정적인 평가피드백은 피평가자가 성장 · 발전할 수 있는 방향과 계기를 제공해 줄 수 있다.

▌그림 21-4▌ 긍정적 평가피드백의 효과

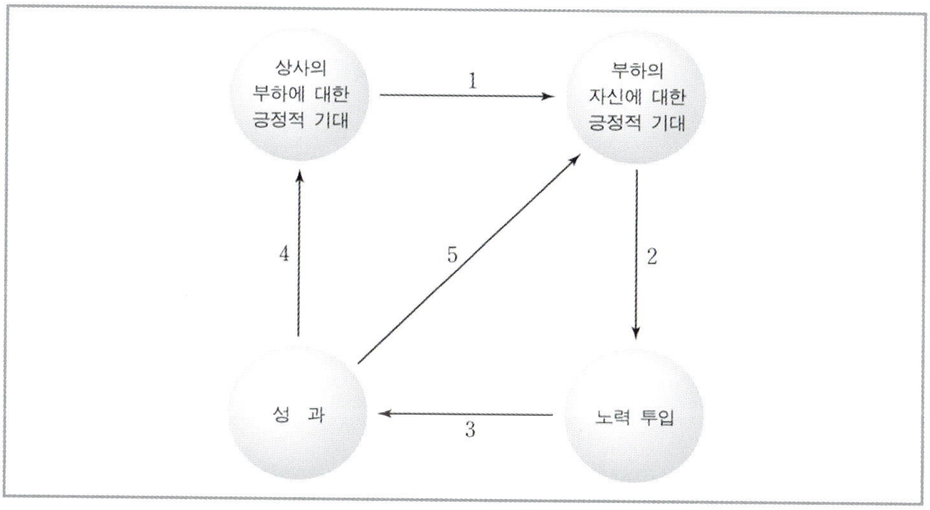

자료: Eden, 1987, 67 ; Kreitner & Kinicki, 1995, 126 수정.

고과자의 범위: 누구에게 고과권을 부여할 것인가[2)]

누가 누구를 대상으로 평가하느냐에 따라 고과 방법을 나눌 수 있다. 과거에는 상급자인 관리자가 하급자를 평가하는 것이 일반적이었으나, 동료에 의한 평가, 자기평가는 물론, 하급자에 의한 상급자에 대한 평가제도 도입되었다. 일부 서비스 업종에서는 고객에 의한 종업원평가도 채택되고 있다.

1. 상급자에 의한 하급자 고과

전통적으로 인사고과는 직속상사들에 의해서 이루어졌다. 그 이유는 직속상사가 한 부서를 책임지고 있고 고과권한을 행사하여 부서원들이 조직 및 부서 목표 달성을 하도록 관리통제할 수 있도록 하기 위해서이며, 직속상사가 피고과자를 파악할 수 있는 가

2) 고과자의 범위는 한인수(2010), 현대 인적자원관리를 중심으로 정리하였음.

장 좋은 위치에 있기 때문이다. 만일 직속상사가 아닌 다른 사람에 의해 종업원이 평가받는다면 직속상사는 그 부하에 대한 통솔이 어려워질 것이다.

문제는 직속상사는 종업원의 어느 한 측면만 강조를 하고 개인적인 감정에 의한 주관적인 평가를 할 가능성이 있다는 것이다. 또 경우에 따라서는 급여인상이나 승진과 관련하여 객관적인 평가를 하지 못하고 결과를 왜곡시킬 수도 있다. 따라서 최근에는 평가자들을 다원화하여 이러한 직속상사만에 의한 고과의 문제점을 보완하려는 시도를 하고 있다.

2. 동료고과

성과평가에 있어서 동료를 활용하는 가장 중요한 이유는 팀 단위로 일을 할 때 동료들이 가장 가깝게 일을 했기 때문에 업무 성과에 대해 왜곡되지 않은 시각을 가지고 평가할 것이라는 이유 때문이다. 이는 제2차세계대전 중 · 미 해군 심리학자들에 의해 개발되어 사용되었다. 이 방법은 평가를 맡은 종업원들이 가깝게 일한 동료를 평가하기를 꺼린다는 점과 경우에 따라서는 동료들은 친구로서 혹은 경쟁자로서 오히려 편파적일 수 있다는 문제점을 방지할 필요가 있다.

3. 자기고과

자기고과는 상위자에 의한 고과의 보완적 기법으로 많이 활용된다. 고과자 스스로를 평가해 보게 함으로써 자신의 부족한 점을 스스로 발견하고 개선하려는 노력을 하게 만드는 방법이다. 그러나 이 방법은 많은 경우 평가자가 자신에게만은 지나치게 관대하게 평가하는 경향이 있어 보완책을 마련해야 한다. 기업에 따라서는 자기고과를 점수화하여 고과에 반영하기도 하지만 참고자료로만 활용되는 경우도 많다.

4. 하급자에 의한 상급자 고과

평가자가 하급자가 된다는 것은 상하의 위계적 서열이 존재하는 조직에서 쉬운 일이 아니다. 특히 연공서열의 사회문화를 가진 우리나라에서 상급자들이 불쾌감을 가질 수 있다. 그럼에도 불구하고 기업들 간에는 하급자에 의한 평가를 시도하는 기업들이 늘고 있는데, 이는 상급자의 성과를 하급자가 평가가 있게 되면 상급자가 작업집단의 욕구를 더 잘 인식하고 그럼으로써 관리가 개선될 수 있다는 긍정적인 측면이 있기 때문이다. 그러나 경우에 따라서는 하급자에 의한 평가는 상급자들이 인기에 영합하려는 행동을 보이고 하급자들은 보복의 두려움을 가진다는 점이 지적되고 있다.

5. 외부자에 의한 고과

① 고객: 고객만족이 중요해짐에 따라 가장 중요한 고객집단으로부터 담당자나 해당 부서에 대한 성과평가 자료를 활용하는 경우도 있다. 즉, 고객만족 및 제품서비스의 정확한 배달 여부가 고객들에 의해 평가된다. 외부 고객에 의한 평가뿐만 아니라 기업 내부 고객으로부터의 자료도 평가에 활용한다(한인수, 2010).

② 외부전문가: 외부전문가에 의한 고과는 기업 내 전문적인 집단에 대한 평가가 필요할 때 주로 쓰인다. 예를 들어, 고위직의 승진이나 승계 후보자를 선정하는 경우, 특수프로젝트 구성원을 선발할 때 그 결과가 활용된다. 평가의 신뢰성을 높이기 위해 평정센터(Assessment Center)를 운영하는 방법이 여기에 속한다(김영재, 2010).

고과자가 범하는 평가오류(지각오류, Perception error)[3]

사람은 기본적으로 사물이나 다른 사람에 대한 인식(지각)을 하고 평가를 하는데 있어서 정확하게 하지 못하는 평가오류를 범하는 경우가 많다. 평가오류의 종류를 이해하고 고과자는 자신의 평가행동을 면밀하게 관찰하여 고과제도에서 요구하는 취지와 방식에 충실하게 따라서 평가를 하고 있는지 점검할 필요가 있다.

인사고과기법: 인사고과 어떻게 수행할 것인가?

기본적이고 대표적인 몇 가지 인사고과기법에 대해 살펴보자.

3) 고과자의 범위는 한인수(2010), 현대 인적자원관리를 중심으로 정리하였음.

[표 21-2] 인사고과기법의 종류

기 법	개 념
서열법	• 피고과자의 업적이나 가치에 대해 서열 또는 순위를 매기는 방법 • 단순서열법 • 쌍대비교법 • 강제할당법: 사전에 고과결과의 범위와 수를 결정해 놓고 피고과자를 일정한 비율에 따라 강제로 할당하여 고과하는 방법
평정척도법	• 피고과자의 업적과 능력 등을 일련의 연속척도 또는 비연속척도에 의해 평가하는 방법 • 다수의 성과 차원을 연속척도로 평가하는 기법 • 정확한 어의 설명, 상관관계분석 및 요인분석 등 통계적 방법에 의한 평가 요소 선정, 평가자 훈련에 의한 오류축소, 피평가자의 참여, 척도의 역배치 등 필요
대조법 (체크리스트법)	• 성과나 평가 항목에 대한 실무능력중심으로 이에 대한 가부를 표시함으로써 피고과자를 평가하는 방법 • 직무상의 행동을 구체적으로 표현하여 의미 있는 행동을 잘 묘사한 항목에 피평가자가 해당하는 경우에 체크하는 기법 • 사실의 관찰과 계량화가 따로 이루어짐. 즉, 평가자는 각 항목의 가중치 점수는 모르고 직무담당자의 특성이나 행위와 일치하는 항목에 체크를 하고 체크된 항목들을 점수화시키는 것은 다른 사람이 담당함. (가중대조법(weight check list) / 강제선택법(forced choice))
중요사건서술법	• 고과기간 동안 발생한 중요한 사건, 즉 성공적인 업적 또는 실패한 업적을 관찰 기록하여 두고 이를 토대로 평가하는 방법 • 자유서술법: 피평가자가 자기평가를 자유롭게 기술하게 하는 일종의 자기평가 기법 • 중요사건 서술법(critival incident appraisal): 평가자가 피평가자의 특별히 효과적이거나 비효과적인 행위가 발생하는 경우에 즉시 이를 기록하여 두었다가 평가하는 기법
자기신고법	• 자신의 업적이나 가치에 대해 스스로 평가하는 방법
행위기준고과법	• 유의미한 주요 행동지표들을 추출하여 몇 개의 범주로 나누고 각 범주의 주요 사건을 척도에 의해 평가하는 방법
평정센터법	• 특별히 훈련된 평가자들로 평정센터를 구성하고 복수의 피고과자들을 동시에 평가하는 방법
토의식 고과법	• 현장 토의법, 면접법, 위원회 지명법
MBO	• 상하 간 면담을 통해 목표를 설정하고 이에 비추어 평가하는 참여적 고과 방법

1. 평정척도법

평정척도법(Rating Scale Method)은 미국에서 1960년대까지 가장 빈번하게 사용된 평정척도는 척도를 이용하여 측정하는 고과기법이다. 평가자는 피고과자의 능력이나 태도와 관련한 평가 항목을 3점척도, 5점척도 혹은 7점척도 등으로 측정한다. 평정척도법은 평가하기 쉽다는 장점이 있지만, 척도를 이용하여 평가할 때 여러 가지 평가오류의 발생가능성도 있어 보완책을 마련할 필요가 있다.

2. 서열법

서열법(Ranking Method)은 가장 간단한 평가 방법으로, 피고과자의 능력이나 업적의 정도를 피평가자별로 서로 비교하여 서열을 매기는 방법이다. 서열법은 평가가 용이하며 관대화경향이나 중심화경향과 같은 평가오류를 제거할 수 있다. 그러나 피평가 대상자가 많아질 경우는 평정이 어려워지며, 너무 인원 수가 적을 때에는 순위를 매기더라도 별로 의미가 없을 수 있다는 단점을 갖고 있다. 또한 같은 직무의 범위에서만 적용할 수가 있으며, 부서 간의 상호 비교는 불가능하다. 순위로 표시되므로 어느 정도의 양적 차이인지 알 수가 없어 실제의 성적을 정확하게 표현할 수는 없다.

3. 체크리스트법

체크리스트법(Check List Method)은 고과 항목을 목록으로 만들어 놓고 평가자가 피고과자를 체크하여 평가하는 방법이다. 체크리스트법의 변형된 형태로서 가중 체크리스트가 활용되기도 한다. 이는 체크리스트에 담겨있는 각 항목들의 가중치를 달리하여 적용하는 방법이다. 즉, 일부 항목에 다른 항목들보다 더 높은 점수를 부여하여 총 평가점수를 환산하는 방법이다. 일반적으로 어떠한 항목이 가중치가 높고 낮은 항목인지를 모르게 하는 경우가 많다. 이러한 방법을 사용할 경우 후광효과를 감소시킬 수 있다.

4. 서술법

서술법(Description Method)은 평가자가 피고과자의 직무 성과에 특별한 강, 약점을 진술하는 것에 중점을 두며, 이외에도 문제를 해결하기 위한 행동방침을 작성하기도 한다. 장점으로는 평정척도법보다 훨씬 덜 구조화되어 있고, 평가자가 성과에 관련된 이슈 또는 특질을 평가할 수 있다는 점이 있다. 그러므로 매우 유연한 평가 방법이라고 할 수 있다. 그러나 운영상 어렵고 시간이 많이 걸린다는 것과 기술이 자유로워 개인의 평가결과를 객관적으로 비교하기 어렵다는 단점이 있다.

5. 중요사례기술법

중요사례기술법(Critical Incident Technique Method)은 기업목표 달성의 성패에 큰 영향을 미치는 중요한 사실을 중점적으로 기록하고 검토하는 고과 방법이다. 이 방법은 중요 사건이 일어난 시점에서 구성원과 토의할 수 있으므로 정확한 정보가 제공되어 피고과자의 직무태도와 업무수행능력을 개선하도록 유도하는 효과를 기대할 수 있다. 그러나 평가대상인 구성원의 중요 행동을 기술하는 데 많은 시간이 소요되며, 평가결과의 계량화가 곤란하기 때문에 비교와 서열화가 곤란하다는 단점을 갖고 있다.

6. 행위기준평정척도법

행위기준평정척도(Behaviorally Anchored Rating Scale: BARS)는 근무태도의 수준을 구체적으로 묘사하는 구체적인 행위 사례를 기준으로 평가하도록 하는 인사고과 방법이다. 매주 5일간 꼬박 꼬박 빠짐없이 일을 잘하면 7점이고, 한 달에 2~3일은 결근이나 지각을 하면 3점이고, 근무태도가 불량하여 종잡을 수가 없으면 1점으로 평정을 하도록 하는 방법이다.

아주 우수, 우수, 보통, 불량, 아주 불량 등의 척도로 평가하는 전통적인 평정척도와 비교할 때 행위기준평정척도의 가장 큰 장점은 육성지향적인 기능을 발휘할 수가 있다는 점이다. 업무수행 과정에서 구체적으로 어떻게 행동하였기 때문에 몇 점이라는 것을 설명하면서 피고과자를 지도할 수 있기 때문이다. 이러한 장점에도 불구하고 행위기준평정척도는 평가기준으로 활용하는 행위 사례가 평가해야 할 내용을 모두 포함하기 어렵다는 점, 척도를 개발하는 과정에 주관적인 오류가 개입될 여지가 많다는 점, 평가자가 평가 시점에서 판단하기보다는 일정 기간 동안 피고과자의 근무행위를 지속적으로 관찰한 결과를 평가하는 것이 바람직하지만, 현실적으로 그렇지 못한 경우가 발생하여 평정상의 오류가 발생할 수도 있다.

【그림 21-5】 행위기준평정척도 예시: 근무태도 항목

척도	내용
7	매주 5일간 근무 잘할 것으로 기대하고 있다.
6	
5	결근이나 지각을 할 경우 사전에 통보해줄 것으로 기대할 수 있다.
4	
3	한달에 2~3일 결근이나 지각을 할 것으로 예상이 된다.
2	
1	근무태도가 불량하여 종잡을 수가 없다.

출처: Gary P. Latham, Kennetk N. Wexley.

7. 목표관리에 의한 인사고과

목표관리에 의한 인사고과(MBO: Management by Objective)는 상사와 부하가 성과목표 기준에 대해 사전에 상의하고 합의하여 목표를 설정하고, 그러한 목표에 대한 진척상황을 정기적인 면담 등을 통해 검토하면서 진행시킨 후 목표 달성 여부를 근거로 평가하는 제도다. 목표관리에 의한 인사고과는 목표의 설정, 목표달성 활동, 목표달성에 대한 평가 등 크게 세 단계로 이루어진다.

① 목표의 설정단계에서는 전사적인 목표에서 도출된 부서의 목표에 근거하여 고과자와 피고과자 간의 협의를 통해 피고과자가 일정 기간 동안 달성해야 할 목표가 설정된다.

② 목표달성 활동단계에서는 설정된 목표를 달성하기 위하여 피고과자는 자기통제하에 업무를 수행하며, 고과자는 피고과자와의 지속적인 접촉을 통해 목표달성 상황에 대한 확인, 지도, 커뮤니케이션 등을 수행한다.

③ 목표달성에 대한 평가단계에서는 고과자의 일방적인 평가를 탈피하여, 피고과자 자신이 평가한 본인평가 결과를 반영한 평가가 이루어진다.

목표관리에 의한 인사고과 방법은 직무관련성이 높고, 직무개발과 인재육성이 용이하다는 장점과, 성과를 향상시키는 데 효과적이라는 장점을 갖고 있다. 하지만 피고과자가 업적달성과 뚜렷한 관련이 없을 경우 적용하기가 어렵다는 점은 단점으로 지적되고 있다.

8. 평정센터법

평정센터법(Assessment Center)은 현대적인 고과 방법의 하나로 평가자들의 집단이 평가를 전문으로 하는 평정센터를 구성하고 피고과자의 직속상사가 아닌 특별히 훈련된 평가자들이나 평가전문가들이 복수의 평가절차를 통해 피고과자들을 평가하는 고과 방법이다. 이 고과 방법은 일상적인 인사고과보다는 관리자로서의 잠재력을 갖추고 있는가를 평가하는 방법으로 채택되고 있다. 그래서 평정센터법은 직속상사가 아닌 일선의 실무관리자들이 피고과자들을 합숙시켜가면서 평가하는 방식을 택한다. 피고과자들을 여러 가지 의사결정 게임이나 토의 등에 참가하면서 그들의 모습을 나타내면 복수의 평가자들이 이를 평가하게 된다. 평가자들도 복수이고, 또 참여하는 과정도 여럿이므로 복수평가절차(Multiple Assessment Procedure)를 거치게 되는 것이다.

평정센터법은 제2차세계대전 이전에 독일 육군에 의해 처음 사용되었다. 영국에서는 제2차세계대전 중에 장교를 선발하는 데 이용했으며, 당시에 미 정보국에서도 정보원을 선발하는데 이 기법을 이용하였다. 그리고 미국 산업계에 처음으로 등장한 것은 미국전화전신전화공사(American Telephone and Telegraph Company: AT&T)였다고 한다. 근래에 들어와서는 특히 대규모 조직에서 조직의 장래에 중요한 역할을 하는 관리자 승진 평가에 널리 활용되고 있다(한인수, 2010).

9. 다면평가법

다면평가란 미국에서 발전된 360도 피드백(360 Degree Feedback)의 번역어로서 Multi Rater Feedback, Multi Source Feedback, Full Circle Feedback 등 다양한 용어로 불리는 인사고과기법이다. 다면평가는 상급자가 하급자를 평가하는 하향식 평가의 단점을 보완하여 상급자 평가 이외에도 평가자 자신, 부하직원, 동료, 고객, 외부 전문가 등 다양한 시각을 가진 평가자를 통해 평가하는 것을 말한다(김영재 외, 2010).

다면평가는 1990년대부터 최근에 이르기까지 미국 기업에서 가장 주목 받는 인사관리기법 중의 하나가 되어 급속히 확산되고 있다. 다면적으로 평가결과를 취합하는 것은 일의 양도 많고 또 자료의 누설 등 위험도 크기 때문에 그동안 관리적인 부담이 되었다. 다면평가가 컴퓨터 소프트웨어로 구현됨으로써 관리적 편리성이 개선되었기 때문에 최근 다면평가제에 대한 논의가 활발하게 이루어지고 있다.

학습정리

- 인사고과는 직원의 능력과 업적을 평가하여 그가 보유하고 있는 현재적 내지 잠재적 유용성을 조직적으로 파악하는 방법이라고 할 수 있다.
- 올바른 인사고과를 위해서는 고과대상의 능력, 태도, 업적을 고려해야 한다.
- 인사고과 방법은 평가대상이 되는 사람을 비교하여 서열을 평정하는 상대평가 방법과 평가기준을 이용하여 점수를 평가하는 절대평가 방법으로 구분할 수 있다.
- 인사고과 방법으로 많이 쓰이는 행위기준평정척도법은 개별 과업을 수행하는 성과를 판정할 수 있는 기준의 정도를 다양하게 예시하여 평가의 착안사항을 만들고 이를 기준으로 평가하는 것이다.

참고문헌

1. 한국형 인사평가제도(2011). 신정식, 한국경영개발협회.
2. 현대 인적자원관리-동양적 · 구미적 인사관리의 통합(2010). 한인수, 명경사.
3. 인터랙티브 인사평가시스템(2001). 박준성, 명경사.

연습문제

01 인사고과와 관련된 다음의 서술 중 가장 옳지 않은 것은? 2001년 공인회계사

① 자기고과는 동료고과에 비해 관대화경향이 크게 나타난다.
② 현혹효과(halo effect)는 고과자가 고과대상자의 어느 한 면을 기준으로 다른 것까지 함께 평가해 버리는 경향을 말한다.
③ 대비오류(contrast err ors)란 고과자가 자신의 특성과 비교하여 고과대상자를 평가하는 경향을 말한다.
④ 강제할당법을 사용하는 경우, 고과대상자의 실제 성과분포와 각 성과집단에 미리 할당된 비율분포가 일치한다.
⑤ 고과의 일관성은 동일한 고과대상자에 대한 반복고과에서 같은 결과를 얻는 정도를 가리킨다.

02 인사고과(evaluation)기법 중 가장 성격이 다른 것은? 2016년 공인회계사 변형

① 요소비교법(factor comparison method)
② 강제할당법(forced distribution method)
③ 중요사건기술법(critical incident method)
④ 행동기준평기법(behaviorally anchored rating scale)
⑤ 체크리스트법(check list method)

03 인사평가 방법 중 피평가자의 능력, 태도, 작업, 성과 등에 관련된 표준행동들을 제시하고 평가자가 해당 서술문을 대조하여 평가하는 방법은? 2018년 공인노무사

① 서열법
② 평가척도법
③ 체크리스트법
④ 중요사건기술법
⑤ 목표관리법

04 인사평가 방법에 관한 설명으로 가장 적절하지 않은 것은? 2011년 공인회계사

① 서열법(ranking)은 피평가자를 최고부터 최저순위까지 상대서열을 결정하는 방법이다.
② 평정척도법(rating scales)은 다수의 성과차원을 평가하는 방법으로 평정 요소의 선정과 각 평정 요소별 가중치의 결정, 평정척도의 결정 등이 필요하다.
③ 체크리스트법(check-list)은 직무상의 행동을 구체적으로 표현하여 피평가자를 평가하는 방법으로 해당 항목에 피평가자가 해당하는 경우에 체크하는 방법이다.
④ 중요사건기록법(critical-incident method)은 조직 성과 달성에서 특별히 효과적이거나 비효과적인 피평가자의 행위가 발생하는 경우 이를 기록하여 평가하는 방법이다.
⑤ 행위기준평정척도법(BARS: Behaviorally Anchored Rating Scales)은 개인의 성과목표와 행동기준을 제시하고 실제 달성 정도를 파악하여 구성원 간의 상대적 서열로 평가한다.

05 타인평가 및 지각 과정에서 나타나는 오류와 관련된 설명으로 가장 적절한 것은? 2012년 공인회계사

① 출신학교나 출신지역과 같이 그 사람이 속한 집단을 근거로 사람을 평가하는 오류를 후광효과(halo effect)라고 한다.
② 피평가자가 가진 비슷한 특질들(예: 근면성과 성실성)이 서로 관계가 있는 것으로 생각하여 유사하게 평가하려는 경향을 유사효과라고 한다.
③ 평가를 할 때, 처음에 주어진 정보에 더 큰 비중을 두는 경향을 최근효과(recency error)라고 한다.
④ 강제할당법을 사용하면 중심화경향의 오류를 감소시킬 수 있다.
⑤ 정직성이 낮은 평가자가 정직한 평가자보다 피평가자를 덜 부정적으로 평가하는 경향을 투영효과(투사, 주관의 객관화, projection)라고 한다.

06 평가관리에 관한 다음 설명 중 가장 적절하지 않은 것은? 2013년 공인회계사

① 목표에 의한 관리(MBO: Management by Objectives)에서는 평가자와 피평가자가 협의를 통하여 목표를 설정하고 설정된 목표와 실적을 비교하여 평가한다.
② 동일한 피평가자에 대해 여러 사람이 평가하여도 일관성 있는 평가결과가 나올 때, 평가의 신뢰성(reliability)이 높다고 한다.
③ 자신과 생각이나 행동 방식이 유사한 사람을 호의적으로 평가하는 오류를 관대화경향(leniency tendency)이라고 한다.
④ 서열법으로 평가할 경우 강제적으로 순서를 정하기 때문에 성과의 절대적 수준을 파악하거나

집단 간에 평가결과를 비교하기 어렵다는 단점이 있다.

⑤ 인적평정센터법(Human Assessment Center Method)은 관리자 선발이나 승진 결정에 활용되는 방법으로 평가의 타당성과 신뢰성을 높이기 위해 개발되었다.

07 인사평가에 관한 설명으로 가장 적절하지 않은 것은? 2014년 공인회계사

① 서열법은 구체적 성과 차원이 아닌 전반적인 평가를 통하여 피평가자의 순서만을 결정하는 상대평가 방법이다.

② 상동적 태도란 피평가자 개인의 특성보다는 그 사람이 속한 사회적 집단을 근거로 평가하는 오류를 의미한다.

③ 서열법은 조직의 규모가 클 경우에 적합한 평가 방법이다.

④ 목표에 의한 관리법에서는 목표설정 과정에 피평가자가 참여한다.

⑤ 카플란(Kaplan)과 노튼(Norton)의 균형성과표 방식에는 재무적 성과, 고객, 내부프로세스, 학습과 성장의 관점이 포함된다.

08 인사평가에 관한 설명으로 가장 적절한 것은? 2015년 공인회계사

① 행위기준평정척도법(BARS: behaviorally anchored rating scales)에서는 개인의 성과목표와 행동기준을 설정하고, 목표 대비 달성 정도를 평가한다.

② 후광효과(halo effect)는 피평가자 개인의 특성보다는 출신학교나 출신지역에 근거해 평가할 때 나타나는 오류이다.

③ 서열법은 피평가자의 강약점이나 절대적인 성과 수준을 파악할 수 없다는 단점이 있다.

④ 행위기준고과법은 체크리스트법과 중요사건법을 결합한 것으로 피평가자의 구체적 행동에 근거하여 평가하는 방법이다.

⑤ 평가의 타당성(validity)이란 동일한 피평가자를 반복하여 평가하여도 비슷한 결과가 나타나는지를 의미한다.

22장 성과주의 인사관리와 전사적 성과평가

학습목표

1. 성과주의 인사관리와 인사평가의 개념에 대해 이해한다.
2. 성과평가이론으로 BSC에 대해 이해한다.
3. 성과주의 인사관리와 인사평가의 접근 방법에 대해 이해한다.
4. 성과주의 인사관리와 인사평가의 실행 방법에 대해 이해한다.

실제 사례

전사적 성과평가와 Continental Airlines의 성과주의 평가 시스템

최상위전략을 먼저 분명히 해야만 개개인의 실행전략이 전사전략, 부문전략, 부서전략과 일관성을 가질 수 있다. 전사전략상의 성과지표와 부서 및 개인의 성과지표는 뚜렷한 인과관계를 가져야 하며 이를 통해 회사의 모든 자원과 노력은 한 방향으로 정렬되어야 한다.

성과지표 개발단계: 성과지표 추출의 기본이 되는 전사전략과 단위조직전략 수립이 끝났다면 실질적인 성과지표 추출은 보통 다음과 같은 6단계를 거쳐 이루어진다.

첫째, '핵심성과지표(KPI: Key Performance Indicator)'의 추출이다. KPI란 말 그대로 전략을 충분히 반영할 수 있는 핵심적인 성과지표를 추출하는 것이다. 잘 만들어진 KPI는 재무적인 관점뿐만 아니라 고객, 내부 운영 및 내부 조직원의 관점을 모두 포괄적으로 균형있게 반영해야 한다.

둘째, KPI의 달성목표 설정이다. 이는 과거의 성과추세, 벤치마킹(Benchmarking), 전략적 목표 등을 참조해 이뤄지게 된다.

셋째, KPI에 기반하여 순차적으로 '경영성과지표(MPM: Management Performance Measure)'와 '운영성과지표(OPM: Operation Performance Measure)'를 설정하는 것이다. MPM은 KPI와 인과관계를 가진 지표로 추출하며, OPM은 MPM과 인과관계를 가진 지표로 추출하되 평가의 최종단위까지 연결될 수 있도록 한다.

넷째, MPM 및 OPM의 목표 설정이다. 이는 과거의 성과 추이, 벤치마킹 등을 참조해 설정한다.

다섯째, 명확한 책임소재이다. 이는 성과지표가 보상과 연계되는 부분으로 각 개인의 책임을 명확히 규정하여 향후 보상과 연결되도록 한다.

마지막은 간편한 성과측정 대시보드(Dashboard)의 개발이다. 대시보드란 자동차의 계기판과 같이 주요 지표를 일목요연하게 나타내 주는 표로, 최고경영층의 의사결정을 지원하고 직원들에게는 자신의 성과를 지속적으로 평가할 기준이 되며 평가작업을 신속하게 해준다.

Continental Airlines는 '정시 출발'이라는 하나의 목표만을 설정하고 이 목표가 달성되었을 경우 해당 월에 65달러를 전 직원들에게 일률적으로 지급하는 성과급제를 도입하였다. 이 제도를 통해 직원들 스스로가 업무를 자율적으로 점검하고, 기능간 장벽을 넘어서 회사 목표 달성을 위해 최선을 다하는 모습을 보였다. 그 결과 Continental Airlines는 1996년부터 자사가 항공업계 3위 안에 들 때 65달러를 지급하는 것으로 목표를 상향 조정해야 하기도 했다. 이러한 팀 성과급이나 집단 이익배분제와 같은 집단성과급 도입 추세는 개인 이데올로기가 강한 미국 기업에서도 해마다 증가하고 있음을 볼 수 있다.

Best Buy의 ROWE

투입한 시간이 아니라 업무 성과에 기초해 조직원들을 평가하는 대표적인 사례로 미국 전자제품 유통업체 Best Buy의 ROWE(Results Only Work Environment) 제도를 들 수 있다. Best Buy는 관리자들이 실제 업무 성과보다 '직원들이 얼마나 오랫동안 자리를 지키고 있는지'를 기준으로 평가하는 기존 제도의 문제점을 해결하기 위해 2003년 ROWE를 도입했다. 이 프로그램의 핵심은 근태나 야근 등에 초점을 두지 않고 오직 성과에만 초점을 두어 평가한다는 것이다. 직원들은 주어진 업무를 완수한다는 전제하에 2시간의 점심시간을 사용할 수도 있으며, 업무시간에 미술관이나 박물관을 관람할 수도 있다.

ROWE 제도는 직원 만족도뿐 아니라 생산성향상에도 크게 기여하고 있다. 2005년~2007년 3년간 ROWE를 적용한 팀의 생산성은 다른 팀에 비해 41% 향상됐고 직원만족도 역시 10%나 개선됐다. 또한 자발적 이직률은 90%나 감소했다.

Best Buy의 ROWE를 분석한 한 연구에 따르면, ROWE 도입 후 직원들의 출퇴근 시간 소모가 줄었고, 수면 및 운동시간이 늘어났으며, 일하는 장소나 시간을 스스로 통제할 수 있다는 자기 통제감이 증가한 것으로 나타났다. 또한 일과 삶의 갈등이 감소했으며 기업문화가 더욱 가족친화적이 된 것으로 분석됐다.

자료: Moen, P. E. *et al.*(2009), "Learning from a Natuarl Experiment: Studying a Corporate Work-Time Policy Initiative," In Crouter, Ann C. & Alan Booth (Eds.), *Work-life policies* (pp. 97~131). The Urban Institute Press. DBR 재인용.

01 성과주의 인사관리와 성과평가의 개념

성과주의 인사관리와 성과평가, 왜 중요한가?

과거 우리나라에서는 입사순서, 나이순서에 따라 승진을 하고 급여를 차등지급 받는 연공주의 인사관리 관행이 자연스러운 것이었다. 그 결과 상사보다 큰 역량을 가진 직원이나 큰일을 해낼 잠재력을 가진 직원에게 그 역량을 제대로 발휘할 기회가 주어지지 않았으며 기업, 집단 등의 조직은 변화와 혁신보다는 현상유지 문제에 보다 많은 관심을 갖는 경향이 있었다.

그러나 성과중심의 인사관리를 도입하면서 기존의 연공서열 위주의 관리관행으로 인해 초래된 조직정체와 비효율성, 근로의욕 저하 등의 문제를 극복하고 직원들의 자발적이고 적극적인 업무 활동과 자기계발 활동을 촉진함으로써 직원과 기업 전체의 가치

그림 22-1 성과주의 인사관리의 개념

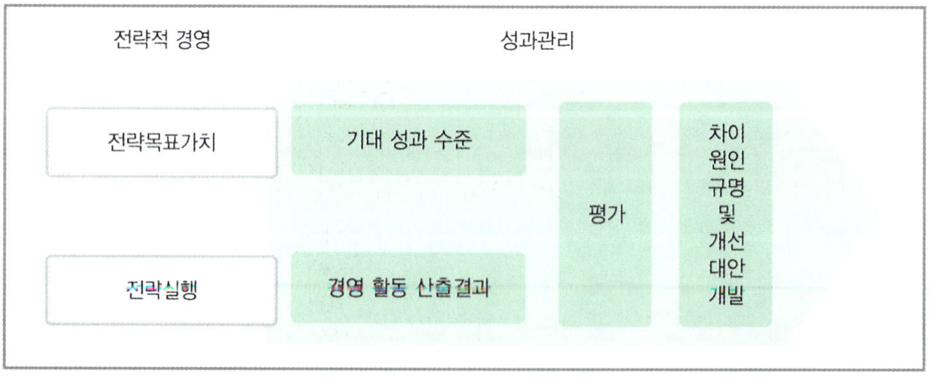

를 동시에 증대시킬 수 있게 되었다.

특히, 직원들의 업무 성과를 객관적이고 공정하게 평가하는 성과평가는 직원들이 새로운 역량을 개발하는 근간이 되고 있다. 이것은 개인의 성장가치와 연계되어 업무에 열정적으로 몰입할 수 있게 하고 직원에게 더욱 열심히 일하고자 하는 동기를 부여시켜 성과 향상을 가져온다. 회사의 입장에서도 직무에 대한 직원들의 강점과 약점에 대한 피드백도 제공 받을 수 있다는 장점이 있다.

성과주의 인사관리와 성과평가란 무엇인가?

성과주의 인사관리란 성과를 바탕으로 직원을 승진, 이동, 육성하는 것을 말한다. 그리고 이러한 관점에서 성과평가는 직원의 성과를 측정하는 협소한 개념을 넘어 전사적 입장에서 성과를 관리하고, 또한 향상시키기 위해 성과를 점검・피드백하는 활동이다.

성과란 고객에게 가치(value)를 줄 수 있는 구체적인 산출물로서 기존에는 기업의 이익과 같은 재무적인 요소를 지칭했으나 현재는 품질, 고객만족, 프로세스 효율화와 같은 비재무적인 요소도 함께 가리킨다. 성과평가를 통한 보상에는 차등이 있는 연봉제, 집단성과급제, 스톡옵션제, 발탁승진제, 선택형 복리후생제도 등 다양한 종류의 보상이 있다.

성과주의란 모든 의사결정의 중심에 성과가 있으며 이를 위해 '자율'과 '혁신'을 추구하고 팀워크가 극대화되는 협동체계의 구축을 목표로 하는 이념적 체계이다. K보험사는 성과주의 실현이라는 목적 하에 HR 비전을 'K보험사를 가장 일하고 싶은 회사'로 정립하고, 2001년 비전체계를 정립하고 이를 실현하기 위해 인사시스템을 정비해 왔다. K보험사 성과주의 인사제도 운영의 궁극적인 목적은 회사를 고성과 창출 조직으로 변화시키는 데 두고 크게 세 가지 HR 비전을 제시하였다.

첫째, 업계 최고의 인재가 모인 회사가 되어야 한다. 이를 위해 시장에서 최고의 인재를 발굴하는 것뿐만 아니라 조직구성원을 업계 최고의 인재로 키워 나가야 한다. 둘째, 조직구성원 자신의 역량을 최대한 발휘할 수 있는 기회(right place)를 제공하는 회사가 되어야 한다. 셋째, 업계 최고의 보상 수준(right price)을 제공하는 회사가 되어야 한다. 이를 위해 인건비 배분 논리의 합리성을 확보해야 한다.

그리고 성과주의 인사시스템의 성공을 위해 성과평가가 객관적으로 이루어지도록 하는 조치를 취했다. 첫째, 개인이 수행하고 있는 직무가 어떤 성과를 창출해야 하는지가 명확하게 규명, 공식화되어야 한다. K보험사는 이를 성과책임(accountability)이라고 명명하였다. 둘째, 성과책임에 근거한 성과목표 합의를 위해 평가자와 평가대상자 간에 상당한 시간과 노력이 투입되어야 한다. K보험사는 팀장 이상 관리자를 대상으로 성과목표 합의를 완료했다. 셋째, 평가자는 합의된 성과목표가 제대로 달성되고 있는지를 철저하게 모니터링 하여 코칭 해야 하며 평가대상자가 자율성을 가지고 성과목표를 달성할 수 있는 업무환경을 조성해 주어야 한다는 것이다.

또한 성과평가는 철저하게 커뮤니케이션 이슈라는 사실을 잊지 말아야 하며 이러한 사실을 평가자가 숙지하고 있어야 한다. K보험사는 평가자를 대상으로 한 지속적 교육을 위해 코칭 워크숍을 수행하였다.

전사적 성과평가를 위한 BSC제도

성과평가에 관한 모델로는 Kaplan과 Norton(1992)의 균형성과평가(BSC: Balanced Score Card)모델이 있다. 1992년에 Kaplan과 Norton에 의해 공식 발표된 이래 지난 10여

| 그림 22-2 | Balanced Score Card를 통한 성과평가의 개념

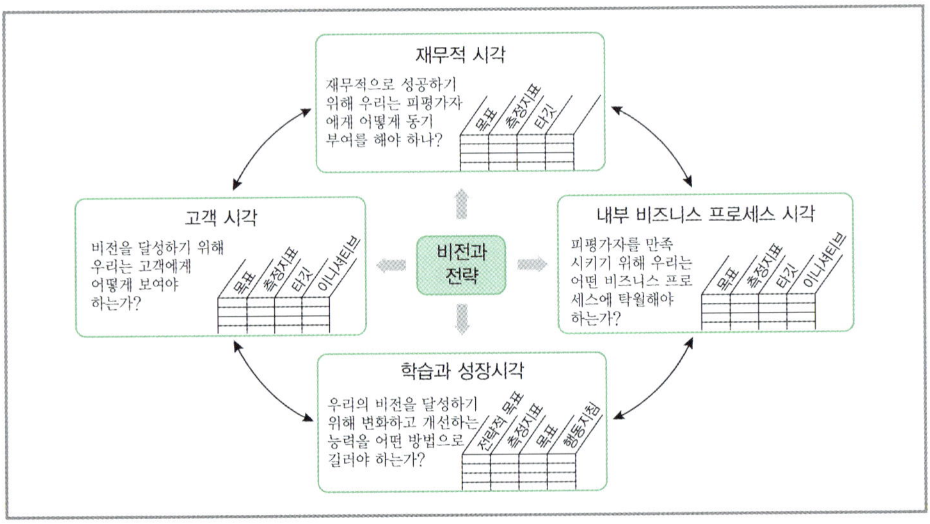

출처: Robert. S. Kaplan and David p. Northon, "Using the Balanced Score Card as a Strategic Managemant System," *Harvard Business Review*, Jan-Feb, 1996, p. 76.

년 동안 포춘지 선정 500대 기업의 45%가 도입하고 국내도 대기업을 중심으로 50여 개 업체가 도입을 하였다.

BSC는 기업의 비전과 전략의 실현을 위해 어떤 성과를 추구해야 하는지에 대한 질문을 던지며 네 가지 관점에서 조직의 성과를 평가한다. 첫 번째는 재무적 관점으로, 기업의 수익성이나 경제적 부가가치처럼 재무적 측면에서 주주에게 보여주어야 할 성과에 관한 것이다. 두 번째는 고객의 관점으로, 고객이 원하는 것을 경쟁사와 차별화된 방식으로 신속하게 만족시켜준다는 내용이다. 세 번째는 내부 비즈니스 프로세스 관점에서 고객에게 가치창출을 하기 위해 기업 내부적으로 효과적이며 효율적으로 프로세스를 운영하는 것에 초점을 두고 있다. 끝으로 학습 및 성장 관점에서는 기업의 핵심역량을 규명하고 핵심성과지표를 설정한다.

이러한 4가지 관점에 대해서 핵심성공 요인과 이를 측정하기 위한 핵심성과지표(KPI: Key Performance Index)를 정리하면 다음의 [표 22-1]과 같이 나타낼 수 있다.

BSC는 기존의 성과평가와 어떻게 다른가?

BSC 성과평가 방식이 기존의 평가와 다른 점은, 기존의 성과평가가 기업의 이익이나 투자를 통한 수익률과 같은 재무적 요소에 대한 평가만을 표현했던 반면, BSC는 비재무적이고 질적인 측면의 평가 요소를 포함시켜 재무적 요소와 동시에 비재무적인 측면들도 고려한다는 점이다. 다시 말해서 종래의 전통적인 성과평가 방식은 이익과 비용 같은 과거의 자료들을 통해 지나온 길을 알아보는 것이라면, BSC와 같은 성과평가 방식은 과거에 무엇을 했는가는 물론 앞으로 어떻게 해야 하는가에 관한 문제에도 큰 관심을 기울인다.

기존의 재무적 요소에 대한 평가가 백미러를 보며 운전하는 방식이었다면 재무적 요소를 비롯하여 고객, 학습, 기업 내부적 요소까지 포함하여 평가하는 BSC는 장기적인 시야로 앞을 내다보며 하는 운전 방식이라 하겠다. 뿐만 아니라 개인과 조직적 관점까지 함께 고려하여 평가한 뒤 인사를 단행하므로 지나치게 개인 위주의 평가가 이루어졌던 기존의 방식에 비해 보다 많은 사람들을 성과주의 인사로 묶을 수 있어 시너지 효과를 낼 수 있게 되었다.

BSC를 성공적으로 구축한 E사의 사례를 구체적으로 살펴보면, 우선 E사의 경영계획

[표 22-1] BSC 4가지 관점별 핵심성공 요인과 핵심성과지표의 예

관점	핵심성공 요인	핵심성과지표
재무적 관점	수익성	경제적 부가가치(EVA), 자본이익률(ROE), 한계이익, 영업이익, 경상이익, 당기순이익, 인당부가가치, 인당한계이익, 인당매출액
	성장성	EVA증가율, 매출증가율, 영업이익증가율, 경상이익증가율, 단기순이익증가율
	안정성	현금흐름(Cash Flow), 자기자본비율, 유동성비율, 이자보상배율
	활동성	총자산회전율, 재고자산회전율
고객 관점	고객만족	고객불만처리시간, 서비스응대속도, 배달신뢰도, 경쟁사(가격) 대비 품질 · 가격만족도, 적시제공률, 고객만족지수, 고객불만건수
	고객유지	계약해지율, 기존 고객이탈률, 재구매율, 고객관계유지 평균기간
	신규고객확보	신규제품 매출비중, 신규고객비율, 신규고객 시장점유율
	고객수익성	우수고객비율, 고객당 수익률, 장기계약성사율, 핵심시장점유율
	시장 성과	시장점유율, 브랜드 가치
내부 프로세스 관점	리드타임	납기지연시간, 주문지연시간, 주문공급시간, 고객대기시간
	생산성	작업대기시간, 재작업 지연시간, 적정재고율, 설비종합효율, 유실공수, 조업도
	품질	시장불량률, 공정불량률, 수율
학습과 성장 관점	인적자원	핵심인력유지율, 직무만족, 교육타당도, 보상만족, 리더십평가
	기술역량	연구인력비율, 매출액 대비 연구개발비, 신제품 비율, 특허건수
	지식경영	업무메뉴얼 구축 / 활용도, 제안건수와 실행률, IT 활용도

출처: 김영진(2002), 효과적 성과평가의 개념과 활용 방법론.

은 BSC 프로세스와 동일하였다. 고객 관점에서 브랜드 전략을 수립하고 이를 전략 Map으로 구성하며 이것의 향상을 확인하기 위한 지표를 설정했다. 모든 전략은 프로젝트와 필요지식 리스트로 정의되었고, 모든 직원은 자신의 성과와 해야 할 일을 갖게 되었다.

"측정되지 않는 것은 관리할 수 없다"는 원칙 하에 E사에서는 모든 지표를 시스템에서 측정되도록 만들었다. E사는 BSC 지표를 통해 ① 현실 인식, ② 활동에 대한 피드백, ③ 목표의 수정, ④ 새로운 과제 설정, ⑤ 지식의 발굴 및 공유를 함으로써 조직적 학습이 수행 되도록 하였다. 또한 분기 평가회를 통해 전략이 적합한지 전략을 확인하고 측정지표가 적합한지, 목표 값과 평가비중은 적절한지를 확인하였다. E사 사례를 통해 다음과 같은 BSC 특징을 도출할 수 있다.

첫째, 경영관리 프로세스 향상을 들 수 있다. BSC를 통한 전략실행 도구는 재무적 관점으로 귀결되며 회사도 재무적 성과가 가시적으로 나타나게 된다. 이를 통해 BSC 도입 첫해에 생산성이 2배로 향상되는 놀라운 성과를 거두었다.

둘째, BSC는 직원들의 의식과 행동의 변화를 초래한다. 목표중심의 사고 및 신중한 목표수립 태도의 형성, 체계적 정보시스템의 필요성과 인식, 브랜드와 팀의 실 활동목표를 정렬하는 과정에서 경영자와 직원들 간 의사소통을 크게 향상시킨다. 이 시간은 매우 값진 시간이며 직원들에게 목표지향적이고 성과중심적 성향을 증가시키는 동기를 부여하는 과정이다.

셋째, 무형자산에 대한 경영진의 인식을 강화시켰다. 무형자산의 가치를 측정해 경영자의 평가를 무형자산의 증감으로 해야 한다는 구체적 인식을 하는 계기가 되었으며 지표 간의 인과관계가 어떻게 되는 것인지, 지표값 중 가장 큰 영향을 미치는 것은 무엇인지 등 시스템적 사고의 시작점이 되었다. 또한 무형자산의 총액을 산출하고 이를 BSC 측정 결과값과 연결하여 지식자산표를 작성하였다.

그림 22-3 BSC의 구조

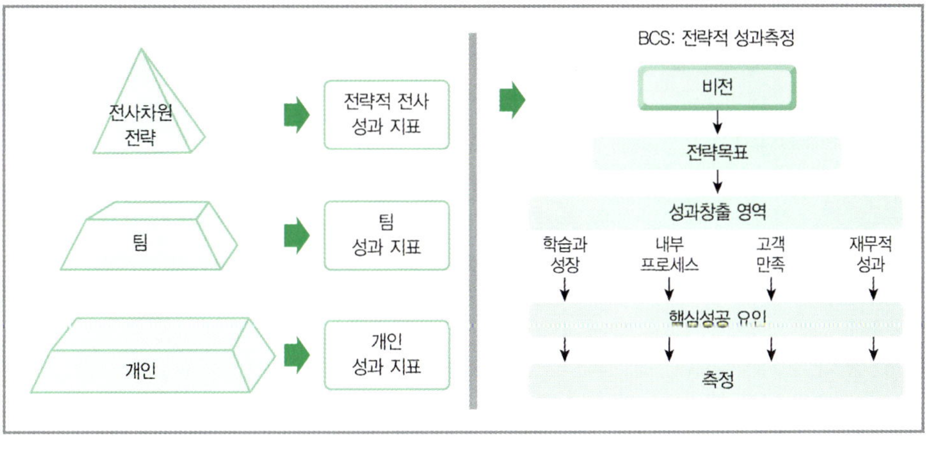

02 성과주의 인사관리와 성과평가의 수행 방법

성과주의 인사관리, 어떻게 접근할 것인가?

성과주의 인사관리에 접근하는 방법은 크게 제도적 차원의 접근과 조직구성원 차원의 접근으로 나누어 볼 수 있다.

1. 제도적 접근

성과주의 인사관리의 제도적 접근법에는 인력배치 및 인사이동관리와 관련하여 성과에 따라 승진, 이동하는 것이다. 성과주의에 따른 인사제도는 현실안주형 직원에게는 독이 되지만 도전형 · 자기계발형 인재에게는 당근이 된다. 그리고 성과주의에 입각한 교육훈련 관리는 성과주의 인사관리의 개념에 대해 교육을 하거나 직원들의 자기계발을 돕는 교육제도 등이 해당된다.

성과주의에 입각한 보상제도는 직급이 낮더라도 성과를 통해 상사보다 높은 금전적 보상을 받을 수 있도록 절차와 규정을 만드는 것이다. 성과주의에 입각한 보상제도에서의 보상은 금전적으로만 이루어지는 것이 아니라 성과가 높은 사람에게 기업 측에서 다른 사람들보다 더 많은 자기계발의 기회를 제공한다거나 복리후생과 관련하여 휴가와 같은 부분에서 차등적인 혜택을 주기도 한다. 하지만 보상은 어디까지나 성과의 향상을 위한 동기부여의 수단이지 목적이 되어서는 안 된다.

2. 조직구성원 차원

조직구성원들은 직장생활에서 일거수일투족이 성과와 어떻게 연결될 것인지를 생각하는 성과 마인드를 갖추어야 한다. 또한 CEO에게는 성과주의 인사에 대해 명확한 이념과 비전을 갖고 조직구성원들에게 이를 상기시키고 함께 나아가도록 동기를 부여하는 역할이 요구된다. 성과주의 인사관리를 위해서 조직의 구성원들은 성과주의의 취지에 대해서는 정확한 인식을 할 필요가 있다. 성과주의는 보다 발전된 기업으로 변모하기 위한 필수불가결한 선택일수 있다는 점을 인식해야 한다.

성과주의 인사관리, 어떻게 수행할 것인가?

1. 제도적 접근 차원의 방법

(1) 연봉제

성과에 따라 임금을 차등지급 하는 임금체계는 1990년대 초반부터 논의되다가 1990년 말부터 우리나라의 대다수 기업이 도입하기 시작하였다. 초기의 성과급제는 불필요하게 난립한 각종 수당을 통합하는 것에서부터 시작해 상여금을 차등적으로 지급하는 방식을 거쳐 매년 또는 반기별로 성과를 평가해 급여를 차등지급 하는 연봉제로 발전했다. 연봉제 내에서도 성과(업적)연봉의 구성률에 따라 순수연봉제, 혼합형연봉제 등 다양한 형태로 발전해 왔다. 도입초기의 많은 우려와 비판에도 불구하고 현재 연봉제는 지속적으로 확산되어 가고 있다.

(2) 집단성과급제

종전에 비정기적으로 지급되던 연말 집단성과급제도가 현재 많은 기업에서 관행화되었고 제도화 되었다. 하지만 개인별 차등 폭을 확대할수록 불필요한 경쟁을 부르고 '내 몫 챙기기'를 조장해 팀워크를 해친다는 점이 차등보상의 문제점으로 지적되었다. 즉, 개인별 차등의 강조로 인해 단기적인 성과에만 몰입할 경우 결과 지상주의로 각종 경영비리 및 도덕적 해이가 나타날 수 있다. 성과주의의 부작용을 극복하기 위해서는 개인별로 차등을 두는 제도에 집단성과급제를 병행하는 방식이 필요하다. 집단성과급제는 집단단위의 평가를 먼저 한 뒤 개인단위의 평가결과를 더해서 급여를 구성(pay mix)하는 것이다. 소속 조직의 성과가 함께 평가에 반영되지 않으면 개인 성과의 합보다 더 큰 집단 성과가 간과될 수 있다. 그러므로 팀 조직에서 성과평가시스템이 효과적으로 운영되기 위해서는 개인의 성과뿐만 아니라 팀의 성과도 함께 관리되고 평가되어야 한다.

(3) 스톡옵션제

스톡옵션이란 임직원이 자기 회사 주식을 미리 약정한 가격으로, 일정한 수량을 일정기간 내에 매수할 수 있는 권리로, 주식을 매입하는 것에 대한 선택권을 직원에게 부여하는 제도이다. 조직구성원들의 성과가 좋아 기업의 가치가 상승하면 자신이 보유하고 있는, 혹은 보유하게 될 주식의 가격도 상승하게 되는 방식으로 기업의 입장에서는 기업가치의 상승이라는 업적달성에 따라 지급하는 성과주의 보상제도라고 할 수 있다. 스톡옵션제는 장기적 인센티브의 일종으로서 초기에는 최고경영자를 중심으로 실시되었으나 우리나라에서는 벤처기업이나 대기업에서 기술인력 등 몇몇 일부 핵심인력을 중심으로 실시되었다. 그러나 스톡옵션제는 한때 우리나라 기업들에서 점차 전 직원으로 그 대상이 확대되었으나 최근에는 일부 기업에서만 활용하고 있다. 스톡옵션제는 성과창출에 크게 기여할 수 있는 유능한 인재를 확보하고 유지시킬 수 있으며 모든 임직원이 주주가 되어 기업에 대한 주인의식을 고취시킬 수 있다는 장점이 있다. 더 나아가 가장 낮은 조직까지도 책임경영을 실현시킬 수 있는 성과주의 인사관리제도이다.

(4) 발탁승진제

일정한 기간 동안 근무한 직원들에 한해 승진을 시키는 과거의 연공서열 중심적 관례에서 벗어나 직무에 적합한 사람이 있다면 연공서열주의 관행을 무시하여서라도 그 적격자를 적합한 상위 직무에 배치해야 한다는 취지의 제도이다. 발탁승진제는 연령과 근속연수가 낮을지라도 능력이 있고 성과가 탁월한 사람을 승진시키는 인사제도로써, 중요한 것은 연령이 아니라 사람이 가지고 있는 능력과 역량이기 때문에 인재의 확보와 유지, 그리고 능력주의 조직문화 창조라는 차원에서 채택되는 제도이다. 그러나 연공주의 인사 관행이 강력하게 작동하는 조직에서 발탁승진제를 도입할 경우 발탁된 유능한 인재가 발탁되지 못한 인력들에 의해 견제되어 탈락되는 역효과가 발생하기도 한다.

2. 조직구성원 차원의 방법

(1) 분명한 목적과 합의

조직구성원들은 '성과'에 대한 명확한 정의를 갖고 성과주의 도입을 통해 회사가 지향하는 목표에 대한 구체적인 모습을 그릴 수 있어야 하며, 이를 통해 성과주의 도입에 대한 명확한 철학이 조직 말단까지 침투해야 한다. 성과주의는 단순한 인사시스템의 변경만으로 이루어지는 것이 아니므로 무엇보다도 시스템 도입에 대한 분명한 목적과 이에 대한 구성원들의 합의가 선행되어야 한다.

(2) CEO의 성과주의 경영철학 정립

CEO는 성과주의시스템을 설계하고 도입하는데 급급한 나머지 성과주의에 대한 명확한 철학, 구성원들이 이해나 기업문화 등 변화관리에 자칫 소홀할 수 있다. CEO 자신이 성과주의에 대한 명확한 인사철학을 제시하고 강력한 실천력으로 전 임직원들에게 지속적으로 커뮤니케이션 하여 성과주의에 대한 관심을 표현해야 한다.

(3) 조직 내 신뢰문화 구축

성과주의 인사는 기존의 구성원들에게 반감을 살 수도 있으므로 노사 간의 공감대를 바탕으로 인사시스템을 설계하고 단계적으로 이를 도입해야 하며 원칙대로 제도를 운영하여 상호간의 신뢰를 축적해야 한다. 성과주의 인사관리가 성공적으로 운영되기 위해서 조직 내 상호신뢰의 문화가 매우 중요하다. 한 예로, GE가 시장중심형 문화를 통해 성과주의를 지향하고 있다면, Southwest Airlines나 Toyota는 가족중심적 문화를 통해 성과주의를 지향하고 있다. Southwest Airlines는 고능률의 인간관계 구축을 중시하고, 기능 간 장벽을 없애고, 어느 한 개인이나 팀이 아닌 관련 부서의 공동 문제 해결, 업무 기능 간의 팀워크 강화를 중시함으로써 조직의 성과를 제고하고 있다. 또한, Toyota도 성과주의를 도입하면서 Top-Down식의 강압적 개혁보다 Bottom-Up식의 구성원 참여와 자기 개혁을 강조함으로써 그들의 연공서열중심 문화에 맞는 성과주의를 정착시켰다. 특히 Fujitsu가 무리하게 미국식 성과주의를 도입하면서 실패한 점을 거울삼아 일할 의욕의 고취, 신뢰 문화 기반, 업무 과정 중에 발생하는 능력과 노력 기반의 평가 등에 초점을 두고 있다. 자사 기업 운영 철학과 조직문화를 고려하여 적합한 성과주의 인사제도를 도입하는 것이 필요하며, 핵심적인 부분은 신뢰의 조직문화이다.

성과평가, 어떻게 접근할 것인가?

성과평가에 접근하는 방법은 범위에 따라서 기업 전체가 참여하는 방식인 전사적 접근과 구성원인 개인, 그리고 부서(또는 팀)의 세 가지로 나눌 수 있다.

1. 전사적 차원

거시적으로 기업 전체가 고객만족과 품질향상과 같은 목표를 통해 재무적 성과를 달성하기 위해 어느 부분이 어떻게 얼마나 노력하는지에 대해 평가를 하는 것이다. 하지만 기업은 복잡하고 거대하므로 사실상 이를 정확하게 평가하기는 어렵다. 따라서 개인, 부서와 같이 세분화 시켜서 평가하는 방식을 사용하고 있다.

2. 부서 차원

팀 조직의 도입으로 인해 성과평가의 단위도 개인 성과중심에서 개인과 팀의 성과를 모두 고려하는 방향으로 바뀌고 있다. 조직은 공통의 목표를 실현하기 위해 상호 협조하면서 노력하는 사람들의 집단 또는 단위조직이다. 개인의 성과뿐만 아니라 소속집단의 성과를 함께 평가에 반영시켜야 한다. 개인 성과의 합보다 더 큰 시너지 효과에 의한 집단 성과도 개인 성과 못지않게 중요하기 때문이다.

3. 개인 차원

개인중심의 성과평가는, 자신은 노력하지 않고 남의 노력으로만 이득을 얻으려는 무임승차자(free-rider)를 사전에 근절할 수 있다. 개인의 성과에 대한 평가는, 개인이 가진 능력이 조직 전체의 목표에 얼마나 잘 부합되어서 고객만족, 자기계발 등의 구체적인 성과도출을 했는지에 대한 개인별 차등화를 하는 평가이다. 또한 평가에 있어 중 · 장기적인 기업의 경영전략과 관련한 평가 요소를 포함시켜 직원들의 의식과 태도의 변화를 추구한다. 평가주체도 종전 상사중심의 하향식 평가에서 상사, 동료, 부하 등 입체적인 다면평가를 통해 평가의 공정성이 보장될 수 있도록 설계하기도 한다.

성과평가, 어떻게 수행할 것인가?

1. 전사적 차원의 방법

BSC는 전사적 비전과 전략을 확립한 후 전략적 목표를 수립하고 이에 대한 핵심성과지표와 각 지표별 목표를 설정한 후 실행계획을 세우는 과정으로 이루어져 있다. 먼저 기초분석단계에서는 기업이 속한 사업에 대해 거시적인 관점에서 미래의 추세를 예측하고 분석한다. 다음으로 경영진이나 고객, 주주 등 이해관계집단과의 면담을 통해 기업의 비전과 전략을 명확히 해야 하며, 전략 방향이 확정되었으면 앞서 살펴본 BSC의 네 가지 관점 간에 균형을 이루면서 통합적인 전략적 목표를 수립한다.

그 후 전략적 목표를 달성할 수 있는 핵심 성공 요인에 대한 규명과 이를 측정하고 관리할 수 있는 핵심성과지표를 도출해 내는 과정이 필요하다. 그러면 핵심성과지표에 따라 사업단위별로 목표를 설정하고 이를 감독할 책임조직을 확정한 후 전략적 목표 범위를 벗어나지 않는 하위 부서를 조직하고 이를 실행한다.

하지만 단순히 실행하는 것으로 BSC가 끝나서는 안 되며 지속적인 관찰과 피드백을 통한 개선과 조정도 뒤따라야 하고 보상과 연계되는 방안에 대한 협의에도 착수해야 한다.

2. 부서 차원의 방법

부서, 팀의 성과평가는 성과항목도출, 중요도 순위별 가중치 부여, 평가기준 수립, 피드백 시스템 구축 및 분석의 순서로 이루어진다. 따라서 평가하려는 성과의 항목을 먼저 설정해야 한다. 그 후에는 항목별로 중요도를 가늠한 뒤 그 합이 100%가 되도록 순위별로 가중치를 부여하며 양, 질, 비용, 적시성에 따라 수치적 · 서술적 평가기준을 수립한다. 기준이 수립되었으면 성과의 수준이 어느 정도인지 파악할 수 있도록 성과표준을 설정한 후에 마지막으로 실제 도출된 성과에 관한 자료를 수집하고 이를 분석한다.

먼저 일상적인 업무를 반복적으로 수행하는 일상 업무 팀은 그 특성상 구체적이고 정량적인 방식으로 성과를 측정할 수 있다. 그리고 프로젝트 팀과 같이 특정 목표달성을 위해 구성되었다가 목표달성 후에 해체되는 경우나 한 사람이 둘 이상의 프로젝트를 공동으로 맡아 그 결과의 책임 소재나 평가 권한의 소재의 파악이 비교적 어려운 경우에는 과업 완수에 더 많은 초점을 둔다. 또 활동주기와 성과평가주기가 일치하지 않는 경우가 많아 프로젝트가 끝난 뒤의 업적을 평가하기보다는 프로젝트가 진행되는 과정 동안의 업적을 평가하는 것이 더 바람직할 것이다.

이처럼 한 조직에 속해 있는 팀들도 각기 다른 목적으로 구성되고 운영되는 경우가 많으므로 각 팀의 성과를 제대로 관리하고 평가하기 위해서는 성과평가시스템도 팀의 특성에 맞게 차별적으로 설계되어야 한다.

3. 개인 차원의 방법

2001년 도입된 LG전자의 신인사제도 사례를 통하여 성과주의 인사제도의 구체적인 모습을 살펴볼 수 있다. LG전자는 첫째, 인사관리 운영 기준은 성과주의를 근간으로 전면 개정하였다. 예컨대 연공적 요소인 각 직급별 필수 체류 기간을 우선 폐지하였고, 진급은 기본적으로 수행 역할이 변화하고 직급의 역할 수행에 요구되는 필수 역량 조건이 충족될 때 이루어지도록 하였다. 또한 창의적인 조직문화 구축을 위해 대리, 과장, 부장 등의 호칭을 직급과 분리하고, 사회적 통념 하에서 일정 경력이 되면 자동적으로 상위 호칭을 부여하는 방식으로 전환하였다.

둘째, 성과주의 강화를 위해 하위와 상위 직급 간 연봉 수준이 중복될 수 있는 형태로 직급별 연봉 폭을 설정하였으며, 개별 연봉 인상은 개인의 평가 등급과 직급 내 연봉 수준에 따라 차별화할 수 있도록 설계하였다.

셋째, 성과지표 및 직무 · 직급별 역량지표에 근거한 객관적이고 공정한 평가가 이루어질 수 있도록 평가체계를 보완하였다. 평가는 역량평가와 성과평가로 분리하며, 역량평가 시의 역량 요건은 그 의미와 숙련 수준을 구체적으로 정의하여 각 직급별로 동일한 기대 수준에 의해 평가하도록 하였다. 반면, 성과평가는 사업전략과 적합성을 갖는 성과지표를 도출하여 구성원의 하위목표 항목으로 연계 · 관리하도록 하였다. 이러한 두 가지 평가결과를 종합하여 개인 종합 평가결과를 구성하며, 이는 개인별 기본 연봉 조정과 직급 조정의 기본 자료로서 활용되고 있다.

삼성전자도 "성과에 따라 적절한 보상이 이뤄지도록 해야 한다는 원칙"을 철저하게 적용하며 성과주의 인사제도를 강화해 왔다. 2012년 승진 인사이동에서도 성과주의 색채가 강하게 나타났다. 연차와 학력 등에 관계없이 과감한 발탁 인사를 하였다. 특히 중남미총괄 상무는 매출을 2배 이상 성장시키며 브라질 휴대폰 1등 신화를 만들어냈는데,

2012년 삼성전자의 승진 인사에서 부사장 5명과 전무 8명, 상무 30명 등 총 43명이 영업 마케팅 출신이다. 해외 현지법인 인력들이 대거 승진자 명단에 포함되었다. 삼성전자의 휴대폰 사업부 역시 갤럭시 시리즈의 돌풍에 힘입어 부사장 3명과 전무 9명, 상무 22명 등 총 34명이 승진했다.

학습정리

- 성과를 바탕으로 구성원을 승진, 이동, 육성하는 것이 성과주의 인사관리라고 할 수 있다. 그리고 이러한 관점에서 성과평가는 구성원의 성과를 측정하고, 관리하며, 향상시키기 위해 성과를 점검하고 피드백으로 연결시키는 활동이다.
- 성과평가의 대표적인 방법인 BSC는 기업의 비전과 전략의 실현을 위해 어떤 성과를 추구해야 하는지에 대해 네 가지 관점, 즉 재무적 관점, 고객의 관점, 내부 비즈니스 프로세스 관점, 학습 및 성장의 관점에서 조직의 성과를 평가한다.
- 성과주의 인사관리에 접근하는 방법에는 크게 제도적 접근과 조직구성원 차원의 접근으로 나누어 볼 수 있으며 제도적 접근에는 연봉제, 집단성과급제, 스톡옵션제, 발탁승진제 등이 있다
- 성과평가에 접근하는 방법은 범위에 따라서 기업 전체가 참여하는 방식인 전사적 접근과 구성원인 개인, 그리고 부서(또는 팀) 세 가지로 나눌 수 있다.

참고문헌

1. 한국기업의 성과주의 인사시스템 변천(2010). 김성수, 서울대학교출판문화원.
2. 가치실현을 위한 통합경영지표 BSC(2007). 로버트 S. 캐플런, 옮김-송경근, 한언.
3. 21세기형 성과주의 임금제도(2001). 유규창 외, 명경사.

연습문제

01 다음 중 성과주의 인사관리에 대한 설명으로 틀린 것은?

① 연공서열 위주의 풍토와 기존 관행으로 인해 생겨난 조직과 기업의 효율성, 생산성 저하를 막을 수 있다.

② 기업, 집단 등의 조직은 성과주의 인사를 통해 현상유지 문제에 보다 많은 관심을 두게 된다.

③ 자발적이고 적극적인 업무 활동과 자기 계발을 통해 직원과 기업 전체의 가치를 증대시킬 수 있다.

④ 성과를 바탕으로 구성원을 승진, 이동, 육성하게 된다.

⑤ 균형성과평가(BSC)는 재무적 요소와 동시에 비재무적이고 질적인 측면의 평가 요소도 고려한다.

02 성과주의 인사관리 중 성과평가의 방법에 대한 설명이 틀린 것은?

① 성과평가는 범위에 따라서 기업 전체가 참여하는 방식인 전사적 접근과 구성원인 개인, 그리고 부서의 세 가지로 나눌 수 있다.

② 전사적 차원은 거시적으로 기업 전체의 재무적 성과를 달성하기 위해 어느 부분이 어떻게 얼마나 노력하는지에 대해 평가를 하는 것이다.
③ 개인중심의 평가는, 자신은 노력하지 않고 남의 노력으로만 이득을 얻으려는 무임승차자를 사전에 근절할 수 있다.
④ 조직은 공통의 목표를 실현하기 위해 상호 협조하면서 노력하는 사람들의 집단 또는 단위조직이기 때문에 부서의 성과평가가 개인의 성과평가에 우선한다.
⑤ 부서 차원의 성과평가는 성과 항목 도출, 중요도 순위별 가중치 부여, 평가기준 수립, 피드백 시스템 구축 및 분석의 순서로 이루어진다.

03 성과관리를 위한 평가에는 흔히 특성, 행동(역량), 그리고 결과를 평가하는 방법이 있다. 평가방법에 대한 설명 중 가장 적절하지 않은 것은? 2008년 공인회계사

① 특성평가법은 개발비용이 적게 들고 활용하기 쉬우나 평가오류의 가능성이 높다.
② 행동(역량)평가법은 피드백을 제공하는 데에 유용하다.
③ 결과평가법은 비교적 객관적이어서 조직구성원들의 수긍도가 높다.
④ 행동(역량)평가법은 개발과 활용에 있어서 시간과 비용이 많이 든다.
⑤ 결과평가법은 주로 장기적인 관점을 지향하므로 개발과 활용에 있어서 시간이 적게 든다.

04 캐플란(Kaplan)과 노튼(Norton)의 균형성과표(BSC: Balanced Scorecard)에서 제시한 4가지 관점으로 가장 적절하지 않은 것은? 2016년 공인회계사

① 재무적 관점
② 고객 관점
③ 학습과 성장 관점
④ 내부 프로세스 관점
⑤ 사회적 책임 관점

05 다음 설명에 해당하는 인사평가기법은? 2016년 공인노무사

> 평가자가 피평가자의 일상 작업생활에 대한 관찰 등을 통해 특별히 효과적이거나 비효과적인 행동, 업적 등을 기록하고 이를 평가 시점에 정리하여 평가하는 기법

① 서열법
② 평가척도법
③ 체크리스트법
④ 중요사건기술법
⑤ 강제선택서술법

06 다음의 설명 중 가장 적절하지 않은 것은? 2010년 공인회계사

① 임금 수준은 근로자의 생계비와 기업의 지급능력 사이에서 사회일반이나 경쟁기업의 임금 수준을 고려하여 결정한다.
② 가치사슬모형(value chain model)과 경력 닻 모형(career anchors model)은 마이클 포터(M. Porter)에 의해 제시되었다.

③ 선택적 복리후생제도는 일정 금액 한도 내에서 직원 개인별 니즈에 맞춰 복지 항목 및 수혜 수준을 직원들이 각자 선택할 수 있게 한 제도이다.
④ 유연근무제(flex time or flexible work schedule)는 종업원 개개인이 근무시간을 자유롭게 선택할 수 있으므로 직장생활과 가정생활을 조화시킬 수 있다는 장점이 있다.
⑤ 고충처리제도(grievance procedures)는 회사 및 관리자의 자의적인 행동이나 조치로부터 근로자들을 보호하고 근로자들의 불평들을 회사가 체계적으로 해결하기 위한 공식적인 절차이다.

12

보상관리와 안전관리

23장 임금관리와 인센티브 시스템

학습목표

1. 임금관리의 개념 및 영역에 대해 이해한다.
2. 임금 수준의 결정 원칙과 조정에 대해 이해한다.
3. 임금 체계와 연봉제에 대해 이해한다.
4. 인센티브 시스템의 개념과 구성에 대해 이해한다.
5. 인센티브 시스템의 적용 방법에 대해 이해한다.

실제 사례

'야근 많아도 이 회사 꼭! 가고 싶다.' ......왜?

격무에 시달린다. 이직률이 높다. 이 같은 소문이 항상 따라다니지만 직장인과 대학생 500명을 대상으로 가장 좋은 직장에 대해 설문조사를 실시한 결과 삼성전자가 31%의 지지를 받아 1위를 차지했다. 지난 해 잡코리아가 '국내 100대 기업의 고용브랜드 선호도'를 주제로 조사했을 때도 삼성전자는 8년 연속으로 '가고 싶은 기업' 1위를 차지했고 '이직하고 싶은 기업' 1위에 꼽히기도 했다.

삼성전자가 이토록 매번 직장 선호도 조사에서 1위를 차지하는 비결은 무엇일까. 가장 큰 이유로는 역시 연봉을 들 수 있나. "인새세일"을 외쳐온 삼성그룹은 과거에 다른 어떤 회사보다도 임금을 단 일만 원이라도 높게 책정함으로써 대학을 졸업할 때 당연히 우수한 학생들이 삼성에 입사하고 싶어하도록 만들었다. 임금이 무조건 높다고 임금관리를 잘 한다고는 볼 수 없지만 임금은 분명히 우수인재를 확보하고 직원의 이직을 방지하는 가장 큰 이유가 된다. 다른 모든 것이 좋아도 임금에 불만이 생겨서 다른 회사로 스카웃되는 경우가 허다하기 때문이다. 한 가지 중요한 사실은 우수한 인재일수록 능력과 업적에 근거한 임금제도를 가진 회사에서 일하려고 할 것이며 모두에게 비슷한 임금을 주는 연공주의 회사는 기피하려는 점이다.

삼성전자의 신입사원 년봉은 약 3,900만 원 정도로 알려져 있다. 하지만 연봉의 50%

까지 지급되는 성과급(PS: Profit Sharing)과 기본급의 100%까지 지급되는 성과급(PI: Performance Incentive)을 따져서 계산하면 받는 금액은 더욱 올라가게 된다.

성과급은 사업부별로 큰 차이를 보인다. 삼성전자의 한 관계자에 따르면 성과급을 50%까지 받는 경우는 드물며 20~40% 정도가 많다. 0%를 받는 경우도 있다. 지난해 삼성전자에 입사한 이진호 씨(가명)는 "일이 격무이긴 하지만 연봉이 그만큼 보상을 해주니 만족한다"며 "다만 성과급 등에 따른 차이가 커서 '연봉이 얼마'라고 딱 집어 말하긴 힘들다"고 전했다.

삼성 계열사들 사이에서도 부러움의 대상이 되기도 한다. 삼성 계열사의 한 과장급 인사는 "일해보지 않아서 업무강도가 어느 정도인지는 잘 모르겠지만 성과급을 보면 부러울 따름"이라며 "한번쯤 일해보고 싶은 마음이 있다"고 했다. 직장선택에 있어서 연봉은 가장 중요한 항목으로 인식되고 있었다. 실제로 이번 오픈 서베이의 설문조사에서도 직장을 결정하는데 중요 판단 기준으로 '급여 수준'을 꼽은 응답자가 68.8%(복수 응답)로 가장 많았다. '복지제도'와 '고용안정성'은 46.4%, 43.6%로 그 뒤를 이었다. 삼성전자에 이어 좋은 직장으로 꼽힌 기업으로는 포스코(13%), NHN(11%), 현대자동차(8%), 한국3M(8%) 등으로 나타났다.

01 임금관리

임금관리, 왜 중요한가?

임금관리는 직원들의 직무만족을 달성하고 동기부여시킴으로써 조직 성과를 높일 수 있으며, 임금관리의 개선은 조직의 가장 큰 비중을 차지하는 인건비를 통제함으로써 원가를 절감할 수 있다는 점에서 직원 개인과 회사 양자 모두에게 중요성을 갖고 있다. 임금 수준과 임금제도가 어떠하냐에 따라서 조직의 경영 성과에 미치는 파급효과는 매우 크다. 특히 임금관리를 어떤 식으로 하는가는 다른 인사관리 기능과 달리 회사 회계장부상의 경영 성과에 직접적으로 영향을 준다.

직원들의 입장에서 볼 때에도 회사의 임금관리는 중요성을 갖고 있다. 즉, 직원들이 회사에 취직하여 일을 하는 중요한 이유 중의 하나는 자신과 가정의 생활을 유지할 수 있는 임금을 받기 위함이다. 회사의 임금관리정책은 직원의 개인생활과 가정생활까지 좌우한다. 또한 임금관리는 조직의 경쟁 우위를 지속시킬 수 있는 유능한 인재의 유치와 확보에 활용될 수 있다.

임금관리란 무엇인가?

임금관리는 직원이 노동의 대가로 지급 받는 임금의 수준 · 체계 · 형태 등을 분석하여 공정하고 합리적인 임금의 기능을 수행할 수 있도록 하는 일련의 활동을 말한다.

임금관리는 보상관리라는 큰 개념 속에서 이해할 수 있다. 보상(reward)은 크게 물질적 보상과 정신적 보상으로 구분 할 수 있다. 여기서 물질적 보상에는 현물보상과 금전적 보상으로 다시 나눌 수 있으며, 금전적 보상만을 국한시켜 보수관리라고도 한다. 이러한 보수관리는 임금관리 및 인센티브관리와 간접적 금전보상인 복리후생관리를 포함한다. 상대적으로 임금관리는 직원들에게 직접적이고 개인적인 차원에서 물질적인 보상을 제공하는 것인 반면에, 복리후생관리는 간접적이고 집단적인 차원에서 물질적인 보상을 제공하는 것이라 할 수 있다.

보상(compensation)은 물질적 보상, 정신적 보상 두 가지를 포함한다. 보수(remuneration)는 물질적 보상만을 의미하며 직접보수, 간접보수로 나뉜다. 또한 봉급(salary)은 정신적 근로자를 대상으로 지급되는 주급, 월급, 연봉 등으로서 임금에 비해 상대적으로 장기적인 개념이지만, 임금(wage)은 육체적 근로자를 대상으로 지급되는 시간급, 일당 등으로서 상대적으로 단기적인 개념이다. 우리나라에서 과거에는 봉급이라는 용어가 많이 사용되었으나 현재는 '임금'이 보편적으로 사용되고 있으며 양자를 엄격히 구분하지 않는 경향이 있다(근로기준법상 사용자가 근로의 대가로 근로자에게 임금, 봉급, 기타 여하한 명칭으로든지 지급하는 일체의 금품을 말함).

기업의 측면에서 임금은 인건비라는 제품 · 서비스의 생산비용 성격을 가지고 있으면서 동시에, 인적자원에 대한 중 · 장기적인 투자비라는 이중적인 성격을 가지고 있다. 합리적 임금 형태 및 적절한 임금 수준의 관리는 생산능률을 향상시키고 경영 성과를 창출할 수 있는 기반이 될 수 있다. 회계학적 관점에서 임금은 비용으로 인식되며, 경제학적 개념으로서의 임금은 명시적으로는 비용이나, 암묵적으로는 부가가치를 창출하기 위해 필요한 비용으로 인식되어 왔다. 경영학적인 관점에서 임금은 기존의 회계학적인 관점을 뛰어넘어, 임금을 더 많은 부가가치와 이익을 창출하기 위한 투자비로 인식할 수 있다. 기업의 이익을 극대화 하는데 있어서, 명시적 비용으로서의 임금을 최소화 하는 것만이 능사가 아니라 오히려 임금을 높이더라도 판매, 매출을 늘려 최대 이익을 극대화 할 수 있다고 보는 것이다. 그러나 분명한 점은 임금은 제품생산의 원가에 포함되는 노무비로서의 성격을 가지고 있다.

근로자의 측면에서 임금은 개인의 생계를 유지하는 수입의 원천이며 종업원의 근로의욕에 영향을 주는 중요한 요소이다. 임금을 많이 주면 근로자가 신이 나서 더욱 열심히 일할 수도 있지만, 근로자의 요구에 따라 임금을 인상시키더라도 종업원이 만족하지 않을 수도 있다. 특히 종업원들의 임금 수준에 대한 불만표시는 임금 수준 자체에 대해 불만족한다는 의미뿐만 아니라 다른 모든 불만사항을 표출하는 통로로서 불만의 대표성을 지니기도 한다. 특히 근로자의 임금 수준은 사회적 지위와 성공 여부를 나타내는 상징적인 지표로 인식하는 사람들도 있다.

임금관리의 영역

임금관리의 영역은 임금 수준과 임금체계, 그리고 임금 형태의 3가지 영역이다.

1. 임금 수준: 평균 급여(연봉)와 총인건비율

임금 수준은 종업원 입장에서 볼 때 조직구성원에게 기업이 지급하는 평균 임금액을 말한다. 또한 임금 수준은 조직(기업) 전사적인 경영관리 관점에서 볼 때, 한 기업체에서 차지하는 전체 임금총액을 의미한다. 높은 수준의 임금은 기업으로 하여금 유능하고 탁월한 우수인력을 확보하는데 유인책으로 활용할 수 있고, 확보된 우수 인력이 생산성과 매출을 증대시키고 이익을 증대시킬 가능성이 있다.

(1) 종업원 평균 급여(연봉)액

기업별로 종업원 평균 급여액(연봉액)은 노동시장에서 종업원들에게 매우 큰 관심이 된다. 기업규모별 또는 산업내 업계 평균 급여액보다 높은가 낮은가는 기업이 선택할 수 있는 하나의 전략적 방안이다.

2) 인건비 총액과 매출액 대비 인건비율

임금은 종업원에게 수입이 되지만 경영관리 입장에서는 제품서비스의 원가를 구성하는 비용인 인건비(노무비)이다. 매출액 대비 인건비 총액 비율이 얼마나 되는가는 전사적 관점에서 기업의 영업이익과 직결되어 흑자 또는 적자의 크기와 연결된다.

[표 23-1] 화장품업체 인건비율 변화

(단위: 억 원)

기업명	매출		급여 총액		인건비율		
	2014년	2015년	2014년	2015년	2014년	2015년	등락
아모레퍼시픽	15,810	19,497	1,102	1,258	7.0%	6.5%	−0.5%p
LG생활건강	11,908	14,972	918	1,208	7.7%	8.1%	0.4%p
한국콜마	2,214	2,563	234	108	10.6%	4.2%	−6.4%p
코스맥스	1,010	1,832	100	124	9.9%	6.8%	−3.1%p
에이블씨엔씨	1,827	1,753	58	61	3.2%	3.5%	0.3%p
한국화장품제조	180	215	18	21	10.1%	9.6%	−0.5%p
한국화장품	181	148	21	20	11.7%	13.4%	1.7%p
합계	33,129	40,981	2,452	2,800	7.4%	6.8%	−0.6%p

자료: CEO스코어 / *유가증권 상장사 대상(개별기준).

2. 임금 체계

임금 체계는 임금을 산정하고 구성하는 구조를 말한다. 해당 기업의 인사철학이 직무중심의 인사관리라면 직원들이 하고 있는 직무에 따라 임금을 지급하는 직무급 체계를 채택할 것이고, 사람중심이라면 연공급 체계를 선택할 것이다. 호봉제, 직무급, 직능급 등이 임금 체계이다.

[표 23-2] 임금 체계 유형

연공급 (호봉제)	호봉표를 두고 근속연수에 따라 임금이 결정된다. 우리나라에서 주로 사용된다.
직무급	업무의 난이도, 업무강도, 책임의 정도, 요구되는 기술 등에 따라 임금이 결정된다. 직무 변화가 없으면 임금조정도 없는 것이 원칙이다.
직능급 (숙련급)	노동자의 직무능력 또는 숙련 정도에 따라 임금이 결정된다. 직무능력이나 숙련도는 근속연수에 따랄 올라가는 경우가 많아 어느정도 연공성을 갖게 된다.
역할급	주로 일본에서 사용한다. 우리나라의 전문가들 내에서는 '직무급 + 직능급'으로 보는 견해와, '직무급 + 성과급'으로 보는 견해가 엇갈린다.
성과급	성과에 따라 임금을 결정한다. 독자적인 임금결정체계로 보기는 어렵다.

3. 임금 형태

임금 형태로 임금의 지급 방식을 말한다. 노동력 투입시간을 기준으로 하거나 노동력 투입의 결과 성과를 기준으로 할 수 있다. 안정위주일 때는 시간급의 형태를 보일 것이고, 성장위주일 때에는 성과금의 형태가 적용될 것이다.

시급(시간급)은 개개인의 작업량이나 성과에 관계없이 업무에 종사한 시간을 단위로 하여 정액으로 지급하는 보수제도로 단시간 근로계약 직무나 아르바이트 등은 시간급 또는 주급으로 계산하여 급여를 지급하는 시간급제도이다.

[그림 23-1] 임금관리의 영역과 의미

3대 영역	의미	기준	적용의 예
임금 수준	한 기업체의 임금 총액	평균 임금액	생계비, 지급능력
임금 체계	구성 방식	일 또는 사람	직무급, 연공급
임금 형태	지급 방식	시간 또는 성과	시간급, 성과급

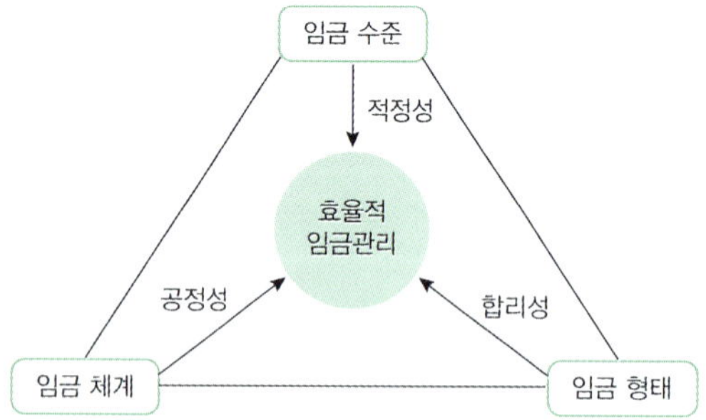

임금 수준 어떻게 결정되고 조정되는가?

1. 임금 수준의 결정 원칙

(1) 조직(기업)의 지급능력의 원칙

기업의 지급능력이라고 하는 것은 단순히 기업의 보상으로 지급할 수 있는 최대한의 재정적 능력이 아니라 기업이 안정된 성장을 계속할 수 있는 전제조건 하에서 직원의 표준생계비 수준을 기준으로 하여 정해진 인건비를 지급할 수 있는 기업의 능력을 말한다. 한 기업이 직원들에게 임금으로서 지급하는 인건비는 우선적으로 그 기업의 지급능력 내에서 이루어져야 한다. 지급능력을 판정하는 주요 지표로서 수익성과 생산성을 들 수 있다.

(2) 생계비 보전의 원칙

임금은 직원들의 생계를 유지하기 위한 수입이며, 그것이 직원 가족의 생계비에 미달하는 경우에는 노동력의 재생산을 온전하게 할 수 없다. 따라서 임금 수준은 최소한 생계비가 보장되는 수준은 되어야 한다. 직원이 임금 수준에 만족하지 못하면 근로의욕 저하로 인해 노동능률이 저하되고, 조직의 성과목표 달성을 할 수 없을 뿐 아니라 종업원도 조직체에서 이탈을 하는 경우가 발생하기도 한다.

(3) 사회적 형평성의 원칙

임금은 사회적으로 수용되고 합리적인 근거에 의해 임금 수준을 결정하고 지급해야 한다는 원칙으로 일반적으로 다음과 같은 사항을 고려해야 한다.

① 직무의 난이도, 책임도, 직무수행능력의 정도에 따라 결정한다.

② 경쟁 타기업 임금 수준과 비교하여 적정한 수준에서 균형이 이루어지도록 결정한다.

③ 기업규모별, 산업별, 직업별, 남녀별, 지역별 등을 고려해야 한다.

④ 기업 내부 조직구성원 간의 수용성을 유지해야 한다.

(4) 전략적 보상관리의 원칙

임금 수준을 정할 때 회사가 택할 수 있는 전략적 대안은 다음 세 가지가 있다. ① 임금인상 경쟁을 다른 회사들보다 앞서서 주도하든지, ② 다른 회사들과 보조를 맞추어 나가든지, ③ 다른 회사들보다 상대적으로 낮게 책정하는 것이다. 타 회사보다 높게 책정하면 유능한 사원을 유인 · 유지하기도 쉽지만, 타 회사보다 낮게 설정하면 인건비는 낮출 수는 있지만 유능한 사원을 선발하기가 쉽지 않다. 그러나 타 회사보다 임금 수준이 낮아도 승진이 더 빠르다든지 작업환경이 다른 회사보다 좋거나 인간적 분위기가 형성되어 있다면 낮은 임금 수준의 약점을 상쇄시킬 수도 있다.

2. 임금 수준의 조정

임금 수준은 다음의 세 가지 경우에 조정되게 된다.

(1) 승급

기업 내에서 미리 정해진 임금기준선을 따라서 연령, 근속연수, 능력 향상, 직무 가치 증대 등에 의해 개인별 기본급이 증액되어 가는 것을 말한다. 연공서열적 임금체계에서 승급은 직무나 직능의 변화에 관계없이 연공에 따라 매년 자동 승급 형태로 이루어진다.

(2) 승격

직무나 직능의 질적 수준이 향상된 것을 이유로 근로 활동 영역, 즉 담당하는 작업 내용 및 직위가 향상되고, 급여 기준이 인상되는 것이다.

(3) 베이스 업(기본급 인상)

연령, 근속연수, 직무수행능력이 동일한 조건에 있는 직원들의 급여를 일괄적으로 인상시키는 것으로서 임금곡선 자체를 전체적으로 상향 이동시키는 것이다. 이것은 물가상승분에 대한 보상의 생활급적 요소와 생산성향상에 대한 성과급적 성격으로 이해할 수 있다.

실제 사례

마이다스아이티의 급여체계

총연봉 = 기본급 + 개인 상여금 + 초과이익 상여금 (α) + 전사 특별상여금 (β) + CEO 특별격려금 (γ) + 제수당

마이다스아이티는 구성원들의 안정적인 생활을 보장하기 위해 단일호봉제(연봉)를 적용하고 있으며, 상여금제도를 통해 공동 성과를 공유하고 있다. 마이다스아이티의 연봉체계는 2014년 대졸 신입 기준 최소 4,000만 원 이상으로 동종업계 대기업 상위수준을 고려하여 운영하고 있다. 평가의 원칙인 투명성, 공정성, 발전성을 확보하기 위하여 절대평가, 다면평가, 자기성찰을 실시한다. 평가는 개인평가(성과, 역량) 및 조직평가로 이루어진다. 성과평가를 통하여 우수한 실적과 성과를 내는 인재에게는 기본 연봉과 더불어 연봉의 최대 60%에 달하는 '경영성과금'과 핵심인재 양성을 위한 '개인특별성과금'을 지급한다. 또한 역량평가를 통하여 리더 발탁 기회를 부여하고 성장 가이드라인을 제시해 준다. 현재 각 팀의 운영 책임을 맡고 있는 팀장급 인력의 평균 연령은 35세 수준이며 하위 직급의 인력일지라도 능력에 따라 상위 직급의 팀원이 배속된 팀의 리더가 될 수 있다.

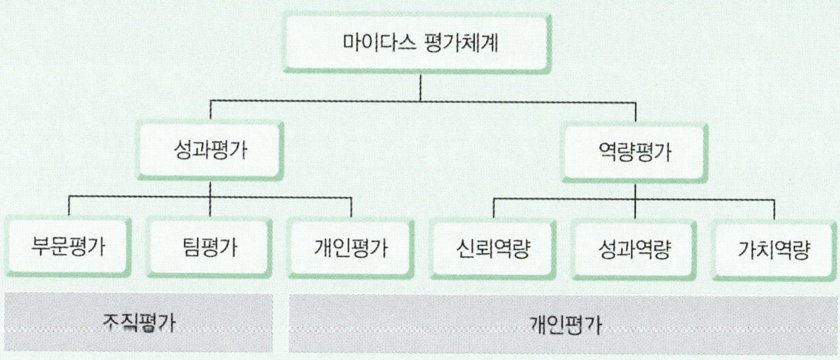

임금 체계는 어떻게 구성되어 있는가?

1. 임금 체계의 개요

임금의 체계는 퇴직금과 같은 부가적 급부를 제외하면 협의의 임금으로서 정기 급여

와 부정기 급여로 나누어진다. 부정기 급여는 상여금과 같이 부정기적으로 제공되는 임금이다.

정기 급여는 다시 기준 내 임금과 기준 외 임금으로 구성된다. 기준 외 임금에는 초과근무수당, 특별근무수당과 같은 항목이며, 기준 내 임금은 기본급과 수당으로 다시 구분된다.

기본급은 연공급, 직무급, 직능급 등의 형태로 구성되어 있다. 그리고 기준 내 임금으로서의 수당은 기본급 보조수당, 직무관계수당, 장려수당, 생활보조수당 등으로 이루어져 있다.

[표 23-3] 임금 체계의 세부 구조

<table>
<tr><td rowspan="11">광의의 임금</td><td rowspan="10">협의의 임금</td><td rowspan="9">정기 급여</td><td rowspan="7">기준 내 임금</td><td rowspan="3">기본급</td><td>연공급</td><td>동일연공 동일임금</td></tr>
<tr><td>직무급</td><td>동일직무 동일임금</td></tr>
<tr><td>직능급</td><td>동일능력 동일임금</td></tr>
<tr><td rowspan="4">수당</td><td>기본급 보조수당</td><td>정액수당, 기본급 연계수당</td></tr>
<tr><td>직무관계 수당</td><td>역직수당, 자격수당, 특수작업수당</td></tr>
<tr><td>장려수당</td><td>정근수당, 개근수당, 출근(근무)수당, 증산수당</td></tr>
<tr><td>생활보조수당</td><td>가족수당, 주택수당, 지역수당</td></tr>
<tr><td rowspan="2">기준 외 임금</td><td rowspan="2">수당</td><td>초과근무수당</td><td>시간외 심야, 휴일근무수당</td></tr>
<tr><td>특별근무수당</td><td>숙일직, 비상호출수당</td></tr>
<tr><td>부정기 급여</td><td colspan="4">특별상여금, 일시 급여</td></tr>
<tr><td>부가적 급부</td><td colspan="5">퇴직금(일시금, 연금), 현물급여, 복리후생비</td></tr>
</table>

2. 임금 체계의 종류

(1) 연공급(호봉제)

연공급은 각 개인 근속연수의 차이에 따라 임금의 격차를 결정하는 것이다. 장기 고용을 전제로 정기승급제도의 기준이 되는 학력, 근속연수, 연령 등 주로 속인적 요소를 기초로 운영하는 임금제도이다. 연공급은 조직 내 연공서열 질서를 구축하는 데 효과가 있고 고용안정감을 부여해 주는 효과가 있으나, 직원들이 성과목표지향의 의식을 갖도

[표 23-4] 일반직 공무원과 일반직에 준하는 특정직 및 별정직 공무원 등의 봉급표

(월지급액, 단위: 원)

계급 · 직무 등급 / 호봉	1급	2급	3급	4급 · 6등급	5급 · 5등급	6급 · 4등급	7급 · 3등급	8급 · 2등급	9급 · 1등급
1	3,765,700	3,390,100	3,058,500	2,621,300	2,342,600	1,932,500	1,734,200	1,546,200	1,395,800
2	3,897,700	3,515,900	3,171,700	2,728,400	2,437,300	2,022,300	1,813,300	1,621,300	1,461,200
3	4,033,100	3,643,300	3,288,200	2,837,200	2,535,500	2,115,200	1,897,100	1,700,500	1,530,700
4	4,171,500	3,772,000	3,405,600	2,948,500	2,637,600	2,210,000	1,985,100	1,781,300	1,604,700
5	4,313,200	3,902,300	3,524,900	3,061,400	2,742,400	2,307,500	2,076,200	1,865,400	1,682,600
6	4,456,700	4,033,000	3,645,300	3,175,300	2,849,400	2,407,800	2,169,600	1,951,500	1,761,100
7	4,602,300	4,165,300	3,767,200	3,290,300	2,958,000	2,508,400	2,263,700	2,038,000	1,839,300
8	4,749,200	4,297,500	3,889,400	3,405,900	3,067,900	2,609,300	2,358,200	2,120,900	1,914,800
9	4,898,000	4,430,500	4,012,700	3,521,800	3,178,200	2,710,500	2,448,100	2,200,200	1,987,000
10	5,047,800	4,563,600	4,135,800	3,637,600	3,289,300	2,805,400	2,534,100	2,275,000	2,056,400
11	5,197,300	4,697,200	4,259,100	3,754,400	3,392,900	2,895,400	2,615,100	2,347,600	2,122,700
12	5,351,700	4,835,300	4,387,000	3,864,300	3,493,000	2,984,000	2,944,600	2,418,500	2,188,500
13	5,507,100	4,974,400	4,505,900	3,967,200	3,588,000	3,067,400	2,770,200	2,486,700	2,251,600
14	5,662,900	5,100,100	4,616,100	4,063,200	3,676,700	3,146,200	2,742,500	2,551,700	2,312,900
15	5,799,000	5,216,200	4,717,700	4,153,500	3,760,300	3,221,900	2,911,400	2,614,200	2,371,500
16	5,919,800	5,322,600	4,812,600	4,238,700	3,839,100	3,292,700	2,976,800	2,674,500	2,428,200
17	6,027,000	5,420,600	4,900,700	4,317,900	3,913,100	3,360,400	3,039,500	2,730,900	2,483,600
18	6,122,300	5,509,900	4,982,600	4,391,800	3,983,100	3,424,400	3,099,400	2,785,700	2,535,200
19	6,208,000	5,592,600	5,058,400	4,460,800	4,049,000	3,485,000	3,155,700	2,838,100	2,585,900
20	6,284,600	5,668,100	5,129,300	4,525,300	4,110,700	3,542,100	3,209,500	2,888,100	2,634,300
21	6,355,200	5,736,900	5,194,900	4,585,600	4,168,800	3,597,100	3,260,800	2,935,900	2,679,900
22	6,418,100	5,800,200	5,255,700	4,642,200	4,223,400	3,648,700	3,309,300	2,981,900	2,723,700
23	6,471,200	5,858,100	5,311,900	4,695,300	4,274,900	3,697,200	3,356,000	3,025,500	2,765,400
24		5,905,400	5,364,200	4,745,200	4,323,000	3,743,400	3,400,600	3,067,600	2,805,500
25		5,950,600	5,407,400	4,791,100	4,368,600	3,787,400	3,442,600	3,107,500	2,843,700
26			5,448,400	4,829,800	4,411,400	3,828,800	3,482,900	3,146,400	2,878,200
27			5,486,600	4,865,600	4,446,900	3,868,300	3,517,100	3,178,600	2,907,900
28				4,899,800	4,481,100	3,901,300	3,548,900	3,209,800	2,936,700
29					4,512,500	3,932,300	3,579,700	3,239,200	2,964,300
30					4,543,000	3,962,900	3,609,000	3,267,800	2,991,200
31						3,991,100	3,636,600	3,295,500	3,017,500
32						4,017,800			

록 하기 어렵고 소극적인 근무태도를 형성시킬 가능성이 크다. 연공급의 대표적인 임금제도는 호봉제이다.

(2) 직무급

각 직무에 소요되는 지식, 숙련, 노력, 책임, 작업 조건, 직무의 곤란도와 중요도 등 제반 요소에 의해 직무의 상대적 가치를 평가하고 그 가치에 따라 결정하는 임금제도이다. 직무급제도를 실행하려면 직무를 객관적 · 과학적으로 분석하고 평가하는 직무분석과 직무평가가 이루어져야 한다. 직무급은 업무기준에 의한 기본급체계의 전형으로서 직무중심의 인사관리 방법으로 주목 받고 있다. 하지만 직무기술서에 정의된 직무만 수행하면 기본급의 확보가 가능하기 때문에, 직무 영역을 넓혀 가고자 하는 도전정신이 결여될 수도 있으며, 오늘날과 같이 급변하는 사업환경 하에서는 사업전략에 따라 직무 내용이나 직무가치도 변동할 수 있기 때문에 직무분석 및 직무평가 결과가 쉽게 진부화되어 무용지물이 될 수도 있다.

[그림 23-2] 직무급과 한국식 연봉제 비교

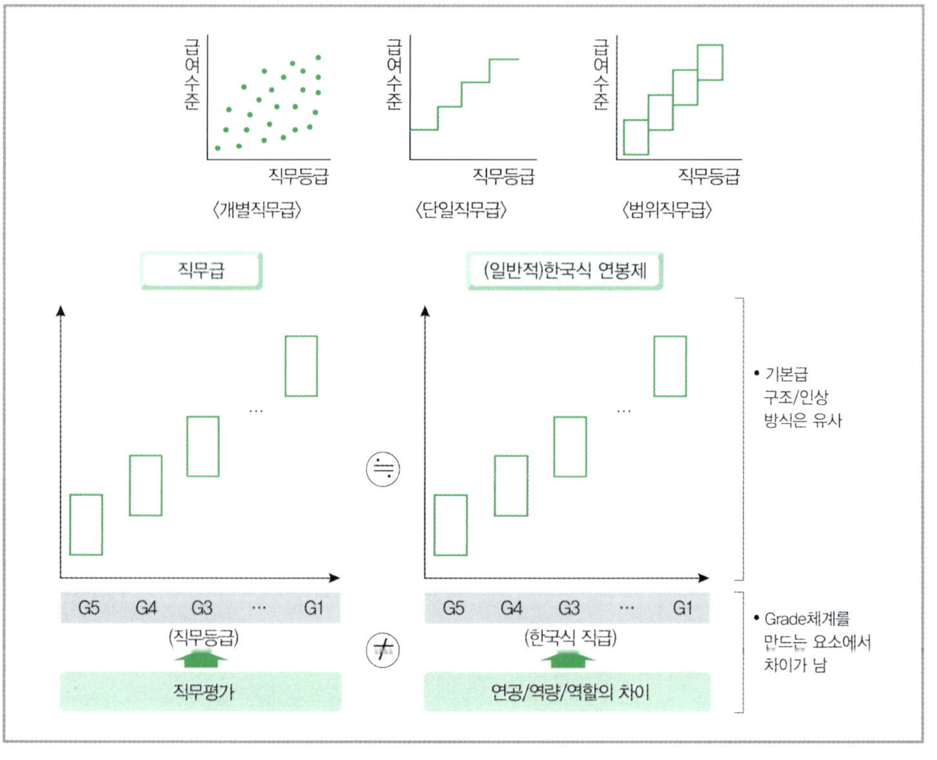

(3) 직능급

직능급은 직원의 직무수행능력을 기준으로 근로자의 임금을 결정하는 것이다. 직능급에서는 발휘된 능력(업적)과 잠재적 능력(지식, 기능, 체력, 의지, 정신력)을 종합하는 인사관리부서의 역할이 매우 중요시 된다. 직능급이 실시 되기 위해서는 직능분류제도가 확립되어야 하고 직능이 신장될 수 있는 직종이어야 하는 등의 조건이 충족되어야 한다. 그러나 직능급체계의 겉모습은 능력주의이나 실제로는 연공주의 성격을 포함하는 모순을 내포하는 한계를 가지고 있다.

실제 사례

직능급 운영 사례

국내에서 직능급을 효과적으로 운영한 사례로, 유한킴벌리(생산직)는 구성원들의 직무수행능력을 지속적으로 개발하여 생산성을 향상시켰으며, 포스코는 생산기능직에게도 사무관리직과 동일한 직능등급을 적용하여 직군 간 차별을 해소하고자 하였다.

직능급 적용 사례

유한킴벌리

[직능단계 구분]

- 8개 직능등급, 체류연수 충족 후 심사를 통해 승격
- 기선, 지도기사단계에서 직군 전환 가능
- 직무와 직군 따라 직능등급 다르지 않고 모두 8단계, 생애전주기적 경력관리 틀로 활용

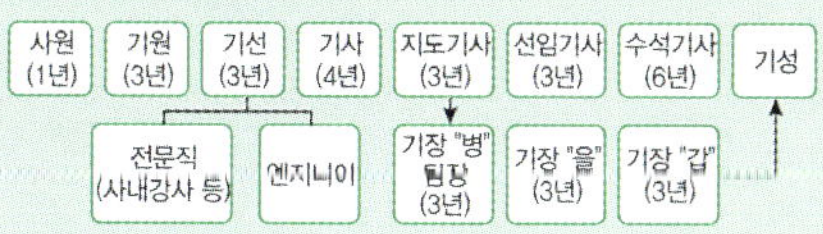

[평가 영역]

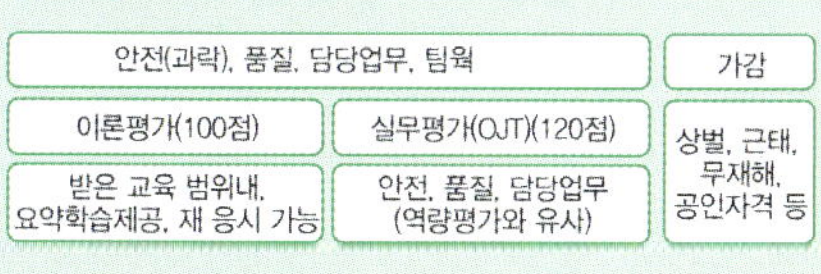

[승격]

- 수석기사(7/8등급)까지는 60점 이상은 승격(안전: 과락)

포스코

[직능단계 구분]

- 10개 직능등급, 체류연수 충족 후 심사를 통해 승격
- 생산기능직에게 사무관리직과 동일한 직능등급 적용 사례

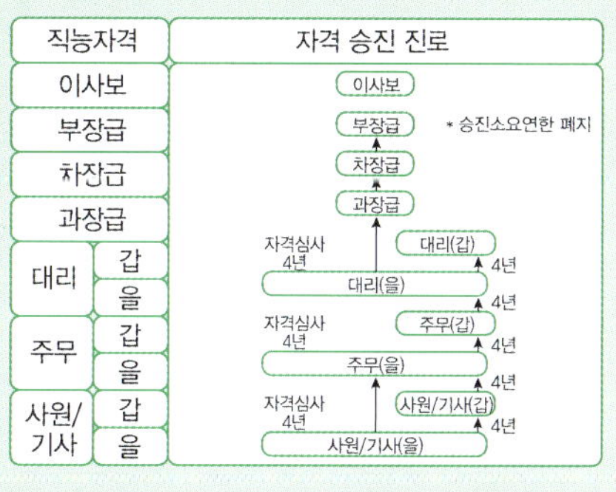

[임금구성]

- 임금구성 = 기본급(23%) + 직능급(직능기초급 + 직능가급)(19%) + 제수당 및 상여(58%)

(4) 성과급

성과급(成果給, piece wages, performance awards)은 직무담당자(작업자)가 작업을 통해 달성한 성과(생산량 또는 생산액)에 따라 보상을 차등적으로 지급하는 급여제도이다. 개인이나 집단이 수행한 작업 성과나 능률을 평가해 그 결과에 따라 지급하는 보수로, 업적급 · 능률급이라고도 한다. 성과급은 생산성을 높이려는 데 주된 목적이 있다. 성과급은 크게 개인 성과급과 집단 성과급으로 나눌 수 있다. 성과급을 매월 지급하는 경우와 분기별 연단위로 지급할 수 있다. 또는 독일과 호주 등에서는 성과평가에 따른 성과급을 연봉 수준의 약 20%에 해당하는 범위 내에서 차등 지급하고 보수의 약 20%에 해당하는 부분을 성과급으로 사용하고 있다.

(5) 직무성과급

직무성과급의 기본구조는 동일한 직무등급 내에 포함된 직위에 공통적으로 지급하는 직무급과 해당 정직자의 성과(공헌도)의 크기에 따라 차등 지급하는 성과급으로 구분된다.

[그림 23-3] 직무성과급의 기본구조

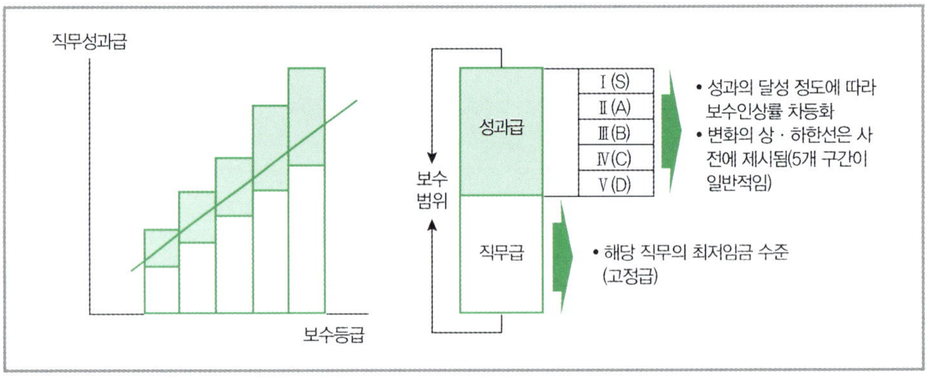

연봉제

1. 연봉제의 기본개념

연봉제는 직원의 능력 및 실적을 평가하여 계약에 의하여 연간 임금 총액을 결정하고 이를 매월 분할하여 지급하는 성과 중시형 임금지급 체계이다. 직원이 수행하는 직무의 특성에 따라 임금결정이 달라지는 직무급이나 직원의 연령 · 성별 · 근속연수 등에 따라 이루어지는 연공급과 달리 연봉제는 직원이 수행한 성과결과에 의하여 임금이 결정되는 성과급의 일종이며, 특히 개인과 회사 간의 개별계약에 의한 개별성과급을 특징으로 한다.

실제 사례

프로야구 업계에는 스토브 리그(Stove League)가 있다. 정규 시즌이 끝나고 12월이 되면 연봉 협상이 벌어진다. 좋은 성과를 낸 선수들은 높은 임금을 요구하거나 다른 팀으로 스카우트되기도 한다. 반면 좋은 성적을 내지 못한 선수들은 연봉이 동결되거나 삭감된다. 많은 직장인들도 비슷한 시기에 '스토브 리그'를 맞는다. 각 해에 낸 성과를 기본으로 연봉을 책정 받는다. 업무 성과에 따라 급여가 올라가고 승진하는 직원도 있지만 그 반대의 경우도 있다.

연봉제가 국내에 본격적으로 도입된 것은 1998년부터이다. 한국의 많은 기업들은 IMF 외환위기 이후 기존의 인사제도였던 호봉제, 고정상여금 등의 연공주의를 폐지하고 연봉제를 기반으로 하는 성과주의 인사관리를 도입했다. 삼성, LG, 포스코, 태평양, CJ, 한국타이어, 동양제과 등 국내 대기업들은 성과와 역량을 기반으로 평가하고, 이를 기초로 해 보상 및 승·진급 등을 결정하는 제도를 도입했다. 직급 파괴, 연봉제, 인센티브제, 스톡옵션 등 미국식 성과주의를 받아들이기 시작했다.

그러나 성과주의 인사의 도입으로 장기 성과보다 1년 이내 단기 성과에만 치중하게 됐다.

2. 연봉의 지급 방법

연봉의 지급은 연봉을 단순히 1/12로 나누어 매월 균등하게 지급할 수도 있고, 또는 통상적인 상여금을 감안하여 1/16 또는 1/18 등으로 나누어 매월과 상여금 지급시기에 맞춰 지급할 수도 있다. 또 다른 방법으로는 연봉의 고정분과 변동분을 나누어 고정분은 매월 지급하고, 변동분은 업적평가결과에 기초해 상여로 지급하는 방법도 있다.

3. 연봉제 도입의 유의 사항

직원 개개인의 성과와 공헌도에 대한 객관적이고 공정한 평가가 이루어지지 못한다면 아무리 훌륭한 연봉제라 하더라도 성공할 수 없다. 직원들이 충분히 납득하지 못하는 평가결과를 가지고 연봉을 차등적으로 지급하는 것은 오히려 불만만을 초래하여 조직분위기를 해치게 된다. 우리나라의 많은 기업들은 평가시스템의 정비보다는 연봉제의 설계와 도입에 더 많은 노력을 하는 경향이 있었다.

연봉제의 도입에 앞서 직원 개인별로 경쟁심을 유발하는 것이 조직목적 달성에 효과가 있는지, 정확한 성과의 평가가 가능한지, 평가결과에 승복할 수 있는 조직문화와 활발한 의사소통이 이루어지고 있는지, 관리자들이 평가 및 설득능력이 있는지 등을 면밀히 검토할 필요가 있다.

실제 사례

소프트웨어 개발회사인 A사에서 최고경영자(CEO)가 직원들과 연봉협상을 마치는 데 걸린 시간은 약 120분이다. 직원 수가 70여 명에 이르는 점을 감안하면, 한 사람당 평균 3분 만에 연봉협상을 끝낸 셈이다. 이 회사는 아예 하루 날을 잡아 직원들이 순서대로 사장실 앞에 기다리고 있다가 차례가 되면 들어가서 준비된 계약서에 사인만 하고 나왔다. 대화도 협상도 없었을 뿐만 아니라, 연봉협상을 위한 평가기준도 제대로 마련돼 있지 않았다. 이 같은 연봉협상에 환멸을 느낀 B씨는 6개월 후에 회사를 떠났다.

역시 소프트웨어 개발회사인 D사에서 경리를 맡고 있는 평사원 E씨. 이 회사에 입사한지 갓 1년이 안 되는 E씨가 받는 연봉은 3,000만 원이다. 입사 시 연봉이 2000만 원대 중반이었던 그는 다른 회사에서의 경력을 인정받았다고는 하지만 몇 개월 사이에 무려 500만 원 정도 올라 단순히 회사자금 출입을 관리하는 업무에 비해 지나치게 많은 연봉이다. 또 이 회사의 대졸 초임 평균 연봉은 1,800만 원, 올해로 입사 2년차인 한 직원은 2,800만 원, 35세의 어떤 과장은 5,000만 원이다. 개인별로 연봉이 천차만별이다.

한 정보기술(IT)전문 취업 사이트가 연구소의 의뢰를 받아 국내 IT 중소기업 650개사를 대상으로 설문조사한 결과 IT 기업 근무자 연봉 평가기준이 뭔지 모르겠다는 직원이 80%를 넘었다. 설문조사 기업 중 83% 업체의 인사담당자도 공정한 평가 방법을 모른다고 응답했다.

또한 연봉제는 능력에 따라 성과를 차별하여 업무 의욕을 높이는 데 목적이 있으므로 직무와 업무에 대한 정확한 평가가 뒷받침되어야 한다. 그러나 과거의 인사고과 평가 시스템을 그대로 적용해 연봉제를 실시하는 기업이 태반이다. 굳이 연봉제가 필요 없는 기업에서까지도 무리하게 연봉제를 도입했다가 직원들의 반발만 산 경우도 적지 않다.

성과배분제

성과배분제도는 기업이 기대한 이상의 경영 성과를 올렸을 경우 기대 성과와 실제 성과와의 차익을 이해관계자에게 배분하는 제도다. 결산 후 당기순이익이 기대 이상일 경우 이익금을 종업원들에게 성과배분(performance sharing)하는 프로그램으로 럭커 플랜, 스캔론 플랜 등이 있다. 당기순이익이 많을 경우 이사회 및 주주총회의 의결을 거쳐 자기자본금으로 사내 유보하거나 주주들에게 배당을 하여 이익금을 배분할 수도 있다.

임금관리시스템은 어떻게 설계해야만 하는가?

① 관리의 편리성을 고려하여 설계해야 한다.

② 총액 인건비가 통제관리 가능하도록 설계해야 한다.

③ 성과와의 연계성 및 연결고리를 갖도록 설계해야 한다.

④ 종업원들이 동기부여 되도록 설계해야 한다.

⑤ 법규 제도(특히 노동 관련 법)와 부합되도록 설계 운영되어야 한다.

⑥ 인사철학 및 경영철학적 추구가치를 지원하는 방향으로 상징성이 있도록 설계되어야 한다.

⑦ 우수인력 유인효과가 강력할 수 있도록 설계 운영되어야 한다.

⑧ 인센티브 시스템 및 인사고과시스템과 연계하여야 한다. 특히 평가(고과) 방식에 의해 구성원들은 행동하게 되어 있다.

⑨ 역량개발행동과 변화혁신행동을 촉진할 수 있도록 설계 운영되어야 한다.

02 인센티브 시스템

인센티브, 왜 중요한가?

인센티브 제도는 목표 성과 달성에 대한 공헌도에 상응하는 적절한 보상을 부여함으로써 직원들로 성과목표지향적인 동기를 제고시키고, 생산성향상을 위한 노력을 촉진하며, 직원들의 경영 성과 마인드를 높여주는 전략적 보상 방법이다.

인센티브의 대상으로는 우수 인재를 회사로 유인하고, 그들이 일단 조직에 들어오면 그들을 동기유발하고 만족시킬 수 있다. 또한 개인 성장 및 계발을 촉진시키고 재능 있는 사람들을 떠나지 않도록 유지하는 데 효과적일 수 있다.

인센티브의 효과

- 성과공헌도에 따른 성과배분(성과와 보상의 합치 실현, 공로인정)
- 잠재력 있는 직원들의 채용
- 유능한 인재를 조직에 머물게 함

실제 사례

경영진에 대한 파격적인 연봉, 과감한 스톡옵션 등 인센티브는 조직 활성화와 개인의 창의력 발휘를 촉진할 수 있어 삼성에는 '신상필상(信賞必賞)'이 통한다. 회사에 도움이 되는 인력에게는 비용을 아끼지 말라는 주문을 한다. 심지어 노력했다면 비록 성과가 부진해도 인센티브를 줘야 한다는 것이다.

벌에도 애정이라는 인센티브가 붙는다 '좌천'됐다가 다시 재신임을 받은 정준명 재팬삼성 사장의 뇌리에 깊이 각인된 일화 하나. "1997년 회장이 일본에 왔을 때 차를 타고 저녁을 먹으러 나가게 됐습니다. 비서 출신이어서 버릇처럼 앞좌석으로 가려는데 회장이 뒷좌석에 같이 앉자고 하더군요. 차 안에서 불쑥 무릎에 한 손을 얹더니 '나에게 감사해야 한다'며 '좌천하면 뭐가 달라지는지 아느냐'고 묻더군요." 우물쭈물하는 정 사장에게 이 회장이 던진 한 마디. "좌천하면 안 보이는 게 보이고, 보이던 게 안 보여." 여기서 '좌천'은 정 사장으로 하여금 못 보던 것을 볼 수 있게 한 '담금질'이었던 셈이다.

- 직원들이 업무수행에 필요한 기술을 개발하게 함
- 열심히 일해 좋은 성과를 내도록 함

인센티브 시스템은 무엇인가?

인센티브는 구성원의 성과창출을 촉진하기 위해 업무목표 달성에 부응하여 제공하는 유인(誘因, 誘引)을 의미한다. 인센티브는 동기유발행동의 목적물을 말한다. 즉, 어떤 행동을 취하도록 부추기는 것을 목적으로 하는 자극을 의미한다. 인센티브는 유기체가 가지고 있는 동기 · 동인(動因)을 만족시키는 것으로 인지되는 대상 또는 외적 제조건으로 예를 들어, 식욕으로 음식물을 구한다든지 위험한 사물은 피하는 것처럼, 특정한 동인에 의해 인간(동물)을 끌어당기거나 반발시키는 환경의 사물을 말한다. 유인에 의하여 행동이 촉발되며 행동이 대상을 향할 때, 가령 맛있는 음식물은 정(正)의 유인이라 하고, 대상을 회피할 때, 가령 위험한 상항은 부(負)의 유인이라고 한다. 유인이 갖는 이러한 성질은 정 또는 부의 유발성(誘發性: valence)이라고도 한다. 브룸의 기대이론모형에서 유발성(valence)의 최종목적물이 해당한다고 할 수 있다.

인센티브는 유인(誘引)으로 번역하기도 하는데 유인은 행동을 불러일으키는 원동력으로서의 추동(drive)의 목표가 되는 대상을 말한다. 체내의 수분이 부족하면 갈증의 동인이 생기지만 이 경우에 대상이 되는 유발성을 지닌 유인은 물이다. 이와 같이 굶주림의 동인에 대해서는 음식물이 유인이 된다. 이 동인으로부터 유인으로의 과정이 동기부여(motivation)이다. 이처럼 인센티브(유인)는 이끄는 힘으로써 유발성(valence)을 갖는다. 목마름이 강한 것은 같아도 사람마다 물과 밀크와 주스에 따른 유발성은 다르다(상담학 사전, 2016. 01. 15., 학지사).

조직(팀)구성원에게 특정 목표 성과 달성을 위한 노력행동의 동기를 자극하기 위해 제공하는 금전적 보상인 성과급(compensation)이 인센티브의 주종을 이루었다. 인센티브 시스템이란 협의로 "성과에 기초한 보상이 사전에 알려진 규칙에 의해 이루어지는 공식적인 프로그램"이다. 광의로는 "성과가 우수한 사람들에게 휴가나 포상 등과 같은 특별보상을 주는 비공식적 프로그램"도 인센티브 시스템에 포함하기도 한다.

성과급과 인센티브는 다소 차이가 있다. 성과급은 성과에 따라 급여를 차등화하여 지급하는 금전적 급여제도이고, 인센티브는 급여 이외의 부가급적 성격을 갖는 금전적 또는 비금전적 보상이다. 즉, 인센티브는 비정기적이며 임시적으로 특정 사안별로 설계되어 실시되는 보상제도로, 직무와 관련되거나 또는 관련되지 않은 프로그램에도 인센티브가 활용될 수 있다. 스포츠 분야에서 인센티브 제도는 선수가 시즌 중에 구단이 요구한 노르마(할당된 수치)를 달성하면 구단으로부터 받기로 약정해놓은 보너스 제도를 말한다.

보너스(Bonus)는 원래 '할증임금제'에 있어서 일정한 생산액 이상의 능률을 올린 자에게 지급하는 비정규적인 임금액이다. 우리나라의 현장에서는 외래어 보너스를 상여(賞與)·성과급(成果給)이라는 말로 혼용되어 사용되는 경우가 많다. 즉, 보너스가, 기본급을 낮게 책정하고 분기마다 정기적으로 일정액(또는 본봉의 일정 비율의 금액)을 상여금으로 지급함으로써 저임금을 보충하기 위한 생계비 보조적, 임금후불적 의미에서 정기적으로 지급되고 있어 통상임금과 동일한 성격을 갖는 것으로 변질되어 있다.

인센티브 부여는 종업원들의 동기부여라는 원래의 취지와 달리 인센티브를 받지 못한 사람들의 근로의욕 저하와 조직분위기의 훼손과 같은 부작용을 초래할 수도 있다. 그러므로 직원 모두에게 사전에 공지된 합리적이고 공정한 절차에 의해 부여되는 인센

실제 사례

보너스

삼성전자 반도체 부문은 2017년 3분기까지 누적 영업이익 24조 원을 기록했다. 3분기 영업이익은 9조 9,628억 원으로 2016년 1~3분기 누적 이익(8조 6,453억 원)보다 많다. 반도체 부문 약진으로 삼성전자 연간 매출은 240조 원, 영업이익은 55조 원으로 꿈의 수치 영업이익률 50%를 달성했다. 삼성전자는 반도체 부문에서 2017년 2분기와 3분기 인텔의 매출과 영업이익을 모두 앞서며 34년 만에 세계 1위 자리에 올랐다.

2013년 이후 4년 만에 삼성전자는 2017년 11월 말 DS부문 반도체사업부 임직원에게 월 기본급 기준 400%의 특별성과급을 지급했다. 월 기본급 300만 원을 받는 직원이라면 1,200만 원을 한 번에 받는다. 삼성전자는 2013년 말 신경영 20주년을 맞아 32만 명이 넘는 전 세계 모든 임직원들에게 100%의 특별보너스를 준적이 있다. SK하이닉스도 모든 임직원에게 월 기본급의 200%를 보너스로 지급하기도 했다. 성과인센티브(OPI)에 특별성과급을 더해서 주는 방안도 고려하고 있다. OPI는 회사 목표치 초과이익 20% 내에서 연봉의 50%를 받을 수 있는 제도로 2000년 OPI 도입 후 삼성전자의 성과급체계는 수정된 적이 없다.

티브 시스템을 구축해야 한다.

인센티브 시스템은 성과에 대한 보상을 통하여 모든 개인이 노력만 한다면 누구나 인센티브를 받을 가능성이 있기 때문에 구체적인 성과창출 행위에 대한 동기를 부여할 수 있다. 인센티브 시스템은 소수의 사람만을 위한 것이 아니라 직원 전체를 위한 제도이다. 즉, 인센티브 시스템은 어떻게 하면 인센티브를 받을 수 있는가에 대해 모든 직원이 공식적인 의사소통 경로를 통하여 정확하게 알 수 있도록 하는 것이다.

인센티브의 내용

인센티브 시스템의 방법은 어떤 인센티브를 지급하느냐, 즉 인센티브 동기유발 요인의 종류에 의해 나누어질 수 있다. 그 인센티브를 위해 활용되는 방식으로는 ① 돈(금전), ② 사회적 인정, ③ 성과피드백 등으로 나뉠 수 있다.

1. 금전적 보상을 인센티브로 이용하는 방법

금전을 이용한 인센티브 시스템은 개인별 성과나 업적에 따라 화폐적 보상을 지급하도록 설계되어 있는 제도이다. 즉, 미리 정해진 공식에 의해 근로자 개인의 소득이 생산량 또는 작업 성과에 직접적인 관계를 갖도록 경제적인 인센티브를 제공해 주는 방식이다. 특히 어떤 표준 이상의 특별한 노력에 대해 특별한 보상을 부여한다.

2. 사회적 인정을 인센티브로 이용하는 방법

사회적 인정을 이용한 인센티브의 가장 대표적인 방법은 승진이나 승급을 들 수 있다. 그리고 사내의 표창이나 최우수사원 등의 능력을 인정 받는 공식적인 제도 역시 이에 속한다고 할 수 있다. 개인적으로 바라고 있는 결과들(승진, 승급)은 통상적으로 사회적 인정(social approval)을 얻은 후에 오기 때문에 다른 관계자들로부터의 긍정적인 반응들은 미래 행동에 대한 인센티브가 된다. 그리고 사회적 인정은 비금전적 인센티브의 전형적인 유형으로 금전적인 인센티브가 채울 수 없는 부분을 채워줄 수 있다. 금전적인 방법만으로 인센티브를 부여할 경우 회사의 자금부담을 간과할 수 없다. 특히 불황기에는 재원 마련의 어려움으로 인해 효과적인 수단이 되기 어렵다. 또한 직원들이 금전적 보상에 길들여질 경우 점점 더 큰 보상을 원하거나 해당 보상을 당연한 것으로 여기는 결과가 초래된다. 따라서 금전적인 보상과 함께 직원들에 대해 격려 · 인정하는 비금전적인 보상들을 활용하는 것이 필요하다.

프로그램 주제	프로그램 내용	주요 사례
직원들의 성과에 대한 인정 signal 전달	성과를 낸 우수사원들의 노력과 결과를 치하하는 의미의 비금전적 보상 제공	• Walt disney(Great service fanatic card): 최고의 서비스를 제공한 직원에 대해 매니저가 격려의 message를 담은 card 전달 • Tektronix(You done good award): 우수 직원이 선발되는 경우, 해당 직원의 성명과 잘한 일을 기입한 메모지를 작성하여 전사원이 회람할 수 있도록 전달함 • FedEx: CEO가 우수사원을 직접 만나거나 전화를 걸어 감사와 격려의 인사를 전달하고, 소정의 격려금이나 책자 등을 선물함 • General Electric: 이달의 모범사원에 대해 건물 현관에서 가장 가까운 곳에 있는 주차 장소를 1개월간 사용할 수 있는 권리를 부여 • Winter Garden Salad Company: 직원이 작성한 보고서를 사장이 직접 읽고 결재하였음을 확인하는 의미의 스탬프를 찍고, 때에 따라 코멘트를 첨가하여 되돌려줌
직원 존중 signal 전달	편지/메모/기념물의 전달, 회사 자산/제품 등에 이름 새기기 등을 통해 직원들이 실제 존중 받고 있음을 느낄 수 있는 신호 전달	• Eriez Magnetics: 생산직원 각각의 이름, 직급, 담당 업무가 새겨진 명패를 작업실에 비치함으로써 회사가 직원을 존중하고 있음을 표현 • FedEx: 새로 구입하는 비행기의 기수에 직원들의 자녀 이름을 각인시킴 • 스타벅스(미국): 매일 아침 경영진이 무작위로 지역 매니저 5명, 직원 3명에게 전화를 걸어 안부를 묻고 개인적인 관심을 표현하는 시간을 마련

3. 성과피드백을 인센티브로 이용하는 방법

성과피드백은 작업 과정 중에 더욱 업무에 매진할 수 있게 하는 요인으로 작용한다. 성과목표가 정해져 있고 그에 대한 진행방향이나 상황에 대해서 알고 더 효과적인 달성방법에 대한 정보 등은 업무효율성을 향상시킬 수 있다. 일반적으로 성과피드백이라 함은 성과의 수준에 대한 정보 혹은 시행되어 온 성과프로세스들의 방법과 효율성에 대한 정보를 말한다. 즉, 성과피드백은 자기 성찰을 통한 (자기)평가를 유발시키고 피드백 기준과의 차이에 반응하도록 자극함으로써 성과지향적인 행동을 하게 한다.

[그림 23-4] 성과피드백과 조직몰입

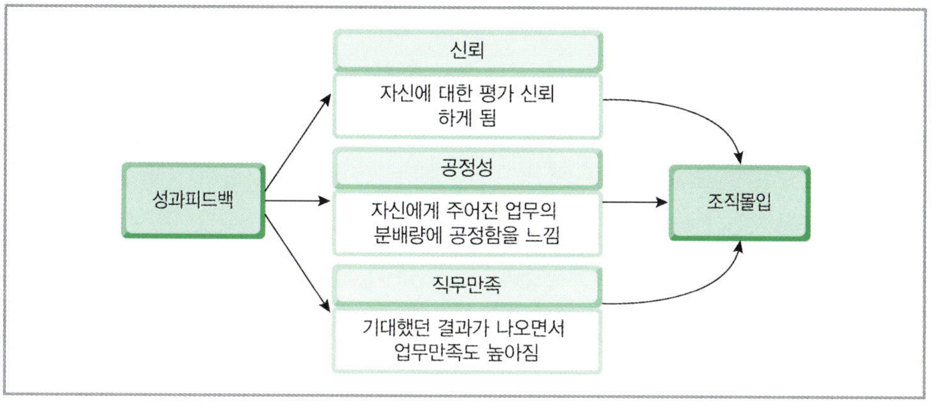

성과피드백을 통해 조직구성원들은 자신들의 업무에 대해 피드백을 받게 되므로 성과평가에 대한 공정성에 신뢰를 얻게 되고 자신에게 할당된 업무에 대한 분배량을 수용할 수 있다. 그리고 자신의 문제점을 피드백 과정에서 파악하여 업무의 결과가 기대했던 만큼 나타나 직무만족을 느낄 수 있다. 이러한 신뢰, 직무만족, 공정성은 조직몰입에 유의적이라는 결과가 나타나 성과피드백이 신뢰, 직무만족, 공정성을 매개로 하여 조직몰입에 큰 영향을 줄 수 있다.

4. 개인인센티브와 집단인센티브

인센티브 부여 방법은 대상별로 볼 때 개인인센티브와 집단인센티브가 있다.

집단인센티브	개인인센티브	직종별 인센티브
회사나 조직 단위의 성과에 따라 전 직원에게 일괄적으로 지급되는 보상 형태	회사의 성과만이 아니라 개인목표 달성 수준을 고려하여 동일하게 지급되던 보상을 차별적으로 지급하는 형태	영업이나 R&D, 경영지원 등 회사 내 수행하는 업무 특성과 외부 노동시장의 관행을 고려하여 인센티브 지급 방식을 차별화한 형태
애사심 및 회사 성과에 대한 관심 고취	개인별 목표에 대한 달성 독려	직무나 직종에 대한 특성 반영

인센티브의 작용 원리: 채찍과 당근

1. 브룸의 기대이론모델에서의 유발성(valence)

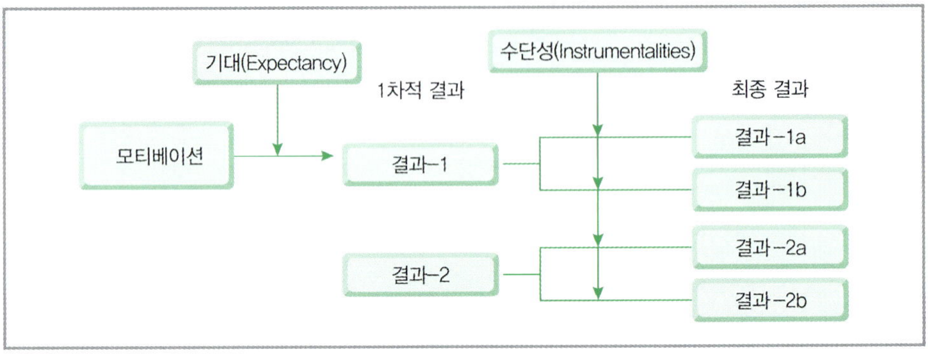

2. 작동적 조건화(operant conditioning)

	행동증대 목표	행동감소 목표
부여	긍정적 강화	긍정적 벌
제거	부정적 강화	부정적 벌

실제 사례

술탄 메흐메드 2세는 8만의 오스만군을 체계적으로 공격전에 투입했다. 1단계로 비정규군인 아잡과 바쉬보주크를 먼저 투입했다. 유럽 기독교 지역 출신이 태반인 이 부대는 급여를 받기 위해 지원한 용병으로 이뤄졌다. 이들의 뒤에는 용병들의 퇴각을 막기 위한 독전대가 배치됐다. 제2차세계대전 당시 소련이 허름한 장비의 보병 뒤로 뛰어난 무장을 갖춘 비밀경찰인 NKVD(내무인민위원회) 부대를 배치해 후퇴하는 병사를 사살한 원형이다.

2단계로 소아시아 지역에서 모집한 아나톨리아군과 유럽 지역에서 데려온 루멜리군을 투입했다. 경쟁관계인 두 부대는 죽기 살기로 싸웠다. 마지막 3단계로 술탄 근위대인 최정예 예니체리를 투입했다. 정복지 기독교인 가정에서 어린이를 데려와 무슬림으로 개종시키고 교육해 군인으로 기른 엘리트 부대다. 그리고 술탄은 군인들에게 최고의 보상과 명예를 약속하고, 병사들에게 보상으로 정복지를 대상으로 약탈기간을 허용했다. 대제국을 건설한 오스만 투르크의 용병술이다.

실제 사례

직종별 인센티브

제가 SK증권에 1993년 입사하였으니까 벌써 13년째 근무하네요. 1997년부터 1998년 말까지 IMF로 엄천난 시련을 겪은 금융기관들은 1999년 드디어 코스닥의 활황과 더불어 화려한 비상을 하게됩니다. 회사가 퇴출이냐 정상화냐를 가늠하기 어려운 시기에 1999년 봄 증권시장은 엄청난 활황을 맞이해서 각 증권사에는 고객이 몰려들고 회사의 실적이 좋고 나쁨 여부를 따지지 않고 바구잡이로 상승하넌 시기에 불과 얼마전만 해도 회사가 어려워 퇴출이냐 존속이냐를 걱정하던 사람들이 활황으로 인한 인센티브를 기대하며 정말 열심히 자발적으로 영업을 했습니다.

영업직원들은 수천만원씩 인센티브를 챙기기 시작하는데 본사 직원들은 그렇지 못했습니다. 지점에서 엄청난 리스크를 안고 영업하는 영업직원들은 주가가 떨어질 때는 너무 힘들고 심한 경우 친척, 친구들의 재산을 많이 잃게 하는 사람이란 오명으로 힘든 생활을 하지만 반대로 주가가 날마다 엄청나게 오르니까 정말 많은 돈을 인센티브로 바기 시삭했습니다.

그 유명한 영화배우 박중훈 씨가 1억 원 투자해서 100억 이상 수익을 올린 새롬기술이 주당 300만 원까지 올랐으니까 주변의 많은 사람들이 거의 반쯤 미쳐있었다고 봐도 무리는 아닐 듯 싶습니다. 그런 시절 지점 영업사원들은 자기돈으로 매매를 해서 엄청난 수익을 챙기면서 한편으론 고객들의 재산운용으로 엄청난 인센티브를 챙기고 있었습니다.

자연스럽게 지점은 활기차게 돌아갔는데 회사에서 보기에 너무 지나치다고 생각했는지 인센티브 계산에 들어가는 변수 하나를 약간 보수적으로 바꿔버렸습니다. 그 변수의 적용 여부에 따라 어떤 사람은 2,000만 원 정도의 인센티브를 하나도 못받는 경우까지 발생하였고 당연히 지점 영업직원들의 불만의 목소리는 높아져 갔습니다.

분기에 한 번 주는 인센티브를 못받게 된 영업사원들과는 별도로 본사 직원들은 차분했습니다. 왜냐하면 1년에 한 번 결산 후 인센티브를 받는 본사 직원들의 입장에서는 지나친 인센티브로 회사의 수익이 줄면 당연히 본사 직원들의 인센티브가 줄 것이기 때문이지요. 결국 회사는 술렁이게 되었고 지점 영업사원과 본사 직원 그리고 회사와 주주가 모두 만족할 만한 제도도입에 박차를 가하게 되었습니다.

이후 돈은 돈대로 지급하고 직원들의 원성을 사면서 기업 이미지만 실추하게 된 회사는 많은 노력을 기울여서 과감하면서도 합리적인 인센티브 제도를 도입하게 되었고 이후 노조와의 협의를 통해 잘 운영하고 있습니다.

문제는 전산실이었습니다. 지점 직원이나 본사 직원들의 인센티브를 관리하면서 언제나 기술직 같은 대우로 천대를 받는다고 불만이 많았던 전산실 직원들의 불만이 터져 나왔습니다. 상대적 박탈감을 많이 느끼기도 했지만 결정적으로 인센티브 파동을 겪은 후 직원들의 상실감은 너무나 컸습니다. 언제나 지점 직원에 대비해서 승진누락이 많았고 인센티브도 가장 적게 받았으며 아침 일찍 남들보다 먼저 출근해서 시스템의 점검 등으로 하루 일과를 시작해서 밤 늦게까지 야근하는 경우가 너무나 많았기에 직원들은 조금씩 지쳐갔습니다. 이제 전살실 직원들은 돈도 싫고 일도 싫다고 아우성치기 시작했는데 주식시장이 활황일수록 전산장애는 늘어갔고 회사 입장에서도 전산실 직원들의 사기진작이 중요하다는 것을 알게 되었습니다.

결국 다른 부서에는 없는 여러 우대가 실시되었습니다. 야근을 많이 하고 휴일에도 일을 많이 하는 특성을 생각해서 야근, 휴일근무수당을 두둑히 챙겨주었고 룰을 만들어 일정 기준 이상으로 사외 교육을 할 수 있도록 배려했습니다.

전산실 직원들의 불만은 많이 사라졌고 오히려 이런 불만이 계기가 되어 더욱 자기개발에 힘쓰는 계기가 되었습니다. 지점 사람들은 돈을 많이 주면 되고 전산실 직원들은 적당한 야근수당과 자기개발 프로그램으로 최적의 효과를 얻게 되었습니다.

학습정리

- 임금관리는 직원이 노동의 대가로 지급 받는 임금의 수준 · 체계 · 형태 등을 분석하여 공정하고 합리적인 임금의 기능을 수행할 수 있도록 하는 종합적인 정책을 의미한다.
- 효과적인 임금관리를 위해서는 임금 수준, 임금 체계, 그리고 임금 형태의 3가지 영역에서 관리가 수행되어야 한다.
- 임금 수준은 생계비 보장의 원칙, 지급능력의 원칙, 사회적 균등의 원칙, 전략적 임금 수준 관리의 원칙 등에 의해 결정되며, 이러한 임금 수준의 조정은 승급, 승격, 기본급 인상 등을 통해 이루어진다.
- 임금 체계에서 기본급의 종류에는 연공급, 직무급, 직능급의 3가지 형태가 있다.
- 인센티브 시스템이란 성과에 기초한 보상이 사전에 알려진 규정에 의해 이루어지는 공식적인 프로그램을 의미한다.
- 인센티브 시스템 방법은 인센티브 동기유발 요인의 종류에 의해 나누어질 수 있으며 이는 금전, 사회적 인정, 성과피드백 등으로 나눌 수 있다.

참고문헌

1. 채용에서 퇴직까지 인사노무 임금관리실무(2011). 양재모, 씨에프오 아카데미.
2. 임금관리실무(2007). 전근오, 행정경영자료사.
3. 쉽게 읽는 MBA 인사관리(2004). 고수일, 새로운 제안.

연습문제

01 다음은 조직의 라이프사이클 상의 각 단계와 인적자원관리 활동의 관계에 대한 설명이다. 이들 중 가장 적절한 것들로 구성된 것은? 2002년 공인회계사

a. 도입기에 있는 조직에서의 인사고과는 사업계획 달성도를 기준으로 하는 것이 바람직하다.
b. 성장기에 있는 조직에서의 보상체계는 비용통제를 가장 중요한 기준으로 설정하는 것이 좋다.
c. 성숙기에 있는 조직에서의 고용정책은 이직장려를 통해 일시해고를 기피함과 동시에 배치전환을 장려할 수 있는 방안을 설정해야 한다.
d. 쇠퇴기에 처한 조직에서의 훈련과 개발의 주안점은 효과적인 경영팀을 개발하는 것에 두어야 한다.

① a, b ② a, c ③ b, c ④ b, d ⑤ c, d

02 조직구성원에 대한 조직의 임금 체계와 관련된 다음의 설명 가운데 가장 적절하지 않은 것은?

2002년 공인회계사

① 직능급(skill-based pay)은 종업원이 맡은 직무의 중요성과 난이도에 근거하여 임금을 결정하는 방식이다.

② 직무급(job-based pay)을 적용할 때는 차별적 임금격차에 대한 공정성을 확보하는 것이 중요하다.

③ 성과급(performance-based pay)은 종업원이 달성한 업무 성과를 기초로 임금 수준을 결정하는 방식이다.

④ 연공급(seniority-based pay)은 유연한 조직 변화가 필요한 조직에서는 불합리한 임금제도로서 다른 제도와의 병행이 필요하다.

⑤ 연봉제에서는 임금을 결정하기 위해 종업원의 직무, 직능, 업적, 연공 등의 다양한 기준을 복합적으로 도입할 수 있다.

03 보상과 관련된 다음의 서술 중 가장 적절한 것은? 2004년 공인회계사

① 스캔론 플랜(Scanlon plan)은 개인별 성과급에 속한다.

② 생산이윤분배제(gain sharing)에 따르면 회사가 적자를 내더라도 생산성향상이 있으면 생산 이윤을 분배받을 수 있다.

③ 성과이윤분배제(profit sharing)에 따르면 원가절감, 품질향상이 발생할 때마다 금전적 형태로 종업원에게 보상한다.

④ 직무급(job based pay)은 다양한 업무기술 습득에 대한 동기 유발로 학습조직 분위기를 만들 수 있다.

⑤ 직능급(skill-based pay)의 단점은 성과향상을 위한 과다 경쟁으로 구성원간의 협동심을 저하시키는 것이다.

04 기업의 임금 수준을 결정할 때 고려해야 할 요소로서 가장 적절하지 않은 것은?

2005년 공인회계사

① 기업의 손익분기점
② 근로자의 평균 근속연수
③ 근로자의 생계비 수준
④ 경쟁사의 임금 수준
⑤ 정부의 정책이나 법규

05 팀 인센티브(team incentive plan)에 관한 설명으로 다음 중 가장 적절하지 않은 것은?

2008년 공인회계사

① 팀 인센티브는 팀 차원의 계획수립과 문제해결을 지원함으로써 팀 문화를 공고히 한다.

② 일반적으로 분배 방식이 간단하여 구성원들은 팀 인센티브에 관해서 이해하기가 쉽다.

③ 팀의 개별 구성원들은 팀의 성공이나 인센티브 보너스를 받는 데에 자신의 노력이 별로 기여하지 못한다고 생각할 수 있다.

④ 개별 구성원들의 기여는 팀 협력에 따라 달라진다.
⑤ 팀 인센티브는 순환적 직무훈련(cross-training)과 새로운 대인적 역량(interpersonal competencies)의 습득을 장려한다.

06 임금관리와 관련된 서술 중 가장 적절하지 않은 것은? 2009년 공인회계사

① 스캔론 플랜(Scanlon plan)은 성과표준을 초과달성한 부분에 대해 부가가치를 기준으로 상여배분을 실시하는 방법이다.
② 임금 수준은 생계비와 기업의 지급능력 사이에서 사회일반이나 경쟁기업의 임금 수준을 고려하여 결정한다.
③ 근속연수에 따라 숙련도가 향상되는 경우에는 연공급이 적합하다.
④ 직능급을 도입할 경우 종업원의 자기개발을 유도할 수 있다.
⑤ 성과급은 작업자의 노력과 생산량과의 관계가 명확할 경우에 적합하다.

07 보상에서 임금에 관한 설명으로 가장 적절하지 않은 것은? 2011년 공인회계사

① 생계비 수준, 기업의 지급능력, 사회일반적인 임금 수준은 기업의 임금 수준 결정에 영향을 미친다.
② 공정한 보상을 위해서는 내적 공정성과 외적 공정성을 고려해야 한다.
③ 직무급은 담당자의 직무에 대한 태도와 직무적성, 직무 성과에 따라 결정된다.
④ 직능급은 기업 조직이 구체적으로 필요로 하는 직무수행능력에 따라 차등적으로 지급된다.
⑤ 성과급은 생산성을 제고하지만 근로자의 수입을 불안정하게 할 요소가 있다.

08 임금관리에 관한 설명으로 가장 적절하지 않은 것은? 2012년 공인회계사

① 임금관리의 외적 공정성을 확보하기 위해서는 동일한 직무에 대한 경쟁사의 임금 수준을 조사할 필요가 있다.
② 작업능률에 따라 여러 단계의 시간임률을 적용하는 형태를 복률시간급제라고 한다.
③ 직능급 도입을 위해서는 종업원의 능력에 대한 정확한 평가가 필요하다.
④ 직무급을 도입하기 위해서는 직무의 상대적 가치를 평가하고 개인의 능력과 적성에 맞는 적재적소의 배치가 필요하다.
⑤ 성과배분제도인 럭커 플랜(Rucker plan)은 매출액을 성과배분의 기준으로 하고 있다.

09 보상관리에 관한 다음 설명 중 가장 적절하지 않은 것은? 2013년 공인회계사

① 임금 수준을 결정할 때에는 최저임금액, 경쟁기업의 임금 수준, 종업원의 생계비, 손익분기점 등을 고려할 필요가 있다.
② 우리나라의 법정 복리후생에는 국민건강보험, 산업재해보상보험, 고용보험, 국민연금 등이 포함되는데, 국민건강보험과 고용보험은 전액을 회사에서 지원하여야 한다.
③ 직능급을 적용할 경우 동일한 직무를 수행하더라도 임금액이 달라질 수 있다.
④ 오래 근무할수록 능력과 성과가 향상될 경우에는 연공급이 적합하며, 노력과 성과의 관계가 명

확할 때에는 성과급이 적합하다.

⑤ 직무급 도입을 위해서는 직무수행을 위해 필요한 숙련의 정도, 책임의 정도, 작업조건 등을 평가할 필요가 있다.

10 보상관리에 관한 설명으로 가장 적절하지 않은 것은? 2014년 공인회계사

① 직능급을 도입할 경우 종업원들의 자기개발 노력을 유도할 수 있다.

② 스캔론 플랜(Scanlon plan)에서는 성과배분의 기준으로 부가가치를 사용하며, 럭커 플랜(Rucker plan)에서는 매출액을 기준으로 성과배분을 한다.

③ 임금관리의 공정성을 확보하기 위하여 경쟁사의 임금 수준을 조사할 필요가 있다.

④ 직무급은 '동일노동 동일임금'의 원칙에 입각하고 있으며, 기업 간 노동의 이동이 자유로운 경우에 적합하다.

⑤ 성과급, 직무급을 도입할 경우 임금관리의 내적 공정성이 높아질 수 있다.

11 보상관리에 관한 설명으로 가장 적절한 것은? 2015년 공인회계사

① 회사 재직 중에 종업원의 직무가 변하지 않을 경우, 직무급을 도입하면 종업원의 장기근속을 유도할 수 있다.

② 임금 수준이란 개인이 받는 임금의 크기를 의미하며, 임금 수준을 결정할 때에는 기업의 지급능력을 고려해야 한다.

③ 직능급을 도입할 경우, 우수 인재를 계속 보유하고 능력개발을 유도하는 장점이 있다.

④ 직무급은 직무담당자의 능력, 태도, 성과에 의해 결정된다.

⑤ 럭커 플랜(Rucker plan)은 매출액을 기준으로 성과배분액을 계산하며 종업원 제안제도를 채택하고 있다.

12 임금 및 보상에 관한 설명으로 가장 적절하지 않은 것은? 2016년 공인회계사

① 직무급은 종업원이 맡은 직무의 상대적 가치에 따라 임금을 결정하는 방식이다.

② 해당 기업의 종업원이 받는 임금 수준을 타 기업 종업원의 임금 수준과 비교하는 것은 임금의 외부 공정성과 관련이 있다.

③ 해당 기업 내 종업원 간의 임금 수준의 격차는 임금의 내부 공정성과 관련이 있다.

④ 직능급은 종업원이 보유하고 있는 직무수행능력을 기준으로 임금을 결정하는 방식이다.

⑤ 기업의 임금체계와 임금의 내부 공정성은 해당 기업의 지급능력, 생계비 수준, 노동시장에서의 임금 수준에 의해 결정된다.

13 보상관리에 관한 설명 중 가장 적절한 것은? 2017년 공인회계사

① 보상관리전략은 기업 성장주기(life cycle)와 관련이 있는데, 초기와 성장기에는 복리후생을 중시하고 안정기와 쇠퇴기에는 성과급을 강조하는 것이 일반적이다.

② '동일노동 동일임금'의 원칙을 실시하기 위해서는 연공급보다 직무급이 더 적합하다.

③ 임금조사(wage survey)를 통해 경쟁사 및 유사한 조직체의 임금자료를 조사하는 것은 보상관리의 내적 공정성을 확보하기 위해서이다.
④ 연공급의 문제점을 극복하기 위한 방안으로 제시된 직능급에서는 직무의 중요도, 난이도, 위험도 등이 반영된 직무의 상대가치를 기준으로 보상 수준이 결정된다.
⑤ 스캔론 플랜과 럭커 플랜은 개인의 업무 성과를 기초로 임금 수준을 정하는 개인성과급제도이다.

14 임금 수준의 관리에 관한 설명으로 옳지 않은 것은? 2016년 공인노무사

① 대외적 공정성을 확보하기 위해서는 노동시장의 임금 수준 파악이 필요하다.
② 기업의 임금 지급능력을 파악하는 기준으로 생산성과 수익성을 들 수 있다.
③ 임금 수준 결정 시 선도전략은 유능한 종업원을 유인하는 효과가 크다.
④ 임금 수준의 관리는 적정성의 원칙을 지향한다.
⑤ 임금 수준의 하한선은 기업의 지급능력에 의하여 결정된다.

15 다음에서 설명하는 것은? 2018년 공인노무사

- 기업이 주어진 인건비로 평시보다 더 많은 부가가치를 창출하였을 경우, 이 초과된 부가가치를 노사협동의 산물로 보고 기업과 종업원 간에 배분하는 제도
- 노무비 외 원재료비 및 기타 비용의 절감액도 인센티브 산정에 반영함

① 연봉제
② 개인성과급제
③ 임금피크제
④ 럭커 플랜
⑤ 스캔론 플랜

24장 복리후생과 안전보건관리

학습목표

1. 복리후생의 중요성과 개념에 대해 이해한다.
2. 복리후생의 유형과 유형별 주요 내용에 대해 이해한다.
3. 복리후생의 방법과 적용 시 유의사항에 대해 이해한다.
4. 안전보건관리의 필요성과 개념에 대해 이해한다.
5. 안전보건관리의 방법에 대해 이해한다.

실제 사례

일과 삶의 균형 프로그램

기업들은 회사가 단순한 '일터'를 넘어서 직원들의 자아실현과 가족들의 행복까지 아우르는 '삶터'로서의 의미를 가질 수 있도록 하는 프로그램 구축에 관심이 많다. 직원은 물론 가족까지 함께하는 '일과 삶의 균형' 추구를 위한 다양한 프로그램을 도입하고 있는 것이다.

K회사㈜는 직원들의 일과 삶의 균형(Work Life Balance: WLB)을 촉진시켜 더욱 행복하고 즐거운 직장 및 가정생활을 위해 'K회사 가족 행복 사용설명서-Design Your Life'를 제작해 직원들의 각 가정으로 배부하였다. 'K회사 가족 행복 사용설명서-Design Your Life'는 복리후생제도편, 가정생활편, 직장생활편 등 총 3권으로 구성되어 있으며, 직원 및 그 가족들을 위한 다양한 복지제도 안내는 물론, 행복한 가정생활과 즐거운 직장생활을 위한 생활지침 등 일(work)의 터전인 직장과 삶(life)의 터전인 가정 간의 균형 회복을 위한 생활 가이드북이다. 총 3개월간의 제작기간을 거쳐 3권의 책으로 완성된 '가족 행복 사용설명서'는 각 편마다 만화, Q&A, 체크리스트 등을 담아 이해도와 활용도를 높였다.

1권 복리후생제도편에서는 회사 직원 및 직원 가족들을 위한 건강검진제도, 각종 경조사 관련 지원제도, 교육지원제도에 이르기까지 회사 내 각종 복리후생제도를 쉽고도 재미있게 설명했다. 2권 가정생활편은 직원 및 직원 부인, 자녀 등 가족 구성원들과의 다양한 인터뷰를 중심으로 가족문제 전문가 및 심리상담사 등이 참여해 부부관계, 자녀교육법, 가족 간 갈등해결법 등 다양한 가정생활의 고민 해결책을 구체적으로 안내하고 있다. 3권 직장생활편은 직장에서 발생하는 인간관계 문제, 자기계발, 휴식 등 일과 삶의 균형을 추구하기 위한 자가 진단법, 다양한 생활지침 등을 담았다. 특히, 일상의 대부분을 보내는 직장생활의 중요성을 감안해 생산, 판매, 정비, 사무 등 다양한 직종의 직원들과의 인터뷰를 통해 보다 구체적 고민과 해결책을 제시했다.

01 복리후생관리

복리후생, 왜 중요한가?

복리후생제도는 일반사회의 축소판이라고 할 수 있는 회사 내에서도 사회복지적 관점의 제도를 운영함으로써 직원들의 근로생활의 질을 향상시키고 인간으로서 기본권을 충족시킬 수 있는 기회를 제공하려는 제도이다. 또한 대부분의 복리후생제도 내용에는 지정된 항목을 위한 금전적 예산이 지급되기 때문에 직원에 대한 간접적인 경제적 보상의 성격을 갖고 있어서 보상관리의 범주에 포함되기도 한다. 복리후생관리를 합리적으로 설계하고 효율적으로 관리함으로써 직원의 삶의 질과 만족도를 향상시키게 되면 직원은 회사에 대한 높은 충성도를 갖게 되어 결근, 지각, 사고, 불만이 감소하고 직장생활에서 안정감을 갖고 맡은 업무에 집중할 수 있게 될 것이며, 그 결과 업무효율성과 생산성을 향상시킬 수 있다. 또한 회사와 업무에 대한 열정과 애정을 더 가지게 하고 우수한 인재들을 회사로 유인 · 확보하고 유지시킬 수 있고, 직원들로 하여금 회사에 대한 협력적이고 공동체적인 의식을 갖도록 할 수 있다. 실제로 직장인들의 가치관은 과거와는 달리 직장에서의 업무와 일상 삶을 균형적으로 조화시키려는 방향으로 변화하고 있다. 얼마 전까지만 해도 직장인들은 높은 임금을 주는 직장에서의 근무를 제일 우선시했으나, 점차 직장생활과 개인의 삶이 균형 잡힌 삶을 추구하는 경향이 강해지고 있다. 가정생활과 개인의 취미, 여가를 중시하는 조직구성원들의 가치관 변화에 효과적으로 대응하기 위해서는 복리후생제도를 재설계할 필요가 있다.

대한상공회의소가 발표한 〈신입사원 직장생활 적응 현황 조사〉에 따르면 신세대 직장인들이 이직을 결심하는 주된 이유는 '임금이나 복리후생 등 더 좋은 조건을 찾아서'가 66.8%로 가장 많았고 '업무가 나와 맞지 않아서' 34.7%, '발전가능성이 없어서' 28.2%, '업무강도가 높아 개인생활이 없어서' 26.5%, '묻지마 지원을 해서' 13.2% 등의 순이었다(복수응답). 직장생활과 관련해 가장 불만스러운 것으로는 '임금 · 복리후생'(63.8%)이 1순위로 꼽혔고 그 밖에 '업무강도'(30%), '회사 분위기'(30.0%), '근무환경'(28.8%), '업무특성'(26.5%), '회사 내 인간관계'(21.8%)가 뒤를 이었다. 회사에 대한 충성심이 높아지는 경우 역시 '다른 회사보다 임금 · 복리후생이 좋을 때'라는 응답이 62.4%로 가장 많았고 '성장할 수 있다고 느껴질 때'(58.5%)와 '회사가 직원들에 대해 관심을 갖고 배려할 때'(43.5%)라는 응답도 다소 높은 비중을 보였다. (복수응답: '최고경영자가 뛰어난 리더십을 발휘할 때' 11.8%, '회사의 인지도가 높아질 때' 9.1%) (출처: 신입사원 직장생활 적응 현황 조사, 대한상공회의소, 2011. 10. 14.)

[그림 24-1] 복리후생제도의 중요성

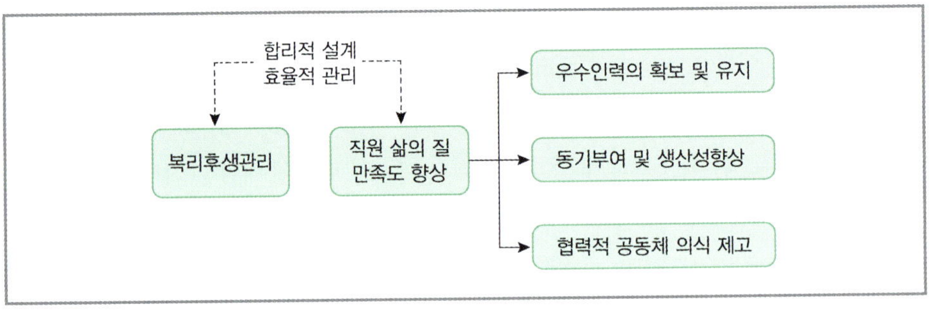

복리후생이란 무엇인가?

복리후생은 임금 외 보상이라는 간접적인 경제적 보상의 성격을 갖고 있다. 기업이 직원과 그 가족의 생활 수준을 증진시키기 위하여 마련한 임금 이외의 여러 가지 보상을 총칭하는 것이 바로 복리후생이다. 여기에는 안전, 보건, 교육, 구제, 위안 등 노동력의 보전에 유용한 사항들이 포함된다. 기업이 노동의 대가로 노동자들에게 제공하는 보상은 크게 임금과 임금 외 보상 두 가지로 생각해 볼 수 있다.

[그림 24-2] 복리후생관리의 성격

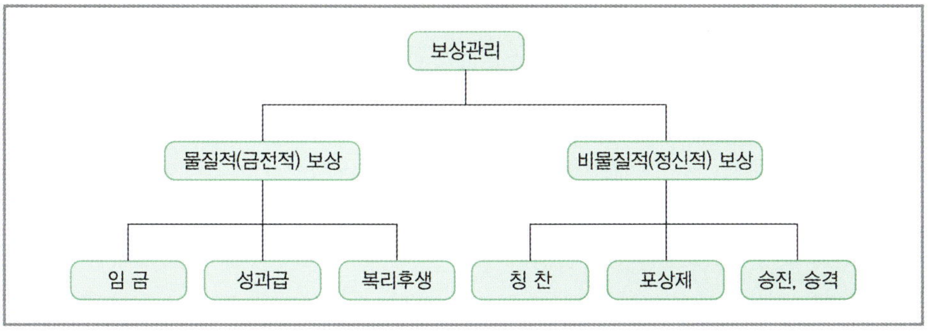

*포상제: 휴가, 교육훈련, 자기계발 기회 제공 등

[표 24-1] 복리후생과 임금의 차이점

구별 요소	복리후생	임금
보상 형태	휴가일수의 증가나 건강진단, 상담의 제공, 각종 보험료 공제 등 간접적 보상 형태	개별 직원의 업무 성과와 노력을 평가하여 금전적으로 책정, 지급되는 직접적인 보상 형태
보상 대상	직원 모두에게 지급되는 집단적 보상 방식. 기본적으로 직원 모두가 공동으로 이용	개별 직원마다 차등적으로 지급
보상 요구	직원들의 필요에 의한 요구. 즉, 직원들이 복리후생을 원하지 않으면 혜택은 발생되지 않음.[1]	개별 직원들의 필연적인 요구
보상 효과	직장생활의 질 향상, 심리적 만족감, 공동체 의식 함양	직원들이 회사와 맺은 고용관계에서 노동력을 제공하고 그에 상응하여 받게 되는 경제적인 대가

복리후생의 유형 및 주요 내용

복리후생은 국가로부터의 강제적인 성격의 법정복리후생 항목과 기업에서 자체적으로 실시하는 법정 외 복리후생의 두 가지 큰 형태의 복리후생이 있다.

1) 임금과 복리후생이 다른 점은 직원들이 원치 않으면 혜택이 발생하지 않는다는 점이다. 예컨대 여름철 휴가 시 직원들이 회사의 휴양시설을 반드시 이용하는 것은 아니다. 직장 의료보험 역시 직원이나 가족에게 질병이 발생한 경우 필요에 의해서만 요구하고 혜택을 받는다.

1. 법정복리후생

기업이 직원을 고용하는 한, 직원의 개인적 의사나 기업방침과 관계없이 법률에 의해서 강제적으로 실시되어야 하는 시설이나 제도를 말한다. 법정복리후생은 국가의 사회보장제도의 일환으로서 실시되며, 직원들이 당면하는 여러 가지 위험으로부터 직원들을 보호하는 기능을 하고 있다. 법정복리후생은 일반적으로 회사가 비용의 전액을 부담하거나 기업과 직원이 공동으로 부담한다.

2. 법정 외 복리후생

법정복리후생과는 달리 법률에 의하지 않고 회사가 임의로, 또는 노동조합과의 교섭에 의해 실시하는 것이다. 기업의 특성 · 규모 · 환경 등을 고려하여 필요성에 따라 실시되기 때문에 그 내용이 매우 다양하다. 따라서 복리후생관리를 실시하는 회사 입장에서는 더 중요시 되는 것이 법정 외 복리후생이라 할 수 있다.

[표 24-2] 복리후생 유형별 예시

법정복리후생		연금보험, 건강보험, 고용보험, 산재보험, 법정퇴직금, 누진퇴직금, 유급휴가, 생리휴가, 출산휴가, 상병휴가, 육아휴직, 휴업보상
법정 외 복리후생	직무 관련	식사비용보조, 학비보조, 주택마련지원, 사내근로복지기금지원, 경조사지원, 휴양비용지원, 보육비지원, 저축장려금지원, 종업원지주제도지원, 개인연금보험료지원, 생명보험보험료지원, 개인의료상해보험지원
	시설 관련	오락 · 도서실, 체육시설, 운동장, 목욕탕, 샤워장, 탁아시설, 의료시설, 휴양시설(콘도), 식당(구내/지정), 소비조합

출처: 송호근(1995), 한국의 기업복지연구 ; 반정호(2006), 고용형태별 복리후생 수준의 격차, 노동리뷰, 3월호, pp. 28~38.

(1) 주요 법정 복리후생의 내용

① **의료보험제도**: 업무와 관계없이 발생하는 질병이나 사고에 의해 직원이 직면하게 되는 경제적 위험으로부터 직원의 생활을 보호하는 동시에 질병을 사전에 예방하는 역할을 한다. 의료보험의 대상은 직원과 가족을 포함하며, 현재 우리나라에서는 진료비의 일부를 직원이 부담하도록 하고 있다.

② **산업재해보상보험제도:** 업무수행과 관련하여 발생한 부상 · 질병 · 사망 등의 재해에 대하여 경제적 보상을 하는 제도이다. 직원의 비용부담은 없으며 일반적으로 기업이 전액을 부담한다.

③ **실업보험제도:** 직원이 실직할 경우에 발생하는 생활의 위험을 방지하고 실직 후 재취업할 때까지 생활안정을 제공하는 제도이다. 우리나라에서는 1995년 7월부터 고용보험법이 실시되어 실업보험 역할을 하고 있다. 고용보험법에서 실업이라 함은 근로자(피보험자)가 이직하여 근로의 의사 및 능력을 가지고 있음에도 불구하고 취업하지 못한 상태에 있는 것을 의미한다.

④ **연금보험제도:** 노령이나 폐질 또는 사망 등의 경우에 지급하는 것으로 본인의 노후를 보장하거나 유족의 생활을 안정시키는 것이 목적이라 할 수 있다. 우리나라에서는 공무원연금, 군인연금, 사립학교교원연금, 국민연금 등이 실시되고 있다.

(2) 주요 법정 외 복리후생의 내용

① **주택:** 주택관계 복리후생으로는 크게 주택대여제도와 주택소유조성제도로 나뉜다. 주택대여제도는 기업이 사택, 가족아파트, 독신자아파트, 기숙사 등을 건립 또는 임차하여 직원들에게 대여함으로써 직원들의 주거 안정을 지원하는 것이다. 그 결과 직원들의 이직을 예방하는 효과가 나타나기도 한다. 주택소유조성제도는 직원이 주택을 장만할 수 있는 자금을 형성할 수 있도록 원조하는 제도이다. 여기에는 주택적립금이나 주택건설자금융자제도 등이 있으며, 회사가 직접 사원용 분양주택을 건설하는 방안도 있다.

② **생활경제:** 직원의 소비생활과 밀접하게 관련되어 있는 제도로서 급식시설 (사원식당, 식권할인), 구매시설(매점, 물품알선 및 할인), 위생시설(이발소, 목욕탕, 세탁소), 장학제도(장학금, 학자금, 대출) 등이 있다.

③ **보건위생:** 직원의 건강한 생활을 보장하기 위한 것으로서, 질병의 예방 · 치료 또는 건강 유지 · 관리와 관련된 제도나 시설을 말한다. 병원 · 진료소 · 의무실 등의 치료시설과 정기검진 · 특별검진 · 건강상담 · 건강교육 등의 예방제도, 휴양실 · 요양소 등의 건강회복시설 등이 있다.

④ **공제 · 금융:** 공제제도는 직원과 가족의 경조사와 불시의 재해에 대비한 상호부조적 성격을 지닌 법정의 복리후생제도로서 그 내용으로는 결혼, 출산 등에 대한 축하금, 재해, 상해, 질병에 대한 위문금, 퇴직이나 전근에 대한 전별금 등이 있다.

⑤ **문화 · 체육 · 오락**: 문화시설로서 학교 · 도서관 · 문화회관 · 강습회 · 강연회 · 교양강좌 등이 있으며, 체육시설 및 제도에는 운동장소의 제공과 운동용구의 대여와 제공, 그리고 사내체육대회 등의 행사가 있다. 오락시설 및 제도로는 취미서클의 지원, 음악실, 전시실, 야유회, 친목회 등에 의해 여가선용을 장려하는 것이 있다.

[그림 24-3] 사업체에서 실행하고 있는 법정 외 복리후생제도

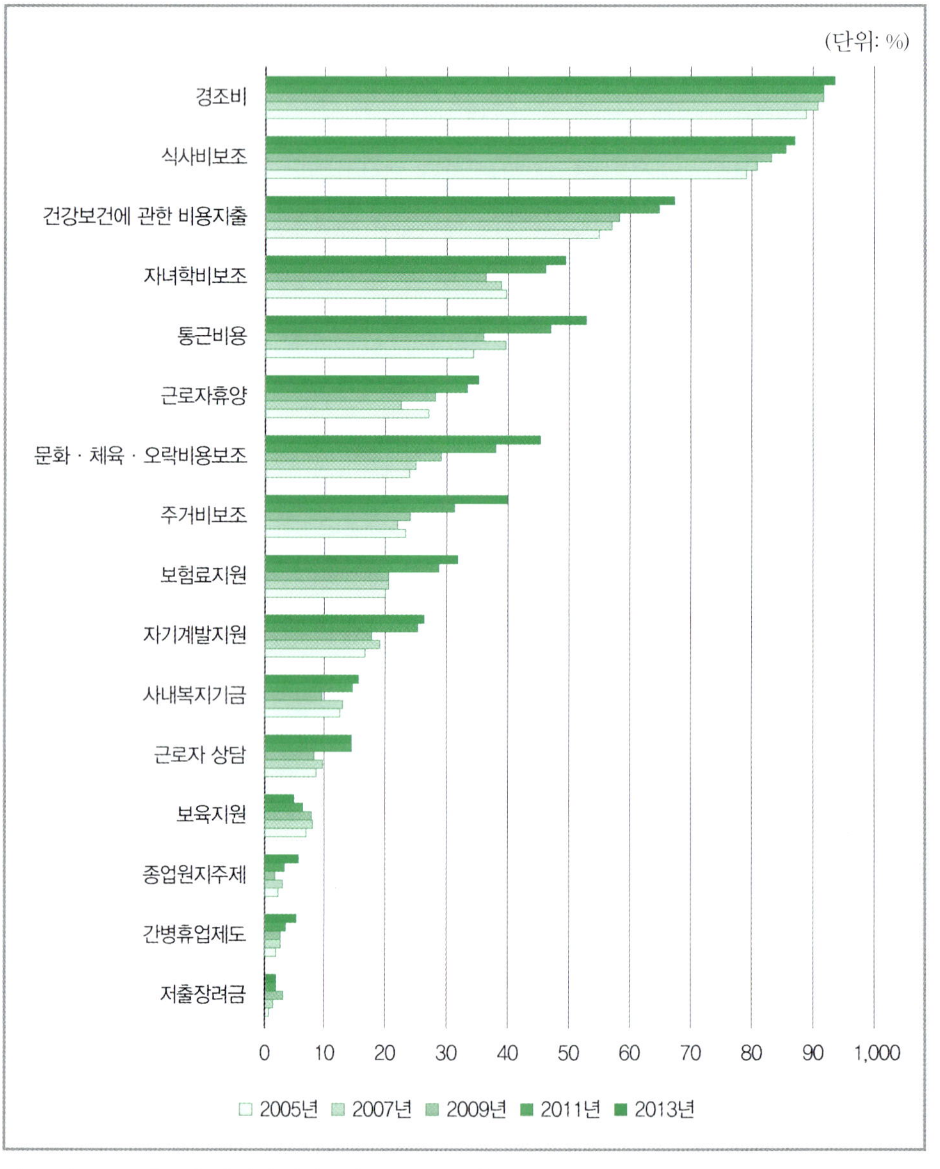

자료: 한국노동연구원, 사업체 패널조사 2005~2013년.

기업	내 용
대한항공	사내 규정된 30여 개 해외 대학에 재학 시, 연간 실수업료 50% 지급
삼성전자	근속 7년 이상 임직원 대상, 한도 없이 대학교 등록금 지원. 해외 유학생의 경우 연 1,000만 원 한도 내에서 수업료를 지원.
LG전자	국내 대학 최고 수준의 등록금에 준해 비용 지원
현대차그룹	근속 연수에 따라 매 2년마다 최고 30% 할인 된 가격에 차량 구입 가능
한화그룹	20년 장기 근속자를 위한 부부동반 해외여행
신세계백화점	직원용 카드로 물건 구입 시 20% 할인
CJ그룹	연 초 일괄적으로 600점을 포인트 부여, 1점당 1,000원. 사용 후 남은 포인트 적립 가능
LG화학	1년 115만 원 정도의 포인트 지원금으로 LG전자 제품, LG패션의 의류 구입 가능

복리후생의 방법

복리후생관리의 방법은 크게 전통적 복리후생관리 방법과 점차 확산되어가고 있는 선택적 복리후생관리 방법의 두 가지로 나누어 볼 수 있다.

1. 전통적 복리후생관리의 주요 내용

전통적 복리후생관리의 일반적인 특징은 다음 두 가지로 집약할 수 있다. 첫째, 각 개인 업무의 성과나 능률과는 상관없이 직원 전체를 기준으로 산출하여 집행하는 전체적 보상의 성격을 가진다. 둘째, 직원 전체의 예산을 배정해 두고 복리후생비는 필요성의 원칙에 의해 지급하는 방식으로 운용된다. 즉, 복리후생의 구체적 내용이 설정되어 있다 하더라도 직원 자신에게 급부의 상황이나 조건이 발생하지 않으면 혜택이 주어지지 않는다.

2. 선택형 복리후생관리의 주요 내용

어떤 한 사람에게 가치 있는 제도가 다른 사람에게도 동일한 가치가 있다고 할 수는 없다. 따라서 복리후생제도가 실행되더라도 직원들의 만족도가 높지 않을 수 있다. 이에 직원 개개인의 자신의 욕구상태와 특성의 차이를 반영할 수 있도록 설계한 복리후생제도가 '선택형 복리후생제도'이다.

이 제도의 개념은 기본적으로 각각의 직원들이 기업이 제공하는 복리후생제도나 시설 중에서 원하는 것을 선택하게 함으로써, 자신의 복리후생을 개인별로 원하는 대로 설계할 수 있도록 한다는 것이다. 즉, 선택형 복리후생제도는 개개인의 나이, 결혼 여부, 자녀의 수, 교육, 소득 수준, 생활태도 등에 따른 직원들 개개인의 필요와 욕구를 충족할 수 있도록 설계되고 운영된다. 이러한 이유로 카페테리아식 복리후생제도라고도 불린다. 이 방식은 직원 개인의 욕구나 선호를 보다 적절하게 충족시킬 수 있기 때문에 보상의 가치에 대한 인식의 제고와 만족감의 증대, 결근율과 이직률의 감소에 의한 조직유

실제 사례

카페테리아식 복리후생제도

우리나라에서는 카페테리아식 복리후생제도를 한국IBM이 최초로 실시한 것으로 알려져 있다. 1997년 1월부터 이 제도를 실시하고 있는데, 동사는 보호주의, 안정보장주의, 기회균등주의를 기본정신에 따라 직원들에게 각 법정 외 기업복지 프로그램별로 다양한 선택안(option)을 제공해 주고, 정해진 기준에 따라 개인별로 기업복지 프로그램을 구입할 수 있는 크레딧(credit)을 부여함으로써 직원들이 각 선택 안의 가격표를 참고로 하여 프로그램별로 자신에게 가장 만족스러운 선택안을 구입, 개인별로 복리후생 프로그램을 직접 설계할 수 있도록 하고 있다.

예컨대 620점의 크레디트를 보유한 직원의 경우 병원비 75% 보상을 선택, 200점의 크레디트를 사용한다. 의료비 보상의 경우 병원비의 전액보상, 75% 보상, 50% 보상 등 3가지 선택안에 대해 각각 3백점, 2백점, 150점의 예산을 부여한다. 이 같은 방식으로 100점짜리 전액 치과보상, 90점짜리 연봉 2배수의 생명상해보험에 등록한다. 이렇게 총 390점의 크레딧을 연초에 지출한다. 이 밖에 휴가를 반납함으로써 예산을 다시 확보할 수 있다. 열흘 휴가 중 3일을 회사에 반납, 300점의 크레디트를 추가로 얻는다. 이렇게 해서 남은 530점의 크레딧을 가지고 1년간 회사가 제공하는 11가지 복지혜택을 그때마다 받을 수 있다. 회사는 학원비, 유치원비, 안경 및 보청기 구입비, 탁아비 등 11가지의 다양한 복지혜택을 제공한다. 특히 의료보험이 제공하지 못하는 건강보조식품 항목, 교육복지가 제공하지 않는 유치원비와 탁아비 등의 혜택을 받을 수 있다. 혜택은 각종 항목을 사용한 뒤 그 영수증을 첨부해 금액을 돌려주는 방식으로 받는다.

출처: 송준호, 한국기업복지의 현황과 개선방안.

효성의 상승, 직원선발의 유리 등의 이점을 얻을 수 있다. 그러나 이 제도를 실시하는 데 있어서 복잡성과 비용이 증가되고 각각의 직원이 이용할 수 있는 복리후생비의 총액을 어떤 기준에 의해 구체적으로 설정할 것인가가 다소 어려운 문제이다.

e-Welfare

정보통신기술을 활용하여 복리후생제도를 운영하고 관리하는 기업들이 늘고 있는데, 이를 e-Welfare system이라고 한다. 사회복지학적 관점에서는 e-Welfare를 '정보기술(인터넷)을 통해 사회복지정보 및 서비스의 전달, 교환되는 상태, 환경 및 이로 인한 사회복지 전반의 행태 변화'로 정의하기도 한다(정영철, 2007). 또한 e-Welfare를 통해 사회복지 서비스 전달체계 확립과 서비스 개선 및 서비스 통합, 이에 따른 비용절감, 복지서비스 질평가 수행, 복지서비스 질향상, 소비자의 맞춤형 복지욕구 및 수요 파악, 그리고 궁극적으로 보편적 복지서비스 실현 등을 꾀할 수 있다고 보고 있다(정영철, 2007).

기업경영 분야에서의 e-Welfare는 정보통신기술을 통해 사내 복리후생제도를 보다 효과적으로 운영하는 데 목적이 있다. 기업이 복리후생에 대한 종업원의 만족도를 높이기 위해서는 종업원들에게 복리후생의 가치를 인식할 수 있도록 해야 한다. 왜냐하면 복리후생이 종업원의 유인, 동기유발 및 유지라는 목적을 달성하기 위한 필수 요건이 되기 때문이다(Raymond *et al.*, 2010). e-Welfare를 통해 종업원들은 복리후생에 대한 정보를 쉽게 얻을 수 있고, 기업은 종업원들의 욕구를 충족시킬 수 있는 맞춤형 복리후생제도를 운영할 수 있다. 기업은 e-Welfare를 통한 맞춤형 복리후생제도를 종업원의 만족도를 높이고, 업무에 대한 동기부여를 강화하여 궁극적으로는 생산성을 극대화하는 데 활용하는 것이다.

선택적 복리후생제도가 정보통신기술과 결합되면서 인터넷을 기반으로 한 복리후생 서비스를 전문적으로 대행해 주는 업체들이 많이 등장하였다. 이들 전문업체들은 수백 곳의 기업과 공공기관을 고객으로 확보하여, 해당 기업의 사내 인터넷에 복지 포인트로 구매할 수 있는 전용 쇼핑몰을 구축해주거나 전문 공급업체를 중개하면서 독자적인 영역을 개척하고 있다. 또한 인터넷뿐만 아니라 스마트폰 등을 활용한 모바일 복리후생 관리도 점차 확대되고 있다.

효과적인 복리후생관리를 위한 유의사항

① 커뮤니케이션: 직원들의 복리후생제도에 대한 이해와 평가가 불완전하다면 기대했던 복리후생관리의 효과를 달성하기 어렵기 때문에 효과적인 커뮤니케이션이 필요하게 된다. 복리후생에 대한 커뮤니케이션은 복잡한 제도에 대한 설명책자를 배부하거나, 또는 전문가가 설명하도록 하거나, 개인별 복리후생비의 지출명세서를 작성하여 배부함으로써 가능하다.

② 경영 성과와의 통합: 복리후생이 오로지 직원에게 경제적 소득을 증대시켜 주는 효과에만 그쳐서는 안되며 경영 성과 및 목표달성과 생산성향상에도 기여할 수 있도록 하는 방안을 강구할 필요가 있다. 회사 입장에서 볼 때 복리후생관리가 단지 인건비 증대로만 끝나지 않고 '생산적 복지' 관점에서 직원의 성과 마인드를 제고시킬 수 있는 방향으로 설계되고 관리 · 운영될 필요가 있다.

③ 직원 참여 시스템 구축: 복리후생 혜택의 공평성을 유지하기 위해서는 직원의 의견을 개진할 수 있고 반영할 수 있는 참여 기회가 주어지도록 할 필요가 있다. 직원이 복리후생의 정책과 관리를 위한 노사공동협의 혹은 공동의사결정에 참여할 수 있는 조직이 모색되어야 한다.

④ 복리후생비용의 파악: 관리적 필요에서 뿐만 아니라 직원들에게 복리후생의 지출상황을 인식시키기 위해서도 복리후생비의 파악과 분석이 행해져야 한다. 비용의 파악방법으로는 복리후생의 연간 총비용, 연간 1인당 비용, 임금에 대한 비율, 1인당 시간비용의 네 가지가 있으며, 이 중에서 두 가지 이상을 결합하여 사용하는 것이 좋다.

사내복지기금 · 공동근로복지기금

고용노동부(근로복지공단)가 사내근로복지기금법 제5조 제4항에 의거해 2015년 3월부터 시행한 정책사업이, 대기업과 중소기업의 근로자 복지격차를 완화시키기 위한 사내(공동)근로복지기금지원사업이다. 사내근로복지기금과 공동근로복지기금으로 두 가지가 있는데, 중소협력업체근로자 및 파견근로자의 복지사업을 시행하는 사내근로복지기금법인, 그리고 대기업이나 도급업체로부터 출연금 지원을 받는 중소기업 사내근로복지기금법인, 마지막으로 둘 이상의 기업들이 각각 일정 금액을 출연하여 설립한

공동근로복지기금법인이 지원대상이 된다.[2)]

① 사내근로복지기금지원사업: 기금법인이 중소 협력업체나 파견근로자를 위해 사용한 복지사업비 및 복지시설비의 50% 범위 내에서 지원 하는 제도이다. 예를 들어, 도급업체 기금법인이 수급업체 근로자를 위한 복리후생사업에 1억 원을 사용한 경우는 지출 증빙자료를 확인한 후에 5천만 원 이내로 금전적 지원을 시행하고 있다. 또한 기업이 중소기업기금법인에 출연한 금액의 50% 범위 내에서 지원해준다. 만약 중소기업기금법인이 대기업으로부터 1억 원을 출연 받은 경우 출연을 확인한 후에 5천만 원 이내로 지원을 한다.

② 공동근로복지기금지원사업: 지역별, 업종별 등 임의로 2개사 이상 중소기업이 공동으로 기금법인을 설립할 경우 출연비용의 50% 이내를 지원하는 제도이다. 예를 들자면, 지역별, 업종별 2개소 이상 중소기업이 공동으로 1억 원을 출연하고 공동기금법인을 설립한 경우, 이 법인이 지원신청서를 제출하면 근로복지공단에서 출연비용의 50%인 5천만 원을 공동기금법인에 지원한다.

또한 해당 법인은 당해 연도 출연금의 80%인 1억2천만 원을 복지후생을 위한 목적사업에 사용할 수 있다. 대기업(원청)이 중소기업(하청)과 공동으로 기금법인을 설립할 경우, 출연비용의 50% 이내를 지원한다. 만약 대기업이 중소기업과 2개소 이상 공동으로 1억 원을 출연하고 공동기금법인을 설립한 경우, 이 법인은 지원신청서를 제출하고 출연비용의 50%인 5천만 원을 공동기금법인에 지원한다. 추가적으로 이 법인은 당해 연도 출연금의 50%인 7천5백만 원을 복지후생을 위한 목적사업에 사용 가능하다. 예외적으로 사업의 일부가 분할된 경우 분할 전 사업주와 분할된 사업주가 포함되어 공동기금법인을 설립한 경우에는 지원이 제외된다. 지원 한도의 경우 예산 사정에 따라 조정되지만, 기금당 최대 2억 원을 지원한다. 공동기금은 기금법인 설립일부터 3년 이내에 누적지원금 2억 원 한도로 지급한다.

---

2) 대기업-중소기업, 중소기업-중소기업, 도급업체-수급업체 등 둘 이상 기업 간 법인세법 시행령 제87조(특수관계인의 범위) 제1항 각호에 해당되는 경우(주주, 친족)는 지원이 제외된다.

02 안전보건관리

안전보건관리, 왜 중요한가?

안전보건관리는 직원의 생산능률과 사기 저하에 관련된 각종 문제와 연관되어 있기 때문에 직원의 안전과 보건은 인간생명의 보호라는 인본주의적 관점에서 당연히 지켜져야 한다. 사람이 기업의 중요한 자원임에도 불구하고 각종 사고와 직업성 질환으로 인해 자신의 현재 · 잠재적 역량을 충분히 발휘하지 못하게 된다면, 이는 기업의 목표 성과를 달성하는데 지장을 주며, 오히려 막대한 손실을 초래할 수도 있다. 뿐만 아니라 경제적 관점에서도 그 중요성이 매우 크다. 합리적 보건관리와 작업장의 안전은 재해로 초래되는 경제적 손실을 방지하고, 직원들에 대한 의료비용의 절감은 물론 생산성향상이라는 측면에서도 큰 이익을 가져다준다. 안전보건관리는 사회의 여러 이해관계자의 요구와 압력에 반응하는 사회적 책임경영의 수행이라는 측면에서 중요한 의미를 갖고 있다. 안전 · 보건에 관한 정부의 규정과 노조의 관심도 안전 · 보건의 중요성을 증대시키는 요인이 되고 있다.

실제 사례

공공기관도 인정한 발암물질

서울행정법원은 무책임전자의 Y시 공장(웨이퍼 가공 라인)에서 근무했던 고 황○○ · 이○○ 씨에 대해 업무상 질환 가능성을 인정해 산업재해를 승인하라는 판결을 내렸다. 근로복지공단은 이에 불복해 항소했다. 황 씨와 이 씨를 포함해 무책임전자사에 근무했던 5명이 3월 항소심을 기다리고 있다. 반도체공장 발암물질 문제는 무책임전자 노동자들이 근로복지공단에 2007년 산재를 신청하고, 이들을 중심으로 '반도체 노동자의 건강과 인권 지킴이, △△△'이라는 단체가 결성돼 활동하며 주목 받기 시작했다. 무책임전자는 발병과 근무환경의 연관성을 부인해왔다. 고용노동부 산하 한국산업안전보건공단의 산업안전보건연구원은 2009년부터 3년 동안 백혈병이 발병한 3개 업체의 사업장을 대상으로 발암물질을 측정한 자료를 발표했다. 결국 정부 공공기관이 반도체 사업장에서 벤젠, 포름알데히드, 비소 등 발암물질이 나온다는 사실을 확인했다.

백혈병을 일으키는 벤젠은 웨이퍼(반도체를 만들 때 필요한 얇은 판) 가공라인과 반도체 조립라인 공정에서 부산물로 발생하는 것으로 드러났다. 반도체를 만들 때 벤젠을 직접 사용하지 않는다고 해도, 일부 물질이 높은 온도에서 분해되면서 벤젠이 부산물로 나온다는 것이다. 다만 검출 농도는 가공라인에서 최대 0.00038ppm, 조립라인에서 최대 0.00990ppm으로 둘 다 고용부가 정한 노출기준(1ppm)보다는 낮았다. 발암물질인 포름알데히드도 부산물로 발생하는 것으로 조사됐다. 포름알데히드의 노출기준은 0.5ppm인데, 가공라인에서는 최대 0.004ppm, 조립라인에서는 0.015ppm이 검출됐다. 전리방사선은 웨이퍼 가공라인과 반도체 조립라인에서 연간 최대 0.015밀리시버트(mSv)가 측정됐다. 방사선 작업 종사자의 연간 방사선 노출 한도는 50mSv다. 하지만 노출기준이 어느 정도에서 무해한지는 국가마다 차이를 둘 정도로 그 기준에 대한 논란은 여전하다. 노출기준보다 많은 양이 검출된 발암물질도 있다. 폐암을 일으키는 비소는 웨이퍼 가공라인의 이온 주입 공정에서 노출기준(0.01mg/㎥)보다 많은 양(0.001~0.061mg/㎥)이 나왔다.

고용노동부는 3개 업체에 대해 환기장치 보완 등 시설 개선과 작업환경 측정 강화, 특수건강진단 추가 실시, 하청업체 노동자 건강보호 대책 등을 마련하도록 시정 조치했다.

'△△△'의 이○○ 노무사는 "반도체 작업 공정에서 다양한 발암물질이 나온다는 사실이 확인된 만큼, 근로복지공단은 반도체 사업장의 산업재해를 적극적으로 인정해야 한다"며 "이미 법원에서도 노출 기준에 미달한 발암물질이 나온다고 해도 장시간·지속적으로 노출됐을 경우 업무 관련성을 인정했다"고 말했다.

무책임전자의 태도는 변하지 않았다. 무책임전자는 "이번에 발표된 자료를 보면 부산물의 양은 인체에 직접 영향을 미치는 수준은 아닌 것으로 안다"며 "종업원의 건강과 관련된 사안이니 더욱 철저히 관리하겠다"고 공식 입장을 밝혔다. 무책임전자는 2010년 7월 미국의 산업안전 컨설팅 업체 인바이런사에 의뢰한 결과 반도체 사업장이 백혈병 같은 질병을 유발한다는 과학적 인과관계를 찾지 못했다고 밝힌 바 있다.

[그림 24-4] 연도별 산업재해 지표(최근 10년간)

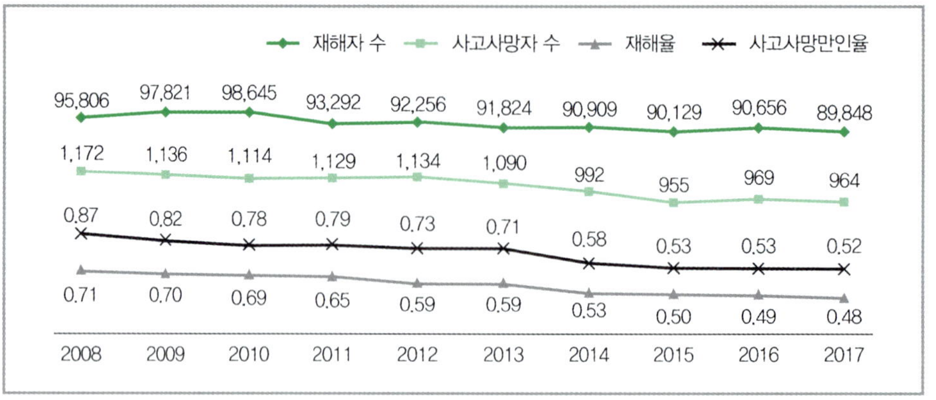

안전보건관리란 무엇인가?

안전은 직장생활 및 직무와 관련된 사고로부터 직원을 보호하기 위한 것이며, 보건관리는 육체적 · 정신적 질병으로부터 직원을 보호하기 위한 제도이다. 보건은 신체적으로나 정신적으로 건강한 상태를 말하는데, 보통 보건관리는 크게 육체건강과 정신건강으로 나누어 설명한다. 육체건강이란 고통, 질병 또는 쇠약이 없는 인체의 모든 생리기능과 육체기능이 정상적으로 작용하는 상태를 말하며, 정신건강이란 현실을 있는 그대로 정확하게 지각하고 그에 적응하며, 인생의 여러 문제와 긴장에 대하여 성공적으로 대처할 수 있는 상태를 의미한다.

기업이나 조직은 인간으로 구성되기 때문에 인적자원의 유지 · 보존이라는 측면에서 구성원의 건강을 지키는 것은 중요한 일이다. 그러므로 안전보건관리란 근로자가 작업장에서 노동하는 데 있어 심신의 장애와 헛된 노동으로 인한 노동력의 소모를 방지하여 이를 건전하고 건강하게 유지함으로써, 근로자에게 작업에 대한 안전감을 갖게 하는 체계적인 활동이다.

안전보건관리, 어떻게 수행하는가?

안전보건관리의 방법으로 관리가 일어나는 시점을 기준으로 하여 사전에 안전사고를 미리 예방하는 사전예방 방법과 사고가 일어난 후에 사후처리를 하는 방법으로 나눌 수 있다. 사후처리는 다시 원인규명과 사고처리 및 보상으로 구분할 수 있다. 현재 우리나라에서는 안전보건경영시스템 국내 인증인 KOSHA 18001을 통해 자율적인 안전보건관리를 유도하고 있다.

1. 사전예방 방법

유해한 작업장의 환경은 인적자원의 효율적 관리와 활용에 막대한 영향을 끼친다고 볼 수 있다. 또한 작업시간의 손실과 치료비와 보험료 등의 지출은 경제적으로도 큰 손실을 가져오므로 직업병으로 인하여 야기되는 모든 손실을 사전에 예방하고 직업병의

[그림 24-3] 무재해운동 추진전략

구 분	내 용
4C 운동추진	• 사업장에서 기본적으로 꼭 지켜야 할 복장단정(Correctness), 정리정돈(Clearance), 청소청결(Cleaning), 점검확인(Checking)의 4가지에 영문자 첫 자인 'C'를 따서 4C운동추진
안전실명제 실시	• 주요 작업, 유해위험 작업내용, 연락처를 명기하여 책임의식 고취 및 비상 시 신속한 대처 가능 체계구축
산업재해분석 및 기록관리	• 다발 산업재해분석 및 재발방지 교육 강화 • 산업재해 관련 재발방지계획서 등 자료작성 및 관리
자율안전교육강화	• 안전보건교육 교재 작성 및 정기적 통보 • 업무 시작 전 조회 등을 활용한 정례적 교육 강화 • 법적 의무교육 준수(정기교육, 신규채용자 교육 등)
재해예방 관리체제구축	• 사업장 시설물의 유지관리에 필요한 비상관리체제 및 운영장비 체계적 관리 및 정리를 통한 안전관리 효율성제고 • 재난예방에 만전을 기함과 동시에 비상사태 발생 시 손실 최소화 초동대책 시나리오 작성/ 연락체계 및 체제구축
사업장 작업환경 측정 강화	• 매월 위험노출 지역 중심으로 사업장 점검 실시 • 위험기계기구 리스트 작성 및 점검 • 각 사업장 관리운영 적용 법규 리스트 작성 및 이행준수 유무 확인 • 점검보고서 작성, 보고, 사업장 개선 요청 통보 및 관리
근로자 건강관리상화	• 매월 정례적 사업장 방문을 통한 건강 체크 • 검강검진 미수검자 사후관리 실시

피해를 최소한으로 줄이기 위해서는 보건관리 프로그램이 필요하다. 보건관리 프로그램에는 다음과 같은 내용이 포함된다.

① 작업환경의 위생적 관리
② 근로자의 건강관리를 위한 신체검사
③ 직업병의 진단과 치료
④ 예방접종
⑤ 보건교육과 건강 상담
⑥ 의무기록
⑦ 정신적 보건

2. 사후처리 방법

(1) 안전사고의 원인 규명

안전사고는 여러 가지 요인에 의해서 발생하는데, 크게 물적 요인, 인적 요인, 그리고 환경적 요인의 세 요소에 의해 발생한다. 어느 한 요인에 의해서 발생할 수도 있고 여러 요인에 의해 발생하기도 한다.

1) 인적 요인

① 개개인의 선천적·후천적 요인: 과격한 기질, 신경질, 시력 및 청력의 결함, 지식 및 기능의 부족, 중독증, 각종 질환 등

② 부주의·불안전한 행동에 기인한 요인: 지시의 무시, 불안전한 작업 방법, 안전장치의 점검소홀, 불안전한 기계와 공구의 사용, 안전장구의 미착용 등

③ 피로에서 오는 요인: 과중한 업무로 인한 피로, 작업환경에서 오는 피로, 스트레스에서 오는 피로, 자기능력을 초월하는 업무에서의 피로, 시간의 압박에서 오는 피로 등

2) 물적 요인

기업 내의 물적인 시설 면에서 오는 요인을 지칭한다. 물적 요인은 물적 시설 그 자체의 결함(불량 또는 노후화)에서 오는 요인과 각종 기계, 설비, 장치, 기구, 공구, 비품, 부분품, 약품, 기타 직·간접의 생산시설, 나아가서는 운반시설, 보관시설 등의 결함에서

오는 사고 및 재해, 그리고 이들의 보전 · 관리운용을 잘못함으로써 발생하는 사고와 재해가 있다.

3) 환경적 요인

작업환경에 따른 여러 가지 물리적 · 화학적 위험 요소들로 인한 안전사고의 요인으로서 환경적 요인을 들 수 있다.

① **물리적 요인:** 작업장 또는 작업대의 협소, 기계의 배치 · 설비의 부적절, 통로의 협소, 채광 · 환기시설의 부적당, 불안전한 복장 등을 들 수 있다.

② **화학적 요인:** 고열, 소음, 가스, 유해 방사선 발생 물질, 감전 등의 위험성을 들 수 있다.

(2) 사고처리 및 보상

안전사고에 대한 대책은 사전적 재해예방과 사후적 재해처리로 구분된다. 안전사고에 대한 사후적 복구처리는 많은 비용을 수반하는 경향이 있기 때문에 많은 기업들은 사전적인 산업재해예방에 관심과 노력을 기울여 비용손실을 최소화하려 한다. 산업재해의 사전적 예방을 하기 위해 안전사고의 발생 원인을 제거하고, 만약 재해가 발생하였을 경우에는 관련 법규에 따라 보상하여야만 한다.

1) 발생원인 제거

① **인적 측면의 대책:** 신규채용 시에 사고 및 재해의 발생과 관련이 있는 선천적 소질과 육체적 결함 등을 조사하고, 채용 후에는 수시 또는 정기적인 적성검사, 신체검사, 건강진단, 작업환경 조사 등을 실시하여야 한다. 또한 안전사고 예방에 관한 교육과 훈련을 실시할 필요가 있다.

② **물적 측면의 대책:** 각종 물적 시설의 구입에 있어서 불량품을 구입하지 않도록 주의하고, 구입한 물적 시설을 계속 보존, 관리, 운용하는데 있어서 주의사항을 준수하고 점검하여 물적 요인에 의한 안전사고를 예방하고 최소화하여야 한다.

③ **환경적 측면의 대책:** 작업장, 통로, 채광 등 여러 가지를 고려하여 기계 및 설비의 배치를 합리적으로 설계하고, 공구 · 기구 · 비품은 항상 사용하기에 편리한 곳에 정리 정돈해야 한다. 아울러 작업장 내부와 주변을 항상 청결케 하고, 만약 고열, 소음, 유해물질이 발산 · 유출되는 경우에는 이를 배제하거나 또는 그 정도를 약화시키는 방법을 고

려해야 하며, 동시에 이에 대한 충분한 안전수칙을 직원에게 주지시켜야 한다.

2) 산업재해의 보상

근로자가 업무상 사고 또는 기타의 이유로 부상, 질병 등 각종의 재해를 당했을 경우, 그 보상은 중요한 문제이므로 많은 국가에서 법률로 그 내용을 규정하고 있다.

우리나라의 산업재해에 관한 보상은 근로기준법에 의한 보상과 산업재해보상보험법에 의한 보상으로 이원화되어 있다. 근로기준법은 근로자의 업무상 재해에 대한 치료와 보상을 사용자의 직접의무로 규정하여 강제보호를 하고 있으며, 산업재해보상보험법은 그 치료와 보상에 관하여 근로기준법의 적용을 받는 사업 또는 사업장으로 규정하고 있다.

토론 사례

회사의 노조는 강성노조이다. 위험 업무를 하지 않도록 조치해 달라는 노조의 강력한 요구가 있고 받아들이지 않으면 파업도 불사하겠다고 한다. 위험업무를 전담해 주는 업체에 외주로 맡기면 직원을 채용해 해당 위험업무를 맡기는 것보다도 비용 측면에서도 절감효과가 있다. 위험업무를 하다가 사고가 나더라도 벌금형은 크지 않다. 유해하고 험한 작업을 하청업체에 맡기는 것은 업계의 추세이기도 하다. 기계 · 전기 등 설비 보수를 지원하는 부서들은 최소한의 인력만 남겨놓고 아웃소싱하면 비용절감을 할 수 있어, 민간기업뿐만 아니라 공공기관, 지방자치단체까지도 외주화 하고 있는 추세이다.

산업안전보건법은 노동자 사망 시 7년 이하 징역 또는 1억 원 이하의 벌금에 처하도록 하고 있다. 2010년부터 2012년 7월까지 발생한 2,290건의 중대한 산업재해에서 57.2%가 벌금형이었고, 징역형은 2.7%인 62건이었다. 산업안전보건법은 2003년에 비소 · 염화비닐 · 디클로로벤지딘 등 13종의 유해물질이 포함된 유해 · 위험 작업에 대해 도급(외주화)을 금지하고 고용노동부 인가를 받도록 하고 있다. 2003년 13종이 지정된 후 유해물질은 추가되지 않아 불산 같은 것은 빠져있다. 원청기업의 하청 노동자에 대한 화학물질 정보 제공 및 안전교육, 보호구 지급 등에 대한 원청업체의 의무나 책임에 관한 규정도 명확하지 않게 되어 있다.

최근 위험업무의 하청업체에 외주화하는 것에 대해 사회의 비난여론이 높아지고 있다. SS전자 불산누출 사고로 숨진 노동자 1명, 여수국가산업단지 폭발사고 때 목숨을 잃은 노동자 6명은 모두 하청업체 소속이었다. 산업재해로 숨진 D사 노동자 3명 중 2명도 입사 2주~1개월밖에 안된 하청업체 노동자였다.

토론주제 1: 귀하가 회사 측의 의사결정자라면 위험업무를 외주화할 것인가? 아니면 어떻게 할 것인가?

토론주제 2: 귀하의 의견 및 방안의 이유 또는 논거는 무엇인가?

학습정리

- 복리후생은 기업이 직원과 그 가족의 생활 수준을 증진시키기 위하여 마련한 임금 이외의 여러 가지 보상을 총칭하는 것으로 안전, 보건, 교육, 구제, 위안 등 노동력의 보전에 유용한 일체의 시설이 포함된다.
- 복리후생은 법적 기준으로 분류하면 국가로부터의 강제적인 성격의 법정복리후생 항목과 기업에서 자체적으로 실시하는 법정 외 복리후생으로 크게 두 가지 형태의 복리후생이 있다.
- 법정 외 복리후생은 기업의 특성 · 규모 · 환경 조건 등을 고려하여 필요성에 따라 실시되기 때문에 종류가 매우 다양하며 조직의 복리후생관리에 있어서 더 중요시된다.
- 전통적 복리후생관리와는 달리 선택적 복리후생관리는 기본적으로 각각의 직원들이 기업이 제공하는 복리후생제도나 시설 중에서 원하는 것을 선택함으로써, 자신의 복리후생을 원하는 대로 설계하는 것을 이유로 흔히 카페테리아식 복리후생제도라고도 불린다.
- 복리후생관리를 현실에 적용하는 데는 커뮤니케이션과 경영 성과와의 통합, 직원 참여와 운영, 그리고 복리후생비용의 파악 등과 같은 사항에 유의해야 한다.
- 안전보건관리란 근로자가 작업장에서 노동하는 데 있어 심신의 장애와 헛된 노동으로 인한 노동력의 소모를 방지하여 이를 건전하게 유지함으로써, 근로자에게 작업에 대한 안전감을 갖게 하는 조직적이고 계획적인 시책이다.
- 안전보건관리의 방법으로 관리가 일어나는 시점을 기준으로 하여 사전에 안전사고를 미리 예방하는 사전예방 방법과 사고가 일어난 후에 사후처리를 하는 방법으로 나눌 수 있다.

참고문헌

1. 인적자원관리론(2010). Raymond A. Noe, John R. Hollenbeck, Barry Gerhart, Patrick M. Wright, 옮김-정진철 외, McGraw-Hill Korea.
2. 국내 기업복지의 활성화 방안. 근로자의 욕구에 근거한 기업복지 프로그램 개발(2005): 최수찬, 집문당.
3. 안전 보건 경영 실무(2000). Frank E. Bird 외, 옮김-김영호 외, 대영사.

〈추천사이트〉

1. 고용노동부, http//www.molab.go.kr.

고용노동부 사이트에서는 산업안전보건과 법정복리후생과 관련된 제도 등에 관한 정확하고 구체적인 법률적 자료들과 시행 현황, 그리고 사례 등에 대해 알아볼 수 있다. 세부적인 내용과 최신의 자료를 확인할 때 유용하다.

연습문제

01 복리후생제도 구축을 기업 측면에서 인식한 것으로 옳지 않은 것은?

① 업무집중도 제고
② 노동력 확보 및 유지
③ 사회적 이미지 제고
④ 근로자에 대한 도덕적 책임
⑤ 협력적 공동체 의식 제고

02 복리후생과 임금의 비교로 옳지 않은 것은?

① 복리후생은 간접적 보상 형태이고, 임금은 직접적 보상 형태이다.
② 복리후생은 보상대상이 집단적이고, 임금은 보상대상이 차등적이다.
③ 복리후생은 보상요구는 필연적이고, 임금의 보상요구는 필요적이다.
④ 복리후생은 보상효과는 생활의 질 향상 및 만족도 증가이고, 임금의 보상효과는 고용관계를 통한 상응적 대가이다.
⑤ 임금과 달리 복리후생은 직원들이 원하지 않으면 혜택이 발생하지 않는다.

03 복리후생의 설계 과제로 옳지 않는 것은?

① 종업원 욕구 충족의 원칙
② 종업원 참여의 원칙
③ 소수혜택의 원칙
④ 기업 지급능력의 원칙
⑤ 경영성과와의 통합

04 다음 중 복리후생에 대한 설명으로 틀린 것은?

① 복리후생은 직원에게 인권을 존중하여 삶의 질을 향상시키는 방법이다.
② 직원들의 결근, 지각, 사고, 불만이 감소하고 팀워크 정신을 왕성하게 할 수 있다.
③ 복리후생을 통해 기업에 대한 열정과 애정을 더 가지게 되어 이직률이 감소될 수 있다.
④ 복리후생이 직접적으로 업무와 연관되지는 않으므로 생산성의 향상을 가져오지는 않는다.
⑤ e-welfare의 목적은 정보통신기술을 통해 사내 복리후생제도를 효과적으로 운영하는 것이다.

05 복리후생은 국가로부터의 강제적인 성격의 법정복리후생 항목과 기업에서 자체적으로 실시하는 법정 외 복리후생의 두 가지가 있는데, 다음 중 법정복리후생이 아닌 것 두 가지를 고르시오.

① 의료보험제도
② 산업재해보상보험제도
③ 사내 급식시설
④ 실험보험제도
⑤ 장학제도

06 다음 중 안전보건관리에 대한 설명으로 틀린 것은?

① 각종 직업성 질환으로 인해 자신의 역량을 충분히 발휘하지 못하게 된다면 이는 기업의 목적달

성에 막대한 손실을 초래할 수 있다.

② 직원들에 대한 합리적 보건관리는 의료비용의 절감을 가져온다.

③ 안전보건관리가 생산능률과 사기 저하에 관련된 문제를 발생시키는 것은 아니다.

④ 안전보건관리는 인간생명의 보호라는 인본주의적 관점에서 당연히 지켜져야 한다.

⑤ 안전보건관리의 방법은 사전예방 방법, 사후처리 방법으로 나눌 수 있다.

07 다음 중 안전보건관리의 방법 중 하나라고 보기 어려운 것은?

① 작업장의 유해 요소를 측정, 조정하고 작업자의 건강상태를 체크한다.

② 근로자들을 대상으로 임시 또는 수시로 신체검사를 수행한다.

③ 스트레스와 정신적 불균형에 대한 관리는 조직구성원이 각자 수행한다.

④ 직업에 따른 파상풍 등 특별히 발생하기 쉬운 질환에 대해 예방접종을 한다.

⑤ 작업환경을 위생적으로 관리한다.

08 복리후생에 관한 설명으로 가장 적절하지 않은 것은? 2017년 공인회계사

① 복리후생은 근로자의 노동에 대한 간접적 보상으로서, 임금은 이에 포함되지 않는다.

② 허쯔버그(Herzberg)의 2요인이론(two-factor theory)에 따르면 경제적 복리후생은 동기 요인에 해당하며 직원 동기부여에 긍정적 영향을 미친다.

③ 우리나라에서 출산전 · 후휴가 및 연차유급휴가는 법정복리후생에 해당한다.

④ 우리나라에서 고용보험 보험료는 근로자가 일부 부담하지만, 산업재해보상보험 보험료는 회사가 전액 부담한다.

⑤ 카페테리아(cafeteria)식 복리후생제도는 여러 복리후생 프로그램 중 종업원 자신이 선호하는 것을 선택할 수 있도록 하는 제도를 말한다.

13

조직문화와 글로벌 인적자원관리

25장 조직문화관리

학습목표

1. 조직문화의 중요성과 개념에 대해 이해한다.
2. 조직문화를 설명하는 이론에 대해 이해한다.
3. 조직문화의 변화에 대한 필요성과 접근 방법에 대해 이해한다.

실제 사례

자신의 업무에 열정적인 조직문화

BB전자 부사장은 BB전자가 스마트폰 시장에 경쟁사보다 발 빠르게 적응한 배경을 조직문화로 꼽았다. 특히 그는 주어진 목표에 정말 열심히 하는 것도 무선사업부만의 독특한 조직문화라고 강조했다. 지난 2009년 경쟁사의 스마트폰 출시로 시련을 맞은 BB전자가 불과 2년 만에 경쟁사를 추월한 배경은 무선사업부 특유의 조직문화와 관련이 있다. 목표를 설정하면 연일 밤을 새워서라도 달성하는 열정적인 조직이 초일류기업을 만들어낸 것이다. 경쟁사들이 여전히 바뀐 시장환경에 적응하지 못하지만 BB전자는 보란듯이 위기를 기회로 삼았다. 경쟁사의 신제품 출시 이후 불과 몇 개월 만에 이에 대응하는 신제품을 만들어내고, 1년 뒤 이를 추월한 저력은 연구해볼만한 성공 모델로 꼽힌다. 힘들지만 정면 돌파를 통해 목표를 달성하고 성과에 자부심을 갖는 문화는 하나의 전통으로 굳어지는 양상이다. 하지만 이 같은 전통적인 조직문화도 시장선도자(퍼스트무버)로 역할이 바뀌면서 한층 업그레이드돼야 한다는 목소리가 높다. 즉, 앞만 보고 달리는 성과주의 중심의 조직문화가 유연하고 창조적인 사고를 가로막을 수 있다는 것이다. BB전자도 이 같은 단점을 극복하기 위한 방안으로 'S직군'을 신설하였다. 'S직군' 인재는 선발할 때부터 학벌이나 학력보다 창의적인 사고를 우선적으로 보고 있다. BB전자는 S급 인재를 뽑는 데서 그치지 말고, 일할 수 있는 환경을 만들어줘야 한다는 점을 강조한다.

미국 Southwest Airline사나 Google 등 자신이 하는 일을 진정으로 즐길 때 그 일의 효과는 배가 된다는 원칙을 간파한 기업들은 기업 내 펀(Fun) 문화를 정착시키기 위해 다방면으로 노력하고 있다. H사는 직원들이 즐겁게 일할 수 있도록 하는 것이 성공의 핵심 요소라고 믿고 즐거운 업무문화를 조성하기 위한 투자를 아끼지 않는다. 한 달에 두 번 해피아워(Happy Hour)라 불리는 시간을 만들어, 임직원들이 로비에 모여 음악과 요리, 맥주가 무한정 제공되는 마술쇼나 클럽 DJing(디제잉) 파티 등의 다양한 이벤트에 참가한다. 이 시간은 직원들이 격무에서 벗어나 자유롭게 이야기하고 즐길 수 있도록 하는 것이다. H사는 직원들이 쉬는 시간에 언제든지 가벼운 운동을 할 수 있도록 1층 로비에 탁구대와 게이트볼장이 설치돼 있다. 근처 한강을 산책하고 올 수 있도록 자전거도 무료로 대여해 주고 있다.

01 조직문화의 개념과 이론

조직문화, 왜 중요한가?

전략이나 사업환경이 아무리 좋더라도 이를 실행하는 조직적인 기반이 탄탄하지 못한 기업은 성공하기 어렵다. 치열한 시장경쟁 속에서 오랜 시간 동안 생존하기 위해서는 구성원들을 하나의 구심점으로 결집시키고, 이들의 강한 열정과 에너지를 이끌어 낼 수 있는 강한 조직문화가 필요하다.

경영전략의 대가인 포터(M. Porter)를 비롯한 많은 학자들에 의하면, 기업경쟁력의 핵심은 사업 포지션상의 강점에 있다고 했다. 흥미로운 사실은 소위 일류기업이라 불리는 성공한 기업들을 보면, 포지션상의 강점을 갖지 못한 경우도 많다는 것이다. Wal-Mart, Southwest Airlines, Tyson Foods 등이 대표적인 기업들이다. 이들 기업의 성공 비결 중 하나가 구성원들의 강한 열정과 에너지를 촉발하는 그 기업만이 갖고 있는 고유의 조직문화라고 할 수 있다.

조직문화는 단순히 조직의 성격을 설명해 주는 것일 뿐만 아니라 그 조직을 관리하는 방법을 제시할 수 있으며, 더 나아가 그 조직의 경쟁력을 확보하고 직접적으로 조직의 성과에 영향을 미칠 수 있기 때문에 기업경영이나 조직 연구에 있어 매우 중요한 요소로 작용하고 있다.

조직문화란 무엇인가?

조직문화란 한 조직의 구성원들이 공유하는 가치관, 신념, 이념과 관습, 규범과 전통 그리고 지식과 기술 등을 포함하는 종합적이고도 총체적인 것으로 특정 조직의 구성원들의 사고 판단과 행동의 기본 전제로 작용하는 비가시적인 지식적 · 정서적 · 가치산업적 요소라고 할 수 있다. 다시 말해서 조직구성원들이 공통적으로 생각하는 방법(사고방식), 느끼는 방향(감각), 또는 공통의 행동 패턴의 체계를 말한다.

조직문화는 구성원들에게 무엇을 말해야 하고 무엇을 해야 하는가에 대한 결정기준을 제공함으로써 조직을 결합시키는 데 도움을 준다. 그리고 구성원들은 조직문화에 의해 어떤 태도나 행동이 선호되는가를 알게 된다. 이처럼 조직문화는 한 조직구성원들이 함께 공유하고 있는 가치관, 신념, 이념과 관습, 전통, 지식, 기술 등을 포함한 종합적 개념으로 조직 외부의 자극에 대한 조직 전체의 반응과 임직원의 가치의식과 행동을 결정하는 근본적인 요인이다.

비슷한 개념으로 조직풍토(조직분위기)가 있는데 조직풍토는 조직의 독특한 특성에 대한 일반적 인상이나 느낌으로 사람들의 지각에 의한 주관적 개념이라고 할 수 있다. 조직문화는 구성원과 전체 조직의 행동에 영향을 미치는 기본가치와 전제를 강조하는 반면, 조직풍토는 조직구성원이 감지하는 조직에 대한 인상을 강조하고 있다.

조직문화, 성과에 기여하는가?

조직문화와 조직 성과 간의 관계는 조직문화가 조직 성과 창출의 근본 동인으로 작용하는 역할을 할 수 있다는 것이다. 조직의 기본 가치가 조직문화로 형성되면 구성원들에게 잘 전달되어 구성원들 간의 공감대가 형성되고 또 잘 수용될수록 구성원들의 회사와 고객에 대해 적극적이고 긍정적인 태도가 형성되며, 나아가서는 경영 성과 향상에 기여하게 된다. 이러한 영향은 많은 우수기업에서 실제로 나타나고 있다.

국내 유수의 기업들이 GE 다음으로 도요타(Toyota) 자동차를 벤치마킹할 대상으로 선정한 바 있다. 도요타사를 배우고자 하는 회사들은 세계에 수없이 많았었다. 그러나 Lean Production, Kanban 방식 그리고 Just-in-Time 등을 단순 모방만을 하여 접근했던 기업들은 모두 실패했다. 왜냐하면 제도와 시스템의 기저에 흐름은 조직문화적 가치를 간과했기 때문이다. 제도나 시스템은 옮겨 심으면 살기 힘든 나무와 같다. 도요타사의 혁신적인 제도가 시스템은 일본의 문화를 이해하면서 접근할 필요가 있다.

① '모노쯔꾸리(mono zukuri)'라는 일본말로 대표되듯이, 일본의 장인정신문화가 있다. 모노쯔꾸리는 직역하면 물건, 형체가 있는 것, 무엇인가를 만드는 것을 의미한다. 도요타사에서는 무엇인가를 만들 때 '자기 자신의 혼(魂)'을 불어넣어야 한다는 것이다. 이것은 사람은 세상을 떠나도 결국 그가 만든 '작품'은 영원하다는 뜻이다.

② 일본인들은 일을 통해서만이 자신의 존재의미를 세상에 남길 수 있다고 생각한다. 즉, 생선초밥 만드는 일을 평생직업으로 하는 사람도 자기 분야에서 1인자가 되어야 신이 된다는 것이다. 따라서 도요타맨은 가장 일본적인 문화를 바탕에 깔고 있다고 할 수 있다.

③ 중요한 것은 도요타맨은 모두가 카이젠(Kaizen: 끊임없는 개선)에 참여한다는 것이다. 보통 다른 조직에서는 참가하는 사람만 하고 나머지는 냉소하는 조직이 대부분이다. 이 경우는 결코 제2의 도요타사가 될 수 없다. 모두가 참여하게 만드는 데는 탁월한 스킬이 필요하다.

④ '마른 수건도 짜면 물이 나온다.'라는 것이 도요타사 신앙이다. 카이젠에는 '끝이 없다'는 것은 도요타사 종교를 믿는 사람은 누구나 신봉하는 가르침이다. 일본인들도 "도요타는 무슨 종교집단과 같습니다."라고 말한다.

⑤ 문서 · 서류정리 작업(documentation)이야 말로 가장 일본적이고 또 도요타식이다. 암묵적 지식은 전파가 되지 않는다. 형식지로 만들어야만 전파, 교육, 공유 그리고 전승이 가능하다. 도요타사를 배우고자 하는 회사의 직원들은 평소에 메모하고 또 기록하는 것이 몸에 배지 않았다면 시작하지 않는 것이 좋다는 충고 또한 들을 수 있었다.

⑥ 끊임없는 질문을 하는 버릇이 몸에 붙지 않으면 카이젠은 불가능하다. 경영자가 솔선수범하는 조직, 노조가 스스로 앞장서서 3년간 임금을 동결하는 기업문화가 아니고는 '도요타 Way'를 학습하기는 어렵다.

조직문화의 구성 요소에 관한 체계적인 모델에는 샤인(Schein)의 모델과 '7S 모델'이 가장 대표적이라고 볼 수 있다. 여기에서는 7S모델과 샤인의 이론에 대해 살펴보자.

[그림 25-1] 조직문화의 성과매개역할

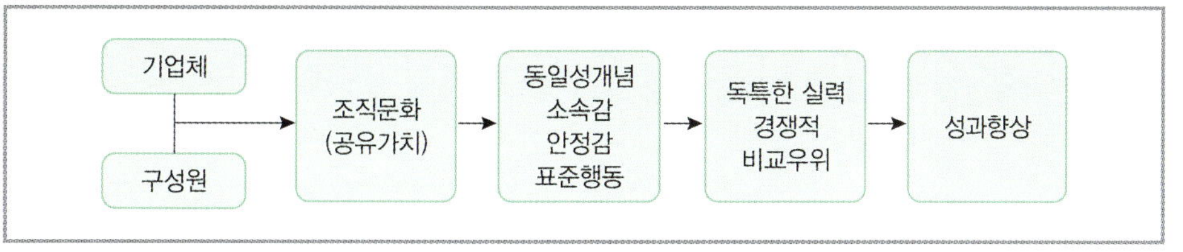

출처: 이학종 (2006), 전략적 인적자원관리.

1. 샤인의 연구

샤인(E. H Schein)은 조직문화가 세 가지 구성 요소의 계층으로 이루어져 있다고 한다.

[그림 25-2] 샤인의 조직문화의 계층 모델

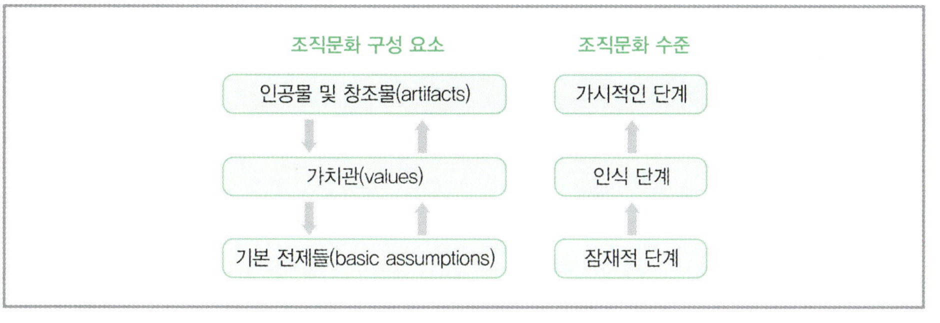

① 기본적인 전제(basic assumptions): 특정 집단(회사, 국가, 문화권)에 소속된 사람들이 당연하다고 믿는 기본적인 믿음에 해당 된다. 기본적인 전제들은 모든 가시적 문화의 핵심적 부분으로 외부에서 관찰이 불가능할 뿐만 아니라 의식하지 못하는 상태에서 구성원들의 태도와 행동에 영향을 미치게 된다.

② 가치관(values): 기본적인 믿음이 표출되어 구성원들의 인식 수준으로 나타난 것이다.

③ 인공물과 창조물(artifacts and creators): 가치관이 표출되어 인간이 창출한 인공물들이다. 기술이나 예술 또는 행동양식을 일컫는데, 이러한 가시적인 수준의 인공물들은 조직에 대한 전체적인 인상과 이미지, 조직의 문화적 특징을 형성하는 역할을 한다.

요컨대, 기본적 전제들을 통해 조직문화의 강한 믿음이 나타나고, 그러한 믿음이 조직구성원 각자의 인식으로 나타나면서 가치관을 형성하게 되며, 그것이 조직 특유의 문화적 상징물로 나타나게 된다는 것이다. 또한 조직구성원들 간에 공유된 가치관을 확고하게 해주는 인공물이나 창조물을 만들어 조직의 문화적 특징을 만들 수 있다.

2. 7S 모델

맥킨지사의 7S 모델의 경우 조직문화에 영향을 줄 수 있는 내부적 요인을 7가지 요소로 설명하고 있는 것으로, 조직 내부의 공유가치, 전략, 구조, 제도절차 등을 통해 조직문화의 기본적 틀을 구성하고, 구성된 틀을 구성원, 관리기술, 리더십을 이용하여 관리함으로써 조직문화를 형성한다는 내용이다.

[그림 25-3] 7S 모델

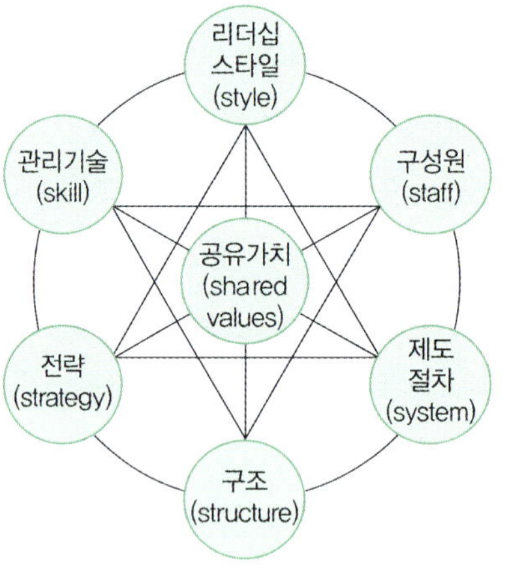

① 공유가치(shared values): 조직구성원들이 공통적으로 믿고 있는 가치관이다.

② 전략(strategy): 조직의 장기적인 방향과 기본 성격을 결정하고 다른 기업문화 형성에 영향을 미치게 된다.

③ 구조(structure): 조직의 전략 수행을 위한 기본적인 틀로 조직구조와 직무설계, 권한 관계와 방침 등 구성원의 역할 및 그들 간의 상호 관계를 지배하는 공식 요소들을 포함한다.

④ 제도절차(system): 경영의사결정과 일상 운영의 틀이 되는 보상제도와 인센티브,

경영정보와 의사결정시스템, 경영계획과 목표설정시스템, 결과 측정과 조정, 통제 등 경영 각 분야의 관리제도와 절차를 포함한다.

⑤ 구성원(staff): 조직의 인력 구성과 구성원들의 능력, 전문성, 신념, 욕구와 동기, 태도, 그리고 행동 패턴 등이 여기에 속한다.

⑥ 관리기술(skill): 조직의 각종 물리적 기술과 이를 작동시키는 운영기술 이외의 조직경영에 활용되는 경영기술과 기법 등을 포함한다.

⑦ 리더십 스타일(style): 조직구성원을 이끌어 가는 경영관리자들의 관리 스타일로서 이는 구성원들의 동기부여와 상호 작용 그리고 조직분위기 형성에 큰 영향을 준다.

위의 7가지 요소들은 상호 밀접한 관계를 맺고 있으며, 회사 안에서는 이 요소들이 각각 그 회사에 적합한 형태로 일관성 있게 적용된다. 각 요소들이 결합된 상태에서 그 효과는 매우 커져서 조직의 목표를 달성하는 데 매우 큰 역할을 한다. 즉, 회사는 직원들이 공유하는 공유가치에 적합한 전략목표와 조직구조, 제도와 기술, 그리고 구성원 행동과 리더십 행동을 개발해 나가게 된다.

이러한 7S 조직문화를 갖춘 대표적인 기업이 HP이다. HP는 1998년에 482억 달러의 매출에 30억 달러의 순이익을 낸 미국 제2의 컴퓨터 제조업체이다. 배회관리(Management By Walking Around)로 표현되는 HP 고유의 기업문화는 구성원이 곧 기업이고 구성원들의 성과는 그들의 창의력이 발휘될 수 있는 근무환경의 조성에 달렸다는 두 창업자들의 굳은 신념에 기초하였다. 배회관리는 HP로 불리는데 이것은 구성원들 간의 개방적이고 자유로운 접촉 그리고 이에 따른 팀워크와 창의성의 발휘를 의미한다. 그리고 자유롭고 개방적인 커뮤니케이션 정책(open door policy)과 신축적 근무시간제도(flexible work hour program), 구성원들 간에 이름만을 부르는 것 등으로 수평적인 조직문화를 만들어 왔다. 관리자의 사무실에는 반드시 칠판과 작업대, 의자 등이 구비되어 있는 것도 구성원들 간의 개방성과 창의성을 뒷받침하는 물리적 상징이라고 할 수 있다.

02 조직문화의 변화

조직문화, 왜 변화가 필요하고 어떻게 접근할 것인가?

1. 조직문화의 변화가 필요한 이유

조직 변화와 조직혁신은 외부환경의 빠른 변화속도와 정도 때문에 기업들에게 필수 불가결한 과제가 되고 있다. 1900년대 초에 100대 대기업 중에 16개 회사만이 현재 존속하고 있으며 Fortune지 500대 기업의 목록에 등재된 회사가운데 현재 겨우 29개의 회사만이 포함되어 있는 실정이다. 이와 같은 환경의 급속하고 극적인 변화로 인해 어떤 조직이라 해도 오랜 시간 변함없이 생존하는 것은 어려워진 것이다. 더군다나 현재는 변화를 하느냐 하지 않느냐를 결정하는 것이 문제가 아니라 조직효과성을 증대시키기 위해서는 어떻게 변화를 하느냐가 관건이다. 그러나 여러 기법과 변화전략이 시도될지라도, 조직 성과를 향상시키려는 많은 노력은 종종 실패로 돌아가고는 하는데, 그 이유는 조직문화가 함께 변화되지 않았기 때문이다. 가치관, 사고 방식, 관리스타일, 문제해결에 대한 패러다임과 접근 방법 등이 과거의 것으로 남아 있기 때문에 새로운 제도와 걸맞지 않았기 때문이다.

예를 들어, 조직에서 TQM(전사적 품질관리)과 Downsizing(조직 및 인원 감축) 두 가지 프로그램을 실행할 때 성공적 집행은 조직문화의 변화에 달려있다. TQM과 Downsizing이 조직문화의 변화와 독립되어 각각 집행될 경우 두 프로그램은 실패하게 될 가능성이 매우 크다. 반면 조직들의 TQM과 Downsizing 접근 방법이 전반적인 조직문화의 변화를 위한 노력 속에서 이루어질 경우 프로그램들은 성공하게 된다. 개인의 경우도 마찬가지로 다이어트, 운동과 같은 변화의 프로그램을 도입함에도 불구하고, 성격 형태, 개인 스타일, 행동 버릇 등은 좀처럼 바뀌지 않는다. 근본목표와 가치 및 개인과 조직의 변화가 없는 변화는 피상적이고 일시적으로 일어나는 변화일 뿐이다.

2. 조직문화 변화의 접근 방법

조직문화의 변화를 실행하기 위해서는 체계적으로 접근하는 것이 중요하다. 특히 조직문화의 변화가 성공적으로 이루어지기 위해서는 최고경영자와 주요 관리자, 그리고 조직문화의 변화담당자가 모두 참가하여 조직문화의 변화를 위해 각 단계별로 개입 활동을 구상하고 계획할 필요가 있다.

[그림 25-4] 조직문화의 변화를 위한 접근 방법

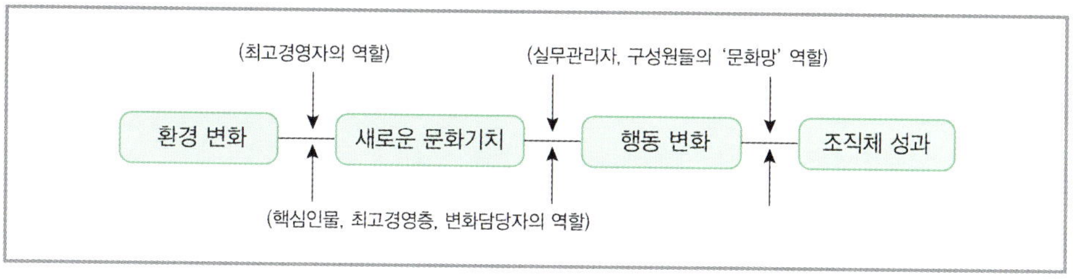

출처: 이학종(2006), 전략적 인적자원관리.

환경 변화를 인지하면 최고경영층과 핵심인물, 변화담당자 등이 참여하여 새로운 문화가치를 설정한다. 이를 위해서는 문제 증상의 파악과 현재 조직문화의 진단을 위한 다양한 분석과 도구들이 필요하다. 새로운 문화가치가 설정되면 이를 실행에 옮겨 행동의 변화를 유도해야 한다.

행동 변화의 단계에는 최고경영층과 핵심인물, 변화담당자는 물론 실무관리자들과 구성원들 모두가 참여한다. 이 단계에서 중요한 것은 바로 조직구성원들의 협력이다. 경영층과 변화담당자들의 노력만으로 조직의 문화가 변하는 것은 아니므로 모든 구성원들의 협조를 통해 기업체의 문화 망(cultural network)을 형성하고 이를 토대로 행동을 변화시켜야 한다. 그리고 구성원 각자가 조직문화를 유지하고 관리하여 조직문화가 조직 성과에 기여할 수 있도록 계속적인 역할을 수행하고 노력해야 한다.

조직문화 변화의 성공조건은 무엇인가?

조직문화를 변화시키기 위해 노력한다 해서 조직문화의 변화가 자동적으로 성공하는 것은 아니다. 몇 가지 뒷받침되어야 할 요소가 있는데 이는 다음과 같이 정리할 수 있다.

① 새로운 기업문화의 도입은 조직분위기 조성에 가장 영향력이 큰 최고경영층의 의지에 달려있으므로 그들의 이해와 관심, 특히 의지표현이 중요하다.

② 최고경영층의 의지가 강하더라도 이를 조직 전체에 파급시킬 주역들은 중간관리층이다. 따라서 이들이 조직문화 변화의 방향과 내용에 대해 명확히 알고 조직구성원 전체와 소통해야 한다.

③ 최고경영자와 관리층에서 결정되었다고 하향식으로 밀어부친다면 조직구성원들이 저항할 가능성이 매우 크다. 현실 조직문화의 문제점 진단분석과 변화 방향에 대해 설계할 때부터 구성원들의 참여와 공감대가 형성되어야 된다.

④ 개인의 다양성이나 자신만의 개성이 사라지고 획일적으로 사고하고 행동하도록 하는 조직문화는 오히려 조직을 비효율적으로 만들 수 있다. 바람직한 조직문화는 다양성을 존중하고 이를 수용하되 상호 건전하고 발전적인 긴장상태가 유지되도록 해야 한다.

⑤ 조직문화의 변화를 전체적 · 장기적 시각으로 보지 않고 단기적 관점에서 문제를 해결하려는 수단으로만 본다면 조직 내에 혼란만을 초래할 뿐이다. 일시적인 붐 조성이나 전시행동으로 끝내는 것은 삼가야 한다.

⑥ 구호나 슬로건의 타의적인 전개 방법보다는 자신의 의식개혁과 단점 · 약점의 보완으로 시작하여 이상형의 문화를 구축하는 순서로 밟아가는 것이 더 효율적이다.

결국 조직이 성공적으로 조직문화를 바꾸어 나가려면 위와 같은 유의사항을 고려하여 실행에 옮겨야 한다.

월마트에서는 종업원을 동료(associate)라 부르고 있으며, 회장을 비롯한 모든 종업원이 심벌마크가 새겨진 모자를 쓰고 일하는 평등주의 조직문화가 정착되어 있다. 월마트 곳곳에 붙어있는 '우리 구성원들은 뭔가 다른 것을 창출해 냅니다'의 구호는 직원들에 대한 회사의 신뢰를 단적으로 보여주는 예이다. 월마트는 직원에 대한 신뢰를 바탕으로 문호개방정책, 토요회의 등을 통해서 전사 차원뿐만 아니라 각 점포 차원의 정보를 공유하고 의사결정에 참여시키고 있다. 또한 근속연수 및 성과에 연동하여 액면가로 주식을 매입하게 하고 있으며, 전 구성원이 시가의 70% 이하로 주식매입을 하도록 하고 있다. 월마트에서는 이러한 제도에 의해 근속연수 10년 이상의 종업원의 경우 10만 달러에서 300만 달러까지 이익을 얻고 있다.

월마트의 고객 및 현장중시의 철학이 최고경영자들의 구체적이고도 상징적인 행동을 통해서도 구성원들에게 전파되고 있다. 최고경영자들까지 직접 커피를 타 마시고, 최고경영자를 비롯한 경영층은 4평 남짓 작고 검소한 사무실을 사용하고 있으며, 잦은 현장방문을 통해 구성원들의 사기를 진작시키고 있다. 전 사원이 서로를 '고객에게 봉사 한다'는 공통목적을 갖는 동료로서 인정하고 있다.

학습정리

- 많은 기업에서 성공 비결 중 하나로 구성원들의 강한 열정과 에너지를 촉발하여, 하나의 구심점으로 결집시키는 고유의 조직문화를 꼽고 있다.
- 조직문화란 조직구성원들이 공통적으로 생각하는 방법(사고 방식), 느끼는 방향(감각), 또는 행동하는 패턴(행동)의 체계를 말한다.
- 조직문화를 통해서 구성원들 간의 동일성 개념과 조직체에 대한 헌신 수준을 높이는 것은 조직 성과에 긍정적인 결과를 가져온다.
- 조직문화에 대한 이론으로 샤인의 연구는 세 가지 구성 요소를 통한 조직문화의 형성 과정에 대해 설명하며, 7S 모델은 조직문화에 영향을 줄 수 있는 내부적 요인을 7가지로 들어 조직문화를 설명한다.
- 조직문화가 변해야 하는 이유는 조직에서 성과를 향상시키려는 노력이 여러 기법과 장치를 통해서 수행되더라도 조직문화에 대한 변화 없이는 실패할 가능성이 높기 때문이다.
- 조직문화의 변화를 실행하기 위해 체계적으로 접근하기 위해서는 최고경영자와 주요 관리자, 그리고 조직문화의 변화담당자가 모두 참가하여 조직문화의 변화를 위해 각 단계별로 개입 활동들을 구상하고, 계획해야 한다.

참고문헌

1. 도요타의 초일류를 만드는 조직문화(2009). 정일구, 시대의 창.
2. 기업경쟁력 조직문화에 달려있다(2009). 장용선, 이담북스.
3. 기업문화가 회사를 말한다(2002). 유필화 외, 한언.
4. 한국기업의 구조조정과 새 조직문화개발(1998). 이학종, 박영사.

연습문제

01 다음 중 조직문화에 대한 설명으로 틀린 것은?

① 조직문화는 경쟁력 강화를 위해 구성원들을 하나의 구심점으로 결집시킬 수 있다.
② 조직문화가 뛰어나도 경쟁 포지션상의 강점을 갖지 못하면 살아남기 어렵다.
③ 구성원들이 무엇을 말해야 하고 무엇을 해야 하는가에 대한 적절한 틀을 제공할 수 있다.
④ 비슷한 개념으로 조직풍토가 있는데 조직풍토는 일반적 인상이나 느낌으로 사람들의 지각에 의한 주관적 개념이다.
⑤ 조직문화는 조직 성과 창출의 근본 동인으로 작용하는 역할을 한다.

02 조직문화에 대한 맥킨지의 7S모델에 대한 설명으로 틀린 것은?

① 조직문화에 영향을 줄 수 있는 내부적 요인을 7가지 요소로 설명하는 이론이다.

② 7S란 조직 내부의 공유가치, 전략, 구조, 제도절차, 구성원, 관리기술, 리더십 스타일을 의미한다.
③ 7S 중의 하나인 구조는 조직체의 전략 수행을 위한 기본적인 틀로 구성원의 역할과 그들 간의 상호 관계를 지배하는 공식 요소들을 포함한다.
④ 7S의 요소들은 서로 독립적인 관계를 갖고 조직에 영향을 주게 되며 이러한 영향들이 모여서 조직문화를 이루는 것이다.
⑤ 7S의 요소들은 상호 밀접한 관계를 맺고 있으며 회사 안에서는 이 요소들이 각각 그 회사에 적합한 형태로 일관성있게 적용된다.

03 조직문화의 변화에 대한 설명으로 틀린 것은?

① 조직문화가 필요한 이유는 많은 경영기법을 도입하더라도 조직문화에 대한 변화 없이는 곧잘 실패로 끝나기 때문이다.
② 조직문화의 변화를 위해 체계적으로 접근하기 위해서는 각 주체들이 단계별로 개입 활동들을 구상, 계획해야 한다.
③ 조직문화에서 행동 변화를 위해서는 조직구성원들의 협력이 꼭 필요하다.
④ 조직문화의 변화를 위해서는 최고경영자의 의지가 가장 중요하므로 일방적인 하향식으로 밀어 붙여야 성공할 확률이 높다.
⑤ 조직문화 변화를 위해서는 구성원 각자가 조직문화를 유지·관리하여 조직 성과에 기여할 수 있도록 계속적인 역할을 수행하고 노력해야 한다.

26장 글로벌 인적자원관리

학습목표

1. 글로벌 인적자원관리의 중요성과 개념에 대해 이해한다.
2. 글로벌 인적자원관리의 구성과 특성에 대해 이해한다.
3. 글로벌 인적자원관리의 이론에 대해 이해한다.
4. 현지인과 파견인 관리 방법에 대해 이해한다.

실제 사례

스푸글러

어느 날 저녁 7시. 스위스 취리히 시내의 한 이탈리아 레스토랑에는 한국 출신을 포함해, 미국·스페인·독일·우크라이나·중국 출신 등 12명의 국적이 다른 스푸글러들이 차례대로 돌아가며 자기소개를 한다. "전 스위스에 온 지 4년 됐어요. 네 살 된 딸이 하나 있고요, 얼마 전엔 일도 시작했어요." 중국계 미국인인 하이디(35)의 말에 질문이 쏟아졌다. "어느 에이전시를 통해 직업을 구했나요?" "일하는 동안 아이는 어디에 맡기나요?" 하이디가 4년 동안의 스위스 정착기를 들려주는 동안 다들 귀를 쫑긋 세웠다. 스페인에서 온 지 얼마 안 된 마리아(32)가 "독일어 공부는 어떻게 하고 있느냐"고 물어본다. 이날 모임을 주도한 루마니아 출신의 아이다(29)가 "구글에서 지원하는 독일어 프로그램을 이용하면 도움이 많이 된다"고 말했다. 이들 12명의 아줌마들은 이른바 '스푸글러'들이다. 구글 직원들을 구글러(Googler), 그들의 배우자(Spouse)와 동거인(Partner)을 스푸글러(SPoogler)라고 부른다. 구글러의 남편이나 아내는 물론이고 결혼하지 않고 동거하는 사이도 인정한다. 구글엔 LGBT(레즈비언·게이·바이섹슈얼·트랜스젠더) 직원이 모두 있다. 이들의 파트너도 모두 다른 직원들의 정식 배우자와 마찬가지로 구글에서 의료보험이나 어학교육 비용 등의 지원을 받는다. 글로벌 기업인 구글의 직원들은 업무에 따라 여러 나라의 지사를 옮겨다니며 근무하는 경우가 많다. 낯선 외국생활은 구글러에게는 물론 함께 사는 가족에게도 스트레스다. 구글은 진출한 나라별로 스푸글러 그룹을 만들어 이들의 정착을 물심양면 지원한다.

월마트와 영국의 테스코가 한국시장에 진출했을 때 두 회사는 완전히 다른 현지화 전략을 취했다. 월마트는 제국주의적 접근에서 미국에서 성공했던 방식(매일 더 싼 가격에, 창고형 상품 진열대, 대용량 포장 단위)을 그대로 한국시장에 이식했고, 테스코는 세계주의적 접근으로 삼성이라는 현지 브랜드를 활용하는데 비용을 투자하면서 동시에 안락한 패밀리 쇼핑 공간을 꾸몄다. 결과적으로 월마트는 실패하고 테스코는 성공했다.

이에 미국을 본사로 둔 다국적기업들이 미국 밖의 인재와 고객을 경영할 때 미국식 고객 경험만으로는 효과적인 경영관리의 한계를 느끼게 되면서, 미국 기업의 인사정책, 의사소통 방식, 마케팅 방식 등 기본적인 사업단계들이 현지국에 대한 문화적 이해 없이 추진되고 있다는 문제제기가 일어나면서 세계주의적 관점의 인적자원경영관리를 하는 초국적기업 개념이 생겨났다.

01 글로벌 인적자원관리의 개념과 이론

글로벌 인적자원관리, 왜 중요한가?

글로벌 사회화가 급속하게 진전되어 오늘날에는 재화와 용역의 생산과 판매뿐만 아니라 R&D, 채용 등의 경영 활동도 국경을 초월해 이루어지고 있다. 지구상의 많은 재화와 서비스가 국경을 넘어 전세계에서 거래되고 있으며, 전 세계의 모든 기업이 글로벌화의 메가트렌드에서 비켜갈 수 없다. 전세계의 모든 산업은 세계화되었고, 그 산업에 속한 기업들은 생존을 위하여 전세계에서 활동을 하고 있다.

대기업은 물론 중소기업들도 해외에 원재료 구입 및 판매거점을 두고 있으며, 이는 정보 기술 및 운송 기술의 발달로 인해 점차 가속화되고 있다. 기업은 비용의 증가에 따라 노동비용이나 자원비용이 보다 저렴한 곳으로 이동하고 경쟁우위 확보를 위해 새로운 시장개척을 시도하기도 한다.

이처럼 오늘날에는 재화와 용역의 생산과 판매뿐만 아니라 R&D, 채용 등의 경영 활동도 국경을 초월해 이루어지고 있다. 글로벌 경영 활동이 증가함에 따라 다양한 경영 기능이 필요하게 되어 모든 인적자원을 초국적인 차원에서 관리하는 글로벌 인적자원관리는 필수적인 과제가 되고 있다. 글로벌 인적자원관리는 인적자원이 기업경쟁력의 기반이 되듯이 다국적기업(글로벌기업)의 기업경쟁력, 그리고 국제경쟁력의 원천이 되기에 그 중요성이 매우 크다.

세계의 각 지역은 독특한 사회문화적 특수성과 역사적 전통이 서로 다르거나 차이가 있다. 글로벌 인적자원관리는 각 지역의 사회적 · 문화적 · 정치적 · 제도적 · 역사적 특수성을 고려하여 인적자원 및 인적자원관리가 기업(조직)경쟁력을 제고시켜 경영 성과 창출에 공헌할 수 있도록 하여야 한다.

특히 NAFTA, ASEAN, 국가 간 FTA 등을 통해 세계가 경제적 · 사회적으로 통합되어 가는 메가트랜드 속에서 해외로 진출하지 않은 국내 대기업, 중소기업의 경우에도 다양한 국적의 외국인 인력들을 고용하고 있어, 글로벌 인적자원관리는 기업(조직)에서 필수적인 관리 영역이 되고 있다.

해외에서의 경영 활동이 증가함에 따라서 해외 현지 회사를 구성하는 인력이 현지인뿐만 아니라 파견인력이나 제3국의 인력 등 다양하게 구성되게 됨으로써 국내인력들만을 전제로 한 인적자원관리와는 다른 국제인적자원관리가 주목받고 있다. 해외에 진출하지 않거나 해외진출에 관심이 없는 국내 중소벤처기업들도 필요한 인력을 외국인 인력으로 충원하여 활용하는 경우가 증가하면서 국제인적자원관리는 국내시장에서 경쟁하는 기업들도 갖추어야 하는 필수적인 분야가 되고 있다.

2010년에 국내 소프트웨어 개발 업체인 지앤지커머스에서 있었던 일이다. 회사는 2009년 독자 기술로 개발한 비주얼 상품 검색엔진 캔버시(Canvasee)가 세계최대 인터넷 쇼핑몰인 이베이의 운영프로그램으로 채택되었다. 검색엔진 기술의 우수성이 대내 · 외에 입증된 만큼 본격적으로 세계시장 공략에 나서려고 했던 이 회사는 예상치 못하게 영어에 능통한 해외 마케팅 인력을 단 한 명도 뽑을 수 없었다. 모영일 대표는 '구인광고를 내고 백방으로 수소문하고 대기업에 못지 않은 급여를 제시했는데도 전문인력들이 끝내 우리 회사를 외면했다'고 말했다. 지앤지커머스는 결국 석사 · 학사 출신으로 2년 정도의 경력을 지닌 인도인 4명을 채용하였고, 일부 직원의 사표로 생긴 공백을 메우기 위해 인도인 4명과 미국인 1명을 추가로 채용키로 하고 취업비자발급 등 관련 절차를 진행중이다. 채용이 끝나면 이 회사는 전체 직원의 3분의 1 가량이 외국인으로 구성된다.

국제 인적자원관리는 다국적기업(글로벌기업)의 기업경쟁력 그리고 국제경쟁력의 원천이 되기에 그 중요성이 매우 크다. 과거에는 각국이 보유하고 있는 입지 특유의 생산 요소가 비교우위 요소로써 작용했으나, 최근 교통과 통신의 발달로 인해 각종 수송 및 조정과 관련된 비용의 감소와 제도적 장벽의 완화로 인해서 전세계적인 차원에서 생산 요소를 최적으로 결합하는 다국적기업이 국제적 경쟁우위를 점할 수 있게 되었다. 여러 국가에 산재해 있는 이질적인 생산 요소(자원)를 최적으로 결합함으로써 글로벌 기업의 경쟁력은 달성될 수 있는데, 이러한 결합은 각종 물리적인 자원뿐만 아니라 인적자원도 마찬가지이다.

국제 인적자원관리가 중요한 이유는 국제경영환경에 따라서 개방시스템으로서의 인적자원관리 시스템이 영향을 받기 때문이다. 특히 물리적인 자원과 달리 인적자원은 국가 사회적으로 그 이질성이 매우 크며, 그것을 결합하는 문제는 매우 쉽지 않기 때문에, 더욱 정교한 경영이 필요하다. 문화적 가치관의 차이가 국가 간 이질적인 인적자원을 결합시키는 데 있어서 중요한 문제이다. 예를 들어, 국내 굴지의 S기업이 독일에서 근로자평의회 결성을 방해하다 고발을 당해 큰 곤욕을 치른 사례가 있다. 무노조기업을 경영방침으로 삼고 있는 이 기업 본사의 방침을 현지에서 그대로 밀어부친 결과였다. 이 사건으로 인하여 S기업의 이미지가 독일 현지에서 급격히 나빠졌으며, 이 기업이 생산 또는 수출하는 다른 상품의 판매에까지 영향을 미칠 정도로 매우 부정적인 결과를 초래했다.

국제 인적자원관리는 글로벌경영이 필수적인 요소가 되어 가고 있기 때문에 그 중요성이 가속화되고 있다. 시장 측면에서 볼 때, 글로벌고객으로서 외국기업들이 고객사로서 등장하게 되었다. 운송수단과 통신수단이 발달되어 세계를 하나로 묶고 있다. 관세장벽 철폐, 무역블럭 구축, 보호무역주의의 쇠퇴, 국유기업의 민영화, 사회주의 국가의 개방 등이다.

글로벌 인적자원관리의 개념과 체계

1. 글로벌 인적자원관리의 정의

글로벌 인적자원관리란 전통적으로 다국적기업, 즉 여러 국가에 걸쳐 경영 활동을 수행하는 기업에 대해 본국과 현지국 종업원 및 전체 인력을 대상으로 한 인력의 확보, 개발, 보상, 유지에 관한 체계적이고 계획적인 관리 활동을 말한다.

목표달성과 가치창출을 위해 인적자원을 관리하는 활동이라는 점에서 보면 HRM과 기본적인 논리는 동일하다. 하지만 글로벌 인적자원관리는 비슷한 가치관과 행동양식을 지닌 여러 국가의 인력을 대상으로 한다는 점, 문화와 환경의 차이 및 각국의 정세 등으로 인해 그 과정이 복잡하다는 점, 해당 국가의 문화와 법제도의 제한을 받을 수밖에 없다는 점, 그리고 본국과 현지국 및 제3국의 인력을 최적으로 결합해야 하는 과제를 가진다는 점 등에서 일반적인 HRM과는 차이가 있다고 할 수 있다.

2. 글로벌 인적자원관리의 체계

글로벌 인적자원관리 시스템의 체계는 다음과 같다.

[그림 26-1] 글로벌 인적자원관리 시스템의 체계

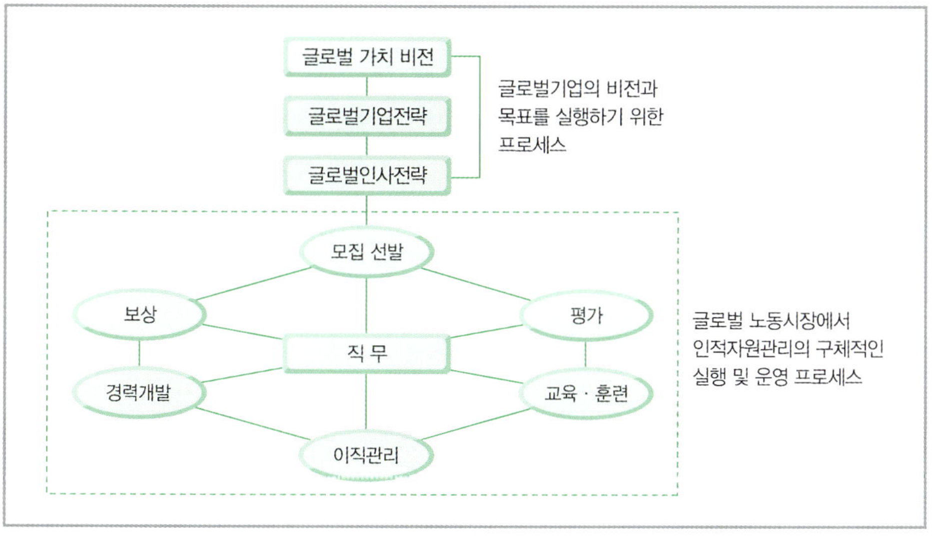

글로벌 인적자원관리는 크게 실행 영역과 실행 대상, 그리고 실행 기능으로 나누어 살펴 볼 수 있다.

① 실행 영역(국가): 인적자원관리 활동이 이루어지는 공간을 말한다. 실행 영역에는 본국을 포함해 현지국, 제3국 등 다양한 국가가 될 수 있다. 즉, 모기업이 있는 본국의 인사정책에 의해서 모든 해외 자회사가 동일한 방식으로 통제되거나 현지국 또는 제3국의 특성에 맞는 인사관리가 실행될 수 있다.

② 실행 대상(직원 형태): 다양한 직원의 형태에 대한 인적자원관리로, 왜 국제 인적자원관리가 필요한지를 보여준다. 직원 형태는 크게 해외지점이 위치한 나라의 현지 국민인 현지인, 본사에서 해외지점으로 파견한 자국인인 파견인, 자국인도 현지 국민도 아닌 제3국인으로 나뉘며 초국적 조직에서는 다양한 직원들의 특성을 고려하여 국제 인적자원관리를 한다.

③ 실행 기능(인적자원관리 기능): 국제 인적자원관리는 일반적인 인적자원관리 기능인 인력계획과 직무관리, 채용, 인력개발, 성과평가와 보상, 인력유지와 방출 등을 수행한다. 그러나 초국적기업이 활동하는 국가와 직원 유형에 따라서 인적자원관리 실행 방안은 달라질 수 있다.

[그림 26-2] 글로벌 인적자원관리의 구성

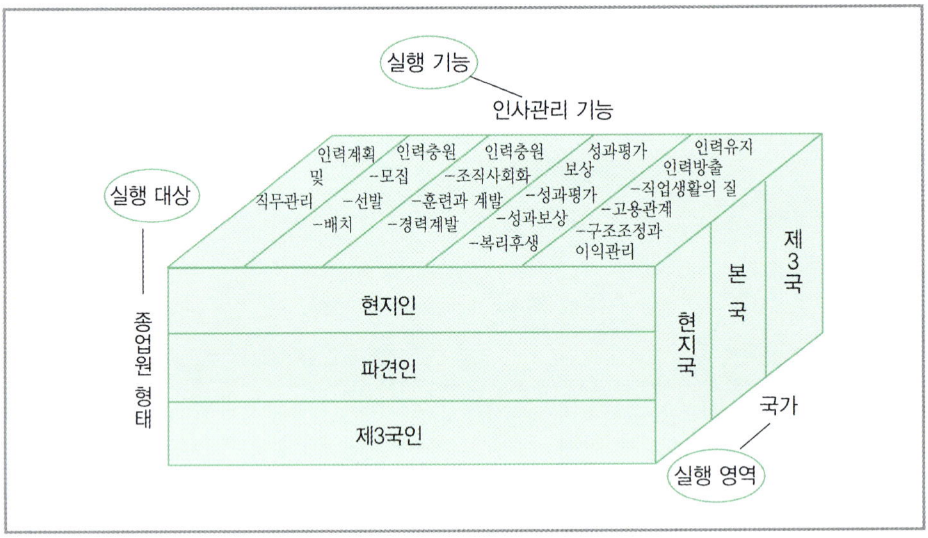

3. 글로벌 인적자원관리의 특징

(1) 인적자원관리 기능의 증가

국제 인적자원관리의 기능은 일반적인 인적자원관리 기능보다 많고 다양하다. 예컨대, 직원에 대한 해외 재배치, 직원의 가족들을 위한 해외적응 오리엔테이션, 주재국에 대한 세금 상담, 해외 파견 시 주택 및 자녀교육에 대한 서비스 지원 등 국내 인적자원관리 부서의 업무에서는 좀처럼 볼 수 없는 업무들을 한다.

(2) 해외 주재원관리

본국 본사에서 파견된 해외 주재원은 본사를 대표하기 때문에 주재원의 선발 및 준비 과정은 매우 중요하다. 인적자원관리 부서는 그들이 성공적으로 적응하도록 다방면으로 해외생활을 지도해 주어야 한다. 특히 해외 파견된 주재원은 종종 유배 증후군으로 심리적으로 고통받을 수 있다. 본사에 쌓고 있었던 경력경로를 중단하고 해외로 파견되어 지리적으로 멀리 떨어진 해외 자회사에서 근무하게 되면서 승진이나 인사처우에 불이익을 받는 것이라는 소외감을 느끼는 경우가 종종 발생한다.

(3) 현지 인력관리

현지 국가의 협상력이 강할 경우, 현지 국가는 외국기업이 자국에 지사나 공장을 세울 경우 의무적으로 일정 비율 이상의 현지인을 고용하도록 강요하기 때문에 현지인 채용에 관한 문제는 피할 수 없다. 전략적으로 많은 기업들이 현지 인력 위주로 현지 기업을 경영하려고 한다. 특히 해외 파견인력을 모집, 선발, 훈련하는 과정에서 발생하는 인적자원관리 비용을 줄이기 위해 해외 영업망을 가진 다국적기업과 같은 회사는 본사중심의 경영에서 현지화경영으로 패러다임을 바꿔나가는 추세이다.

(4) 사회문화적 다양성

국제 인적자원관리는 다양한 직원들의 특성을 고려하여 인적자원관리 활동을 수행하여야 한다. 다양한 문화와 제도, 규칙 등에 대해 신중히 고려하여 의사결정을 내려야 하기 때문에, 각국에 적합한 경영관리정책을 수립하는 것은 쉽지 않다.

4. 글로벌 인적자원관리의 영향 요인

(1) 현지 사회문화

문화(culture)는 "어떤 공동체의 구성원들이 공유하고 있는 중요한 가정들의 집합" (Sathe, 1985)이다. 이 가정들은 대부분 말로 표현된 것이 아니며, 세상에 대한 신념과 세상의 이치, 가치관 등으로 구성되어 있다(Rokeach, 1968). 문화가 중요한 두 가지 이유는 문화가 경제체제, 정치 · 법제도, 교육 및 인적자본과 같은 중요한 변수들을 결정하기 때문이다. 또한 사회문화가 여러 HRM 제도 및 관행의 효과를 결정하기 때문이다. 예를 들어, 미국의 개인주의 문화에 따라 발전해온 업적평가와 성과급제도가 집단주의를 강조해온 한국이나 일본 기업에 그대로 적용되기는 어려울 것이다.

독일에서 관리자는 본인이 뛰어난 기술과 기능을 보유하고 있음을 과시함으로써 부하의 신망을 얻는 경향이 있으며, 네덜란드에서의 기업관리자는 모든 구성원의 의견을 수렴하고 합의를 이끌어내는데 주력, 모두는 토론을 통하여 의견통일을 이루는 경향이 있다. 그렇다면, 이 두 나라에서 관리자를 선발하고 훈련하는 방식에 차이가 나타날 수밖에 없다.

HRM 제도와 관행의 적합성에 영향을 준다. 즉, 문화의 특성에 적합한 HRM의 제도와 관행이 따로 있다. 선발제도를 보면, 개인주의 미국에서는 개인의 기능과 능력을 측정하는 데 초점을 두고, 인간관계능력은 강조하지 않는 경향이 있다. 집단주의 국가에서는 팀웍과 같은 집단행동을 강조하는 경향이 있다. 성과제도에 있어 미국은 개인별 성과에 따라 연봉 격차가 크다. 최상위와 최하위 간 200배 차이가 난다. 집단주의 국가에서는 연봉에 차이가 크지 않다. 대략 20배 정도 차이가 난다.

의사소통과 조정 과정에도 영향을 주고, 또한 집단주의에서는 개인주의에서보다 집단에 의한 의사결정과 참여적 경영을 더 많이 쓴다. 그래서 개인주의 국가의 사람들은

	1. '최고' 또는 '좋아요'라는 뜻으로 많이 쓰인다. 페이스북의 '좋아요'버튼 이미지로 쓰여 페이스북의 상징이 됐다. 2. 일부 지역에서는 성적인 모욕을 뜻한다. 1996년 방글라데시 국회는 이 손짓 때문에 아수라장이 됐다. 장관이 의원들에게 엄지를 치켜세웠기 때문. 3. 스쿠버다이빙을 배우다 강사가 괜찮으냐고 물어봤을 때 당당하게 엄지를 치켜든 다면? 급하게 물 위로 데리고 올라갈 것이다. 스쿠버다이빙에서는 엄지를 들면 '올라가자'는 뜻이 된다.
	1. 숫자 '1'을 가리킨다. 서양에서 하늘을 가리키면 '신이 내려다보고 있다'는 의미. 2. 인디언들은 '남자'라는 뜻으로 사용했다. 검지를 가슴 높이에서 위아래로 움직인다. 검지를 이마에 대고 수평하게 그으면 '백인'을 뜻한다. 당시 백인들이 모자를 쓰고 다닌 데서 나왔다. 3. 스쿠버다이버가 양손 검지를 들어 어떤 방향으로 가리키면 '네가 앞장서라'는 뜻
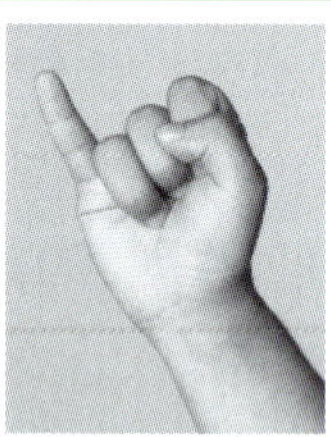	1. 우리나라에서는 '약속'을 뜻한다. 2. 프랑스에서는 새끼손가락이 '작은 새'를 의미한다. 새끼손가락을 귀에 가져다 대면 '작은 새가 나에게 말해줬다. 나는 너의 비밀을 안다'는 의미이다. 3. 인도나 네팔에서는 '화장실에 가고 싶다'는 뜻이다. 중국에서는 '별 볼일 없다'는 뜻으로, 상대를 무시할 때 쓰인다. 가리키면 '네가 앞장서라'는 뜻이다.

집단주의 사람들과 한 사무실에서 근무하면 의사소통과 의사결정에서 큰 애로를 느낀다. 따라서 국제적 HRM에서 "문화적 다양성"을 훈련할 때는 문화적 차이에서 오는 의사소통 문제를 다루게 된다.

(2) 교육 및 인적자본

투자하려는 대상 국가의 인력이 가지고 있는 인적자본의 수준은 투자결정에 주요한 변수이다. 인적자본은 그 국가의 교육시스템이 결정한다.

(3) 정치 및 법제도

각국의 정치제도와 법규는 국제 HRM에 직접적인 영향을 미친다. 교육훈련, 임금, 채용, 해고 등 관련 법규이다. 법규와 제도는 그 나라의 규범과 행동양식을 대변하는 것이다. 예를 들어, 미국 국민들이 차별을 금지해야 한다는 생각에 따라 여러 공평고용기회 법률들이 제정되었고 임금제도의 공정성을 위해 공정근로기준법(FLSA)이 제정된다. 독일에서는 바이마르공화국의 사회민주주의 정신에 따라 공동의사결정제도가 발전된다. 이것은 기업 차원에서는 기업전략과 투자에 대하여 종업원들의 의견이 감사위원회(Aufsichtsrat)를 통하여 직접 반영되고, 공장 차원에서는 근로시간, 보상 방법, 채용, 이동 등과 같은 HRM 제도에 대하여 종업원들이 공동위원회(works councils)를 통하여 의견을 반영함 (다만 경영권에 관한 사항은 제외됨). 개인 차원에서는 인사자료를 열람할 권리나 임금결정 과정에 관한 정보를 제공 받을 수 있는 권리 등과 같은 근로계약에 관련된 권리들이 보장된다.

(4) 경제체제

사회주의체제에서는 교육이 무료였기 때문에 고기능 인력의 배출이 가능하나 졸업 후 생산조직에서 모티베이션은 더 이상 없어서 기능 향상은 중지된다. 고기능을 가진 인력을 배출하는 교육제도를 가진 국가 중에는 보상제도를 통하여 고기능인력이 고임금을 받을 수 있어서 계속 인적자본에 투자하고 모티베이션이 일어나도록 하는 국가가 있고, 반면에 보상제도가 고기능을 가진 인력에 인센티브를 제공하지 않아서 모티베이션이 떨어지고 인적자본에 대한 투자를 학교 졸업 후에는 더 이상 하지 않는 국가가 있다. 임금에 대한 세제도 이슈이다. 해외 파견인력에게 파견국가의 세제를 감안하여 임금을 책정해야 한다. 반면, 회사 차원에서는 인건비 총액을 통제해야 하므로 trade-off

가 발생할 수 있다.

다른 문화에 대한 기본적인 접근 철학

다른 문화에 대한 기본적인 접근 철학은 문화에 대한 비교연구론의 관점에서 찾을 수 있다. 문화비교연구(cross cultural studies)는 국가 간 문화적 차이의 분석을 통한 연구들로 글로벌 인적자원관리 방식의 시사점을 얻을 수 있다. 비교문화연구는 세계 여러 문화권의 고객과 사원을 가진 기업에서 인적자원관리 활동을 연구하는 학문 분야이다.

글로벌시대에 문화적 가치관이 동질화 되어가는 추세에 글로벌기업의 경영 현장에서 국가 간 문화적 이질성은 줄어들고 있는 현상과 함께 오히려 고유성을 지키고 발전시켜 나가는 현상에 주목하고 있다.

비교문화연구는 '국가 간 문화적 차이분석', '문화적 특성에 적합한 관리 방식 발견', '알맞은 차별적 관리 방식에 대한 교육 · 훈련' 이라는 세 가지 목적을 가지고 있다.

다른 문화에 대한 기본적인 접근 철학은 비교문화연구에서 문화독립론, 문화결정론, 수렴확산이론 3가지가 있다.

(1) 문화독립론적 관점

문화독립론 하에서는 문화가 경영에 미치는 영향을 인정하지 않으며, 모든 경영이 합리성을 추구한다고 보기 때문에 여러 국가의 경영현상이 본질적으로 모두 같다고 본다. 국가 간의 문화적 특수성은 고려될 수 없으며, 국가 간의 차이는 기술이나 규모와 같은 환경 요소의 차이에 의한 것으로 판단한다.

일반환경이 비슷하다면 글로벌기업이라고 하더라도 전세계 지점의 종업원들에 대해 세계 공통의 인적자원관리 방식을 택해야 한다는 것을 알 수 있다. 하지만 국제적으로 표준화된 보상 수준이나 승진제도를 적용하려면 많은 나라의 형편과 맞지 않기에 갈등을 일으킬 수 있고, 종업원에 대한 모든 보상기준을 선진국 수준으로 높여야 하기 때문에 인건비 및 관리비용이 많이 들 위험도 있다.

(2) 문화결정론적 관점

문화결정론적 관점은 각국의 문화가 다르기 때문에 거기에서 파생된 관리 방식도 다를 것이라고 가정한다. 홉스테드는 한 나라의 관리 방식이 이질적 문화를 가진 다른 타국으로 이전될 수 없다고 주장하며, 관리 형태와 문화적 요인 간의 관련성이 높다는 사실을 강조했다.

문화결정론 하에서 생각해보면 한국의 관리 방식은 한국이란 상황에 맞는 것이지 중동 국가나 동남아 국가에 이전될 성질의 것이 아니며, 혹시 이전된다고 하더라도 뿌리 깊게 박힌 문화의 힘은 여전히 작용하기에 변질된 형태로 나타날 것이다.

(3) 수렴확산론적 관점

기업의 관리대상은 인적자원과 물적자원이 있는데 인간은 문화와 직접적 관련이 있기 때문에 인적자원관리는 나라마다 서로 다르고, 자본 및 생산은 효율성이라는 세계 공통적인 원칙에 따라 모든 나라에서 똑같이 관리 되어진다고 본다. 그러므로 인적자원관리는 나라마다 서로 다르게 퍼져나가고(확산) 비인간적인 분야는 경제원리를 중심으로 비슷해진다고(수렴) 본다.

인적자원관리 분야에도 임금이나 직무설계 같은 분야는 효율성 중심으로 모든 국가가 한 곳으로 수렴할 것이다. 또한 노사관계와 같은 분야는 문화적인 영향이 크기 때문에 각국의 실정에 맞추어 다양하게 확산될 것이라고 추측할 수 있다.

글로벌 인적자원관리 경영 방식 모델: EPRG 모델

1. EPRG 모델

글로벌 인적자원관리의 이론으로는 Heenan과 Perlmutter(1979)가 제안한 글로벌기업의 'EPRG 경영모델'이 대표적이다. 글로벌 인적자원관리의 유형은 본국중심형, 현지중심형, 지역중심형, 세계중심형 인적자원관리로 구분할 수 있다.(Dowling & Schuler, 1990: 36) 기업은 글로벌 성숙도에 따라 자민족(본국)중심 이문화 경영, 다원주의(현지국중심) 이문화 경영, 지역별 중심(지역주의) 이문화 경영, 글로벌중심 이문화 경영으로 분류되고, 이문화 유형에 따라 기업이 지향하는 사명, 의사결정, 의사소통, 자원분배, 전략, 조직구조, 기업문화가 다르게 나타남을 설명하는 모델이다.

(1) 본국중심주의 경영

최고경영자를 비롯해 본국 파견인에 의해서 해외 지사나 자회사를 운영하며 이들에게 현지인들보다 급여나 처우를 우대하는 방법이다. 조직이 주로 국제화 초기단계에 위치해 있거나 새로운 사업을 해외에서 시작할 때 이루어진다. 본국의 본사가 보유한 행동양식을 최우선으로 생각하여 이를 현지와의 관계에 반영시키는 경영 방식이다. 현지의 지사는 본사의 일방적인 명령에 따라 움직이게 되며, 본국은 현지국의 법적인 제한 안에서 본사의 경영 방식을 준수하도록 한다. 모든 면에서 본사가 현지 조직보다 우수하고 모든 의사결정 및 사업 방법은 본사에 의해 통제되며, 본사에서 파견된 인력이 대부분의 현지권력과 지위를 차지한다. 예를 들어, AT&T사는 주로 해외 주재원을 파견하여 해외 조직을 운영한다. AT&T는 해외 주재원을 파견하는 것이 처음에는 비용이 많이 드는 것처럼 보이지만 결과적으로 세계화를 가장 적은 비용으로 이루는 길이라고 평가하고 있다. 이는 해외 주재원들이 현지 지사에 AT&T의 기업문화를 전파하는 가장 효율적인 매개체이기 때문이다. 주재원을 통한 기업문화의 전파는 해외 지사가 본사와 유사한 경영 형태를 취하게 하는데 매우 중요한 역할을 한다. 만일 해외 지사의 문화와 경영방식이 본사와 상이하다면 본사에서는 해외 지사의 경영을 신뢰할 수 없게 된다.

(2) 현지국중심주의 경영

해외 자회사를 현지인을 통해 경영하는 것을 말한다. 국가별 고유한 문화와 관습을 인정하는 현장경영의 일환이다. 따라서 해외지사의 경영 활동이 매우 위험한 상황이 아닌 이상 본사의 개입을 최소화하려 한다. 인사관리 역시 본사의 인사관리를 그대로 적용하는 것이 아니라, 현지 상황에 적합한 인사정책과 관행을 개발하여 활용한다. 기본적으로 현지국과 본국의 문화적 이질성을 인정하고, 외국인을 이해하는 것은 어렵다고 전제하고, 현지의 경영은 현지 관리자가 담당하는 '경영방침의 현지화' 를 하는 경영 방식이다. 독립적인 해외 법인으로서의 현지 지사에는 자율성이 부여되며 본사의 관리 역시 현지의 경제를 중심으로 느슨하게 수행된다. 또한 본국 직원과 현지 직원의 힘은 동등하며 현지 직원도 각종 의사결정 과정에 참여할 수 있다. 예를 들어, Colagate 치약과 Palmolive 비누 등으로 잘 알려져 있는 Colgate-Palmolive사는 170개 이상의 나라에 진출해 있으며 70억 달러의 매출 중 70%를 해외에서 벌어들이고 있는 세계적인 미국의 다국적기업이다. Colgate-Palmolive사는 되도록이면 해외 주재원을 파견하지 않는 것을 원칙으로 하고 있는데 이 회사의 해외 주재원(expatriates) 중 미국인이 차지하는 비율은

40%에 지나지 않는다. 또한 1960년 이후 4명의 최고경영자 중 2명은 미국 출신이 아니었다. Colgate-Palmolive사는 사업상 필요한 인력을 현지에서 구할 수 없을 때, 기술적인 교육훈련이 필요할 때, 그리고 유능한 경영자들에게 해외경험을 쌓게 할 필요가 있을 때 등의 경우에만 해외 주재원을 파견하고 있다(21세기형 인적자원관리).

(3) 국제지역중심주의 경영

국제지역중심주의 경영은 정치, 경제, 문화 등이 상이한 국가들을 하나의 지역으로 묶어 지역중심의 경영을 전개하는 방식이다. 전세계를 몇 개의 지역으로 구분하고 한 지역을 관리하기 위한 경영자나 관리자를 그 지역에서 조달하여 훈련과 개발, 성과평가 및 보상 등을 하는 것이다 현장중심형 인사관리가 현지 국가의 인력에 대한 인사관리인 것과는 달리 지역중심형 인사관리는 한 나라의 국경을 초월해 동일한 문화권과 같이 한 지역을 대상으로 하고 있다. 현지국중심 경영에서 오는 자원의 중복을 피할 수 있고 보다 큰 지역시장을 상대로 규모의 경제효과를 볼 수 있다. 지역주의 이문화 경영 방식의 구체적인 형태는 지역본사제이다. 지역본사는 각 지역별 특성에 가장 적합한 경영정책을 수립하는 등 본사로부터 상당한 의사결정 권한을 위임받아, 관리자의 채용, 훈련, 배치와 같은 인적자원관리도 함께 행한다.

(4) 세계중심주의 경영

세계중심주의 경영은 파견인력, 현지인력, 제3국인력을 구별하지 않고, 국적에 관계없이 인력관리를 실시하는 인적자원관리 방식으로 본국인이나 현지인이나 제3국인은 전 세계의 모든 사업장에서 동일한 지위와 처우를 받도록 하는 경영관리 방식이다. 사업 활동이 전 세계적으로 이루어지며, 해외 사업상이 각기 독립적 사업부로 운영되지 않고, 사업장 간에 상호 분업을 통해 각 자회사 간의 상호 의존성이 높아져, 이들의 유기적인 연결을 통해 글로벌 협력체제를 확립할 필요가 있을 경우 채택할 수 있는 인적자원관리 방식이다. IBM이나 GE, 맥도날드, 포드, 쉘, 필립스, NCR, 유니레버, 더 뉴스, 프록터 앤 갬블 등과 같이 세계적으로 성공한 기업들을 보면 자사의 국적을 의식하지 않고 세계 어느 곳에서 영업을 하든지 현지에 충실한 기업시민이 되고자 노력해 왔으며, 현지 공동체에 진정으로 필란스로피(Philanthropy: 인류애에 기초한 기업의 사회 공헌)를 행하였다. 그들은 수많은 국가에 고부가가치 사업을 확산시키고, 최고경영층에 외국인들을 고용했으며, 현지 경영진에게 실질적인 재량권을 부여해왔던 것이다. 그 결과

[표 26-1] EPRG 경영모델

기업의 지향성	자민족중심 (Ethnocentric)	다원주의 (Polycentric)	지역주의 (Regioncentric)	글로벌주의 (Geocentric)
사명	수익성(경제성)	현지로부터의 수용(정당성)	수익 성과 현지국의 수용, 경제 성과 정당성	수익 성과 현지국의 수용, 경제 성과 정당성
문화	본국	현지국	지역	세계
인적자원의 모집, 개발, 충원	본사에서 해외 주재원을 파견하여 해외조직의 인사관리를 총괄	현지인 채용과 개발	지역에서 필요한 인력채용과 개발 및 배치	전세계적 최적인재 선발, 최적 지역에 배치
자원배분	투자 기회는 본사에서 결정	자급자족적이고 자회사 간 배분은 없음	지역 본부가 본사로부터의 가이드라인을 하부에 시달	글로벌화 프로젝트 배분은 지역 본부와 본사 경영자에 의하여 영향을 받음
조직	계층적 제품사업부제	자율적 국가별 단위 위주 계층적 지역사업부제	제품, 지역 매트릭스 조직	이익 관계자와 경쟁기업까지 포함하는 전세계 조직적 네트워크 형성

이들 기업은 현지 정부로부터 현지 기업들과 동등한 대우를 받게 되었다.(출처: 김원형, 초국적기업을 향한 국제인적자원 관리전략)

2. EPRG 경영의 장 · 단점

(1) EPRG 경영의 장점

본국중심형 인사관리를 수행하는 이유는 자질을 갖춘 현지인이 부족하거나 본사와의 원만한 의사소통을 유지하기 위함이다. 본사와의 효율적인 커뮤니케이션 유지는 자회사의 활동을 본사의 전사적 국제경영 활동과 통합시킬 수 있어 적절한 통제와 관리가 용이하다. 본국중심의 인적자원관리는 현지 자회사의 자율성이 본사에 의해 통제된다는 단점이 있다. 아무리 유능한 현지 직원이라도 본국인에 비해 승진이나 보상에서의 격차가 심하기 때문에 불만을 갖거나 그들과 의사소통이 단절될 가능성이 크다. 또한 본국의 인사제도는 현지국의 실정과 관습에 어긋나는 경우도 더러 있기 때문에 법적인 충돌 역시 잦을 수밖에 없다.

이에 비해 현지중심형 인사관리는 첫째, 현지 종업원을 고용·관리하는 데 언어장벽의 문제를 피할 수 있어 본사 파견인과 그들의 가족이 겪는 적응 문제와 훈련 프로그램을 없앨 수 있다. 둘째, 본사의 입장에서는 파견인에 비해 인건비가 절감된다. 셋째, 현지인들은 시장의 특수성을 잘 알고 있으므로 시장확대에 용이하고 소비자, 정부기관, 근로자들과 우호적인 관계를 유지할 수 있다는 장점이 있다. 현지중심 및 지역중심의 인적자원관리는 현지 직원들의 승진기회와 사기를 올려주면서 의사소통의 단절이나 문화적인 충돌을 피할 수 있고 본국중심의 인적자원관리에 비해 본사 파견인이 적은 만큼 인건비도 절약할 수 있다.

지역중심형 인사관리는 조직의 사업과 제품전략 성격에 따라 변하는데, 첫째로 소비와 제품, 제한된 생산라인 면에서 지역 전문가가 중요할 경우 파견인에 비해 경험있는 현지인과 제3국인의 비중이 상대적으로 높다. 둘째, 제품 전문가가 중요하고 혹은 산업시장이 존재한다면 공급에 대한 모국의 출처와 기술적 정보에 쉽고 빠른 접근이 필요하기 때문에 파견인이 주로 활용된다. 셋째, 금융업과 같은 서비스 산업은 해외 지점에 있는 모국의 다국적 고객의 서비스를 담당하므로 상대적으로 파견인을 필요로 한다.

세계중심형 인사관리는 두 가지 이점이 있다. 첫째, 다국적기업으로 하여금 국제적이고 관리직 간부를 개발하는 데 용이하게 한다. 둘째, 전제 조직관리자들 간의 국가적 정체성에 대한 충돌을 줄여 준다.

(2) EPRG 경영의 단점

본국중심형 정책은 다음과 같은 단점이 있다. 첫째, 현지인들의 승진기회를 제한하여 생산성을 감소시키고 현지인들 사이에 이직을 증가시킨다. 둘째, 파견인들에게 현지국의 문화적 충격과 이숙하지 않는 사회적 환경으로 인한 적응시간이 필요하다. 더구나 이 기간 동안 파견인은 많은 실수와 적절치 않은 결정을 내릴 수 있다. 셋째, 파견인과 현지인의 보상제도가 서로 비교될 때 파견인에 대한 선호적인 임금 차이는 현지인에 의해 정당하지 못한 것으로 여겨질 수 있어 사기저하와 낮은 생산성을 나타낼 수 있다(Zeira, 1976).

현지중심형 인사정책도 단점이 있다. 아마 가장 큰 어려움은 현지국 자회사 관리자와 본사에 있는 본국 관리자 간 격차를 메우는 문제일 것이다. 예로 언어장벽, 조직충성도에 대한 갈등, 문화적 차이, 그리고 본사의 조직전략 방향과의 불일치 등으로 현지인 관리자와 본사와의 우호적 관계의 단절은 물론 본사에서 추구하는 국제경영전략을 일관성 있게 실행할 수 없을 수도 있다.

지역중심형은 개개의 지역 내부의 의사소통과 조정은 활발하나 지역과 본사 간의 의사소통과 조정은 미흡한 경향이 있다.

세계중심형 인사관리를 실행하는 데는 몇 가지 어려움이 있다. 첫째, 현지국가의 정부가 자신의 국민들을 다국적기업의 해외 자회사에서 고용하도록 요구한다. 이러한 목적을 달성하기 위해 정부가 현지인을 채용하도록 요구하는 이민법을 제정하기도 한다. 미국을 비롯한 서구국가에서는 조직이 현지인을 대신해 제3국인을 고용하길 원할 경우 조직이 문서상의 많은 서류를 준비해야만 한다. 이러한 서류작업은 조직에게 비용과 시간이 소비되는 일이며 가끔은 쓸모 없는 과정이 될 수 있다. 둘째, 세계중심형 인사관리는 외국계 기업이라는 부정적 인식을 불식시키기 위해 현지 국가의 평균적인 임금 수준에 비해 높은 임금을 지급해야 함은 물론 표준화된 국제적 보상구조를 필요로 한다.

02 글로벌 인적자원관리의 이슈와 방법

1. 국제 인적자원관리의 이슈

국제 인적자원관리의 주요 이슈는 이문화 경영 문제이다. 이문화 문제는 글로벌 인적자원관리에 있어서 직면하게 되는 가장 큰 문제점 중 하나이다. 이를테면, 경영 방식이나 관리를 보는 관점, 상사와 부하를 대하는 방식, 부서 간, 노사 간, 조직 간 협력 정도, 성취에 대한 정의의 차이, 과학적 방법에 대한 지각 차이, 부와 이윤의 개념 차이, 위험 이행 정도, 변화에 대한 두려움 정도, 기업교육의 효율성 정도 등이 국가 간, 사회 간 차이가 있다. 조직과 개인을 보는 관점이나, 기본 교육 이수 정도와 문맹 정도, 전문화된 직업 및 기술 교육훈련 정도, 고등교육 이수 정도, 전문 경영교육 정도, 교육훈련에 대한 태도, 기업에 적합한 교육훈련 이수 정도 등이 국가 간, 사회 간 차이가 날 수 있다.

글로벌기업에서의 경영중점으로 새로운 해외 시장개척 및 신규투자, 합작사업, 마케팅 분야와 더불어 기업문화가 중심 주제로 부각되고 있다. 하나의 글로벌기업 안에는 다민족, 다문화, 다국적 배경의 종업원들이 한데 모여 기업중심의 공동체를 이루고 있기에, 이들의 이질적인 경영 관습과 관리 형태 등의 욕구에 적절히 대처해 나가지 못하면 글로벌화 경쟁에서 뒤쳐질 수밖에 없다. 따라서 이문화(cross culture) 경영이 매우 중요하다.

글로벌 경영관리자가 갖추어야 할 역량으로는 현지 언어능력, 국제적 협상기술, 인간관계기술, 전략마인드, 새환경에의 적응능력, 다른 문화에의 감수성, 국제적 팀에서 일하는 능력, 국제마케팅에 대한 이해 등이다.

실제 사례

단순 '중국어 통역꾼'으로 현지인과 소통 단절 현지 인사관리 엉망

1992년 중국과 한국의 수교 이후 양국 간 경제교역이 급증하면서 낮은 노무인건비에 매력을 느낀 한국 기업들이 중국에 직접투자하여 진출했으나 대부분의 기업들이 실패를 하고 철수한 경우가 많았다. 2009년 11월 13일 한 · 중 인력관리 세미나가 대한상공회의소에서 열렸는데, 단순한 중국어 통역 정도 하는 사람들을 중국 현지 투자기업에 배치하여 실패하고 있다는 주장이 제기되었다. 중국 비즈니스의 핵심은 현지 중국 직원과의 커뮤니케이션(소통)이다. 언어를 통해 직원들의 입장을 이해하고, 그들의 열정과 참여의식을 이끌어내야 한다. 중국 현지 직원들의 능력을 최대한 끌어낼 수 있느냐 여부에 중국 투자사업의 성패가 달렸음에도 한국 기업의 중국 주재원들은 언어력 부족으로 현지 직원관리에 어려움이 많았었다. 언어능력이 부족한 주재원들은 자기들끼리 뭉칠 줄만 알았지 현지 직원들과의 소통에는 소홀히하다 언어가 달리니 권위주의식으로 직원을 다루고, 자신의 허물을 아래 중국 직원에게 돌리는 일이 비일비재하였다. 그래서는 인사 · 노무관리가 제대로 될 턱이 없다.

중국 현지 투자가 성공하기 위한 한가지 방법은 한국 기업 내 중국 전문가 양성이 필요하다. 중국 정부가 펼치고 있는 각종 경제정책의 숨은 맥락을 이해할 수 있어야 효율적인 중국 비즈니스가 가능하며, 핵심은 역시 언어 구사 능력이다. 중국의 상업문화는 모두 전통에 뿌리를 두고 있기 때문에 현재와 과거를 아우르는 사회문화적 · 역사적 지식과 소양을 갖추어야 한다. 경제지식과 실용 중국어 구사능력을 갖춘 인재를 양성할 방법은 발상의 전환이 필요하다. 종래의 한국에서의 중국어 교육이 주로 문학 · 역사 · 철학 등 인문학에 치우쳐 있었는데, 앞으로는 실용성과 기능성을 강조한 방향으로 중국의 정치 · 경제 · 사회 등의 방면에서 중국어 언어 교육훈련을 하는 것이다.

2. 글로벌 인적자원관리의 방법

(1) 인적자원의 충원 방식

국제기업의 충원 가능한 인력집단은 본국 종업원과 현지국 인력, 제3국 종업원이 있으나 의사결정의 대부분은 본국 종업원과 현지국 인력 사이의 선택에 관한 것이다.

결국, 어떤 충원 방식을 채택하는가 하는 것은 기업의 전략적 입장에 의해 결정되어야 할 문제이다. 예를 들어, 해외 자회사의 통제를 중시하는 전략을 채택하는 기업은 본국 종업원의 충원을 선호하는 것이 바람직하며, 경영에 있어서 현지화를 추구하는 기업은 현지 인력의 충원을 선택하는 것이 바람직하다. 본국 종업원의 해외 근무는 다음과 같은 장·단점을 가지고 있다.

본국 인력 충원의 장점	본국 인력 충원의 단점
조직 전체의 통제와 조정이 촉진된다.	현지 국가 직원의 승진 가능성이 낮아진다.
본사 인력이 이를 통해 국제감각과 경험을 익힐 수 있다.	현지화에 장애 요인이 된다.
이미 자신의 업무에 필요한 경험과 능력을 갖추고 있다.	본사의 경영스타일이 불필요하게 추구된다.
본사의 경영목표와 정책이 조화롭게 추진될 수 있다.	해외 근무자와 현지 인력 간의 보상 차이로 인해 위화감이 생긴다.

현지 인력의 충원 방식은 현지화라는 측면에서 장점을 가지나 본사의 통제나 조정이라는 측면에서는 단점을 보이게 된다. 구체적으로 현지 인력의 충원은 언어장벽과 문화의 장벽을 해결할 수 있으며 채용비용이 절감되며, 노동허가 문제가 해결될 수 있다는 장점을 가진다. 또한 현지인들은 본사에서 파견된 근무자에 비해 장기간 근무할 수 있으므로, 경영의 일관성이 유지될 수 있으며 현지인 채용은 현지 정부의 방침에도 부합된다. 마지막으로 현지인들의 경력관리 가능성이 커지므로 현지인들의 사기가 높아진다. 그러나,전체적인 차원에서 본사의 통제와 조정이 어려워지며 현지 직원을 채용함으로써 그만큼 본사 직원의 해외경험 축적기회는 상실된다. 또한 현지 직원을 많이 채용하다 보면 경우에 따라서는 국제화가 촉진되기보다는 해당 국가의 민족적 결속만 더 강해질 수 있다.

(2) 파견인 실패

해외 파견의 실패는 예정된 해외 근무 임무를 달성하지 못하고 중도에서 귀국하는 경우를 말한다. 이 경우 근무자의 재배치비용과 새로운 근무자의 파견 및 교육훈련비용이 발생할 뿐만 아니라 경우에 따라서는 현지 정부나 거래선과의 관계에 문제가 발생할 수 있으며 이로 인해 현지에서의 생산과 영업에 큰 타격을 주게 된다. 파견 실패를 방지하고 해외 사업을 성공적으로 이끌기 위해서 해외 파견자의 선발에 신중을 기해야 한다.

해외 파견자 선발에 있어서 추가적으로 고려해야 할 사항은 파견자의 가족, 특히 배우자 문제이다. 성공적인 해외 근무를 위해서는 가족의 협조가 무엇보다 중요하기 때문이다. 그럼에도 불구하고 아직 우리나라 기업들은 가족의 현지 적응을 지원하기 위한 제도적 지원이 매우 미흡한 실정이다.

(3) 글로벌기업 인적자원의 교육훈련 및 개발

국제기업의 인적자원 훈련과 개발은 두 가지로 구분될 수 있다. 첫째는 해외 자회사로 파견되는 해외 파견인의 훈련과 개발이며, 둘째는, 현지 인력이나 제3국 인력 등 해외 자회사에 근무하는 인력에 대한 지속적인 훈련과 개발이다.

해외 파견인에 대한 훈련과 개발은 주로 이문화 훈련이 핵심내용을 이루고 있다. 해외 파견인은 현지에서 겪게 되는 문화충격에 대비해서 그 나라의 언어는 물론이고 문화적인 전통과 관습에 대해서 알고 있어야 한다.

그러나, 파견국 현지의 환경이 국가마다 차이가 있으며, 같은 국가라고 해도 파견 시점에 따라 경영상황이 다를 수 있으므로 파견인의 준비 교육은 상황접근 방식이 되어야 한다. 즉, 교육의 내용과 강도는 파견인 교육 때마다 현지 상황에 따라 조정되는 것이 바람직하다.

다음으로, 해외 자회사에 근무하는 비본사인력, 즉 현지 인력이나 제3국 출신 인력에 대한 교육훈련과 개발이 성공적인 해외 과업수행을 위해 긴요하다. 이들은 대체로 경영기법과 본국의 문화에 대한 이해가 부족하므로 교육훈련도 이 분야에 대한 것이 주된 내용이 되어야 한다. 현지에서의 강의도 필요하지만 현지 직원들을 본사에 교육을 받도록 보내는 것도 중요한 기법이다. 이러한 현지인들의 본국 초청교육을 위해서 세계적인 명성이 있는 다국적기업들은 본국에 연수원을 운영하고 있다.

3. 현지인을 활용할 것인가, 파견인을 활용할 것인가?

일본 기업들은 미국이나 유럽의 회사들에 비하여 상대국에서 본국인들을 더 많이 쓴다. 이런 경우에 HRM 관련 문제가 더 많이 발생하는 것으로 조사되었다. 미국의 경우(National Foreign Trade Council의 조사), 파견인력의 규모는 대략 250,000명, 파견인력을 한번 교체하는 데 드는 비용 $60,000, 파견관리자의 보수 대략 $250,000, 파견인력이 조기 귀환할 경우 손실액은 $100,000라고 한다. 이런 실패 인력의 비율이 대략 15~40%로 추정되는데, 유럽 회사들의 경우 이 실패율은 5% 정도로 추산된다.

글로벌 인적자원관리를 시작하게 되면, 가장 먼저 부딪히는 중요한 문제가 바로 현지인을 활용할 것인지 아니면 본국에서 파견인을 보낼 것인지에 대한 의사결정이다. 현지인 활용과 파견인 활용에 대한 장 · 단점을 정리하면 아래와 같다.

[표 26-2] 현지인 활용과 파견인 활용의 장 · 단점 비교

	현지인 활용	파견인 활용
장점	• 저렴한 인건비 • 현지인에 대한 신뢰 표방 • 현지 환경과 적합한 대안 창출 가능 • 현지국의 경제계에 합법적인 참여 가능 • 의사결정 과정에서 현지의 이해관계와 제약 요건의 효율적인 파악	• 본사와의 문화적 친밀성으로 경영관행의 이전 가능 • 해외 자회사에 대한 면밀한 통제와 조정 • 국제적 감각을 갖춘 전문가 양성
단점	• 현지의 욕구와 본사의 우선순위 간 불균형 • 현지의 의사결정이 보다 어렵고 비용이 많이 들며 지체될 수 있음 • 자질 있는 요원 확보의 어려움 • 본사의 통제상실 가능성	• 외국환경과 문화에 대한 적응상의 어려움 • 현지인과의 이질감 형성 • 높은 인건비 부담 • 개인 및 가정 문제 발생 가능성 • 현지적응 실패 가능성 • 현지인의 사기와 동기부여에 부정적 효과 • 현지정부의 제약과 규제의 가능성

현지인을 활용할지, 파견인을 이용할지는 해당 기업이 가지고 있는 국제화의 전략이 자민족중심인가, 현지국중심인가, 지역주의인가, 글로벌중심인가 하는 패러다임의 선택에 달려 있다. 또 회사를 둘러싼 여러 가지 환경이나 여건도 함께 고려하여 결정되어야 할 것이다.

자민족중심주의를 제외한 다른 경영 방식들은 모두 현지인의 활용을 강조하고 있는

데다가 근래에는 자민족중심보다는 현지국 또는 글로벌중심의 경영이 강조되는 추세이므로 현지인을 활용하는 문제가 글로벌 인적자원관리에 있어 좀더 중요한 문제라고 할 수 있다.

03 현지인 관리 어떻게 할 것인가?

현지인 관리의 주요 내용

1. 현지인 채용

현지인 채용이란 현지 국적의 직원을 활용하는 인적자원관리를 수행하는 경우를 말한다. 과거에는 현지 인력의 업무수행능력이 부족한 경우가 많아 본국의 인력을 현지로 파견했었다. 그러나 근래에는 현지에도 우수한 인력이 존재하므로 현지에서 인력을 조달하는 경향이 증가하고 있다. 기술인력의 경우에는 특히 그러하다. 다국적기업에서는 현지인뿐만 아니라 제3국인도 함께 선발하여 활용하기도 한다. 특히 관련 직무를 수행한 경험이 있는 제3국인은 조직의 관행에 문화적 괴리감을 느끼지 않고, 현지인과 달리 조직에 대한 충성과 현지국에 대한 충성 사이에서 심리적인 갈등을 하지 않기 때문에 빠르게 적응하는 경향이 있다.

2. 현지인 교육훈련

현지인을 교육훈련할 때에는 현지 직원과 관리자에게 업무기술에 대한 능력과 직원에 대한 동기부여 및 개발 방법을 습득하도록 하는 것이 중요하다. 또한 그들을 본사의 경영방침에 적응시키고 본국의 파견 인력과 원활하게 의사소통할 수 있도록 하는 훈련도 필요하다.

(1) 본사의 기업문화교육

본사의 고유한 문화를 현지 인력에 적용시키기 위한 교육이다. 기업문화교육은 조직

활성화와 팀워크를 향상시킬 수 있다. 예를 들어, 중국 종업원의 경우 국영 기업의 폐단과 무사안일주의로 인해 현지 종업원들은 어려운 일을 기피하고 자체적인 문제해결 노력이 부족한 특징을 갖고 있다. 이러한 문화를 극복하기 위해 LG전자 천진법인에서는 'JUST 21'운동 같은 정신교육을 통해 현지 종업원을 기업문화에 적응시키려고 하였다. Joyful job(안전하고 편안한 일터), Utmost productivity & quality(최고의 생산성 및 품질 확보), Satisfaction(고객과 종업원 모두가 만족하는 회사), Trust(고객이 신뢰하는 공장, 전 종업원이 서로 신뢰하고 협력하는 공장), 21(21세기 초일류기업의 비전을 달성하는 회사)을 지향하는 조직문화 변화 노력이었다. 그리고 140개에 이르는 분임조 활동을 통해 전 종업원이 개선 활동을 습관화 하고 강한 조직문화를 구축하여 기본준수와 솔선수범, 선진기업문화 창조, 자주개선 활성화 등의 새로운 생활문화를 만들려고 했다.

(2) 본사 연수교육

현지 종업원들에게 업무 및 생산기술을 습득시키는 것 뿐만 아니라 본국공장 또는 생산시설의 변화하는 모습을 연수생들에게 보여주고 관리 수준의 격차가 크다는 점을 인식시켜 주기 위해 실시한다. 현지 우수인력들의 본국 문화에 대해 이해를 높이고 본국어를 익히도록 함으로써 쌍방의 신뢰감을 형성하고 동기부여 하도록 한다.

3. 현지인 성과평가 및 보상

현지인에 대한 성과평가와 보상은 현지 국가의 상황(노동시장, 노동법규 등) 및 문화를 고려하여 그에 적합하게 설계되고 운영되어야 한다. 개인주의가 강한 나라(미국 등)에서는 개인 성과를 기초로 하고, 집단주의(일본, 대만, 멕시코 등)가 강한 나라에서는 개인의 업적보다는 집단 성과를 기초로 임금 수준을 정해야 한다.

현지인 관리 시 주의해야 할 사항

현지인에 대한 교육훈련 및 개발에 있어 현지의 상황을 충분히 고려하지 않은 채 본사의 프로그램을 그대로 적용하는 것은 곤란하다. 현지 국가의 사회문화적 가치기준에 부합하지 않을 수 있는 교육훈련 방식은 비효과적일 수 있다. 국제 인적자원관리를 실시하는데 있어서 가장 우선적으로 고려해야 할 점은 사회문화적 가치관의 차이에 대한 이해를 전제로 해야 한다는 것이다. 서양과 동양의 가치관과 문화가 확연히 다를뿐만 아니라, 동일한 유교문화권 국가인 한국과 중국, 일본의 경우에도 상대적으로 유사성이 크지만, 가치관의 차이가 존재한다.

[표 26-3] 한, 중, 일 종업원 의식 비교

질 문	응답(%)
기업이 채용한 인원은 끝까지 책임져야 합니까?	책임져야 한다 한국 : 47.9 중국 : 25.0
	책임지지 않아도 된다 한국 : 50.4 중국 : 75.0
원가절감을 위해 불필요한 노동력을 해고한다면 어떻게 생각하십니까?	해고가 바람직하다 한국 : 50.9 중국 : 84.2 일본 : 40.0
	해고는 바람직하지 않다 한국 : 47.6 중국 : 15.8 일본 : 59.0
기업의 이윤극대화가 국민 복지증진에 도움이 된다고 보십니까?	도움이 된다 한국 : 39.8 중국 : 78.6 일본 : 66.0
	도움이 되지 않는다 한국 : 58.8 중국 : 21.8 일본 : 33.0

교육훈련은 현지인의 문화적 가치 및 현지 자회사의 교육 여건을 고려하여 실시되어야 할 필요가 있다. 현지인을 본사에 불러들여 교육훈련 담당자로 활용하는 방법은 효과적일 수 있다. 이는 본사의 문화뿐만 아니라 본사 내부 사정을 좀 더 정확히 이해 시킬 수 있다는 장점이 있다.

현지인은 문화, 평가지표, 평가 요소 간의 가중치의 크기 등에서 본사 파견인과 이질적인 성향을 가지고 있기 때문에 현지인의 업무 성과를 평가한다는 것은 쉽지 않다. 따라서 이질적인 면들을 가능한 한 모두 감안하여 오해 및 충돌이 없도록 공정하게 평가를 한 후에 보상이 결정되도록 해야 한다.

04 파견인 관리 어떻게 할 것인가?

파견인 관리의 주요 내용

현지인의 경영능력이나 업무수행능력이 충분치 않을 경우에는 본국에서 관리인력이나 기술인력을 현지국 사업장으로 본사인력을 파견하는 것이 효과적일 수 있다. 해외로 인력을 파견할 경우, 본국에서는 고려하지 않았던 문제들을 고려하여 파련인력의 모집 및 선발, 훈련, 개발, 파견인의 경력개발, 파견인력의 성과평가와 보상, 이직 문제 등에 대한 인사관리 활동이 필요하게 된다.

1. 파견인 선발과 배치

회사는 선발위원회를 구성하고 해외 파견을 희망하는 직원들을 대상으로 모집공고를 한다. 선발위원회는 파견인력 선발에 관한 모든 업무를 담당하는데, 현지 언어 숙달수준과 국제경험 정도 등을 고려하여 파견인력을 선발한다. 선발 과정은 현지 직무의 요구분석 및 현지국 분석, 파견기간 결정, 파견 지원자에 대한 평가 등으로 이루어진다. 선발된 예비 파견인은 각종 오리엔테이션 및 교육을 받은 후 현지 사업장에서 업무를 수행한다. 파견인은 국내와 전혀 다른 상황에서 근무하므로 가능한한 여러 부서에서 근무한 경험이 많은 사람을 선발하는 것이 좋다.

2. 파견인 훈련과 개발

파견인에 대한 이문화 적응훈련은 파견 지역의 언어는 물론 파견될 지역의 역사와 문화, 정치, 경제, 사회, 법률, 정부의 특징에 관한 지식을 습득할 수 있도록 돕는 교육훈련 프로그램이다. 대표적인 이문화 훈련기법으로는 '자기대면 훈련기법'과 '알파베타 모의훈련'이 있다. 자기대면 훈련기법은 역할연기법과 유사한 것으로, 이문화 상황에서 외국인과의 역할연기를 비디오로 촬영한 후 자신의 반응을 살피고 행동을 평가하는 훈련기법이다. 알파베타 모의훈련은 참가자들을 알파문화와 베타문화로 나누고 그 문화의 규범과 규칙을 학습하게 한 후 다른 문화의 구성원들과 상호 작용하도록 하는 시뮬레이션 훈련기법이다. 이 훈련을 통해 교육참가자는 자신의 행동과 상대방의 반응을 관찰하면서 이문화에 대한 이해와 그에 대한 적합한 반응행동이 무엇인지를 학습할 수 있다.

베트남의 Easibag Vitnam 사 현지 직원들은 시간외 근무단축, 한국인 기술자의 온순한 행동을 요구하면서 전격적으로 파업을 했다. 베트남 현지 근로자들은 시간외 근무를 통한 소득증대에는 관심이 없고 일과 외의 일을 하기 싫어하는 경향이 있다. 공장관리를 하는 일부 한국 기술자들의 현지 근로자에 대한 무례한 행동이 현지 근로자들에게 폭언, 물건을 집어 던지는 행위, 가벼운 몸싸움 및 접촉 등으로 갈등의 원인이 된 적이 있었으나, 한국 기술자의 사과로 잘 해결되었다. 한국인 기술자의 무례한 행동으로 노사분규가 일어났던 예를 들어보면, 15명으로 구성된 한 봉제라인의 현지인 조장이 반원 2명 이상 조퇴를 희망한 경우 즉각 관리부서에 신고하여 허가를 받도록 되어 있는 내부관리 절차를 무시한 일이 발생했다. 이를 알게 된 한국인 관리자가 현지 조장에게 이를 지적하자 조장은 승복하지 않고 반항함으로써 베트남 조장의 "어깨를 가볍게 두 차례 툭툭 친 사건"이 발생하였는데 베트남 종업원들은 이를 야만적 행위로 간주하고 파업까지 이르게 된 것이다.

3. 파견인 경력개발

해외로 파견되는 직원들은 국제업무를 통해 자신의 경력개발을 극대화하려고 한다. 따라서 회사는 파견인들의 경력관리를 위해 승진과 후원을 고려해야 한다. 해외 파견인은 종종 유배 증후군, 즉 본사에 쌓고 있었던 경력경로를 중단하고 해외로 파견되어 지리적으로 멀리 떨어진 해외 자회사에서 근무하게 되면서 승진이나 인사처우에 불이익을 받는 것이 아닌가 하는 불안감과 소외감을 느끼기 쉽다.

회사는 파견인이 귀국하게 되면 직무 및 재직기간 등을 검토해 승진을 통한 경력관리를 제공해야 한다. 직원들로 하여금 해외 파견이 반드시 부정적인 것이 아니라는 것을 보여줄 수 있기 때문이다. 또한 조직은 파견자가 본사와 단절되었다고 느끼지 않도록 그들과 정기적으로 접촉해야 한다. 파견인은 해외에서 자신이 소외되고 귀국 후에도 해외 업무가 자신의 경력에 큰 도움이 되지 않을지도 모른다는 두려움을 가질 수 있기 때문이다.

삼성의 지역전문가제도는 현지 언어뿐 아니라 해당 지역문화의 본질에 대한 안목을 갖게 하는 삼성인을 양성하는 제도이다. 삼성은 경력개발의 일환으로 지역전문가제도를 운영하여 글로벌 인재를 성장시켜 왔다. 해당 국가의 파견자로 선발된 사원은 모든 업무로부터 해방돼 아무런 조건 없이 6개월 내지 1년간 자신이 선택한 나라에서 자유롭게 활동하면서 현지인과 더불어 생활하게 한다. 더불어 이 제도를 통한 성공 사례를 확산시켜 삼성전자에서의 경력이 향후 개인 커리어에 유리하다는 것을 강조함으로써 미래에 대한 불안감이나 소외감을 감소시키려고 하고 있다.

직원들에게 해외 파견이 자신의 경력에 도움이 되지 않을 수도 있다는 부정적인 생각이 있을 경우 해외 파견을 지원하지 않을 수도 있으며, 강제로 파견명령을 낼 경우 퇴사하는 경우도 발생한다. 또한 회사는 파견된 직원이 본사와 단절되었다고 느끼지 않도록 그들과 정기적으로 접촉할 필요가 있다. 일반적으로 파견인은 해외에서 자신이 소외되고 귀국 후에도 해외 업무가 자신의 경력에 큰 도움이 되지 않을지도 모른다는 두려움을 가질 수 있기 때문이다. 한편 해외로 파견되는 직원들은 국제업무를 통해 자신의 경력개발을 극대화하려고 하는 경향도 있다. 그러므로 회사는 파견인이 귀국하게 되면 직무 및 재직기간 등을 반영해 승진이나 승격을 할 수 있도록 하는 방안을 마련할 필요가 있다.

파견인의 복귀 후 적응이 쉽지 않다. 문화충격 때문이다. 귀환하면 그 사이에 본인도 변했고, 회사도 변했고, 사회도 변했기 때문에 또 다른 '문화충격(culture shock)'을 겪는다. 미국에서의 조사(1984)에 의하면 복귀자의 60~70%가 돌아가면 어떤 자리를 맡게 될지 모르고 복귀한다. 46%는 복귀 후 권한과 자율권이 축소된 자리를 맡게 되었다. 20%는 사직을 희망한다. 다른 조사(1989)는 파견관리자의 25%가 복귀 후 1년 안에 이직한다고 한다(Noe *et al.*, 2007).

복귀프로그램이 갖추어야 할 사항들로는 첫째, Communication이다. 복귀자에게 그 동안의 변화에 대하여 알리고 이해하도록 교육해야 한다. 특히, 외국에 체류하는 동안 본사와 자주 접촉한 경우에는 적응이 더 빠르다. 둘째, 인정(recognition)을 해주어야 한다. 복귀자에게 회사와 상사, 동료들이 외국에서 한 업적이 훌륭했다고 인정해주는 경우에는 이직할 의사를 갖지 않고, 모티베이션이 증가한다. 셋째, 기대 부응이다. 파견관리자가 처음 파견될 때 본인이 생각한 직무에 관련된 기대(직무량과 업적 수준 등)와 직무 외적 기대(생활 및 주거상황)가 일치했을 때는 복귀 후에도 적응이 빠르고, 성과도 많이 낸다.

4. 파견인 성과평가

이질적 환경에 적응하며 업무를 수행하는 것은 무척이나 어려울 것이다. 따라서 이런 이문화 적응의 어려움은 성과평가에 반드시 반영되어야 한다. 본국에서 받았던 임금 이상을 지급하는 것, 현지 국가의 물가를 반영한 임금을 지급하는 것, 인센티브 제공 등이 파견인의 성과보상에 대한 지침으로 고려될 수 있을 것이다.

해외 지사의 성과평가 시 여러 가지 요인들을 고려해야 한다. 예를 들어, 자국 내 성과평가의 경우에는 직속 상사가 피평가자의 행위를 관찰하고 기록할 수 있지만, 파견인의 직속 상사는 본사에 근무하는 경우가 많기 때문에 피평가자의 행위를 관찰할 기회가 적다. 따라서 평가자는 객관적 정보와 더불어 파견인을 관찰할 수 있는 다양한 사람들로부터 정보를 입수하여 평가 하는 것이 바람직하다. 또한 현지국의 환율변동이나 회계처리 방법, 환경 변화, 시장의 성숙도 등을 고려한 성과평가가 이루어질 필요가 있다.

5. 파견인 처우

파견 인력에 대한 보상은 본사 인력에 대한 보상과 기본적으로 동일한 방식에 의해 실시된다. 다만 이질적 환경에 적응하며 업무를 수행하는 것은 어려울 것이므로, 이문화 적응의 어려움을 성과평가에 반영시킬 필요가 있다. 해외 파견의 특수성을 고려하여 현지 국가의 물가를 반영한 임금을 지급하거나, 인센티브를 제공하기도 한다. 본사에서 해외 파견 인력으로 지원하도록 동기부여를 하기 위해 본국에서 받았던 임금 이상을 지급하는 방법도 종종 활용된다. 미국 다국적기업의 경우, 파견인의 급여는 본국 직원보다 3~4배 더 많아서, 필요 이상의 급여를 지급하고 있다는 비판이 제기되고 있다.

해외 자회사에서 근무하는 파견 근무자의 임금을 결정하는 방법은 크게 본국에서의 구매력 수준을 기준으로 하는 방법과 현지국의 임금 수준을 기준으로 하는 방법이 있다.

본사기준 방식은 먼저 해외 주재원이 본국에서 받을 임금을 산정한 후 이를 바탕으로 해외 주재원과 그 가족들이 본국에서 누리는 생활 수준을 현지에서도 유지할 수 있도록 필요한 경비를 여러 가지 수당의 형식으로 추가로 지급하는 방식이다. 따라서 이 방법은 단지 해외에 파견되었다는 이유 때문에 실질구매력의 변동이 있어서는 안 된다는 원칙에 그 바탕을 두고 있다. 이 방법은 미국의 다국적기업들에 의해 가장 널리 사용되고 있는 방법이다. 모국에서의 구매력 수준을 기준으로 하는 방법이 미국의 다국적기업들

사이에 널리 이용되고 있는 한 이유는, 해외 주재원들에게 본국의 생활 수준을 유지할 수 있도록 보장함으로써 인적자원의 해외 파견과 모국으로의 귀환을 용이하게 할 수 있다는 장점을 가지고 있기 때문이다.

본국의 구매력을 기준으로 하는 방법은 여러 단점을 가지고 있다. 무엇보다도 이 방법을 사용하여 국제인력의 임금을 결정할 경우 본국 출신과 제3국 출신 해외 주재원, 그리고 현지인들 사이에 불공정한 임금격차를 초래한다는 것이다. 또한 이 방법은 여타의 방법들에 비해 비용이 많이 드는 단점이 있는데 이는 두 가지의 원인에 기인한다. 첫 번째 원인은 이 방법을 취하는 경우 해외 파견에 따르는 여러 수당들이 과도하게 높게 책정되는 경향이 있다는 것이다. 원칙적으로 이 방법은 모국에서와의 동일한 구매력 수준을 유지시키기 때문에 엄격히 적용된다면 과도한 수당을 지급하는 문제는 있을 수 없다. 그러나 현실적으로 일본이나 홍콩과 같은 지역에서 미국에서와 비슷한 주거환경을 유지하려면 엄청난 비용이 들게 된다. 또 하나의 원인은 여러 나라의 물가 수준을 비교하고 환율의 변화를 고려하여 해외 주재원의 적절한 임금 수준을 산정하는 것은 매우 복잡하고 어렵기 때문에 이를 위한 인력과 비용이 필요하기 때문이다.

국제인력의 임금을 결정하는 다른 방법은 현지국의 임금 수준을 기준으로 하는 방법이다. 이 방법은 해외 주재원의 임금을 그와 비슷한 직무를 수행하는 현지 인력의 임금 수준과 동일하도록 결정하는 것이다. 일반적으로 해외 파견과 관련된 여러 수당들이 여기에 가산되게 되며 이 금액은 현지국의 화폐로 지급된다. 이 방법은 해외 주재원과 현지 인력 사이의 임금에서의 불공정성과 임금관리에 드는 비용을 줄일 수 있다는 장점이 있으나, 해외 파견 시 개개의 해외 주재원들과 임금에 대한 교섭을 벌여야 한다는 점과 환율의 변동에 따라 모국의 임금 수준과 비교한 해외 주재원의 임금 수준이 변한다는 단점이 있다.

6. 파견인 이직관리

재귀국한 해외 파견인 중 20~40%에 가까운 사람들이 본국에 귀국한 즉시 회사를 떠난다고 한다. 왜냐하면 해외 근무기간 동안 익힌 기술을 회사가 제대로 인정해 주지 않는다거나, 지위의 상실 및 역문화충격 등의 원인 때문이다. 경영자는 파견인이 해외 근무를 마치고 돌아왔을 때 그들이 습득한 해외 업무 지식을 인정하고 그를 활용할 기회를 제공해야 하며, 귀국 후 이들이 맡게 될 직무를 명확히 하여 귀국에 대한 불안감 및 이직의도를 감소시키려는 노력을 기울여야 한다. 또한 오랜 국제업무를 마치고 돌아온 파견인의 경우 본국에 돌아온 후 정신적으로 어려움을 겪는 경우가 많다. 따라서 파견인의 문화적 적응에 대한 훈련과 개발을 통해 역문화충격에 따른 이직을 예방해야 할 것이다.

[표 26-4] 파견인 현지 문화적응훈련 기법

방 법	기 법	목 적
이문화/경험적 워크숍	• 문화 동화 훈련, 가상 실험, 역할극	문화 일반자 양성, 문화 차이 극복을 위한 전문적 교섭 기술, 자문화 우월의식 감소
민감성 훈련 T그룹	• 커뮤니케이션 워크숍 • 외국 현지 견학	자기인식, 이문화 커뮤니케이션 습득, 감정이입, 남의 말을 경청하는 능력, 판단을 먼저 내리지 않음
현장 경험	• 부임 경험자나 귀임자의 조언, 미니 문화경연대회 • 현지 대리인 및 스폰서	관습, 가치관, 비어적 행동, 삶의 기준과 신념, 종교에 대한 이해
언어기술	• 전문어학연수원 훈련, 테이프	업무에 필요한 현지인과의 의사소통, 현지 생존 필요성 인식
교육-정보훈련	• 강연, 자료 강독, 영화를 이용한 이문화 성공과 실패 사례, 비디오 테이프 이용	현지 연구, 현지 경영 방식 습득, 본국 경영 및 현지 관습 차이 인식

2. 파견인 관리 시 주의사항

해외 지사의 성과평가 시 여러 가지 요인들을 고려해야 한다. 예를 들어, 자국 내 성과평가의 경우에는 직속 상사가 피평가자의 행위를 관찰하고 기록할 수 있지만, 파견인의 직속 상사는 본사에 근무하는 경우가 많기 때문에 피평가자의 행위를 관찰할 기회가 적다. 따라서 평가자는 객관적 정보와 더불어 파견인을 관찰할 수 있는 다양한 사람들로부터 정보를 입수하여 평가하는 것이 바람직하다. 또한 현지국의 환율변동이나 회계처리 방법, 환경 변화, 시장의 성숙도 등을 고려한 성과평가가 이루어질 필요가 있다.

경영조직의 국제화단계별 국제 인적자원관리 방식

조직의 국제화단계, 제품과 기술의 특성, 인적자원의 역량 등과 같은 조직 내부 여건을 고려하여 인적자원관리의 전략을 선택해야만 한다. 특히 조직의 성장단계별로 국제 인적자원관리 전략을 달리 적용해 나갈 필요가 있다. 창업단계, 기능적 성장단계, 통제된 성장단계, 전략적 통합단계별로 적용되는 인적자원관리 방식은 달라져야 한다.

조직 내부의 여건으로서 가장 먼저 고려되어야 할 것은 조직의 국제화단계이다. 창업단계에서 시작하여 범세계적인 네트워크를 구축하는 단계까지 대체로 집권화전략, 분권화 및 지역화전략, 범세계적 전략 순으로 구사하는 것이 바람직하다. 또한 글로벌 인적자원관리 전략이 효과적으로 실행되기 위해서는 이에 필요한 인적자원의 역량이 뒷받침 되는 것 역시 중요하다.

- 국내조직: 자국 인력에 대한 인사 활동
- 수출조직: 자국 인력 인사관리, 수출담당 인력에 대한 인력충원 및 개발
- 해외자회사 설립: 파견자 모집 · 선발 · 훈련 · 개발
- 국제본부조직: 파견인력 인적자원관리 + 현지인 인적자원관리
- 글로벌지역/제품조직: 현지 상황에 따른 독자적 인적자원관리 활동
- 초국적 조직: 본사와 상관없이 다국적 인력에 대한 독자적인 인사관리 활동

(1) 국내조직 단계

국내조직은 철저하게 내수시장을 대상으로 한다. 자국의 경기상황과 조직환경, 소비자들의 욕구에 의해 경영 활동을 수행한다. 국내조직의 인사관리는 자국 인력에 국한해 인력채용, 훈련과 개발, 성과평가 및 보상을 한다.

(2) 수출조직 단계

수출조직은 국내시장과 더불어 외국을 포괄한 시장으로 영업 활동을 확장한다. 조직의 수출담당부서가 총괄하여 담당한다. 기업경영 및 생산시설은 국내에서 보유하며 관리한다. 수출조직의 인사관리 역시 자국인력을 대상으로 하기 때문에 국내조직 인사관리와 같다. 그러나 수출담당 업무를 맡게 될 인력충원과 인력개발 등 국제적인 고객의 수요에 초점을 두고 이루어진다. 예컨대 수출담당 업무를 위해 외국어 실력이 뛰어난

사람을 충원하거나 조직 내부에서 개발시키는 경우이다.

(3) 자회사 설립 단계

자회사나 협력 투자는 해외 시장에 전문 자회사나 협력투자를 통해 영업 활동을 하는 것을 말한다. 자회사는 보통 조직의 현지 법인을 말하는 것으로 기업경영의 일부분을 본국 바깥으로 이동시킨 경우이다. 자회사는 판매지점 혹은 해외지사로써 본사의 통제하에 있으며 파견인력이 판매 자회사의 경영자가 된다. 자회사나 협력투자는 본사의 경영 일부를 해외에서 수행하며, 일반적으로 본사 직원에 의해 통제되기 때문에 인사관리는 주로 파견자 모집, 선발, 훈련과 개발, 보상을 강조하다. 한편 파견인에 의해서 현지인 직접채용이 가능하지만, 자회사는 기본적으로 본사의 통제를 받고 파견인이 대리인 역할을 하는 것이다. 따라서 현지인 인사관리는 파견인이 본사의 통제를 받아 수행한다.

(4) 국제본부조직 단계

국제본부조직은 하나의 사업단위에서 국내조직의 모든 해외 관련 업무를 총괄하는 형태로 수출뿐만 아니라 국제업무를 총괄 담당한다. 본국의 국제부서 이외에 해외에도 국제부서를 설립하여 해외에서 기업경영을 수행한다. 이 단계에서는 조직을 위한 의사결정의 분권화가 일어난다. 국제본부조직에서 인사관리는 해외파견인력의 선발과 모집, 훈련과 개발, 그리고 파견인의 가족들 문제를 비롯해 현지인 인력 고용에 따라 현지 국가의 문화적 특성을 고려한 인사관리 등 상당히 복잡해진다.

(5) 글로벌지역 · 제품조직 단계

해외영업 활성화로 자회사나 국제본부조직이 지나치게 늘어나면 효율적인 커뮤니케이션을 위한 운영과 관리상 문제가 발생한다. 지역이나 제품에 따라 분권적인 경영을 요구 받게 되고 글로벌조직으로 전환하게 된다. 글로벌조직은 크게 글로벌지역조직과 글로벌제품조직이 있다.

① 글로벌지역조직: 국제본부조직이 처리해야 할 업무가 비대해지면서 가장 먼저 나타날 수 있는 것으로 해당 지역에 모든 경영권을 위임하는 것이다. 따라서 해외지역별로 생산, 인사, 재무, 마케팅 등 모든 경영 활동이 독자적으로 이루어진다. 제품에 상관없이 해외 지역에서 국내조직처럼 그 지역을 대상으로 경영 활동을 한다. 특정 지역의 운영책임은 파견 경영자나 현지 경영자에게 위임된다. 그러나 전략적 사안에 대한 의사

결정은 본사와 조율을 통해서 수행한다.

② 글로벌제품조직: 제품조직은 부서를 제품별로 상정하여 제품부서에서 독자적인 경영 활동이 이루어진다. 글로벌환경에서는 해외에서 제품별로 모든 기능조직이 이루어진다. 예컨대 반도체 A라는 독자적인 제품을 중심으로 해외 담당인력, 수출부, 생산공장 및 판매유통이 이루어진다.

③ 글로벌지역 및 제품조직의 인사관리는 전세계적으로 현지 특유의 상황에 의해서 거의 독자적으로 이루어진다. 본국 국적을 가진 파견인은 본사의 인사관리부서의 관리하에 있지만, 현지 종업원들은 각 회사의 책임이 된다. 파견인은 단지 조직을 모니터링하는 역할만 수행하거나 극한 상황에서만 현지 업무에 개입한다.

(6) 글로벌 매트릭스조직 단계

글로벌 매트릭스조직은 제품과 지역적 차원을 통합해 기업경영 활동과 자원을 조정한다. 지역 및 제품조직의 권한을 공유하는 의사결정이 이루어져 신속한 의사결정을 할 수 있다. 글로벌 매트릭스조직의 기능적 · 지리적 제품 책임자는 해외 자회사의 책임자와 유사한 지위를 갖게 된다. 물론 현지 경영자에게 경영권을 위임한다. 조직의 종업원 역시 파견인을 포함해 현지인으로 구성되어 있다.

글로벌 매트릭스조직의 인사관리는 우선 제품조직과 지역조직의 특성에 맞는 인력충원을 하게 된다. 예컨대 제품조직이 본국이 아닌 해외에 있다면 파견인과 현지인이 혼합될 것이다. 만약 제품조직이 본국에 위치할 경우에는 오히려 각 지역의 현지 전문가가 본국에 파견되어 지역정보를 제공하게 된다. 또한 제품과 지역조직 간 인력교류가 강화되는 것이 특징이다. 예컨대 제품 A의 인력들은 각 지역에 파견되어 그 곳에서 제품판매 활동을 위한 정보를 수집하여, 지역조직은 물론 자신이 속한 제품조직의 본사와 상의를 하게 된다. 하지만 종업원들의 모든 인사관리는 자신이 속한 제품 혹은 지역조직에 의해 이루어진다.

(7) 초국적조직 단계

조직의 국제화단계에서 가장 발전된 형태로 국경을 초월하여 경영 활동을 하는 초국가적 조직이다. 예컨대 세계시장환경에 대한 정보수집은 북미를 중심으로, 제품기술은 유럽에서, 제품생산은 동남아시아에서 실시하며, 전세계적인 판매망을 통해 유통된다. 전세계에 조직의 핵심역량을 분산시키고 지역별로 차별화된 우위를 얻을 수 있다.

초국가적 조직들은 사업을 시작한 본국을 비롯해 어떠한 국가와도 강한 전략적 결속을 가지지 않기 때문에 인사관리 역시 본사와 상관없이 자유롭게 실행된다. 종업원은 물론 이사회도 다른 국적의 사람들로 구성되어 있다. 기업상황에 맞는 다양한 인력을 고용하여 본사가 속한 특정 국가의 색채를 벗어나 조직의 독특한 문화로 종업원을 이끌고 간다.

한국 기업들의 국제화는 1990년대부터 본격적으로 시작되었다고 볼 수 있다. 1980년대까지 그다지 큰 규모를 넘지 못하던 우리나라 기업의 해외 투자는 1990년에 들어서서 10억 달러를 넘어섰고 그 이후 지속적인 증가세를 보여 IMF가 발생하기 직전인 1996년도에는 42억 달러에 이르렀다. 경제위기 이후 해외 투자는 약간 줄어든 상태이나 적극적인 외자유치 노력으로 다시 증가하는 경향을 보이고 있으며 경기가 회복세를 보임에 따라 앞으로 더욱 증가할 것으로 보인다. 이러한 국제화로 인하여 새로운 인사관리의 패러다임이 필요하게 되었고 글로벌 인적자원관리가 등장하게 되었다. 김우중 회장의 자동차 세계화전략은 전세계 어느 기업도 시도한 적이 없는 것이었다. 단순한 현지화단계에서, 지역화 및 글로벌화로 경영전략을 발전시켜나간 과거 대우의 사례이다. 1999년도에 세계적 기업들의 해외 공장은 현지로 부품을 보내 조립하는 형태(KD 공장)나, 현지의 부품을 다수 채용해 현지화한 공장이다. 그런데 대우는 현지공장을 인수한 뒤 설비를 보완하고, 대대적인 투자를 통해 현지 최대 업체로 부상시키는 전략을 택했다. 궁극적으로 각 공장(생산기지), 유럽의 연구소, 한국의 연구 및 생산기지를 연결시켜 부품과 기술의 상호공유를 통한 글로벌체제를 갖춘다는 원대한 구상이었다. 김회장의 특이한 구상은 주목을 끌었고, 경계 대상이 되기에 충분했다.

학습정리

- 글로벌 인적자원관리란 다국적기업에 대해 본국과 현지국 직원을 포함한 전체 인력을 대상으로 한 인력의 확보, 개발, 보상, 유지에 관한 체계적이고 계획적인 관리 활동으로 정의할 수 있다.
- 글로벌 인적자원관리의 구성은 크게 실행 영역인 국가와 실행 대상인 직원의 형태, 그리고 실행기능인 인사관리 기능별로 나누어 살펴 볼 수 있다.
- 글로벌 인적자원관리는 인적자원관리 기능의 증가, 해외주재원의 관리, 현지화, 그리고 복잡성의 특징을 지닌다.
- 글로벌 인적자원관리의 이론으로는 '이문화 EPRG 경영모델'이 있는데, 이는 기업을 글로벌 성숙도에 따라 자민족(본국)중심 이문화 경영, 다원주의(현지국중심) 이문화 경영, 지역별중심(지역주의) 이문화 경영, 글로벌중심 이문화 경영으로 분류하고 있다.
- 현지인을 활용하는 것은 저렴한 인건비, 현지인에 대한 신뢰구축, 현지 환경과 적합한 대안 창출 가능 등의 장점을 가지고 있다.
- 파견인을 이용하는 것은 본사와의 문화적 친밀성으로 경영관행의 이전, 해외 자회사에 대한 면밀한 통제와 조정, 국제적 감각을 갖춘 전문가 양성 등의 측면에서 장점이 있다.

참고문헌

1. 경영학 뉴패러다임: 국제경영(2002). 이철 외, 박영사.
2. (초국적 기업을 향한) 국제인적자원관리전략(1999). 김원형, 학지사.

연습문제

01 다음 중 글로벌 인적자원관리에 대한 설명으로 틀린 것은?

① 오늘날 경영 활동이 국경을 초월하여 이루어짐에 따라 글로벌 인적자원관리가 더욱 중요해졌다.
② 글로벌 인적자원관리란 다국적기업에 대해 본국과 현지 직원을 포함한 전체 인력을 대상으로 관리하는 것이다.
③ 파견인이란 해외의 국민인 사원으로 자국인도 현지인도 아닌 제3국의 사원을 의미한다.
④ 현지인이란 해외 지점이 위치한 나라의 현지 국민인 사원을 의미한다.
⑤ 글로벌 인적자원관리는 비슷한 가치관과 행동양식을 지닌 여러 국가의 인력을 대상으로 한다는 점에서 일반적인 인적자원관리와는 차이가 있다.

02 글로벌 인적자원관리의 이론으로 '이문화 EPRG 경영모델'에 대한 설명이 틀린 것은?

① 본국중심 이문화 경영은 본국의 본사가 보유한 행동양식을 최우선으로 생각하여 이것을 현지

와의 관계에 반영시킨다.

② 다원주의적 이문화 경영은 기본적으로 현지국과 본국의 문화적 이질성을 인정하고, 외국인을 이해하는 것은 어렵다는 전제에서 출발한다.

③ 지역주의 이문화 경영은 정치, 경제, 문화 등이 상이한 국가들을 하나의 지역으로 묶어서 지역 중심의 경영을 전개한다.

④ 글로벌 중심 이문화 경영은 경영 위계상 직위는 국적에 관계없이 재능 있는 사람으로 채워질 수 있지만, 결국에는 본국인이 현지인이나 제3국인보다 더 높은 지위를 갖게 된다.

⑤ 이문화 EPRG 경영모델은 기업이 글로벌 성숙도에 따라 4가지 경영 유형으로 분류하고, 이에 따라 기업이 지향하는 의사결정, 자원분배, 전략, 조직구조가 다르게 나타난다는 이론이다.

03 맞으면 ○, 틀리면 ×로 답하세요.

> 글로벌 인적자원관리의 구성은 크게 실행 영역인 국가와 실행대상인 직원의 형태, 그리고 실행기능인 인사관리기능별로 나누어 살펴 볼 수 있으며, 이 중 인사관리기능은 초국적기업이 활동하는 국가와 직원 유형에 따라서 인사관리 실행방안은 달라질 수 있다. ( )

04 글로벌 인적자원관리가 일반적인 한 국가 내에서의 인적자원관리와는 다르게 갖는 일반적인 특징들을 간단하게 설명하면 무엇인가?

05 다국적기업이 해외에서 경영 활동을 수행함에 따라 현지인을 채용할 것인지, 파견인을 활용할 것인지 결정하게 되는데, 각각의 이용 방법에 대한 장점에 대해서 간략하게 기재하시오.

06 리더십이론에 관한 다음 설명 중 가장 적절한 것은? 2013년 공인회계사

① 허시(Hersey)와 블랜차드(Blanchard)는 리더와 부하의 관계가 나쁠수록 엄격하게 감독하고 관리하는 지시형 리더십이 적절하다고 하였다.

② 리더-구성원 교환관계이론(Leader-Member Exchange Theory) 또는 수직쌍관계이론(Vertical Dyads Linkage Theory)에 의하면, 리더와 부하가 내집단(in-group)의 관계일 때, 상사는 부하와 공식적인 범위 내에서만 관계를 유지하는 경향이 있다.

③ 블레이크(Blake)와 모우튼(Mouton)의 관리격자모형(Managerial Grid Model)에서는 상황의 특성과 관계없이 생산과 인간 모두에 높은 관심을 가지는 팀형(9, 9)을 이상적인 리더십 스타일로 정의하고 있다.

④ 피들러(Fiedler)의 리더십 상황모형에 의하면, 상황이 리더에게 매우 호의적이거나 매우 비호의적인 경우에는 LPC(Least Preferred Co-workers) 점수가 낮은 관계지향적 리더십 스타일이 적합하다.

⑤ 거래적 리더십(transactional leadership) 스타일을 지닌 리더는 부하의 역할과 목표를 명확하게 제시하고, 부하 개개인의 욕구에 관심을 가지며, 부하들을 지속적으로 격려하는 행동을 한다.

14

갈등관리와 노사관계관리

27장 조직 내 갈등관리

학습목표

1. 갈등관리의 중요성과 개념을 이해한다.
2. 갈등관리의 대표적인 이론들을 설명할 수 있다.
3. 갈등관리의 분석을 통한 접근 방법을 이해한다.
4. 갈등 해소 방법을 이해하고 실제 조직에서 적용할 수 있게 한다.

실제 사례

조직갈등의 결과: 서로 말도 안 해!

조직 내 갈등은 조직에서 나타나고 있는 매우 보편적이면서도 자연스러운 현상이지만, 갈등의 수준이 지나치면 조직기능이 정상적으로 작동하지 못할 뿐 아니라 심한 경우 조직이 와해되기도 한다. 2012년에 발생한 통합 JB당의 비례대표 선출 부정선거를 둘러싼 당권파와 비당권파 간의 갈등현상은 조직갈등 현상의 더할 나위 없이 좋은 사례다. 2011년 KK도 교육청에서도 직원들이 직렬별 또는 부서별로 나뉘어 서로를 비방하거나 힘겨루기를 하는 등 조직 내 갈등의 골이 깊어진 적이 있다. 직원들 간 갈등은 도교육청이 사무 분야 기능직 직원들의 일반직 동일 직급 전환을 허용하기로 하면서부터 시작되었다고 한다. 도교육청은 교육과학기술부의 시·도교육청 소속 사무기능직 개편을 위한 조직·인사사무처리 지침에 따라 타 시·도교육청과 함께 앞으로 3년간 사무 직렬 기능직 6~9급 공무원들을 일정한 시험을 거쳐 동일 직급의 일반직으로 전환할 계획으로, KK도 교육청 소속 사무기능직 정원의 60%가 매년 직급별로 20%씩 일반직으로 전환되게 되었다.

이 때문에 도교육청 인터넷 홈페이지는 일반직 직원들과 사무 분야 기능직 직원들 간 설전의 공간으로 바뀌었다. 기능직 직원들은 그동안 일반직보다 진급 속도가 더디어서 같은 직급이라고 하더라도 일반직보다 더 많은 실무경력을 가지고 있다고 주장하였다. 그러나 일반직 직원들은 높은 경쟁률을 뚫고 일반직 시험에 합격했는데 비교적 편하게 들어온 기능직 직원들을 수평 전환해 동일하게 대우하겠다는 것에 부당함을 느낀다고 주장하였다. 또한 일반직들은 일반직과 기능직 간 합의점이 없는 상황에서 수평 전환은 공무원 공개경쟁채용제도의 근간을 흔들고 하위직 공무원들의 인사적체가 심각해질 수 있다며 반발하고 있다. 반면 사무 분야 기능직 직원들은 공채시험 보고 들어온 일반직 신규 직원보다 적게는 10년에서 많게는 20년까지 더 근무하고도 8급, 9급인 공무원들이 많아 이들이 수평 전환이 된다고 하더라도 신규 직원보다 실무에서 더 많은 능력을 발휘할 수 있다고 반박했다. KK도의 일부 지역교육청의 경우 일반직 직원들과 기능직 직원들이 업무 관련 최소한의 대화 외에는 서로 말을 하지 않는 등 갈등의 골이 깊어질 대로 깊어진 상태에 이르렀다.

01 갈등관리의 개념과 이론

갈등관리, 왜 중요한가?

일상생활이나 조직생활 속에서 우리는 수많은 갈등을 경험하게 된다. 때로는 자신의 내부에서 발생하는 여러 가지 욕구와 목표 간의 상충으로 인해 갈등을 겪기도 하고, 다른 사람들과 각자의 욕구 · 목표 · 가치관 · 신념 등의 차이로 인해 마찰이 생기기도 한다. 성공적으로 조직을 관리하기 위해서는 조직구성원들과 집단의 능력을 상호조정하고 통합해 조직의 목표를 달성할 수 있도록 하는 방안을 모색해야 한다. 조직 내의 여러 구성원들과 집단들은 서로 간에 정보 및 도움을 주고받는 업무관계를 맺고 있기 때문에 상호 의존적이기 마련이다. 이런 상호의존성은 서로 협조하는 분위기를 조성하기도 하지만 갈등이 발생할 소지도 안고 있다.

일반적으로 갈등이란 사람이나 집단 또는 조직과 같은 사회적 주체 간에 이해관계가 충돌하여 서로 적대시하거나 대립하면서 상대방의 이익에 반하는 방향으로 상호 작용하는 과정을 말한다. 이러한 갈등이 심각하게 발생하면 조직의 목표달성을 위한 일들을 원활히 수행할 수 없기 때문에 조직의 유효성에 악영향을 끼치게 된다. 갈등을 얼마나 효율적으로 관리, 조정하느냐는 집단의 운영 및 목표달성에 영향을 미치기 때문에 중요하다고 할 수 있다.

조직 내 갈등의 예는 곳곳에서 찾아볼 수 있다. 모 은행의 경우 오전 근무 직원과 오후 근무 직원들 사이의 갈등이 외부로 알려진 적이 있다. A 은행원이 실수를 해서 계장으로부터 꾸중을 듣자, A는 자기가 실수를 한 것은 전임 근무자의 N이 업무인수인계를 잘못했기 때문이라고 동료들에게 말했고, 동료들은 N에게 왜 인수인계를 제대로 하지 않느냐며 N에게 따졌다. 그러나 N은 자기가 옳게 인계했는데도 A는 실수한 책임을 자기에게 덮어씌우고 있다고 오전반 동료에게 하소연하자, 오전 근무반 직원들은 A가 괘씸하다며 A에게 항의를 하게 되고 이것이 계기가 되어서 양측의 싸움이 커지게 되었다.

갈등관리란 무엇일까?

사람들은 일반적으로 갈등은 있어서는 안 된다고 생각하지만 갈등이 주는 순기능도 있다. 갈등은 문제를 인식하게 하고, 그 문제에 대한 해결책을 모색하게 한다. 조직은 갈등이 주는 업무로부터의 에너지 분산, 심리적 안정 상태 위협, 자원낭비, 부정적 조직 분위기, 집단응집력 파괴, 적대심과 공격적 행위 등의 역기능적 측면을 배제하면서 순기능적 측면을 보다 키워나갈 필요가 있다. 비가 온 후 땅이 단단해지고, 바람이 불어야 나무의 뿌리가 깊이 박히듯 인간관계에서 갈등은 여러모로 도움이 될 수 있다. 이런 갈등의 도움이 집단 및 조직에 미치는 영향에 따라 조직의 성과가 결정되므로 갈등관리는 점점 그 중요성이 더해지고 있다.

갈등을 관리한다는 말은 조직에 해로운 갈등을 해소하거나 완화시키는 것만을 뜻하는 것이 아니라 갈등을 용인하고 이에 대응하는 조치를 취하는 것, 그리고 더 나아가 조직에 유익하다고 판단되는 갈등을 조장하는 것까지를 포괄하는 활동을 말한다. 베르코비치(J. Bercovith)는 갈등관리를 갈등이 확대되고 악화되는 것을 막고 갈등이 유리한 결과를 실현하는데 도움을 주는 구조나 조건을 마련하는 활동이라고 하였으며, 깁슨 등(J.L. Gibson, J.M. Ivancevich, & J.H. Donnelly)은 조직의 효과와 업적은 갈등이 지나치게 많거나 혹은 지나치게 없거나 낮을 때보다 오히려 적당한 수준의 갈등이 존재할 때 높다는 결론을 내렸다.

양식장의 미꾸라지와 메기의 이야기는 갈등의 순기능에 관한 시사점을 준다. 양식장의 미꾸라지가 자꾸만 죽어가고 병에 걸려 주인이 낙담할 때 친구가 양식장에 메기를 몇 마리 집어넣으라고 충고했다. 메기를 넣은 지 얼마가 지난 후 미꾸라지는 전보다 더 튼튼하게 자랐다. 전에는 미꾸라지들이 사료만 먹고 빈둥빈둥하여 약해졌지만 메기가 들어오면서 안 잡히려고 마구 헤엄쳐 다니면서 활동량이 많아지고 식욕이 생겨서 결국 튼튼하게 되었기 때문이다. 안전지대인 국영기업체나 경쟁이 없는 공무원사회는 세계 어느 나라를 막론하고 사기업보다 훨씬 비능률적으로 운영되고 있는 경향이 있는데 메기와 같은 존재를 투입하여 조직 내 건강한 긴장상태인 갈등을 조장할 필요가 있다.

다음의 도표에서 갈등의 수준에 따른 조직 성과에의 영향을 살펴볼 수 있다.

① 상황 1: 역기능적

갈등 수준이 낮거나 없을 경우 조직은 환경 변화에 느린 적응과 새로운 아이디어의 결여로 인하여 의욕을 상실하여 낮은 조직 성과를 나타내게 된다.

② 상황 2: 순기능적

갈등 수준이 최적일 때 조직은 목표달성을 향한 적극적인 활동, 혁신, 환경 변화에 대한 신속하고 창조적인 반응으로 높은 조직 성과를 나타내게 된다.

③ 상황 3: 역기능적

갈등 수준이 높을 경우 활동수행에 대한 방해와 분열, 혼란으로 조정이 곤란해져 조직성과를 떨어뜨리게 된다.

|그림 27-1| 갈등의 기능

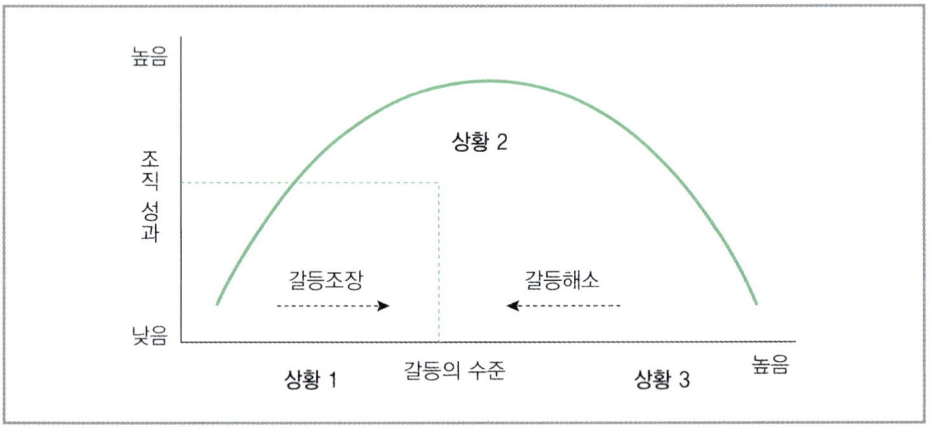

갈등관리에는 어떤 이론들이 있을까?

갈등관리이론은 월튼(Richard E. Walton)의 이론과 폰디(L. Pondy)의 이론이 대표적이라고 할 수 있다.

1. 월튼의 이론

월튼의 갈등모형은 갈등적 논쟁점이나 문제, 명백한 갈등을 촉진시키는 계기적 사건, 참여자의 행위나 갈등행동, 갈등결과 등 4가지 요소를 전제하고 이 요소들을 중심으로 갈등이 순환적이며 주기적으로 일어남을 보여준다.

월튼의 갈등모형에서의 갈등은 서로 반대 입장에 있는 두 사람이 주기적으로 명백한 갈등에 얽혀있을 때 문제가 있음에도 불구하고 잠재해 있거나 숨겨져 있다가 돌발적 사건으로 인해 외부에 드러나게 된다. 그 후 갈등의 문제를 일시적으로 해결했다 해도 계속적인 갈등행위가 잠재해 있다가 다시금 돌발적 사건으로 갈등이 생기는 모형이다.

[그림 27-2] 월튼의 갈등모형

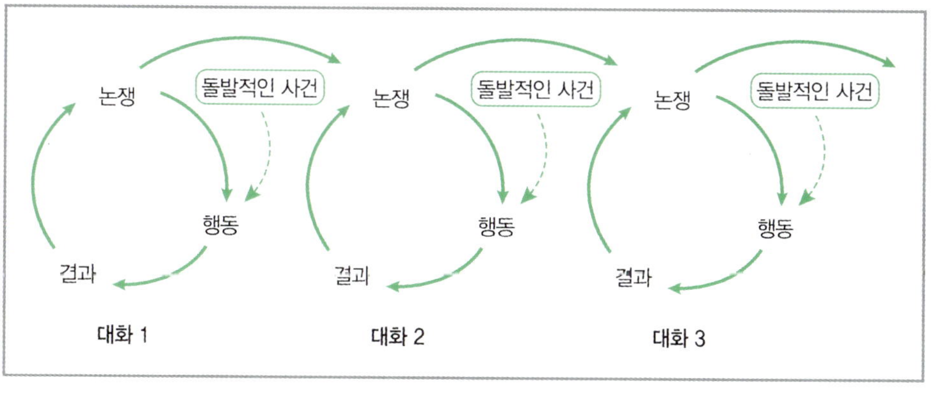

월튼의 이론은 갈등행동에 대한 결과로써 문제를 해결했다 하더라도 그 문제가 언젠가는 돌발적 사건에 의해서 다시 생기기 때문에 갈등에 대한 원천을 완전히 봉쇄하는 것은 어렵다고 말하고 있다. 그러므로 갈등이 다시 생기는 주기나 횟수를 최대한 줄이는 방법을 적절히 사용해야 한다고 주장한다.

그에 대한 해결 방법을 월튼 이론은 갈등을 실질적인 문제와 감정적인 문제로 나누어서 제시한다. 실질적 문제의 경우 갈등의 해결책으로 제3자의 중재가 있다. 이는 당사자 사이의 근본적인 문제해결과 협상으로 다시금 갈등이 생기는 것을 최소화하는 방안이고, 감정적인 문제와 같은 경우는 당사자들의 지각적인 변화를 통하여 갈등을 최소화시키는 방안이다.

2. 폰디의 이론

폰디는 조직에서의 집단 간 갈등을 협상모형, 관료적 모형, 시스템 모형으로 나누어 구분하고 있다. 협상모형은 희소한 자원을 얻기 위해 경쟁하는 이해집단 간의 갈등을 다루는 모형으로 노사관계 갈등분석, 예산 과정 및 스탭-라인 갈등에 유용하고, 관료적 모형은 계층의 수직적 차원의 갈등분석에 적용되며, 시스템 모형은 기능관계에 있는 당사자들 간의 갈등을 설명한다. 세 가지 모형은 서로 다른 형태의 갈등을 나타내지만 "갈등상황을 연결하는 결과"로 구성되어 있다는 점에서 기본적으로 유사하다.

[그림 27-3] 폰디의 갈등모형

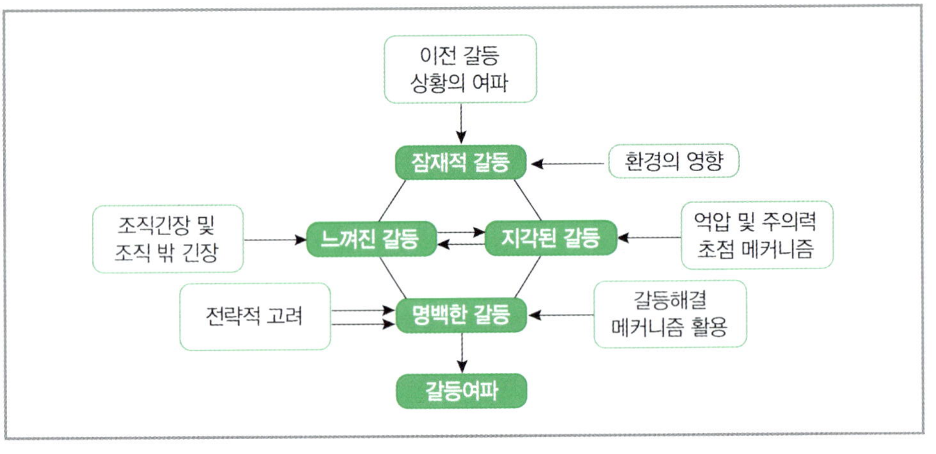

폰디 모형은 이 갈등상황을 잠재적 갈등, 지각된 갈등, 느껴진 갈등, 명백한 갈등, 갈등여파 다섯 가지 단계로 분류한다. 잠재적 갈등여파 단계는 집단 간 갈등의 기본조건 또는 원인을 나타내는데, 그 원인은 희소자원에 대한 경쟁, 자율성 추구, 부서 목표의 차이로 분류된다. 지각된 갈등단계는 갈등상태에 처해 있음을 인식하게 되는 것을 말하며, 느껴진 갈등단계에서는 갈등이 구체화되거나 내면화 되어 느껴질 수 있다. 명백한 갈등단계에서는 노골적인 갈등행위가 나타나게 되고, 갈등의 여파단계에서는 갈등관리에 따라 갈등이 해소되어 관계가 발전되기도 하고, 악화되기도 한다.

02 갈등관리의 방법

갈등관리의 방법에 대한 아이디어를 조하리 창(Johari's windows) 모형과 갈등대응전략 유형(conflict handling behavior) 모형을 통해 얻을 수 있다.

조하리의 창(Johari's window)

조하리의 창(Johari's window)은 다른 사람에게 비춰지는 자신의 모습, 그리고 자신이 다른 사람에게 어떻게 노출되고 또 그들로부터 어떻게 피드백 되는가를 보여줌으로써 개인 사이의 갈등원인을 분석하고 그 해결방안을 제시함으로써 대인관계에 대한 갈등을 관리하는 접근 방법으로 사용되고 있다. 조하리의 창은 크게 네 가지 영역으로 나누어진다.

[그림 27-4] 조하리의 창

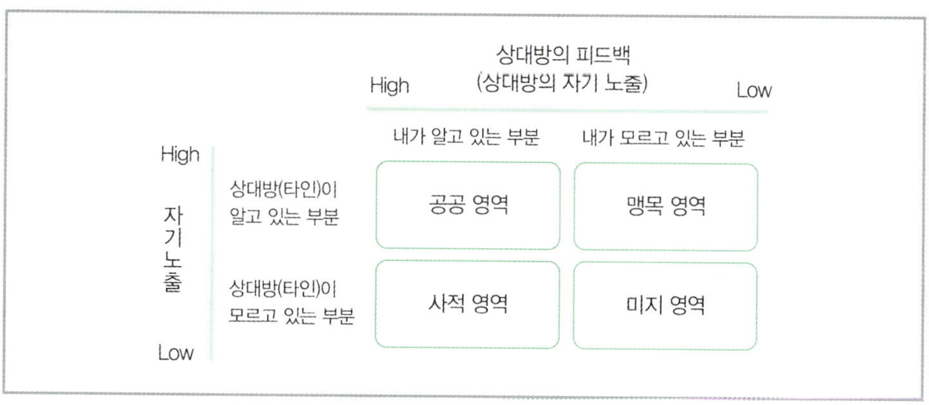

1. 공공 영역

자기에 대해서 자신도 잘 알고 다른 사람도 잘 알고 있는 부분이다. 이 부분에 대해서는 방어적 태도를 취할 필요가 없으므로 다른 사람과 갈등을 일으킬 소지가 거의 없다.

2. 맹목 영역

자기에 대해서 다른 사람은 잘 알고 있지만 정작 자신은 모르고 있는 부분이다. 나의 감정을 자극할 것을 염려하여 상대방이 나에게 그 부분에 대해서 말하기를 꺼리기 때문에 의사소통이 원활하지 못하여 갈등이 발생할 가능성이 잠재되어 있다.

3. 사적 영역

이것은 맹목 영역과는 달리 자기에 대해서 다른 사람은 모르고 자신만 아는 은밀한 부분이다. 자신의 숨겨진 부분이 다른 사람에게 노출될 때 다른 사람들이 어떻게 반응할지 두려워 자신의 감정과 태도를 숨기는 경우가 많아 맹목 영역과 마찬가지로 갈등의 소지가 잠재되어 있다.

4. 미지 영역

자기에 대해서 자신도 모르고 다른 사람도 모르는 부분이다. 이러한 상태에서는 오해가 발생하기 쉽고 감정이 격해지거나 갈등이 야기되기 쉽다.

위에서 알아본 것과 같이 각 영역의 특징이 다르며 이론상 가장 갈등을 줄이는 것은 공공 영역이라고 볼 수 있다. 즉, 사적 영역이나 맹목 영역으로부터 공공 영역으로 갈수록 오해가 줄어들고 서로를 신뢰하며 원만한 관계를 유지할 수 있기 때문에 갈등발생 가능성도 줄어들 수 있는 것이다. 조하리의 창은 이 네 영역 가운데 공공 영역의 넓이가 가장 넓은 사람이 다른 사람과 갈등을 일으킬 가능성이 가장 적고, 미지 영역이 넓을수록 다른 사람과 갈등을 일으킬 가능성이 가장 높다고 본다. 그러나 때론 비밀을 간직해야 할 때 그 비밀을 지키지 못해 갈등이 일어나는 경우도 있기 때문에 절대적인 방안이라고 맹신할 수는 없다.

갈등대응전략 유형

갈등대응전략 유형(conflict handling behavior)은 갈등상황에 처했을 때 자신의 주장을 끝까지 관철시켜 자신의 관심사를 충족시키려고 하는가와, 반대로 상대방의 관심사를 충족시켜 주는 것을 중심으로 갈등에 대처하려고 하는가를 기준으로 갈등에 대처하는 행동 방법을 유형화 한 모델이다. 전자처럼 자신의 관심만을 만족시키려는 의도를 독단성이라 하고, 후자처럼 상대방의 관심을 만족시키려는 의도를 협조성이라고 한다. 이 두 차원의 조합에 의하여 갈등관리의 갈등대응전략 유형 선택 방법을 경쟁, 타협, 회피, 수용, 협조로 나누어 볼 수 있다.

[그림 27-5] 갈등대응전략 유형

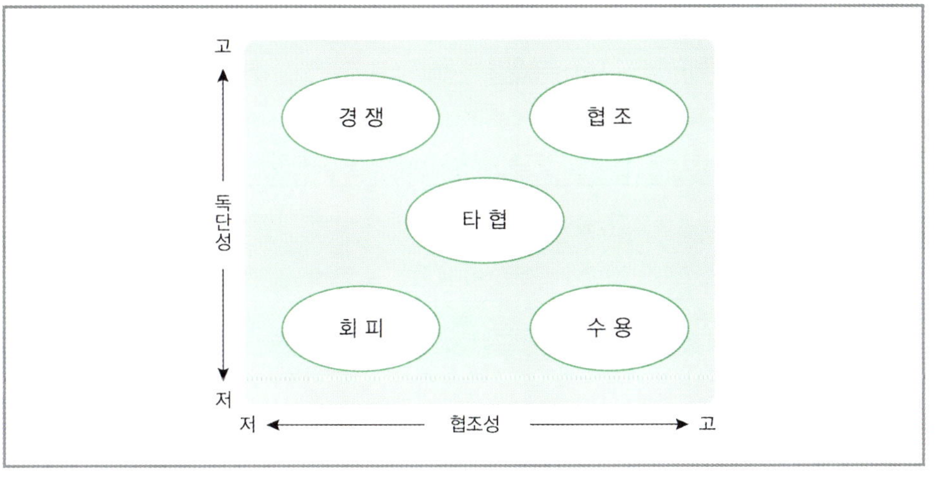

1. 회 피

보울딩(Boulding)은 갈등관리의 가장 중요한 방법의 하나는 단순히 갈등을 회피하는 것이라고 주장한 바 있다. 이는 갈등 문제로부터 물러나거나 이를 회피함으로써 자신뿐만 아니라 상대방의 관심사마저 무시하는 방식이다. 회피는 보통 안전욕구, 사회적 존경의 욕구, 자존심 욕구 간의 심리적 갈등으로 야기된다. 회피가 필요한 상황은 갈등이 대단치 않을 때, 감정이 고조됨에 따라 감정을 가라앉힐 시간이 필요할 때 또는 단호한 조치를 통해 더 큰 문제가 야기될 수 있는 경우이다.

2. 경 쟁

경쟁은 개인의 경우 다른 사람의 희생을 통해 자신의 필요를 충족시키려는 것이고, 집단의 경우 집단의 관심사를 충족시키기 위해 상대방을 압도해버림으로써 갈등을 해결하는 방식이다. 갈등상태에 있는 당사자들이 서로 극심하게 경쟁하는 이유는 상대방이 이기게 되면 자신은 얻는 것이 없다고 생각하기 때문이다. 경쟁에 의한 갈등해결은 어느 한 집단이 권력을 많이 보유하고 있거나 자신이 주장하는 것을 확신할 때, 비상시와 같이 신속하고 결단력 있는 행동이 중요한 경우에 선택하는 방법이다.

3. 수 용

수용은 어떤 문제에 있어 나의 주장을 버리고 남의 주장을 받아들이는 것처럼 다른 사람의 필요나 관심을 나의 것보다 중요시하면서 조화로운 관계를 유지하려는 것이다. 이런 선택사항은 갈등상황에 있는 문제가 당사자 개인이나 집단에 그다지 중요하지 않을 경우, 상대방이 시행착오를 통하여 올바른 방향을 찾기 원할 경우 또는 나중에 있을 문제를 위해서 신뢰를 쌓기 원할 때 가장 바람직한 방법이다.

4. 협 조

협조는 궁극적으로 자신과 상대방 모두에게 이득이 되는 해결 방안이다. 이를 위해 당사자들은 개방적이어야 하며 솔직하게 토론에 참여하고, 서로의 차이점을 이해하고자 적극적으로 경청해야 한다. 그리고 모두에게 이로운 해결책을 찾아내기 위해 모든 대안에 대해 주의 깊게 고려해야 한다. 협조형은 시간적인 압박이 거의 없으며, 모든 당사자들이 진지하게 서로 이득이 되는 해결 방안을 원할 때, 그리고 갈등이 나타나고 있는 문제의 중요성이 타협할 수 없을 만큼 큰 경우에 유용하다.

5. 타 협

타협은 하나의 교환관계라고 할 수 있으며, 갈등의 목표 또는 자원이 경쟁집단 간의 분배가 어떤 면에서 가능할 때 이용된다. 그러나 이 방법을 이용할 때에는 각 당사자가 어느 정도의 위치를 포기하여야 하므로 어느 일방도 그 결과에 완전히 만족할 수 없음을 분명히 알아야 한다. 타협은 복잡한 문제에 대해 잠정적인 해결을 고려하거나 임시변통적인 해결에 이르고자 할 때 적절하게 이용될 수 있다. 또한 갈등 당사자가 거의 동등한 힘을 가지고 있고 시간적인 압박이 있어 조속한 해결이 요구될 때 가장 이상적이라고 할 수 있다.

갈등관리에서는 각각의 갈등상황을 정확히 파악하는 것이 가장 중요하다. 갈등상황에 대한 정확한 분석 없이 이에 접근한다면 상황을 더욱 악화시킬 수 있기 때문이다. 각각의 접근 방법에는 장·단점이 존재하며 어떠한 대안도 모든 상황에 적합한 것은 아니다. 또한 어떠한 한 가지 접근 방법을 이용하는데 익숙하더라도, 유능한 경영자라면 언제, 누구에게, 어떻게 적용할 지를 고려하여 효과적인 갈등 접근 방법을 사용할 수 있어야 한다.

갈등관리의 방법

다양하게 제시되고 있는 갈등관리의 방법 중에서 상위목표의 도입, 자원의 확충, 협상, 제3자의 개입에 대해 살펴보자.

1. 상위목표의 도입

상위목표란 집단의 관심을 집중시킬 수 있는 공통적이고 보다 중요한 목표를 말한다. 이와 같은 목표는 한 집단에 의해서만은 달성될 수 없고, 동시에 각 집단의 다른 모든 목표에 우선하는 것이 일반적이다. 상위목표를 설정하게 되면 집단 간에 커뮤니케이션이 증가함으로써 상대방의 처지를 더 잘 이해하게 되고 개별집단의 하위목표와 이들의 협력을 이끌어 낼 수 있기 때문에 갈등을 효과적으로 관리할 수 있다.

[그림 27-6] 상위목표의 도입

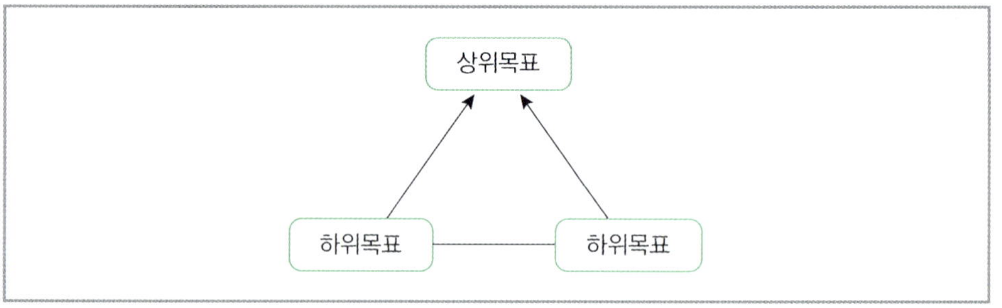

예를 들어, 생산부서와 마케팅부서가 각각 자기 부서만의 목표를 유일한 것으로 생각하여 생산부서가 마케팅부서의 역할을 고려하지 않고 자기 부서의 목표인 생산성만을 높이려고 한다든가, 반대로 마케팅부서가 생산부서의 역할을 고려하지 않고 자기 부서의 목표인 판매량 증가만을 추구하면 갈등이 발생한다. 이러한 경우 양 부서의 목표를 통합할 수 있는 보다 전략적인 상위목표의 설정이 필요하다. 예를 들어, 전사적 품질경영(TQM)과 같은 상위목표를 도입할 수 있다(전사적 품질경영이란 품질을 중심개념으로 하여 통합적 경영시스템을 구축하려는 한 시도로서 고객의 욕구와 합리적 기대를 충족시키는 활동을 말한다). 이 경우에 부서 사이의 갈등도 해결할 수 있고 생산성도 향상되어 갈등해결과 함께 조직의 성과도 향상시킬 수 있다. 노사 간에도 성장과 분배라는 각각의 주장을 '좋은 일자리 창출'이라는 상위목표의 설정으로 공동의 이해관계를 형성하여 갈등을 해결할 수 있다.

2. 자원의 확충

사람들이 현재 있는 자원을 얻기 위해 서로 경쟁해야 할 경우 필연적으로 갈등이 야기된다. 갈등이 자원의 희소성에서 기인될 경우, 갈등 당사자들에게 가장 만족스럽고 손쉬운 해결 방법은 이용 가능한 자원을 더욱 많이 확충하는 것이다. 예를 들어, 네 명의 인원이 배정된 구매부에 임금 인상으로 400달러가 할당된다면 그 네 사람에게는 100달러 이상의 소득은 주어질 수가 없다. 만약 네 사람이 모두 150달러를 받기 원한다면 갈등이 생기게 된다. 이 경우 해당 부서에 더 많은 자금이 주어지면 임금에 대한 기대에서 오는 갈등은 해소될 것이다. 그러나 조직의 활용자원은 쉽게 확충될 만큼 많지 않다는 점 때문에 이용에 제한이 따른다.

3. 협 상

협상이란 둘 이상의 당사자들이 자신에게 중요한 이슈들에 대해서는 상대방의 양보를 받아내고, 반면에 상대방에게 더 중요한 이슈에 대해서는 양보함으로써 서로 만족스러운 교환에 이르려는 시도라 할 수 있다. 즉, 결정대안들에 대해 서로 다른 선호체계를 가진 상호의존적인 당사자들 간의 의사결정 과정을 가리킨다. 협상은 소송이나 중재 등과 같은 갈등해결 방법보다는 그 비용이 상대적으로 적게 들고, 양 협상당사자들 모두에게 이익이 되는 방향에서 타결이 가능하다는 것이 장점이다. 반면에 협상 대상자들이 서로를 믿지 못하거나 가치관이 다를 경우, 또 협상상대자 간의 권력이 심각한 불균형 상태에 있거나 협상사안이 긴급한 것이 아닐 경우에는 협상을 통한 합의에 이르는 시간이 다소 오래 걸릴 수 있다는 단점이 있다.

우리 역사상 가장 유명한 협상 성공의 사례로 꼽히는 고려시대 서희의 대 거란 협상의 과정을 보자. 당시 고려는 신흥 강국인 거란의 침입으로 인한 국가적 위기 상황에 있었다. 전쟁의 승산은 매우 희박해서 일부에서는 국토의 일부를 거란에 양도하고 강화협정을 체결하자는 의견까지 제기되는 형편이었다. 그러한 상황에서 협상을 통해 서희가 얻은 성과는 기존에 여진이 점유하던 압록강 동쪽의 6주를 양도받기로 한 것과 철군을 전제로 양국 간 평화협정을 체결한 것이다.

당시 서희가 전개한 협상전략의 핵심은 두 가지로 알려져 있다. 먼저 당시 거란이 고려의 굴복 그 자체보다는 거란 본토에 위협을 미칠 수 있는 고려-송 연합의 방지에 초점을 맞추고 있다는 점에 착안하여 거란 본토에 대한 절대적 안전보장 및 거란과의 친교를 약속해 주는 것이었다. 그리고 다음으로 고려가 고구려의 후예로서 압록강 유역에 대한 권리가 있다는 객관적 근기를 제시함으로써 강동 6주를 얻어낸 것이었다.

4. 제3자의 개입

이는 갈등 당사자의 갈등해결노력이 교착상태에 빠졌을 때 이를 해결하기 위해 양 당사자와 직접 관련이 없는 전문가나 컨설턴트와 같은 제3자의 도움으로 갈등을 해결하려는 기법이다. 제3자 개입의 대표적인 방법으로는 매개와 중재가 있다.

매개란 제3자가 다양한 방법을 동원해서 갈등 당사자 간의 자발적인 협의를 촉진하는 개입 방법으로 매개자는 공식적인 권한은 갖고 있지 않고 단지 타협을 위한 구체적인 권고, 통합적인 해결책을 제시하거나 합의를 도출하는 촉진자의 역할을 수행한다. 중재란 갈등과는 직접 관련이 없는 제3자가 공식적인 권한을 갖고 갈등해결을 위한 중재안에 대해 갈등 당사자들에게 강제할 수 있는 개입 방법이다.

학습정리

- 갈등은 관리되지 않고 방치되면 심각해질 경우 조직에 악영향을 주고 이로 인해 조직의 성과에 부정적 영향을 줄 수 있다.
- 갈등관리는 조직에 해로운 갈등을 해소시키거나 완화시키는 것뿐만 아니라 조직에 유익한 갈등을 조장하는 것까지 포괄하는 활동을 의미한다.
- 갈등관리의 분석을 위한 접근 방법에서 개인 간 갈등관리분석을 위한 조하리의 창(Johari's windows)에 의하면, 개인은 사적 영역이나 맹목 영역에서부터 공공 영역으로 옮겨갈수록 신뢰가 깊어지고 갈등 발생이 줄어들게 된다.
- 갈등이 발생하게 되면 각 당사자는 회피, 경쟁, 타협, 수용, 협조 등의 방법을 이용하여 갈등에 대처하게 된다.
- 갈등해소를 위한 다양한 방법이 존재하며, 대표적으로 사용되는 갈등해소 방법으로는 상위목표의 도입, 자원의 확충, 협상, 제3자의 개입 등이 있다.

참고문헌

1. 조직행동론(2011). Stephen P. Robbins, Timothy A. Judge, 옮김-이덕로 · 김태열 · 박기찬, 한티미디어.
2. 갈등관리론(2010). 윤권종 , 한국학술정보
3. 인간존중의 경영(2005). 신유근, 다산출판사.
4. 조직갈등관리론(1998). 이재규, 박영사.

연습문제

01 다음 중 갈등관리가 필요한 이유에 대한 설명으로 틀린 것은?

① 갈등관리는 조직구성원들 간의 적대적 대립을 완화하는 것이다.
② 갈등이 심각해지면 조직의 목표달성에 부정적 영향을 줄 수 있다.
③ 갈등은 일반적으로 개인이나 집단 간의 이해관계가 충돌하여 발생한다.
④ 갈등관리가 조직의 성과를 높이는 데 기여할 수는 없다.
⑤ 갈등관리는 직면한 문제를 해결하기 위해 함께 노력하도록 도움을 받는다.

02 개인적 갈등분석의 접근 방법으로 조하리의 창에 대한 설명이 틀린 것은?

① 공공 영역은 자신도 잘 알고 다른 사람도 잘 알고 있는 부분이다.
② 맹목 영역은 의사소통이 원활하지 못하여 갈등이 발생할 가능성이 있는 부분이다.

③ 사적 영역은 다른 사람은 모르고 자신만 아는 부분이므로 갈등의 소지는 거의 없다.
④ 미지 영역은 자신도 모르고 남들도 모르므로 오해가 발생기 쉽다.
⑤ 다른 사람과의 원활한 커뮤니케이션을 위해서는 4가지 영역 중 개방 영역을 넓히려는 노력이 필요하다.

03 맞으면 ○, 틀리면 ×로 답하세요.

갈등관리란 조직에서 불필요하고 비생산적인 갈등을 해소하기 위한 관리 방법만을 의미한다. ( )

04 갈등관리이론 중 개인 간 갈등이론인 월튼의 이론을 간단하게 설명하면 무엇인가?

05 갈등의 해소 방법 중의 하나의 '상위목표의 도입' 방법에 대해 간단히 설명하고 자신이 근무하고 있는 조직이나 부서에서 이러한 방법을 통해서 갈등을 해소할 수 있는 방법에 대해 간략하게 기재하시오.

28장 노사관계관리

학습목표

1. 노사관계관리의 중요성과 개념에 대해 이해한다.
2. 노사관계의 주요 이슈에 대해 이해한다.
3. 협력적 노사관계 구축 방법에 대해 고찰한다.

실제 사례

노조의 경영참여

생활용품업체인 Y사 대전공장은 임직원 가족들을 회사로 초청한 '노사화합 가족 프로그램'을 4일간 실시한다. 첫째 날에는 직원들의 체육대회와 사진전시회, 둘째 날에는 사내 물물교환시장, 셋째 날과 넷째 날은 직원가족 초청 철쭉제와 장기자랑 및 사생대회가 개최된다. 벌써 9년째 계속되고 있는 노사 한마음대회다.

Y사는 노조 창립 10년, 노조원은 약 1천 여명이다. 그러나 Y사 노사는 1996년 6·29 선언 이후 전국적인 민주화 바람을 탄 노사분규를 제외하고는 지금까지 단 한 번도 분규를 겪은 적이 없다. 최근에는 노조가 회사에 임금협상을 위임할 정도로 상호 신뢰가 높다.

그 비결은 노조가 경영에 참여하도록 하는 시스템으로 대전, 안양, 김천 등 세 곳에 공장을 두어 연초에 사업장별로 회사 운영계획을 마련한다. 계획이 마련되면 곧바로 노사 대표가 참여하는 1박2일간의 워크숍에 들어가 계획의 실효성을 따지고 실천방향을 만들기 위한 액션플랜은 안전과 품질, 생산성, 환경, 후생복지, 봉사 활동 등 6개 팀으로 나눠 실행되는데 모두 노사 대표가 참여한다.

이들은 매월 미팅을 열고 결과를 점검하며 분기별로 그 진행 상황을 전 임직원들에게 공개한다. 이 과정에서 회사는 경영의 모든 실적이나 어려움을 직원들에게 알리고, 직원들은 애로사항이나 문의사항을 토로한다.

노사가 참여한 팀 단위로 경영전략을 실천하고 회사는 그 종합결과를 직원들에게 있는 그대로 공개해 서로 책임지는 경영풍토를 조성해 놓은 것이다. 대전공장의 서○○ Y사 노조 지부장은 "경영의 일부분에 직접 참여하고 있고 회사가 투명하기 때문에 다른 회사 직원보다 자부심을 느낀다"고 말한다.

최고경영자도 매년 봄과 가을 두 차례 노사대표가 참여하는 대화시간을 갖고 노조의 의견을 경청한다. 오○○ 인사부장은 "회사의 주요 행사는 반드시 노사가 협의 하에 결정하는 것이 일반화되어 있고 이것이 바로 무분규의 비결이라면 비결"이라고 설명하고 있다.

01 노사관계관리의 개념과 이슈

노사관계관리, 왜 중요한가?

산업사회에서나 정보지식사회에서나 노사관계는 근로자 개인의 발전뿐만 아니라 기업의 생산성과 효율성, 나아가 사회 전체의 안정 및 발전과 직결되는 문제이다. 노사관계는 다음과 같은 중요성을 갖고 있다.

첫째, 근로자 및 노동조합과 관련된 기업의 경영환경은 과거와 달리 기업경영에 매우 커다란 영향력을 행사하는 요인이다. 예를 들어, 국제노동기구(ILO: International Labor Organization)를 중심으로 하여 세계 모든 근로자의 권익을 보호하려는 노력이 전세계적으로 전개되어 왔는데, 1990년대 이후 세계경제의 새로운 질서를 형성하는 과정에서 근로자의 노동조건과 무역규제를 연계하는 움직임이 구체화 되었다. 이러한 움직임은 국제적으로 합의된 노동자의 권리를 보장해 주지 않는 국가의 제품에 대해 무역상의 제재를 가하는 것으로, 비록 선진국의 자국산업보호를 위한 수단으로 악용되는 측면이 없지 않지만, 근로자의 권리보호라는 기본가치는 근로자와의 바람직한 관계정립을 바탕으로 한 기업 활동을 요구하고 있다.

둘째, 노사관계는 기업경영의 차원뿐만 아니라 작게는 근로자 개인의 삶의 질부터 크게는 국가사회의 성장과 발전에 지대한 영향을 미친다. 예를 들어, 어느 지역에 있는 대기업의 노사관계가 악화되어 파국으로 치닫게 되면 노사 양 당사자는 물론 협력기업, 일반시민 등 관련된 많은 사람들에게 심리적 · 물질적 부담과 고통을 안겨주게 된다.

셋째, 노사관계관리는 현대 사회에서 발생하고 있는 근로자의 노동소외 또는 인간소외 현상을 해결하는 데 실제적인 도움을 줄 수 있다. 산업화를 통한 경제성장 과정에서 근로자의 노동소외와 같은 산업사회의 문제점들이 하나 둘 노출되기 시작하였는데, 성장제일주의의 가치 아래 도외시되었던 근로자의 인간적 고충과 소외 문제에 관심을 두어야 한다는 목소리가 높다. 또한 최근 들어와 경제적 풍요와 문화의식의 향상, 교육 수준 및 의식 수준의 향상으로 근로자들의 참여능력이 향상됨에 따라 경영 활동에 주체적으로 참여할 수 있는 능력이 향상되어 이들이 경영 활동에 주체적으로 참여하려는 성향이 커지고 있다.

넷째, 노사관계는 기업경쟁력, 나아가 국가경쟁력의 중요한 기반이 된다. 대립과 갈등으로 불안정한 노사관계 하에서는 기업의 경쟁력뿐만 아니라 기업의 생존까지도 위협 받을 수 있다. 계속해서 업계수위를 지켜 오던 회사가 심각한 노사분규의 여파로 수출에 커다란 차질을 빚어 공신력을 잃게 된 사례라든가, 노사갈등으로 매년 적자를 누적해 오던 회사가 노사협력을 선언하면서 적자를 줄여 나가고 있는 사례 등은 우리에게 노사관계가 기업경쟁력과 어떤 관계를 갖고 있는지를 깨닫게 해준다. 협력적 노사관계는 경영혁신의 원활한 추진과 성공가능성을 높이는 등 기업성공의 원동력이 된다.

H자동차의 노사분규는 심각한 노사분규의 여파로 회사의 공신력까지 위협받고 있는 대표적인 사례이다. H자동차는 일본 · 미국 등 경쟁업체와의 치열한 경쟁 속에서 수년간 저가 이미지로 해외시장에서 고전하다가 약 2~3년 전부터 비로소 글로벌자동차로 경쟁력을 갖추고 브랜드 이미지를 높이고 있는 기업이다. H자동차는 매년 노사분규로 몸살을 앓고 있는데, 비정규직과 관련한 노사분규로 10일 동안 직접 생산 차질 액만 1,300억 원에 달하고 있어 휴업조치까지 고려할 정도라고 한다. 만약 이러한 노사분규 상황이 자주 반복되고 지속된다면 세계적인 수준의 기술력을 갖추고도 노사분규로 인해 브랜드가치와 이미지가 낮아지고 결과적으로 기업경쟁력이 떨어질 가능성이 있다. 따라서 노사는 상대에 대한 이해와 소통을 통해 서로 함께 더불어 성장하는 상생의 방안을 반드시 찾아야 한다.

실제 사례

노사관계의 현 주소

노사협력순위 2018년 전세계 126개국 중 120위 수준

프랑스 인시아드 경영대학원과 아데코 사는 2019년 1월 다보스 포럼에서 The Global Talent Competitiveness Index(TCI) 2019를 발표했는데, 대한민국의 국가인적자원 경쟁력은 조사 대상 125개국 중 30위이고, 노사협력(Labour-employer cooperation) 순위는 120위로 평가하였다. 노사협력 순위는 2015년 이후 하락하고 있다.

퇴보하는 한국 노사협력 순위

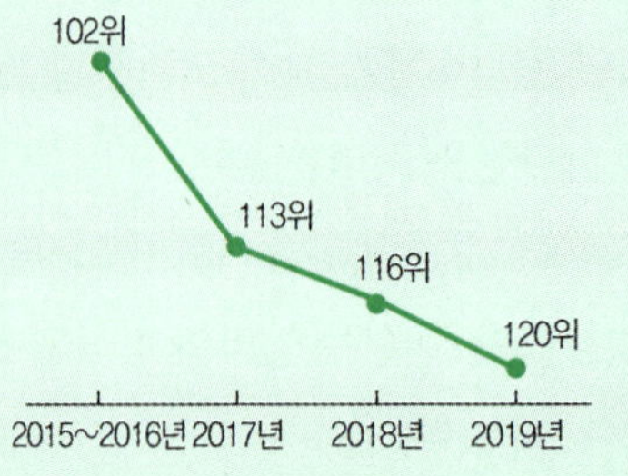

자료: 인사이드 · 아데코, 세계 인적자원 경쟁력 지수.

실제 사례

K타이어와 H타이어의 노사관계

한국의 산업현장에서는 전국적으로 연간 100여 건의 노사분쟁이 발생하고 여기에 소모되는 시간만 한 해 약 350일에 달한다.

K타이어 노조는 K타이어 주채권은행인 서울 여의도 KDB산업은행 본점 앞에서 집회를 열고 임금 삭감과 정리해고 반대 등을 주장했다. K타이어 노조는 "경영위기에 대한 책임은 전적으로 채권단과 경영진에 있다"며 "자구안은 절대 수용할 수 없고 고통분담도 할 이유가 없다"고 주장한다. 또 이날 오후에는 광화문에서 열리는 금속노조 집회에 참석해 청와대 앞까지 행진했다. K타이어는 2017년 12월 급여에 이어 1월 정기상여금도 지급하지 못할 정도로 유동성이 바닥난 상황이다. 이날 상경한 노조원들이 하루 동안 지출한 비용만 1억4,000만 원에 달한다. K타이어 노조는 워크아웃 기간에도 당시 자구안에 대한 노사동의서를 부정하며 2011년, 2012년, 2014년 파업을 했다. 또 2014년 12월 워크아웃 졸업 이후에 회사는 약 15%의 임금 인상과 상여금 200% 환원, 별도 격려금 510만 원 등을 지급했지만 노조는 2015년 39일간의 장기 파업을 했다.

K타이어 노조는 2005년 이후 2017년까지 3번을 제외하고는 매년 파업을 했다. 이로 인한 연간 매출 손실이 30억 원~1,500억 원이다. 워크아웃에 들어간 2009년부터 최근

까지 K타이어 노조의 파업 일수는 160일이 넘고 이로 인한 매출 손실액만 4,500억 원에 이른다.

2002년까지만 해도 글로벌 타이어업계 순위에서 H타이어에 앞섰던 K타이어는 2003년 H타이어가 9위로 올라서고 K타이어는 11위로 떨어지면서 처음으로 역전당했다. 이후 H타이어는 꾸준한 연구개발(R&D)과 시설 투자 등으로 2007년 이후 7위를 고수하고 있지만 K는 2015년부터 12위에 머물고 있다. 국내에서도 그동안 2위 자리를 지켜왔지만 최근의 잦은 노조파업과 3위 업체인 N타이어의 공격적 영업으로 인해 위태롭다. H타이어는 1962년 노동조합이 설립된 이래 현재까지 56년간 단 한 번의 파업도 없는 무분규 경영을 이어가고 있다. N타이어도 창사 이래 24년 간 파업이 없었다. H타이어 노조위원장은 "56년 무파업 달성은 국내 어느 대기업에서도 찾아보기 힘든 사례"라며 "서로 믿고 신뢰하기 때문에 가능한 일"이라고 말한다.

H타이어는 최근 5년간(2012~2016년) 10%를 웃도는 영업이익률을 기록하고 있다. 2013년에는 글로벌 경기 불황 속에서도 국내 타이어업계 3사 최초로 연간 영업이익 1조 원을 달성하기도 했다. 반면 K타이어는 2009년 47일간의 전면 · 부분 파업을 겪으며 그해 1,915억 원의 영업손실을 기록했다. 2006~2016년 동안 K타이어가 10% 이상의 영업이익률을 기록한 것은 2014년 한 해뿐이었다.

우리나라 노사관계의 발전 과정[1]

1. 1960~1971: 경제개발 시작기의 억압적 노사관계의 시기

1960년대에는 경제성장이라는 국가적 과제가 근로자들의 권리와 이익보다 우선시 되었다. 이 당시는 미숙련 노동자가 절대적 다수를 차지하고 노동이 과잉 공급되어 노사간 상호 대등한 관계가 이루어지기 어려운 상황이었다. 법적으로는 노동운동의 합법성이 유지되었으나 경제성장에 방해가 된다는 이유로 노동운동은 제한되었고 기업이 정부에 의해 과보호 되어 이 시기의 노사관계 성격은 상하 종속적 관계였다고 할 수 있다.

1) 우리나라 노사관계 발전 과정은 민남식(1997) 한국노사관계의 발전 방향과 과제, 김성수(2004) 노사관계론을 중심으로 정리함.

2. 1972~1980: 고도 성장기의 억압적 노사관계

1970년대는 정치적으로 국가안보우선주의가 선언된 시기였다. 이 논리에 따라 고도 성장정책을 추진하며 노사관계에 커다란 제약을 가하였다. 특히 1971년 12월의 국가비상사태 선포 및 12월의 국가보위에 관한 특별조치법의 공포로 노동 3권은 크게 제약을 받았으며 1972년 10월 유신 이후에는 경직된 권위주의체제의 확립으로 노동운동이 더욱 어렵게 되었다. 또한 1970년대는 석유파동으로 정치적 · 사회적으로 불안하며 정부의 무리한 성장정책의 문제점이 드러나면서 노동운동이 격해지는 양상을 띠게 되었다.

3. 1981~1987: 사회적 갈등기의 대립적 노사관계

1980년대 초의 경제상황은 저성장, 산업구조조정, 물가안정 속에서 임금상승이 억제되고 소득분배의 불균형이 심화되었으며, 1983년 경기회복과 노동생산성 증대에도 불구하고 실질임금 감소로 노동자의 생계압박은 더욱 가중되었다. 제5공화국 초기에는 권위주의적 통치와 탄압에 눌려 활발하지 못했던 노사분규는 1983년부터 점차 집단적으로 증가하게 된다. 이는 1960~70년대의 불만과 여전히 열악한 근로조건, 최저임금 문제, 노동정책의 미비 등에 기인한 것이었다.

4. 1987~1997: 사회 민주화 시기의 노사관계의 시기

1987년 6 · 29선언으로 노동쟁의는 3,746건으로 급증하였으며 화이트 칼라 노조 또한 급증하였다. 그 이후 전국적으로 노사분규가 발생하여 강압적 중재 방식의 한계를 드러냈으며 국가는 형식적으로는 노사관계에의 개입을 자제하며 기업이 노동자와 직접 대면해야 하는 새로운 상황이 전개되었다. 또한 1990년대의 노동운동은 경제적 · 심리적 노동운동으로 전환되었으며 현실주의적 노동운동의 경향이 나타나기 시작하였다. 이 당시 경제적 개방의 여파로 기업경영 여건 악화에 대한 노사 간의 공감대가 형성되면서 전반적으로 안정된 분위기가 지속되었다. 그러나 노사분규 건수가 감소하였음에도 불구하고 1건당 노사분규의 규모가 대형화되었고 대기업의 노사분규와 더불어 공기업의 노사분규도 증가하였다.

5. 1997~현재: 새로운 노사관계 정립을 위한 과도기의 시기

협력적 노사관계에 대한 노력은 1980년대부터 현재까지 계속되고 있다. 신뢰와 참여를 통한 협력적 노사문화가 형성되어 가고는 있으나, 과격한 노사분규와 불합리한 관행으로 인하여 우리 노사관계에 대한 평가가 국내·외적으로 부정적인 편이다. 또한 사전에 노사갈등을 합리적으로 해결할 수 있는 사회적·제도적 기반이 취약하여 아직도 노사갈등으로 인한 경제적 손실이 발생되고 있다.

노사관계관리란 무엇인가?

광의의 노사관계란 개별노동자를 대상으로 하는 개별적인 노사관계, 사용자와 근로자의 관계를 잘 유지발전 시키고자 하는 기업의 기능인 인사노무관리, 집단적인 노사관계를 양호하게 유지발전 시키려는 기업의 기능인 노사관계관리를 모두 포함하는 개념이다.

협의의 노사관계란 집단적인 노사관계만을 의미하는데, 대표적으로 산업관계(industrial relations systems)를 지칭한다. 산업관계는 노조연합 조직과 경영자연합 조직 간 관계에서의 임금, 생산성, 고용보장, 경영자의 고용관행, 노동조합의 정책 및 노동 문제에 대한 정부의 행동을 포괄한 노동의 모든 영역을 포함한다.

노사관계관리란 경영진과 노동조합 사이에 안정적인 노사관계가 형성되도록 양자 사이의 긴장이나 분쟁을 예방하고 해결하며 협력적 관계를 통해 노사 간 공존공영을 추구하는 활동으로 정의할 수 있다.

노사관계의 당사자에는 노동조합, 사용자, 정부의 세 가지가 있다.

① **노동조합**: 근로자의 단결권·단체교섭권·단체행동권 등 이른바 노동 3권의 주체이다. 노동조합은 노동이라는 생산 요소를 독점하고, 조합원들의 의견을 집단적으로 수용하여 사용자와 교섭하며, 유사 시 단체행동을 통하여 노동자들의 의견을 관철시키고자 하는 행동을 하기도 한다. 노동조합은 다음과 같은 몇 가지 특징을 지니고 있다.

첫째, 노동조합은 임금 근로자의 자주적인 단체이다. 사용자와의 개별적인 교섭으로는 근로자들에게 유리한 근로조건을 획득할 수 없기 때문에 이들은 조직을 배경으로 하여 집단적인 교섭을 하고자 한다. 이와 같은 목적을 위하여 근로자가 자주적으로 조직한 단체이다.

둘째, 근로조건의 유지, 개선을 목적으로 하는 단체이다. 노동조합은 근로자의 전반적인 지위향상을 달성하기 위하여 기업 내에서는 단체교섭의 경로를 통해 구체적인 근로조건의 개선을 실현하고, 기업 외에 있어서는 근로생활의 안전과 사회보장제의 실현에 압력을 가하는 두 가지 목적을 가지고 있다.

셋째, 노동조합은 근로자의 영속적 · 계속적 단체이다. 일시적으로 존재하는 단체로는 그 목적을 실현할 수 없기 때문에 영구적 · 계속적인 단체로 유지 · 존속하지 않으면 안 된다.

② **사용자**: 사용자는 기본적으로 기업을 소유한 사람들의 집단으로서 근로계약의 갑(甲)의 입장에 서는 사람 및 기관을 말한다. 사용자 및 사용자 조직은 경영조직상에서 지휘명령의 위치에 있는 경영자 및 관련 인력을 포함하며 기업 및 자본의 소유와 반드시 관계가 있거나 일치하지는 않는다.

③ **정부**: 정부기관은 어떤 경영자나 근로자 조직을 능가할 만큼 대단히 넓고 결정적인 기능을 발휘하지만 제한적이고 미미한 역할을 하기도 한다. 정부는 노사에 관한 법을 제정해 강제력을 행사하기도 하지만 노사 간의 자율적 해결을 위하여 개입을 최소화해야 한다.

노사관계의 주요 이슈는 무엇인가?

노사관계의 주요 이슈로는 경제적 · 물질적 이슈, 사회적 · 신분적 이슈, 권력적 · 정치적 이슈, 심리적 · 인간적 이슈의 4가지 이슈로 나누어 생각할 수 있다.

1. 경제적 · 물질적 이슈

임금, 상여금, 복지후생 등과 같은 금전적 문제를 중심으로 한 노사 간의 이해상충으로 인하여 발생하는 문제들이다.

① **임금조정**: 임금을 바라보는 시각은 근로자와 기업입장이 서로 다르다. 근로자는 생계비확보와 임금 교섭력을 통해 비교임금의 우위를 확보하고자 한다. 반면 기업은 임

[그림 28-1] 노사관계의 4가지 주요 이슈

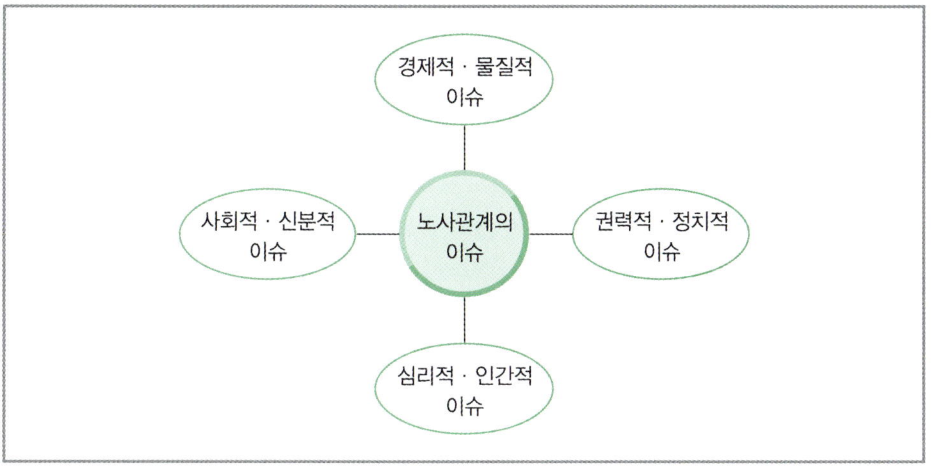

금을 경쟁력과 기업발전을 가능하게 하는 비용과 근로자의 생산기여도를 유발하는 동기부여 요인으로 바라본다. 이렇듯 임금에 대한 입장이 다르기 때문에 임금으로 인한 갈등이 발생할 수 있다.

② **임금체불**: 1986년 이전에는 임금인상에 대한 분규(21.7%)보다 임금체불에 원인을 둔 분규(37.8%)가 더 많이 발생하였다. 임금체불에 의한 분규는 1987년 이후 급격하게 감소하여 1995년에는 단 한 건도 발생하지 않았으나 다시 증가하는 추세이며 비정규직 근로자와 외국인 노동자에 대해서는 여전히 발생하고 있다.

③ **근로시간 및 근로조건**: 향후 근로시간제도는 산업사회의 변화에 부응하여 일과 보상이 연결되고, 성과를 중시하며 어느 정도의 여가생활을 보장할 수 있도록 보다 유연하게 정비되어야 한다.

2. 사회적 · 신분적 이슈

사회적 · 신분적 이슈는 근로자의 조직 내 신분이나 사회적 인식, 대우 등과 관련되어 발생하는 노사분쟁의 이슈이다. IMF 이후 최근 우리나라에서는 노동시장의 유연화 정책과 맞물려 기업현장의 비정규직 근로자의 문제가 노사관계의 커다란 이슈로 떠오르고 있다. 지속적인 고용불안정과 낮은 임금, 부당노동행위 등으로 인해 비정규 노동자에 대한 문제는 사회 갈등의 잠재적 문제가 되고 있는 것이 현실이다. 우리나라에서 비정규직 근로자라는 용어는 유럽의 임시적 근로자(temporary worker) 혹은 미국의 한시적 근로자(contingent worker)나 비정형 근로자(non-standard worker), 특수고용형태 근로자, 근로조건이 열악한 시간제 근로자, 임시직 및 일용직을 모두 지칭하는 용어로 혼용해서 사용해 왔다. 그러나 법률상으로는 단시간 근로 노동자, 학술적으로는 임시직 근로자 용어가 정확한 용어이다.

비정규직 근로자의 증가원인은 첫째, 우리나라는 IMF 위기를 극복하는 과정에서 비정규직 근로자가 확산되었다. 사실상 상당수의 기업들이 구조조정과 비용절감을 위해 정규직 근로자를 비정규직 근로자로 대체했기 때문이다.

둘째, 경제구조의 서비스 산업화, 정보사회화 및 세계화 등으로 인하여 장기적인 일자리보다는 일시적이고 임시적인 노동 수요가 증가하는 현상이 확산되었다.

셋째, 여성의 사회진출이 활발해지고 경제 활동 인구가 고령화 되어 노동력 공급의 구성이 다양화되고 변화됨과 동시에 근로자 편에서도 자유 시간을 선호하는 경향이 증가하여, 주로 전문 직종을 중심으로 일정한 수준에서 자발적으로 비정규직(프리랜서)을 선호하는 현상 역시 증가하였다.

3. 권력적 · 정치적 이슈

권력적 · 정치적 이슈는 노사 간의 힘의 관계와 노조 및 근로자 내부의 갈등을 중심으로 나타나는 문제들이다. 근로자 개인 각각은 기업에 비해 상대적으로 사회적 · 경제적 권력이 약하기 때문에 이들은 집단적인 힘을 발휘하여 스스로의 권익을 보호하고 증진하고자 한다. 이 과정에서 근로자가 노조를 미숙하게 운영하거나 기업이 소극적 · 부정적 태도를 보여 권력적 이슈가 발생하게 된다.

4. 심리적 · 인간적 이슈

근로자의 직업 및 신체, 욕구구조를 중심으로 기업과 근로자 간에 이해가 상충되거나 이해가 부족하여 나타나는 문제이다. 인간적 문제는 근로자의 심리적 불만족, 즉 소외감 · 박탈감 · 모멸감 · 불공평성 · 좌절 및 분노 등을 포함하는 것으로 쉽게 표출되기 어려운 부분이다. 특히 이와 같은 인간적 측면의 문제는 한국의 노사관계 문제의 본질적이고 근원적인 동인이 되고 있다. 심리적 · 인간적 이슈의 예로는 직무스트레스 문제,

노동소외 문제, 고용차별 문제, 기회의 불평등 문제, 개인정보의 침해 문제, 산업재해 및 직업병 문제 등이 있다.

○○은행 노조는 ○○은행 측이 비정규직에서 정규직으로 전환된 근로자들의 전환 전 근무기간을 인정해주지 않는 등 정규직 입사자와 차별을 했다며 국가인권위원회에 진정을 냈다. 노조에 따르면, ○○은행은 2005년부터 비정규직 근로자 941명을 시험을 통해 정규직으로 전환해주는 대신 기존 근무기간을 인정해주지 않고, 시험에 합격한 비정규직 직원을 퇴사 처리하고 정규직 신입 입사 형식으로 고용함으로써 같은 근속 연수의 정규직과 임금 등에서 차별을 두었다는 것이다. ○○은행 노조는 사측이 임금, 승진, 휴가 등에서 기존 정규직 입사자에 비해 차별대우를 하고 있다고 주장한다. 그러나 고용계약 관계 측면에서 ○○은행의 조치는 합법적 행위여서 노조의 주장이 옳은지 논쟁이 계속되고 있다.

[표 28-1] 한국의 노사관계를 어렵게 하는 원인

(단위: %)

	2002년 실태조사		2003년 실태조사	
	사용자	노동조합	사용자	노동조합
노사불신	39.3	39.7	33.0	34.5
기업의 구조조정으로 인한 고용조정 등을 둘러싼 노사 간의 갈등	26.8	34.7	26.0	33.5
근로시간 단축을 둘러싼 노사 이견	12.6	11.3	13.0	16.0
임금인상을 둘러싼 노사 간의 갈등	18.4	8.4	16.5	9.5
비정규 고용 문제를 둘러싼 노사 대립	1.7	2.1	4.0	5.0
기타	1.3	3.8	7.5	1.5

02 노사관계관리제도

노사관계관리제도에는 어떤 것들이 있는가?

노사관계관리의 방법은 기업이라는 생존공동체의 성장·발전과 노사 모두의 만족

증진을 추구하기 위해 노사가 파트너십의 자세를 갖고 양측의 이해대립을 조정하고 상호 협력할 수 있는 제도와 절차를 구축하여 운영하는 것이다. 이를 구축하기 위한 제도 및 방법은 크게 4가지로 살펴볼 수 있는데, 협력적 노사관계를 구축하기 위한 가장 핵심적인 과제는 노사 간 상호 신뢰를 쌓는 것이다.

1. 단체교섭제도

(1) 단체교섭

단체교섭은 노동조합과 사용자 또는 사용자단체가 양자의 단체적 자치를 전제로 하여 근로자의 임금이나 근로시간 및 기타 근로조건에 관한 협약의 체결을 위해 대표를 통하여 집단적 타협을 모색하고 또 체결된 협약을 관리하는 절차이다. 즉, 노사의 대표자가 근로자의 임금이나 근로시간, 기타의 근로조건에 관한 협정의 체결을 위해 평화적으로 타협을 모색하는 것이다. 노사관계 측면에서 보면 단체교섭은 근로조건의 결정 기능, 근로자의 권익보장 기능, 협약의 유지, 재협약 등의 협약관리 기능을 가지며, 경영 측면에서 보면, 노동조건의 통일(수준유지), 근로자의 요구 · 불만의 조정 기능, 경영의 비판적 감시 기능, 노사협조와 민주화 기능을 가지고 있다.

(2) 단체협약

노동조합 또는 그 연합체와 사용자 또는 사용자단체 간에 단체교섭을 통한 합의로 근로조건과 기타 근로자의 대우에 관한 기준을 정하고 협약 당사자 상호간에 채권을 설정

[그림 28-2] 단체협상 대상으로서 임금의 구조

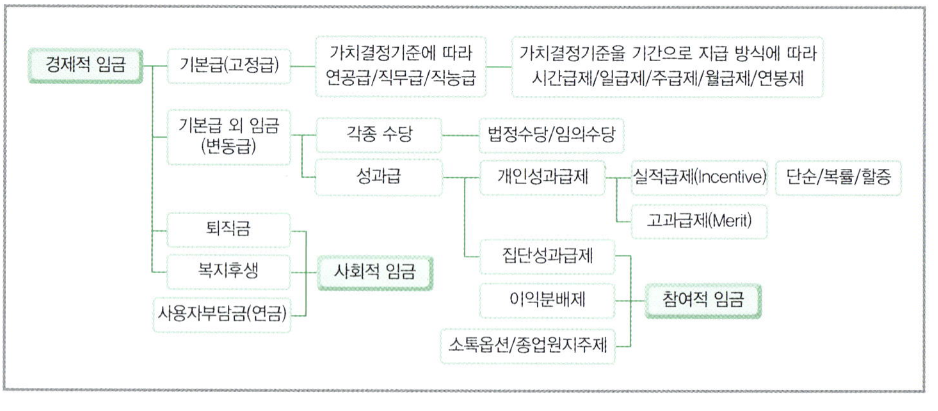

하는 것을 목적으로 체결한 문서화된 협정이다.

2. 경영참가제도

광의의 경영참가는 근로자 또는 노동조합이 개별기업의 경영상 문제에 대해 어떠한 형태로든 참가하는 것을 의미한다. 따라서 자본참가, 종업원지주제도 등을 통해 자본소유에 참가하는 자본참가까지도 여기에 포함된다. 자본참가는 근로자들을 자본의 출자자로서 기업경영에 참가시키고자 하는 제도로 종업원지주제도와 노동주제도가 주된 형태이다. 종업원지주제도는 증자 같은 것을 할 경우 직원에 대해서 일정한 기준을 따라 신주를 인수하게 함으로써 주주로 만드는 제도이다. 노동주제도는 특수한 주식회사에서 일정 조건 아래 근로자가 노동을 제공하는 것을 일종의 노무출자로 보고 그들에게 주식을 나누어 주는 제도이다.

협의의 경영참가는 근로자 또는 노동조합이 경영방침 · 경영조직 · 생산계획 · 생산방법 · 안전위생 등 기업경영상의 제반 문제에 대한 결정이나 실시에 관해 그 의견과 건의를 반영하는 것이다.

[표 28-2] 경영참가 관련 모형

	관련 모형	대표적인 모형
자본참가	종업원지주제도 노동주제도(프랑스)	종업원지주제도
이익참가	스캔론 플랜(미국), 럭커 플랜	스캔론 플랜
경영참가	조인트 컨설테이션(영국) 기업위원회제도(프랑스) 공동의사결정(독일)	공동의사결정모형

출처: 박경문 · 최승욱(2003), 신노사관계론, 무역경영사.

(1) 럭커 플랜

럭커 플랜은 사전에 계획적으로 규정한 인건비 총액에 비해 더 많은 부가가치 성과를 창출할 경우 초과된 부가가치를 회사와 임직원이 함께 나누어 갖는 제도이다. 럭커 플랜은 1932년 럭커(Rucker, A. W.)에 의해 구성원들의 경영참가를 높이기 위한 방법으로 고안되었다.

럭커 플랜은 임금제도처럼 생산위원회와 품질관리위원회를 두고 구성원들의 적극적인 참여와 제안시스템을 운영한다. 위원회는 일주일에 10~15시간 정도 구성원들과 생산에 대한 협의를 한다.

럭커 플랜의 계산식은 생산가치(production value)에서 총임금에서 차지하는 부가가치분배율(=총임금÷생산가치×100)을 먼저 산출하고, 전체 부가가치에 부가가치분배율을 곱하여 임직원들에게 배분할 몫을 산출한다. 임직원이 받게 될 임금액은 총 부가가치×부가가치분배율이다.

금전적 보너스 형태로 지급되므로 일종의 성과 인센티브(PI : Performance Incentive)라고 할 수 있다.

(2) 스캔론 플랜(Scanlon Plan)

미국의 매사추세츠 공과대학 스캔론(Scanlon, J.) 교수가 구성원들의 경영참가를 높이기 위한 방법으로 개발하였다. 종업원 및 팀의 원가절감 아이디어 창출을 촉진하기 위한 목적으로 노사 대표자로 구성되는 생산위원회와 심사위원회를 운영한다. 스캔론 플랜은 생산과 품질개선을 위한 제안시스템을 가동하며 회사의 예산 수립 시 종업원이 참여한다.

종업원 및 팀의 제안에 의해 생산성향상 및 품질향상으로 달성된 원가절감에 기초하여 금전적 보너스를 산출한다. 보너스는 일정 기간 동안 종업원과 회사가 기대한 원가절감액에서 실제 절약한 비용을 뺀 나머지 금액을 종업원에게 금전적 형태로 지급하는데, 제안에 의한 생산성과 품질향상으로 인한 생산액의 변동에 임금을 연결시켜 산출하는 것이다.

3. 노사협의회

노사쌍방이 조직적으로 협력하기 위해 자주적이며 대등한 입장에서 서로 협의하면서 협력에 필요한 문제에 관해 상호이해를 촉진하는 노사간 커뮤니케이션 기구 내지 절차이다.

노사협의회는 노사가 서로의 입장을 이해하고 대화를 나눔으로써 문제해결을 도모하는 이른바 산업민주주의의 실현을 그 목적으로 하고 있다. 경영자와 근로자가 기업을 중심으로 합리적인 대화를 갖고 기업민주화와 동시에 경영참가를 실현시켜 생산성향상을 도모하는 것을 기본 이념으로 한다.

4. 협력적 노사문화 창달

협력적 노사문화란 기본적으로 노사 양측이 상호간의 신뢰를 밑바탕으로 하여 협력하고 상호 지원하는 노사 파트너십의 문화를 말한다. 노사 파트너십은 경영자가 노조를 경영의 파트너로 인정하고 열린 경영을 실천하는 것이다. 협력적 노사문화를 만들고 노사 파트너십을 구축하기 위해서는 다음의 세 가지가 이루어져야 한다.

(1) 올바른 이념의 정립

전 근대적 의식에 입각한 노사관계관리에서 벗어나 산업민주주의적 노사관에 입각하여 노사가 상대방을 대등한 협력자로서 존중하고 대립을 보다 높은 차원의 조화로 극복해 나갈 수 있는 관리가 필요하다.

(2) 노사협력체제의 확립

① 노사의 상호신뢰와 노사관의 확립

우리나라의 노사협조에 있어 가장 걸림돌이 되는 것은 신뢰부족에서 비롯된 노사상호간의 오해와 불신이다. 따라서 사용자는 기업가적 책임을 올바로 인식하고 노사의 상호인정을 바탕으로 합리적 의사결정과 민주적 노사관계관의 확립이 요구된다. 반면, 노동조합은 기업 활동이 국가에 미치는 중요성과 공공성을 인식하고 기업발전이 자기발전과 함께한다는 점을 잊지 말아야 할 것이다.

② 노사협의제도의 확충

노사가 서로의 입장을 이해하고 문제를 해결할 수 있도록 합리적인 대화의 장소를 마련하는 노사협의제도를 더욱 확충해야 한다.

③ 성과배분의 공정성

생산성향상의 결과는 근로자에게는 임금 수준의 향상으로, 경영자에게는 이윤증대로, 그리고 소비자에게는 품질향상과 제품가격인하로 공정배분이 실현되어야 한다.

(3) 새로운 노사관계의 모색

노사 간의 상호신뢰와 지속적인 대화, 그리고 공정한 성과배분 등을 통해서 노사는 각 조직의 상황에 알맞은 새로운 노사관계를 모색하고 이를 통해 협력적인 노사관계를 구축하도록 노력해야 할 것이다.

이처럼 기업과 노조는 안정적이고 협력적인 노사관계를 구축하기 위해 노력해야 하는데 상생협력으로 노사화합을 이끌어 낸 K사 사례는 주목할 만하다.

배○○ 사장이 K그룹의 모기업인 K사 사장으로 취임한 후 가장 먼저 심혈을 기울인 것은 노사화합이었다. 배 사장은 취임 6개월 동안 수십 차례에 걸쳐 공장에 내려가 '상생동행'을 역설하며 노조 측과 허심탄회하게 대화하면서 노사화합을 이끌어내 경영정상화를 이루어낸 것이다. 노사 양측은 함께 노력해 좋은 회사를 만들자는 새로운 노사문화를 만들어 가면서 예전 파업과 구조조정 과정에서 골이 깊어졌던 노사갈등을 풀어냈다. 지금도 K사 노사 양측은 노사 간 커뮤니케이션 채널의 활성화에 가장 중점을 두고 있다. '상생동행협의회'라는 노사화합 전담조직을 조직해 운영하고 있는데, 공장장과 노조위원장이 함께 참여하여 상명하달식의 기업운영 방식을 지양하며, 경영정책의 수립 및 추진에 있어 노조를 파트너로 참여시켜 경영관리나 생산관리 문제를 함께 논의하고 공감대를 형성하고 있다. K사는 상생동행협의회를 통해 노사합동 단합행사, 정기적인 워크숍, 노사공동 거래선 방문, 칭찬릴레이 제도 등 노사화합을 위한 각종 제도 및 프로그램을 수립해 운영하고 있으며, 현장 원가절감 운동과 품질혁신 활동 등의 각종 혁신운동도 노사 간 협력을 바탕으로 함께 추진해 나가고 있다.

제록스사의 협력적 노사관계 사례도 주목할 만하다. 제록스사는 1970년대까지 미국 복사기시장의 80%를 점유했던 성공적인 기업인데, 1970년대 말부터 일본 기업의 도전으로 급격한 경영 위기를 맞게 되었다. 이에 제록스는 대량 감원을 통해 경영위기를 극복하려 했지만, 대량 감원만이 능사가 아님을 깨달은 제록스는 1980년대 들어 노사 파트너십에 입각한 경영혁신을 추진했다. 제록스의 노사 파트너십은 경영참가제도 구축, 권한위양에 의한 조직운영, 조직문화 변화로 특징지을 수 있다. 제록스의 노사협력관계는 1996년에 노조대표 및 근로자들이 회사의 전략적 · 관리적 · 업무적 의사결정 과정에 적극적으로 참여하는 상황에 이르렀다. 노조대표는 연 1회 기업전략을 수립하는 기업포럼, 반기 · 지역별 전략을 수립하는 정책위원회와 분기별 전략 실행계획을 수립하는 실행계획위원회를 통해 회사의 전략적 방향과 이를 달성하기 위한 구체적 실행방침을 수립하는 데 참여하고 있는 것이다. 노조는 기업정책, 근로시간, 임금 및 복리후생에 대해 의사결정권한을 갖는 한편 근로자들은 다양한 팀에 소속되어 시장조사, 상품기획, 제품설계, 공급자 선정, 생산 방식 개선, 설비투자와 보전 등 거의 모든 분야에 걸쳐 의사결정권한을 갖는다. 1985년에 고객만족도 43% 개선, 1989년 미국 최고 권위의 말콤 볼드리지 품질상 수상, 1992년 유럽 품질상을 수상하였다.

실제 사례

글로벌 기업의 본사는 중국, 멕시코, 일본, 미국 등 전 세계 공장 중 어디서 생산하는 게 가장 효율적인지에 따라 공장을 선택한다. 본사가 한국 공장에 생산 물량을 얼마나 맡길지가 생존에 필수적인데 생산량(일감)이 많아야 지역 부품 회사도 일거리가 생긴다. 생산량이 반 토막 났던 르노삼성 부산 공장은 2014년 닛산 로그의 미국 수출용 물량

◆ 르노삼성자동차 부산공장 생산대수

(단위: 대)

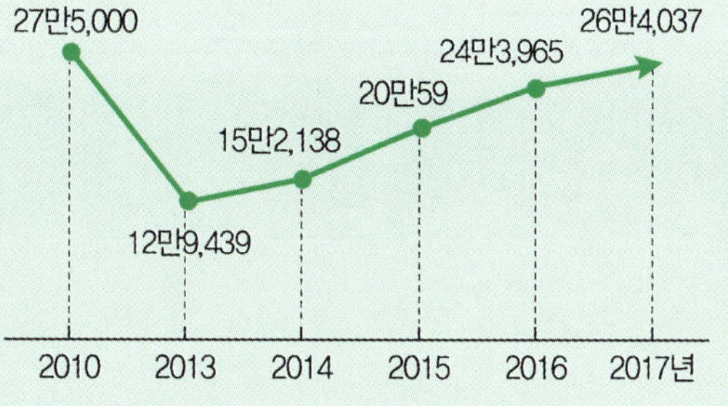

자료: 르노삼성자동차.

◆ 르노삼성자동차 부산공장 생산성 얼마나 올랐나

	2012년	2013년	2014년	2015년	2016년
연간 UPH (시간당 생산대수)	47.0	40.0	46.7	56.0	60.0
DSTR (생산성 효율지수)	3.00	2.46	2.26	2.11	1.95
르노-닛산 그룹 내 생산성 순위(총 46개)	18위	25위	19위	4위	4위
영업이익	−1,720억 원	445억 원	1,475억 원	3,262억 원	4,175억 원

DSTR(Design Standard Time Ratio)는 대딩 제작 기준 시간 대비 실제 생산시간을 의미.
1에 가까울수록 생산효율성이 높음.

을 배정받았다. 르노그룹 본사가 닛산 로그를 한국 공장에 맡긴 이유는 비용은 중국 공장 수준으로 적게, 품질은 일본 공장보다 높게 만들겠다는 확신을 보여줬기 때문이다. 본사는 한국 공장의 노력을 믿고 닛산 로그를 중국과 일본, 한국 부산 공장에 배정했다.

르노삼성 부산 공장은 생산성향상을 위해 생산라인의 시간 낭비를 줄이는 '숨은 5초 찾기' 활동까지 펼치며 불필요한 작업 요소를 최소화했다. 효율성 30% 올리기 목표에 돌입했다. 노조는 임금 동결을 선택하고 복리후생을 유보했다. 이 본부장은 "생산성을 제고하려면 노동자 측의 도움이 필수적이다. 회사는 공장 직원이 일하기 편한 환경을 만들어 줘야 한다"고 강조했다. 노사가 협력한 부산 공장은 세계 46곳에 이르는 르노닛산 얼라이언스 공장 중 생산성 순위에서 2016년 4위를 차지했다. 1~3위는 중국, 5위 밑으론 멕시코 공장들이 있다. 2013년 25위에서 수직 상승했다. 세계 자동차 공장의 생산성을 평가해 발표하는 '하버 리포트'에서는 지난해 기준으로 세계 148개 자동차 공장 가운데 8위를 차지했다. 같은 조사에서 한국GM 군산공장은 130위였다.

부산 공장의 미래가 탄탄하기만 한 것은 아니다. 자칫 생산성이 낮아지면 다시 물량 감소에 허덕일 수도 있다. 닛산 로그 생산 계약기간이 종료되면 물량을 받지 못할 수도 있는 것이다.

학습정리

- 노사관계가 중요한 이유는 노동자와 사용자 간의 사회적 관계로서 양자의 관계가 얼마나 안정적이고 협력적인가에 따라서 기업경영 활동과 그 성과가 크게 영향을 받기 때문이다.
- 우리나라의 노사관계는 경제개발의 시작기와 고도성장기의 억압적 노사관계에서 출발해서 사회 갈등기의 대립적 노사관계, 그리고 민주화시기를 거쳐 현재의 새로운 노사관계 정립을 위한 과도기에 이르고 있다.
- 노사관계관리는 경영진과 노동조합 사이에 안정적인 노사관계가 형성되도록 양자 사이의 긴장이나 분쟁을 예방, 해결하도록 서로의 노력을 유도하여 산업경제의 지속적인 발전을 가능케 하는 활동이다.
- 노사관계의 주요 이슈로는 크게 경제적 · 물질적 이슈, 사회적 · 신분적 이슈, 권력적 · 정치적 이슈, 심리적 · 인간적 이슈의 4가지로 구분할 수 있다.
- 단체교섭은 노동조합과 사용자가 양자의 단체적 자치를 전제로 하여 근로자의 임금이나 근로시간, 기타 근로조건에 관한 협약의 체결을 위해 대표를 통하여 집단적 타협을 모색하고 체결된 협약을 관리하는 절차이다.
- 경영참가는 근로자 또는 노동조합이 개별기업의 경영상 문제에 관해 참가함을 의미하며 여기에는 자본참가에서부터 안전위생 등의 문제까지 포함될 수 있다.
- 노사협의회는 기업경영에 있어서 노사쌍방이 조직적으로 협력하기 위해 자주적이며 대등한 입장에서 서로 협의하면서 협력에 필요한 문제에 관해 상호이해를 촉진하는 기구 내지 절차이다.
- 협력적 노사문화는 기업과 노사가 대립하지 않고 서로 협력하여 신뢰와 참여의 노사문화를 정착시키는 것으로 올바른 이념의 정립, 노사협력체제의 확립, 새로운 노사관계의 모색 등이 이루어져야 한다.

참고문헌

1. 노사관계론(2011). 정재훈, 북넷.
2. (뉴패러다임의) 노사관계론(2004), 김성수. 삼영사.
3. 노사관계론(2004). 권상철, 학문사.
4. 신노사관계론(2003). 박경문 · 최승욱, 무역경영사.

연습문제

01 비노조원도 채용할 수 있으나, 일정 기간이 경과된 후 반드시 노동조합에 가입하여야 하는 제도로 가장 적절한 것은? 2009년 공인회계사

① 오픈 숍(open shop)　② 클로즈드 숍(closed shop)
③ 유니온 숍(union shop)　④ 체크오프 시스템(check-off system)

⑤ 에이전시 숍(agency shop)

02 노사관계에 관한 설명으로 옳지 않은 것은? 2017년 공인노무사

① 좁은 의미의 노사관계는 집단적 노사관계를 의미한다.
② 메인트넌스 숍(maintenance shop)은 조합원에게도 노동조합비를 징수하는 제도이다.
③ 우리나라 노동조합의 조직 형태는 기업별 노조가 대부분이다.
④ 사용자는 노동조합의 파업에 대응하여 직장을 폐쇄할 수 있다.
⑤ 채용 이후 자동적으로 노동조합에 가입하는 제도는 유니온 숍(union shop)이다.

03 다음 중 노사관계에 대한 설명으로 틀린 것은?

① 품질향상, 제품 고급화. 고부가가치품의 생산을 위해서는 근로자의 참여가 절실히 요구되고 직원의 자발적 참여를 유도해야 한다.
② 노사관계가 불안하면 산업현장의 생산 분위기가 어수선해지나 이는 기업의 경쟁력 제고를 위해 필요한 과정이다.
③ 광의의 노사관계란 개별노동자를 대상으로 하는 개별적인 노사관계, 사용자와 근로자의 관계를 잘 유지, 발전시키고자 하는 기업의 기능인 인사노무관리, 집단적인 노사관계를 양호하게 유지 · 발전시키려는 기업의 기능인 노사관계관리를 모두 포함하는 개념이다.
④ 현재 우리나라는 노사분규로 인한 산업계 피해가 줄어들지 않고 있는 실정이다.
⑤ 노사관계를 관리하는 것은 현대 산업사회에서 발생하고 있는 근로자의 노동소외 또는 인간소외 현상을 해결하는 데 실제적인 도움을 줄 수 있다.

04 다음 중 노사관계 구축 방법의 하나의 단체교섭제도에 대한 설명으로 틀린 것은?

① 단체교섭은 노동조합과 사용자가 양자의 단체적 자치를 전제로 하여 집단적 타협을 모색하는 절차이다.
② 단체교섭을 노사관계 측면에서 보면 근로조건의 결정기능, 근로자의 권익보장기능, 협약의 유지 등 협약관리기능 등을 가지고 있다.
③ 단체교섭을 경영 측면에서 보면, 노동조건의 통일, 근로자의 요구 · 불만의 조정기능, 경영의 비판적 감시기능, 조사협조와 민주화기능을 가지고 있다.
④ 노동조합과 사용자단체 간에 단체교섭을 통합 합의로서 성립되는 것이 고용협약이다.
⑤ 단체교섭은 노사의 대표자가 근로자의 임금이나 근로시간, 기타 근로조건에 관한 협정의 체결을 위해 평화적으로 타협을 모색하는 것이다.

용어정리(Glossary)

2요인이론(Dual Factor Theory) 허쯔버그가 주장한 것으로 사람의 느끼는 심적 상태에 영향을 미치는 요인에는 만족 요인과 불만족 요인이 있다는 이론

평가센터 방법(Assessment Center Method) 현대적인 고과 방법의 하나로 평가자들의 집단이 평가를 전문으로 하는 평가센터를 구성하고 피평가자의 직속상사가 아닌 특별히 훈련된 관리자들이 복수의 평가절차를 통해 피평가자들을 평가하는 고과 방법

균형성과표(BSC: Balanced Score Card) 기업의 장 · 단기 목적을 지향하는 성과 측정 수단의 조합으로 인센티브 지급의 기초로 활용

작업장 내 교육훈련(OJT: On-the-Job Training) 직무에 대한 경험과 기술을 가진 사람이 피훈련자가 현장에서 직무기술을 익히도록 도와주는 방법

X · Y 이론 더글라스 맥그리거(Douglas McGregor)는 인간을 두 가지 관점으로 제시한 것으로, X이론은 인간은 근본적으로 부정적인 측면을 바라보며, Y이론은 인간은 근본적으로 긍정적인 측면을 바라본다고 구분

일과 가정의 균형(Work Life Balance) 일과 일 외의 영역에서 시간과 심리적 · 신체적 에너지를 적절히 분배함으로써 삶에 대한 통제감을 가지고, 삶에 대해 만족스러워 하는 상태를 의미함

거래적 리더십(Transactional Leadership) 리더가 원하는 결과와 하급자들이 원하는 보상이 거래되는 것을 의미함

경력개발제도(CDP: Career Development Program) 근무자에 대해서 조직의 인재에 대한 니즈와 본인의 희망을 조화시켜 장기적 경력육성계획을 만들고 이 계획과 결부시켜 직무로테이션(승진, 전속, 직무변경)이나 교육훈련을 행하는 제도

경력 닻(Career Anchors) 조직 내의 개인들이 경력을 선택하고 발전시키도록 영향을 주는 욕구나 충동의 조합을 말함

경쟁우위(Competitive Advantage) 특정 기업이 다른 기업과의 경쟁에서 설 수 있는지의 여부를 판단할 때 사용하는 개념

공정성이론/형평성이론(Equity Theory) 사람들은 임금과 같은 산출물을 투입과 비교하여 측정 또는 비교하려고 한다는 이론

관료제 엄격한 권한의 위임과 전문화된 직무의 체계를 가지고 합리적인 규칙에 따라 조직의 목표를 능률적으로 실현하는 조직의 관리운영체계

권한위양(Delegation of Authority) 기업의 규모가 커질수록 그 업무 활동은 점점 복잡해져서 경영진이 모든 것을 통할하기 어렵게 되므로 관리자가 자기의 사무를 분할하여 일부를 부

하에게 위임하고 그 수행 책임을 지움

기업 아이덴티티(CI: Corporate Identity) 기업 이미지 통일화를 의미하며, 주로 시각적인 방법에 의존한다는 점에서 비주얼 코퍼레이트 아이덴티티(Visual Corporate Identity)라고도 함

기업가정신(Entrepreneurship) 기업가 고유의 가치관 내지는 기업가적 태도를 말하며, 특히 기업 활동에서 계속적으로 혁신하여 나가려고 하며 사업기회를 실현시키기 위하여 조직하고, 실행하고, 위험을 감수하려고 하는 정신을 말함

기업의 사회적 책임(CSR: Corporate Social Responsibility) 기업이 지속적으로 존속하기 위한 이윤 추구 활동 이외에 법령과 윤리를 준수하고, 기업의 이해관계자 요구에 적절히 대응함으로써 사회에 긍정적 영향을 미치는 책임 있는 활동

남녀고용평등법 고용에 있어서 남녀의 평등한 기회 및 대우를 보장하는 한편 모성을 보호하고 근로 여성의 지위 향상과 복지증진에 기여함을 목적으로 하는 법률

내용타당성(Content Validity) 어떠한 현상을 설명할 때 개념을 측정하여 사용하게 되는데, 이때 측정도구 자체가 측정하고자 하는 속성이나 개념을 얼마나 대표할 수 있는지를 평가하는 것을 말함

노동법(Labour Law) 사용자의 지휘 · 명령 아래 노무를 제공하는 관계를 종속노동관계라고 말하며 이에 관한 법을 노동법이라 함

노동생산성(Productivity of Labour) 일정 시간이 투입된 노동량과 그 성과인 생산량과의 비율로, 노동자 1인이 일정 기간 동안 산출하는 생산량 또는 부가가치

노동조합 노동생활의 여러 조건을 유지 · 개선하고, 사회적 지위를 향상시키기 위하여 조직한 단체

노사협의회 노동자와 사용자가 서로 이해와 협조를 통하여 쌍방의 이익이 되는 생산성향상 등 기업 발전과 복지 증진을 도모함을 목적으로 구성한 협의 기구

다운사이징(Downsizing) 수익성이 낮고 비생산적인 기구를 없애거나 단순화하는 감량 경영

단시간 근로 1주간의 소정근로시간이 당해 사업장의 동종 업무에 종사하는 통상근로자의 1주간의 소정근로시간에 비하여 짧은 근로를 말함

단체교섭(Collective Bargaining) 근로자단체인 노동조합이 사업주와 근로조건의 유지 · 개선 등에 관하여 교섭하는 일

대리인문제(Agency Problem) 대리인 관계에 있어서 정보의 비대칭성으로 인하여 양질의 대리인이 시장에서 축출되는 역선택과 대리인의 태만으로 인한 도덕적 위해로 인한 경제적 폐해를 입을 수 있는데, 이러한 상황을 가리켜 대리인문제라고 함

델파이기법 한 나라의 연구 수준이나 미래의 특정 시점을 예측하는 경우, 특히 현재의 상태에 대한 일반화 · 표준화 된 자료가 부족한 경우, 전문가적인 직관을 객관화하는 예측의 방법으로 사용되는 기법

도급 당사자의 일방이 어느 일을 완성할 것을 약정하고 상대방이 그 일의 결과에 대하여 보수를 지급할 것을 약정함으로써 성립하는 계약을 말함

동기유발(Motivation) 사람이 무엇을 하고자 하는 욕구가 일어날 때 일하려는 동기가 생기며 그 활동을 자극하여 의도하는 목표로 향하게 하는 것

라인-스탭 조직(Line-Staff Organization) 조직의 형태 또는 각 지위 간의 정서관계를 가르키는 한 양식이며, 각 하위 조직의 조직 형태를 나타내는 것으로 통상 라인 조직, 직능 조직, 라인-스탭 조직으로 분류 됨

메리트 임금제도(Merit-Based Pay Plans) 다른 사람들의 주관적인 평가를 토대로 개인의 성과를 보상하는 제도로 눈에 잘 띄지 않는 성과를 눈에 보이게 하는 특징이 있고, 도입 시 구성원이 성과와 보상 사이의 강한 연계를 경험하므로 개인 성과가 더욱 높아짐

멘토 상대적으로 경험이 일천한 근로자 내지 부하를 개발할 수 있는 경험이 풍부하고 능력을 갖춘 상급관리자

명목집단기법 브레인스토밍 방법 중 하나로 참석자 전원이 주어진 시간 내에 문제에 대한 해결책을 각기 제시하고 제시된 해결책을 진행자가 취합하여 논의를 통해 최종적으로 우선순위를 결정하는 방식

목표에 의한 관리제(MBO) 조직의 각 수준에 있는 사람들이 상부에서부터 하부에 이르기까지 과업이 흘러가는 과정을 따라 목표를 수립하는 시스템으로, 근로자의 개별목표를 각자의 성과평가를 위한 기준으로 활용됨

문화충격 새로운 문화환경에 적응하는 과정에서 발생하는 불쾌함과 환멸감

반가 1일 8시간의 유급휴가인 연차를 1/2로 분할하여 4시간의 반차로 활용하는 제도

법정 복리후생 항목과 법정 외 복리후생 항목 한국에서는 의료보험, 국민연금, 산업재해보상보험, 고용보험, 퇴직금, 유급휴가제도를 법정 복리후생 항목으로 규정. 법정 외 복리후생으로는 유급휴가, 생명보험이나 장애보험, 장기 건강보험과 같은 집단보험, 법정 퇴직연금 외 퇴직연금 프로그램, 가족휴가, 자녀 보육 등이 포함됨

변혁적 리더십(Transformational Leadership) 리더가 부하들로 하여금 단순히 자기 자신의 이익뿐만 아니라 더 나아가 조직의 이익에 대해 관심을 가지고 공헌하도록 고무시켜 주고, 부하 자신의 개인적인 성장과 발전을 위해 노력하도록 중대한 영향을 미치는 리더십

변화담당자 조직의 변화와 혁신을 촉진시키고 직원들의 변화 및 조직개발능력을 향상시키는 역할로서 인사담당자의 역할 중 하나

복리후생(Fringe Benefits) 기업이 근로자에게 제공하는 임금과 유사한 기능을 수행하는 보상의 일부

복수노조제도 노동조합이 분열하여 기존 노조의 탈퇴자가 노조를 결성하거나 노조에 가입하지 않은 자가 기존 노조에 대항해 별도의 노조를 결성했을 때 이를 인정하여 한 사업장에 두 개

이상의 노조가 존재하는 것

본원적 경쟁전략 개별 사업단위들이 어떻게 하면 해당 사업에서 경쟁우위를 확보할 수 있도록 하는지에 대한 전략으로 크게 원가우위전략, 차별화전략, 집중화전략으로 구분

부당노동행위 근로자의 노동 3권(단결권 · 단체교섭권 · 단체행동권) 행사에 대한 사용자의 방해행위

비구조화된 면접 지원자에게 의사표시의 자유를 최대한 주고 그 가운데서 지원자에 관한 정보를 얻어 내는 방법

비용중심점(Cost Center) 원가관리의 필요에서 원가 부문을 세분한 원가관리단위로 원가중심점이라고도 함

비정규직 계약직, 파견근로자, 도급사원 등 근로기준법상 정의된 개념은 아니나 기간의 정함이 없는 근로자, 즉 무기계약근로자가 아닌 다른 형태의 근로자

사내기업가(Intrapreneur)제도 창의적인 아이디어를 갖고 창업을 원하는 사원들에게 사원 신분을 유지시키며, 사무실과 자본금을 대주고 독립사업을 하게 한 뒤 일정한 이익률을 가질 수 있게 하는 사내벤처의 창업지원제도

사일로 효과(Organizational Silos Effect) 조직 부서들이 서로 다른 부서와 담을 쌓고 내부 이익만을 추구하는 현상을 빗댄 것을 일컫는 말

사회적 자본(Social Capital) 사회구성원들이 힘을 합쳐 공동목표를 효율적으로 추구할 수 있게 하는 자본을 이르는 말

사회적 정당성(Social Legitimacy) 대중의 동의와 지지를 얻는 것

생산성 격려금(Productivity Incentive) 생산성 달성 또는 향상에 따른 인센티브로서 업무별 생산성 기준을 정하여 이를 달성 또는 향상시켰을 때 이에 대한 보상적 성격의 상여금

산출률/수율(Yield Ratio) 투입량 대비 완성품 비율

서번트 리더십(Servant Leadership) 타인을 위한 봉사에 초점을 두고 종업원, 고객 및 커뮤니티를 우선으로 여기며 그들의 욕구를 만족시키기 위해 헌신하는 리더십

서열법 인사고과 방식 중 하나로 피고과자의 업적이나 가치에 대해 서열 또는 순위를 매기는 방법

선발도구(평가도구)의 신뢰성과 타당성 채용관리가 효과적이기 위해 갖춰져야 하는 것으로, 신뢰성이란 어떤 시험을 동일한 환경에서 동일한 사람이 몇 번 다시 보았을 때 그 결과가 서로 일치하는 정도를 말하며, 타당성이란 사용된 선발 방법이 측정하고자 하는 내용 또는 대상을 정확히 검정하였는지 정도를 말함

선택적 복리후생제도 각각의 종업원들이 기업이 제공하는 복리후생제도나 시설 중에서 원하는 것을 선택하게 함으로써 실질적인 혜택을 받을 수 있도록 하는 것

성취동기(Achievement Motive) 어려운 과제를 성공적으로 수행하거나 탁월한 업적을 이루고

자 하는 동기로 성취동기가 높으면 학습과제 수행상의 어려움을 극복할 수 있으며, 성취동기가 낮으면 자신의 능력에 비해 지나치게 높거나 낮은 목표를 설정하게 되고 과제수행에서 적극적이지 못한 경향이 있음

성희롱 당사자가 원하지 않는 성적 구애

세계화 자본, 노동, 상품, 서비스, 기술, 정보 등이 국가의 경계를 넘어 교환되는 현상

셀프리더십(Self-Leadership) 구체적인 행동 및 인지전략 사용을 통해 자기 자신에게 영향을 주며 이끌어 나감으로써 자신의 행동을 통제하는 과정

소사장제 제조업에서는 사업장 내에 근무하던 근로자가 생산라인 또는 생산 공정의 일부를 맡아 경영책임자가 되고, 모기업은 소사장에게 생산 현장에 작업장과 생산설비를 설치, 임대해주며, 총무, 세무, 회계, 판매, 기타 대관공서 업무를 모두 대행하여 지원하고, 소사장은 생산 활동에만 전념하도록 하는 제도. 제조업이 아닌 서비스업체에서는 일선 영업현장의 책임자가 예산, 인사, 대리점 관리권 등 영업경영 전반에 대한 권한을 사장으로부터 위임받아 행사하는 제도

숍제도(Shop System) 노동조합원의 노조가입 방식으로 숍에는 조합가입이 고용조건이 아닌 오픈 숍(Open Shop), 사용자가 자유롭게 고용을 하지만 일정 기간 후 노조에 반드시 가입해야 하는 유니온 숍(Union Shop), 노조가입이 고용의 전제조건이 되는 클로즈드 숍(Closed Shop) 등이 있음

스마트워크(Smart Work) 종래의 사무실 근무를 벗어나 언제 어디서나 효율적으로 일할 수 있는 업무개념으로 모바일 기기를 이용해 업무를 수행할 수 있는 모바일 오피스, 영상회의 시스템 등을 활용하는 원격근무, 재택근무 등이 포함

스캔론 플랜(Scanlon Plan) 생산의 판매 가치에 대한 인건비 비율이 사전에 설정한 표준 이하인 경우, 근로자에게 보너스를 제공하는 제도

스테이크홀더리즘(Stakeholderism) 과거 기업들이 주식회사의 원천이 주주중시를 우선순위로 삼았던 것과 달리 주주를 뛰어 넘어 기업을 둘러싼 모든 이해관계자(Stakeholder)를 고려하는 경영으로 가야 한다는 의미

스트레스 면접 면접자가 피면접자를 상대로 적대자의 역할을 수행하며 스트레스를 부여한 뒤 피면접자의 대처능력을 관찰하는 것

승계 동일성을 유지하면서 상속이나 증여를 통해 소유권, 경영권을 다음 세대로 무상으로 이전하는 것

승진적체 진급할 사람은 많은데 자리가 적어서 진급을 못하고 있는 현상

시간 및 동작연구(Time and Motion Study) 작업수행상의 불필요한 동작을 제거하고 동작의 표준화를 꾀하기 위해 각 작업의 동작을 분석하고 요소별 동작에 대한 단위시간을 측정하는 등 동작의 개량 작업을 연구하는 것

신입사원 오리엔테이션 신입사원 교육훈련으로 면밀한 실행계획이 필요하며, 조직의 개요 파악과 조직의 구성원이라는 인식을 심어주는 내용으로 구성됨. 여기에는 조직의 개황, 조직, 제도, 사업과 상품, 조합의 제규정, 노사관계, 건강 안정관리, 승인되는 행위, 근무 분위기 등의 사회적 행위, 직무의 기초적 측면에 대한 내용이 필수적으로 제공되어야 함

심리검사 선발 과정에서 활용되는 적성검사 등을 말하며 필기시험이나 면접 등의 방법으로 알 수 없는 능력, 성격, 적성의 파악, 성격 이상자의 발견, 일반적 능력 수준이 낮은 자의 탈락, 채용 후 배치에의 참고 등을 목적으로 실시됨

아메바(Amoeba)형 조직 환경 변화에 따라 그때의 과업이나 임무를 위해 임시변동으로 움직이는 조직

아웃소싱(Outsourcing) 조직의 핵심기능을 제외한 업무에 대해 외부 관리기관에 하청 또는 외주를 줌으로써 조직의 기능을 단순화하는 것

아웃플레이스먼트(Outplacement) 기업의 구조조정이나 정년에 따라 퇴직하는 근로자에게 각종 지원을 통해 실직의 충격을 최소화하고 전직 · 창업 등 새로운 일자리를 찾도록 지원해 주는 제도나 행위

암묵지(Tacit Knowledge) 학습과 경험을 통하여 개인에게 체화되어 있지만 겉으로 드러나지 않는 지식

애드호크라시(Adhocracy) 전통적 관료제구조와는 달리 융통적 · 적응적 · 혁신적 구조를 지닌 특별임시조직으로 다양한 전문기술을 가진 비교적 이질적인 전문가들이 프로젝트를 중심으로 집단을 구성해 문제를 해결하는, 변화가 빠르고 적응적이며 임시적인 체제

액션러닝(AL: Action Learning) 팀 단위로 과제의 해결책을 도출, 적용하여 어떠한 결과를 낳는지를 학습하는 실천학습

업적평가 기업 또는 조직체가 목표달성에 대하여 내부의 각 조직단위 또는 각 구성원이 행한 공헌도를 판정하는 것

역직승진(=직책승진) 구성원이 상위의 직책으로 이동하는 것

역피라미드(Upside-Down Structure)형 조직 고객을 최상층에 놓은 고객주도형 조직

연공급 근속연수에 따라 임금 수준을 결정하는 임금 형태로서 연공급의 기본적인 구조는 연령 · 근속 · 학력 · 성별 등 속인적 요소에 따라 임금을 결정해 나가는 것

연말정산제도 근로소득을 지급하는 자가 다음 연도 2월분의 급여를 지급하는 때에 1년간의 총급여액에 대한 근로소득세액을 세법에 따라 정확하게 계산 후, 매월 급여지급 시 간이세액표에 의하여 이미 원천징수한 세액과 비교하여 많이 징수한 경우에는 돌려주고 부족하게 징수한 경우에는 추가 징수하여 납부하는 절차

오픈 숍(Open Shop) 근로자 누구나 자유롭게 노동조합에 가입하거나 탈퇴하는 가장 일반적인 제도

요소비교법 기업이나 조직에 있어서 핵심이 되는 몇 개의 기준직무를 선정하고 각 직무의 평가요소를 기준직무의 평가 요소와 비교함으로써 모든 직무의 상대적 가치를 결정하는 방법

용역 일반적으로 역무(役務) 또는 서비스라고도 하며, 물질적 재화를 생산하는 노동 과정 이외에서 기능하는 노동을 광범위하게 포괄하는 개념

원가우위전략 원가절감을 위한 여러 가지 기업 활동 기능상의 방책들을 통해 해당 산업에서 우위를 달성하려는 전략

월차 5~20인 사이 사업장에서 월 만근 시 주어지는 1일의 유급휴가

웹기반 인사평정 각자 자신의 PC로 다른 사람에 대해 평가하는 것

유니온 숍(Union Shop) 기업이 채용된 근로자가 일정한 기간 내에 노동조합에 가입하지 않으면 해고되는 제도

유리천장(Glass Ceiling) 일종의 유리천장처럼, 보이지 않는 벽이 여성이나 소수 민족 등의 약자가 최고직책까지 가는 것을 막는 현상

이러닝(e-Learning) 인터넷이나 사내인트라넷을 사용하여 실시하는 온라인 교육

이윤분배제도(Profit Sharing Plan) 회사의 이익에 기초하여 지급되는 인센티브로서 개인의 기본급에 영향을 주지 않음

이익중심점(Profit Center) 수익책임과 원가책임(즉, 포괄적으로 이익책임)을 관리책임으로 하여 사업부 내지 판매 부문 등에 설정되는 책임중심점의 한 형태

이직(Separation) 사용자와 종업원 간의 고용관계가 단절되어 종업원이 소속한 조직으로부터 이탈하는 것

이직(Turnover) 인력이 조직 내부에서 조직 외부로의 이동, 즉 이탈과 함께 조직 외부에서 내부로의 이동

인바스켓 기법(In-Basket Method) 관리자의 의사결정능력을 제고시키기 위해 개발된 것으로 훈련실시자는 훈련참가자에게 가상의 기업에 대한 정보, 즉 생산제품, 조직구조, 종업원에 대한 정보 등을 제공한 후 이들에게 특정 경영상황에서 문제해결을 위한 의사결정을 하게 하는 것

인사감사(Personnel Audit) 핵심 인적자원관리 기능과 경영 성과의 측정치를 기초로 하여 인적자원관리의 성과에 대한 공식적 개관

인사고과(Rating or Performance Appraisal) 기업 측 뿐만 아니라 종업원 측을 위해 종업원을 대상으로 필요한 사항을 체계적으로 평가하는 활동

인적자원 수레바퀴(Human Resource Wheel) 조직의 인적자원 활동을 크게 11개의 영역으로 분리한 모형으로 인적자원관리는 조직과 업무설계, 인적자원계획, 작업수행관리체제, 선발과 배치, 보상과 혜택, 종업원지원, 노사관계, 인적자원정보체제 등 8개로 구분되며 인적자원개발 활동은 훈련과 개발, 조직개발, 경력개발 등 3개 영역으로 분류

인적자원관리(HRM: Human Resource Management) 종업원들의 행동, 태도, 그리고 성과 등에 영향을 미치는 정책, 관행 및 시스템을 총괄하는 관리 방식

일시해고(Lay Off) 불경기에 조업단축으로 인하여 남은 인원을 줄일 경우 노동조합과 협의하여 경기가 회복되면 재고용한다는 조건 하에 일시적으로 취하는 해고. 해고기간 중의 급여는 해고 전 급여의 70~80%에 준하는 금액을 노동조합에서 지급함

임파워먼트 권한위양과 동기부여로서 조직의 중요한 일을 할 수 있는 권한 · 능력 · 활력을 가지고 있다는 확신을 심어주는 과정으로 최근에는 지속적인 경쟁력 확보를 위하여 기업혁신과 학습조직화에서 활용

자격승진 직능자격제도라고도 하며 종업원이 갖추고 있는 직무수행능력(직능)을 기준으로 승진시키는 제도로서 기업은 직종별 직급과 직능의 수준을 분리하여 관리함

자기평가(Self-Appraisal) 종업원들이 자신의 업적을 평가하도록 하는 방식으로 이를 통해 종업원들은 자신의 성과에 대해 생각하게 되고 자기평가와 다른 이들의 평가 사이에 불일치하는 부분을 의미 있게 다루게 됨

자원의존이론(Resource Dependence Theory) 조직이 생존을 위하여 필요로 하는 인적 · 물적 · 무형적자원에 초점을 두면서 조직과 환경과의 관계를 설명하고자 하는 이론

자원준거관점(Resource Based View) 기업이 경쟁우위를 획득하고 장기간의 탁월한 성과를 이끌어내는 부분집합인 자원들을 소유하고 있으며, 이러한 자원들의 복제, 전파, 대체 등을 방지함으로써 기업의 경쟁우위는 계속 유지

자율적 작업팀(Self-Managing Team) 개별 직무의 충실화를 넘어 해당 팀이 자율적으로 과업에 대한 설계를 도맡아 하도록 권한을 위임하는 방식

전사적 품질경영(TQM: Total Quality Management) 제품이나 서비스의 품질뿐만 아니라 경영과 업무, 직장환경, 조직구성원의 자질까지도 품질개념에 넣어 관리해야 한다는 경영 방식

재택근무(Telecommuting, Teleworking) 정보통신망을 활용하여 회사 외부의 장소에서 일할 수 있도록 하는 근무 형태

적시관리(JIT: Just In Time) 재고를 쌓아 두지 않고서도 필요한 때 적기에 제품을 공급하는 생산 방식

전략적 인적자원관리(SHRM: Strategic Human Resource Management) 조직의 비전 및 목표, 조직 내부 상황, 조직 외부환경을 모두 고려해 가장 적합한 인력을 개발 · 관리해 조직의 목표를 극대화하고자 하는 인사관리를 말한다. 즉, 전략적 인적자원관리란 인사관리가 조직체의 전략과 목적을 반영해 전략기획 과정과 잘 연계되고 인사관리 방식 간에도 조화를 이루어 조직체의 전략과 목적을 효율적으로 달성시키는 과정이라고 할 수 있다. 전통적 인적자원관리(HRM) 방식이 채용, 교육, 훈련, 평가, 보상과 같은 인사관리 방식들을 미시적 시각(Micro-Perspective)에서 개별적으로 나누어 접근하는데 비해, 전략적 인적자원관리는

거시적 시각(macro-perspective)에서 개별적 인사관리 방식을 통합하려는 시도라고 할 수 있음

전략적 제휴(Strategic Alliance) 2개 이상의 독립적인 기업이 지속적인 협력관계를 구축하는 것을 내용으로 하는 기업 간 협약

절차적 공정성(Procedural Justice) 활용되는 징계 방법의 공정성에 대한 판단을 의미

정크본드(Junk Bond) 신용등급이 낮은 기업이 발행하는 고위험 · 고수익 채권

제안제도(Suggestion System) 어떤 조직이 그 소속 직원으로부터 조직운영이나 업무의 개선에 관한 창의적인 의견을 제안 받아 심사하여 채택하는 경우 그 제안자에게 보상하는 제도

조기퇴직제도 일정 연령에 도달한 구성원이 조기에 퇴직하여 제2의 인생을 시작할 수 있도록 기회를 제공하면서 동시에 조직 내 인력과잉과 이에 따른 경력정체현상을 인원감소를 통해 완화하고자 하는 제도로 명예퇴직제도, 희망퇴직제도, 선택정년제도 등 다양한 명칭으로 불리어짐

조직냉소주의(Organizational Cynicism) 해당 조직의 구성원들이 경연진, 정책, 제도, 변화 및 혁신 활동 등 조직 전반에 걸쳐 이유 없는 무관심이나 적대감, 극단적인 불신을 나타내는 것

조직몰입(Organizational Commitment) 조직구성원이 자신이 소속되어 있는 조직을 얼마나 동일시하며 그 조직에 얼마나 헌신하고자 하는가 하는 정도

조직사회화 한 개인이 어느 조직에 소속되면서 그 조직의 과업 관련 규범 · 가치 · 사회적 분위기에 대한 지식 · 생활양식 · 조직문화 등을 습득해 가는 과정

조직생태학이론(Organizational Ecology Theory) 비교적 동질적인 조직들의 집합인 조직군의 생성과 소멸 과정에 초점을 두어, 조직구조는 환경과의 적합도 수준에 따라 도태되거나 선택된다는 이론적 관점

조직설계(Organization Design) 조직이 추구하는 목표달성을 제대로 행하기 위해 필요한 업무와 요소들을 갖추게 하고 각 업무와 요소들이 효율적으로 작동하도록 상호관계를 규정하며 조정하는 일련의 관리 활동

조직의 구조적 관성(Structural Inertia) 기존의 상태를 유지하고 계속해서 기존의 방향대로만 조직을 이끌어나가려고 하는 조직의 독특한 습관

종업원 인정 프로그램(ERP: Employee Recognition Program) 일반적으로 공식적이고 금전적인 차원에 머무르는 보상을 비공식적이고 비금전적인 차원으로까지 확대하여, 종업원들의 노력과 성과 달성을 인정해 주고 보상해 주는 제도

종업원지주제도(ESOP: Employee Stock Ownership Plan) 종업원이 자기 회사의 주식을 특별한 목적과 방법으로 소유하는 제도

지속가능경영(CSM: Corporate Sustainability Management) 경제성장과 환경보전, 사회발전의 조화로운 균형을 추구하는 21세기형 경영 방식. 경제적인 수익성에만 집중했던 기존의

경영 방식과 달리 지속 가능한 발전을 위하여 기업의 사회적인 책임과 환경보호를 강조하는 신 경영 방식

지식경영(Knowledge Management) 조직구성원 개개인의 지식이나 노하우를 체계적으로 발굴하여 조직 내 보편적인 지식으로 공유함으로써, 조직 전체의 문제해결능력을 비약적으로 향상시키는 경영 방식

지식노동자(Knowledged Worker) 조직에서 필요한 지식과 정보를 창출하는 근로자. 연구자, 설계자, 건축가, 과학자, 기술자 등을 포함하며, 높은 교육 수준과 업무를 처리함에 있어 독립적인 판단능력이 중요함

직무공모제(직위공모, Job Posting) 해당 직위의 직무 내용과 특성 등을 반영한 임용 자격 요건을 미리 설정하고 해당 직위에 가장 적합한 자격과 능력을 구비한 자를 대상으로 공개 모집을 통해 선발 · 임용하는 제도

직무급 각 직무에 소요되는 지식, 숙련, 노력, 책임, 작업 조건, 직무의 곤란도와 중요도 등 제반 요소에 의해 직무의 상대적 가치를 평가하고 그 가치에 따라 임금을 결정하는 제도

직무기술서 직무분석을 통하여 얻은 직무에 관한 자료와 정보를 직무의 특성에 중점을 두고 정리 · 기록한 문서

직무등급표 직무의 가치를 단계적으로 구분하는 등급표

직무만족(Job Satisfaction) 근로자가 자신의 업무에 대해 만족하는 정도

직무명세서(Job Specification) 직무기술서에 의하여 직무와 그 필요 항목, 요건만을 개인적 자격에 중점을 두어 간단한 양식으로 종업원의 행동, 능력, 지식 등을 정리한 문서

직무분석(job Analysis) 인사조직관리의 기초를 세우기 위하여 직무의 내용을 분석하는 조직활동

직무설계 조직 전체 차원에서의 직무내용과 이에 수반되는 직무별 보상, 개별 직무에서 요구되는 자격요건, 직무수행과 관련된 사항을 결정 · 통제하는 권한의 범위, 직무 자체의 특성 등을 계획하고 설계 · 구축하는 관리 과정

직무순환(Job Rotation) 조직원들이 여러 직무를 다양하게 경험하도록 하기 위해 일정 기간이 지나면 다른 직무로 순환시켜 근무하게 하는 인사이동제도

직무전문화(Job Specialization) 아담 스미스의 '분업의 원리'에 따라 작업을 가능한 한 단순화, 전문화시켜 노동의 효율성을 증대하는 직무설계

직무충실화(Job Enrichment) 직원에게 직무수행 과정의 의사결정권과 통제권한을 부여하며 성취감과 일의 보람을 느낄 수 있도록 직무내용과 환경을 설계하는 방법으로 작업을 수행하는 과정에서 해당 직무의 수행과 성과에 대한 책임을 강하게 요구하는 한편 수행 과정에서의 자율성을 부여하는 것

직무특성모형 직무특성이 직무수행자의 성장욕구 수준(growth need strength)에 부합될 때 긍

정적인 동기유발 효과를 초래하게 된다는 해크먼(J. R. Hackman)과 올드햄(G. Oldham)의 동기부여이론. 어떤 직무가 갖는 잠재적 동기지수에는 기술다양성, 직무정체성, 직무중요성, 자율성, 피드백의 다섯 가지 직무특성이 모두 영향을 미침을 강조

직무평가(Job Evaluation) 조직 내에 있는 모든 직무들을 대상으로 각 직무가 지니고 있는 상대적 가치에 관한 평가정보를 합리적이고 체계적으로 산출하는 활동 및 과정

직무확대(Job Enlargement) 특정인을 중심으로 하여 직무의 다양한 부분을 동시에 시켜 한 사람이 여러 가지 직무를 수행하도록 직무를 확대시키는 것

직원관리(Personnel Management) 조직이 필요로 하는 인력을 조달하고 관리하는 활동으로 인간을 노동력, 비용의 관점에서 바라본 시대의 인사관리 패러다임

직위(Position) 한 개인에게 할당된 과업의 집합. 한 사람이 맡고 있는 여러 과업이 합쳐져서 하나의 직위가 이루어지기 때문에 종업원의 수가 직위의 수가 됨

집단면접 집단을 구성해서 집단별로 특정 문제에 대한 자유토론의 기회를 주고 토론 과정을 지켜보면서 개별적으로 적격 여부를 심사하는 과정

차별성과급제도(Differential Piece-Work System) 과학적으로 설정된 동일작업에 대해 고·저 2가지의 임금을 결정하고, 시간연구에 따라 결정된 과업을 달성하면 고임금, 달성하지 못하면 저임금을 적용하는 것으로 1895년 미국 경영학자 F. W. Taylor가 창안한 임금제도

차별화전략 구매자가 중요하다고 여기는 속성을 선택해서 그 요구에 맞추어 기업이 판매하는 제품이나 서비스를 경쟁기업과 차별화시키는 기업의 전략적 경영 활동

초과근로 정상근로 이외의 연장근로, 휴일근로 등 정규근로시간 이외에 초과하여 근로하는 것을 말함

초과이익분배금(Profit Sharing) 기업이 일정 기간 동안 목표로 정한 이익(이윤)을 초과달성하였을 때 그 초과분의 이윤에 대하여 종업원과 분배하는 제도

카페테리아(Cafeteria)식 복지제도 직원 개개인이 자신의 욕구상태와 특성의 차이를 반영하여 설계하는 복리후생제도로 기업이 제공하는 복리후생제도나 시설 중에서 원하는 것을 선택하게 함으로써, 자신의 복리후생을 원하는 대로 설계할 수 있음. 선택형 복리후생제도로 불림

캔 미팅(Can Meeting) 조직구성원들이 가능한 일상의 업무 활동으로부터 독립된 장소에서, 수시로, 정해진 경영과제에 대하여, 격의 없이 자유롭게 논의하는 회합

컨버전스(Convergence) 여러 기술이나 성능이 하나로 융합되거나 합쳐지는 일

클로즈우드 숍(Closed Shop) 고용주가 노동자를 채용할 때 노동조합의 조합원이어야만 채용할 수 있고, 노동조합이 제명하거나 노동조합으로부터 탈퇴한 자는 해고해야 하는 노사 관례 유형

탄력적 근로시간제(Flexible Work Schedule) 어떤 근로일의 근로시간을 연장시키는 대신에 다른 근로일의 근로시간을 단축시킴으로써 일정 기간의 평균근로시간을 기준근로시간 내

로 맞추는 변형근로시간

태스크 포스(TF: Task Forces) 어떤 과제를 성취하기 위해 필요한 전문가에 의해서 만들어진 기한이 정해진 임시조직

테일러리즘(Taylorism) 경영학자인 테일러가 창시한 과학적 관리 기법. 노동자의 움직임, 동선, 작업 범위 등 노동 표준화를 통하여 생산 효율성을 높이는 체계로서, 노동의 관리 방법은 작업 과정에 대한 세밀한 연구를 통하여 각각의 작업들을 정확하게 시간이 부여되고 조직화된 단순 조작들로 세분화하는 것

퇴직(Retirement) 직원에서부터 관리자에 이르기까지 개인 또는 조직의 사정으로 인한 고용관계의 파기 내지 고용계약의 소멸

퇴직연금(확정급여형, 확정기여형) 기업이 근로자의 노후소득보장과 생활안정을 위해 근로자 재직기간 중 퇴직금 지급재원을 외부의 금융기관에 적립하고, 이를 사용자(기업) 또는 근로자의 지시에 따라 운용하여 근로자 퇴직 시 연금 또는 일시금으로 지급하도록 하는 기업복지제도. 확정급여형 퇴직연금은 근로자가 지급받을 급여의 수준이 사전에 결정되어 있는 퇴직연금제도이며, 확정기여형 퇴직연금은 사용자의 부담금 수준이 사전에 결정되고, 근로자가 받을 퇴직급여는 적립금 운용실적에 따라 변동되는 연금제도를 말함

틈새시장(Niche Market) 니치란 틈새라는 뜻으로 이미 타 기업이 점유하고 있는 시장 이외의 빠뜨려진 곳을 찾아서 경영자원을 집중적으로 투하하는 전략

팀 인센티브(Team Incentive) 개인 인센티브와 이윤분배와 같은 회사 차원의 인센티브의 중간형태

평생학습(Lifelong Learning) 태어나서부터 생명을 마칠 때까지 끊임없이 배우는 과정과 활동

프랜차이징(Franchising) 상호, 특허 상표, 기술 등을 보유한 제조업자나 판매업자가 소매점과 계약을 통해 상표의 사용권, 제품의 판매권, 기술 등을 제공하고 대가를 받는 시스템

학습의 전이 전이란 어떤 학습의 결과가 다른 학습에 영향을 미치는 현상을 말함

해고(Discharge) 사용자가 근로자와의 근로계약을 일방적으로 해지하는 것. 해지란 계속적 근로관계의 당사자가 일방적으로 의사 표시에 의하여 그 계약관계를 장래에 향하여 소멸시키는 것을 뜻함

해고 회피노력 사용자가 정리해고를 하기 전에 해고회피를 위해 해야 하는 노력(근로기준법 제24조 제2항). 사용자가 해고되는 근로자의 수를 최소화하기 위하여 경영 방침이나 작업 방식의 합리화, 신규채용의 금지, 일시휴직 및 희망퇴직의 활용, 유·무급휴직의 실시, 직업훈련, 교대제근로로의 전환, 전근 등 가능한 모든 조치를 취하는 것을 의미

핵심성공 요인(Key Success Factors, Critical Success Factors) 기업의 활동이 성공하기 위해 갖추거나 수행되어야 할 전제를 가리킴

핵심역량(Core Competency) 자사가 아니고서는 도저히 해낼 수 없는 고유하고 독자적이며 궁

극적인 능력, 조직 내부의 기술이나 단순한 기능을 뛰어넘는 노하우를 포함한 종합적인 능력으로서 기업경쟁력의 원천

행동과학(Behavioral Science) 인간의 행동을 객관적인 방법으로 수집한 자료에 의거해서 일반적인 법칙을 확립하여 인간행동을 과학적으로 설명하여 행동을 예측하는 학문

행위기준평가법(BAR: Behaviorally Anchored Rating Scale) 근무태도의 수준을 묘사하는 구체적인 행위 사례를 기준으로 평가하는 인사고과 방법

혁신(Innovation) 경제에 새로운 방법이 도입되어 획기적으로 새로운 국면이 나타나는 일을 말함. J. A. 슘페터가 주장한 경제발전론의 중심 개념으로, 생산을 확대하기 위하여 노동·토지 등의 생산 요소의 편성을 변화시키거나 새로운 생산 요소를 도입하는 기업가의 행위

현혹효과(Halo Effect) 현혹효과는 후광오류(halo error)와 horns error로 구분되는데, 후광오류란 피평가자의 지엽적인 사항을 가지고 그 사람의 전체적 평가를 긍정적으로 평가하는 경향을 말하며, horns error는 반대로 피평가자가 가지고 있는 지엽적인 사항을 침소봉대하여 그 사람에 대한 전반적 평가를 부정적으로 내리는 현상을 말함

후광효과/후광오류 어떤 대상이나 사람에 대한 일반적인 견해가 그 대상이나 사람의 구체적인 특성을 평가하는 데 영향을 미치는 현상

찾아보기

[ㅇ]

[ㅈ]

[ㅊ]

[ㅋ]

[ㅌ]

[ㅍ]

[ㅎ]

[기타]

| 저자약력 |

이춘우

- 서울대학교 경영대학 경영학과 졸업 (경영학사)
- 서울대학교 대학원 경영학과 졸업 (경영학 석사)
- 서울대학교 대학원 경영학과 졸업 (경영학 박사)
- The Wharton School, University of Pennsylvania Post Doc.

- 서울시립대학교 경영대학 경영학부 교수 (현)
- University of Alabama, Visiting Scholar 역임
- University of Texas at Dallas, Visiting Scholar 역임
- 대통령직속 중소기업특별위원회 중소기업정책평가위원 역임
- (재)한국청년기업가정신재단 기업가정신연구소 소장(현)
- 고용노동부 사회적기업 육성전문위원(현)
- 노사정위원회 서울지역 조정위원 역임
- 서울경인지역 입학처장협의회 회장/전국입학처장협의회 부회장 역임
- 서울시립대학교 입학관리본부장 역임
- 서울시립대학교 교육혁신본부장 역임
- 공인회계사 시험 출제위원 역임
- 서울시립대학교 반부패행정시스템연구소 연구부장 역임
- 서울시립대학교 공무원 교육센터센터장 역임
- 서울시립대학교 창업교육센터장 역임
- 서울시립대학교 사회적기업 연구센터장 역임
- 서울시립대학교 경영대학 경영학부장/경영대학원 교학과장 역임
- 한국중소기업학회 부회장 역임
- 한국중소기업학회 중소기업연구 편집위원장 역임
- 한국전략경영학회 학술위원장, 이사 역임
- 한국인사관리학회 이사/상임이사 역임
- 한국인사관리학회 조직과 인사관리연구 편집위원 및 편집위원장 역임
- 한국인사조직학회 이사/상임이사/조직분과위원장 역임
- (사)벤처리더스클럽 운영위원 (현)
- (사)벤처기업협회 자문교수 (현)
- 대한민국 벤처활성화 유공 대통령표창(2016)

직무 · 인사시스템과 인적자원관리

초판 발행 2019년 9월 5일
2쇄 발행 2022년 3월 31일

지은이 이춘우 / **펴낸이** 전태호
펴낸곳 무역경영사 / **주소** 서울시 서대문구 연희로2길 62 한빛아카데미(주) 2층
전화 02-336-7112 / **팩스** 02-336-7199
등록 2021년 6월 28일 제2021-000062호 / **ISBN** 978-89-468-0697-9 93320

책임편집 김현용 / **편집** 김민송 / **제작** 박성우, 김정우
영업 김태진, 김성삼, 이정훈, 임현기, 이성훈, 김주성 / **영업기획** 길진철, 김호철, 주희

※ 2021년 7월 1일부로 한빛아카데미(주)가 무역경영사의 영업권을 인수하였습니다.

이 책에 대한 의견이나 오탈자 및 잘못된 내용에 대한 수정 정보는 아래 이메일로 알려주십시오.
잘못된 책은 구입하신 서점에서 교환해 드립니다. 책값은 뒤표지에 표시되어 있습니다.
홈페이지 www.hanbit.co.kr / **이메일** question@hanbit.co.kr

Published by HANBIT Academy, Inc. Printed in Korea
Copyright © 2019 이춘우 & HANBIT Academy, Inc.
이 책의 저작권은 이춘우와 한빛아카데미(주)에 있습니다.
저작권법에 의해 보호를 받는 저작물이므로 무단 복제 및 무단 전재를 금합니다.

지금 하지 않으면 할 수 없는 일이 있습니다.
책으로 펴내고 싶은 아이디어나 원고를 메일(writer@hanbit.co.kr)로 보내주세요.
한빛아카데미(주)는 여러분의 소중한 경험과 지식을 기다리고 있습니다.